Münchener Universitätsschriften

Reihe der Juristischen Fakultät

Herausgegeben
von
Armin Engländer, Hans Christoph Grigoleit, Rudolf Streinz

Band 262

Die vertragsrechtliche Durchsetzung von Corporate Social Responsibility

von

Dr. Veronika Seitz

2024

C.H.BECK

Zitiervorschlag: Seitz Die vertragsrechtliche Durchsetzung von CSR S.

beck.de

D 6

ISBN Print 978 3 406 83203 1
ISBN E-Book (ePDF) 978 3 406 83204 8

Wilhelmstraße 9, 80801 München
Druck und Bindung: Beltz Grafische Betriebe GmbH
Am Fliegerhorst 8, 99947 Bad Langensalza

Satz: DTP-Vorlagen der Autorin
Umschlag: Martina Busch, Grafikdesign, Homburg/Saar

myclimate shape our future

chbeck.de/nachhaltig

Gedruckt auf säurefreiem, alterungsbeständigem Papier
(hergestellt aus chlorfrei gebleichtem Zellstoff)

Vorwort

Die vorliegende Arbeit wurde im Wintersemester 2023/2024 von der Juristischen Fakultät der Ludwig-Maximilians-Universität München als Dissertationsschrift angenommen. Literatur und Rechtsprechung sind bis Anfang August 2022 berücksichtigt. Danach folgende Entwicklungen habe ich – ohne Anspruch auf Vollständigkeit – bis August 2024 für die Publikation nachgetragen. Seit Einreichung der Dissertation entwickelte sich die Rechtslage im Bereich Corporate Social Responsibility kontinuierlich fort. Das deutsche Lieferkettensorgfaltspflichtengesetz trat im Januar 2023 vollständig in Kraft. Außerdem setzte der Deutsche Gesetzgeber im Oktober 2023 die Verbandsklagerichtlinie (EU) 2020/1828 unter anderem im Gesetz zur gebündelten Durchsetzung von Verbraucherrechten um. Im Dezember 2022 beschloss der Europäische Gesetzgeber die Richtlinie (EU) 2022/2464 hinsichtlich der Nachhaltigkeitsberichterstattung von Unternehmen und im Juni 2024 verabschiedete er die Richtlinie (EU) 2024/1760 über die Sorgfaltspflichten von Unternehmen im Hinblick auf Nachhaltigkeit.

Mein besonders großer Dank gilt meinem verehrten Doktorvater Herrn Prof. Dr. Thomas Ackermann, der mich während meines Studiums in München als studentische Hilfskraft und später als wissenschaftliche Mitarbeiterin einstellte und förderte und an dessen Lehrstuhl ich die Dissertation in einem hervorragenden Umfeld anfertigen durfte.

Bedanken möchte ich mich außerdem bei Herrn Prof. Dr. Anatol Dutta für die rasche Erstellung des Zweitgutachtens.

Großer Dank gilt der Bischöflichen Studienförderung Cusanuswerk für die finanzielle und ideelle Förderung des Promotionsvorhabens.

Daneben möchte ich mich bei Herrn Prof. Dr. Armin Engländer, Herrn Prof. Dr. Hans Christoph Grigoleit sowie Herrn Prof. Dr. Rudolf Streinz für die Aufnahme der vorliegenden Arbeit in die Münchener Universitätsschriftenreihe bedanken. Mein Dank gilt außerdem Frau Hildgund Kulhanek vom Juristischen Lektorat des Verlags C.H.Beck für ihre Unterstützung bei der Erstellung der Druckfassung.

Diese Arbeit ist meiner Familie gewidmet. Meinen herzlichen Dank richte ich an meine Eltern Susanne und Wolfgang Kremer, meine Schwester Barbara Kremer und meinen Ehemann Dr. Alexander Seitz, die mir in der Zeit meiner juristischen Ausbildung und während der Erstellung der Dissertation stets zur Seite gestanden und mich unterstützt haben. Außerdem gilt mein herzlicher Dank der Unterstützung durch meine Schwiegereltern Dr. Bettina und Dr. Martin Seitz. Darüber hinaus danke ich Amelie Meider und Dr. Georg Lichtenberg, die mir ebenfalls während der Erstellung der Dissertation zur Seite gestanden haben.

Abschließend richte ich meinen persönlichen Dank an meinen Ehemann Alexander, dessen Verständnis und fortwährende Unterstützung wesentlich zu der Fertigstellung dieser Arbeit beigetragen haben.

München, im August 2024 *Veronika Seitz*

Inhaltsverzeichnis

Abkürzungsverzeichnis

AcP	Archiv für die civilistische Praxis
Am. Econ. Rev.	The American Economic Review
Antitrust Bull.	The Antitrust Bulletin
Antitrust L. J.	Antitrust Law Journal
ArbRAktuell	Arbeitsrecht Aktuell
BB	Betriebs Berater
Buff. L. Rev.	Buffalo Law Review
Calif. L. Rev	California Law Review
CCZ	Corporate Compliance Zeitschrift
Colum. Hum. Rts. L. Rev	Columbia Human Rights Law Review
Colum. J. Transnat'l L.	Columbia Journal of Transnational Law
Colum. L. Rev	Columbia Law Review
Comp. Law	Company Lawyer
CR	Computer und Recht
DStR	Deutsches Steuerrecht
Duke Envtl. L. & Pol'y F.	Duke Environmental Law & Policy Forum
Duke L. J.	Duke Law Journal
E. L. Rev.	European Law Review
ECLR	European Competition Law Review
EJIL	The European Journal of International Law
ERCL	European Review of Contract Law
Eur. L.J	European Law Journal
EuZW	Europäische Zeitschrift für Wirtschaftsrecht
Fordham Int'l L.J.	Fordham International Law Journal
Ga. L. Rev.	Georgia Law Review
Geo. L. J.	Georgetown Law Journal
GRP	Zeitschrift für das Privatrecht der Europäischen Union
GRUR	Gewerblicher Rechtsschutz und Urheberrecht
Harv. Bus. Rev.	Harvard Business Review
Hastings Int'l & Comp. L. Rev.	Hastings International and Comparative Law Review
I.C.C.L.R.	International Company and Commercial Law Review
I.C.L.Q.	International & Comparative Law Quarterly
IHR	Internationales Handelsrecht
IPRrax	Praxis des Internationalen Privat- und Verfahrensrechts
IRZ	Zeitschrift für Internationale Rechnungslegung
J. Corp. L. Stud.	Journal of Corporate Law Studies
J. Fin. & Quant. Anal.	The Journal of Financial and Quantitative Analysis
J. L. & Econ.	Journal of Law & Economics
J. Legal Stud.	The Journal of Legal Studies
J. Pol. Econ.	Journal of Political Economy
JETL	Journal of European Tort Law
JuS	Juristische Schulung
JZ	JuristenZeitung
KJ	Kritische Justiz
Md. L. Rev.	Maryland Law Review
MDR	Monatsschrift für Deutsches Recht
Mich. L. Rev.	Michigan Law Review
MMR	Zeitschrift für IT-Recht und Recht der Digitalisierung
NJW	Neue Juristische Wochenschrift
npoR	Zeitschrift für das Recht der Non Profit Organisationen

NVwZ	Neue Zeitschrift für Verwaltungsrecht
Nw. J. Int'l H. Rts.	Northwestern Journal of International Human Rights
Nw. U. L. Rev.	Northwestern University Law Review
NZBau	Neue Zeitschrift für Baurecht und Vergaberecht
NZKart	Neue Zeitschrift für Kartellrecht
NZV	Neue Zeitschrift für Verkehrsrecht
NZWiSt	Neue Zeitschrift für Wirtschafts- Steuer- und Unternehmensstrafrecht
Osgoode Hall L. J.	Osgoode Hall Law Journal
Oxford J. Legal Stud.	Oxford Journal of Legal Studies
Pace Int'l L. Rev.	Pace International Law Review
RabelsZ	Rabels Zeitschrift für ausländisches und internationales Privatrecht
Regent U. L. Rev.	Regent University Law Review
RIW	Recht der Internationalen Wirtschaft
S. CaL. L. Rev	Southern California Law Review
Stan L. Rev	Stanford Law Review
Stan. J. Int'l L.	Stanford Journal of International Law
Strat. Mgmt. J.	Strategic Management Journal
Temp. Envtl. L. & Tech. J.	Temple Environmental Law & Technology Journal
Theoretical Inq. L.	Theoretical Inquiries in Law
U. Ill. L. Rev.	University of Illinois Law Review
UCLA L. Rev.	UCLA Law Review
UCLR	University of Chicago Law Review
Unif. L. Rev.	Uniform Law Review
Va. L. Rev.	Virginia Law Review
Vand. J. Transnat'l L.	Vanderbilt Journal of Transnational Law
Vand. L. Rev.	Vanderbild Law Review
VerfBlog	Verfassungsblog
VuR	Verbraucher und Recht – Zeitschrift für Wirtschafts- und Verbraucherrecht
WM	Zeitschrift für Wirtschafts- und Bankrecht
Y.B. N.Z.	Yearbook of New Zealand Jurisprudence
Yale J. on Reg.	Yale Journal on Regulation
Yale L. & Pol'y Rev.	Yale Law & Policy Review
ZD	Zeitschrift für Datenschutz
ZGS	Zeitschrift für das gesamte Schuldrecht
ZHR	Zeitschrift für das gesamte Handels- und Wirtschaftsrecht
ZLR	Zeitschrift für Lebensmittelrecht
ZUR	Zeitschrift für Umweltrecht
ZVertriebsR	Zeitschrift für Vertriebsrecht
ZZPInt	Zeitschrift für Zivilprozess International: Jahrbuch des internationalen Zivilprozessrechts

§ 1 Einleitung

Der Erhalt natürlicher Lebensgrundlagen und die Schaffung menschenwürdiger Arbeitsbedingungen in globalen Wertschöpfungsketten gelten als „die soziale Frage des 21. Jahrhunderts".[1] Die vorliegende Arbeit setzt sich mit einem Teilbereich dieses Fragenkomplexes auseinander. Sie analysiert die Reichweite und das Potenzial vertragsrechtlicher Durchsetzungsmöglichkeiten von Corporate Social Responsibility (CSR). Dazu untersucht die Arbeit insbesondere aus rechtsökonomischer Sicht, ob und wie eine vertragsrechtliche Durchsetzung für die Verwirklichung von CSR-Standards sinnvolle Beiträge leisten kann.

A. Problemaufriss

Der Schutz von Menschenrechten, sozialen Arbeitsbedingungen sowie Umwelt und Tierwelt sind Themen, denen sich nicht nur die Politik, sondern auch Unternehmen widmen. Wenn sich Unternehmen bestimmten CSR-Standards verschreiben, übernehmen sie „Verantwortung für ihre Auswirkungen auf die Gesellschaft"[2] und geben sich die Aufgabe, soziale und ökologische Missstände in ihrem Handlungsbereich zu verhindern. Dabei steht ihnen eine große Bandbreite an CSR-Maßnahmen zur Verfügung, darunter die Orientierung an Regelwerken internationaler Organisationen, Zertifizierungen, der Beitritt zu CSR-Programmen oder auch die Förderung eigener Projekte.[3]

CSR-Standards sind auch Gegenstand aktueller rechtswissenschaftlicher Diskussionen und Thema in der Gesetzgebung und juristischen Praxis. Hierbei spielt die

---

[1] Bundesministerium für wirtschaftliche Zusammenarbeit und Entwicklung, online abrufbar unter: https://www.bmz.de/de/themen/lieferketten/index.html (zuletzt aufgerufen am 9.5.2022).

[2] So die Definition der Europäischen Kommission, Mitteilung KOM(2011) 681 vom 25.10.2011, S. 7. Es gibt divergierende Definitionen von Corporate Social Responsibility, die jeweils andere Elemente der sozialen Verantwortung beleuchten, *Blowfield/Murray*, Corporate Responsibility, S. 7; *Spießhofer*, in: Hauschka/Moosmayer/Lösler (Hrsg.), Corporate Compliance, Rn. 2 ff.; Fezer/Büscher/Obergfell UWG/*Birk*, Corporate Social Responsibility im Lauterkeitsrecht, Rn. 1 ff.

[3] Regelwerke sind zum Beispiel die zehn Prinzipien des UN Global Compact, die OECD-Leitsätze für multinationale Unternehmen, die Business Social Compliance Initiative der Foreign Trade Association sowie die ISO-Normengruppe 26000 zu Social Responsibility der International Standard Organisation. Beispiele für Zertifizierungen sind das „Fair-Trade"-Siegel der Fairtrade Labelling Organizations International e.V. und hinsichtlich tier- bzw. umweltfreundlicher Herstellung die Standards für nachhaltige Fischerei des Marine Stewardship Council oder das von dem Bundesministerium für Umwelt, Naturschutz und nukleare Sicherheit, dem Umweltbundesamt, der Jury Umweltzeichen und der RAL gGmbH vergebene Umweltzeichen „Der Blaue Engel". Eigene Standards hat sich die Tchibo GmbH mit dem Tchibo Code of Conduct gesetzt, online abrufbar unter: https://www.tchibo-nachhaltigkeit.de/media/pages/mm_download-files/7588549141-1651586848/tchibo-code-of-conduct-german-english.pdf (zuletzt aufgerufen am 9.5.2022). Ein aktuelles Beispiel für Marketing mit Engagement betrifft die Unterstützung der Aufzucht wirtschaftlich nicht rentabler männlicher Küken. So wirbt die Rewe Markt GmbH zum Beispiel mit der Aktion „Spitz & Bube", online abrufbar unter: https://www.rewe.de/nachhaltigkeit/nachhaltig-einkaufen/gruene-produkte/spitz-und-bube (zuletzt aufgerufen am 9.5.2022).

rechtliche Einordnung von CSR-Standards zwischen freiwilliger Selbstverpflichtung, Soft Law und rechtlicher Verbindlichkeit eine wichtige Rolle.[4] Auch die verfassungsrechtliche Dimension sozialer Verantwortungsübernahme durch Unternehmen greift die Literatur auf.[5] Mit der CSR-Richtlinie 2014/95/EU gibt es neue Rechtsetzung zum Thema CSR durch den Unionsgesetzgeber, die in den EU-Mitgliedstaaten umgesetzt wird.[6] Darin werden insbesondere großen Kapitalgesellschaften mit mehr als 500 Beschäftigten Berichtspflichten über wesentliche nichtfinanzielle Aspekte der Unternehmenstätigkeit auferlegt. Werden CSR-Standards auf dem Markt kommuniziert, kann eine unwahre Aussage als irreführende geschäftliche Handlung lauterkeitsrechtlich relevant sein.[7] In diesem Fall können insbesondere Mitbewerber und dazu berechtigte Verbände gegen die unlautere Kommunikation vorgehen.[8] CSR-Standards können auch in Vergabebedingungen öffentlicher Auftraggeber eine Rolle spielen.[9] Zudem beschloss der Deutsche Gesetzgeber am 16.7.2021 das Lieferkettensorgfaltspflichtengesetz, welches Sorgfaltspflichten innerhalb der Lieferkette bestimmt.[10] Der Europäische Gesetzgeber berät über einen entsprechenden Richtlinienvorschlag der Europäischen Kommission.[11]

Bei der rechtlichen Analyse von CSR spielt außerdem das Vertragsrecht eine zentrale Rolle: Kunden entscheiden sich im Sinne eines ethischen oder nachhaltigen Konsums nicht selten für ein konkretes Produkt gerade wegen bestimmter ökologischer

---

[4] *Podszun*, in: Hilty/Henning-Bodewig (Hrsg.), Corporate Social Responsibility, S. S. 51, 60 ff.; *Spießhofer*, NJW 2014, 2473, 2474; Fezer/Büscher/Obergfell UWG/*Birk*, Corporate Social Responsibility im Lauterkeitsrecht, Rn. 19 ff.

[5] *Streinz*, in: Hilty/Henning-Bodewig (Hrsg.), Corporate Social Responsibility, S. 99 ff.; *Spießhofer*, in: Hauschka/Moosmayer/Lösler (Hrsg.), Corporate Compliance, Rn. 37.

[6] Richtlinie 2014/95/EU des Europäischen Parlaments und des Rates vom 22. Oktober 2014 zur Änderung der Richtlinie 2013/34/EU im Hinblick auf die Angabe nichtfinanzieller und die Diversität betreffender Informationen durch bestimmte große Unternehmen und Gruppen (im Folgenden CSR-RL 2014/95/EU). In Deutschland wurde die Richtlinie durch das CSR-Richtlinien-Umsetzungsgesetz vom 11.04.2017, BGBl. I S. 802, umgesetzt.

[7] Nach §§ 5, 5a UWG, vgl. dazu *Birk*, GRUR 2011, 196; Fezer/Büscher/Obergfell UWG/*Birk*, Corporate Social Responsibility im Lauterkeitsrecht, Rn. 138 ff.; *Balitzki*, GRUR 2013, 670; *von Walter*, in: Hilty/Henning-Bodewig (Hrsg.), Corporate Social Responsibility, S. 187 ff. Gegenstand der Rechtsprechung waren zum Beispiel Informationspflichten über Sponsoring in den Entscheidungen des BGH, Urt. v. 26. 10. 2006 – I ZR 33/04, GRUR 2007, 247 – Regenwaldprojekt I und BGH, Urt. v. 26. 10. 2006 – I ZR 97/04, GRUR 2007, 251 – Regenwaldprojekt II. Darin ging es um das Versprechen, dass pro Verkauf eines Kastens Bier eine Spende an die Regenwald-Stiftung des WWF fließe, um einen Quadratmeter Regenwald in Afrika nachhaltig zu schützen.

[8] Gemäß §§ 8 – 10 UWG.

[9] Dazu *Schröder*, in: Fröhlich (Hrsg.), CSR und Beschaffung, S. 156; *McCrudden*, in: McBarnet/Voiculescu/Campbell (Hrsg.), The New Corporate Accountability, S. 93 ff., sowie aus der Rechtsprechung über einen Verstoß gegen die Dienstleistungsfreiheit durch Vergabebedingungen, die einen Auftragnehmer verpflichten, von seinem Nachunternehmer zu verlangen, auch dessen Arbeitnehmern ein festgelegtes Mindestentgelt zu zahlen, EuGH, Urt. v. 18.9.2014 – C-549/13 (*Bundesdruckerei GmbH/Stadt Dortmund*).

[10] Gesetz über die unternehmerischen Sorgfaltspflichten zur Vermeidung von Menschenrechtsverletzungen in Lieferketten (Lieferkettensorgfaltspflichtengesetz – LkSG), vom 16.7.2021, BGBl. I S. 2959.

[11] Europäische Kommission, Vorschlag für eine Richtlinie des Europäischen Parlaments und des Rates über die Sorgfaltspflichten von Unternehmen im Hinblick auf Nachhaltigkeit und zur Änderung der Richtlinie (EU) 2019/1937, vom 23.2.2022, COM(2022) 71 final.

oder sozialer Standards.[12] So ist es möglich, dass sich der Käufer einer Jacke, die umweltfreundlich und unter Gewährung fairer Arbeitsbedingungen für Beschäftigte in der Textilfabrik produziert wurde, gerade wegen dieser Attribute für die konkrete Jacke entscheidet. Stellt sich später heraus, dass die ökologischen oder sozialen Standards bei der Produktion der Jacke nicht eingehalten wurden, steht der Käufer vor der Frage, ob ihm Ansprüche zustehen. Diese Problematik besteht auch für Rechtsbeziehungen innerhalb der Liefer- bzw. Wertschöpfungskette, wenn der Verkäufer die Ware von einem Hersteller bezieht, der unter bestimmten ethischen Standards produziert.[13]

Allerdings wirft die rechtliche Qualifikation von Produktions- und Arbeitsschutzstandards und Programmen zu nachhaltigem Wirtschaften zahlreiche Fragen auf. Darunter fällt auch die Problemstellung, wie CSR-Standards dogmatisch und theoretisch vertragsrechtlich bindend sein können. Denkbare dogmatische Ansätze sind hauptleistungsbezogene Pflichten, originäre Leistungspflichten oder vorvertragliche Pflichten, sowie die Entstehung von Rechten Dritter. Bestimmte ethische Standards, die die Herstellung von Waren betreffen, wie die biologische Herstellung oder der ökologische Anbau eines Nahrungsmittels, mögen durchaus geeignet sein, einen Bestandteil der Hauptleistungspflicht darzustellen. Sie könnten beispielsweise im Kaufrecht die Beschaffenheit des Nahrungsmittels konkretisieren.[14] Dies gestaltet sich aber schwierig, wenn es um unternehmensbezogene, von dem erworbenen Produkt losgelöste Standards geht.[15] Werden ethische Kaufentscheidungen von Endkunden oder Geschäftspartnern enttäuscht, erscheint es wünschenswert, dass sie diese auch vertragsrechtlich durchsetzen können. Mögliche Anknüpfungspunkte reichen im geltenden Vertragsrecht von der Haftung für vorvertragliche Informationspflichtverletzungen[16] über die Haftung für die Verletzung originärer Leistungspflichten[17] bis hin zum kaufrechtlichen Gewährleistungsrecht[18]. Überdies gibt es Forderungen zu einer Erweiterung verbraucherrechtlicher Ansprüche.[19]

---

[12] *Schoenheit*, in: Hilty/Henning-Bodewig (Hrsg.), Corporate Social Responsibility, S. 42; zu ethischem Konsum *Dastis*, VuR 2017, 252; *Glinski/Rott*, EuZW 2003, 649 Zu nachhaltigem Konsum vgl. z.B. das Nationale Programm für nachhaltigen Konsum der Bundesregierung, S. 5, 9, demzufolge nachhaltiger Konsum bedeute „heute so zu konsumieren, dass die Bedürfnisbefriedigung heutiger und zukünftiger Generationen unter Beachtung der Belastbarkeitsgrenzen der Erde nicht gefährdet wird".

[13] Ein Beispiel dafür ist der „Tchibo Verhaltenskodex Sozial- und Umweltstandards" der Tchibo GmbH für Geschäftspartner, online abrufbar unter: https://www.tchibo-nachhaltigkeit.de/media/pages/mm_download-files/7588549141-1651586848/tchibo-code-of-conduct-german-english.pdf (zuletzt aufgerufen am 9.5.2022), dazu auch *Schmidt-Kessel*, in: Möstl (Hrsg.), Nachhaltigkeit und Ethik im Lebensmittelrecht, S. 137 f.

[14] Dafür hinsichtlich § 434 Abs. 1 S. 3 BGB *Glinski/Rott*, EuZW 2003, 649, 652 ff.; OLG München, Urt. v. 13.11.2002 – 27 U 346/02, NJW-RR 2003, 849 f. zu Art. 35 Abs. 1 CISG für den Fall ökologisch produzierter Biobraugerste, die ohne Begleitpapiere geliefert wurde, die für den Nachweis des ökologischen Landbaus erforderlich waren.

[15] Zur Abgrenzung zwischen unternehmensbezogenen- und produktbezogenen Standards *Asmussen*, NJW 2017, 118, 119 ff.

[16] *Asmussen*, NJW 2017, 118, 122 f.; *Schmidt-Kessel*, in: Möstl (Hrsg.), Nachhaltigkeit und Ethik im Lebensmittelrecht, S. 140.

[17] *Schmidt-Kessel*, in: Möstl (Hrsg.), Nachhaltigkeit und Ethik im Lebensmittelrecht, S. 139.

[18] *Asmussen*, NJW 2017, 118, 119 f.; *Schmidt-Kessel*, in: Möstl (Hrsg.), Nachhaltigkeit und Ethik im Lebensmittelrecht, S. 145 ff.; *Beckers*, ERCL 14 (2018), 157, 168 ff.; *Dastis*, VuR 2017, 252, 252 ff.

[19] *Beckers*, ERCL 14 (2018), 157, 185 ff.

Starke vertragsrechtliche Durchsetzungsmöglichkeiten bergen aber auch Risiken für die mit CSR-Standards verfolgten Ziele. Unternehmen könnten durch drohende Klagen von der Einführung von CSR-Standards abgeschreckt werden. Entscheidungen, die lediglich für einzelne Vertragsverhältnisse gelten, können aber eine einheitliche Durchsetzungspolitik erschweren.[20]

Das Thema fügt sich in den übergeordneten Kontext der rechtswissenschaftlichen Diskussion über *public* und *private enforcement* ein.[21] Danach ist die privatrechtliche Rechtsdurchsetzung mit den Mitteln der Privatklage von der öffentlich-rechtlichen Durchsetzung durch Behörden zu unterscheiden. Die rechtsökonomische Analyse wägt die beiden Durchsetzungsformen mittels Effizienzvergleichen anhand verschiedener Kriterien wie Rechtsverfolgungskosten, Gewinnanreize und Abschreckungseffekte gegeneinander ab.[22] Je nach Rechtsgebiet und Art der durchzusetzenden Interessen folgt eine unterschiedliche Bewertung der Vor- und Nachteile der privaten bzw. behördlichen Durchsetzung von Verhaltensstandards.[23] Mischsysteme können Vor- und Nachteile teilweise ausgleichen.[24] Die Diskussion über *public* und *private enforcement* spielt eine wichtige Rolle in zahlreichen Rechtsgebieten. Sie wird unter anderem im Wettbewerbsrecht, Kapitalmarktrecht, Umweltrecht und Produkthaftungsrecht sowie mit Blick auf Bürger- und Menschenrechte geführt.[25] Die Problematik effektiver Durchsetzungsinstrumente besteht auch hinsichtlich der Durchsetzung von CSR-Standards. Dabei stellt sich aus vertragsrechtlicher Sicht die Frage, welches Potenzial vertragsrechtliche Mittel für eine wirksame und effiziente Durchsetzung von CSR-Standards haben.

B. Gang der Untersuchung

Die vorliegende Arbeit gliedert sich in fünf Hauptteile (§ 2–§ 6).

Zunächst untersucht die Arbeit das Phänomen „Corporate Social Responsibility“ (§ 2). Sie nimmt eine kurze begriffliche Klärung vor und beleuchtet anschließend verschiedene Erscheinungsformen von CSR, normative Begründungen und ökonomische Motive. Teil § 2 schließt mit einer Darstellung bestehender und geplanter Regu-

---

[20] *Pohlmann*, in: R. Schulze (Hrsg.), Compensation of Private Losses, S. 158 f.; *Klöhn*, in: R. Schulze (Hrsg.), Compensation of Private Losses, S. 193 f.

[21] Die Debatte hat in der ökonomischen Analyse des Rechts ihren Ausgangspunkt in den Arbeiten von *Landes/Posner*, J. Legal Stud. 4 (1975), 1 und *G. S. Becker/Stigler*, J. Legal Stud. 3 (1974), 1; vgl. *Ackermann*, in: Casper/Klöhn/Roth/Schmies (Hrsg.), FS Köndgen, S. 10 ff.; *Klöhn*, in: R. Schulze (Hrsg.), Compensation of Private Losses, S. 184 ff. und wird insbesondere mit Blick auf die unterschiedlichen Durchsetzungsformen in den USA geführt, vgl. u.a. *Reimann*, in: Stiftung Gesellschaft für Rechtspolitik Trier/Institut für Rechtspolitik an der Universität Trier (Hrsg.), Bitburger Gespräche Jahrbuch 2008/I, S. 110 ff.

[22] *Klöhn*, in: R. Schulze (Hrsg.), Compensation of Private Losses, S. 187 ff.; *Reimann*, in: Stiftung Gesellschaft für Rechtspolitik Trier/Institut für Rechtspolitik an der Universität Trier (Hrsg.), Bitburger Gespräche Jahrbuch 2008/I, S. 128 ff.; *Pohlmann*, in: R. Schulze (Hrsg.), Compensation of Private Losses, S. 158 f.

[23] *Reimann*, in: Stiftung Gesellschaft für Rechtspolitik Trier/Institut für Rechtspolitik an der Universität Trier (Hrsg.), Bitburger Gespräche Jahrbuch 2008/I, S. 140 f.

[24] *Franck*, Marktordnung durch Haftung, S. 41 f.; *Pohlmann*, in: R. Schulze (Hrsg.), Compensation of Private Losses, S. 159.

[25] Vgl. *Reimann*, in: Stiftung Gesellschaft für Rechtspolitik Trier/Institut für Rechtspolitik an der Universität Trier (Hrsg.), Bitburger Gespräche Jahrbuch 2008/I, S. 105, 110 ff.

lierungsformen im CSR-Bereich. Neben gesetzlicher Regulierung etablieren Unternehmen CSR-Standards durch eigene Initiative. Vor diesem Hintergrund widmet sich die Arbeit anschließend der privaten Regelsetzung mit Hauptaugenmerk auf den Kontext von CSR (§ 3). Daraufhin folgt eine Auseinandersetzung mit der rechtsökonomischen Analyse der Rechtsdurchsetzung und der grundlegenden Diskussion um *public* und *private enforcement* (§ 4). Im vierten Teil geht die Arbeit außerdem der rechtsökonomischen Fragestellung nach, welche Hindernisse der Effizienz der Rechtsdurchsetzung spezifisch im Falle vertraglicher Rechtsdurchsetzung entgegenstehen. Parteien sollten diese Hindernisse und darauf abgestimmte Lösungsmöglichkeiten bei der vertragsrechtlichen Vereinbarung und Umsetzung von CSR-Standards berücksichtigen. Der Erfolg von Rechtsdurchsetzung hängt außerdem von ihrer prozessualen Ausgestaltung ab. Daher bilden Aspekte der prozessualen Rechtsdurchsetzung den Abschluss des vierten Teils der Arbeit. Im Anschluss analysiert der fünfte Teil (§ 5), inwiefern CSR-Standards Gegenstand vertragsrechtlicher und vorvertraglicher Ansprüche im geltenden Recht sein können. Die Analyse erfasst drei vertragsrechtliche Beziehungen. Diese sind erstens Vertragsbeziehungen von Verkäufern mit Endabnehmern, zweitens Vertragsbeziehungen innerhalb der Lieferkette und drittens Vertragsbeziehungen von inländischen Abnehmergesellschaften zu Stakeholdern am Ort der Produktionsstätten. Der sechste Teil (§ 6) arbeitet das Potenzial der vertragsrechtlichen Durchsetzung von CSR heraus, indem er die Ergebnisse der rechtlichen Untersuchung des fünften Teils (§ 5) mithilfe der rechtsökonomischen Kriterien aus dem vierten Teil (§ 4) bewertet.

Eine Zusammenfassung der Ergebnisse der Untersuchung schließt die Arbeit ab.

C. Abgrenzung

Die rechtliche Einordnung von CSR ist innerhalb der letzten Jahre verstärkt in den Fokus des rechtswissenschaftlichen Diskurses gerückt.[26] Das Phänomen CSR wirft ein großes Spektrum an Fragen in unterschiedlichen Rechtsgebieten auf. Dies spiegelt sich in den facettenreichen Diskussionen spiegeln wider. Die vorliegende Arbeit kann sich nur einem kleinen Ausschnitt dieses Themenkomplexes widmen. Das macht eine Abgrenzung erforderlich.

Die Arbeit behandelt die vertragsrechtliche und vorvertragsrechtliche Durchsetzung von CSR. Eine anderweitige privatrechtliche Durchsetzung – etwa im Wege deliktischer oder lauterkeitsrechtlicher Haftung – steht nicht im Fokus. Diese alternativen Durchsetzungsmöglichkeiten soll und kann die Analyse aber auch nicht gänzlich ausblenden, denn ihre Ausgestaltung beeinflusst die vertragsrechtliche Durchsetzung.

In internationalen Lieferketten sind es vor allem multinationale Konzerne, die die Struktur und Ausrichtung der Lieferketten bestimmen oder durch Platzierung von Tochtergesellschaften konzerninterne Lieferketten errichten. Hier sollen die Spezifika einer vertragsrechtlichen Durchsetzung im Vordergrund stehen, weshalb auch die

---

[26] Vgl. hierzu exemplarisch die facettenreichen Beiträge aus den Sammelbänden *Fleischer/Kalss/Vogt* (Hrsg.), Corporate Social Responsibility; *Hilty/Henning-Bodewig* (Hrsg.), Corporate Social Responsibility; ebenso *Beckers*, Enforcing Corporate Social Responsibility Codes; *Rühmkorf*, Corporate Social Responsibility, Private Law and Global Supply Chains; sowie jüngst *Asmussen*, Haftung für CSR; *Fleischer/Kalss/Vogt* (Hrsg.), Corporate Social Responsibility.

konzernrechtliche Haftung für CSR nicht vertiefter Gegenstand dieser Arbeit ist. Außen vor bleibt auch die Durchsetzung von CSR-Standards außerhalb der Wertschöpfungskette durch Anleger, die Investitionen zugunsten eines Unternehmens oder Anlageobjektes getätigt haben, das sich durch die Einhaltung von CSR-Standards auszeichnet.[27]

[27] Für eine umfassende Analyse der Haftung für CSR in diesen Rechtsgebieten *Asmussen*, Haftung für CSR, S. 25 ff.

§ 2 Corporate Social Responsibility

In der heutigen Zeit ist CSR ein präsentes Thema im nationalen und globalen Wirtschaftsverkehr. Die Diskussion um die Reichweite und normative Begründung unternehmerischer Verantwortung reicht allerdings bis in die erste Hälfte des 20. Jahrhunderts zurück.[28] Für die vertragsrechtliche Durchsetzung von CSR ist relevant, welche Gründe ein Unternehmen dazu bewegen, sich CSR-Standards zu setzen. Daher beleuchtet dieser Teil neben den bereits angesprochenen normativen Fragen auch ökonomische Motive für CSR. Das im Ausgangspunkt nicht rechtliche, sondern ethische Phänomen „CSR“ sieht sich heutzutage länderübergreifend insbesondere durch Berichtspflichten einer zunehmenden Verrechtlichung ausgesetzt. Diese und weitere Regulierungsformen stellt der letzte Abschnitt dieses Teils vor. Zunächst erfolgen eine kurze begriffliche Klärung und ein Blick auf die Erscheinungsformen von CSR. Anschließend steht die Auseinandersetzung mit den normativen Begründungen und ökonomischen Motiven für CSR aus.

A. Das Phänomen „CSR“ – Begriffliche Annäherung

Definitionen des Begriffs „CSR“ fallen ebenso facettenreich aus, wie die Begründungsansätze für CSR und die Bandbreite an Maßnahmen, die unter CSR fallen. Ein einheitliches Begriffsverständnis gibt es dementsprechend nicht.[29] Die Europäische Kommission folgt seit ihrer Mitteilung aus dem Jahr 2011 einer kurzen Definition: CSR ist die „Verantwortung von Unternehmen für ihre Auswirkungen auf die Gesellschaft“[30]. Damit weitet die Europäische Kommission ihr Begriffsverständnis gegenüber der zuvor im Grünbuch verwendeten Definition erheblich aus. Dort hieß es, CSR sei „ein Konzept, das den Unternehmen als Grundlage dient, auf freiwilliger Basis soziale Belange und Umweltbelange in ihre Unternehmenstätigkeit und in die Wechselbeziehungen mit den Stakeholdern zu integrieren“[31]. Insbesondere das Element der Freiwilligkeit ist in der neuen Definition entfallen. CSR umfasst also nicht mehr nur Maßnahmen, die über gesetzlich gefordertes Verhalten hinausgehen.[32] Stattdessen spricht die neue Definition von Verantwortung und erweitert die relevanten Inhalte von sozialen und ökologischen Aspekten auf allgemeine Auswirkungen auf

---

[28] Vgl. die Übersicht in *Carroll*, in: Crane/McWilliams/Matten/Moon u.a. (Hrsg.), The Oxford Handbook of Corporate Social Responsibility, S. 20 ff. Eine der ersten einflussreichen Arbeiten zu CSR stammt aus dem Jahr 1953 von *Bowen*, Social Responsibilities of the Businessman.

[29] *E. Rehbinder*, in: Deinert/Schrader/Stoll (Hrsg.), Corporate Social Responsibility, S. 15 und *Buck-Heeb*, in: Fleischer/Kalss/Vogt (Hrsg.), Corporate Social Responsibility, S. 94 sprechen angesichts der Vielzahl erfasster Themen und Konzepte von einem „Auffangbecken“.

[30] Mitteilung der Europäischen Kommission vom 25.10.2011, KOM(2011) 681, S. 7.

[31] Grünbuch der Kommission der Europäischen Gemeinschaften vom 18.7.2001, KOM(2001) 366, S. 7.

[32] Grünbuch der Kommission der Europäischen Gemeinschaften vom 18.7.2001, KOM(2001) 366, S. 7; Mitteilung der Europäischen Kommission vom 25.10.2011, KOM(2011) 681, S. 7.

die Gesellschaft. Die Kommission erklärt in ihrer Mitteilung, dass auch ethische, Menschenrechts- und Verbraucheraspekte relevant seien.[33]

Im Gegensatz dazu legt die International Organization for Standardization (ISO) ihren CSR-Standards der ISO-Normengruppe ISO 26000 eine sehr ausführliche Definition zugrunde. Sie definiert *social responsibility* in Punkt 2.18 ihrer Norm ISO 26000:2010 wie folgt:

„responsibility of an organization for the impacts of its decisions and activities on society and the environment, through transparent and ethical behaviour that

– contributes to sustainable development, including health and the welfare of society;

– takes into account the expectations of stakeholders;

– is in compliance with applicable law and consistent with international norms of behaviour; and

– is integrated throughout the organization and practised in its relationships

Note 1 to entry: Activities include products, services and processes.

Note 2 to entry: Relationships refer to an organization's activities within its sphere of influence."[34]

Eine der ersten Definitionen des Konzeptes CSR stammt von dem amerikanischen Wirtschaftswissenschaftler *Howard R. Bowen.*[35] *Bowen* stellte 1953 sein vielzitiertes Werk „Social Responisbilitiy of the Businessmen" vor und definierte darin *social responsibilities* als „the obligations of businessmen to pursue those policies, to make those decisions, or to follow those lines of action which are desirable in terms of the objectives and values of our society."[36] Für *Bowen* sind Unternehmer Diener der Gesellschaft, die ihre eigenen Wertevorstellungen nicht über diejenigen der Gesellschaft stellen dürfen.[37] Er sieht im Konzept der *social responsibilities* einen ganzheitlichen Ansatz, der Unternehmer bei ihrer wirtschaftlichen Tätigkeit leiten solle.[38]

Die bisher aufgeführten Definitionen haben gemein, dass die Zielgruppe der Verantwortung – meist die Gesellschaft oder Stakeholder – jeweils weit gefasst ist. Die Umwelt als schützenswertes Zielobjekt erfasst dagegen ausdrücklich nur die Definition der ISO. Zusammenfassend lässt sich daher festhalten, dass Definitionen zum Verständnis eines so vielfältigen Konzepts nicht ausreichen. Daher beleuchten die folgenden Abschnitte CSR aus weiteren Blickwinkeln.

---

[33] Mitteilung der Europäischen Kommission vom 25.10.2011, KOM(2011) 681, S. 7.

[34] International Organization of Standardization, ISO 26000:2010 (en) Guidance on social responsibility, online abrufbar unter: https://www.iso.org/obp/ui/#iso:std:iso:26000:ed-1:v1:en (zuletzt aufgerufen am 9.5.2022).

[35] Vgl. *Carroll*, in: Crane/McWilliams/Matten/Moon u.a. (Hrsg.), The Oxford Handbook of Corporate Social Responsibility, S. 25.

[36] *Bowen*, Social Responsibilities of the Businessman, S. 6.

[37] *Bowen*, Social Responsibilities of the Businessman, S. 6: „[…] as servants of society, they [businessmen] must not disregard socially accepted values or place their own values above those of society."

[38] *Bowen*, Social Responsibilities of the Businessman, S. 6: „The term doctrine of social responsibility refers to the idea, now widely expressed, that voluntary assumption of social responsibility by businessmen is, or might be, a practicable means toward ameliorating economic problems and attaining more fully the economic goals we seek."

B. CSR als Gegenstand transnationaler Governance

Bei der Umsetzung von CSR in Unternehmen spielen Strukturen transnationaler Governance[39] eine wichtige Rolle. Dazu gehören vor allem internationale Organisationen, NGOs oder Initiativen aus der Wirtschaft. Sie stellen CSR-Standards in Form von Regelwerken bereit und begleiten die Anwender durch Hilfestellungen, wie Überwachungsprozesse, Schulungsmaßnahmen, Foren und Netzwerke für den gegenseitigen Austausch.[40] CSR-Programme entstehen auch durch Mischformen der genannten Governance Strukturen.[41] Insbesondere die Standards des UN Global Compact, der ILO, der OECD oder die ISO 26000 Standards sind regelmäßig Bezugspunkt in privatwirtschaftlichen und unternehmenseigenen Initiativen.[42] Außerdem beeinflussen sich Initiativen untereinander. So beeinflussten die UN Guiding Principles zum Beispiel die OECD-Reform im Jahr 2011 und die neue CSR-Strategie der EU aus dem Jahr 2011.[43] Darüber hinaus gehen Initiativen Partnerschaften ein[44] oder stimmen sich in *Memoranda of Understanding* untereinander ab.[45]

Die folgende Auswahl aus der großen Anzahl bestehender CSR-Programme ist strukturiert nach transnationalen Governance Strukturen. Die Auswahl soll zugleich die Vielfältigkeit der Art und Anzahl bestehender CSR-Programme verdeutlichen.

---

[39] Zum Begriff der *Transnational Governance* als Steuerungsphänomen, das über zwischenstaatliche internationale Beziehungen hinausgeht *Hale/Held*, in: Hale/Held (Hrsg.), The Handbook of Transnational Governance, S. 1 ff.; *Calliess*, RabelsZ 68 (2004), 244, 249 ff., („dritte Kategorie von autonomen Rechtssystemen jenseits der traditionellen Kategorien des staatlichen nationalen und internationalen Rechts"); *Kaltenborn/Norpoth*, RIW 2014, 402, 410 bezeichnen transnationale Governance als „neue Regelungsebene des Internationalen Wirtschaftsrechts". Zur Theorie transnationaler Rechtsprozesse *Hanschmann/Wihl*, in: Buckel/Christensen/Fischer-Lescano (Hrsg.), Neue Theorien des Rechts, S. 328 ff. die das erstmalige Auftauchen des Begriffs „transnationales Recht" im juristischen Diskurs *Philip C. Jessup* zuschreiben, *Jessup*, Transnational Law, S. 2.

[40] Einen Überblick über eine Vielzahl der standardsetzenden Institutionen und Initiativen geben u.a. *Hale/Held* (Hrsg.), The Handbook of Transnational Governance; *Brouder/Tietje* (Hrsg.), Handbook of Transnational Economic Governance Regimes; *Kaltenborn/Norpoth*, RIW 2014, 402; *Friedrich*, in: Wolfrum (Hrsg.), Max Planck Encyclopedia of Public International Law, Rn. 3 ff.; *Carroll*, in: Crane/McWilliams/Matten/Moon u.a. (Hrsg.), The Oxford Handbook of Corporate Social Responsibility, S. 19 ff.; *Burckhardt* (Hrsg.), Corporate Social Responsibility – Mythen und Maßnahmen, S. 81 ff.; *Förster*, RIW 2008, 833, 834 ff.

[41] Dazu *Kaltenborn/Norpoth*, RIW 2014, 402.

[42] Vgl. z.B. aus der Praxis neben vielen beispielhaft den Tchibo Code of Conduct, der in der Präambel auf die UN Menschenrechtserklärung, die Konvention der UN über die Rechte von Kindern, die Richtlinien der Organisation für wirtschaftliche Zusammenarbeit und Entwicklung (OECD) für multinationale Unternehmen, die fundamentalen Konventionen der International Labour Organisation (ILO) und die Prinzipien für Wirtschaft und Menschenrechte der Vereinten Nationen verweist, online abrufbar unter: https://www.tchibo-nachhaltigkeit.de/media/pages/mm_download-files/7588549141-1651586848/tchibo-code-of-conduct-german-english.pdf (zuletzt aufgerufen am 9.5.2022).

[43] KOM(2011) 681, 2011, S. 17; OECD, Leitsätze für multinationale Unternehmen, 2011, S. 4, 36 f.; *Kaltenborn/Norpoth*, RIW 2014, 402, 409, mit weiteren Beispielen.

[44] Vgl. etwa die Partnerschaft der Global Reporting Initiative mit der European Reporting Advisory Group (EFRAG) zur Ausarbeitung europäischer Reporting-Standards, online abrufbar unter: https://www.globalreporting.org/public-policy-partnerships/the-reporting-landscape/#IFRS (zuletzt aufgerufen am 9.5.2022).

[45] *Kaltenborn/Norpoth*, RIW 2014, 402, 409; *Ward*, Theoretical Inq. L. 12 (2011), 665, 689-682. So schloss die ISO zwischen 2005 und 2008 sowohl mit der ILO, der OECD und dem UN Global Compact jeweils ein *Memorandum of Understanding*. Vgl. *Ward*, Theoretical Inq. L. 12 (2011), 665, 690.

I. CSR-Standards internationaler Organisationen und NGOs

Besonders präsent sowohl in der Wirtschaft als auch in der Wissenschaft sind CSR-Standards internationaler Organisationen. Dazu gehören zunächst die 2011 durch den UN-Menschenrechtsrat verabschiedeten UN Guiding Principles on Business and Human Rights, die für Unternehmen zumindest eine politische Erwartung[46] an eine *Responsibility to Respect Human Rights* aufstellen.[47] Zuvor lehnte die Menschenrechtskommission einen Entwurf aus dem Jahr 2003 über völkerrechtliche Vorschriften für transnationale Unternehmen durch die Menschenrechtskommission ab.[48] Die *Responsibility to Respect* fordert in Prinzip 11 von Unternehmen gleich welcher Art und Größe die Anerkennung mindestens der Allgemeinen Erklärung der Menschenrechte[49] sowie der Erklärung der International Labour Organisation (ILO) über grundlegende Prinzipien und Rechte bei der Arbeit[50]. Die Grundprinzipien der ILO sind die Vereinigungsfreiheit und die effektive Anerkennung des Rechts zu Kollektivverhandlungen, die Beseitigung aller Formen von Zwangs- oder Pflichtarbeit, die effektive Abschaffung der Kinderarbeit und die Beseitigung der Diskriminierung in Beschäftigung und Beruf.[51] Die Unternehmen sollen darauf achten, dass weder ihre eigene Tätigkeit noch eine damit verbundene Geschäftsbeziehung negative Auswirkungen auf diese Menschenrechte hat und Verfahren zur Prävention und Wiedergutmachung einführen.[52]

---

[46] *Kaltenborn/Norpoth*, RIW 2014, 402, 404.

[47] Office of the United Nations High Commissioner for Human Rights, Guiding Principles on Business and Human Rights: Implementing the United Nations „Protect, Respect and Remedy" Framework; UN Doc HR/PUB/11/04; online abrufbar unter: https://www.ohchr.org/documents/publications/guidingprinciplesbusinesshr_en.pdf (zuletzt aufgerufen am 9.5.2022). Diese sind auch Grundlage für den Nationalen Aktionsplan für Wirtschaft und Menschenrechte der Bundesregierung aus dem Jahr 2016, Auswärtiges Amt, Nationaler Aktionsplan Umsetzung der VN-Leitprinzipien für Wirtschaft und Menschenrechte 2016–2020, 2017, online abrufbar unter: https://www.csr-in-deutschland.de/SharedDocs/Downloads/DE/NAP/nap-im-original.pdf?__blob=publicationFile&v=3 (zuletzt aufgerufen am 9.5.2022).

[48] Die sog. „UN Norms on the responsibilities of transnational corporations and other business enterprises with regard to human rights", UN Doc E/CN.4/Sub.2/2003/12/Rev.2, online abrufbar unter: https://documents-dds-ny.un.org/doc/UNDOC/GEN/G03/160/08/PDF/G0316008.pdf?OpenElement (zuletzt aufgerufen am 9.5.2022); vgl. dazu *Kaltenborn/Norpoth*, RIW 2014, 402, 403; *Friedrich*, in: Wolfrum (Hrsg.), Max Planck Encyclopedia of Public International Law, Rn. 9.

[49] Vereinte Nationen, Allgemeine Erklärung der Menschenrechte, vom 10.12.1948.

[50] International Labour Organization, Declaration on Fundamental Principles and Rights at Work and its Follow-Up, 1998, 2. Aufl. 2010, online abrufbar unter: https://www.ilo.org/declaration/info/publications/WCMS_467653/lang--en/index.htm (zuletzt aufgerufen am 9.5.2022). Die ILO gibt auch die Tripartite Declaration of Principles concerning Multinational Enterprises and Social Policy der ILO heraus, die Empfehlungen auch für Multinationale Unternehmen enthält. 1977, 5. Aufl. 2017, online abrufbar unter: https://www.ilo.org/empent/Publications/WCMS_094386/lang--en/index.htm (zuletzt aufgerufen am 17.7.2020).

[51] Die deutsche Fassung der grundlegenden Prinzipien ist online abrufbar unter: https://www.ilo.org/wcmsp5/groups/public/---europe/---ro-geneva/---ilo-Berlin/documents/normativeinstrument/wcms_193727.pdf (zuletzt aufgerufen am 15.5.2022). Die Grundprinzipien wurden in acht internationalen Übereinkommen (sog. Kernarbeitsnormen der ILO) näher ausgestaltet. Siehe dazu den Überblick unter https://www.ilo.org/berlin/arbeits-und-standards/kernarbeitsnormen/lang--de/index.htm (zuletzt aufgerufen am 15.5.2022).

[52] Siehe die grundlegenden Prinzipien 11. – 15. des UN Leitfadens für Wirtschaft und Menschenrechte.

Zu weit verbreiteten CSR-Standards zählen außerdem die OECD Guidelines for Multinational Enterprises, welche Empfehlungen für verantwortliches unternehmerisches Handeln in einem globalen Kontext enthalten.[53] Die Empfehlungen beziehen sich nicht nur auf Menschenrechte und Rechte von Arbeitnehmern, sondern neben weiteren Bereichen auch auf Bekämpfung von Bestechung, auf den Schutz der Umwelt, die Offenlegung von Informationen und den Umgang mit Verbraucherinteressen. Zu internationalen CSR-Standards zählt auch die ISO-Normengruppe 26000 zu Social Responsibility der ISO[54]. Die Normengruppe ISO 26000 beschreibt sieben Kernthemen für verantwortungsvolle Unternehmensführung.[55] Es gibt auch sektorspezifische CSR-Standards internationaler Organisationen, wie zum Beispiel die UN-Voluntary Guidelines on the Responsible Governance of Tenure of Land, Fisheries and Forests in the Context of National Food Security der Food and Agriculture Organization der Vereinten Nationen (FAO).[56] In der risikoreichen Branche der Konfliktmineralien bezieht sich der EU-Gesetzgeber auf den speziellen OECD-Leitfaden für die Erfüllung der Sorgfaltspflicht zur Förderung verantwortungsvoller Lieferketten für Minerale aus Konflikt- und Hochrisikogebieten.[57] An privatwirtschaftliche Investoren richten sich zum Beispiel die Performance Standards on Environmental and Social Sustainability der International Finance Corporation (IFC), einem Mitglied der Weltbankgruppe.[58]

---

[53] OECD, OECD Guidelines for Multinational Enterprises, 2011, online abrufbar unter: http://mneguidelines.oecd.org/guidelines/ und in deutscher Version unter http://mneguidelines.oecd.org/48808708.pdf (jeweils zuletzt aufgerufen am 15.5.2022).

[54] Mitglieder sind keine Staaten, sondern Standardisierungsorgane, wie in Deutschland z.B. das Deutsche Institut für Normung e.V., vgl. online unter: https://www.iso.org/members.html (zuletzt aufgerufen am 15.5.2022). In Ländern des globalen Südens sind die Standardisierungsorganisationen teils auch privat organisisert, *Tamm Hallström/Higgins*, in: Brouder/Tietje (Hrsg.), Handbook of Transnational Economic Governance Regimes, S. 206. Die ISO ist wegen der Beteiligung teils staatlicher und privater Institutionen eine „intermediäre Organisation" (*Kaltenborn/Norpoth*, RIW 2014, 402, 407, Fn. 61.; *Nowrot*, in: Tietje (Hrsg.), Internationales Wirtschaftsrecht, Rn. 24).

[55] Diese sind in den Normabschnitten 6.2-6.8 aufgelistet und umfassen die Unternehmensführung, Menschenrechte, Arbeitspraktiken, Umwelt, faire Betriebs- und Geschäftspraktiken, Konsumentenanliegen und die Einbindung und Entwicklung der Gemeinschaft. Die Übersicht der ISO-Normengruppe 26000 ist online abrufbar unter: https://www.ilo.org/declaration/info/publications/WCMS_467653/lang--en/index.htm (zuletzt aufgerufen am 15.5.2022). Zur Übersetzung und weiteren Erläuterung der Kernthemen vgl. *Hardtke/D. Weiß/Irmler* u.a., Gesellschaftliche Verantwortung von Unternehmen, *Bundesministerium für Umwelt, Naturschutz, Bau und Reaktorsicherheit*, 2014, S. 30 ff.

[56] FAO, UN-Voluntary Guidelines on the Responsible Governance of Tenure of Land, Fisheries and Forests in the Context of National Food Security, 2012, online abrufbar unter: http://www.fao.org/tenure/voluntary-guidelines/en/ (zuletzt aufgerufen am 15.5.2022).

[57] OECD, OECD-Leitfaden für die Erfüllung der Sorgfaltspflicht zur Förderung verantwortungsvoller Lieferketten für Minerale aus Konflikt- und Hochrisikogebieten, 3. Ausgabe, 2019, online abrufbar unter: http://www.oecd.org/daf/inv/mne/OECD-Due-Diligence-Guidance-Minerals-Edition 3.pdf und in deutscher Sprache https://www.oecd-ilibrary.org/docserver/3d21faa0-de.pdf?expires=1613933355&id=id&accname=guest&checksum=390D02E2804E8FF7CA33769FC374E6F8 (jeweils zuletzt aufgerufen am 15.5.2022). Hierauf bezieht sich die Verordnung (EU) 2017/821 des Europäischen Parlaments und des Rates v. 17.5.2017. S. dazu näher unter E. I. 1.

[58] International Finance Corporation, Performance Standards on Environmental and Social Sustainability, 2012, online abrufbar unter: https://www.ifc.org/wps/wcm/connect/24e6bfc3-5de3-444d-be9b-226188c95454/PS_English_2012_Full-Document.pdf?MOD=AJPERES&CVID=jkV-X6h (zuletzt aufgerufen am 15.5.2022).

II. Initiativen aus der Wirtschaft

Neben internationalen Organisationen stellen auch Initiativen aus der Wirtschaft Standards für Unternehmen zur Verfügung. Eine der ersten international bekannten Initiativen multinationaler Unternehmen waren die sog. „Sullivan Principles", mit deren Aufstellung sich 1977 zwölf führende amerikanische Unternehmen, darunter General Motors Corporation, IBM Corporation und Ford Motor Company, dazu verpflichteten, sich zur Zeit der Apartheid in Südafrika für Antirassismus und Gleichberechtigung einzusetzen.[59] Heute gibt es zahlreiche Initiativen aus der Wirtschaft, denen multinationale Unternehmen beitreten können. Dazu gehört zum Beispiel die „amfori Business Social Compliance Initiative" (BSCI). Der dahinterstehende Verband „amfori" stellt für Mitglieder einen Verhaltenskodex und Systeme zur Auditierung bereit und bietet ein Netzwerk für Schulungsmaßnahmen und die Unterstützung bei der Umsetzung der Vorgaben an.[60] Sektorspezifisch gibt es zum Beispiel im Finanzsektor die Equator Principles. Dabei handelt es sich um Vorgaben für die Einschätzung sozialer und ökologischer Risiken bei einer Profjektfinanzierung.[61] In der Elektronikindustrie hat die von Elektronikunternehmen im Jahr 2004 gegründete Responsible Business Alliance (RBA)[62] breite Unterstützung gefunden.

III. Multistakeholder-Initiativen

An vielen CSR-Initiativen sind unterschiedliche Stakeholder parallel beteiligt, etwa staatliche, wirtschaftliche und gesellschaftliche Akteure.[63] Ziel solcher Kooperationen ist insbesondere, eine höhere Glaubwürdigkeit zu erzielen, als rein privatwirtschaftliche Initiativen es vermögen. Denn Letztere sehen sich aufgrund ihrer einseitigen wirtschaftlichen Steuerung dem Vorwurf ausgesetzt, CSR-Maßnahmen nur als Deckmantel ohne tatsächliche Änderungen einzuführen, sog. *greenwashing*.[64] Eine der weltweit größten Multistakeholder-Initiativen ist der United Nations Global Compact.[65] Mitglieder unterstützen die Zehn Prinzipien des UN Global Compact.[66]

---

[59] Siehe dazu ausführlich *Sethi/O. F. Williams*, Economic Imperatives and Ethical Values In Global Business, S. 3 f.; außerdem *Friedrich*, in: Wolfrum (Hrsg.), Max Planck Encyclopedia of Public International Law, Rn. 6.

[60] Online abrufbar unter: https://www.amfori.org/content/amfori-bsci (zuletzt aufgerufen am 15.5.2022); Ursprünglich wurde die BSCI im Jahr 2003 von der Foreign Trade Association gegründet.

[61] Online abrufbar unter: https://equator-principles.com/ (zuletzt aufgerufen am 15.5.2022); *Wright*, in: Hale/Held (Hrsg.), The Handbook of Transnational Governance, S. 229 ff.; s.a. *Kaltenborn/Norpoth*, RIW 2014, 402, 405, nach denen die Equator Principles darauf zurückgehen würden, dass NGOs Kritik daran geübt hatten, dass private Banken Projekte weiter finanzierten, die von der Weltbankgruppe infolge der Aufstellung der IFC Performance Standards nicht mehr unterstützt wurden.

[62] Online abrufbar unter: http://www.responsiblebusiness.org/ (zuletzt aufgerufen am 15.5.2022).

[63] Dazu auch *Kaltenborn/Norpoth*, RIW 2014, 402, 405 f., 407 ff.; *Friedrich*, in: Wolfrum (Hrsg.), Max Planck Encyclopedia of Public International Law, Rn. 10; *Hale/Held* (Hrsg.), The Handbook of Transnational Governance, S. 155 ff.

[64] *Kaltenborn/Norpoth*, RIW 2014, 402, 405.

[65] Hierbei handelt es sich um eine Mischform: Unternehmen treten der Initiative in nationalen Netzwerken bei. Ziel ist es, „Veränderungsprozesse in Unternehmen anzustoßen und Nachhaltigkeit strategisch zu verankern", vgl. die Erläuterung online unter https://www.globalcompact.de/ueber-uns/un-global-compact-netzwerk-deutschland (zuletzt aufgerufen am 15.5.2022).

Die ersten sechs Prinzipien umfassen die Achtung und den Schutz von Menschenrechten, die Wahrung der Vereinigungsfreiheit, das Eintreten für die Abschaffung von Zwangs- und Kinderarbeit sowie Diskriminierung in der Arbeitswelt. Die verbleibenden vier Prinzipien betreffen das Vorsorgeprinzip im Umweltschutz, die Förderung von Umweltbewusstsein und umweltfreundlicher Technologien und das Eintreten gegen Korruptionsdelikte. Darüber hinaus sind teilnehmende Unternehmen gemäß dem Leitfaden der Initiative dazu aufgerufen, ihr soziales Umfeld aktiv zu unterstützen, sich auf höchster Ebene zur Verankerung der Nachhaltigkeit in der „Unternehmens-DNA" zu bekennen, jährliche Nachhaltigkeitsberichte anzustellen und sich lokal an ihren Standorten im Sinne eines nachhaltigen Wirtschaftens zu engagieren.[67] Im Organ der Initiative, dem UN Global Compact Board, sitzen Vertreter der UN, von NGOs und Gewerkschaften sowie Unternehmensvertreter.[68] Mehr als 11.000 Unternehmen nehmen daran teil.[69] Gegründet wurde der UN Global Compact infolge einer Initiative von *Kofi Annan* auf dem Weltwirtschaftsforum in Davos im Jahr 1999.[70] Ein weiteres Beispiel für eine solche Multistakeholder-Initiative ist die Organisation Social Accountability International (SAI), die den Standard SA8000 für sichere und gesunde Arbeitsbedingungen und die Wahrung von Arbeitnehmerrechten in der Lieferkette herausgibt.[71] Beteiligt sind neben Unternehmen auch NGOs und Gewerkschaften.[72] Die SA8000-Zertifizierung ist jedoch stark in die Kritik geraten, nachdem im Jahr 2012 infolge eines Brands in einer pakistanischen Textilfabrik, die vorher durch ein italienisches Audit-Unternehmen gemäß dem Standard SA8000 zertifiziert wurde, 260 Personen starben.[73] Auch die Global Reporting Initiative (GRI) verfolgt einen Multistakeholder-Ansatz, der Unternehmen, Gewerkschaften und gesellschaftliche Akteure in seiner Governance-Struktur einbindet.[74] Die GRI

[66] Die Zehn Prinzipien sind online abrufbar unter: https://www.unglobalcompact.org/what-is-gc/mission/principles (zuletzt aufgerufen am 15.5.2022). Zur Unterstützung der Zehn Prinzipien durch die Teilnehmer vergleiche etwa den Referenztext des Deutschen Global Compact Netzwerks, Beschluss der Teilnehmerversammlung vom 21.10.2014, online abrufbar unter: https://www.globalcompact.de/ueber-uns/un-global-compact-netzwerk-deutschland (zuletzt aufgerufen am 15.5.2022).

[67] Vgl. Leitfaden für Nachhaltiges Wirtschaften des UN Global Compact, S. 7 ff., online abrufbar unter: http://www.unglobalcompact.org/docs/publications/UN_Global_Compact_Guide_to_Corporate_Sustainability_DE.pdf (zuletzt aufgerufen am 15.5.2022).

[68] *J. Braun/Pies*, in: Brouder/Tietje (Hrsg.), Handbook of Transnational Economic Governance Regimes, S. 255 f.; *Nowrot*, Normative Ordnungsstruktur und private Wirkungsmacht, S. 259 ff.; *Kaltenborn/Norpoth*, RIW 2014, 402, 407.

[69] *Kaltenborn/Norpoth*, RIW 2014, 402, 407.

[70] *Nowrot*, Normative Ordnungsstruktur und private Wirkungsmacht, S. 255 f.; *Hale*, in: Hale/Held (Hrsg.), The Handbook of Transnational Governance, S. 350; *J. Braun/Pies*, in: Brouder/Tietje (Hrsg.), Handbook of Transnational Economic Governance Regimes, S. 253 f.; *Kaltenborn/Norpoth*, RIW 2014, 402, 407.

[71] Online abrufbar unter: https://sa-intl.org/programs/sa8000/ (zuletzt aufgerufen am 15.5.2022); dazu *R. Braun*, in: Hale/Held (Hrsg.), The Handbook of Transnational Governance, S. 338.

[72] *R. Braun*, in: Hale/Held (Hrsg.), The Handbook of Transnational Governance, S. 339 f.

[73] *D. Walsh/Greenhouse*, The New York Times vom 20.9.2012, S. 6, (online abrufbar unter: https://www.nytimes.com/2012/09/20/world/asia/pakistan-factory-passed-inspection-before-fire.html) (zuletzt aufgerufen am 15.5.2022); *Kaltenborn/Norpoth*, RIW 2014, 402, 406.

[74] Vgl. online unter: https://www.globalreporting.org/about-gri/governance/stakeholder-council/ (zuletzt auf gerufen am 15.5.2022); Die GRI ist außerdem Kooperationszentrum des Umweltprogramms der Vereinten Nationen (UNEP), des UN Global Compact und steht in einer strategischen Partnerschaft mit der OECD, vgl. *Brown*, in: Hale/Held (Hrsg.), The Handbook of Transnational Governance, S. 281; *Nowrot*, Normative Ordnungsstruktur und private Wirkungsmacht, S. 247.

gibt Richtlinien zur freiwilligen Nachhaltigkeitsberichterstattung heraus, die von Mitgliedern weltweit adaptiert wurden.[75] Auch branchenspezifische Initiativen gibt es zahlreich. Einer breiten Öffentlichkeit ist das Zertifizierungssystem *Kimberley Process Certification Scheme* für Diamanten aus Konfliktregionen[76] bekannt. Dessen Effektivität ziehen jedoch Studien über die Umsetzung des *Kimberley Process Certifikation Schemes* in Zweifel.[77] Eine weitere branchenspezifische Initiative ist die Extrative Industries Transparency Initiative (EITI), die sich unter Beteiligung von Regierungen, Unternehmen und gesellschaftlichen Akteuren in Multistakeholder-Gruppen der Transparenz im Rohstoffsektor in Mitgliedsländern annimmt.[78] Eine anlassbezogene Multistakeholder-Initiative wurde infolge des Einsturzes des Rana Plaza Gebäudes im Jahr 2013 mit über 1000 Toten ins Leben gerufen: der Accord on Fire and Building Safety in Bangladesch.[79] Neben bangladesischen und internationalen Gewerkschaften, sowie NGOs und gesellschaftlichen Akteuren (sog. „Witness Signatories"), sind auch Handelsunternehmen aus der Kleidungsindustrie Mitglieder

---

[75] *Brown*, in: Hale/Held (Hrsg.), The Handbook of Transnational Governance, S. 281 ff.; *Nowrot*, in: Brouder/Tietje (Hrsg.), Handbook of Transnational Economic Governance Regimes, S. 117 ff. Laut einer KPMG-Studie verwendeten 75 % der 250 weltweit größten Unternehmen die GRI-Richtlinien für Ihre Nachhaltigkeits- und CSR-Berichterstattung im Jahr 2017, *Blasco/King*, The KPMG Survey of Corporate Responsibility Reporting 2017, *KPMG International*, 2017, S. 28.

[76] Online abrufbar unter: https://www.kimberleyprocess.com/ (zuletzt aufgerufen am 15.5.2022); dazu *Kantz*, in: Hale/Held (Hrsg.), The Handbook of Transnational Governance, S. 302 ff.; *Brouder*, in: Brouder/Tietje (Hrsg.), Handbook of Transnational Economic Governance Regimes, S. 969 ff.

[77] So deckte die NGO Global Witness auf, dass zwischen 2004 und 2006 Kimberley Process Teilnehmer illegal Rohdiamanten gehandelt hatten und bemängelte, dass die Tatsache, dass polierte Diamanten dem Kimberley Process Certification Scheme nicht unterfielen, eine Umgehung der Standards ermöglicht hatte. Vgl. Global Witness, Loopholes in the Kimberley Process, 2007, online abrufbar unter: https://cdn.globalwitness.org/archive/files/import/loopholes_in_the_kimberley_process.pdf (zuletzt aufgerufen am 15.5.2022); Global Witness und die NGO Partnership Africa Canada (PAC) bemängelten 2008 u.a. die regulative Umsetzung der Standards in Angola und die Durchsetzung u.a. in Brasilien. Vgl. Global Witness/PAC, Loupe Holes: Illicit Diamonds in the Kimberley Process, 2008, online abrufbar unter: https://impacttransform.org/wp-content/uploads/2017/09/2008-Nov-Loupe-Holes-Illicit-Diamonds-in-the-Kimberly-Process.pdf (zuletzt aufgerufen am 15.5.2022). In der Literatur stehen infolgedessen die mangelnden Kontrollmechanismen des Kimberley Process' in der Kritik, s. *Brouder*, in: Brouder/Tietje (Hrsg.), Handbook of Transnational Economic Governance Regimes, S. 983 ff.; *Kantz*, in: Hale/Held (Hrsg.), The Handbook of Transnational Governance, S. 306 f. Auch im Jahr 2016 berichtete PAC von Diamantenschmuggel illegaler Rohdiamanten über das Kimberley Process Mitglied Kamerun. Vgl. *Obale, Offah*, From Conflict to Illicit: Mapping the Diamond Trade from Central African Republic to Cameroon, *Partnership Africa Canada*, 2016, (online abrufbar unter: https://impacttransform.org/wp-content/uploads/2017/09/2016-Dec-From-Conflict-to-Illicit-Mapping-the-diamond-trade-from-Central-African-Republic-to-Cameroon.pdf) (zuletzt aufgerufen am 15.5.2022).

[78] S. online unter: https://eiti.org/governance (zuletzt aufgerufen am 15.5.2022); Dazu *Brouder*, in: Brouder/Tietje (Hrsg.), Handbook of Transnational Economic Governance Regimes, S. 849; *Kaltenborn/Norpoth*, RIW 2014, 402, 408.

[79] Online abrufbar unter: https://bangladeshaccord.org/about (zuletzt aufgerufen am 15.5.2022). Im April 2013 war das Rana Plaza Gebäude infolge gravierender Bausicherheitsmängel eingestürzt. Dabei starben über 1130 Menschen. Über 2400 Menschen wurden verletzt. Geschädigte waren hauptsächlich Arbeitskräfte aus der Textilindustrie, die in dem Gebäude Kleidung zum Export für westliche Textilhändler fertigten. Siehe dazu die Informationen der Bundeszentrale für politische Bildung, online abrufbar unter: https://www.bpb.de/politik/hintergrund-aktuell/268127/textilindustrie-bangladesch (zuletzt aufgerufen am 15.5.2022).

des Accord.[80] Sie verpflichten sich dabei zur Zusammenarbeit, um gesunde und sichere Arbeitsbedingungen bei der Stoff- und Kleidungsproduktion in Bangladesch herzustellen.[81]

IV. Zertifizierungen

Eine wichtige Erscheinungsform von CSR sind Zertifizierungen von Produkten oder Produktionsstätten.[82] Zertifizierungen zeichnen sich durch ihre Sichtbarkeit für den Abnehmer aus. Für den Endabnehmer heben Gütezeichen und Siegel auf vereinfachende und vertrauensbildende Weise besondere Qualitäten der Ware hervor, die für diesen anderweitig nicht erkennbar sind, und dienen so dem Abbau von Informationsasymmetrien.[83] Es existieren im Bereich von CSR zahlreiche Gütezeichen und Siegel über umweltfreundliche oder tierschützende Produktion, ebenso zur Einhaltung fairer Arbeitsbedingungen. Bekannte Siegel sind für fairen Handel zum Beispiel die verschiedenen Fair-Trade-Siegel der Fairtrade Labelling Organizations International e.V.[84] und für faire Arbeitsbedingungen in der Textilbranche das Fair Ware Foundation-Siegel der Fair Ware Foundation.[85] Im Bereich des Umwelt- und Tierschutzes gibt es unter anderem das MSC-Siegel für nachhaltige Fischerei des Marine Stewardship Council[86] oder das FSC-Siegel des Forest Stewardship-Council[87].

---

[80] Online abrufbar unter: https://bangladeshaccord.org/signatories (zuletzt aufgerufen am 15.5. 2022); vgl. dazu *Kaltenborn/Norpoth*, RIW 2014, 402, 409 f.

[81] S. der ursprüngliche Accord on Fire and Building Safety in Bangladesh, 2013, online abrufbar unter: https://bangladesh.wpengine.com/wp-content/uploads/2018/08/2013-Accord.pdf (zuletzt aufgerufen am 15.5.2022); Seit 1.9.2021 gilt eine neue, erweiterte Vereinbarung, der „International Accord for Health and Safety in the Textile and Garment Industry", online abrufbar unter: https://bangladesh.wpengine.com/wp-content/uploads/2021/08/1-September-International-Accord-on-Health-and-Safety-in-the-Textile-and-Garment-Industry-public-version.pdf, (zuletzt aufgerufen am 15.5.2022), vgl. zu den Entwicklungen auch *Spießhofer, Birgit*, Und wer fragt die Lieferkette, F.A.Z. Einspruch 23.7.2020, (online abrufbar unter: https://www.faz.net/einspruch/lieferkettengesetz-und-wer-fragt-die-lieferkette-16873518.html) (zuletzt aufgerufen am 15.5.2022).

[82] Vgl. dazu Fezer/Büscher/Obergfell UWG/*Birk*, Corporate Social Responsibility im Lauterkeitsrecht, Rn. 160. In neuerer Entwicklung aus den USA werden auch Unternehmen selbst z.B. als soziales Unternehmen zertifiziert, vgl. zur rechtspolitischen Perspektive *Möslein*, ZRP 2017, 175, 175 und ausführlich *Möslein/Mittwoch*, RabelsZ 80 (2016), 399.

[83] Vgl. zu diesen Funktionen von Labelling Fezer/Büscher/Obergfell UWG/*Birk*, Corporate Social Responsibility im Lauterkeitsrecht, Rn. 161. Zu solchen Informastionsasymmetrien s. unten unter § 4 C. II.

[84] Online abrufbar unter: https://www.fairtrade.net/act/mark-use-guidelines (zuletzt aufgerufen am 15.5.2022).

[85] Online abrufbar unter: https://www.fairwear.org/ (zuletzt aufgerufen am 15.5.2022).

[86] Online abrufbar unter: https://www.msc.org/de (zuletzt aufgerufen am 15.5.2022). Zu den privaten Zertifizierungsmechanismen des MSC vgl. *Moye*, Vand. J. Transnat'l L. 43 (2010), 533, 541 ff.

[87] S. online unter: https://fsc.org/en (zuletzt aufgerufen am 15.5.2022) Zur Arbeitsweise des FSC s. *Meidinger*, EJIL 17 (2006), 47. Die Arbeitsweise des FSC ist in der Vergangenheit auf Kritik gestoßen, vgl. das Joint Statement von FERN, Greenpeace, IFIA, SSNC und TFT, vom 30.10.2008, online abrufbar unter: https://www.fern.org/fileadmin/uploads/fern/Documents/changes%20the%20 FSC%20needs% 20to%20make.pdf (zuletzt aufgerufen am 15.5.2022) sowie *Kaltenborn/Norpoth*, RIW 2014, 402, 406.

Ein bereits seit 40 Jahren verbreitetes Umweltzeichen ist der Blaue Engel.[88]

V. Standards und Projekte einzelner Unternehmen

Unternehmen sind nicht auf fremde Standards angewiesen, sondern können auch eigene CSR-Initiativen und -Standards ins Leben rufen.[89] In der Regel beziehen sich die Unternehmen in eigenen CSR-Standards zusätzlich auf CSR-Standards internationaler Organisationen, wie z.B. die ILO-Kernarbeitsnormen oder der OECD-Leitsätze für multinationale Unternehmen. Eine weitere Form von CSR-Maßnahmen ist die Verknüpfung von ethischem Engagement mit dem Verkauf von Produkten, wie im Fall des *cause related marketings*: Dabei wirbt der Verkäufer damit, dass der Kauf seines Produkts eine konkrete Wohltat finanziert.[90] Aktuelle Beispiele für *cause related marketing* betreffen zum Beispiel die Unterstützung der Aufzucht wirtschaftlich nicht rentabler männlicher Küken durch den Kauf der Eier eines entsprechenden Legebetriebs.[91] Ein weiteres Beispiel ist der Vertrieb der Produkte der share GmbH im Einzelhandel, die auf der Packung ihrer Produkte mit einem „1+1-Prinzip" wirbt: Danach solle jedes gekaufte Produkt, etwa Nussriegel, Schokolade, Seife oder Wasser, zugleich eine Mahlzeit, ein Stück Seife oder eine Flasche Trinkwasser an einen Menschen in Not spenden.[92]

C. Normative Begründungen von CSR

Normative Konzepte von CSR stammen aus verschiedenen Disziplinen.[93] Sowohl die Unternehmensethik, Managementtheorie, ökonomische Theorie also auch politi-

---

[88] Der Blaue Engel wird das durch das Bundesministerium für Umwelt, Naturschutz und nukleare Sicherheit, das Umweltbundesamt, die Jury Umweltzeichen und die RAL gGmbH vergeben. Vgl. die Übersicht online unter: https://www.blauer-engel.de/de (zuletzt aufgerufen am 15.5.2022).

[89] So zum Beispiel der Code of Conduct der Tchibo GmbH, online abrufbar unter: https://www.tchibo-nachhaltigkeit.de/media/pages/mm_download-files/7588549141-1651586848/tchibo-code-of-conduct-german-english.pdf (zuletzt aufgerufen am 9.5.2022), oder der Code of Conduct für Geschäftspartner der H & M Hennes & Mauritz AB, Sustainability Commitment H & M Businesspartner, Januar 2016, online abrufbar unter: https://hmgroup.com/wp-content/uploads/2020/10/Business-Partner-Sustainability-Commitment_en.pdf (zuletzt aufgerufen am 15.5.2022); ebenso z.B. der Siemens Group Code of Conduct für Lieferanten und Geschäftspartner mit Mittlerfunktion, Oktober 2019, online abrufbar unter: https://new.siemens.com/de/de/unternehmen/konzern/konzernfunktionen/supply-chain-management/sustainability-in-the-supply-chain/code-of-conduct.html (zuletzt aufgerufen am 15.5.2022).

[90] Dazu allgemein *Smith*, in: Crane/McWilliams/Matten/Moon u.a. (Hrsg.), The Oxford Handbook of Corporate Social Responsibility, S. 288 ff.; Fezer/Büscher/Obergfell UWG/*Birk*, Corporate Social Responsibility im Lauterkeitsrecht, Rn. 180 ff. *Smith* führt als eine der ersten Aktionen im Bereich des *cause-related marketing* das Programm von American Express zur Restaurierung der Freiheitsstatue der USA aus dem Jahr 1983 an. Für jeden Gebrauch der Kreditkarte wurde ein Penny, für jede Ausstellung einer Karte ein Dollar für die Restaurierung gespendet.

[91] So die Aktion der Rewe Markt GmbH „Spitz & Bube", online abrufbar unter: https://www.rewe.de/nachhaltigkeit/nachhaltig-einkaufen/gruene-produkte/spitz-und-bube (zuletzt aufgerufen am 15.5.2022).

[92] Online abrufbar unter: https://www.share.eu/ (zuletzt aufgerufen am15.5.2022).

[93] Für die Fragestellung dieser Arbeit muss nicht final entschieden werden, ob Unternehmen die ethische Pflicht zur sozialen Verantwortungsübernahme haben. Für die Analyse einer effektiven vertragsrechtlichen Durchsetzung ist die Erkenntnis ausreichend, dass Unternehmen für sich und ihre

sche Philosophie brachten normative Begründungen für unternehmerische Verantwortlichkeit und deren Reichweite hervor.[94] Zwar nahm das Konzept „CSR", wie oben erwähnt, bereits seit Mitte des 20. Jahrhunderts Konturen an.[95] Die Diskussion über die Frage nach unternehmerischer Verantwortlichkeit geht allerdings weiter zurück und wurde bereits in den 1930er Jahren lebhaft geführt. Dreh- und Angelpunkt der Diskussion ist die Frage, wem gegenüber ein Unternehmen zur Verantwortung verpflichtet ist.[96] Die klassische Unterscheidung zwischen den Positionen der *Shareholder Value Theory/ Shareholder Primacy* und der *Stakeholder Theory*[97] warfen *Adolph A. Berle* und *Merrick Dodd* in einer Debatte auf.[98] *Berle* war der Ansicht, Unternehmenshandeln sei ausschließlich zugunsten von Anteilseignern auszurichten.[99] *Dodd* vertrat die Auffassung, dass Unternehmen auch einem sozialen Zweck dienen würden.[100] Diese zwei Ansichten sind Ausgangspunkt für den nun folgenden Überblick über normative Konzepte von CSR.

Geschäftspartner CSR-Standards setzen. Trotzdem liefern die verschiedenen Ansätze wichtige Aufschlüsse über die Motivation von Unternehmen, CSR-Maßnahmen zu treffen und durchzusetzen.

[94] Für eine Übersicht zu (hauptsächlich normativen, aber auch deskriptive) CSR Theorien vgl. *Carroll*, in: Crane/McWilliams/Matten/Moon u.a. (Hrsg.), The Oxford Handbook of Corporate Social Responsibility, S. 19 ff.; *Melé*, in: Crane/McWilliams/Matten/Moon u.a. (Hrsg.), The Oxford Handbook of Corporate Social Responsibility, S. 47 ff.

[95] Eine der ersten einflussreichen Publikationen, die für eine Wahrnehmung gesellschaftlicher Verantwortung durch Unternehmen eintritt, stammt von *Howard R. Bowen* aus dem Jahr 1953 mit dem Titel „Social Responsibilities of the Businessman". Vgl. zur Geschichte der Diskussion über CSR *Carroll*, in: Crane/McWilliams/Matten/Moon u.a. (Hrsg.), The Oxford Handbook of Corporate Social Responsibility, S. 24 ff.; ebenso *Melé*, in: Crane/McWilliams/Matten/Moon u.a. (Hrsg.), The Oxford Handbook of Corporate Social Responsibility, S. 50 ff. *Blowfield/Murray*, Corporate Responsibility, S. 40 ff. zeigen auf, dass die Literatur in dieser Zeit auf eine individuelle Verantwortlichkeit der Geschäftsführer abzielte. Eine originäre Verantwortlichkeit von Unternehmen im Hinblick auf CSR sei erst später, in den 70er Jahren diskutiert worden.

[96] Ausgangspunkt für die ökonomische Analyse des Unternehmens war *Ronald Coases* Beitrag „The Nature of the Firm", *Coase*, Economica (New Series) 4 (1937), 386. *Coase* hielt fest, dass Unternehmen als hierarchische Organisationen dann gebildet werden, wenn die Transaktionskosten für deren Bildung und Aufrechterhaltung (vor allem für Koordination und Kontrolle) günstiger sind, als das Abschließen bloßer Austauschverträge über arbeitsteilige Produktion bei der Nutzung der Märkte (S. 390 ff.). Dazu *Schäfer/Ott*, Lehrbuch der ökonomischen Analyse des Zivilrechts, S. 697 f.

[97] Zu den unterschiedlichen Positionen aus rechtsökonomischer Perspektive u.a. *Hansmann/ Kraakman*, Geo. L. J. 89 (2001), 439, 440 ff.; *Bainbridge*, Nw. U. L. Rev. 97 (2003), 547, 547 ff.; aus juristischer Sicht mit Beispielen aus der Schweiz *Forstmoser*, in: Kiesow/Ogorek/Simitis (Hrsg.), Summa – Dieter Simon zum 70. Geburtstag, S. 207 ff. Vgl. zur Stakeholder Theory u.a. *Dunfee*, in: Crane/McWilliams/Matten/Moon u.a. (Hrsg.), The Oxford Handbook of Corporate Social Responsibility, S. 346 ff., sowie *Melé*, in: Crane/McWilliams/Matten/Moon u.a. (Hrsg.), The Oxford Handbook of Corporate Social Responsibility, S. 47 ff.; *C. A. Williams*, in: Gordon/Ringe (Hrsg.), The Oxford Handbook of Corporate Law and Governance, S. 634 ff.; *Gilson*, in: Gordon/Ringe (Hrsg.), The Oxford Handbook of Corporate Law and Governance, S. 14 ff.

[98] *Berle*, Harvard Law Review 44 (1931), 1049; *Dodd*, Harvard Law Review 45 (1932), 1145; *Berle*, Harvard Law Review 45 (1932), 1365.

[99] *Berle*, Harvard Law Review 44 (1931), 1049, 1049: „(…) all powers granted to a corporation or to the management of a corporation, or to any group within the corporation, whether derived from statute or charter or both, are necessarily and at all times exercisable only for the ratable benefit of all the shareholders as their interest appears."

[100] *Dodd*, Harvard Law Review 45 (1932), 1145, 1148 *Dodd* definiert das Wirtschaftsunternehmen „(…) as an economic institution which has a social service as well as a profit-making function (…)".

I. *Shareholder Primacy*

In der rechtsökonomischen Diskussion dominiert die Ansicht, dass die Verantwortung eines Unternehmens allein darin bestehe, ihre Entscheidung an den Interessen der Anteilseigner und damit an der Gewinnmaximierung auszurichten (sog. *Shareholder Value Theory* oder *Shareholder Primacy*).[101] Danach ist das Handeln eines Unternehmens auf Belange der Mitarbeiter und des sozialen und ökologischen Umfelds nicht oder jedenfalls nur eingeschränkt zu Compliance-Zwecken auszurichten. In der ökonomischen Theorie ist anerkannt, dass unternehmerisches Handeln negative externe Effekte für dritte Parteien und die Umwelt hervorruft.[102] Negative externe Effekte sind eine Form von Marktversagen.[103] Vertreter der *Shareholder Primacy* halten Lösungen zur Vermeidung negativer externer Effekte durch Veränderungen der Corporate Governance und eine entsprechende Zielausrichtung von Unternehmen für ineffizient.[104] Die Interessen dritter Parteien und der Umwelt müssten stattdessen durch Gesetze geschützt werden, die sich außerhalb des Unternehmensrechts bewegten.[105] Dann würde ein Unternehmen die Kosten zur Verhinderung der Rechtsfolgen eines Verstoßes gegen solche Gesetze internalisieren.[106] Im Ergebnis verfolgen Unternehmen die Ziele der Vermeidung externer Effekte dann durch die Kosteninternalisierung indirekt.

Es gibt verschiedene Ansätze für die Begründung dieser engen teleologische Ausrichtung des Unternehmens. Eine Variante der *Shareholder Primacy* begründet die Dominanz der Interessen der Anteilseigner mit deren Eigentümerstellung. Prominenter Vertreter dieser Variante ist *Milton Friedman. Friedman* erhob das Konzept „social responsibility" zum Feindbild einer freien Gesellschaft und Wirtschaft.[107] Er hielt in einem viel zitierten Artikel in der New York Times im Jahr 1970 fest, dass der Geschäftsleitung die Verantwortung obliege, den Interessen der Eigentümer des Unternehmens zu dienen, nicht aber sonstigen sozialen Interessen.[108] Demgegenüber

---

[101] *Johnson*, U. St. Thomas L.J. 6 (2009), 447, 449; *Bainbridge*, Nw. U. L. Rev. 97 (2003), 547, 563; *Hansmann/Kraakman*, Geo. L. J. 89 (2001), 439, 440 f.

[102] *Enriques/Hansmann/Kraakman* u.a., in: Kraakman/Armour (Hrsg.), The Anatomy of Corporate Law, S. 92 ff.; *Hansmann/Kraakman*, Geo. L. J. 89 (2001), 439, 466 f.; *Bainbridge*, Nw. U. L. Rev. 97 (2003), 547, 585; *Richter/Furubotn*, Neue Institutionenökonomik, S. 109 ff.

[103] *Cooter/Ulen*, Law & Economics, S. 38 ff.; *Morell*, in: Towfigh/N. Petersen (Hrsg.), Ökonomische Methoden im Recht, S. 72 ff.; *Schäfer/Ott*, Lehrbuch der ökonomischen Analyse des Zivilrechts, S. 81.

[104] *Easterbrook/Fischel*, The Economic Structure of Corporate Law, S. 39; *Enriques/Hansmann/Kraakman* u.a., in: Kraakman/Armour (Hrsg.), The Anatomy of Corporate Law, S. 93.

[105] *Enriques/Hansmann/Kraakman* u.a., in: Kraakman/Armour (Hrsg.), The Anatomy of Corporate Law, S. 93, die anschließend hierzu Beispiele aufführen, aber auch Beispiele für Änderungen im Unternehmensrecht aufzeigen, wie Berichtspflichten (dazu unten unter § 2 E. I) und Wahl- und Entscheidungsrechte wie beispielsweise die deutschen Mitbestimmungsgesetzte oder Golden Shares. (S. 94 ff.).

[106] *Easterbrook/Fischel*, The Economic Structure of Corporate Law, S. 38; *Fischel*, Vand. L. Rev. 35 (1982), 1259, 1271.

[107] *M. Friedman*, Capitalism and Freedom, S. 133: „few trends could so thoroughly undermine the very foundations of our free society as the acceptance by corporate officials of a social responsibility other than to make as much money for their stockholders as possible". Vgl. dazu auch den vielzitierten Beitrag in der New York Times aus dem Jahr 1970 *M. Friedman*, New York Times vom 13.9.1970, S. 32-33, 122-126.

[108] *M. Friedman*, Capitalism and Freedom, S. 134; *M. Friedman*, New York Times vom 13.9.1970, S. 33: „In a free-enterprise, private-property system, a corporate executive is an employe[e] of the owners of the business. He has direct responsibility to his employers. That responsi-

begründen Vertreter des *contractarian approach* die Ausrichtung unternehmerischen Handelns an dem Interesse der *Shareholder*[109] mit deren Übernahme des größten Anteils des wirtschaftlichen Risikos durch Kapitalinvestitionen.[110] Der *contractarian approach* geht von der Grundannahme aus, dass Unternehmen aus einer Verknüpfung von Vertragsbeziehungen bestünden: „a nexus for contracting relationships".[111] Anteilseigner sind demgemäß Inhaber der Forderungen über den nach Erfüllung aller Verbindlichkeiten des Unternehmens bestehenden anteiligen Gewinn (Residualgewinn).[112] Auf Basis dieser Grundannahme definieren den Unternehmenszweck allein die das Unternehmen konstituierenden Verträge.[113]

Daran anknüpfend gelangen rechtsökonomische Vertragstheorien wie die Transaktionskostentheorie und die Prinzipal-Agenten-Theorie zu dem Ergebnis, dass es am effizientesten sei, wenn das vertragliche Unternehmensziel die Gewinnmaximierung zugunsten der Shareholder sei.[114] Zunächst liegt nach beiden Theorien die Letztentscheidungsbefugnis im Unternehmen bei den Anteilseignern:

1. Transaktionskostentheorie

Die Transaktionskostentheorie trifft diese Entscheidung, weil dies die effizienteste Weise sei, spezifische Investitionen aller Interessengruppen im Unternehmen abzusichern. Die spezifische Investition der Anteilseigner unterscheidet sich aus transaktionskostenökonomischer Sicht zu derjenigen anderer Interessengruppen darin, dass sie freiwillig getätigt wurde, auf die gesamte Zukunft des Unternehmens ausgerichtet und vollständig dem Unternehmensrisiko ausgesetzt ist.[115] Dies hat zur Folge, dass nach Vertragsschluss die Bedingungen für die Investitionen nicht ohne Weiteres neu verhandelt werden können.[116] Außerdem erschwert die vor Vertragsschluss nicht vorhersehbare tatsächliche Verwendung der Investition die Verhandlung vertraglicher

---

bility is to conduct the business in accordance with their desires, which generally will be to make as much money as possible while conforming to the basic rules of the society, both those embodied in law and those embodied in ethical custom." Der letzte Halbsatz enthält allerdings eine Relativierung der ausschließlichen Ausrichtung auf Gewinnmaximierung, vgl. *Johnson*, U. St. Thomas L.J. 6 (2009), 447, 452 *Friedman* bemängelte zudem, dass Unternehmern die Kompetenz fehle, darüber zu bestimmen, welche sozialen Interessen zu bedienen seien. *M. Friedman*, Capitalism and Freedom, S. 133.

[109] Wobei aus Effizienzgründen sowohl Minderheits- als auch Mehrheitsaktionäre erfasst sind, s. dazu *Hansmann/Kraakman*, Geo. L. J. 89 (2001), 439, 442.

[110] *Easterbrook/Fischel*, The Economic Structure of Corporate Law, S. 11: „Investors bear most of the risk of business failure, in exchange for which they are promised most of the rewards of success".

[111] *Jensen/Meckling*, Journal of Financial Economics 3 (1976), 305, 311.

[112] Sog. *residual claim*, vgl. *Easterbrook/Fischel*, The Economic Structure of Corporate Law, S. 36. Shareholder erhalten aber durch vertraglich vereinbarte „eigentümerähnliche" Rechte, wie z.B. Wahl- und Kontrollrechte, eine gegenüber anderen Interessengruppen privilegierte Position. *Bainbridge*, Nw. U. L. Rev. 97 (2003), 547, 563 f.; *Armour/Enriques/Hansmann* u.a., in: Kraakman/Armour (Hrsg.), The Anatomy of Corporate Law, S. 49 ff.

[113] *Easterbrook/Fischel*, The Economic Structure of Corporate Law, S. 36.

[114] Zum Verhältnis zwischen Transaktionskostentheorie und Prinzipal-Agenten-Theorie s. *Williamson*, J. Fin. 43 (1988), 567, 567 ff.

[115] *Williamson*, The Economic Institutions of Capitalism, S. 304 f. *Williamson* unterscheidet allerdings zwischen dem niedrigeren Risiko des einzelnen Shareholders, der seine Anteile auf dem Markt verkaufen kann, und dem höheren Risiko von Shareholdern als Gesamtheit bzw. als Gruppe.

[116] *Williamson*, The Economic Institutions of Capitalism, S. 304 f.

Sicherungsmechanismen *ex ante*.[117] Im Gegensatz dazu sind die Rechte aller anderen Interessengruppen wie Arbeitnehmer, Geschäftsführer und auch Verbraucher vertraglich explizit festgelegt.[118] Vertreter der Transaktionskostentheorie halten es für ausreichend, wenn humankapitalspezifische Investitionen in ein Unternehmen, wie Bildung oder soziale Bindung von Arbeitnehmern, vollständig durch vertragliche Anreize und andere vertragliche, beiderseitige Mechanismen abgesichert werden.[119] Im Ergebnis ist es daher am effizientesten, wenn nur Anteilseigner ihr Risiko durch Kontrollrechte absichern.[120]

2. Prinzipal-Agenten-Theorie

Die Prinzipal-Agenten-Theorie begründet die privilegierte Position der Anteilseigner mit der effizientesten Verhinderung opportunistischen Verhaltens der Agenten im Unternehmen. Anteilseigner (die Prinzipale) engagieren Manager (die Agenten), um für sie das Unternehmen zu führen. Damit die Agenten die nötigen Entscheidungen treffen können, gewähren die Prinzipale den Agenten einen gewissen Ermessensspielraum.[121] Die Interessen des als *homo oeconomicus*[122] handelnden Agenten laufen aber nicht parallel zu denen des Prinzipals, sondern sind auf den eigenen Nutzen des Agenten gerichtet. Es droht opportunistisches Verhalten des Agenten auf Kosten der Interessen der Anteilseigner im Hinblick auf den Residualgewinn.[123] Opportunisti-

---

[117] *Williamson*, The Economic Institutions of Capitalism, S. 305.

[118] *Hansmann/Kraakman*, Geo. L. J. 89 (2001), 439, 441 f., die hiervon allerdings Gläubiger mit Blick auf das auch von diesen getragene Insolvenzrisiko ausnehmen; *Easterbrook/Fischel*, The Economic Structure of Corporate Law, S. 36. Verträge, die Regelungen für alle Eventualitäten treffen, bezeichnet die Law and Economics Literatur als vollständige Verträge. Solche Verträge sind allerdings in der Realität mangels Vorhersehbarkeit aller Umstände schwer umsetzbar und gehen mit hohen Transaktionskosten einher. Geschlossen werden in der Realität daher unvollständige Verträge. S. dazu unten unter § 4 C I. sowie *Kelly/Parkinson*, in: Parkinson/Gamble/Kelly (Hrsg.), The Political Economy of the Company, S. 125 f. Ausführlich dazu *A. Schwartz*, in: Newman (Hrsg.), The New Palgrave Dictionary of Economics and the Law, S. 277 ff.; *Williamson*, J. Fin. 43 (1988), 567, 569. Dem zugrunde liegt die Annahme, Menschen (in diesem Kontext v.a. Manager) verhielten sich bewusst opportunistisch zugunsten des eigenen Nutzens und könnten sich aber nur beschränkt rational verhalten, vgl. *Williamson*, J. Fin. 43 (1988), 567, 569 f. Das Konzept der „*bounded rationality*" geht auf *Herbert Simon* zurück (*H. A. Simon*, Administrative Behavior, S. 45-47, 78-80, 93-96), der damit das Menschenbild des ausschließlich nutzenmaximierend handelnden *homo oeconomicus* als realitätsfremd auswies, vgl. *Eidenmüller*, Effizienz als Rechtsprinzip, S. 38 f.

[119] *Williamson*, The Economic Institutions of Capitalism, S. 302 f. *Williamson* hält die Zahlung höherer Löhne für weniger effizient als Anreize und beiderseitige Sicherungsmechanismen, die unternehmensspezifische Investitionen der Arbeitnehmer fördern und absichern. Im Extremfall könnten die Sicherungen sogar Governance-Rechte sein.

[120] *Williamson*, J. Fin. 43 (1988), 567, 580, mit Bezug auf die Analyse von *Fama/Jensen*, J. L. & Econ. 26 (1983), 301, 301 ff.

[121] *Jensen/Meckling*, Journal of Financial Economics 3 (1976), 305, 308 definieren das Prinzipal-Agenten-Verhältnis: „We define an agency relationship as a contract under which one or more persons (the principal(s)) engage another person (the agent) to perform some service on their behalf which involves delegating some decision making authority to the agent."

[122] Siehe dazu ausführlich unten unter § 4 A. II.

[123] *Berle/Means*, The Modern Corporation and Private Property, S. 122 ff., die unterstellen, dass die Unternehmensführung die Maximierung ihrer eigenen finanziellen Mittel begehrt, andere Handlungsmotive aber nicht negieren. „We must conclude, therefore, that the interests of ownership and control are in large measure opposed *if* the interests of the latter grow primarily out of the desire for personal monetary gain." (S. 123, Hervorherbung im Original). Die Transaktionskostentheorie und

sches Verhalten des Agenten kann der Prinzipal einerseits präventiv durch Aushandeln eines z.B. sanktionsbewährten Versprechens seitens des Agenten verhindern.[124] Andererseits kann er solches Verhalten repressiv durch Überwachung, Anreizsteuerung und sanktionierende Mechanismen einschränken.[125] Beide Strategien zur Behebung des Prinzipal-Agenten-Problems erzeugen beiderseits sog. „Agency"-Kosten.[126] Das Argument zugunsten einer Kontrollfunktion der Anteilseigner leitet die Prinzipal-Agenten-Theorie daher aus der Beantwortung der Frage nach dem effizientesten Mechanismus zur Minimierung opportunistischen Verhaltens bzw. zur effizientesten Reduzierung von Agency-Kosten ab. Überwachung und Kontrolle seien dann am effektivsten, wenn sie eine objektive dritte Instanz gegenüber den Agenten ausübt.[127] Die entstehende erforderliche hierarchische Struktur führt zu der Frage: „who will monitor the monitor?"[128] Die Prinzipal-Agenten-Theorie weist diese Aufgabe den Anteilseignern als Träger des Gewinnrisikos des Unternehmens zu.[129] Diese hätten den größten Anreiz gegen opportunistisches Verhalten vorzugehen, weil erfolgreiches Monitoring Agency-Kosten reduziert und die Höhe des Residualertrags beeinflusst.[130] Die Kontrollrechte sollen den Anteilseignern außerdem exklusiv zukommen, ansonsten würden weitere Agency-Kosten produziert und Interessenkonflikte die Gewinnmaximierung beeinträchtigen.[131]

---

die Prinzipal-Agenten-Theorie fußen inhaltlich auf derselben verhaltenstheoretischen Grundannahme (S. dazu oben Fn. 112), vgl. *Williamson*, J. Fin. 43 (1988), 567, 569 f.

[124] Sog. „bonding" *Jensen/Meckling*, Journal of Financial Economics 3 (1976), 305, 308, 323-326. Zu präventiven Strategien s. *Armour/Enriques/Hansmann* u.a., in: Kraakman/Armour (Hrsg.), The Anatomy of Corporate Law, S. 66 ff.

[125] Zu Lösungsansätzen gegen *Moral Hazard* allgemein unten unter § 4 C. III. Zum vorliegenden Kontext vgl. *Alchian/Demsetz*, Am. Econ. Rev. 62 (1972), 777, 781 f. Zu Überwachungsmechanismen s. *Armour/Enriques/Hansmann* u.a., in: Kraakman/Armour (Hrsg.), The Anatomy of Corporate Law, S. 62 ff.

[126] *Jensen/Meckling*, Journal of Financial Economics 3 (1976), 305, 308 *Jensen/Meckling* definieren „agency costs" als "the sum of: (I) the monitoring expenditures by the principal,' (2) the bonding expenditures by the agent, (3) the residual loss."; wobei *Jensen* und *Meckling* unter „residual loss" die verminderte Mehrung des Vermögens des Prinzipals verstehen, die dieser wegen der auch nach Einführung optimaler Monitoring- und Bonding-Mechanismen durch den Agenten getroffenen opportunistischen Entscheidungen erleidet (S. 308).

[127] *Alchian/Demsetz*, Am. Econ. Rev. 62 (1972), 777, 780 ff.

[128] *Alchian/Demsetz*, Am. Econ. Rev. 62 (1972), 777, 782.

[129] *Easterbrook/Fischel*, The Economic Structure of Corporate Law, S. 67 ff.; *Hansmann/Kraakman*, Geo. L. J. 89 (2001), 439, 449; *Armour/Enriques/Hansmann* u.a., in: Kraakman/Armour (Hrsg.), The Anatomy of Corporate Law, S. 51 ff.; *Alchian/Demsetz*, Am. Econ. Rev. 62 (1972), 777, 782: „The monitor earns his residual through the reduction in shirking that he brings about, not only by the prices that he agrees to pay the owners of the inputs, but also by observing and directing the actions or uses of these inputs. *Managing or examining the ways to which inputs are used in team production is a method of metering the marginal productivity of individual inputs to the team's output.*" (Hervorhebung im Original).

[130] *Alchian/Demsetz*, Am. Econ. Rev. 62 (1972), 777, 782; *Easterbrook/Fischel*, The Economic Structure of Corporate Law, S. 68 f.; *Jensen/Meckling*, Journal of Financial Economics 3 (1976), 305, 327 f.

[131] *Easterbrook/Fischel*, The Economic Structure of Corporate Law, S. 69: „The inclusion of multiple groups (say employees in addition to shareholders) would be a source of agency costs. People who did not receive the marginal gains would be influencing corporate discretion, and the influence would not maximise the wealth of the participants as a group." Anzumerken ist allerdings, dass Agency-Kosten auch zwischen verschiedenen Shareholdern entstehen, dazu u.a. *Enriques/Hansmann/Kraakman* u.a., in: Kraakman/Armour (Hrsg.), The Anatomy of Corporate Law, S. 79.

3. Gewinnmaximierung

Von der Entscheidungsmacht der Anteilseigner ausgehend,[132] ist nun aus Sicht der *Shareholder Primacy* die Ausrichtung des Unternehmens an der Gewinnmaximierung das effizienteste Ziel. Die Ausrichtung an der Gewinnmaximierung stelle ein klares Kriterium für Entscheidungsträger des Unternehmens (Agenten) und für die Anteilseigner (Prinzipale) dar und vermeide Agency-Kosten, die durch gegenseitiges Ausspielen verschiedener Interessen entstehen würden.[133] Wären Manager gegenüber mehreren Interessen verantwortlich, könnten sie unter dem Deckmantel sich für die Interessen anderer Gruppen einzusetzen, noch ungehinderter im Eigeninteresse handeln.[134] Zudem sind aus Sicht der *Shareholder Primacy* unternehmensspezifische Investitionen anderer Interessengruppen bereits allein durch das Aushandeln entsprechender vertraglicher Konditionen geschützt.[135] Andernfalls handele es sich um eine staatliche bzw. politische Aufgabe.[136] Darüber hinaus würde infolge der Ausrichtung des Unternehmens auf Gewinnmaximierung als Nebeneffekt zugleich das soziale Wohl der anderen Interessengruppen mitgefördert werden.[137] Allerdings ruft das Ziel der Maximierung des Shareholder Vermögens auch risikoreichere Entscheidungen zum Nachteil dritter Parteien hervor, die von den Vorteilen der risikobehafteten Entscheidung im Gegensatz zu Shareholdern nicht profitieren.[138]

II. *Stakeholder Theorie*

Das Gegenmodell der *Shareholder Primacy* ist die *Stakeholder Theorie.* Letztere ist ein Überbegriff für verschiedene Theorien aus unterschiedlichen Disziplinen. Ein

---

[132] Gegen die Entscheidungsmacht der Anteilseigner wendet sich *Bainbridge* mit seinem *Director Primacy* -Ansatz unter anderem mit dem Argument fehlender empirischer Belege für den praktischen Bestand der Letztentscheidungsmacht der Anteilseigner. Vgl. *Bainbridge*, Nw. U. L. Rev. 97 (2003), 547, 559 ff. Auch *Bainbridge* hält aber an der Ausrichtung des Unternehmens an der Gewinnmaximierung fest.

[133] *Easterbrook/Fischel*, The Economic Structure of Corporate Law, S. 38; *Bainbridge*, Nw. U. L. Rev. 97 (2003), 547, 579 ff.

[134] *Bainbridge*, Nw. U. L. Rev. 97 (2003), 547, 579 ff.: hält (als Vertreter des *Director Primacy* – Modells) fest: „directors who are responsible to everyone are accountable to no one." (S. 582). *Bainbridge* tritt für eine Entscheidungsmacht der Aufsichtsräte ein, die Zielausrichtung des Unternehmens sei bliebe aber die Maximierng des Vermögens der Shareholder.

[135] *Hansmann/Kraakman*, Geo. L. J. 89 (2001), 439, 442; ebenso *Bainbridge*, Nw. U. L. Rev. 97 (2003), 547, 587 ff.

[136] *M. Friedman*, Capitalism and Freedom, S. 134; *Fischel*, Vand. L. Rev. 35 (1982), 1259, 1271: „the proper course for those who believe in the moral soundness of their positions is to seek redress through the political process and not to attempt to disrupt the voluntary arrangements that private parties have entered into in forming corporations". Der Erlass von Gesetzen zum Schutze anderer Stakeholder als Shareholder würde außerdem durch Lobbyismus zu deren Gunsten gefördert s. *Bainbridge*, Nw. U. L. Rev. 97 (2003), 547, 590 f.

[137] *Easterbrook/Fischel*, The Economic Structure of Corporate Law, S. 38 f.; *Forstmoser*, in: Kiesow/Ogorek/Simitis (Hrsg.), Summa – Dieter Simon zum 70. Geburtstag, S. 215 f., mit Beispielen aus der Schweiz.; *Fischel*, Vand. L. Rev. 35 (1982), 1259, 1269. *Easterbrook/Fischel* merken beschwichtigend an, dass Gewinn und soziale Fürsorge nicht immer miteinander einhergingen, insbesondere gerade dann nicht, wenn negative externe Effekte entstehen würden. (S. 39); ebenso *Fischel* auf S. 1269 f.: „I do not mean to suggest that profit maximization will always lead to the socially optimal result. In those situations in which externalities are present [...] a firm may impose costs on others without providing compensation."

[138] So kritisch *Bainbridge*, Nw. U. L. Rev. 97 (2003), 547, S. 585 in Fn. 182.

Konzept der *Stakeholder Theorie* ist *Edward Freemans* Werk „Strategic Management: A Stakeholder Approach“ aus dem Jahr 1984.[139] *Freeman* definierte *Stakeholder* als „any group or individual who can affect or is affected by the achievement of the organization's objectives.“[140] Die Definition zeigt die Dimension und zugleich damit verbundene Abgrenzungsschwierigkeiten, die eine breite Ausrichtung unternehmerischer Verantwortung aufwerfen kann. So erfasst *Freemans* Definition gerade auch solche Gruppen und Individuen, die selbst in keiner Weise in das Unternehmen investieren, aber von dessen Handlungen betroffen sind.

Rechtsökonomische Kritiker der *Shareholder Primacy* stellen dieser pluralistische Modelle gegenüber, nach welchen auch die Interessen anderer Interessengruppen gesellschaftsrechtlich abgesichert werden sollen. Danach seien es nicht nur Anteilseigner, sondern auch Arbeitnehmer, die durch unternehmensspezifische Ausbildung und Fähigkeiten oder durch einen örtlichen Wechsel ihres Lebensmittelpunkts Investitionen in das Unternehmen tätigen würden.[141] Neben Arbeitnehmern investierten auch andere Gruppen (Zulieferer, staatliche Stellen, Kunden, Gläubiger etc.) jeweils auf ihre Weise spezifisch in das Unternehmen und würden so zu einer Steigerung des Unternehmenswerts beitragen.[142] Zwar erkennt auch die ökonomische Theorie an, dass Arbeitnehmer hierdurch im Laufe ihrer Anstellung Mehrwerte für das Unternehmen generieren, die gegenüber einem anderen Arbeitgeber nicht ebenso ausgeschöpft werden können (sog. *quasi rents*).[143] Diese *quasi rents* sind vor Ausnutzung durch den Arbeitgeber bedroht.[144] Die ökonomische Theorie sieht eine Lösung dieses Problems darin, dass die Parteien neben den unvollständig verhandelten Verträgen, zusätzlich spezielle, ggf. auch institutionelle, aber immer noch bilateral wirkende Absicherungsmechanismen wie Anreizsysteme und Streitschlichtungssysteme vereinbaren würden.[145] Vertreter eines pluralistischen Ansatzes halten solche zweiseitigen Absicherungen zur Minimierung dieses Risikos aber nicht für ausreichend.[146] Mangels *ex ante* vereinbarter Ausgleichsregelungen für sämtliche spezifischen Inves-

---

[139] S. *Freeman*, Strategic Management: A Stakeholder Approach Vgl. *Melé*, in: Crane/McWilliams/Matten/Moon u.a. (Hrsg.), The Oxford Handbook of Corporate Social Responsibility, S. 63 f.; *C. A. Williams*, in: Gordon/Ringe (Hrsg.), The Oxford Handbook of Corporate Law and Governance, S. 667.

[140] *Freeman*, Strategic Management: A Stakeholder Approach, S. 46.

[141] Sog. Humankapitalspezifische Investitionen, *Kelly/Parkinson*, in: Parkinson/Gamble/Kelly (Hrsg.), The Political Economy of the Company, S. 123 ff.; *Kershaw*, J. Corp. L. Stud. 34 (2002), 34, 42 ff.

[142] *Blair/Stout*, Va. L. Rev. 85 (1999), 247, 250; *Stout*, S. CaL. L. Rev. 75 (2002), 1189, 1195 ff.; *Kelly/Parkinson*, in: Parkinson/Gamble/Kelly (Hrsg.), The Political Economy of the Company, S. 127 ff.

[143] Ausführlich zu *quasi rents* in Bezug auf sachkapitalspezifische und humankaptialspezifische Investitionen vgl. *Klein/Crawford/Alchian*, J. L. & Econ. 21 (1978), 297, 298 f., 313 ff.

[144] *Klein/Crawford/Alchian*, J. L. & Econ. 21 (1978), 297, 313 ff.; *Kelly/Parkinson*, in: Parkinson/Gamble/Kelly (Hrsg.), The Political Economy of the Company, S. 123 ff. Zu diesem sog. *Hold-Up*-Problem s. auch unten unter § 4 C. III 2.

[145] *Williamson/Bercovitz*, in: Kaysen (Hrsg.), The American Corporation Today, S. 341, die als Beispiele nennen: „take-or-pay-clauses, penalty clauses, reciprocal trading agreements, and special information disclosure and dispute-settling arrangements of which arbitration is an example“. S. dazu auch die Darstellung bei *Kelly/Parkinson*, in: Parkinson/Gamble/Kelly (Hrsg.), The Political Economy of the Company, S. 128.

[146] *Kelly/Parkinson*, in: Parkinson/Gamble/Kelly (Hrsg.), The Political Economy of the Company, S. 125 ff.; *Kershaw*, J. Corp. L. Stud. 34 (2002), 34, 42 ff.; *Stout*, S. CaL. L. Rev. 75 (2002), 1189, 1195 ff.

titionen, würden auch diese Gruppen neben den Anteilseignern einen Teil des Unternehmensrisikos tragen.[147] Arbeitnehmer und Stakeholder, deren unternehmensspezifische Investitionen nicht geschützt würden, hätten keine Anreize, Aufwand und Bildung für das Unternehmen zu generieren. Dies hätte negative Auswirkungen auf die Motivation der Mitarbeiter und die Produktivität des Unternehmens.[148] Vertreter pluralistischer, Stakeholder-basierter Ansätze fordern vor diesem Hintergrund, das Ziel des Unternehmenshandelns auf die Maximierung der Vorteile für alle Stakeholdergruppen zu richten.[149] Die Absicherung der Risiken der einzelnen Gruppen erfordere deren Berücksichtigung in der Governance-Struktur des Unternehmens.[150] Ein konkretes Beispiel für Vertreter einer solchen Berücksichtigung ist die *Team Production Theory* von *Margaret Blair* und *Lynn Stout.*[151] Sie verstehen ein Unternehmen als „mediating hierarchy".[152] Leitungsgremien dienen nach ihrer Ansicht nicht einzig den Interessen der Shareholder, sondern haben treuhänderische Pflichten zugunsten aller zum Unternehmenswert beitragenden Interessengruppen: „boards exist not to protect shareholders *per se*, but to protect the enterprise-specific investments of *all* the members of the corporate ‚team,' including shareholders, managers, rank and file employees, and possibly other groups, such as creditors"[153]. Die Berücksichtigung verschiedener Interessen wirft allerdings wiederum das oben bereits angesprochene Problem opportunistischen Verhaltens der Entscheidungsträger auf.[154] Kritiker bemängeln, dass klare, objektive Entscheidungsmaßstäbe sowie Maßstäbe für den Unternehmenserfolg fehlen würden[155] und Entscheidungsträger infolgedessen nicht hinreichend zur Rechenschaft gezogen werden könnten[156]. Sofern die Entscheidungsmacht bei einem Gremium liegt, das aus Interessenvertretern verschiedener

[147] *Stout*, S. CaL. L. Rev. 75 (2002), 1189, 1194; *Kelly/Parkinson*, in: Parkinson/Gamble/Kelly (Hrsg.), The Political Economy of the Company, S. 125 ff.

[148] *Kelly/Parkinson*, in: Parkinson/Gamble/Kelly (Hrsg.), The Political Economy of the Company, S. 130 f. Dazu auch *Gelter*, Fordham Int'l L.J. 33 (2010), 792, 798.

[149] *Kelly/Parkinson*, in: Parkinson/Gamble/Kelly (Hrsg.), The Political Economy of the Company, S. 130: „(…) companies schould seek to maximise the total creation of wealth. This translates into the objective of maximizing the sum of the rents flowing to each stakeholder group." *Stout*, S. CaL. L. Rev. 75 (2002), 1189, 1198: „[…] the ideal rule for corporate directors to follow is not to require them to focus solely on maximizing shareholders' current wealth. Rather, the ideal rule of corporate governance, at least from an efficiency perspective, is to require corporate directors to maximize the sum of all the risk-adjusted returns enjoyed by all of the groups that participate in firms. These groups include not only shareholders, but also executives, employees, debtholders, and possibly even suppliers, consumers, and the broader community."

[150] *Kelly/Parkinson*, in: Parkinson/Gamble/Kelly (Hrsg.), The Political Economy of the Company, S. 131 ff. Ein Beispiel zur Absicherung von Arbeitnehmerinteressen ist die Platzierung von Arbeitnehmervertretern im Aufsichtsrat, wie nach dem Modell des deutschen Mitbestimmungsgesetzes (MitbestG v. 4. Mai 1976 (BGBl. I S. 1153)).

[151] *Blair/Stout*, Va. L. Rev. 85 (1999), 247, 247 ff.

[152] *Blair/Stout*, Va. L. Rev. 85 (1999), 247, 276–287.

[153] *Blair/Stout*, Va. L. Rev. 85 (1999), 247, 253, ebenso auf 288, (Hervorhebung im Original).

[154] *Hansmann/Kraakman*, Geo. L. J. 89 (2001), 439, 448; *Enriques/Hansmann/Kraakman* u.a., in: Kraakman/Armour (Hrsg.), The Anatomy of Corporate Law, S. 106 Vgl. oben unter § 2 C. I. 3.

[155] *Forstmoser*, in: Kiesow/Ogorek/Simitis (Hrsg.), Summa – Dieter Simon zum 70. Geburtstag, S. 218.

[156] *Hansmann/Kraakman*, Geo. L. J. 89 (2001), 439, 448.

Gruppen besteht, ergeben sich außerdem Kosten und Probleme kollektiver Entscheidungen.[157]

Auch außerhalb der Rechtsökonomie haben insbesondere die Wirtschaftsethik und politische Philosophie normative Begründungen für eine soziale Verantwortung von Unternehmen hervorgebracht.[158] Stellvertretend seien hier drei Theorien aus unterschiedlichen ethischen Traditionen genannt. *Robert Solomon* tritt für einen aristotelischen, wertebasierten Ansatz zur Ausrichtung eines Unternehmens ein.[159] Antagonismen, die in der Debatte zum Beispiel zwischen „profit and doing good" oder „personal and corporate values and virtues" bestehen, sollen die Debatte zugunsten einer holistischen Sichtweise überwinden.[160] Ein Unternehmen sei als Gemeinschaft zu verstehen, in der Menschen zusammen auf gemeinsame Ziele hinarbeiteten.[161]

Aus einer philosophisch-kontraktualistischen Tradition heraus begründen *Thomas Donaldson* und *Thomas Dunfee* eine *Integrative Social Contracts Theory*.[162] Verkürzt ausgedrückt würden nach der *Integrative Social Contracts Theory* Wirtschaftsteilnehmer in einem hypothetischen Makro-Vertrag die Bedingungen für tatsächliche soziale Mikro-Verträge definieren.[163] Makro-Verträge enthielten normative Regeln bzw. wirtschaftsmoralische Prinzipien, auf die sich rational Vertragschließende hypothetisch einigen.[164] Mikro-Verträge hingegen würden verschiedene Parteien spezifischer Gemeinschaften auf Basis der im Makro-Vertrag definierten normativen Regeln schließen.[165] In diesen Verträgen würden sich die Parteien auf wirtschaftsethische Normen einigen, die die normgebende Gemeinschaft binden.[166]

Einen diskurstheoretischen Ansatz von Corporate Social Responsibility basierend auf *Jürgen Habermas* Konzept der deliberativen Demokratie[167] vertreten *Andreas Scherer* und *Guido Palazzo*.[168] Nach deren Ansicht sei das Unternehmen ein politisierter Akteur in einem Netz zivilgesellschaftlicher Kommunikation.[169] Es solle am

---

[157] *Hansmann/Kraakman*, Geo. L. J. 89 (2001), 439, 449; *Enriques/Hansmann/Kraakman* u.a., in: Kraakman/Armour (Hrsg.), The Anatomy of Corporate Law, S. 106 f.

[158] Einen Überblick hierzu gibt *Melé*, in: Crane/McWilliams/Matten/Moon u.a. (Hrsg.), The Oxford Handbook of Corporate Social Responsibility, S. 65.

[159] *Solomon*, Ethics and Excellence, S. 101 ff.

[160] *Solomon*, Ethics and Excellence, S. 180.

[161] *Solomon*, Ethics and Excellence, S. 109 f.: „Corporations are […] communities, people working together for common goals. […] The Aristotelean approach to business presupposes an ideal, an ultimate purpose, but the ideal of business in general is not […] „to make money". It is to serve society's demands and the public good and be rewarded for doing so."

[162] *Donaldson/Dunfee*, Academy of Management Review 19 (1994), 252, 252 ff.

[163] *Donaldson/Dunfee*, Academy of Management Review 19 (1994), 252, 254 ff., sprechen von: „microcontracts" und „macrocontracts", bzw. „microsocial" und „macrosocial contracts".

[164] *Donaldson/Dunfee*, Academy of Management Review 19 (1994), 252, 260: „the set of principles regarding economic morality to which contractors would agree".

[165] *Donaldson/Dunfee*, Academy of Management Review 19 (1994), 252, 254 Die Parteien sind: „members of specific communities, including firms, departments within firms, informal subgroups within departments, national economic organizations, international economic organizations, professional associations, industries, and so on."

[166] *Donaldson/Dunfee*, Academy of Management Review 19 (1994), 252, 262: „Local economic communities may specify ethical norms for their members through microsocial contracts."

[167] S. dazu *Habermas*, Faktizität und Geltung, S. 349 ff.

[168] *Scherer/Palazzo*, Academy of Management Review 32 (2007), 1096, 1096 ff.

[169] *Scherer/Palazzo*, Academy of Management Review 32 (2007), 1096, 1108 f.: Scherer und Palazzo erklären die Politisierung des Unternehmens wie folgt: „For a corporation to deal with changing societal demands in a reasonable way, it must replace implicit compliance with assumed

öffentlichen Diskurs über das Management von Stakeholderinteressen teilnehmen und deliberativ in einem Prozess demokratischer Willensbildung Entscheidungen treffen.[170]

III. *Moderates Shareholder-Value-Konzept*

Die zuvor besprochenen normativen Begründungen und Konzepte von CSR unterscheiden sich sowohl im Hinblick auf ihre Begründungsansätze als auch der Reichweite der Verantwortung eines Unternehmens. Die Orientierung an einer langfristigen, nachhaltigen Steigerung des Unternehmenswertes[171] (auch bezeichnet als *moderates* bzw. *enlightened Shareholder-Value-Konzept*[172]) kann man als eine Art Mittelweg betrachten.[173] Das Konzept berücksichtigt, dass „Gewinne der Nährboden einer jeden unternehmerischen Tätigkeit" sind.[174] Gleichzeitig müssen aber Entscheidungen, die einen nur kurzfristigen Kursanstieg nach sich ziehen, zurückstehen, wenn sie einer nachhaltigen Wertsteigerung schaden.[175] Von einem solchen Ansatz profitieren langfristig Aktionäre, ebenso aber Arbeitnehmer und das wirtschaftliche und gesellschaftliche Umfeld.[176] Für das *moderate Shareholder-Value-Konzept* spricht, dass es berücksichtigt, dass das Unternehmen von den standortspezifischen Ressourcen und Beiträgen der Arbeitnehmer zum Unternehmenserfolg profitiert.[177] Das zuständige Leitungsorgan muss zum Schutz dieser Interessengruppen vor *ex post* Opportunismus

---

societal norms and dexpectations with an explicit participation in public processes of political will formation. We consider this shift the *politicization of the corporation*." (S. 1108, Hervorhebung im Original).

[170] *Scherer/Palazzo*, Academy of Management Review 32 (2007), 1096, 1109 f.: „A deliberative concept of CSR embeds coprorate decision making in processes of democratic will formation. [...] The corporation, within the network of civil society communication, does not replace the idea of stakeholder management but enhances it and frames it in an ongoing process of observing and participating in public discourses".

[171] *Forstmoser*, in: Kiesow/Ogorek/Simitis (Hrsg.), Summa – Dieter Simon zum 70. Geburtstag, S. 219 ff.; *C. A. Williams*, in: Gordon/Ringe (Hrsg.), The Oxford Handbook of Corporate Law and Governance, Nr. 675–676. Anzumerken ist, dass auch Vertreter der *Shareholder Primacy* die langfristige Steigerung der Unternehmensgewinne als Ziel ausloben, s. *Easterbrook/Fischel*, The Economic Structure of Corporate Law, S. 36: „For most firms the expectation is that the residual risk bearers have contracted for a promise to maximize *long-run* profits of the firm, which in turn maximizes the value of their stock." (Hervorhebung durch die Verfasserin).

[172] Vgl. MüKoAktG/*Spindler*, AktG § 76, Rn. 78; BeckOGK/*Fleischer*, AktG § 76, Stand: 1.2.2022, Rn. 38.

[173] Vgl. auch die weitergehende Wortwahl in den Beiträgen *C. A. Williams*, in: Gordon/Ringe (Hrsg.), The Oxford Handbook of Corporate Law and Governance, S. 676: „Reconciliation"; *Forstmoser*, in: Kiesow/Ogorek/Simitis (Hrsg.), Summa – Dieter Simon zum 70. Geburtstag, S. 219: „Mehr Gemeinsamkeiten als erwartet"; Hüffer/J. Koch/*J. Koch*, AktG § 76, Rn. 30: „Trotz anderer Perspektive sind die Unterschiede [...] überschaubar".

[174] *Forstmoser*, in: Kiesow/Ogorek/Simitis (Hrsg.), Summa – Dieter Simon zum 70. Geburtstag, S. 219.

[175] *C. A. Williams*, in: Gordon/Ringe (Hrsg.), The Oxford Handbook of Corporate Law and Governance, Nr. 675, m.w.N. zu Kritik an Entscheidungen, die nur auf kurze Sicht profitabel sind.; *Forstmoser*, in: Kiesow/Ogorek/Simitis (Hrsg.), Summa – Dieter Simon zum 70. Geburtstag, S. 219 ff.

[176] *C. A. Williams*, in: Gordon/Ringe (Hrsg.), The Oxford Handbook of Corporate Law and Governance, Nr. 676.

[177] Vgl. die Argumente der pluralistischen rechtsökonomischen Theorien unter C. II.

bei Abschluss langfristiger, unvollständiger Verträge die jeweiligen Stakeholder-Belange berücksichtigen.[178]

Eine Herausforderung bei der Orientierung an einer langfristigen Steigerung des Unternehmenswerts verbleibt die Abstimmung der widerstreitenden Interessen.[179] Durch die Hinnahme kurzfristiger Verluste oder den Verzicht auf kurzfristige Gewinne sind Interessenkonflikte nicht ausgeschlossen.[180] Anders als nach dem Konzept der *Shareholder Primacy*, lassen sich keine eindeutigen Handlungsmaßstäbe für den Vorstand ausmachen.[181] Allerdings müsste der Vorstand auch nach der *Shareholder Primacy* jedenfalls divergierende Interessen von Investoren berücksichtigen.[182]

Letztlich spricht aus rechtspolitischer Sicht für ein moderates Konzept, dass die globale Arbeitsteilung und staatliche Durchsetzungsschwierigkeiten in Produktionsländern ohne effektiven rechtlichen Schutz für Arbeitnehmer und die Umwelt die Ausnutzung günstiger Ressourcen und schwach regulierter Produktionsbedingungen ermöglicht. Die Folge ist ein globales *race to the bottom* der sozialen und ökologischen Standards.[183] Die genannten Aspekte würden angemessen adressiert, wenn unternehmerische Entscheidungen soziale und ökologische Mindeststandards berücksichtigen und im Rahmen von Interessensabwägungen die wirtschaftlichen Ziele der nachhaltigen Unternehmenswertsteigerung in Ausgleich bringen würden.

IV. CSR in der Management Literatur

Unter dem Stichwort *Corporate Social Performance* (CSP) analysiert die Management Literatur die soziale Verantwortung von Unternehmen aus positiver Sicht. Ihr Hauptaugenmerk galt der Struktur und dem Inhalt sozialer Verantwortung, die über die wirtschaftlichen und rechtlichen Pflichten der Unternehmen hinausgehen.[184] Repräsentativ hierfür ist eine Aussage von *Keith Davis:* „Society wants business as well as all other major institutions to assume significant social responsibility. Social responsibility has become the hallmark of a mature, global civilization. It is necessary for an interdependent one world. Values have changed to require it."[185] Danach werde

---

178 Vgl. MüKoAktG/*Spindler*, AktG § 76, Rn. 79 f.

179 Vgl. in dieser Hinsicht zu Fragen des Interessensausgleichs pluralistischer Ansätze *Enriques/Hansmann/Kraakman* u.a., in: Kraakman/Armour (Hrsg.), The Anatomy of Corporate Law, S. 107.

180 *Forstmoser*, in: Kiesow/Ogorek/Simitis (Hrsg.), Summa – Dieter Simon zum 70. Geburtstag, S. 220 f. *Forstmoser* bespricht Konfliktfälle, wie eine Verlegung des Produktionsorts ins Ausland oder den Verkauf einer gesellschaft an einen Bieter, der kein Höchstangebot abgab, aber Arbeitsplätze erhalten möchte. Zu letztem Beispiel auch die Diskussion *CJ Strines* aus der amerikanischen Rechtsliteratur *Strine*, S. CaL. L. Rev. 75 (2002), 1169, 1177 ff.

181 Hüffer/J. Koch/*J. Koch*, AktG § 76, Rn. 31.

182 Hüffer/J. Koch/*J. Koch*, AktG § 76, Rn. 31.

183 *Vetter*, ZGR 2018, 338, 362 Mit Blick auf private Regelsetzung im Mehr-Ebenen-Rechtssystem aus ökonomischer Sicht *Kerber*, in: Möslein (Hrsg.), Regelsetzung im Privatrecht, S. 87. Ähnlich Hüffer/J. Koch/*J. Koch*, AktG § 76, Rn. 31, der festhält, dass von den Arbeitnehmer- oder Gemeinwohlbelangen wenig bleibe, wenn sie nur in dienender Funktion dem Shareholder Interesse untergeordnet würden und im Zweifel dahinter zurückstünden.

184 *Melé*, in: Crane/McWilliams/Matten/Moon u.a. (Hrsg.), The Oxford Handbook of Corporate Social Responsibility, S. 49; *Davis/Blomstrom*, Business, Society, and Environment: Social Power and Social Response, S. 85; *Davis*, Academy of Management Journal 16 (1973), 312, 312 f.: „[...] it [the concept of social responsibility] refers to the firm's consideration of, and response to, issues beyond the narrow economic, technical, and legal requirements of the firm."

185 *Davis*, Academy of Management Journal 16 (1973), 312, 321.

die Übernahme sozialer Verantwortung durch Unternehmen längst von der Gesellschaft erwartet.

Im Hinblick auf die Reichweite und den Inhalt einzelner Aspekte von CSR haben die Arbeiten von *Achie B. Carroll* auch in der juristischen Literatur Beachtung gefunden.[186] *Carroll* entwirft 1979 ein dreidimensionales Konzept der CSP.[187] Soziale Verantwortung stellt darin die vertikale Dimension dar, betroffene soziale Themen die horizontale Dimension und die dritte Dimension sind konkrete Handlungsformen.[188] Kategorien sozialer Verantwortung gliedert *Carroll* in wirtschaftliche, rechtliche, ethische und im Ermessen des Unternehmens stehende Verantwortung.[189] Im Jahr 1991 stellt *Carroll* diese Verantwortungsbereiche in seiner „Pyramid of Corporate Social Responsibility" in einem pyramidenförmigen Verhältnis dar.[190] Sie verdeutlicht *Carrolls* Ansatz, nach welchem Unternehmen danach streben sollten, Gewinn zu machen, das Gesetz zu beachten, ethisch zu handeln und ein guter „corporate citizen" zu sein.[191] Allerdings könnten die genannten Verantwortungsbereiche nicht immer klar getrennt werden, sondern überschneiden sich teilweise.[192]

Abzugrenzen von CSR und CSP sind Konzepte des *Corporate Citizenship*.[193] Diesem kommt unterschiedliche Bedeutung zu. Zum Beispiel ordnet *Carroll* den Imperativ „be a good corporate citizen" dem philanthropischen Verantwortungsbereich in der Spitze seiner CSR-Pyramide zu.[194] Teils wird der Begriff auch inhaltlich mit CSR gleichgesetzt.[195] Demgegenüber übernehmen nach *Dirk Matten* und *Andrew Crane* Unternehmen als *Corporate Citzien* eine Geberrolle und Verwaltungsrolle hinsichtlich bürgerlicher Rechte.[196] *Jeanne Logsdon* und *Donna Wood* konzipieren das Unternehmen als *Global Business Citizen*[197] mit gegenüber einzelnen Bürgern nachran-

---

[186] Siehe in der juristischen Diskussion zum Beispiel *Asmussen*, Haftung für CSR, S. 5; Fezer/Büscher/Obergfell UWG/*Birk*, Corporate Social Responsibility im Lauterkeitsrecht, Rn. 1.

[187] *Carroll*, Academy of Management Review 4 (1979), 497, 499 ff., visualisiert in Fig. 3.

[188] *Carroll*, Academy of Management Review 4 (1979), 497, 503, Fig. 3: Die drei Dimensionen sind: „Social Responsibility Categories", „The Social Issues Involved" und „Philosophy of Social Responsiveness".

[189] *Carroll*, Academy of Management Review 4 (1979), 497, 499 f. Für Letztere verwendet Carroll den Begriff „Discretionary Responsibilities".

[190] *Carroll*, Business Horizons 34 (Jul/Aug 1991), 39, 40 ff., insbes. Abb. 3. An die Spitze setzt er allerdings nicht mehr „Discretionary Responsibilites", sondern „Philantropic Responsibilities".

[191] *Carroll*, Business Horizons 34 (Jul/Aug 1991), 39, 43: „(...) the CSR firm should strive to make a profit, obey the law, be ethical, and be a good corporate citizen."

[192] *M. S. Schwartz/Carroll*, Business Ethics Quarterly 13 (2003), 503, 508 ff.

[193] Einen Überblick über die verschiedenen Verständnisse gibt *Melé*, in: Crane/McWilliams/Matten/Moon u.a. (Hrsg.), The Oxford Handbook of Corporate Social Responsibility, S. 65 ff.

[194] *Carroll*, Business Horizons 34 (Jul/Aug 1991), 39, 42, Fig. 3. Unter philanthropische Handlungen fallen nach *Carrolls* Pyramiden-Einteilung nur diejenigen Handlungen, die nicht bereits von der Gesellschaft ethisch oder moralisch erwartet werden. Im entsprechenden Abschnitt der Pyramide heißt es daher weiter: „contribute resources to the community; improve quality of life".

[195] *Windsor*, Journal of Management Studies 43 (2006), 93, 97 *Windsor* meint, der Begriff „*Corporate Citizenship*" werde verwendet, um den Begriff der ‚Verantwortung' auszusparen.

[196] *Matten/Crane*, Academy of Management Review 30 (2005), 166, 170 ff.: „Our premise is that corporations enter the arena of citizenship in circumstances where traditional governmental actors fail to be the „counterpart" of citizenship." (S. 172). *Matten/Crane* definieren Corporate Citizenship als „the role of the corporation in administering citizenship rights for individuals." (S. 173).

[197] Definiert als: „A multinational enterprise that responsibly implements its duties to individuals and to societies within and across national and cultural borders", s. *Logsdon/Wood*, Journal of Business Ethics 59 (2005), 55, 56.

gigen Rechten und Pflichten.[198] Die Annahme, dass Unternehmen eine bestimmte politische Rolle inne haben, taucht auch in den oben genannten wertebasierten und diskurstheoretischen Begründungen der Stakeholder Theorie auf.[199]

V. CSR im deutschen Aktienrecht

Im deutschen Aktienrecht obliegt dem Vorstand gem. § 76 Abs. 1 AktG das Leitungsermessen.[200] Nach herrschender Meinung ist hierfür eine pluralistische Zielkonzeption maßgebend, nach der widerstreitende Interessen gegeneinander abzuwägen und in einen angemessenen Ausgleich zu bringen sind, ohne dass Aktionärsinteressen grundsätzlich vorzugswürdig sind.[201] Der Vorstand muss im Rahmen seines Leitungsermessens Aktionärsinteressen angemessen berücksichtigen und hat außerdem die Pflicht für den Bestand des Unternehmens durch dauerhafte Rentabilität sorgen[202]. Das Aktienrecht enthält keine Pflicht zur Förderung von CSR.[203] Das Leitungsermessen gewährt dem Vorstand aber das Recht, CSR-Erwägungen in ihren Entscheidungen einfließen zu lassen.[204] Auch steht es den Gesellschaftsgründern grundsätzlich frei, CSR-Klauseln in die Satzung aufzunehmen.[205] Gegen die Berücksichtigung von CSR spricht auch nicht die Business Judgement Rule in § 93 Abs. 1 S. 2 AktG, die ein Verhalten des Vorstandes für nicht pflichtwidrig erklärt, wenn dieser vernünftigerweise annehmen durfte, auf der Grundlage angemessener Information zum „Wohle der Gesellschaft" zu handeln. Zwar liegt ausweislich der Regierungsbegründung Handeln zum Wohle der Gesellschaft „jedenfalls vor, wenn es der langfristigen Ertragsstärkung und Wettbewerbsfähigkeit des Unternehmens und seiner Produkte oder Dienstleistungen dient."[206] Darin liegt aber keine Vorgabe zur ausschließ-

---

[198] *Logsdon/Wood*, Journal of Business Ethics 59 (2005), 55, 58: „businesses can be citizens, but in a secondary way – as organizations that serve human needs, it can be beneficial to grant firms certain rights and privileges of citizenship, and in return they can be expected to uphold community customs and values."

[199] Vgl. *Solomon*, Ethics and Excellence, S. 148 ff. und *Scherer* und *Palazzo*, vgl. *Scherer/Palazzo*, Academy of Management Review 32 (2007), 1096, 1108 f.

[200] Hüffer/J. Koch/*J. Koch*, AktG § 76, Rn. 28.

[201] Vgl. stellvertretend Hüffer/J. Koch/*J. Koch*, AktG § 76, Rn. 28; *Vetter*, ZGR 2018, 338, 348 ff.; diff. MüKoAktG/*Spindler*, AktG § 76, Rn. 78 ff.; a.A. (Überordnung der Anteilseignerinteressen) Grigoleit/*Grigoleit*, AktG § 76, Rn. 19; BeckOGK/*Fleischer*, AktG § 76, Stand: 1.2.2022, Rn. 37; Hölters/*M. Weber*, AktG § 76, Rn. 22.

[202] Hüffer/J. Koch/*J. Koch*, AktG § 76, Rn. 33 f.; *Ulmer*, AcP 202 (2002), 143, 159.

[203] Dazu *Fleischer*, DB 2017, 2017 ff.; *Bachmann*, ZGR 2018, 231, 233 ff.; *Habersack*, AcP 220 (2020), 594, 627 ff.

[204] Vgl. *Vetter*, ZGR 2018, 338, 348 ff.; *Müller-Michaels/Ringel*, AG 2011, 101, 109; Hüffer/J. Koch/*J. Koch*, AktG § 76, 35a; MüKoAktG/*Spindler*, AktG § 76, Rn. 81; *Habersack*, AcP 220 (2020), 594, 633 ff. Zur strafrechtlichen Würdigung vgl. auch BGHSt 47, 187 = BGH, Urt. v. 6. 12. 2001 – 1 StR 215/01 = NJW 2002, 1585, 1586: Vor dem Hintergrund der Schwierigkeit der Abgrenzung zwischen Image-förderndem Handeln und rein altruistischem Handeln sei dem Vorstand bei der Frage, „welchen Aufwand er für soziale Zwecke treibt, auf welche Gewinne er aus ethischen Gründen verzichtet und für welche sozialen, politischen und kulturellen Zwecke er Mittel der Gesellschaft einsetzt, ein breiter Ermessensspielraum zuzuerkennen." Dieses Ermessen findet aber seine Grenze, wenn die Aufwendungen mit dem Unternehmensinteresse nicht mehr vereinbar sind.

[205] BeckOGK/*Fleischer*, AktG § 76, Stand: 1.2.2022, Rn. 47; *Kort*, NZG 2012, 926, 930. Zur Zulässigkeit nichtfinanzieller Vergütungsparameter für die Vorstands- und Aufsichtsratsvergütung *Harbarth*, ZGR 2018, 379, 379 ff.

[206] Begründung des Regierungsentwurfs des Gesetzes zur Unternehmensintegrität und Modernisierung des Anfechtungsrechts (UMAG), BT-Drs. 15/5092, S. 11.

lichen wirtschaftlichen Ausrichtung des Unternehmenshandelns, wie sich bereits aus der Formulierung „jedenfalls“ ergibt.[207]

Die Formulierung der Präambel des Deutschen Corporate Governance Kodex (DCGK) geht weiter. Diese besagt unter anderem, dass Aufsichtsrat und Vorstand „unter Berücksichtigung der Belange der Aktionäre, der Belegschaft und der sonstigen mit dem Unternehmen verbundenen Gruppen (Stakeholder) für den Bestand des Unternehmens und seine nachhaltige Wertschöpfung“ sorgen sollten.[208] Seit der letzten Kodex-Änderung im Jahr 2020 enthält die Präambel in Abs. 2 außerdem ein Bekenntnis zu CSR. Gemäß der geplanten Kodexreform 2022 enthält die Präambel die Aussage, dass Vorstand und Aufsichtsrat bei der Führung und Überwachung im Rahmen des Unternehmensinteresses berücksichtigen, dass Sozial- und Umweltfaktoren den Unternehmenserfolg beeinflussen und die Tätigkeiten des Unternehmens Auswirkungen auf Mensch und Umwelt haben.[209] Auch wenn die Präambel des Kodex, wie die Kodex-Empfehlungen, keine direkte rechtliche Bindungswirkung entfaltet, so haben die von der Kodex-Kommission entwickelten Bestimmungen doch eine gewisse indizielle und standardsetzende Wirkung.[210]

D. Ökonomische Motive für CSR

I. Der *Business Case* für CSR

Wie kann ein Unternehmen Gutes tun und zugleich finanzielle Vorteile daraus ziehen? Dieser Frage gehen Darstellungen des *Business Case* für CSR nach.[211] Hierzu gibt es sowohl zahlreiche theoretische als auch empirische Studien. Diese kommen allerdings zu voneinander abweichenden Ergebnissen.[212] Meta-Analysen zeigen, dass die CSP eines Unternehmens und seine *Corporate Financial Performance* (CFP) in

---

[207] Vgl. *Vetter*, ZGR 2018, 338, 354 Der Zweite Zivilsenat des BGH äußerte sich sympathisierend zur Berücksichtigung von Gemeinwohlbelangen bei der Bewertung der Pflichtwidrigkeit unternehmerischer Entscheidungen im Rahmen des § 93 Abs 1 S. 2 AktG, vgl. BGH, Urt. v. 10.7.2018 – II ZR 24/17 = NZG 2018, 1189, 1195, Rn. 54 = BGHZ 219, 193.

[208] Deutscher Corporate Governance Kodex, in der Fassung vom 16. Dezember 2019, online abrufbar unter: https://www.dcgk.de/de/kodex/aktuelle-fassung/praeambel.html (zuletzt aufgerufen am 18.5.2022). Insbesondere die ebenfalls in der Präambel enthaltene Ausrichtung an ethischem Verhalten ist in der Literatur als zu unbestimmt kritisiert worden, s. *Fleischer*, DB 2017, 2015 f.

[209] Deutscher Corporate Governance Kodex, in der Fassung der geplanten Kodexreform 2022 vom 28.4.2022, online abrufbar unter: https://www.dcgk.de/de/konsultationen/aktuelle-konsultationen.html (zuletzt aufgerufen am 18.5.2022).

[210] So die Ordnungsfunktion des Kodex (neben seiner Kommunikationsfunktion), vgl. Kremer/Bachmann/Lutter/Werder/*Werder*, DCGK Präambel, Rn. 2. Zur indiziellen Wirkung der Empfehlungen der Kodex-Kommission vgl. *Vetter*, ZGR 2018, 338, 358. Kodex-Empfehlungen haben keine direkte rechtliche Bindungswirkung. Über ihre Einhaltung ist in einer Erklärung nach dem „Comply-or-Explain“-Ansatz Rechenschaft abzulegen. Die Erklärungspflicht des § 161 AktG erfasst die Präambel nicht. Vgl. dazu *Fleischer*, DB 2017, 2017; BeckOGK/*Bayer/Scholz*, AktG § 161, Rn. 18 f.

[211] Dazu *Kurucz/Colbert/Wheeler*, in: Crane/McWilliams/Matten/Moon u.a. (Hrsg.), The Oxford Handbook of Corporate Social Responsibility, S. 83 ff.

[212] Einen Überblick über theoretische sowie empirische Studien geben *Margolis/J. P. Walsh*, Administrative Science Quarterly 48 (2003), 268, 273 ff.; *Kurucz/Colbert/Wheeler*, in: Crane/McWilliams/Matten/Moon u.a. (Hrsg.), The Oxford Handbook of Corporate Social Responsibility, S. 84 ff. jeweils m.w.N.

einem positiven Zusammenhang stehen.[213] Die pauschale These, dass ein sozial verantwortungsvoll handelndes Unternehmen profitabler sei als ohne Übernahme sozialer Verantwortung, lässt sich aber bisher nicht bestätigen.[214] Der *Business Case* für CSR zeigt aber Mittel auf, wie Unternehmen soziale Werte ökonomisch sinnvoll verwirklichen können.[215] Besondere Relevanz hat dies für Unternehmen, deren unternehmerische Strategie und Identität auf CSR aufbaut[216] oder, wenn CSR-Maßnahmen als defensives Programm Aktivisten zufriedenstellen sollen.[217] In beiden Fällen spielt die Reputation der Unternehmen eine tragende Rolle.[218] Die Verbesserung bzw. Verfestigung der Reputation der Unternehmensmarken ist einer von mehreren Mediatoren, den die Literatur für den *Business Case* für CSR anführt.[219] Auch können CSR-Maßnahmen zur Minimierung von Risiken und Kosten beitragen, die entstehen, wenn *Stakeholder*-Interessen nicht berücksichtigt werden.[220] CSR-Maßnahmen sind außerdem zum Anwerben und Motivieren gut ausgebildeter Arbeitnehmer geeignet und mobilisieren auf soziale Werte achtende Investoren sowie neue Kunden.[221] Auch die

---

[213] *Clark/Feiner/Viehs*, From the Stockholder to the Stakeholder – How Sustainability Can Drive Financial Outperformance, 2015, online abrufbar unter: https://sustainable-finance.nl/upload/researches/Clark-et-al_From-The-Stockholder-To-The-Stakeholder.pdf (zuletzt aufgerufen am 18.5.2022). *Clark/Feiner/Viehs* untersuchen in ihrer Meta-Analyse verschiedene Initiativen (ökologische, soziale und governance bezogene), sondern auch verschiedene Kriterien für die CFP (Kosten, operative Leistung und Aktienwert). *Orlitzky/Frank L. Schmidt/Rynes*, Organization Studies 24 (2003), 403, 423. *Orlitzky/Schmidt/Rynes* nehmen eine Meta-Analyse über Studien aus den vorherigen 30 Jahren vor. *Preston/O'Bannon* untersuchen Kausalbeziehungen zwischen CSP und CFP durch eine Auswertung entsprechender öffentlicher Rating-Werte u.a. aus Fortune-Rankings und der Compustat-Datenbank. Sie kommen zu dem Ergebnis, dass entweder positive Synergien zwischen CSP und CFP bestehen oder ein Anstieg des CFP-Werts zu einem Anstieg des CSP-Werts führt, vgl. *Preston/O'Bannon*, Business & Society 36 (1997), 419, 426 ff.

[214] *Vogel*, The Market for Virtue, S. 45.

[215] *Wouters/Chanet*, Nw. J. Int'l H. Rts. 6 (2008), 262, 267: „(…) the 'business case' for corporate responsibility may inform us as to the *means* needed for ensuring responsibility." (Hervorhebung im Original). Der Business Case könne zeigen, ob regulatorische Mittel zur Durchsetzung von CSR nötig seien. *Wouters/Chanet* plädieren für einen hybriden Ansatz zwischen staatlichen und freiwilligen Maßnahmen (S. 271 f.). S. zu dieser Diskussion auch *C. A. Williams*, in: Gordon/Ringe (Hrsg.), The Oxford Handbook of Corporate Law and Governance, S. 668 f.

[216] *Vogel*, The Market for Virtue, S. 73. Mit Verweis auf Unternehmen wie Ben and Jerry's und Patagonia als „companies with a conscience".

[217] *Vogel*, The Market for Virtue, S. 73. *Vogel* nennt hier „Shell, Nike, Home Depot, Dell, General Electric, Mars, McDonald's, Disney, Carrefour, and Hennes & Mauritz".

[218] *Vogel*, The Market for Virtue, S. 74: „Both categories of companies regard their reputations for corporate virtue as important. Accordingly, they have decided that it is in their interest to devote additional resources to improving their social or environ-mental performance and in many cases to cooperate with NGOs".

[219] Eine Übersicht über Mediatoren geben: *Kurucz/Colbert/Wheeler*, in: Crane/McWilliams/Matten/Moon u.a. (Hrsg.), The Oxford Handbook of Corporate Social Responsibility, S. 85 ff.; *Orlitzky*, in: Crane/McWilliams/Matten/Moon u.a. (Hrsg.), The Oxford Handbook of Corporate Social Responsibility, S. 117 ff. Siehe dazu auch *Asmussen*, Haftung für CSR, S. 16 f.

[220] *Kurucz/Colbert/Wheeler*, in: Crane/McWilliams/Matten/Moon u.a. (Hrsg.), The Oxford Handbook of Corporate Social Responsibility, S. 87 f. S. dazu auch die Meta-Studien von *Clark/Feiner/Viehs*, From the Stockholder to the Stakeholder – How Sustainability Can Drive Financial Outperformance, 2015, S. 22 ff., online abrufbar unter: https://sustainable-finance.nl/upload/researches/Clark-et-al_From-The-Stockholder-To-The-Stakeholder.pdf (zuletzt aufgerufen am 18.5.2022).

[221] *Orlitzky*, in: Crane/McWilliams/Matten/Moon u.a. (Hrsg.), The Oxford Handbook of Corporate Social Responsibility, S. 120 f.; *Kurtz*, in: Crane/McWilliams/Matten/Moon u.a. (Hrsg.), The

Zahlungsbereitschaft der (neuen und bisherigen) Kunden soll erhöht und Verkaufszahlen gesteigert werden.[222]

II. Konsumverhalten

Konkrete moralische Qualitätserwartungen der Verbraucher im Hinblick auf Waren und deren Produktionsprozess führen zu selektivem Konsumverhalten bzw. zu einem sog. „ethischen"[223] oder „nachhaltigen Konsum"[224]. Dieses Konsumverhalten hat das Potenzial, Wertschöpfungsketten und Produktionsprozesse zu beeinflussen.[225] Ethischer Konsum ist längst nicht mehr nur für Nischenmärkte wie für Fair-Trade-Produkte reserviert.[226] Ein Beispiel sind Eier aus biologischer Hühnerhaltung oder aus Freilandhaltung oder – im Sinne eines Negativbeispiels – gebrandmarkte Eier aus Käfighaltung, die als tierfeindlich gilt.[227] Konsumenten können CSR-Maßnahmen in positiver Hinsicht durch eine Kaufentscheidung zugunsten entsprechender Produkte oder Hersteller (*positive ethical consumerism*) fördern.[228] Sie können aber auch in negativer Hinsicht fehlende CSR-Maßnahmen oder gar Verstöße gegen CSR-Standards zum Beispiel durch Boykott sanktionieren (*negative ethical consumerism*).[229] Empirische Studien belegen, dass sich Verbraucher von ethischen Kriterien bei ihren Kaufentscheidungen stärker als noch vor zehn Jahren leiten lassen.[230] Aller-

---

Oxford Handbook of Corporate Social Responsibility, S. 249 ff. Zu ethischem Konsum siehe sogleich auch unten. Zu im Portfoliointeresse liegenden CSR-Maßnahmen s. *C. A. Weber/Kebekus*, ZHR 184 (2020), 324, 334 ff. und 353 ff.

222 *Orlitzky*, in: Crane/McWilliams/Matten/Moon u.a. (Hrsg.), The Oxford Handbook of Corporate Social Responsibility, S. 121.

223 Vgl. z.B. *Dastis*, VuR 2017, 252; *Glinski/Rott*, EuZW 2003, 649.

224 So z.B. das Nationale Programm für nachhaltigen Konsum der Bundesregierung, Kabinettsbeschluss vom 24.2.2016, Veröffentlichung 2019, S. 9, online abrufbar unter: https://www.bmu.de/fileadmin/Daten_BMU/Pools/Broschueren/nachhaltiger_konsum_broschuere_bf.pdf (zuletzt aufgerufen am 18.5.2022).

225 *Stehr*, Die Moralisierung der Märkte, S. 301; *Smith*, in: Crane/McWilliams/Matten/Moon u.a. (Hrsg.), The Oxford Handbook of Corporate Social Responsibility, S. 281 ff.

226 *Ponte/Gibbon*, Economy and Society 34 (2005), 1, 12, mit Bezug auf die Wertschöpfungskette von Kaffee.

227 Letztere machen in der bisher noch erlaubten Form der Kleingruppenhaltung nur noch einen geringen Prozentsatz der Legehennen aus. Demgegenüber ist der Anteil an Freilandhaltung gestiegen. Vgl. den Tierschutzbericht der Bundesregierung 2015, S. 21 f. Danach lebten 2014 nur mehr 10,4 Prozent aller Legehennen in Betrieben mit 3000 und mehr Hennenhaltungsplätzen in einer bestimmten, gem. § 45 Abs. 4 TierSchNutztV bis zum Jahr 2025 bzw. in Härtefällen bis zum Jahr 2028 noch erlaubten Form der Käfighaltung, der Kleingruppenhaltung. Vor dem Verbot konventioneller Käfige im Jahr 2010 lag der Anteil der Käfighaltung in Betrieben mit 3000 und mehr Hennenhaltungsplätzen noch bei 62,1 Prozent. Dagegen ist der Anteil der Legehennen, die in solchen Betrieben in Freilandhaltung leben, von 11,1 Prozent im Jahr 2008 auf 16, 9 Prozent im Jahr 2014 angestiegen. Bundesministerium für Ernährung und Landwirtschaft, Tierschutzbericht der Bundesregierung, 2015, online abrufbar unter: https://www.bmel.de/SharedDocs/Downloads/DE/Broschueren/Tierschutzbericht2015.pdf;jsessionid=4CBEA23F16A2A529DA41E921184BF961.live852?__blob=publicationFile&v=3 (zuletzt aufgerufen am 18.5.2022).

228 Das kann auch bereits durch den Kauf eines entsprechenden Produkts geschehen.

229 *Smith*, in: Crane/McWilliams/Matten/Moon u.a. (Hrsg.), The Oxford Handbook of Corporate Social Responsibility, S. 283; Zu sanktionierenden Maßnahmen, wie Boykott-Aufrufen oder *naming and shaming* und zahlreichen Beispielen auch *Vogel*, The Market for Virtue, S. 51 ff.

230 So kauften nach Aussage der Otto Group Trend Studie 2013 zum ethischen Konsum 56 % der Befragten häufig Produkte, „die ethisch korrekt hergestellt sind, also biologisch hergestellte, regional

dings ist die Zahl der Konsumenten, die tatsächlich im Einkaufsmarkt nach moralischen Kriterien entscheiden, geringer als in Umfragen, welche losgelöst von einer konkreten Kaufentscheidung durchgeführt werden.[231] Grund für dieses sog. *intention–behaviour gap* ist der Effekt, dass Befragte ihre Antwort danach ausrichten, was aus gesellschaftlicher Sicht und Sicht des Fragenden als sozial erwünscht gilt, um damit ihre tatsächlichen Erwägungen bei einer Kaufentscheidung zu „verschönern".[232] Um ethischen Konsum zu erzielen, ist eine Überwindung des Informationsdefizits der Konsumenten über die Produktionsprozesse und die Qualität der Produkte erforderlich.[233] Dies kann beispielsweise durch produktbezogene Kommunikation etwa in Form von Produkt- oder Gütesiegeln geschehen.[234] Außerdem kommen verbraucherwirksame Marketing-Strategien zu CSR-Maßnahmen in Betracht. Dazu gehören *ethical branding*, wobei eine Marke über ethische oder moralische Werte definiert wird, und *cause-related marketing*.[235]

III. Struktur der Wertschöpfungskette

Auch innerhalb globaler Wertschöpfungsketten können die machtausübenden Glieder Einfluss zugunsten moralischer Produktionskriterien nehmen. Welche Glieder diesen Einfluss innerhalb der globalen Wertschöpfungskette haben, hängt von der

---

produzierte, fair gehandelte oder klimafreundlich hergestellte Produkte". Der Anteil ist im Vergleich zur Otto Trend Studie 2009 (26 %) signifikant gestiegen. Bei ethischem Konsum spielten für die Befragten neben ökologischen Kriterien auch soziale Kriterien eine stärkere Rolle als noch 2007. *Homann/Wippermann*, Otto Group Trendstudie 2013, 4. Studie zum ethischen Konsum, *Otto GmbH & Co KG*, 2013, S. 13 ff. Einen Aufschluss über die gestiegene Bedeutung geben auch die Studien der Ethical Consumer Research Association aus Manchester von 2018 und von 2019: *Carlile*, Ethical Consumer Markets Report 2018, *Ethical Consumer Research Association Ltd*, 2018; *Ethical Consumer Research Association Ltd*, Twenty Years of Ethical Consumerism, *Ethical Consumer Research Association Ltd*, 2019. Letzterer Bericht gibt einen Überblick über die Entwicklung des ethischen Konsums anhand der Daten der jährlichen Berichte aus den Jahren 1999-2018.Vgl außerdem *Smith*, in: Crane/McWilliams/Matten/Moon u.a. (Hrsg.), The Oxford Handbook of Corporate Social Responsibility, S. 285 ff.

[231] *Smith*, in: Crane/McWilliams/Matten/Moon u.a. (Hrsg.), The Oxford Handbook of Corporate Social Responsibility, S. 285 f.; *Vogel*, The Market for Virtue, S. 48, 52.

[232] Vgl. *Smith*, in: Crane/McWilliams/Matten/Moon u.a. (Hrsg.), The Oxford Handbook of Corporate Social Responsibility, S. 286; *Carrington/Neville/Whitwell*, Journal of Business Ethics 97 (2010), 139; *Vogel*, The Market for Virtue, S. 48, 52. Ein Beispiel hierfür zeigt die Studie von *Franken*, in: Heinrich (Hrsg.), CSR und Fashion, S. 143 ff. Danach sprachen sich ca. 60-65 % der Befragten dafür aus, soziale Verantwortung der Hersteller beim Kleidungskauf sei ihnen wichtig, aber gleichzeitig konnten über zwei Drittel der Befragten keine CSR-aktive Kleidermarke nennen.

[233] Zu den rechtsökonomischen Grundlagen dieses Informationsasymmetrie s. näher unten unter § 4 C II.

[234] Dafür spricht auch, dass 77 % der Befragten in der Otto Group Trend Studie 2013 die Aussage „Gütesiegel wie Bio- oder Fair-Trade-Siegel vereinfachen mir die Entscheidung beim Kauf von ethisch korrekten Produkten" positiv beantworteten, *Homann/Wippermann*, Otto Group Trendstudie 2013, 4. Studie zum ethischen Konsum, *Otto GmbH & Co KG*, 2013, S. 35.

[235] *Smith*, in: Crane/McWilliams/Matten/Moon u.a. (Hrsg.), The Oxford Handbook of Corporate Social Responsibility, S. 288 ff. Zu *cause-related marketing* s. bereits oben unter § 2 B. V. Beispiele für Ethical branding sind die Eigenmarken in deutschen Supermarktketten für Bio-Lebensmittel, wie die Marke GutBio in Aldi Nord Märkten der ALDI Einkauf GmbH & Co. OHG, s. online unter: https://www.aldi-nord.de/produkte/unsere-marken/gut-bio.html (zuletzt aufgerufen am 18.5.2022).

jeweiligen Struktur der Wertschöpfungskette ab.[236] Analysen von Wertschöpfungsketten unterscheiden zwischen *Buyer-Driven Commodity Chains*[237] und *Producer-Driven Commoditiy Chains*[238]. Die Abgrenzung zwischen *Producer-Driven* und *Buyer Driven Commodity Chains* ist allerdings nicht immer eindeutig vornehmbar. Zudem unterliegen die Strukturen globaler Wertschöpfungsketten einem dynamischen Änderungsprozess.[239]

IV. Zwischenergebnis

Im Ergebnis hängt die Frage, welche Auswirkungen CSR-Maßnahmen auf die finanzielle Leistung eines Unternehmens haben, stark von der Art der Maßnahmen und den Umständen des Einzelfalls ab. Der *Business Case* für CSR ist für Unternehmen von besonderer Relevanz, deren Strategie und Identität auf einem nachthaltigen, sozialen, ökologischen oder ähnlichen Image aufbaut[240] oder für die soziale und ethische Reputation wichtig ist.[241] Vertreter eines hybriden Modells mit freiwilligen und gesetzlichen Vorgaben für CSR-Standards betonen, dass staatliche Regulierung den *Business Case* für CSR fördern könne.[242] Denn auch Unternehmen, die aus anderen Gründen CSR-Maßnahmen noch nicht eingeführt haben, sind im Falle staatlicher

---

[236] *Gereffi*, in: Gereffi/Korzeniewicz (Hrsg.), Commodity Chains and Global Capitalism, S. 97. *Gereffi* unterscheidet drei Dimensionen globaler Wertschöpfungsketten: ihre Input-Output-Struktur, ihre territoriale Struktur und ihre Governance-Struktur. Die Struktur der Wertschöpfungsketten spielt auch in der rechtssoziologischen Forschung eine Rolle. Zum Beispiel betrachtet *Teubner* das Verhältnis zwischen *Codes of Conduct* und den jeweiligen Produktionsnetzwerken als interorganisationale Vernetzung, vgl. *Teubner*, in: Höland/Hofmann-Dennhardt/M. Schmidt/A. Seifert (Hrsg.), Liber Amicorum Manfred Weiss, S. 116.

[237] In *Buyer-Driven Commodity Chains* übe die Käuferseite – insbesondere große Handelsunternehmen und Markenhändler – auf die Produktionsseite Kontrolle aus. Entscheidend für den Gewinn seien vor allem Marketing und Produktdesign und Beschaffungsstrukturen. *Buyer-Driven Commodity Chains* bestünden in Verbrauchsgüterbranchen wie der Textil- und Lebensmittelbranche. Vgl. *Ponte*, World Development 30 (2002), 1099, 1100; *Gereffi*, in: Gereffi/Korzeniewicz (Hrsg.), Commodity Chains and Global Capitalism, S. 97 ff. *Ponte* analysiert speziell die globale Wertschöpfungskette für Kaffee und kommt zum Ergebnis, dass Röstereien als ankaufender Teil der Wertschöpfungskette die Kontrolle der Produktionskette für Kaffee dominieren (S. 1107 ff., 1112). Produktionsgesteuert sei dagegen die Wertschöpfungskette von Spezialkaffee, wie Fair-Trade-Kaffee oder ökologisch oder vogelfreundlich angebautem Kaffee, bei dem sich Konsumenten bewusst für die jeweilige Qualität des Kaffees entscheiden würden (S. 1110 ff., 1116 f.).

[238] In *Producer-Driven Commoditiy Chains* beeinflussten Entscheidungen der Produzentenseite die Nachfrage der Käuferseite insbesondere in Branchen, in denen technisches Knowhow und hoher Kapitaleinsatz für die Produktion entscheidend seien, vgl. *Gereffi*, in: Gereffi/Korzeniewicz (Hrsg.), Commodity Chains and Global Capitalism, S. 97; *Ponte*, World Development 30 (2002), 1099, 1100; *Stehr*, Die Moralisierung der Märkte, S. 298 f. Als Beispiele für *Producer-Driven Commodity Chains* führen die Autoren Wertschöpfungsketten für Flugzeuge oder Kraftfahrzeuge an.

[239] Vgl. dazu *Ponte/Gibbon*, Economy and Society 34 (2005), 1, 3 ff., die dies nicht zuletzt auf die wachsende Bedeutung von E-Commerce und die Informationsgewinnung über das Internet zurückführen.

[240] *Vogel*, The Market for Virtue, S. 49-51, 73.

[241] *C. A. Williams*, in: Gordon/Ringe (Hrsg.), The Oxford Handbook of Corporate Law and Governance, S. 669 *Williams* verweist auf eine Schätzung von *Eccles/Newquist/Schatz*, nach der 70%-80% des Marktwertes eines Unternehmens auf immateriellen Werten wie der Reputation, dem geistigen Kapital und immateriellen Firmenwert beruhen, vgl. *Eccles/Newquist/Schatz*, Harv. Bus. Rev. 85 (Feb. 2007), 104.

[242] *Wouters/Chanet*, Nw. J. Int'l H. Rts. 6 (2008), 262, 270 f.; *C. A. Williams*, in: Gordon/Ringe (Hrsg.), The Oxford Handbook of Corporate Law and Governance, S. 668, 676.

Regulierung zur Internalisierung der damit verbundenen Kosten angehalten. Nach anderer Ansicht ermöglicht staatliche Regulierung mit dem Effekt der Kosten-Internalisierung den *Business Case* für CSR überhaupt erst.[243] Vor diesem Hintergrund beleuchtet der folgende Abschnitt Regulierungsmaßnahmen, die die Umsetzung von CSR-Maßnahmen im Unternehmen fördern sollen.

E. Regulierung und CSR

In jüngster Zeit mehren sich Forderungen, die sich gegen den neoliberalen Ansatz aussprechen, dass multinationale Unternehmen eigeninitiativ internationale Umwelt- und Menschenrechtsprobleme lösen können,[244] und die mehr staatliche Regulierung verlangen.[245] Studien zeigen, dass in den vergangenen Jahren etwa Zahlen über Kinderarbeit in Fabrikationsstätten zurückgegangen sind, die Produktion von Produkten aus Holz aus Primärwäldern gesunken ist und Kaffeebauern von Fair-Trade Kaffee höhere Entgelte erhalten.[246] Angesichts anhaltender Berichte über Menschenrechtsverletzungen und Umweltschädigungen im In-[247] und Ausland sind solche Verbesserungen aber nur ein Tropfen auf den heißen Stein. Kinderarbeit etwa stellt auch unter gefahrgeneigten Arbeitsumständen nach wie vor ein großes Problem auf landwirtschaftlichen Kakaoplantagen in Westafrika dar.[248] Andere Vorfälle im Ausland sind Sicherheitslücken in Textilproduktionsstätten in Bangladesch[249] und Pakistan[250], die Tote und Verletzte Personen verursachten.

Nationale Regelungsinteressen im Hinblick auf CSR stoßen allerdings wegen der transnationalen Ausrichtung multinationaler Konzerne und ihrer Lieferketten an Grenzen.[251] Die „zunehmende Verrechtlichung“[252] nimmt daher unternehmerische Berichts- und Handlungspflichten der im Inland ansässigen großen Unternehmen und Konzernmuttergesellschaften in den Fokus. Staatliche Maßnahmen reichen von un-

---

[243] *DeSchutter*, Eur. L.J. 14 (2008), 220 f.

[244] Dazu *Shamir*, Law & Society Review 38 (2004), 635, 659 f.; *Parker*, The Open Corporation, S. 12 ff., 29 f.

[245] Dies fordern etwa *DeSchutter*, Eur. L.J. 14 (2008), 219 ff.; *C. A. Williams*, in: Gordon/Ringe (Hrsg.), The Oxford Handbook of Corporate Law and Governance, S. 677 f.; *Wouters/Chanet*, Nw. J. Int'l H. Rts. 6 (2008), 262, 271 f.; *Vogel*, Business & Society 49 (2010), 68, 82 f.

[246] Vgl. die Auswertung von *Vogel*, The Market for Virtue, S. 87 f., 96 ff., 114 ff. m.w.N.

[247] Im Inland entfachten Berichte über ungenügende Arbeitsbedingungen in der fleischverarbeitenden Industrie neue Diskussionen über effektiven Arbeitnehmerschutz, vgl. dazu *Fuhlrott*, ArbRAktuell 2020, 311, 311 ff.

[248] Siehe den aktuellen Report des NORC at the University of Chicago, NORC Final Report: Assessing Progress in Reducing Child Labor in Cocoa Production in Cocoa Growing Areas of Côte d'Ivoire and Ghana, S. 11, online abrufbar unter: https://www.norc.org/PDFs/Cocoa%20Report/NORC%202020%20Cocoa%20Report_English.pdf (zuletzt aufgerufen am 21.6.2022).

[249] Im April 2013 war das Rana Plaza Gebäude infolge gravierender Bausicherheitsmängel eingestürzt. Dabei starben über 1130 Menschen. Siehe dazu die Informationen der Bundeszentrale für politische Bildung, online abrufbar unter: https://www.bpb.de/politik/hintergrund-aktuell/268127/textilindustrie-bangladesch (zuletzt aufgerufen am 21.6.2022), vgl. außerdem die Ausführungen oben unter § 2 B. III.

[250] *D. Walsh/Greenhouse*, The New York Times vom 20.9.2012, S. 6, (online abrufbar unter: https://www.nytimes.com/2012/09/20/world/asia/pakistan-factory-passed-inspection-before-fire.html) (zuletzt aufgerufen am 15.5.2022) Vgl. auch die Ausführungen oben unter § 2 B. III.

[251] *Herdegen*, Internationales Wirtschaftsrecht, § 4 Rn. 64.

[252] *Teicke*, CCZ 2018, 274, 274 f.

terstützenden Maßnahmen, wie der Veröffentlichung von Leitlinien und der Einrichtung von Partnerschaften für Hilfestellungen bei der Umsetzung von CSR-Standards[253] bis hin zu gesetzlichen materiellen Vorgaben zu CSR-Maßnahmen. Zum Beispiel verabschiedeten verschiedene EU-Mitgliedstaaten sowie die Europäische Union und die USA gesetzliche Berichtspflichten über nichtfinanzielle Informationen. Rechtspolitisch intensiv in der Diskussion stehen Lieferkettengesetze über Sorgfaltspflichten großer Unternehmen in der Lieferkette. Frankreich führte ein solches Gesetz bereits im Jahr 2017 im Nachgang des Einsturzes des Rana Plaza-Buildings in Bangladesch ein.[254] Auch der Deutsche Gesetzgeber beschloss im Jahr 2021 ein Lieferkettensorgfaltspflichtengesetz[255] und auf europäischer Ebene diskutiert der Europäische Gesetzgeber über den Erlass einer entsprechenden Richtlinie[256].

I. Berichtspflichten

Zunächst werden in diesem Abschnitt Berichtspflichten näher betrachtet. Abhängig von dem verfolgten Regulierungsziel betreffen Berichtspflichten entweder einen spezifischen Sektor, eine bestimmte Form der zu verhindernden Menschenrechtsverletzung oder allgemein Unternehmen einer bestimmten Größe. Studien zeichnen allerdings ein differenziertes Bild der Wirkungen von Berichtspflichten als Regulierungsinstrument.

1. Sektorspezifische Berichtspflichten

In den USA wurden durch Sec. 1502 des Dodd-Frank Wall Street Reform and Consumer Protection Acts (Dodd-Frank Act) aus dem Jahr 2010 Berichtspflichten über im Endprodukt enthaltene Konfliktrohstoffe eingeführt.[257] Sec. 1502 Dodd-Frank Act sieht vor, dass börsennotierte Hersteller von Endprodukten die bestimmte Rohstoffe enthalten, die in der Demokratischen Republik Kongo oder deren Nachbarländern abgebaut wurden und mit deren Handel bewaffnete Gruppen und dadurch bewaffnete Konflikte finanziert wurden, einen Bericht bei der Börsenaufsicht U.S.

[253] Siehe *Moon/Vogel*, in: Crane/McWilliams/Matten/Moon u.a. (Hrsg.), The Oxford Handbook of Corporate Social Responsibility, S. 312 ff.mit zahlreichen Beispielen. Ein Beispiel aus Deutschland ist die Errichtung eines Nationalen CSR-Forums durch die Bundesregierung, das 2018 den "Berliner CSR-Konsens zur Unternehmensverantwortung in Liefer- und Wertschöpfungsketten" verabschiedete. Ziel des Konsenses sei es „Unternehmen mehr Orientierung und Sicherheit beim Management ihrer Produktions- und Lieferketten zu geben", s. online unter: https://www.csr-in-deutschland.de/DE/CSR-Allgemein/CSR-Politik/CSR-in-Deutschland/Nationales-CSR-Forum/nationales-csr-forum.html (zuletzt aufgerufen am 29.5.2022).

[254] LOI n° 2017-399 du 27 mars 2017 relative au devoir de vigilance des sociétés mères et des entreprises donneuses d'ordre. Zur Entstehungsgeschichte s. *Kutscher-Puis*, ZVertriebsR 2020, 174, 175 f.

[255] Gesetz über die unternehmerischen Sorgfaltspflichten zur Vermeidung von Menschenrechtsverletzungen in Lieferketten (Lieferkettensorgfaltspflichtengesetz – LkSG), vom 16.7.2021, BGBl. I S. 2959.

[256] Europäische Kommission, Vorschlag für eine Richtlinie des Europäischen Parlaments und des Rates über die Sorgfaltspflichten von Unternehmen im Hinblick auf Nachhaltigkeit und zur Änderung der Richtlinie (EU) 2019/1937, vom 23.2.2022, COM(2022) 71 final.

[257] Section 13 des Securities Exchange Act of 1934 (15 U.S.C. 78m) geändert durch Section 1502 des Dodd-Frank Wall Street Reform and Consumer Protection Act (Public Law 111–203, 21.7.2010).

Securities and Exchange Commission (SEC) einreichen sowie diesen im Internet veröffentlichen. In diesem Bericht müssen sie die Verwendung von Konfliktmineralien offenlegen und eigene Due Diligence Maßnahmen erläutern. Materielle Vorgaben an die Sorgfaltsmaßnahmen stellt Sec. 1502 Dodd-Frank Act nicht auf.[258] Die Pflicht zur Offenlegung der Verwendung von Konfliktmineralien wurde allerdings durch Gerichtsentscheidungen eingeschränkt. Der U.S. Court of Appeals for the District of Columbia befand im Jahr 2015, dass die Pflicht, Produkte im Bericht als „not been found to be ‚DRC conflict free'" aufzuführen, einen Emittenten dazu zwinge, moralische Verantwortung für den Konflikt im Kongo zu übernehmen und daher gegen die im Ersten Verfassungszusatz der U.S.-Verfassung verankerte Meinungsfreiheit verstoße.[259]

2. Themenspezifische Berichtspflichten

Andere Berichtspflichten sind darauf ausgerichtet, eine bestimmte Form der Menschenrechtsverletzung zu bekämpfen und Risiken transparenter zu machen. Gegen Menschenhandel, Sklaverei und Zwangsarbeit richten sich zum Beispiel der California Transparency in Supply Chains Act 2010[260] aus dem US-amerikanischen Bundestaat Kalifornien sowie der Modern Slavery Act 2015[261] aus dem Vereinigten Königreich Großbritannien und Nordirland. Die Berichtspflichten geben vor, dass Unternehmen, die im Vereinigten Königreich Waren oder Dienstleistungen anbieten (s. 54 (2) (a) i.V.m. (12 (a) UK Modern Slavery Act 2015), bzw. in Kalifornien wirtschaftlich tätige Händler oder Hersteller (SEC. 3 California Transparency in Supply Chains Act 2010), die jeweils einen bestimmten Mindestumsatz bzw. Mindesteinkommen erzielen, in einer veröffentlichten Erklärung, angeben müssen, welche konkreten Maßnahmen sie gegen Menschenhandel und moderne Sklaverei im eigenen Unternehmen und in ihrer Lieferkette ergreifen.[262] Beide Gesetze verlangen nicht die Umsetzung materieller Verhaltenspflichten. Hat ein Unternehmen aber keine Maßnahmen ergriffen, muss es dies im Bericht festhalten.[263]

---

[258] *Fleischer/Hahn*, RIW 2018, 397, 398; *Narine*, Regent U. L. Rev. 25 (2012), 351, 360.

[259] *National Association of Manufacturers v. SEC* 800 F.3d 518 (D.C. Cir. 2015), S. 530: „By compelling an issuer to confess blood on its hands, the statute interferes with that exercise of the freedom of speech under the First Amendment." Dabei macht sich der Court of Appeal einen Ausschnitt aus seiner früheren Entscheidung *National Association of Manufacturers v. SEC*, 748 F.3d 359 (D.C. Cir. 2014) („NAM"), S. 371, zu eigen.

[260] California Transparency in Supply Chains Act of 2010, Senate Bill Nr. 567, fügte u.a. dem Civil Code of the State of California Section 1714.43 hinzu.

[261] UK Modern Slavery Act 2015.

[262] Zum California Transparency in Supply Chains Act 2010 näher *Koekkoek/Marx/Wouters*, Global Policy 8 (2017), 522, 522 ff.; *Prokopets*, Hastings Int'l & Comp. L. 37 (2014), 351, 351 ff. Zum Modern Slavery Act 2015 näher *Rühmkorf*, ZGR 2018, 410, 417 ff.; *Iqbal*, Comp. Law. 39 (2018), 3, 3 ff.; *Okoye*, I.C.C.L.R. 28 (2017), 196, 196 ff.

[263] Vgl. Section 54 (4) (b) UK Modern Slavery Act 2015 sowie Section 1714.43 (a) California Civil Code (eingeführt durch Section 3 California Transparency in Supply Chains Act 2010). S. a. *Fleischer/Hahn*, RIW 2018, 397, 399. Großbritannien plant eine Verschärfung des Modern Slavery Acts 2015, die unter anderem verpflichtende inhaltliche Vorgaben für die Berichterstattung einführen soll, auf Lieferketten bestimmter öffentlicher Auftraggeber erstreckt werden soll, und einen Comply or Explain Ansatz verfolgen soll, vgl. Home Office, Transparency in Supply Chains Consultation, Government Response, 22.9.2020, S. 8 f., online abrufbar unter: https://assets.publishing.service.gov.uk/government/uploads/system/uploads/attachment_data/file/919937/Govern

3. Allgemeine Berichtspflicht der CSR-Richtlinie 2014/95/EU

Die CSR-Richtlinie 2014/95/EU bezieht sich weder auf eine konkrete Form der Menschenrechtsverletzung, noch auf einen konkreten Sektor.[264] Art. 1 CSR-RL sieht vor, dass Unternehmen von öffentlichem Interesse (dies sind vor allem kapitalmarktorientierte Unternehmen, Kreditinstitute und Versicherungsunternehmen[265]), die im eigenen Unternehmen oder deren Tochterunternehmen im Jahresdurchschnitt insgesamt mehr als 500 Arbeitnehmer beschäftigen, eine nichtfinanzielle Erklärung in ihren Lagebericht aufzunehmen haben.[266] Der Bericht muss Umwelt-, Sozial-, und Arbeitnehmerbelange, die Achtung der Menschenrechte und die Bekämpfung von Korruption und Bestechung umfassen. Diese Aufzählung in der Richtlinie ist aber nicht abschließend. Die Unternehmen müssen außerdem über die ihrerseits verfolgten Konzepte, ihre Due-Diligence Prozesse sowie deren Ergebnisse und über eine Erfassung und Analyse wesentlicher Risiken berichten.[267] Im Gegensatz zum California Transparency in Supply Chains Act 2010 und zum UK Modern Slavery Act 2015 verlangt die CSR-Richtlinie im Sinne eines *comply or explain*-Ansatzes,[268] dass ein Unternehmen, das kein CSR-Konzept verfolgt und keine Due Diligence Prüfungen durchführt, eine „klare und begründete Erläuterung, warum dies der Fall ist", abgeben muss.[269] Deutschland setzte diese nichtfinanzielle Berichtspflicht maßgeblich in §§ 289b ff. HGB und §§ 315b ff. HGB um.[270] Ein Verstoß gegen die nichtfinanzielle Erklärungspflicht ist straf- (§ 331 Abs. 1 Nr. 1 und 2 HGB) bzw. bußgeldbewährt (unter anderem § 334 Abs. 1 Nr. 3, 4, Abs. 3 HGB).[271] Die Prüfung der Berichterstattung erfolgt maßgeblich durch die Aufsichtsräte (§ 171 Abs. 1 S. 1 und 4 AktG) sowie – allerdings nur in formeller Hinsicht – durch den Abschlussprüfer (§ 317 Abs. 2 S. 4 HGB).[272]

---

ment_response_to_transparency_in_supply_chains_consultation_21_09_20.pdf (zuletzt aufgerufen am 29.5.2022).

[264] Richtlinie 2014/95/EU des Europäischen Parlaments und des Rates vom 22. Oktober 2014 zur Änderung der Richtlinie 2013/34/EU im Hinblick auf die Angabe nichtfinanzieller und die Diversität betreffender Informationen durch bestimmte große Unternehmen und Gruppen. S. dazu *Hennrichs*, ZGR 2018, 206, 206 ff.; *Martin-Ortega/Hoekstra*, E. L. Rev. 44 (2019), 622, 622 ff.

[265] Siehe Art. 2 Nr. 1 RL 2013/34/EU.

[266] Die Erklärungspflicht verankert Art. 1 CSR-RL in Art. 19a und 29a der Richtlinie 2013/34/EU.

[267] Sie wie zuvor Art. 1 CSR-RL.

[268] *Voland*, BB 2015, 67, 74. Einen *comply or explain*-Ansatz verfolgt auch Art. 161 Abs. 1 S. 1 a.E. AktG über die Erklärung zum DCGK. Zu diesem Ansatz Grigoleit/*Grigoleit/Zellner*, AktG § 161, Rn. 6.

[269] Art. 19a Abs. 1 UAbs. 2, Art. 29a Abs. 1 UAbs. 2 RL 2013/34/EU, eingefügt durch Art. 1 Ziff. 1, 3 CSR-RL 2014/95/EU.

[270] Die Richtlinie wurde in Deutschland umgesetzt durch das Gesetz zur Stärkung der nichtfinanziellen Berichterstattung der Unternehmen in ihren Lage- und Konzernlageberichten (CSR-Richtlinie-Umsetzungsgesetz, CSR-RUG) v. 11.04.2017, BGBl. I S. 802. Für Kreditinstitute und Versicherungsunternehmen finden sich Regelungen u.a. in § 340a Abs. 1a HGB und § 341a Abs. 1a HGB.

[271] S. dazu auch die Erwägungen in BT-Drs. 18/9982, S. 95 sowie *Mock*, in: Fleischer/Kalss/Vogt (Hrsg.), Corporate Social Responsibility, S. 178 f.

[272] CSR-Angaben sind allerdings bereits inhaltlich durch den Abschlussprüfer zu überprüfen, wenn sie zu den nichtfinanziellen Leistungsindikatoren gemäß §§ 289 Abs. 3, 315 Abs. 3 HGB gehören und damit zum Pflichtinhalt des Lageberichts, s. dazu und zur Prüfung der nichtfinanziellen Erklärung durch Aufsichtsräte und Abschlussprüfer *Hennrichs*, ZGR 2018, 206, 220 ff.; *Mock*, in: Fleischer/Kalss/Vogt (Hrsg.), Corporate Social Responsibility, S. 167 f.

Im Dezember 2022 beschloss der Europäische Gesetzgeber die Richtlinie (EU) 2022/2464 hinsichtlich der Nachhaltigkeitsberichterstattung von Unternehmen.[273] Die Richtlinie erweitert die CSR-Richtline unter anderem dadurch, dass sich Angaben im Lagebericht nicht mehr auf exemplarische Belange beziehen, sondern allgemein auf Nachhaltigkeitsaspekte.[274] „Nachhaltigkeitsaspekte" definiert die Richtlinie als „Umwelt-, Sozial- und Menschenrechtsfaktoren sowie Governance-Faktoren, einschließlich Nachhaltigkeitsfaktoren im Sinne von Artikel 2 Nummer 24 der Verordnung (EU) 2019/2088".[275] Außerdem soll sie mehr Transparenz schaffen, indem befreite Tochterunternehmen verpflichtet werden, in ihren Lagebericht den Namen und den Sitz des Mutterunternehmens, welches über Nachhaltigkeitsinformationen auf Gruppenebene Bericht erstattet, den Link zum konsolidierten Lagebericht des Mutterunternehmens und einen Hinweis auf die Befreiung von der Nachhaltigkeitsberichterstattung aufzunehmen.[276] Auch der Kreis der betroffenen Unternehmen wurde mit der neuen Richtlinie vergrößert.[277] Eine Umsetzung in Deutschland steht noch aus.[278]

4. Nichtfinanzielle Berichtspflichten als Regulierungsinstrument

Viele große Unternehmen nahmen bereits vor Einführung der gesetzlichen Berichtspflichten eine freiwillige Berichterstattung über Nachhaltigkeits- und CSR-Belange auf Basis von privaten Reporting-Standards z.B. der GRI vor.[279] Die gesetzliche Berichtspflicht soll demgegenüber bestehende Unterschiede und Lücken überwinden und ein „vergleichbar hohes Niveau" in der Berichterstattung etablieren.[280] Darüber hinaus haben Pflichten zur Abgabe nichtfinanzieller Erklärungen zwei regulatorische Zwecke: die Verhaltenssteuerung mit dem Ziel der Ergreifung von CSR-Maßnahmen durch Unternehmen und die wirtschaftliche Stärkung von Unternehmen, die CSR-Maßnahmen umsetzen.[281] Die nichtfinanziellen Erklärungen sollen Informa-

---

[273] Richtlinie (EU) 2022/2464 des Europäischen Parlaments und des Rates vom 14. Dezember 2022 zur Änderung der Verordnung (EU) Nr. 537/2014 und der Richtlinien 2004/109/EG, 2006/43/EG und 2013/34/EU hinsichtlich der Nachhaltigkeitsberichterstattung von Unternehmen.

[274] Art. 1 Nr. 4, Nr. 7 der Richtlinie (EU) 2022/2464.

[275] Vgl. Art. 1 Nr. 2 lit. b) der Richtlinie (EU) 2022/2464, durch welchen eine entsprechende Legaldefinition in eine neue Nummer 17 des Art. 2 der Richtlinie 2013/34/EU eingefügt wird. „Nachhaltigkeitsfaktoren" im Sinne von Art. 2 Nr. 24 der VO (EU) 2019/2088 sind „Umwelt-, Sozial- und Arbeitnehmerbelange, die Achtung der Menschenrechte und die Bekämpfung von Korruption und Bestechung".

[276] Vgl. den durch Art. 1 Nr. 4 der Richtlinie (EU) 2022/2464 eingeführten Art. 19a Abs. 9 der Richtlinie 2013/34/EU sowie Erwägungsgründe 2 und 25 der Richtlinie (EU) 2022/2464.

[277] Art. 1 Nr. 1 der Richtlinie (EU) 2022/2464.

[278] Vgl. hierzu die Informationen auf der Website des Bundesjustizministeriums, online abrufbar unter: https://www.bmj.de/SharedDocs/Gesetzgebungsverfahren/DE/2024_CSRD_UmsG.html?nn=110518 (zuletzt aufgerufen am 10.07.2024).

[279] S. dazu oben unter § 2 B. III sowie die *KPMG International*, The KPMG Survey of Corporate Responsibility Reporting 2013, 2013, S. 11, nach der 73 % der 100 größten Unternehmen in Europa eine Nachhaltigkeits- bzw. CSR-Berichterstattung im Jahr 2013 durchführten. Die freiwillige Nutzung privater Reporting-Standards, insbesondere der GRI stellt auch eine aktuelle Studie des DRSC zur Umsetzung der CSR-Richtlinie fest, *Deutsches Rechnungslegungs Standards Committee e.V.*, CSR-Studie, *Deutsches Rechnungslegungs Standards Committee e.V.*, 2021, S. iii-v.

[280] S. Erwägungsgrund (3), (6) und (15) der CSR-RL 2014/95/EU.

[281] *Martin-Ortega/Hoekstra*, E. L. Rev. 44 (2019), 622, 637, mit Blick auf die CSR-RL 2014/95/EU. Zur bezweckten Verhaltensänderung von Unternehmen s.a. *Enriques/Hansmann/Kraakman*

tionsdefizite auf Seiten bestehender und potentieller Investoren und Verbraucher überwinden und den Zugang zu Informationen erleichtern.[282] Dadurch soll das Vertrauen von Investoren und Verbrauchern in die Unternehmen gestärkt[283] und eine Informationsbasis für die Eingehung von Vertrags- und Rechtsbeziehungen geschaffen werden.[284] Negative, respektive positive Auswirkungen der Berichterstattung auf die Reputation der Unternehmen sollen präventiv von unerwünschtem Verhalten der Unternehmen abschrecken und diese zur Ergreifung von CSR-Maßnahmen bewegen.[285] Zusätzlich könnten Investoren, Verbraucher und NGOs anlässlich neu gewonnener Informationen öffentlich Druck ausüben, um Unternehmen zu sozial erwünschtem Verhalten zu bewegen.[286]

Die Berichtspflichten adressieren in der Regel nur Unternehmen mit einer bestimmten Größe, einer bestimmten Wirtschaftsleistung oder nur Hersteller von Endprodukten. Allerdings haben die Berichtspflichten eine mittelbare Auswirkung auf kleinere, in der Lieferkette vorgeschaltete Unternehmen. Manche Berichtspflichten erstrecken sich auch auf wesentliche Risiken in den Geschäftsbeziehungen.[287] Zudem besteht die Hoffnung, dass die Berichtspflichten Unternehmen noch stärker dazu anhalten, CSR-Anforderungen in der Lieferkette weiterzureichen.[288] Das kann wiederum Auswirkungen auf Zwischenhändler haben, wenn diese selbst CSR-Maßnahmen ergreifen, um im Hinblick auf CSR-Anforderungen der Abnehmer wettbewerbsfähig zu sein.[289]

Die Bilanz der Berichterstattung nach Ablauf der Umsetzungsfrist für die CSR-Richtlinie 2014/95 fällt allerdings differenziert aus. Es zeigen sich erhebliche Unterschiede in Ausgestaltung und Ausführlichkeit der Berichte.[290] Ermessensspielräume bei der inhaltlichen Umsetzung der nichtfinanziellen Berichte verhinderten eine Ver-

---

u.a., in: Kraakman/Armour (Hrsg.), The Anatomy of Corporate Law, S. 94 f.; *Teicke*, CCZ 2018, 274, 275.

[282] S. Erwägungsgrund (3) der CSR-RL 2014/95/EU sowie *Enriques/Hansmann/Kraakman* u.a., in: Kraakman/Armour (Hrsg.), The Anatomy of Corporate Law, S. 94.

[283] So Erwägungsgrund (3) der CSR-RL 2014/95/EU; ebenso die Mitteilung der Kommission zu einer neuen EU-Strategie (2011-14) für die soziale Verantwortung der Unternehmen (CSR) v. 25.10.2011, COM(2011) 681, S. 14.

[284] *Mock*, in: Fleischer/Kalss/Vogt (Hrsg.), Corporate Social Responsibility, S. 135.

[285] *Martin-Ortega/Hoekstra*, E. L. Rev. 44 (2019), 622, 637.

[286] S. *Mock*, in: Fleischer/Kalss/Vogt (Hrsg.), Corporate Social Responsibility, S. 134.

[287] So § 289c Abs. 3 Nr. 4 HGB und Art. 19a Abs. 1 lit. d), Art. 29a Abs. 1 lit. d) RL 2013/34/EU allerdings mit dem Vorbehalt, dass eine Angabe hierüber relevant und verhältnismäßig ist.

[288] *Teicke*, CCZ 2018, 274, 275; *Fleischer/Hahn*, RIW 2018, 397, 402; *Hennrichs*, ZGR 2018, 206, 210. Allgemein zur Weitergabe von CSR-Standards in der Lieferkette *Andersen/Skjoett-Larsen*, Supply Chain Management: An International Journal 14 (2009), 75, 78; *Rühmkorf*, Corporate Social Responsibility, Private Law and Global Supply Chains, S. 81 f.

[289] *Teicke*, CCZ 2018, 274, 275.

[290] Für die Dax 160 Unternehmen siehe *Behncke/Fink/Wulf*, Erstanwendung des CSR-Richtlinie-Umsetzungsgesetzes, *PricewaterhouseCoopers GmbH Wirtschaftsprüfungsgesellschaft*, 2018, S. 11 ff. Für die Dax Unternehmen *Kajüter/Wirth*, DB 2018, 2605-1612, 1608. Mit Blick auf die Lieferkettenberichterstattung unter Auswertung mehrere Studien *Velte*, DStR 2020, 2034, 2036 Auch die durch das Bundesministerium der Justiz und für Verbraucherschutz im März 2020 in Auftrag gegebene CSR-Studie des Deutschen Rechnungslegungs Standards Commitees kommt zum Ergebnis, dass die inhaltliche Berichterstattung über Sachverhalte und Berichtstiefe stark variiert und Berichterstattung durch über Risiken im Detail nicht ausgeprägt war, vgl. DRSC, CSR-Studie, Januar.2021, S. iii-v, online abrufbar unter: https://www.bmjv.de/SharedDocs/Downloads/DE/PDF/Berichte/2021_CSR_Studie.pdf?__blob=publicationFile&v=2 (zuletzt aufgerufen am 6.6.2022).

gleichbarkeit.[291] Insbesondere der Wesentlichkeitsvorbehalt bei der Schilderung von Risiken bereitete Probleme und hielt Unternehmen von der Risikoschilderung ab.[292] Eine gezielte Risikoberichterstattung über die jeweiligen Lieferketten fand nur lückenhaft statt.[293] Studien zu den Auswirkungen des UK Modern Slavery Acts 2015 und des California Transparency in Supply Chains Acts 2010 zeichnen das Bild einer hauptsächlich oberflächlichen Berichterstattung und einer gänzlich fehlenden Berichterstattung eines wenn auch kleinen Anteils der berichtspflichtigen Unternehmen.[294]

Dass insbesondere Verbraucher tatsächlich auf Basis veröffentlichter Berichterstattung informierte Entscheidungen treffen, ziehen psychologische und verhaltensökonomische Untersuchungen in Zweifel.[295] Um derartige Berichte zu verstehen, müssten Verbraucher die Risiken einer Menschenrechtsverletzung in den komplexen Beziehungen internationaler Lieferketten richtig einordnen, interpretieren und in den richtigen Kontext setzen können, was Verbraucher meist aber überfordere.[296] Vorschläge zur Lösung des Problems verweisen auf Intermediäre wie NGOs, die Verständnislücken schließen und eine Koordinierung von Verbraucherverhalten initiieren

---

[291] Sowohl zu nationalen als auch internationalen Berichtspflichten *Velte*, DStR 2020, 2034, 2036 f. Für die Dax 160 Unternehmen: *Behncke/Fink/Wulf*, Erstanwendung des CSR-Richtlinie-Umsetzungsgesetzes, *PricewaterhouseCoopers GmbH Wirtschaftsprüfungsgesellschaft*, 2018, S. 11 ff. Bezüglich des California Transparency in Supply Chains Act 2010 vgl. *Prokopets*, Hastings Int'l & Comp. L. 37 (2014), 351, 360 f. Vgl. auch *Hennrichs*, ZGR 2018, 206, 220: „Das sog. *Soll-Objekt* der CSR-Berichterstattung (und damit das Soll-Objekt einer außergerichtlichen oder gerichtlichen [Über-]Prüfung) ist unklar" (Hervorhebung im Original).

[292] So die Studie von Global Compact Netzwerk Deutschland und Econsense zur Umsetzung des CSR-RUG, Neuer Impuls für die Berichterstattung zu Nachhaltigkeit?, S. 19, online abrufbar unter: https://www.globalcompact.de/migrated_files/wAssets/docs/Weitere-Themen/CSR-RUG-Studie_DGCN-und-econsense_online.pdf (zuletzt aufgerufen am 6.6.2022). Für die Dax 160 Unternehmen *Behncke/Fink/Wulf*, Erstanwendung des CSR-Richtlinie-Umsetzungsgesetzes, *Pricewaterhouse-Coopers GmbH Wirtschaftsprüfungsgesellschaft*, 2018, S. 57.

[293] *Velte*, DStR 2020, 2034, 2036, unter Auswertung mehrerer Studien.

[294] Dazu jeweils unter Auswertung mehrerer Studien *Koekkoek/Marx/Wouters*, Global Policy 8 (2017), 522, 524 f.; *Fleischer/Hahn*, RIW 2018, 397, 403 S.a. die Studien von KnowTheChain, wonach nur 31 von 500 untersuchten Unternehmen den gesetzlichen Anforderungen des California Transparency in Supply Chains Act genügten und 23 von 102 durch den UK Modrn Slavery Act erfassten Unternehmen in der Elektronikindustrie keinen Bericht abgaben: Insights Brief Five Years of the California Transparency in Supply Chains Act, 30.9.2015, S. 5 online abrufbar unter: https://knowthechain.org/wp-content/uploads/2015/10/KnowTheChain_InsightsBrief_093015.pdf (zuletzt aufgerufen am 6.6.2022); Eradicating Forced Labor in Electronics: What do company statements under the UK Modern Slavery Act tell us?, März 2018, S. 8, online abrufbar unter: https://knowthechain.org/wp-content/uploads/KTC-ICT-MSA-Report_Final_Web.pdf (zuletzt aufgerufen am 6.6.2022).

[295] Allgemein zu Offenlegungspflichten im Verbrauchervertragsrecht *Ben-Shahar/C. E. Schneider*, More Than You Wanted to Know: The Failure of Mandated Disclosure, S. 42 ff. Verbraucher handelten „disclosees so often do not notice, read, understand, or use disclosures, mandates cannot achieve the goal disclosurites set for them." S. 42. Zu Berichtspflichten über Lieferketten-Management: *Narine*, Colum. Hum. Rts. L. Rev 47 (2015), 84, 129 ff. *Chilton/Sarfaty*, Stan. J. Int'l L. 53 (2017), 1, 23 ff.

[296] *Chilton/Sarfaty*, Stan. J. Int'l L. 53 (2017), 1, 23 ff., die auch eine experimentelle Studie durchführten, die zeigte, dass Verbraucher Schwierigkeiten haben, Qualitätsunterschiede zwischen Due Diligence Prüfungen auf Basis veröffentlichter CSR-Berichte auszumachen. (S. 39); *Narine*, Colum. Hum. Rts. L. Rev 47 (2015), 84, 129 ff. Ähnlich *Martin-Ortega/Hoekstra*, E. L. Rev. 44 (2019), 622, 627.

könnten.[297] Darüber hinaus mehren sich Stimmen, die die Berichterstattung grundlegend verändern wollen, sodass nicht nur die bestehenden Probleme der Berichterstattung behoben werden, sondern zugleich eine Internalisierung externer Effekte stattfindet. Vertreter der integrierten Berichterstattung fordern, dass externe Effekte als monetarisierte Größe in die herkömmliche finanzielle Berichterstattung integriert werden sollen.[298]

Inwieweit die nichtfinanzielle Berichterstattung tatsächlich dazu geeignet ist, Unternehmen zur Ergreifung wirksamer CSR-Maßnahmen zu bewegen und Verbraucher zu verändertem Handeln zu motivieren, bleibt im Ergebnis eine offene Frage. Selbst wenn aber Offenlegungspflichten zu mehr sozialer Verantwortungsübernahme durch Unternehmen führen, so stellen sie doch keine endgültige Lösung der sozialen und ökologischen Probleme internationaler Lieferketten dar.

II. Lieferkettengesetzgebung

In den letzten Jahren mehrten sich international sowie in Deutschland rechtspolitische Forderungen nach gesetzlichen Vorgaben über Sorgfaltspflichten in der Lieferkette.[299] Dieser Abschnitt gibt eine kurze Übersicht über bestehende Regelungen und Gesetzesvorhaben. Anschließend wirft er einen kurzen Blick auf die Diskussion einer deliktsrechtlichen Haftung für Menschenrechtsverletzungen in der Lieferkette. Diese Diskussion ist Ausgangspunkt für Forderungen nach einem stärkeren *private enforcement* in der Lieferkette. Für die vorliegende Arbeit ist entscheidend, dass gesetzliche Sorgfaltsmaßstäbe erhebliche Auswirkungen auf die vertragsrechtliche Weitergabe von CSR-Standards in der Lieferkette haben.

---

[297] *Prokopets*, Hastings Int'l & Comp. L. 37 (2014), 351, 369 f.; *Fung/Graham/Weil*, Full Disclosure, S. 61 ff.; *Fleischer/Hahn*, RIW 2018, 397, 404. Allgemein für verbraucherrechtliche Offenlegungspflichten schlagen *Ben-Shahar/C. E. Schneider*, More Than You Wanted to Know: The Failure of Mandated Disclosure, S. 185 ff. als Intermediäre „consultants, aggregators, and savvy consumers" vor.

[298] Dazu *Aebersold/Suter*, IRZ 2012, 381, 381 ff.; *C. A. Williams*, in: Gordon/Ringe (Hrsg.), The Oxford Handbook of Corporate Law and Governance, S. 677; Konzepte stammen von *van Bergen, Barend/Mackintosh, James/McKenzie, Mark*, A New Vision of Value, *KPMG International*, 2014, (online abrufbar unter: https://assets.kpmg/content/dam/kpmg/pdf/2014/10/a-new-vision-of-value-v1.pdf) (zuletzt aufgerufen am 6.6.2022), sowie *Serafeim/Zochowski/Downing* von der Harvard Business School. Letztere entwickelten die „Impact-Weighted Accounts"-Initiative, vgl. *Serafeim/Zochowski/Downing*, Impact-Weighted Financial Accounts: The Missing Piece for an Impact Economy, online abrufbar unter: https://www.hbs.edu/impact-weighted-accounts/Pages/default.aspx (zuletzt aufgerufen am 6.6.2022).

[299] Darunter *Vogel*, Business & Society 49 (2010), 68, 83; *Ruggie*, Remarks delivered at a Forum on Corporate Social Responsibility Co-Sponsored by the Fair Labor Association and the German Network of Business Ethics, June 14, 2006, online abrufbar unter: https://www.business-humanrights.org/sites/default/files/reports-and-materials/Ruggie-remarks-to-Fair-Labor-Association-and-German-Network-of-Business-Ethics-14-June-2006.pdf (zuletzt aufgerufen am 6.6.2022); *Wouters/Chanet*, Nw. J. Int'l H. Rts. 6 (2008), 262, 294 ff. In Deutschland z.B. die von NGOs und Gewerkschaften getragene Initiative Lieferkettengesetz, s. online unter: https://lieferkettengesetz.de/ (zuletzt aufgerufen am 06.06.2022). S. auch die beiden Gesetzesinitiativen der Fraktion Bündnis 90/Die Grünen BT-Drs. 19/16061 vom 18.12.2019 und BT-Drs. 19/16883 vom 29.1.2020.

1. Sektorspezifische Regelungen der Europäischen Union

Materielle Vorgaben zu Sorgfaltspflichten in der Lieferkette bestehen in verschiedenen spezifischen Sektoren, etwa für Einführer von Metallen und Mineralen, die Konfliktmineralien enthalten, sowie für den Handel mit Holz in die Europäische Union.

Die Verordnung (EU) Nr. 995/2010[300] (Holzhandels-VO) richtet sich gegen den Handel mit in Drittländern illegal geschlagenem Holz oder Holzerzeugnissen.[301] Illegaler Holzeinschlag trägt zur Entwaldung und Schädigung der Wälder bei und zieht negative Auswirkungen für die Umwelt, aber auch negative soziale, politische und wirtschaftliche Folgen nach sich.[302] Zu diesem Zweck verbietet Art. 4 Abs. 1 Holzhandels-VO das Inverkehrbringen von Holz oder Holzerzeugnissen aus illegalem Einschlag.[303] Händler müssen nach Art. 5 UAbs. 1 Holzhandels-VO außerdem entlang der gesamten Lieferkette benennen können, wer das Holz geliefert hat, und an wen das Holz geliefert wurde.[304] Bei der Inverkehrbringung von Holz haben Marktteilnehmer Sorgfaltspflichten zu beachten (Art. 4 Abs. 2 Holzhandels-VO), deren Maßnahmen und Verfahren Art. 6 Holzhandels-VO darlegt.[305] Zu diesen Maßnahmen und Verfahren gehören unter anderem die Bereitstellung eines Zugangs zu Informationen über den Lieferanten und den Abnehmer des Holzes, die Art und Herkunft des Holzes sowie ein spezifiziertes Risikobewertungs- und Risikominderungsverfahren. Hervorzuheben ist, dass die Verordnung auch Aufgaben für staatlich anerkannte Überwachungsorganisationen mit entsprechendem Fachwissen definiert (Art. 8 Abs. 1 Holzhandels-VO). Diese Überwachungsorganisationen können Sorgfaltspflichtenregelungen zur Anwendung für Marktteilnehmer bereitstellen. Sie müssen die Anwendung der damit verbundenen Maßnahmen und Verfahren durch die Teilnehmer überprüfen und geeignete Maßnahmen treffen, wenn ein Marktteilnehmer ihre Sorgfaltspflichtregelung nicht ordnungsgemäß anwendet. Dadurch kann der Marktteilnehmer die Erstellung der Sorgfaltspflichtenregelung und ihre regelmäßige Überprüfung auslagern (vgl. Art. 4 Abs. 3 S. 1 Hs. 2 Holzhandels-VO). Außerdem halten die zuständigen Behörden des jeweiligen Mitgliedsstaats Kontrollbefugnisse, die auch den Zutritt zum Betriebsgelände und die Vorlage von Unterlagen einschließen (Art. 10 Holzhandels-VO).

---

[300] Verordnung (EU) Nr. 995/2010 des Europäischen Parlaments und des Rates vom 20. Oktober 2010 über die Verpflichtungen von Marktteilnehmern, die Holz und Holzerzeugnisse in Verkehr bringen. (ABl. L 295, v. 12.11.2010, S. 23).

[301] Erwägungsgrund 2 und 3 Holzhandels-VO.

[302] Erwägungsgrund 3 Holzhandels-VO.

[303] Art. 2 lit. f) Holzhandels-VO definiert „legal geschlagen“ als „im Einklang mit den einschlägigen Rechtsvorschriften des Landes des Holzeinschlags geschlagen“.

[304] Wobei sich aus dem Wortlaut „entlang der gesamten Lieferkette“ und „die Marktteilnehmer oder Händler, die das Holz bzw. die Holzerzeugnisse geliefert haben“ (Art. 5 UAbs. 1 lit. a) HolzhandelsVO) nicht klar ergibt, ob die Regelung auch Unterlieferanten betrifft. Der Wortlaut von Erwägungsgrund 15 spricht dafür, dass die Information nur den direkten Lieferanten betrifft. Dort heißt es „(…) während Händler in der Lieferkette verpflichtet sein sollten, grundlegende Informationen über ihre Lieferanten und Käufer bereitzustellen, damit die Rückverfolgbarkeit des Holzes bzw. der Holzerzeugnisse gegeben ist.“

[305] Die Verordnung kennt für bestimmte Herkunftsländer eine Ausnahme. Die Sorgfaltspflichtenregelungen findet z.B. keine Anwendung auf Holz oder Holzerzeugnisse, die mit einer FLEGT-Genehmigung nach dem FLEGT-Programm der Verordnung (EG) Nr. 2173/2005 mit einer CITES-Genehmigung nach dem internationalen CITES-Abkommen geliefert werden, s. Art. 3 Holzhandels-VO.

In der EU soll die Verordnung (EU) 2017/821[306] (Konfliktmineralien-VO) Menschenrechtsverletzungen in rohstoffreichen Konflikt- oder Hochrisikogebieten vorbeugen.[307] Die VO findet Anwendung auf Unionseinführer[308] von Mineralen und Metallen, die Zinn, Tantal, Wolfram, Gold, deren Erzen oder Konzentrate enthalten.[309] Neben Offenlegungs- und Berichtspflichten (in Art. 7 Konfliktmineralien-VO)[310] legt Art. 3 Abs. 1 Konfliktmineralien-VO Unionseinführern von Mineralen und Metallen Sorgfaltspflichten auf, die in der Einrichtung eines Managementsystems und Risikomanagementpflichten sowie der Durchführung von Prüfungen durch Dritte (*Third Pary Audits*)[311] bestehen (Art. 4–6 Konfliktmineralien-VO). Dazu gehört, dass Unionseinführer in ihre Lieferkettenpolitik Standards aufnehmen, die denjenigen in Anhang II der OECD-Leitsätze für die Erfüllung der Sorgfaltspflicht zur Förderung verantwortungsvoller Lieferketten für Minerale aus Konflikt- und Hochrisikogebieten (im Folgenden: OECD-Leitsätze für Konfliktmineralien)[312] entsprechen. Dadurch ist die Musterstrategie aus Anhang II der OECD-Leitsätze für Konfliktmineralien in diesem Bereich nicht mehr Soft Law, sondern Hard Law.[313] Der bloße Verweis steht wegen seiner Unübersichtlichkeit und Unbestimmtheit allerdings in der Kritik.[314] Außerdem verlangt Art. 4 lit. d) Konfliktmineralien-VO, dass Unionseinführer ihre auf Anhang II der OECD-Leitsätze für Konfliktmineralien beruhende Lieferkettenpolitik in Verträge und Vereinbarungen mit ihren Lieferanten aufnehmen.

---

306 Verordnung (EU) 2017/821 des Europäischen Parlaments und des Rates vom 17. Mai 2017 zur Festlegung von Pflichten zur Erfüllung der Sorgfaltspflichten in der Lieferkette für Unionseinführer von Zinn, Tantal, Wolfram, deren Erzen und Gold aus Konflikt- und Hochrisikogebieten, (ABl. L 130, v. 19.5.2017, S. 1). Dazu *Teicke/Rust*, CCZ 2018, 39, 39 ff.; *Fehse/Markmann*, EuZW 2021, 113, 113 ff.

307 Siehe Erwägungsgründe 1-3 Konfliktmineralien-VO. Dazu *Teicke/Rust*, CCZ 2018, 39, 39 ff.

308 „Unionseinführer" ist nach Art. 2 lit. l) Konfliktmineralien-VO „eine natürliche oder juristische Person, die Minerale oder Metalle zur Überführung in den zollrechtlich freien Verkehr (...) anmeldet, oder eine natürliche oder juristische Person, in deren Auftrag eine solche Anmeldung abgegeben wird (…)".

309 Die erfassten Minerale und Metalle listen Art. 2 lit. a), lit. b) i.V.m. Anhang I Konfliktmineralien-VO auf. Regeln für Zertifizierungen von Rohdiamanten im Rahmen des Kimberly-Prozesses trifft die Verordnung (EG) Nr. 2368/2002 (Kimberly-Prozess-Verordnung).

310 Die Offenlegungspflicht gegenüber unmittelbar nachgelagerten Abnehmern des Unionseinführers nach Art. 7 Abs. 2 Konfliktmineralien-VO geht dabei weiter als die Berichterstattung in der Öffentlichkeit (§ 7 Abs. 3) oder gegenüber Behörden (§ 7 Abs. 1). Erstere umfasst „alle im Rahmen der Erfüllung ihrer Sorgfaltspflicht in der Lieferkette erlangten und auf aktuellem Stand gehaltenen Informationen". Dabei darf der Unionseinführer aber zugunsten der Wahrung von Geschäftsgeheimnissen und anderen Wettbewerbsbedenken Daten ausnehmen. Siehe *Fehse/Markmann*, EuZW 2021, 113, 117.

311 Eine Definition oder einen Auditstandard für *Third Pary Audits* gibt die Konfliktmineralien-VO nicht vor. Siehe *Fehse/Markmann*, EuZW 2021, 113, 117. Die Kommission stellt nach Art. 9 Abs. 1 Konfliktmineralien-VO eine weltweite Liste verantwortungsvoller Hütten und Raffinerien auf, deren Einbettung als Bezugsquelle in die Lieferkette zur Folge hat, dass einen Unionseinführer in dieser Hinsicht keine substanziellen Nachweispflichten mehr treffen (Art. 8 Abs. 2 UAbs. 2 Konfliktmineralien-VO), sog. *White List* vgl. *Fehse/Markmann*, EuZW 2021, 113, 117.

312 OECD (2019), OECD-Leitfaden für die Erfüllung der Sorgfaltspflicht zur Förderung verantwortungsvoller Lieferketten für Minerale aus Konflikt- und Hochrisikogebieten, 3. Auflage OECD Publishing, Paris, online abrufbar unter: https://read.oecd-ilibrary.org/governance/oecd-leitfaden-fur-die-erfullung-der-sorgfaltspflicht-zur-forderung-verantwortungsvoller-lieferketten-fur-minerale-aus-konflikt-und-hochrisikogebieten_3d21faa0-de#page1 (zuletzt aufgerufen am 26.6.2022).

313 *Teicke/Rust*, CCZ 2018, 39, 42; *Fleischer/Hahn*, RIW 2018, 397, 400.

314 *Teicke/Rust*, CCZ 2018, 39, 43, sowie ausführlicher in Fn. 27.

Unionseinführer müssen darüber hinaus einen Beschwerdemechanismus als Frühwarnsystem zur Risikoerkennung einrichten (Art. 4 lit. e) Konfliktmineralien-VO) und ein System zur Rückverfolgbarkeit der Gewahrsams- und Lieferkette (Art. 4 lit. f) und g) Konfliktmineralien-VO) einführen, das spezifische Informationen über die vorgelagerte Lieferkette, insbesondere Hütten und Raffinerien enthält. Die Durchführung der Bestimmungen der Konfliktmineralien-VO, insbesondere die Kontrolle und die Ahndung von Verstößen, bleibt nach Art. 16 Konfliktmineralien-VO den Mitgliedstaaten überlassen.[315] Die Verordnung nimmt durch eine Anerkennung Rücksicht darauf, dass einige Unternehmen bereits aufgrund freiwilliger CSR- und Reporting-Initiativen Berichte erstellen und Managementsysteme eingereicht haben.[316]

2. Sektorübergreifende Regelungen und Gesetzesvorhaben

Auf nationaler und europäischer Ebene gibt es zunehmend Gesetzgebung und Gesetzesvorhaben über sektorübergreifende Regelungen zu unternehmerischen Sorgfaltspflichten. Die Niederlande erließen 2019 ein Gesetz über Sorgfaltspflichten bezüglich Kinderarbeit in Lieferketten.[317] Das Gesetz sieht eine verpflichtende Due Diligence Prüfung der Risiken von Kinderarbeit in der Lieferkette vor und verlangt in Verdachtsfällen das Aufstellen eines Aktionsplans unter Berücksichtigung der ILO-IOE Child Labour Guidance Tools for Business.[318] In der Schweiz scheiterte eine Volksabstimmung im November 2020 über die sog. „Konzernverantwortungsinitiative“.[319] Zum Zuge kam infolgedessen ein Gesetzgebungsverfahren zu einem indirekten Gegenvorschlag der Schweizer Bundesregierung, der auf Haftungsbestimmungen verzichtet, aber Berichtspflichten für große Unternehmen vorsieht und für Unterneh-

---

[315] In Deutschland ist zuständige Behörde die Bundesanstalt für Geowissenschaften und Rohstoffe, s. § 2 MinRohSorgG (Gesetz zur Durchführung der Verordnung (EU) 2017/821 des Europäischen Parlaments und des Rates vom 17. Mai 2017 zur Festlegung von Pflichten zur Erfüllung der Sorgfaltspflichten in der Lieferkette für Unionseinführer von Zinn, Tantal, Wolfram, deren Erzen und Gold aus Konflikt- und Hochrisikogebieten (Mineralische-Rohstoffe-Sorgfaltspflichten-Gesetz) vom 29. April 2020 (BGBl. I S. 864). Das MinRohSorgG stattet die Bundesanstalt für Geowissenschaften und Rohstoffe zur Durchsetzung der Konfliktmineralien-VO mit Eingriffs- und Anordnungsbefugnissen, sowie Betretungs- und Auskunftsrechten aus. Dazu näher *Fehse/Markmann*, EuZW 2021, 113, 118.

[316] Betreiber von Systemen zur Erfüllung von Sorgfaltspflichten in der Lieferkette, wie Regierungen, Industrieverbände, NGOs, Multistakeholder-Initiativen etc. können beantragen, dass diese Systeme von der Kommission anerkannt werden, vgl. Art. 8 Abs. 1 Konfliktmineralien-VO.

[317] Wet van 24 oktober 2019 houdende de invoering van een zorgplicht ter voorkoming van de levering van goederen en diensten die met behulp van kinderarbeid tot stand zijn gekomen (Wet zorgplicht kinderarbeid), v. 24.10.2019, Staatsblad van het Koninkrijk der Nederlanden 2019, 401.

[318] S. dazu auch *Bueno/Bright Claire*, I.C.L.Q. 69 (2020), 789, 800 f. Zum ILO-IOE Child Labour Guidance Tools for Business, International Labour Office, ILO International Programme on the Elimination of Child Labour; International Organisation of Employers, Geneva: ILO, 2015, online abrufbar unter: https://www.unglobalcompact.org/docs/issues_doc/labour/tools_guidance_materials/ILO-IOE-child-labour-guidance.pdf (zuletzt aufgerufen am 26.6.2022).

[319] Die Eidgenössische Volksinitiative „Für verantwortungsvolle Unternehmen – zum Schutz von Mensch und Umwelt“, BBl 2015 3245 vom 29.11.2020; Abstimmungsergebnisse online abrufbar unter: https://www.bk.admin.ch/ch/d/pore/va/20201129/index.html (zuletzt aufgerufen am 26.6.2022) erreichte zwar das Volksmehr, scheiterte aber an der Mehrheit der Stände. Kritisch zur Konzernverantwortungsinitiative *Bohrer*, in: Fleischer/Kalss/Vogt (Hrsg.), Corporate Social Responsibility, S. 195 ff.

men mit Risiken bezüglich Mineralien und Metalle aus Konflikt- und Hochrisikogebieten sowie Kinderarbeit materielle Sorgfaltspflichten einführt.[320]

In Frankreich trat 2017 mit dem „Loi relative au devoir de vigilance des sociétés mères et des entreprises donneuses d'ordre" ein Gesetz über unternehmerische Sorgfaltspflichten in Kraft.[321] Das Gesetz erfasst Unternehmen, die mit ihren Tochterunternehmen über zwei Geschäftsjahre hinweg im Inland mindestens 5.000 Arbeitnehmer oder im In- und Ausland mindestens 10.000 Arbeitnehmer beschäftigen.[322] Für Kritik sorgt, dass die Pflichten gegenüber Zulieferern eng formuliert sind und sich die Reichweite der erfassten Lieferkette trotz uneindeutiger Formulierung nicht auf indirekte Zulieferer erstrecke.[323] Die erfassten Unternehmen müssen einen sog. *plan de vigilance,* einen Sorgfaltspflichtplan in ihrem Jahresabschlussbericht veröffentlichen.[324] Dieser soll neben einem Risikoanalyseverfahren, einer regelmäßigen Risikobewertung der ständigen Geschäftsbeziehungen mit Tochtergesellschaften, Subunternehmern oder Zulieferern auch geeignete Maßnahmen zur Risikominderung oder Vorbeugung schwerer Verstöße sowie ein Warn- und ein Überwachungssystem beinhalten.[325] Nachdem der französische Verfassungsrat die Bußgeldvorschriften wegen des unklaren Pflichtenumfangs für verfassungswidrig erklärte,[326] verbleibt als Sanktion nunmehr die zivilrechtliche Haftung.[327] Die Literatur kritisiert an der Regelung, dass der Kausalitätsnachweis für das Bestehen einer Menschenrechtsverletzung, der auf der Nichteinhaltung der Vorschriften Gesetzes beruhen muss, für die Opfer von Menschenrechtsverletzungen nur schwer zu erbringen sei.[328] Als Schwäche des französischen Lieferkettengesetzes gelten die unbestimmten Vorgaben über den Inhalt der Berichtspflichten und der Maßstäbe für schwere Verstöße.[329] Seit in Kraft treten des Gesetzes verläuft die Umsetzung seitens der Unternehmen allerdings zurückhaltend.[330]

---

[320] Vgl. dazu den indirekten Gegenvorschlag, online abrufbar unter: https://www.parlament.ch/centers/eparl/curia/2016/20160077/Schlussabstimmungstext%202%20NS%20D.pdf (zuletzt aufgerufen am 26.6.2022) sowie die Informationen zum Verfahren unter https://www.ejpd.admin.ch/bj/de/home/aktuell/mm.msg-id-86226.html (zuletzt aufgerufen am 26.6.2022).

[321] LOI n° 2017-399 du 27 mars 2017 relative au devoir de vigilance des sociétés mères et des entreprises donneuses d'ordre.

[322] Art. L. 225-102-4 Abs. 1 Code de Commerce.

[323] Dies ergebe sich daraus, dass erfasste Unternehmen die Risikoanalyse nur im Verhältnis zu Subunternehmern und Zulieferern vornehmen müssen, mit welchen das Unternehmen eine ständige Geschäftsbeziehung unterhalte (Art. L. 225-102-4 Abs. 1 Code de Commerce), vgl. *Kutscher-Puis*, ZVertriebsR 2020, 174, 176.

[324] Art. L. 225-102-4 Abs. 1 Code de Commerce.

[325] Art. L. 225-102-4 Abs. 1 Code de Commerce. Dazu *Kutscher-Puis*, ZVertriebsR 2020, 174, 177.

[326] *Conseil Constitutionnel*, Entscheidung Nr. 2017-750 DC v. 23.3.2017; dazu auch *Kutscher-Puis*, ZVertriebsR 2020, 174, 177.

[327] Gemäß Art. L. 225-102-5 Code de Commerce. Vgl. *Kutscher-Puis*, ZVertriebsR 2020, 174, 177.

[328] *Kutscher-Puis*, ZVertriebsR 2020, 174, 177; *Cannelle*, The French Loi de Vigilance: Prospects and Limitations of a Pioneer Mandatory Corporate Due Diligence, VerfBlog, 2020/6/16,, 16.06.2020, online abrufbar unter: https://verfassungsblog.de/the-french-loi-de-vigilance-prospects-and-limitations-of-a-pioneer-mandatory-corporate-due-diligence/ (zuletzt aufgerufen am 26.6.2022).

[329] *Kutscher-Puis*, ZVertriebsR 2020, 174, 176 f.

[330] *Kutscher-Puis*, ZVertriebsR 2020, 174, 177; *Cannelle*, The French Loi de Vigilance: Prospects and Limitations of a Pioneer Mandatory Corporate Due Diligence, VerfBlog, 2020/6/16, 16.06.2020, online abrufbar unter: https://verfassungsblog.de/the-french-loi-de-vigilance-prospects-and-

Der Deutsche Gesetzgeber verabschiedete am 16.7.2021 das Lieferkettensorgfaltspflichtengesetz (LkSG).[331] Das LkSG tritt am 1.1.2023 in Kraft.[332] Es sieht vor, dass erstens Unternehmen mit Sitz oder Zweigniederlassung im Inland und zweitens in der Regel mindestens 3000 Arbeitnehmern im Inland[333] Sorgfaltspflichten gemäß § 3 ff. LkSG treffen.[334] Die Sorgfaltspflichten stehen gemäß § 3 Abs. 1 S. 1, Abs. 2 LkSG unter einem Angemessenheitsvorbehalt. Sie umfassen zunächst die Einrichtung eines Risikomanagements[335] und die Durchführung jährlicher und anlassbezogener Risikoanalysen.[336] Ferner sehen sie Präventionsmaßnahmen im eigenen Geschäftsbereich sowie gegenüber unmittelbaren Zulieferern vor.[337] Für den im Fall der Verletzung menschenrechts- oder umweltbezogener Pflichten im eigenen Geschäftsbereich oder bei einem unmittelbaren Zulieferer muss ein Unternehmen Abhilfemaßahmen treffen.[338] Gegenüber mittelbaren Zulieferern treffen die erfassten Unternehmen nur anlassbezogene Sorgfaltspflichten.[339] Außerdem schließen die Sorgfaltspflichten die Einrichtung eines auch Dritten und mittelbaren Zulieferern zugänglichen Beschwerdeverfahrens ein.[340] Gemäß §§ 10 Abs. 2, 12 Abs. 1 LkSG haben erfasste Unternehmen einen Bericht über die Erfüllung ihrer Sorgfaltspflichten im vergangenen Geschäftsjahr im Internet und gegenüber der zuständigen Behörde zu veröffentlichen. Das LkSG setzt auf behördliche Durchsetzung.[341] Dazu verleiht das LkSG der zuständigen Behörde Anordnungs- und Betretensrechte und erlegt den erfassten Unternehmen Auskunfts- und Herausgabepflichten gegenüber der zuständigen Behörde

---

limitations-of-a-pioneer-mandatory-corporate-due-diligence/ (zuletzt aufgerufen am 26.6.2022); jew. m.w.N.

[331] Gesetz über die unternehmerischen Sorgfaltspflichten zur Vermeidung von Menschenrechtsverletzungen in Lieferketten (Lieferkettensorgfaltspflichtengesetz – LkSG), vom 16.7.2021, BGBl. I S. 2959. Dazu *E. Wagner/Ruttloff*, NJW 2021, 2145; *Spindler*, ZHR 186 (2022), 67; *R. Koch*, MDR 2022, 1; *Fleischer*, DB 2022, 920.

[332] Art. 5 Abs. 1 LkSG.

[333] § 1 Abs. 1 S. 1 Nr. 1 und Nr. 2, S. 2 LkSG. Ab dem Jahr 2024 ist vorgesehen, dass die Anwendbarkeit ab 1000 Arbeitnehmern besteht, § 1 Abs 1 S. 3 LkSG.

[334] Die erfassten Menschenrechte und umweltbezogenen Pflichten ergeben sich aus § 2 Abs. 1 bis 4 LkSG i.V.m. Anlage LkSG. Geschützte Rechtspositionen umfassen in menschenrechtlicher Hinsicht Rechtsgüter aus den internationalen Pakten v. 19.12.1966 über bürgerliche und politische Rechte (IPbpR) und über wirtschaftliche, soziale und kulturelle Rechte (IPwskR) und die ILO-Kernarbeitsnormen. In umweltrechtlicher Hinsicht nennt die Anlage darüber hinaus das Minamata-Übereinkommen v. 10.10.2013 (Verbot der Herstellung von mit Quecksilber versetzten Produkten und das Verbot der Verwendung von Quecksilber und Quecksilberverbindungen), das Stockholmer Übereinkommen vom 23.5.2001 über persistente organische Schadstoffe und das Basler Übereinkommen über die Kontrolle der grenzüberschreitenden Verbringung gefährlicher Abfälle und ihrer Entsorgung vom 22.3.1989. Kritisch hinsichtlich des fehlenden Bezugs auf konkrete Normen in den Abkommen *E. Wagner/Ruttloff*, NJW 2021, 2145, 2146 f.

[335] § 4 Abs. 1 LkSG.

[336] § 5 Abs. 1, Abs. 4 LkSG.

[337] § 6 Abs. 1, Abs. 3, Abs. 4 LkSG.

[338] § 7 Abs. 1–3 LkSG.

[339] § 9 Abs. 3 LkSG.

[340] §§ 8, 9 Abs. 1 LkSG.

[341] Die zuständige Behörde für die behördliche Kontrolle und Durchsetzung des LkSG ist das Bundesamt für Wirtschaft und Ausfuhrkontrolle (§ 19 Abs. 1 S. 1 LkSG). Kritisch zur behördlichen Durchsetzung *Falco Schmidt*, CCZ 2022, 214, 218 f.: "Herkulesaufgabe".

auf.[342] In bestimmten Fällen des Zuwiderhandelns sieht § 24 LkSG eine Bußgeldhaftung vor. Im Falle einer Belegung mit einer bestimmten Bußgeldhöhe ist in § 22 Abs. 1 LkSG auch die Möglichkeit eines Ausschlusses des Unternehmens von konkreten Vergabeverfahren der in §§ 99, 100 GWB genannten Auftraggeber innerhalb eines angemessenen Zeitraums von bis zu drei Jahren vorgesehen. § 11 Abs. 1 LkSG sieht die Möglichkeit vor, dass Stakeholder, die in einer geschützten Rechtsposition verletzt sind, eine gewillkürte Prozessstandschaft an inländische Gewerkschaften und Nichtregierungsorganisationen erteilen können.[343] Auf Kritik stößt, dass das LkSG keinen zivilrechtlichen Haftungstatbestand enthält.[344] Die Literatur äußert außerdem Kritik an unbestimmten Begriffen und unklar beschriebenen Pflichten, die das LkSG enthält und die zugleich Anknüpfungspunkt für eine Bußgeldandrohung und Anordnungsbefugnisse der zuständigen Behörden sind.[345]

Auf Unionsebene legte die Europäische Kommission einen Vorschlag für eine Richtlinie über Sorgfaltspflichten von Unternehmen vor (RL-Vorschlag).[346] Dieser Vorschlag geht über die Regelungen des deutschen LkSG in mehrerlei Hinsicht hinaus.[347] Die Richtlinie soll nach Art. 2 Abs. 1 lit. a) RL-Vorschlag bereits für Unternehmen gelten, die nach den Rechtsvorschriften eines Mitgliedstaats gegründet wurden und im letzten Geschäftsjahr, für das ein Jahresabschluss erstellt wurde, im Durchschnitt mehr als 500 Beschäftigte hatten und einen weltweiten Nettoumsatz von mehr als 150 Millionen Euro erzielten. Für Unternehmen, die mindestens 50 % ihres weltweiten Nettoumsatzes in einem oder mehreren durch die Richtlinie definierten kritischen Sektoren[348] erzielten, sieht Art. 2 Abs. 1 lit. b) RL-Vorschlag eine Herabsetzung dieser Schwellen vor. Die Richtlinie soll außerdem für Unternehmen gelten, die nach den Rechtsvorschriften eines Drittstaats gegründet wurden und die im letzten Geschäftsjahr in der Europäischen Union einen bestimmten Mindestnettoumsatz von mehr als 150 Millionen Euro erzielten.[349] Kernstück des Richtlinienvorschlags ist die Einführung von Sorgfaltspflichten der erfassten Unternehmen gemäß Art. 4–11 RL-Vorschlag. Die Sorgfaltspflicht der Unternehmen soll zunächst neben der Einbeziehung der Sorgfaltspflicht in ihre Unternehmenspolitik[350] die Ermittlung tatsächlicher und potenzieller negativer Auswirkungen auf die Menschenrechte und die Umwelt umfassen, die sich aus deren eigenen Tätigkeiten, denen ihrer Tochterunternehmen und – im Falle eines Zusammenhangs mit ihren Wertschöpfungsketten – auch

---

[342] Die Befugnisse der zuständigen Behörde regeln §§ 13 ff. LkSG. *Falco Schmidt*, CCZ 2022, 214, 220 hält den Wortlaut des § 16 LkSG für völkerrechtswidrig, da sich die Betretensrechte in bestimmten Fällen auch auf Betriebsgrundstücke im Ausland beziehen könnten.

[343] Dazu *E. Wagner/Ruttloff*, NJW 2021, 2145, 2150.

[344] Kritisch dazu *G. Wagner*, ZIP 2021, 1095, 1100 f.

[345] *E. Wagner/Ruttloff*, NJW 2021, 2145, 2146 f., 2152; *Spindler*, ZHR 186 (2022), 67, 120.

[346] Europäische Kommission, Vorschlag für eine Richtlinie des Europäischen Parlaments und des Rates über die Sorgfaltspflichten von Unternehmen im Hinblick auf Nachhaltigkeit und zur Änderung der Richtlinie (EU) 2019/1937, vom 23.2.2022, COM(2022) 71 final. Dazu *Jung*, GRP 2022, 109; *Nietsch/Wiedmann*, CCZ 2022, 125.

[347] *Jung*, GRP 2022, 109, 112 ff.; *Bettermann/Hoes*, WM 2022, 697.

[348] Kritisch zu der „teilweise willkürlich“ anmutenden Auswahl der Hochrisikoindustrie *Nietsch/Wiedmann*, CCZ 2022, 125, 136.

[349] Art. 2 Abs. 2 lit. a) RL-Vorschlag. Für Unternehmen, die mindestens 50 % ihres weltweiten Nettoumsatzes in einem oder mehrerer kritischer Sektoren erwirtschafteten, sieht Art. 2 Abs. 2 lit. b) eine Herabsetzung der Schwelle auf 40 Millionen Euro vor.

[350] Art. 5 RL-Vorschlag.

aus etablierten Geschäftsbeziehungen ergeben.[351] Darüber hinaus gehört zu der vorgeschlagenen Sorgfaltspflicht die Einrichtung und Aufrechterhaltung eines Beschwerdeverfahrens nach Art. 9 RL-Vorschlag die Überwachung der Wirksamkeit ihrer Strategien und Maßnahmen zur Erfüllung der Sorgfaltspflicht nach Art. 10 RL-Vorschlag und die öffentliche Kommunikation über die Sorgfaltspflicht nach Art. 11 RL-Vorschlag. Außerdem soll erfasste Unternehmen die Pflicht treffen, konkrete Präventionsmaßnahmen nach Art. 7 RL-Vorschlag und konkrete Abhilfemaßnahmen nach Art. 7 RL-Vorschlag vorzunehmen. Der Pflichtenkatalog für Präventions- und Abhilfemaßnahmen umfasst neben der Entwicklung und Umsetzung eines Präventionsaktions- bzw. Korrekturmaßnahmenplans, die Pflichten, eine vertragliche Zusicherung von direkten Geschäftspartnern zur Einhaltung des Verhaltenskodex des Unternehmens einzuholen, notwendige Investitionen zu tätigen, Unterstützungen für ein KMU zu leisten, das durch die Einhaltung des Verhaltenskodex in seiner Tragfähigkeit gefährdet würde, und eine Zusammenarbeit mit anderen Unternehmen.[352] Festgestellte negative Auswirkungen sollen durch die Zahlung von Schadensersatz an die betroffenen Personen und einer finanziellen Entschädigung an die betroffenen Gemeinschaften neutralisiert oder minimiert werden.[353] Hinsichtlich mittelbaren Zulieferern sieht die Richtlinie unter anderem vor, dass ein betroffenes Unternehmen eine vertragliche Zusicherung von Geschäftspartnern, mit denen sie eine direkte Geschäftsbeziehung unterhalten, dahingehend einholt, dass sie die Einhaltung des Verhaltenskodexes des Unternehmens und erforderlichenfalls eines Präventions- bzw. Korrekturmaßnahmenplans sicherstellen. Dies kann auch durch Einholung entsprechender vertraglicher Zusicherungen von deren Partnern geschehen, soweit diese Teil der Wertschöpfungskette des Unternehmens sind (Vertragskaskaden).[354] Der Vorschlag sieht außerdem vor, dass ein betroffenes Unternehmen, das potenzielle oder tatsächliche Auswirkungen nicht vermeiden oder angemessen abschwächen kann, versuchen kann, einen Vertrag mit einem indirekten Partner über die Einhaltung eines Verhaltenskodex oder Präventionsaktions- bzw. Korrekturmaßnahmenplans zu schließen.[355] In diesen Fällen müssen die vertraglichen Regelungen von geeigneten Maßnahmen zur Überprüfung flankiert werden,[356] wobei eine Überprüfung durch unabhängige Dritte nicht verpflichtend vorgeschrieben wird. Besonders weitreichend sind die Vorgaben für Fälle, in denen potenzielle Auswirkungen oder tatsächliche negative Auswirkungen nicht vermieden oder angemessen abgeschwächt werden können. Für diese Fälle sieht der Richtlinienvorschlag vor, dass „das Unternehmen mit dem Partner oder in der Wertschöpfungskette, von dem bzw. der die Auswirkungen ausgehen, keine neuen Beziehungen eingehen bzw. bestehende Beziehungen ausbauen“ darf und in Einklang mit dem jeweils maßgebenden Recht die Geschäftsbeziehungen vorübergehend auszusetzen und im Falle schwerwiegender Auswirkungen die Geschäftsbeziehungen vollständig beenden muss.[357] Die Mitgliedstaaten sollen hierfür rechtliche Regelungen zu entsprechenden vertraglichen Kündigungs-

[351] Art. 6 Abs. 1 RL-Vorschlag.
[352] Art. 7 Abs. 2 und Art. 8 Abs. 3 RL-Vorschlag.
[353] Art. 8 Abs. 3 lit. a) RL-Vorschlag.
[354] Art. 7 Abs. 2 lit. b) und Art. 8 Abs. 3 lit. c) RL-Vorschlag.
[355] Art. 7 Abs. 3, Art. 8 Abs. 4 RL-Vorschlag. Hier sieht der RL-Vorschlag nur eine unverbindliche Anregung vor: „versuchen kann“.
[356] Art. 7 Abs. 4, Art. 8 Abs. 5 RL-Vorschlag.
[357] Art. 7 Abs. 5 und Art. 8 Abs. 6 RL-Vorschlag.

möglichkeiten vorsehen.[358] Die Erwägungsgründe des Richtlinienvorschlags heben allerdings den Vorrang der Lösungsfindung in bestehenden Geschäftsbeziehungen hervor.[359]

Der Richtlinienvorschlag enthält unbestimmte Begriffe. In Art. 7 Abs. 2 und Art. 8 Abs. 3 RL-Vorschlag heißt es etwa, „Unternehmen sind verpflichtet, gegebenenfalls (…)“. Der Zusatz „gegebenenfalls“ stellt in diesem Kontext eine unklare Bestimmung dar, die Rechtsunsicherheit und einen erheblichen Spielraum für die EU-Mitgliedstaaten bei der Umsetzung der Richtlinie erzeugt.[360] In der Literatur wirft außerdem das durch den Richtlinienvorschlag aufgestellte umfassende Pflichtenprogramm und seine Erstreckung auf die nachgelagerten Geschäftsbeziehungen Kritik mit Blick auf die praktische Umsetzbarkeit des Pflichtenprogramms auf Unternehmensebene hervor.[361]

Als Durchsetzungsmechanismen sieht der Richtlinienvorschlag durch die Mitgliedstaaten vorzusehende aufsichtsrechtliche Maßnahmen vor, insbesondere die Verhängung von Sanktionen.[362] Ein neu einzurichtendes europäisches Netz der Aufsichtsbehörden soll die Zusammenarbeit und den Informationsaustausch erleichtern.[363] Neben der behördlichen Durchsetzung sollen die Mitgliedstaaten eine zivilrechtliche Haftung der Unternehmen für Schäden einführen, die als Ergebnis der Nichterfüllung der Pflichten der Unternehmen zur Vermeidung potenzieller und Behebung tatsächlicher negativer Auswirkungen eingetreten sind.[364] Davon nimmt der Vorschlag aber eine Haftung für Tätigkeiten eines indirekten Partners aus, mit dem das betroffene Unternehmen eine etablierte Geschäftsbeziehung unterhält, und für den es geeignete Maßnahmen im Sinne der Richtlinie getroffen hat.[365]

Nach einem längeren Abstimmungsprozess verabschiedete der Europäische Gesetzgeber am 13. Juni 2024 die Richtlinie (EU) 2024/1760 des Europäischen Parlaments und des Rates über die Sorgfaltspflichten von Unternehmen im Hinblick auf Nachhaltigkeit und zur Änderung der Richtlinie (EU) 2019/1937 und der Verordnung (EU) 2023/2859 (EU-Lieferkettenrichtlinie). Der RL-Vorschlag blieb hierzu in wesentlichen Punkten unverändert. Insbesondere den Inhalt und die Reichweite der Sorgfaltspflichten änderte der Europäische Gesetzgeber bis auf eine Verschiebung der Normen im Wesentlichen nicht mehr ab. Allerdings einigten sich die Akteure im Gesetzgebungsverfahren auf einen engeren Anwendungsbereich der Richtlinie. Die Richtlinie soll langfristig ab dem Jahr 2029 für Unternehmen gelten, die im letzten Geschäftsjahr, für das ein Jahresabschluss angenommen wurde oder hätte angenommen werden müssen, im Durchschnitt mehr als 1000 Beschäftigte hatten und einen weltweiten Nettoumsatz von mehr als 450 Millionen Euro erzielten.[366] Die noch im RL-Vorschlag enthaltene Herabsetzung der Schwelle für Hochrisikobranchen wurde in der EU-Lieferkettenrichtlinie vollständig gestrichen. Für Unternehmen, die nach

---

[358] Art. 7 Abs. 5 UAbs. 2 und Art. 8 Abs. 6 UAbs. 2 RL-Vorschlag.

[359] So Erwägungsgrund 32 und 36 RL-Vorschlag.

[360] Krit. ebenso *Jung*, GRP 2022, 109, 118.

[361] *Nietsch/Wiedmann*, CCZ 2022, 125, 136 f.; *Jung*, GRP 2022, 109, 117 ff.

[362] Art. 17 ff. RL-Vorschlag. Bestimmungen über die Einführung von Sanktionen sind in Art. 20 RL-Vorschlag geregelt.

[363] Art. 21 RL-Vorschlag.

[364] Art. 22 Abs. 1 RL-Vorschlag. Dazu *Jung*, GRP 2022, 109, 116 f.; *Nietsch/Wiedmann*, CCZ 2022, 125, 132 f.

[365] Art. 22 Abs. 2 RL-Vorschlag. Dazu *Jung*, GRP 2022, 109, 116 f.

[366] Art. 2 Abs. 1 lit. a) EU-Lieferkettenrichtlinie.

den Rechtsvorschriften eines Drittlandes gegründet wurden, gilt die Richtlinie, wenn diese im Jahr vor dem letzten abgeschlossenen Geschäftsjahr einen Nettoumsatz von mehr als 450 Millionen Euro in der Union erzielten.[367] Außerdem gelten die Schwellenwerte jeweils auch für oberste Muttergesellschaften, wenn deren Unternehmensgruppe die Schwellenwerte auf konsolidierter Basis erreicht.[368] Neu ist eine Einbeziehung in den Anwendungsbereich der Richtlinie von Unternehmen und obersten Muttergesellschaften einer Gruppe, die Franchise- oder Lizenzvereinbarungen gegen Lizenzgebühren mit unabhängigen Drittunternehmen geschlossen haben. Für diese gelten eigene Schwellenwerte.[369] Art. 37 der EU-Lieferkettenrichtlinie sieht für den Anwendungsbereich ein gestaffeltes Inkrafttreten ab dem Jahr 2027 vor. Erst im Jahr 2029 gelten die oben genannten Schwellenwerte.

3. Lieferkettengesetzgebung als Chance für *Private Enforcement*

Die Forderung nach einer neuen deliktischen Haftungsgrundlage besteht insbesondere, weil nach herrschender Meinung *de lege lata* grundsätzlich keine deliktische Haftung multinationaler Unternehmen und Konzerne für Menschenrechtsverletzungen ihrer Zuliefererbetriebe oder Tochtergesellschaften im Ausland gegeben ist. Ein kurzer Überblick über die kollisions- und deliktrechtliche Lage verdeutlicht dies.

Aus Sicht eines europäischen Gerichts[370] kommt grundsätzlich ausländisches Haftungsrecht desjenigen Staats zur Anwendung, in dem die Menschenrechtsverletzung erfolgte, weil sich das anzuwendende Recht in diesen Konstellationen gemäß Art. 4 Abs. 1 Rom II-VO nach dem Recht des Erfolgsorts bestimmt.[371] Nur im Einzelfall lässt sich über die Sonderanknüpfung des Günstigkeitsprinzips bei Umweltschädigungen gemäß Art. 7 Rom II-VO deutsches Recht anwenden oder mittels des *ordre public*-Vorbehalts (Art. 26 Rom II-VO) bzw. Eingriffsnormen (Art. 16 Rom II-VO) auf die Bestimmung des anwendbaren Rechts Einfluss nehmen.[372] Eine optionale Anwendung der Ausweichklausel des Art. 4 Abs. 3 Rom II-VO zugunsten des Opfer-

---

[367] Art. 2 Abs. 2 lit. a) EU-Lieferkettenrichtlinie.

[368] Art. 2 Abs. 1 lit. b) und Abs. 2 lit. b) EU-Lieferkettenrichtlinie.

[369] Art. 2 Abs. 1 lit. c) und Abs. 2 lit. c) EU-Lieferkettenrichtlinie.

[370] Der Gerichtsstand ist grundsätzlich gem. Art. 4 Abs. 1, 63 Abs. 1 Brüssel Ia-VO bei Gerichten des Mitgliedstaats eröffnet, in dem das multinationale Unternehmen seinen Sitz (den satzungsmäßigen Sitz, den Sitz der Hauptverwaltung oder die Hauptniederlassung) hat. Ausführlich dazu sowie zur US-amerikanischen Judikatur und Ankerklagen gegen Muttergesellschaften, *Dutta*, in: Reinisch/Hobe/Kieninger/A. Peters (Hrsg.), Unternehmensverantwortung und Internationales Recht, S. 39 ff. Zu Letzterem auch *Kieninger*, IPRax 2020, 60, 60 ff.

[371] *Habersack/Ehrl*, AcP 219 (2019), 155, 183 ff.; *Rudkowski*, RdA 2020, 232, 233 f.; *Rühl*, in: Reinisch/Hobe/Kieninger/A. Peters (Hrsg.), Unternehmensverantwortung und Internationales Recht, S. 97 f.; *G. Wagner*, RabelsZ 80 (2016), 717, 739 f.; *Marc-Philippe Weller/Kaller/Schulz*, AcP 216 (2016), 387, 393; *Thomale/Hübner*, JZ 2017, 385, 391. *Rühl* stellt zurecht infrage, „wie berechtigt das in der Literatur anzutreffende Störgefühl an der Anwendung ausländischen Haftungsrechts eigentlich ist". Problematisch seien der Literatur zufolge weniger die materiellen Haftungsnormen ausländischen Rechts, sondern die Fairness der Gerichtsverfahren in den betreffenden Staaten. (S. 104 f.).

[372] Dazu näher *Rühl*, in: Reinisch/Hobe/Kieninger/A. Peters (Hrsg.), Unternehmensverantwortung und Internationales Recht, S. 98 f., 101; *Habersack/Ehrl*, AcP 219 (2019), 155, 186 ff.; *G. Wagner*, RabelsZ 80 (2016), 717, 743 ff. Im Rahmen des Art. 7 Rom II-VO stellt sich dann die Folgefrage nach dem Handlungsort in Lieferkettensachverhalten. Vgl. dazu ebenfalls die vorstehenden Autoren.

schutzes bei Distanzdelikten[373] lehnt die Literatur insbesondere aufgrund des Ausnahmecharakters der Vorschrift überwiegend ab.[374] Auch andere Überlegungen führen zu keiner verlässlichen Anwendung des deutschen Rechts.[375]

Selbst wenn man von der Anwendbarkeit des deutschen Rechts ausgeht, lässt sich eine deliktische Haftung nach deutschem Recht nur in wenigen Fällen begründen. Zunächst überschneiden sich zwar die Schutzbereiche der deliktischen Haftung nach § 823 Abs. 1 BGB und von Menschenrechtskatalogen im Falle der Verletzung von Leben, Körper, Gesundheit, Freiheit und Eigentum. In entsprechenden Fällen wäre somit ein deliktischer Schutz gegeben. Allerdings fehlt eine deliktische Erfassung der Beeinträchtigung natürlicher Lebensgrundlagen, von Umweltbelangen, Arbeitnehmerbelangen oder von Kulturgütern.[376] Diese Güter sind nach herrschender Meinung auch kein sonstiges Recht im Sinne des § 823 Abs. 1 BGB und gehören mangels ihrer Wirkung im Horizontalverhältnis zwischen Bürgern auch nicht zu den Schutzgesetzen i.S.d. § 823 Abs. 2 BGB.[377] Menschenrechte begründen keine Verhaltenspflichten zwischen Privaten, sondern nur gegenüber Staaten.[378] In letzteren Fällen bleibt daher nur die Möglichkeit, eine Haftung wegen sittenwidriger vorsätzlicher Schädigung gemäß § 826 BGB zu konstruieren, die jedoch mit sehr hohen Beweishürden verbunden ist.[379]

Letztlich scheitert eine deliktische Haftung grundsätzlich an der Verletzungshandlung der Abnehmergesellschaft. Für eine Geschäftsherrenhaftung nach § 831 BGB

---

[373] So der Vorschlag von *Marc-Philippe Weller/Thomale*, ZGR 2017, 509, 524 f.; *Thomale/Hübner*, JZ 2017, 385, 391 f.

[374] *Habersack/Ehrl*, AcP 219 (2019), 155, 184 ff.; *Rühl*, in: Reinisch/Hobe/Kieninger/A. Peters (Hrsg.), Unternehmensverantwortung und Internationales Recht, S. 101 f.; *Rudkowski*, RdA 2020, 232, 233 f.; *G. Wagner*, RabelsZ 80 (2016), 717, 740 f.

[375] In der Diskussion steht zum Beispiel, die Sicherheits- und Verhaltensregeln der Abnehmergesellschaft in Bezug auf CSR gemäß Art. 17 Rom II-VO anzuwenden. Dies lehnt die h.M. aus systematischen und teleologischen Gründen ab, s. *G. Wagner*, RabelsZ 80 (2016), 717, 742 f.; *Rühl*, in: Reinisch/Hobe/Kieninger/A. Peters (Hrsg.), Unternehmensverantwortung und Internationales Recht, S. 103; *Rudkowski*, RdA 2020, 232, 234. Eine weitere Möglichkeit ist die Rechtswahl nach Eintritt des schadensbegründenden Ereignisses gemäß Art. 14 Rom II-VO, vgl. dazu *Habersack/Ehrl*, AcP 219 (2019), 155, 189 f.

[376] *Rühl*, in: Reinisch/Hobe/Kieninger/A. Peters (Hrsg.), Unternehmensverantwortung und Internationales Recht, S. 107; *G. Wagner*, RabelsZ 80 (2016), 717, 753 f.

[377] *Buck-Heeb*, in: Fleischer/Kalss/Vogt (Hrsg.), Corporate Social Responsibility, S. 108; *Rühl*, in: Reinisch/Hobe/Kieninger/A. Peters (Hrsg.), Unternehmensverantwortung und Internationales Recht, S. 107; *Marc-Philippe Weller/Kaller/Schulz*, AcP 216 (2016), 387, 400, 406; *Habersack/Ehrl*, AcP 219 (2019), 155, 194 ff.; zur Frage Menschenrechte als Schutzgesetze *Hübner*, in: Krajewski/Oehm/Saage-Maaß (Hrsg.), Zivil- und Strafrechtliche Unternehmensverantwortung für Menschenrechtsverletzungen, S. 20; das Sklavereiverbot und Zwangsarbeitsverbot als sonstiges Recht i.S.d. § 823 Abs. 1 BGB bejaht *Heinen*, in: Krajewski/Saage-Maaß (Hrsg.), Die Durchsetzung menschenrechtlicher Sorgfaltspflichten von Unternehmen, S. 96 f.; zur Frage Menschenrechte als Schutzgesetze *G. Wagner*, RabelsZ 80 (2016), 717, 754 ff.

[378] *G. Wagner*, RabelsZ 80 (2016), 717, 756. Ausnahmen gelten aber z.B. im Völkerstrafrecht, vgl. unten unter § 3 C. I.

[379] *Buck-Heeb*, in: Fleischer/Kalss/Vogt (Hrsg.), Corporate Social Responsibility, S. 109; *Rühl*, in: Reinisch/Hobe/Kieninger/A. Peters (Hrsg.), Unternehmensverantwortung und Internationales Recht, S. 107 f.; *Marc-Philippe Weller/Kaller/Schulz*, AcP 216 (2016), 387, 406 f. Der Kläger hat den Vorsatz des Schädigers sowohl bezüglich der Schadensfolgen als auch dessen Kenntnis bezüglich der Umstände der Sittenwidrigkeit nachzuweisen, vgl. u.a. BGHZ 160, 149 = BGH, Urt. v. 19.7.2004 – II ZR 402/02 = NJW 2004, 2971, 2973 f.; BeckOK BGB/*Förster*, BGB § 826; Stand 1.5.2022, 28, 34.

fehlt es nach ganz herrschender Meinung mangels Weisungsgebundenheit an der Verrichtungsgehilfeneigenschaft der selbstständigen Tochter- bzw. an der Zulierferergesellschaft.[380] Eine solche ist nur ausnahmsweise gegeben, wenn die Tochter- oder Zuliefergesellschaft in den Organisationsbereich des Geschäftsherrn eingegliedert ist und der Geschäftsherr mittels Weisungen in deren Geschäftsbetrieb eingreifen kann.[381] In diesem Fall bleibt dem Geschäftsherrn noch der dezentralisierte Entlastungsbeweis bei Großunternehmen gem. § 831 Abs. 1 S. 2 BGB.[382]

Auch eine Haftung wegen der Verletzung von Organisationspflichten der Abnehmergesellschaft aus § 823 Abs. 1 BGB ist im Zusammenhang mit Menschenrechtsverletzungen anzudenken. Eine solche Haftung setzt voraus, dass die Abnehmergesellschaft durch mangelnde Betriebsführung Sorgfaltspflichten verletzt hat, welche den Eintritt der aufgetretenen Schäden beim Geschädigten gerade verhindern sollen.[383] Etwaige Organisationspflichten, die den Organisationsbereich der Abnehmergesellschaft überschreiten und auch für einen weiteren Rechtsträger, wie das Tochterunternehmen oder den Zulieferer gelten, kann man nach herrschender Meinung *de lege lata* nicht aus transnationalen CSR-Standards, Berichtspflichten oder Menschenrechtskatalogen ableiten.[384] Eine etwaige Haftung wegen Verletzung der Konzernlegalitätspflicht entfaltet keine Außenwirkung gegenüber Dritten und setzt einen der Gesellschaft entstandenen Schaden voraus.[385]

---

[380] *Rühl*, in: Reinisch/Hobe/Kieninger/A. Peters (Hrsg.), Unternehmensverantwortung und Internationales Recht, S. 108; *Habersack/Ehrl*, AcP 219 (2019), 155, 193 f.; *Marc-Philippe Weller/Kaller/Schulz*, AcP 216 (2016), 387, 407; *G. Wagner*, RabelsZ 80 (2016), 717, 771 f.; *Buck-Heeb*, in: Fleischer/Kalss/Vogt (Hrsg.), Corporate Social Responsibility, S. 111; *Thomale/Hübner*, JZ 2017, 385, 393.

[381] BGH, Urt. v. 25. 4. 2012 – I ZR 105/10 = GRUR 2012, 1279, 1283, Rn. 45; Staudinger/*Bernau*, BGB § 831, Stand: 1.11.2020, S. 102 ff.; *Rühl*, in: Reinisch/Hobe/Kieninger/A. Peters (Hrsg.), Unternehmensverantwortung und Internationales Recht, S. 109; *Nordhues*, in: Krajewski/Saage-Maaß (Hrsg.), Die Durchsetzung menschenrechtlicher Sorgfaltspflichten von Unternehmen, S. 146 f.; *Hübner*, in: Krajewski/Oehm/Saage-Maaß (Hrsg.), Zivil- und Strafrechtliche Unternehmensverantwortung für Menschenrechtsverletzungen, S. 19.

[382] Nach st. Rspr. genügt in großen Unternehmen die Darlegung der sorgfältigen Auswahl und Überwachung der leitenden Angestellten, vgl. grdl. BGHZ 4, 1, 2 = BGH, Urt. v. 25. 10. 1951 – III ZR 95/50 = NJW 1953, 418. Dazu im vorliegenden Kontext *Rühl*, in: Reinisch/Hobe/Kieninger/A. Peters (Hrsg.), Unternehmensverantwortung und Internationales Recht, S. 109; *Thomale/Hübner*, JZ 2017, 385, 393.

[383] BGH, Urt. v. 30.1.1996 – VI ZR 408/94 = NJW 1996, 867, 868; BGH, Urt. v. 17. 10. 1967 – VI ZR 70/66 = NJW 1968, 247, 248; BeckOK BGB/*Förster*, BGB § 823, Stand: 1.5.2022, Rn. 375; MüKoBGB/*G. Wagner*, BGB § 823, Rn. 108 f.

[384] *Rühl*, in: Reinisch/Hobe/Kieninger/A. Peters (Hrsg.), Unternehmensverantwortung und Internationales Recht, S. 110 ff.; *Buck-Heeb*, in: Fleischer/Kalss/Vogt (Hrsg.), Corporate Social Responsibility, S. 109 ff.; MüKoBGB/*G. Wagner*, BGB § 823, Rn. 114 ff.; *Marc-Philippe Weller/Kaller/Schulz*, AcP 216 (2016), 387, 401 ff.; *Habersack/Ehrl*, AcP 219 (2019), 155, 196 ff.; a.A. *Glinski*, Die rechtliche Bedeutung der privaten Regulierung globaler Produktionsstandards, S. 348 ff.; *Heinen*, in: Krajewski/Saage-Maaß (Hrsg.), Die Durchsetzung menschenrechtlicher Sorgfaltspflichten von Unternehmen, S. 99 ff. *Marc-Philippe Weller/Thomale*, ZGR 2017, 509, 520 ff.

[385] *Marc-Philippe Weller/Kaller/Schulz*, AcP 216 (2016), 387, 416 f.; *Hübner*, in: Krajewski/Oehm/Saage-Maaß (Hrsg.), Zivil- und Strafrechtliche Unternehmensverantwortung für Menschenrechtsverletzungen, S. 23 f.; *Hübner*, in: Krajewski/Saage-Maaß (Hrsg.), Die Durchsetzung menschenrechtlicher Sorgfaltspflichten von Unternehmen, S. 74 ff.; *Rühl*, in: Reinisch/Hobe/Kieninger/A. Peters (Hrsg.), Unternehmensverantwortung und Internationales Recht, S. 111 f. Vgl. zur Konzernlegalitätshaftung als gesellschaftsrechtliche Innenhaftung gem. § 93 Abs. 2 AktG infolge der Siemens/Neubürger-Entscheidung des LG München I, Urt. v. 10.12.2013 – 5 HK

Darüber hinaus diskutiert die Literatur schließlich eine Durchgriffshaftung der Muttergesellschaft für Sorgfaltspflichtverletzungen ihrer Tochtergesellschaft.[386] Eine solche Durchgriffshaftung in Ausnahme zum Trennungsprinzip ist für Menschenrechtsverletzungen bisher von der Rechtsprechung allerdings nicht anerkannt und stößt auch in der Literatur überwiegend auf Ablehnung.[387] Zudem wäre sie selbst in Ausnahmefällen eine reine Innenhaftung, die keine Ansprüche von geschädigten Dritten begründet.[388]

4. Rechtspolitische Diskussion: Chancen und Grenzen von Lieferkettengesetzgebung

Befürworter von umfassenden Lieferkettengesetzen wollen diese insbesondere für geschädigte Dritte bestehende haftungsrechtliche Lücke mithilfe einer Ausweitung deliktischer Haftungstatbestände schließen.[389] Sie setzen auf zwei Säulen: Die erste Säule ist eine einheitliche, bußgeldbewehrte menschenrechtliche und ökologische Sorgfaltspflicht, die erfasste Unternehmen zu Risikoanalysen verpflichtet und dadurch eine flächendeckende Umsetzung der Pflichten bewirken soll.[390] Die zweite Säule ist die Kompensation der geschädigten Stakeholder am Ende der Lieferkette durch einen zivilrechtlichen Anspruch auf Ersatz ihres Schadens gegen inländische

---

O 1387/10, NZG 2014, 345, 346 ff.; dazu *Marc-Philippe Weller/Kaller/Schulz*, AcP 216 (2016), 387, 413 ff.; *Hübner*, in: Krajewski/Saage-Maaß (Hrsg.), Die Durchsetzung menschenrechtlicher Sorgfaltspflichten von Unternehmen, S. 69 ff.; *Harbarth/Brechtel*, ZIP 2016, 241, 247 ff.; krti. MüKoBGB/*G. Wagner*, BGB § 823, Rn. 110 ff.; *Paefgen*, WM 2016, 433, 433 f.; Zur Ausweitung des kartellrechtlichen Unternehmensbegriffs in der Rechtsprechung des EuGH vgl. *Rühl*, in: Reinisch/Hobe/Kieninger/A. Peters (Hrsg.), Unternehmensverantwortung und Internationales Recht, S. 113; MüKoBGB/*G. Wagner*, BGB § 823, Rn. 111; *König*, AcP 217 (2017), 611, 641 ff., 649 f.

[386] Befürwortend *Thomale/Hübner*, JZ 2017, 385, 394 f.

[387] Nur in wenigen Ausnahmefällen ist eine Durchbrechung des Trennungsprinzips möglich, wie zum Beispiel im Falle der Existenzvernichtung oder Vermögensvermischung. Vgl. zur Existenzvernichtungshaftung BGH, Urt. v. 16. 7. 2007 – II ZR 3/04 (*Trihotel*) = NJW 2007, 2689, 2690, Rn. 17 = BGHZ 173, 246; zur Vermögensvermischung BGH, Urt. v. 16.9.1985 – II ZR 275/84 = NJW 1986, 188, 188 ff. = BGHZ 95, 330. BGH, Urt. v. 14.11.2005 – II ZR 178/03 = BGHZ 165, 85, 93f.; allg. BeckOGK/*Wüsthoff*, AktG § 1, Stand: 1.2.2022, Rn. 53 ff.; *König*, AcP 217 (2017), 611, 678 ff. Im Kontext von Menschenrechtsverletzungen vgl. *Buck-Heeb*, in: Fleischer/Kalss/Vogt (Hrsg.), Corporate Social Responsibility, S. 111 f.; *Rühl*, in: Reinisch/Hobe/Kieninger/A. Peters (Hrsg.), Unternehmensverantwortung und Internationales Recht, S. 113 f.; *G. Wagner*, RabelsZ 80 (2016), 717, 765 f.; *Marc-Philippe Weller/Kaller/Schulz*, AcP 216 (2016), 387, 409.

[388] Zur Existenzvernichtungshaftung vgl. BGH, Urt. v. 16. 7. 2007 – II ZR 3/04 (*Trihotel*) = NJW 2007, 2689, 2690, Rn. 17 = BGHZ 173, 246; *König*, AcP 217 (2017), 611, 678 ff. vgl. im vorliegenden Kontext *Marc-Philippe Weller/Kaller/Schulz*, AcP 216 (2016), 387, 416 f.; *Rühl*, in: Reinisch/Hobe/Kieninger/A. Peters (Hrsg.), Unternehmensverantwortung und Internationales Recht, S. 114.

[389] Zum Beispiel schlagen *Marc-Philippe Weller/Kaller/Schulz*, AcP 216 (2016), 387, 417 f. eine Qualifizierung der Konzernlegalitätspflichten als Schutzgesetze i.S.d. § 823 Abs. 2 BGB vor.

[390] *Forum Fairer Handel e.V*, Ein Lieferkettengesetz zum Wohle von Kleinbäuer*innen und Arbeiter*innen in globalen Lieferketten, Oktober 2020, online abrufbar unter: https://www.brot-fuer-die-welt.de/fileadmin/mediapool/2_Downloads/Fachinformationen/Sonstiges/2020_Lieferketten gesetz_Fairer-Handel.pdf (zuletzt aufgerufen am 26.6.2022); *Klinger/Krajewski/Krebs* u.a., Verankerung menschenrechtlicher Sorgfaltspflichten von Unternehmen im deutschen Recht, März 2016, online abrufbar unter: https://www.brot-fuer-die-welt.de/fileadmin/mediapool/2_Downloads/Fachinformationen/Sonstiges/gutachten_sorgfaltspflicht.pdf (zuletzt aufgerufen am 26.6.2022), „einheitlicher Rechtsrahmen“.

Abnehmergesellschaften.[391] Neben der Kompensationsfunktion soll die zivilrechtliche Haftung zugleich verhaltenssteuernde, abschreckende Wirkung entfalten und sich positiv auf die Umsetzung der Sorgfaltspflichten auswirken.[392] Da kollisionsrechtlich neue nationale Haftungstatbestände nicht zur Anwendung kommen[393], wollen Befürworter die Sorgfaltspflichten als Eingriffsnorm i.S.d. Art. 16 Rom-II VO ausgestalten.[394]

Gesetzlich vorgegebene Sorgfaltspflichten über menschenrechtliche Mindeststandards stehen auch in der Kritik. Einige Autoren sehen den Vorstand nach bestehender Rechtslage hinreichend dazu in der Lage, Gemeinwohlbelange unter Einhaltung der dauerhaften Rentabilität der Gesellschaft zu berücksichtigen.[395] Aus wirtschaftlicher Sicht dominieren Befürchtungen dahingehend, dass der jeweilige Wirtschaftsstandort aufgrund des administrativen und kostspieligen Mehraufwands für die Einführung der Sorgfaltsmaßstäbe einen Wettbewerbsnachteil davontragen würde.[396] Auf europäischer Ebene stellt sich dieses Problem gegenüber Konkurrenten aus Drittstaaten.[397] Viele Unternehmen werden die Kosten, die Lieferkettengesetzgebung in Form von Kontroll- und Überwachungskosten hervorruft, nicht selbst tragen (können), sondern diese an die Endabnehmer weiterreichen – unter Eingehung des Risikos, diese Kunden zu verlieren.[398] Zudem droht das Risiko eines sog. *de facto embargos* durch

---

[391] Vgl. *Initiative Lieferkettengesetz*, Rechtsgutachten zur Ausgestaltung eines Lieferkettengesetzes, 2020, online abrufbar unter: https://lieferkettengesetz.de/wp-content/uploads/2020/02/200527_lk_rechtsgutachten_webversion_ds.pdf (zuletzt aufgerufen am 26.6.2022); *Kieninger*, Frankfurter Allgemeine Zeitung vom 10.9.2020, S. 6. Für die zivilrechtliche Haftung Begleitinstrument einer öffentlich-rechtlichen Regelung *Klinger/Krajewski/Krebs* u.a., Verankerung menschenrechtlicher Sorgfaltspflichten von Unternehmen im deutschen Recht, März 2016, online abrufbar unter: https://www.brot-fuer-die-welt.de/fileadmin/mediapool/2_Downloads/Fachinformationen/Sonstiges/gutachten_sorgfaltspflicht.pdf (zuletzt aufgerufen am 26.6.2022).

[392] *Kieninger*, Frankfurter Allgemeine Zeitung vom 10.9.2020, S. 6, „Ein Lieferkettengesetz wird seine Wirkung in erster Linie präventiv entfalten".

[393] So plakativ *G. Wagner*, RabelsZ 80 (2016), 717, 780. Ebenso krit. *Schall*, ZGR 2018, 479, 512.

[394] *Klinger/Krajewski/Krebs* u.a., Verankerung menschenrechtlicher Sorgfaltspflichten von Unternehmen im deutschen Recht, März 2016, online abrufbar unter: https://www.brot-fuer-die-welt.de/fileadmin/mediapool/2_Downloads/Fachinformationen/Sonstiges/gutachten_sorgfaltspflicht.pdf (zuletzt aufgerufen am 26.6.2022); *Initiative Lieferkettengesetz*, Rechtsgutachten zur Ausgestaltung eines Lieferkettengesetzes, 2020, online abrufbar unter: https://lieferkettengesetz.de/wp-content/uploads/2020/02/200527_lk_rechtsgutachten_webversion_ds.pdf (zuletzt aufgerufen am 26.6.2022); die Einordnung als Eingriffsnorm befürwortend *Rühl*, in: Reinisch/Hobe/Kieninger/A. Peters (Hrsg.), Unternehmensverantwortung und Internationales Recht, S. 122 f.

[395] *Habersack*, AcP 220 (2020), 594, 645; *Habersack/Ehrl*, AcP 219 (2019), 155, 208 ff. halten als Alternative eine gesellschaftsrechtliche Schärfung der CSR-Verantwortlichkeit von Vorstand und Aufsichtsrat für vorzugswürdig.

[396] Vgl. *Bohrer*, in: Fleischer/Kalss/Vogt (Hrsg.), Corporate Social Responsibility, S. 212; *Bomsdorf/Blatecki-Burgert*, ZRP 2020, 42, 45; *Sykes*, Geo. L. J. 100 (2012), 2161, 2194 ff.; *Hübner*, in: Krajewski/Saage-Maaß (Hrsg.), Die Durchsetzung menschenrechtlicher Sorgfaltspflichten von Unternehmen, S. 82. Vgl. ebenso die Aussage von *Lars Feld* gegenüber der Deutschen Presse Agentur, vgl. die Pressemitteilung der Redaktion beck-aktuell v. 26.8.2020, becklink 2017272, (beck-online): „Mit einem Lieferkettengesetz wird die Axt an das bisherige Erfolgsmodell der deutschen Wirtschaft mit stark internationalisierten Wertschöpfungsketten und einer starken Produktion im Ausland gelegt". Aus rechtsökonomischer Sicht s. *Geistfeld*, JETL 10 (2019), 130, 143 ff.

[397] *Rühl*, in: Reinisch/Hobe/Kieninger/A. Peters (Hrsg.), Unternehmensverantwortung und Internationales Recht, S. 126. *Schall*, ZGR 2018, 479, 512.

[398] Ob Kunden dennoch bereit sind, einen höheren Pries zu zahlen, hängt u.a. von dem jew. Produkt und der entsprechenden Information für die Kunden ab. S. dazu oben unter § 2 D. Vgl. *Rühl*, in:

Vermeidung riskanter Produktionsländer bzw. Zulieferer.[399] Dieses Absehen von der Produktion in risikoreichen Produktionsländern hätte kontraproduktive Effekte: Für Arbeitnehmer von Zulieferern, die die hohen Maßstäbe nicht erfüllen können, besteht das Risiko, ihre Arbeitsplätze zu verlieren und Investitionen in Produktionsländern drohen auszubleiben. Schließen diese Lücke andere Unternehmen, droht, dass es sich dabei hauptsächlich um Unternehmen handelt, die menschenrechtliche Sorgfaltspflichten grundsätzlich missachten.[400] Kritiker werfen den Initiativen außerdem Rechtsimperialismus vor. Durch die haftungsrechtliche Ausweitung würde ein weltweiter Geltungsanspruch des deutschen Rechts kreiert, obwohl das Menschenrechtsverständnis andernorts möglicherweise abweiche.[401] Einzuwenden ist hiergegen jedoch, dass unternehmerische Sorgfaltspflichten Mindeststandards (im Gegensatz zu Höchststandards) und den Schutz vor Verletzungen grundlegender Rechtspositionen betreffen sollten.[402] Schließlich ist anzumerken, dass eine gesetzliche Regelung präzise Vorgaben zum Sorgfaltsmaßstab und zu einschlägigen Menschenrechtsverletzungen enthalten müsste. Vage Formulierungen oder Verweisungen auf unpräzise Bestimmungen könnten der Rechtssicherheit, die eine gesetzliche Regelung hervorbringen soll, entgegenstehen.[403]

III. Ausblick

Eine Zusammenschau der unterschiedlichen regulatorischen Ansätze, die die Auswirkungen unternehmerischen Handelns auf dessen soziales und ökologisches Umfeld verbessern möchten, zeigt, dass keine der Maßnahmen eine abschließende Lösung darstellen kann. Vollständig auf eine freiwillige Lösung durch Unternehmen zu setzen, ist angesichts anhaltender Umweltskandale und menschenunwürdiger Arbeitsbedingungen unzureichend. Berichtspflichten schaffen zwar mit Blick auf Reputationsrisiken Anreize für Unternehmen, in CSR-Programme und Nachhaltigkeitsprogramme zu investieren. Ob die erklärten Maßnahmen allerdings tatsächlich umfassende und nachhaltige Änderungen bewirken, bezweifelt die bisherige empirische Forschung.[404] Hier vermögen detaillierte Vorgaben über Art und Inhalt der Berichter-

---

Reinisch/Hobe/Kieninger/A. Peters (Hrsg.), Unternehmensverantwortung und Internationales Recht, S. 125; Zu steigenden Preisen *Bomsdorf/Blatecki-Burgert*, ZRP 2020, 42, 45. Mit Bezug auf den RL-Vorschlag der Europäischen Kommission *Jung*, GRP 2022, 109, 118.

399 Zum Beispiel eines solchen *de facto embargos* mit negativen Auswirkungen in der DR Kongo infolge von Sec. 102 Dodd-Frank Act *Fleischer/Hahn*, RIW 2018, 397, 404, m.w.N.; vgl. außerdem *Bomsdorf/Blatecki-Burgert*, ZRP 2020, 42, 45. Mit Bezug auf den RL-Vorschlag der Europäischen Kommission *Nietsch/Wiedmann*, CCZ 2022, 125, 137.

400 Zu Beispielen aus der Textilindustrie in Folge des Alien Tort Statutes in den USA *G. Wagner*, RabelsZ 80 (2016), 717, 781. Zu weiteren Beispielen infolge drohender Klagen nach dem Alien Tort Statute *Sykes*, Geo. L. J. 100 (2012), 2161, 2195 f.; vgl. auch *Rühl*, in: Reinisch/Hobe/Kieninger/A. Peters (Hrsg.), Unternehmensverantwortung und Internationales Recht, S. 125.

401 *Bomsdorf/Blatecki-Burgert*, Frankfurter Allgemeine Zeitung vom 12.3.2020, S. 7.

402 *Rühl*, in: Reinisch/Hobe/Kieninger/A. Peters (Hrsg.), Unternehmensverantwortung und Internationales Recht, S. 126; *Schall*, ZGR 2018, 479, 511 fordert eine Eingrenzung auf „gravierende Menschenrechtsverletzungen".

403 Zur Befürchtung erzeugter Rechtsunsicherheit *Bomsdorf/Blatecki-Burgert*, ZRP 2020, 42, 45; *Schall*, ZGR 2018, 479, 511 fordert unter Verweis auf *G. Wagner*, RabelsZ 80 (2016), 717, 765 eine „rechtssicher handhabbare, überdies nicht zu ausladende Definition der Menschenrechtsverletzung. Vgl. außerdem *Rühl*, in: Reinisch/Hobe/Kieninger/A. Peters (Hrsg.), Unternehmensverantwortung und Internationales Recht, S. 126.

404 Vgl. die Nachweise oben unter § 2 E. I. 4.

stattung sowie ein *comply or explain*-Ansatz, stärkeren Druck zu erzeugen als eine inhaltlich wenig spezifizierte Berichtspflicht über ergriffene Maßnahmen. Demgegenüber bieten haftungsrechtlich unterstützte und sanktionsbewehrte materielle Vorgaben über Sorgfaltspflichten ein größeres verhaltenssteuerndes Potenzial zur Internalisierung der externen Effekte auf Produktionsbedingungen und gewährleisten einen homogenen Sorgfaltsmaßstab. Hohe Anforderungen bergen jedoch in der globalisierten Weltwirtschaft signifikante wirtschaftliche Risiken sowohl für die betroffenen Unternehmen als auch – durch kontraproduktive Effekte – für die Arbeitnehmer vor Ort. Außerdem geben sie den erfassten Unternehmen Anreize, die Anforderungen zu umgehen, zum Beispiel durch Sitzverlegung, Veränderung der Konzernstruktur oder durch den Versuch, Sorgfaltspflichten auf selbständige, autonome Zulieferer abzuwälzen.[405] Vor diesem Hintergrund kann man nicht davon ausgehen, dass gesetzliche materielle Sorgfaltspflichten für Abnehmergesellschaften und deliktsrechtliche Haftungstatbestände die Produktionsbedingungen am Ende der Lieferkette im Alleingang wirkungsvoll und nachhaltig verbessern.[406] Lieferkettengesetze sind neben Maßnahmen in den Produktionsstaaten und weiteren Maßnahmen nur ein Teil eines nötigen Maßnahmenbündels zur Lösung der menschenrechtlichen und ökologischen Situation in den Produktionsländern.[407]

Für den Fall einer gesetzlichen Vorgabe zur Implementierung menschenrechtlicher Sorgfaltspflichten und auch im Fall einer freiwilligen Übernahme solcher Pflichten, stehen Unternehmen vor der Frage, wie sie Sorgfaltspflichten entlang der Lieferkette umsetzen können. Eine Möglichkeit Codes of Conduct an direkte Lieferanten weiterzugeben, sind vertragliche Vorgaben gegenüber direkten Zulieferern. Dies verlangen auch zum Teil gesetzliche und transnationale Regelwerke. Zum Beispiel verlangt die Konfliktmineralien-VO in Art. 4 lit. b), dass die Unionseinführer ihre auf Anhang II der OECD-Leitsätze für Konfliktmineralien beruhende Lieferkettenpolitik in Verträge und Vereinbarungen mit ihren Lieferanten aufnehmen. Für die Lieferketten-Governance spielt die Art und Weise, wie Abnehmergesellschaften CSR-Standards in ihre Lieferantenkodizes einbinden, eine entscheidende Rolle.[408] Dabei stellen sich Anschlussfragen nach der Möglichkeit der Verpflichtung von Zulieferern weiterer Stufen sowie der konkreten Ausgestaltung vertraglicher Regelungen. Kritiker befürchten, dass im Falle freiwillig übernommener Standards eine vertragliche Ausgestaltung von Sorgfaltspflichten erst recht dazu führe, dass die Rechtsprechung die vertraglichen Regelungen als haftungsrelevante Pflichten anerkennt.[409] Andersherum ist hier abschließend festzuhalten, dass auch eine strengere Regulierung menschen-

---

[405] *Rühl*, in: Reinisch/Hobe/Kieninger/A. Peters (Hrsg.), Unternehmensverantwortung und Internationales Recht, S. 124; *Sykes*, Geo. L. J. 100 (2012), 2161, 2196.

[406] Krit im Ergebnis auch *Sykes*, Geo. L. J. 100 (2012), 2161, 2209; *Rühl*, in: Reinisch/Hobe/Kieninger/A. Peters (Hrsg.), Unternehmensverantwortung und Internationales Recht, S. 127, m.w.N.

[407] Ähnlich *Rühl*, in: Reinisch/Hobe/Kieninger/A. Peters (Hrsg.), Unternehmensverantwortung und Internationales Recht, S. 127 („Baustein auf dem Weg zu einer menschenrechtskonformen Organisation globaler Wertschöpfungsketten").

[408] *Rühmkorf*, ZGR 2018, 410, 430.

[409] Es bestünde also ein Art Teufelskreis: Zur Vermeidung von Sorgfaltspflichtverletzungen schreiben Unternehmen vertragliche CSR-Standards und setzen sich dadurch zugleich einem größeren Haftungsrisiko aus. Vgl. *B. Schneider*, NZG 2019, 1369, 1377 f.; *Bomsdorf/Blatecki-Burgert*, ZRP 2020, 42, 42.

rechtlicher Sorgfaltspflichten die vertragsrechtliche Lieferketten-Governance über CSR-Standards maßgeblich beeinflusst.[410]

[410] Vgl. dazu ebenso *Rühmkorf*, ZGR 2018, 410, 430.

§ 3 Private Regelsetzung

Das vorstehende Kapitel zeigte, dass CSR-Maßnahmen abgesehen von der Einführung von Berichtspflichten und in jüngerer Zeit Lieferkettengesetzgebung auf private Initiative zurückgehen. Die Regelungsinhalte von CSR-Standards stammen aus dem transnationalen Kontext, aus freiwilligen Selbstverpflichtungen oder aus vertraglichen Bestimmungen. Ihre Steuerung folgt somit maßgeblich aus privater Regelsetzungsinitiative und damit „von unten" (*bottom up*). Dieses Kapitel beleuchtet vor diesem Hintergrund die Beeinflussung der Rechtsordnung durch Privatpersonen und nichtstaatliche Stellen im Wege privater Regelsetzung. Dabei erfolgt zunächst eine Einordnung privater Regelsetzung innerhalb der Rechtsordnung als Gegenstück zu einer staatlichen Regulierung und eine Erörterung der Funktionen privater Regelsetzung. Sodann liegt der Fokus auf den Formen privater Setzung von CSR-Standards und deren rechtliche Bewertung. Die vorliegende Untersuchung versteht private Regelsetzung als zentrales Phänomen der Selbstregulierung[411] und legt ihren Schwerpunkt auf vertragliche Regelsetzung.

A. Private Regelsetzung innerhalb der staatlichen Rechtsordnung

Hinter privater Regelsetzung steht die Idee, dass Marktakteure Verhalten auch ohne staatliche Organisationsregeln steuern können.[412] In diesem Zusammenhang verwendet das Schrifttum auch den Begriff „Selbstregulierung" als Gegenbegriff zu rein staatlicher Regulierung.[413] Dabei unterscheidet man die autonome und heteronome Selbstregulierung. Autonome Selbstregulierung findet gänzlich ohne staatliche Einflussnahme statt.[414] Sie besteht zum Beispiel bei Handlungen im Rahmen der Privatautonomie.[415] Sie kann auch ein Indiz für einen Regulierungsausfall des Staats sein.[416] Heteronome Selbstregulierung dagegen ist eine staatlich gesteuerte bzw. delegierte Form der privaten Regelsetzung.[417] Die Verbindlichkeit daraus hervorgehender Regelungen beruht auf einem staatlichen Geltungsbefehl.[418] Beispiele hierfür sind durch private Akteure ausgearbeitete nationale Rechnungslegungsregeln sowie

---

[411] Dieses Begriffsverständnis folgt *Bachmann*, Private Ordnung, S. 41.

[412] *Bachmann*, Private Ordnung, S. 41 der den Begriff „private Ordnung" und damit verbunden „private Regelsetzung" von dem im öffentlich-rechtlichen Bereich gebrauchten Begriff „Selbstregulierung" und den im ökonomischen Kontext gebrauchten „*private ordering*" abgrenzt.

[413] So u.a. Über das Begriffsverständnis von „Selbstregulierung" existieren allerdings unterschiedliche Auffassungen. Dazu ausführlich *Buck-Heeb/Dieckmann*, Selbstregulierung im Privatrecht, S. 8 ff.

[414] *Buck-Heeb/Dieckmann*, Selbstregulierung im Privatrecht, S. 33 f.

[415] *Buck-Heeb/Dieckmann*, Selbstregulierung im Privatrecht, S. 214, 261 f.

[416] *Kämmerer*, in: Kämmerer (Hrsg.), An den Grenzen des Staates, S. 23.

[417] *Buck-Heeb/Dieckmann*, Selbstregulierung im Privatrecht, S. 35 ff.; *Kämmerer*, in: Kämmerer (Hrsg.), An den Grenzen des Staates, S. 23; jew. m.w.N.

[418] *Buck-Heeb/Dieckmann*, Selbstregulierung im Privatrecht, S. 35, 263.

der DCGK.[419] Aus öffentlich-rechtlicher Sicht sind Bereiche der Selbstregulierung solche, in denen staatliche Regeln vor privaten Regeln weichen, und lediglich ein staatlicher Regulierungsrahmen bleibt.[420] Ohne einen solchen Rahmen würde ein privates „autonomes Steuerungsmodell" die Gefahr hervorrufen, dass das Demokratieprinzip und der staatliche Grundrechtsschutz unterwandert würden.[421] Private Regeln erlangen auch deshalb ihre Geltung nicht im staatsfreien Raum,[422] sondern aufgrund des staatlichen Geltungsbefehls.

Standards und Regeln, die ohne Beteiligung des Gesetzgebers entstehen, werfen Fragen nach ihrer verfassungsrechtlichen und demokratischen Legitimation auf. Auf Ebene privater Rechtsverhältnisse folgt die Legitimation des Geltungsbefehls aus den verfassungsrechtlich garantierten Freiheitsrechten grundrechtsberechtigter Personen: Die Privatautonomie ermöglicht die private Gestaltung der eigenen Rechtsverhältnisse.[423] Sie ordnet in diesem Zuge privaten Regeln einen rechtlich verbindlichen Charakter zu und verpflichtet den Staat private Regeln durchzusetzen.[424] So ist es Privaten aufgrund der grundrechtlich garantierten Vertragsfreiheit, Art. 2 Abs. 1 GG möglich, durch Verträge relativ geltendes Recht zu schaffen.[425] Das Regelanerkennungsmonopol übt die staatliche Gewalt durch die gerichtliche Kontrolle privater Regeln aus.[426] Für die Durchsetzung müssen sich private Akteure – abgesehen von der faktischen Durchsetzung mit legitimen Mitteln[427] – wegen des staatlichen Gewaltmono-

[419] Nationale Rechnungslegungsregeln erlassen der Deutsche Standardisierungsrat (DSR) und das Deutsche Rechnungslegungs Standards Committee; siehe zu deren Rolle *Buck-Heeb/Dieckmann*, Selbstregulierung im Privatrecht, S. 123 ff.; *Augsberg*, Rechtsetzung zwischen Staat und Gesellschaft, S. 262 ff. Zum DCGK und Selbstregulierung. *Kämmerer*, in: Kämmerer (Hrsg.), An den Grenzen des Staates, S. 26 ff.; *Buck-Heeb/Dieckmann*, Selbstregulierung im Privatrecht, S. 97 ff.; *Augsberg*, Rechtsetzung zwischen Staat und Gesellschaft, S. 294 ff. Der DCGK hat nach Ansicht der Rechtsprechung keine Gesetzeskraft, seine Rechtsnatur im engeren ist umstritten, vgl. dazu Grigoleit/*Grigoleit/Zellner*, AktG § 161, Rn. 6 m.w.N. sowie BGH, Urteil vom 16. 2. 2009 – II ZR 185/07 = NJW 2009, 2207, 2211 – *Kirch/Deutsche Bank*. Ein weiteres thematisches Beispiel der Diskussion ist die Frage der heteronomen Selbstregulierung der Börsen, s. *Augsberg*, Rechtsetzung zwischen Staat und Gesellschaft, S. 262 ff. *Damrau*, Selbstregulierung im Kapitalmarktrecht; *Buck-Heeb/Dieckmann*, Selbstregulierung im Privatrecht, S. 114 ff.

[420] *Kämmerer*, in: Kämmerer (Hrsg.), An den Grenzen des Staates, S. 22.

[421] *Kämmerer*, in: Kämmerer (Hrsg.), An den Grenzen des Staates, S. 22.

[422] Zur seltenen Ausnahme rechtsfreier Räumen in dem Sinne, als auf Installation subjektiver Rechte und Einführung des Offizialprinzips verzichtet würde *Bachmann*, Private Ordnung, S. 44.

[423] BVerfGE 8, 274, 328 = BVerfG, Beschl. v. 12.11.1958 – 2 BvL 4/56, 2 BvL 26/56, 2 BvL 40/56, 2 BvL 1/57, 2 BvL 7/57; BVerfGE 89, 214, 231 = BVerfG, Beschl. v. 19.10.1993 – 1 BvR 567/89, 1 BvR 1044/89.

[424] *Augsberg*, Rechtsetzung zwischen Staat und Gesellschaft, S. 28, der festhält, ein staatliches Monopol bestünde in der „Zuerkennung des Rechtscharakters (Rechtserzeugung)". *Bachmann*, Private Ordnung, S. 65, der hierzu auf die Handelsvertreter- und Bürgschaftsentscheidung des Bundesverfassungsgerichts verweist, vgl. BVerfGE 81, 242, 253 f. = BVerfG, Beschl. v. 7.2.1990 – 1 BvR 26/84; BVerfGE 89, 214, 231 = BVerfG, Beschl. v. 19.10.1993 – 1 BvR 567/89, 1 BvR 1044/89.

[425] BVerfGE 8, 274, 328 = BVerfG, Beschl. v. 12.11.1958 – 2 BvL 4/56, 2 BvL 26/56, 2 BvL 40/56, 2 BvL 1/57, 2 BvL 7/57; *Augsberg*, Rechtsetzung zwischen Staat und Gesellschaft, S. 27, m.w.N.; Maunz/Dürig/*Di Fabio*, GG Art. 2 Abs. 1, Rn. 101 f.

[426] *Buck-Heeb/Dieckmann*, Selbstregulierung im Privatrecht, S. 214, die wegen der Schwierigkeit der Abgrenzung von einem in tatsächlicher Hinsicht bestehenden Regelanerkennungsmonopol sprechen.

[427] Vgl. zur Abgrenzung von faktischen bzw. „self-enforcing"-Mechanismen und staatlichen Zwangsmitteln *Köndgen*, AcP 206 (2006), 477, 504 f. Vgl. dazu näher unten unter § 4 C IV 3.

pols der staatlichen Vollstreckungsorgane bedienen.[428] Ein zwingender Geltungsbefehl für private Regeln, die auch Adressaten betreffen, die diesen Regeln nicht freiwillig zugestimmt haben, muss verfassungsrechtlich insbesondere durch entsprechende Abwägung der betroffenen Grundrechte gerechtfertigt sein.[429] Eine Grenze für solche Geltungsbefehle ist das verfassungsrechtliche Verbot dynamischer Verweisungen auf private Regeln.[430] Eine Verweisung auf private Regeln in ihrer jeweiligen Form delegiert Normsetzungsbefugnisse versteckt an private Akteure und ist mangels Abwägung der widerstreitenden Interessen und Grundrechte durch demokratisch legitimierte Funktionsträger weder mit dem Demokratieprinzip noch mit dem Rechtsstaatsgebot vereinbar.[431] Geringere Anforderungen sind demgegenüber an private Normen zu stellen, die bloße Empfehlungen enthalten und damit nicht zwingend Grundrechtseingriffe auslösen. Solche Regeln, wie beispielsweise private technische Regelwerke sind keine Rechtsnormen, können aber zur Konkretisierung und Auslegung von Normen herangezogen werden.[432] In dem Bereich, in dem der Staat dennoch Aufgaben zur Regelsetzung an nichtstaatliche Funktionsträger abgibt, muss dem Demokratie- und Rechtsstaatsprinzip sowie Pflichten im Hinblick auf Grundrechte dadurch Rechnung getragen werden, dass die privaten Normen eine „Gemeinwohlkompatibilität" aufweisen.[433] Das heißt, dass Organisation und Verfahren der Normsetzung der privaten Regeln bestimmten Standards genügen müssen.[434] Dazu gehören zum Beispiel eine repräsentative, pluralistische Zusammensetzung des Normsetzungsgremiums, sowie Einflussmöglichkeiten der Öffentlichkeit oder die Heranziehung nur im Rahmen einer widerlegbaren Vermutung.[435]

---

[428] *Buck-Heeb/Dieckmann*, Selbstregulierung im Privatrecht, S. 216. Zu staatlicher Justizgewährung und staatlichem Gewaltmonopol *Schmidt-Aßmann*, in: Isensee/Kirchhof (Hrsg.), Handbuch des Staatsrechts, Rn. 71.

[429] *Bachmann*, Private Ordnung, S. 66.

[430] *Bachmann*, Private Ordnung, S. 66 f.; *Glinski*, Die rechtliche Bedeutung der privaten Regulierung globaler Produktionsstandards, S. 231; *Augsberg*, Rechtsetzung zwischen Staat und Gesellschaft, S. 178, m.w.N.

[431] BVerfGE 64, 209, 214f. (Zur dynamischen Verweisung auf tarifvertragliche Regelungen) = BVerfG, Beschl. v. 14.6.1983 – 2 BvR 488/80; BVerfGE 47, 285, 315 f. = BVerfG, Beschl. v. 1.3.1978 – 1 BvR 786/70, 1 BvR 793/70, 1 BvR 168/71, 1 BvR 95/73; BVerfGE 33, 125, 158 (Facharztbeschluss) = BVerfG, Beschl. v. 9.5.1972 – 1 BvR 518/62, 1 BvR 308/64; Vgl. auch *Bachmann*, Private Ordnung, S. 66 f.

[432] Beispielsweise zieht die Rechtsprechung DIN-Normen des Deutschen Instituts für Normung e.V. (DIN) in Form einer widerlegbaren Vermutung zur Konkretisierung anerkannter Regeln der Technik heran, vgl. BGH, Urt. v. 24. 5. 2013 – V ZR 182/12 = NJW 2013, 2271, 2272 f.; BGH, Urt. v. 14. 6. 2007 – VII ZR 45/06 = BGHZ 172, 346 = NJW 2007, 2983, 2985, Rn. 32; BGH, Urt. v. 14. 5. 1998 – VII ZR 184–97 = BGHZ 139, 16 = NJW 1998, 2814, 2815; s. dazu *Köndgen*, AcP 206 (2006), 477, 483 f. S. zum Bauprozess auch Nicklisch/Weick/Jansen/Seibel/*Seibel*, VOB/B § 13, Rn. 73 ff.

[433] *Augsberg*, Rechtsetzung zwischen Staat und Gesellschaft, S. 97 ff.; *Bachmann*, Private Ordnung, S. 68, m.w.N.

[434] BVerfGE 111, 191, 217 = BVerfG, Beschl. v. 13.7.2004 – 1 BvR 1298/94, 1 BvR 1299/94, 1 BvR 1332/95, 1 BvR 613/97 (Zur Delegation von Rechtsetzungsbefugnissen an Notarkassen): „Organisation und Verfahren müssen Gewähr dafür bieten, dass die verfolgten öffentlichen Aufgaben innerhalb der Anstalt für diejenigen, die der Satzungsgewalt unterworfen sind, unter Berücksichtigung ihrer Interessen angemessen wahrgenommen werden."; Vgl. auch *Bachmann*, Private Ordnung, S. 68; *Augsberg*, Rechtsetzung zwischen Staat und Gesellschaft, S. 98 f.

[435] Vgl. *Bachmann*, Private Ordnung, S. 68, m.w.N.; *Augsberg*, Rechtsetzung zwischen Staat und Gesellschaft, S. 102 ff. *Buck-Heeb/Dieckmann*, Selbstregulierung im Privatrecht, S. 278 ff. Zur Vermutungswirkung von z.B. DIN-Normen vgl. bereits oben unter § 3 A.

B. Funktionen privater Regelsetzung

Die Wahl der funktionsadäquaten Regelsetzung (*regulatory choice*) muss die in Frage stehenden Regelungsebenen und Regelungsarten gegeneinander abwägen.[436] In der Diskussion hat private Regelsetzung die Funktion, spezifische Schwächen ihres Gegenmodells (der staatlichen Regulierung) auszugleichen. In der Abwägung spielen auch rechtspraktische Faktoren eine Rolle, die von den Gegebenheiten der jeweiligen Gesetzgebungsstrukturen abhängen.

Als herausragendes Charakteristikum privater Regelsetzung gilt die Flexibilität und Geschwindigkeit, mit der die Regelsetzung erfolgt.[437] Dies bezieht sich nicht nur auf die Regelfindung, sondern auch auf die Fortbildung der Regeln, deren Anwendung und Auslegung.[438] Setzt dagegen der Staat detaillierte Standards und beschränkt sich nicht nur auf Generalklauseln, ginge der Regelsetzung ein langwieriger, ressourcenbindender Prozess voraus, in dem Vorschläge von Expertengremien in die gesetzgeberische Interessenabwägung eingestellt würden.[439] Aus der schnelleren Geschwindigkeit und dem geringeren Ressourcenaufwand folgt, dass private Rechtsetzung im Schrifttum als kosteneffizientere und damit staatsentlastende Rechtsetzungsmethode gilt.[440] Allerdings führt die mit dynamisch wandelbaren privaten Standards einhergehende Rechtsunsicherheit zu steigenden indirekten Kosten.[441] Zur Untermauerung der These der Kosteneffizienz müsste ein Nutzenvergleich angefertigt werden, der die schwer zu quantifizierenden Kosten privater und staatlicher Regelsetzung gegenüberstellt.[442]

Als Vorteil privater Regelsetzung gilt vielmehr auch die besondere Sachnähe der regelsetzenden Akteure, die dafür sorgt, dass besonderes Fachwissen und Sachkompetenz in die Regelsetzung einfließen.[443] Die Verwaltung hat demgegenüber keinen direkten Zugang zu relevanten Informationen, da diese gerade bei den Regeladressa-

---

[436] Dazu ausführlich *Schuppert*, in: Berg/Fisch/Schmitt Glaeser/Schoch u.a. (Hrsg.), Regulierte Selbstregulierung als Steuerungskonzept des Gewährleistungsstaates, S. 223 ff. sowie *Buck-Heeb/Dieckmann*, Selbstregulierung im Privatrecht, 215, 218 f., m.w.N.; *Bachmann*, Private Ordnung, S. 74 ff.

[437] *Buck-Heeb/Dieckmann*, Selbstregulierung im Privatrecht, S. 220; *Damrau*, Selbstregulierung im Kapitalmarktrecht, S. 76; *Augsberg*, Rechtsetzung zwischen Staat und Gesellschaft, S. 53; *Frenz*, Selbstverpflichtungen der Wirtschaft, S. 57 ff.; *Bachmann*, Private Ordnung, S. 54; *Eidenmüller*, ZGR 2007, 484, 488 f.; *Kerber*, in: Möslein (Hrsg.), Regelsetzung im Privatrecht, S. 82.

[438] *Buck-Heeb/Dieckmann*, Selbstregulierung im Privatrecht, S. 220 ff.; *Damrau*, Selbstregulierung im Kapitalmarktrecht, S. 76.

[439] *G. Wagner*, AcP 206 (2006), 352, 436.

[440] *Buck-Heeb/Dieckmann*, Selbstregulierung im Privatrecht, S. 224 ff.; *Damrau*, Selbstregulierung im Kapitalmarktrecht, S. 79 f.; *Schmidt-Preuß*, in: Kirchhof (Hrsg.), Gemeinwohl und Wettbewerb, S. 21; *Augsberg*, Rechtsetzung zwischen Staat und Gesellschaft, S. 52; *Köndgen*, AcP 206 (2006), 477, 512.

[441] Hierzu sowie zur ökonomischen Perspektive auf die Regulierungstiefe *Kerber*, in: Möslein (Hrsg.), Regelsetzung im Privatrecht, S. 82 f.

[442] Einem solchen Nutzenvergleich steht die schwierige Quantifizierbarkeit der Alternativen entgegen. Besonders schwierig ist diese, wenn der betreffende Bereich vorher gar nicht reguliert war; Hierzu sowie zum Nutzenvergleich siehe *Bachmann*, Private Ordnung, S. 55; *Merkt*, in: Bumke/Röthel (Hrsg.), Autonomie im Recht, S. 171 f.

[443] *Augsberg*, Rechtsetzung zwischen Staat und Gesellschaft, S. 53 f.; *Damrau*, Selbstregulierung im Kapitalmarktrecht, S. 77 f.; *Buck-Heeb/Dieckmann*, Selbstregulierung im Privatrecht, S. 222 f.; *Eidenmüller*, ZGR 2007, 484, 488; *Bachmann*, Private Ordnung, S. 54.

ten konzentriert sind.[444] Einer zentralisierten staatlichen Standardsetzung fehle es daher an Aktualität.[445] Deshalb könne die Steuerung komplexer Fragen durch private Regelsetzung zielgenauer und professioneller erfolgen, als durch aufwendige externe Beratungen etwa eines Ministeriums.[446]

Mit der größeren Sachnähe und Sachkompetenz der Regelsetzenden geht die Erwartung einher, dass die Regeladressaten den Regelinhalten mehr Loyalität und Akzeptanz gegenüberbringen.[447] Bessere Regelbefolgung auf freiwilliger Basis würde eine Sanktionierung weitgehend erübrigen.[448] Ob Akzeptanz, die aus einer Beteiligung der Regeladressaten an der Regelsetzung resultiert, aber auch fehlende ökonomische Anreize zur Regelbefolgung überwinden kann, ist zweifelhaft.[449]

In der Abwägung sind auch Risiken privater Normsetzung zu beachten. Zum einen fehlen privaten Regeln häufig Sanktionen in Form angedrohter staatlicher Zwangsmittel.[450] Zum anderen gehen mit der lückenhaften Umsetzung *free-rider*-Probleme einher: Von der Abwesenheit staatlicher Regulierung und Durchsetzung profitiert auch derjenige, der die privat gesetzten Regeln nicht einhält.[451] Schließlich kann private Regelsetzung einer homogenen Rechtsentwicklung entgegenstehen. Im Falle der Regelsetzung durch Verhaltensstandards im Haftungsrecht, erschwert die gerichtliche Klärung im Einzelfall und Festsetzung *ex post* eine flächendeckende, homogene Standardsetzung.[452]

Zuletzt ist ein entscheidender Vorteil privater Regelsetzung mit Blick auf den CSR-Kontext hervorzuheben. Private Regeln können über Landesgrenzen hinweg Bedeutung erlangen.[453] Wo sich in einer globalisierten Welt das Handeln der Regeladressaten über nationalstaatliche Grenzen hinwegbewegt, sorgen nicht an Territorialität gebundene private Regeln für mehr Klarheit und Sicherheit als ein Fleckenteppich aus abweichenden nationalstaatlichen Bestimmungen. Für die Durchsetzung mithilfe staatlicher Zwangsmittel ist hier allerdings wiederum das Rechtsanerkennungsmonopol des jeweiligen Staats des anwendbaren Rechts zu berücksichtigen.

---

[444] *G. Wagner*, AcP 206 (2006), 352, 436.

[445] *G. Wagner*, AcP 206 (2006), 352, 436.

[446] *Buck-Heeb/Dieckmann*, Selbstregulierung im Privatrecht, S. 223.

[447] *Damrau*, Selbstregulierung im Kapitalmarktrecht, S. 78 f.; *Augsberg*, Rechtsetzung zwischen Staat und Gesellschaft, S. 54; *Buck-Heeb/Dieckmann*, Selbstregulierung im Privatrecht, S. 223 f.; *Bachmann*, Private Ordnung, S. 54.

[448] *Buck-Heeb/Dieckmann*, Selbstregulierung im Privatrecht, S. 224.

[449] *Buck-Heeb/Dieckmann*, Selbstregulierung im Privatrecht, S. 224, die festhalten, dass es ohne Anreiz zu einem Akzeptanzproblem kommen könne. Krit. auch *Damrau*, Selbstregulierung im Kapitalmarktrecht, S. 78 f.

[450] *Buck-Heeb/Dieckmann*, Selbstregulierung im Privatrecht, S. 234. Allerdings kann im Rahmen vertraglicher Bestimmungen auf rechtliche Gestaltungsmittel, wie vertraglich vereinbarte präventive Kontrollen oder vertragliche Sanktionen zurückgegriffen werden. Vgl. dazu näher unten unter § 4 C IV 3.

[451] Dazu *Bachmann*, Private Ordnung, S. 54; *Buck-Heeb/Dieckmann*, Selbstregulierung im Privatrecht, S. 231; *Augsberg*, Rechtsetzung zwischen Staat und Gesellschaft, S. 121.

[452] *G. Wagner*, AcP 206 (2006), 352, 437 f.

[453] Allgemein zu diesem Vorteil privater Regelsetzung s. *Köndgen*, AcP 206 (2006), 477, 511 f.;. *Damrau*, Selbstregulierung im Kapitalmarktrecht, S. 80; *Buck-Heeb/Dieckmann*, Selbstregulierung im Privatrecht, S. 226 f. Zu Schwierigkeiten regelsetzender Institutionen im Mehr-Ebenen-Rechtssystem bei der Regulierung vgl. *Kerber*, in: Möslein (Hrsg.), Regelsetzung im Privatrecht, S. 85 ff.

C. Private Regelsetzung und CSR

Die privaten Regeln im CSR-Kontext entstammen aus unterschiedlichen Bereichen. Im Wesentlichen erfolgt die private Regelsetzung über CSR-Standards in drei Formen. Diese sind Verhaltenskodizes und Leitlinien auf transnationaler Ebene, die Selbstverpflichtung zu transnationalen oder unternehmenseigenen Verhaltenskodizes und die Integration von CSR-Standards in Verträge innerhalb der Lieferkette. Der nachfolgende Abschnitt untersucht die Rechtsnatur und Verbindlichkeit dieser Formen der privaten Regelsetzung.

I. Private Regelsetzung im transnationalen Kontext

Im CSR-Bereich spielen transnationale CSR-Standards eine große Rolle.[454] Zur inhaltlichen Konkretisierung eigener CSR-Vorgaben greifen Unternehmen regelmäßig auf Standards aus dem transnationalen Kontext zurück.[455] Bestimmte inter- und transnationale Standards gewinnen durch Verweis in rechtlichen Normen an Bedeutung. So schreibt der EU-Gesetzgeber in der Konfliktmineralien-VO für die Normadressaten den Maßstab des Anhangs II des OECD-Leitfadens für die Erfüllung der Sorgfaltspflicht zur Förderung verantwortungsvoller Lieferketten für Minerale aus Konflikt- und Hochrisikogebieten vor.[456]

1. Gesetzliche Einordnung transnationaler CSR-Standards

Außerhalb solcher rechtlichen Vorgaben lassen sich transnationale Vorgaben für Wirtschaftsunternehmen in den traditionellen nationalen Rechtsquellenkanon[457] nicht einordnen.[458] Es bleibt die Möglichkeit, dass CSR-Standards als Gewohnheitsrecht oder allgemeine Rechtsgrundsätze gelten. Als *ius non scriptum*[459] kann insbesondere Gewohnheitsrecht im Wege eines *bottom-up-approaches* rechtliche Regeln definieren.[460] Die Inhalte gelten dann aufgrund ihrer Beachtung im Verkehr, nicht aufgrund ihrer Positivierung als Regelwerk.[461] Schwierigkeiten bereitet hier allerdings, dass sich die Standards und Verhaltensregeln der standardsetzenden Institutionen inhaltlich und branchenspezifisch unterscheiden.[462] Außerhalb eines Kerns menschenrecht-

---

[454] Siehe dazu oben unter § 2. B.

[455] Siehe dazu oben unter § 2 B. Siehe dazu auch *Nowrot*, in: Tietje (Hrsg.), Internationales Wirtschaftsrecht, S. 122 f.

[456] Siehe dazu oben unter § 2 E II 1.

[457] Recht im Sinne der klassischen Rechtsquellenlehre besteht aus staatlich gesetzten (und anerkannten) und staatlich durchsetzbaren Normen, vgl. *Rüthers/Fischer/Birk*, Rechtstheorie, S. 34 ff., S. 141 ff.

[458] Zur Einordnung des Phänomens der Privatisierung des Rechts in den traditionellen Rechtsquellenkanon vgl. *Köndgen*, AcP 206 (2006), 477, 516 f.

[459] *Meder*, *Ius non scriptum* – Traditionen privater Rechtsetzung, S. 106 ff.

[460] *Meder*, *Ius non scriptum* – Traditionen privater Rechtsetzung, S. 8.

[461] *Leyens*, AcP 215 (2015), 611, 622; *Bachmann*, Private Ordnung, S. 341 ff.; *Buck-Heeb/Dieckmann*, Selbstregulierung im Privatrecht, S. 273.

[462] S. dazu z.B. die Darstellung über die Uneinheitlichkeit des Unternehmens- und Menschenrechtsbegriffs bei *Buck-Heeb*, in: Fleischer/Kalss/Vogt (Hrsg.), Corporate Social Responsibility, S. 102, 104.

licher Grundpflichten[463] dürfte es für eine Qualifikation als nationales oder völkerrechtliches Gewohnheitsrecht bei CSR-Standards an einer übereinstimmend akzeptierten Rechtsüberzeugung (*opinio iuris*) fehlen.[464] Gegen eine Rechtsüberzeugung spricht auch, dass transnationale CSR-Standards zum Teil ausdrücklich erklären, dass sie rechtlich nicht bindend sind.[465] Auch als allgemeine Rechtsgrundsätze können CSR-Standards mangels Übereinstimmung und staatlicher Durchsetzungspraxis derzeit grundsätzlich nicht eingeordnet werden.[466]

Eine Zuordnung von CSR-Standards zum transnationalen Handelsrecht[467] der *lex mercatoria*[468] führt zu keiner anderen Einordnung. In der deutschen Rechtsprechung und Literatur gelten die transnationalen Regelwerke der *lex mercatoria* nicht per se als Gewohnheitsrecht.[469] Sie müssen zur Geltung in Verträgen daher entweder als Allgemeine Geschäftsbedingungen (AGB) einbezogen sein[470] oder der jeweilige Grundsatz im Einzelnen als Handelsbrauch i.S.d. § 346 HGB zu qualifizieren sein[471].

Aus völkerrechtlicher Sicht besteht schon mangels Völkerrechtssubjektivität keine rechtliche Verbindlichkeit für Unternehmen.[472] Transnationale Standards gelten folglich grundsätzlich als *Soft Law,*[473] welches durch rechtliche Unverbindlichkeit gekennzeichnet ist.[474]

---

[463] Die auch Einzelne treffen, wie beispielsweise die völkerstrafrechtliche Pflicht zu humanitären Pflichten im bewaffneten Konflikt und das Genozid-Verbot, § 6 und § 8 VStGB. Dazu *Herdegen*, Internationales Wirtschaftsrecht, Rn. 73. Zu völkerstrafrechtlichen Risiken unternehmerischer Tätigkeit s. *Kirsch*, NZWiSt 2014, 212, 212 ff.

[464] Vgl. allgemein zu privaten Regeln *Bachmann*, Private Ordnung, S. 332.

[465] So z.B. die OECD-Leitsätze in Teil 1 Ziff. I. 1.; *de Brabandere*, in: d'Aspremont (Hrsg.), Participants in the International Legal System, S. 276.

[466] Vgl. Allgemein zu privaten Regeln *Bachmann*, Private Ordnung, S. 334 Zu Handelsbräuchen, § 346 HGB s. sogleich unter 4.

[467] Laut *Buck-Heeb/Dieckmann*, Selbstregulierung im Privatrecht, S. 151 f. sind Verhaltenskodizes zur Verantwortung in der Lieferkette dagegen Beispiele für branchenübergreifende, internationale Handelsbräuche bzw. deren Herausbildung als Teil der *lex mercatoria.*

[468] Zum unscharf konturierten Begriff der *lex mercatoria* vgl. *Buck-Heeb/Dieckmann*, Selbstregulierung im Privatrecht, S. 147 ff.; MüKoHGB/*K. Schmidt*, HGB § 346, Rn. 18; *Herber*, IHR 2003, 1, 5 f. Ausprägungen der *lex mercatoria* sind zum Beispiel die Geschäftsbedingungen der INCOTERMS, die von UNIDROIT herausgearbeiteten Principles of International Commercial Contracts (PICC) oder die einheitlichen Richtlinien und Gebräuche für Dokumenten-Akkreditive (ERA). Vgl. zu diesen Beispielen *Buck-Heeb/Dieckmann*, Selbstregulierung im Privatrecht, S. 147 ff.; *Leyens*, AcP 215 (2015), 611, 623.

[469] *Leyens*, AcP 215 (2015), 611, 623 f.; Staudinger/*Looschelders*, Einl. IPR, Stand: 8.12.2021, 112 ff., m.w.N. Zu beachten ist aber, dass Regeln der *lex mercatoria* vor Schiedsgerichten in internationalen Handelssachen Anwendung finden und dadurch indirekt über die Anerkennung dieser Schiedssprüche auch vor nationalen Gerichten. Dazu m.w.N. Staudinger/*Looschelders*, Einl. IPR, Stand: 8.12.2021, Rn. 115 ff.; MüKoBGB/*Martiny*, Rom I-VO Art. 3, Rn. 39 f.

[470] *Leyens*, AcP 215 (2015), 611, 623, m.w.N. Zur Einbeziehung der ERA als AGB z.B. BGH, Urt. v. 19.11.1959 – VII ZR 209/58 = BeckRS 1959, 31197990.

[471] Zur Differenzierung in dieser Hinsicht vgl. Oetker/*Oetker*, Einleitung, Rn. 43. Zur einzelnen Prüfung jedes Grundsatzes MüKoHGB/*K. Schmidt*, Vor § 1, Rn. 36 Zu § 346 HGB s. sogleich unter 4.

[472] *Herdegen*, Internationales Wirtschaftsrecht, Rn. 73; *Buck-Heeb*, in: Fleischer/Kalss/Vogt (Hrsg.), Corporate Social Responsibility, S. 101 Mit Blick auf die UN Leitprinzipen für Wirtschaft und Menschenrechte *Hilpold*, in: Reinisch/Hobe/Kieninger/A. Peters (Hrsg.), Unternehmensverantwortung und Internationales Recht, S. 194 f.

[473] So auch *Thürer*, in: Wolfrum (Hrsg.), Max Planck Encyclopedia of Public International Law, Rn. 13; *Herdegen*, Internationales Wirtschaftsrecht, § 4 Rn. 68; Fezer/Büscher/Obergfell UWG/*Birk*, Corporate Social Responsibility im Lauterkeitsrecht, Rn. 24 f.; *Voland*, BB 2015, 67, 67; *Nowrot*, in:

2. Rechtssoziologische Sicht

Mit dem Phänomen und Wirkmechanismus transnationaler Regeln beschäftigt sich auch die rechtssoziologische Forschung.[475] Nach *Teubner* bestimmen zwei Faktoren die Geltung privater Codes of Conduct im Zusammenhang mit staatlichen Kodizes. Es sind die *„Änderung kognitiver Strukturen und ein darauf gerichteter Zwang"*.[476] Staatlichen Kodizes könnten Unternehmen die an sie gerichteten gesellschaftlichen Erwartungen entnehmen. In einem Lern- bzw. Anpassungsprozess würden diese Erwartungen in private Codes umgesetzt, müssten aber gerade nicht „eins zu eins" übernommen werden.[477] Die Durchsetzung der Strukturänderungen erfolgt nach *Teubners* Modell nicht durch Rechtssanktionen. Der auf die Änderung gerichtete Zwang bestünde dagegen in außerrechtlichen Durchsetzungsmechanismen wie die öffentliche Reputation und gesellschaftliche „Machtpressionen", die durch Protestbewegungen, NGOs und Gewerkschaften ausgeübt würden.[478] Im Gegensatz zur positivistischen Sichtweise stufen Rechtssoziologen auch private Codes of Conduct unter bestimmten Voraussetzungen als genuine Rechtsnormen ein.[479] Hier bereitet allerdings die Abgrenzung zu rein gesellschaftlichen, sozialen Normen Probleme.[480] In Abgrenzung zu rechtspluralistischen Auffassungen und vor dem Hintergrund der obigen verfassungsrechtlichen Ausführungen können private Regeln nur dann in die Rechtsordnung eingeordnet werden, wenn sie sich in die von der Rechtsordnung bestimmten Grenzen einfügen.[481] Dies ist möglich durch Delegations- und Verweisungsnormen, verliehene Privat- und Satzungsautonomie, haftungsrechtliche Sorgfaltsmaßstäbe ebenso wie durch staatlich initiierte Selbstregulierung.[482]

Tietje (Hrsg.), Internationales Wirtschaftsrecht, S. 113; krit. *Beckers*, Enforcing Corporate Social Responsibility Codes, S. 17 ff.

[474] *Nowrot*, in: Tietje (Hrsg.), Internationales Wirtschaftsrecht, S. 112; *Thürer*, in: Wolfrum (Hrsg.), Max Planck Encyclopedia of Public International Law, Rn. 8: „soft law as a phenomenon in international relations covers all those social rules generated by → State[s] or other subjects of international law which are not legally binding but which are nevertheless of special legal relevance"; s. auch die Definition bei Creifelds, Rechtswörterbuch/*K. Weber*, „Soft Law": „Rechtssätze, die nur allgemeine Tendenzen, Absichten oder Leitlinien regeln und sowohl auf der Tatbestandsseite als auch auf der Rechtsfolgenseite überwiegend unbestimmte Rechtsbegriffe enthalten".

[475] Für einen Überblick hierzu s. *Merkt*, in: Bumke/Röthel (Hrsg.), Autonomie im Recht, S. 173 f. Für einen Überblick zur Organisationssoziologie s. *Bachmann*, Private Ordnung, S. 80 f.

[476] *Teubner*, in: Grundmann (Hrsg.), FS Hopt, S. 1467, (Hervorhebung im Original).

[477] *Teubner*, in: Grundmann (Hrsg.), FS Hopt, S. 1468.

[478] *Teubner*, in: Grundmann (Hrsg.), FS Hopt, S. 1468 f. Rechtssanktionen und außerrechtliche Mechanismen seien aber nicht als alternative Druckmittel zu verstehen. Stattdessen käme die Autokonstitutionalisierung der Unternehmen durch umweghafte externe Lern-Pressionen zustande. (S. 1469). Zum Zusammenwirken von unternehmensexternen gesellschaftlichen und staatlichen Akteuren bei der Weiterentwicklung und Implementierung von Codes of Conduct vgl. a. *Teubner*, in: Höland/Hofmann-Dennhardt/M. Schmidt/A. Seifert (Hrsg.), Liber Amicorum Manfred Weiss, S. 115.

[479] Vgl. dazu *Teubner*, in: Höland/Hofmann-Dennhardt/M. Schmidt/A. Seifert (Hrsg.), Liber Amicorum Manfred Weiss, S. 110: Codes of Conduct seien „emergente Rechtsphänomene der Konstitutionalisierung von privaten *governance* Regimes", die sich „in genuine Zivilverfassungen im Sinne eines *consitutional pluralism*" transformiert hätten. Zu soziologischen Rechtsbegriffen vgl. *M. Rehbinder*, Rechtssoziologie, S. 37 ff.; *Raiser*, Beiträge zur Rechtssoziologie, S. 71 ff.

[480] Vgl. *M. Rehbinder*, Rechtssoziologie, S. 38 f.; *Köndgen*, AcP 206 (2006), 477, 517 f.

[481] *Köndgen*, AcP 206 (2006), 477, 518 ff. *Köndgen* bezeichnet die Integrationsmöglichkeiten als „Inklusionsnormen".

[482] *Köndgen*, AcP 206 (2006), 477, 518 ff.

3. Einfluss von *Soft Law* auf *Hard Law*

Verhaltenskodizes als *Soft Law* nehmen in mehrerlei Hinsicht Einfluss auf das *Hard Law*. Zunächst besteht aus völkerrechtlicher Sicht ein „Verwirklichungsanspruch“, der sich zum Beispiel in „weichen“ Implementierungsmechanismen zeigt.[483] Beispielsweise adressieren die Leitprinzipien der Vereinten Nationen für Wirtschaft und Menschenrechte ausdrücklich Wirtschaftsunternehmen im Hinblick auf die Achtung von Menschenrechten und die Wiedergutmachung von Verstößen.[484] Hinzu kommen bei einigen Verhaltenskodizes Überprüfungs- und Kontrollmechanismen.[485] Die OECD-Leitsätze für multinationale Unternehmen sehen etwa die Vermittlung durch nationale Kontaktstellen bei Problemen mit der Umsetzung der Leitlinien vor.[486] Dadurch soll die Anwendung der Leitlinien wirksam und effektiver werden.[487] Diese Kontaktstellen geben öffentliche Erklärungen und Berichte ab.[488] Dadurch können die Kontaktstellen öffentlichen Druck auf den Verwender der Leitlinien ausüben.[489] Sie können aber keine die Unternehmen rechtlich bindenden Entscheidungen treffen und Entscheidungen nicht durchsetzen.[490] Die OECD-Leitsätze für multinationale Unternehmen erklären in Teil 1 Ziff. I. 1., dass deren Beachtung durch Unternehmen auf dem Prinzip der Freiwilligkeit beruhe und keinen rechtlich zwingenden Charakter habe. Des Weiteren ist *Soft Law* allgemein als Steuerungsinstrument rechtlich relevant, da die Regeln unter anderem die Entstehung von Völkergewohnheitsrecht befördern können und als spätere Übung nach Art. 31 Abs. 3 lit. b) WVRK Bedeutung für die Interpretation völkerrechtlicher Verträge haben können.[491]

4. Transnationale CSR-Standards als privatrechtliche Sorgfaltsmaßstäbe

Auch aus privatrechtlicher Sicht kann das transnationale *Soft Law* Einfluss auf das *Hard Law* nehmen. Umso umfassender CSR-Standards in internationalen Lieferketten Anwendung finden, umso näher kann man eine Einordnung als Handelsbrauch (§ 346 HGB) oder Handelsgewohnheitsrecht annehmen. Erforderlich ist in beiden Fällen zunächst eine tatsächliche Übung von Gebräuchen bzw. Gewohnheiten im Handelsverkehr beteiligter Verkehrskreise über einen ausreichenden Zeitraum hinweg sowie die Überzeugung der jeweiligen Kaufleute von der Maßgeblichkeit der Übung

---

483 *Nowrot*, in: Tietje (Hrsg.), Internationales Wirtschaftsrecht, S. 117.

484 So die Prinzipien 11 – 15 und 22 der UN Leitprinzipien für Wirtschaft und Menschenrechte.

485 *Herdegen*, Internationales Wirtschaftsrecht, § 4 Rn. 68, der die OECD-Leitsätze für multinationale Unternehmen wegen der Überwachung der Einhaltung durch Kontaktstellen als „ein hybrides Gepräge in einer Grauzone zwischen *soft law* und normativer Verbindlichkeit“ bezeichnet.

486 OECD-Leitsätze für multinationale Unternehmen Teil 2, Ziff. I 1. Und Verfahrenstechnische Ausführungen Ziff. I. C; 2011, online abrufbar unter: https://www.oecd.org/daf/inv/mne/48004323.pdf und in deutscher Version unter http://mneguidelines.oecd.org/48808708.pdf (jeweils zuletzt aufgerufen am 21.6.2022).

487 OECD-Leitsätze für multinationale Unternehmen Teil 2, Verfahrenstechnische Ausführungen, Ziff. I. 1.

488 OECD-Leitsätze für multinationale Unternehmen Teil 2, Verfahrenstechnische Ausführungen Ziff. I. C. 3.

489 *Herdegen*, Internationales Wirtschaftsrecht, § 4 Rn. 68, der von *naming and shaming* spricht.

490 *De Brabandere*, in: d'Aspremont (Hrsg.), Participants in the International Legal System, S. 275.

491 *Nowrot*, in: Tietje (Hrsg.), Internationales Wirtschaftsrecht, S. 115 ff.

bzw. im Fall des Handelsgewohnheitsrechts von der Geltung der Übung.[492] Außerdem stellt sich die Frage, ob transnationale Regelwerke bei der Auslegung zur Konkretisierung unbestimmter Rechtsbegriffe wie der Verkehrssitte und Sorgfaltspflichten herangezogen werden können (§§ 133, 157 BGB).[493] Als potentielle Ansatzpunkte diskutiert die Literatur zivilrechtliche Fahrlässigkeitsmaßstäbe, wie die „verkehrserforderliche Sorgfalt" i.S.d. § 276 Abs. 2 BGB und deliktische Verkehrspflichten,[494] die Angemessenheit i.S.d. § 307 BGB[495] oder die Aufsichtspflicht des § 130 OWiG[496]. Indiz für einen objektiven Sorgfaltsmaßstab i.S.d. § 276 Abs. 2 BGB sind Sorgfaltsstandards, die innerhalb des jeweiligen Verkehrskreises gelten.[497] Damit bedürfte es in den angesprochenen Fällen – Handelsbräuchen und Sorgfaltspflichten – allerdings hinreichend konkreter und einheitlich in der Praxis anerkannter Standards. Dem stehen bisher die große Vielfalt und nicht flächendeckende Anwendung transnationaler CSR-Standards entgegen.[498] Die maßgeblichen Verkehrskreise müsste man für CSR-Standards in internationalen Lieferketten gegebenenfalls länderübergreifend bestimmen,[499] was die Anforderungen an einen einheitlichen Standard erschwert. Für eine Geltung als normkonkretisierende Standards delegierter Normsetzung müssen die oben dargelegten verfassungsrechtlichen Anforderungen beachtet werden.[500] Bei der Heranziehung der Standards als Sorgfaltsmaßstab in vertraglichen

---

492 Zu beidem vgl. MüKoHGB/*K. Schmidt*, HGB § 346, Rn. 11, 14, 16; zum Handelsbrauch s. Baumbach/Hopt/*Hopt*, HGB § 346, Rn. 12.

493 Ausführlich in dieser Hinsicht zu privaten Regelwerken allgemein *Bachmann*, Private Ordnung, S. 334 ff. Zu untergesetzlichen Verhaltensregeln *Leyens*, AcP 215 (2015), 611, 624 f.Zur entsprechenden Tendenz der Einbeziehung von *Soft Law* in der intra- und supranationalen Judikatur vgl. *Nowrot*, in: Tietje (Hrsg.), Internationales Wirtschaftsrecht, S. 116. Die Rechtsprechung des EuGH fordert von Behörden und Gerichten der Mitgliedstaaten auch die Beachtung völkerrechtlich unverbindlicher Empfehlungen bestimmter internationaler Gremien bei ihren Entscheidungen, vgl. EuGH, Urt. v. 21.1.1993 – C-188/91, Rn. 17 f. – *Shell*. Speziell zu CSR-Standards vgl. *Buck-Heeb*, in: Fleischer/Kalss/Vogt (Hrsg.), Corporate Social Responsibility, S. 102; *Kroker*, CCZ 2015, 120, 126; *Voland*, BB 2015, 67, 73; *Beckers*, Enforcing Corporate Social Responsibility Codes, S. 177 ff.

494 *Buck-Heeb*, in: Fleischer/Kalss/Vogt (Hrsg.), Corporate Social Responsibility, S. 115 f.; *Bachmann*, Private Ordnung, S. 335; *Kroker*, CCZ 2015, 120, 126; *Beckers*, Enforcing Corporate Social Responsibility Codes, S. 178; *Glinski*, Die rechtliche Bedeutung der privaten Regulierung globaler Produktionsstandards, S. 266 f.

495 Allgemein zu privater Regelsetzung *Bachmann*, Private Ordnung, S. 335, m.w.N.

496 *Kroker*, CCZ 2015, 120, 126.

497 BeckOGK/*Schaub*, BGB § 276, Stand: 1.3.2022, Rn. 73 f.; MüKoBGB/*Grundmann*, BGB § 276, S. 54.

498 Verneinend daher *Buck-Heeb*, in: Fleischer/Kalss/Vogt (Hrsg.), Corporate Social Responsibility, S. 110; Handelsbräuche verneinend *C. Ramberg*, in: Schwenzer/Spagnolo (Hrsg.), Boundaries and intersections, S. 83 f. Siehe aber *Buck-Heeb/Dieckmann*, Selbstregulierung im Privatrecht, S. 151, die den ICC guide to responcible sourcing als internationalen Handelsbrauch einordnet. Für eine Einordnung von transnationaler CSR-Standards als (technischer) Produkt- oder Branchenstandard vgl. *Schrader*, ZUR 2013, 451, 452; Für einen objektiven deliktischen Sorgfaltsmaßstab *Glinski*, Die rechtliche Bedeutung der privaten Regulierung globaler Produktionsstandards, S. 266 ff. Für eine Einordnung von Mindeststandards bzgl. Arbeitsbedingungen wie dem Verbot von Kinderarbeit und Zwangsarbeit als Handelsbrauch i.S.d. Art. 9 Abs. 2 CISG vgl. *Schwenzer/Leisinger*, in: Cranston/J. Ramberg/Ziegler (Hrsg.), Commercial Law Challenges in the 21st Century: Jan Hellner in memoriam, S. 265.

499 Siehe in diesem Sinne *Glinski*, Die rechtliche Bedeutung der privaten Regulierung globaler Produktionsstandards, S. 268; *Buck-Heeb/Dieckmann*, Selbstregulierung im Privatrecht, S. 151 f.

500 Zu verfassungsrechtlichen Bedenken und Verhaltenskodizes *Glinski*, Die rechtliche Bedeutung der privaten Regulierung globaler Produktionsstandards, S. 257 ff.; *Bachmann*, Private Ordnung, 67 und 335; krit. außerdem *Voland*, BB 2015, 67, 73 Siehe auch näher oben unter § 3 A.

Beziehungen, bedarf es einer Einbeziehung in den Vertrag[501]. Bei der Bestimmung der Geltung transnationaler CSR-Standards ist außerdem zu beachten, dass Unternehmen, die sich transnationale Standards im Wege von Selbstverpflichtungen zu eigen machen, sich in der Regel die Deutungshoheit über die Standards vorbehalten.[502] Sinnvoll ist dies etwa dann, wenn die Umsetzung transnationaler Standards auf der Unternehmensebene Schwierigkeiten bereitet. So zeigt *Kocher*, dass die an Staaten gerichteten Standards der Vereinigungsfreiheit der ILO-Übereinkommen 87 und 98[503] auf der Unternehmensebene zu Unstimmigkeiten und Abgrenzungsschwierigkeiten zwischen innerbetrieblichen Vertretungsstrukturen und außerbetrieblichen gewerkschaftlichen Arbeitnehmervertretungen führen kann.[504] Hinzu kommt, dass Regelsetzer die Standards teilweise bewusst allgemein halten und sich ausdrücklich gegen einen Branchenstandard aussprechen. So hält die Internationale Norm ISO 26000 zum Beispiel fest, dass sie mangels konkreter Anforderungen nicht zertifizierbar sei und nicht als Standard, Empfehlung oder Richtlinie im Sinne des internationalen Wirtschaftsrechts der WTO oder als internationales Gewohnheitsrecht gelte.[505] Die Einordnung transnationaler CSR-Standards als Handelsbräuche oder allgemeingültige Sorgfalts- oder Branchenstandards ist im Ergebnis hohen Begründungsschwierigkeiten ausgesetzt.

II. Freiwillige Selbstverpflichtung – Codes of Conduct auf Unternehmensebene

Sofern transnationale CSR-Standards maßgeblich als *Soft Law* eingestuft werden, stellt sich die Frage, ob Selbstverpflichtungen von Unternehmen zur Einhaltung die-

---

[501] *Buck-Heeb*, in: Fleischer/Kalss/Vogt (Hrsg.), Corporate Social Responsibility, S. 116 Dazu näher unten unter § 5.

[502] *Buck-Heeb*, in: Fleischer/Kalss/Vogt (Hrsg.), Corporate Social Responsibility, S. 115; zu Schwierigkeiten im Zusammenhang mit der Definitions- und Interpretationshoheit der Unternehmen bei der Übersetzung internationaler Standards auf private Standards *Kocher*, KJ 2010, 29, 35. *C. Ramberg*, in: Schwenzer/Spagnolo (Hrsg.), Boundaries and intersections, S. 84, weist darauf hin, dass es der Annahme von Handelsbräuchen auch entgegensteht, wenn Unternehmen Codes of Conduct gerade deswegen adaptieren, weil sie auf dem dadurch erzeugten Image ihre Geschäftsidee aufbauen.

[503] ILO, Übereinkommen 87 über die Vereinigungsfreiheit und den Schutz des Vereinigungsrechtes, 1948; und ILO, Übereinkommen 98 über die Anwendung der Grundsätze des Vereinigungsrechtes und des Rechtes zu Kollektivverhandlungen, 1949.

[504] *Kocher*, KJ 2010, 29, 35 f. Empirische Analysen des Instituto Observatório Social aus Brasilien aus dem Jahr 2006 zeigen die Schwierigkeiten der in multinationalen Konzernen vertretenen Gewerkschaften, vgl. *Jakobsen*, WSI-Mitteilungen 2006, 52, 52 f.

[505] „It [the International Standard] is not intended or appropriate for certification purposes or regulatory or contractual use. Any offer to certify, or claims to be certified, to ISO 26000 would be a misrepresentation of the intent and purpose and a misuse of this International Standard. As this International Standard does not contain requirements, any such certification would not be a demonstration of conformity with this International Standard. […] for the purposes of the Marrakech Agreement establishing the World Trade Organization (WTO), it is not intended to be interpreted as an "international standard", "guideline" or "recommendation", nor is it intended to provide a basis for any presumption or finding that a measure is consistent with WTO obligations. Further, it is not intended to provide a basis for legal actions, complaints, defences or other claims in any international, domestic or other proceeding, nor is it intended to be cited as evidence of the evolution of customary international law." International Organization of Standardization, ISO 26000:2010 (en) Guidance on social responsibility, 1. Scope, online abrufbar unter: https://www.iso.org/obp/ui/#iso:std:iso:26000:ed-1:v1:en (zuletzt aufgerufen am 18.6.2022).

ser transnationalen Standards oder eigener Standards aus positivrechtlicher Sicht verbindlich sind.[506] Selbstverpflichtungen erfolgen zum Beispiel durch einen Code of Conduct des Unternehmens, den dieses öffentlichkeitswirksam auf seiner Website verkündet. Hier stellt sich die Frage, ob die Aufstellung eines Codes of Conduct als ein Akt privater Rechtsetzung eine rechtliche Bindung hervorruft. Dies richtet sich danach, gegenüber wem eine solche Bindung bestehen soll. Unternehmen geben die in Frage stehenden Codes of Conduct oft im Internet öffentlich bekannt. Als Erklärungsadressat kommt damit potenziell jedermann in Betracht. Eine Selbstverpflichtung suggeriert aber zunächst, dass eine Bindung nur gegenüber dem Erklärenden selbst bestehen soll und nicht gegenüber einem weiteren Rechtssubjekt. Es ist daher fraglich, ob eine Selbstverpflichtung als einseitiges Rechtsgeschäft oder als Vertragsangebot an einen unbestimmten Empfängerkreis schuldrechtliche Pflichten begründet.[507]

1. Bindung durch einseitige Willenserklärung

Die Begründung von Schuldverhältnissen durch eine einseitige Willenserklärung ist ein Verstoß gegen das Vertragsprinzip (§ 311 Abs. 1 BGB), das kooperative Handlungsformen als Grundlage rechtlicher Bindung statuiert.[508] Nur in seltenen Ausnahmefällen, zum Beispiel für einseitige Leistungszusagen wie der Auslobung (§§ 657 ff. BGB) oder Gewinnzusagen (§ 661a BGB), sieht das Gesetz eine vertragliche Bindung durch einseitige Rechtsgeschäfte vor.[509] Hintergrund des Vertragsprinzips ist unter anderem die Entscheidung des Gesetzgebers, dass sich eine zum Dank verpflichtende Zuwendung niemand aufdrängen lassen muss.[510] Im Falle der Auslo-

---

[506] Ausführlich zur Frage der bindenden Wirkung einseitiger Selbstverpflichtungen *Bachmann*, Private Ordnung, S. 278 ff. Nicht Gegenstand der vorliegenden Untersuchung ist die Frage nach der Verbindlichkeit von Selbstverpflichtungen aus rechtssoziologischer Sicht (siehe dazu bereits oben die Nachweise unter I. 2. Siehe außerdem *Beckers*, Enforcing Corporate Social Responsibility Codes, S. 226 ff. *Beckers* analysiert Codes of Conduct mit der Methode soziologischer Jurisprudenz und spricht aus dieser Sichtweise unternehmerischen Codes of Conduct in zweierlei Hinsicht einen verbindlichen Charakter zu: „First, the binding effect occurs in the social interaction of inducing cooperation and planning an agreement that becomes binding when relied upon by the contracting parties in the further course of their cooperation. Second, the corporate codes can bind the company towards the global public in the form of intensified public trust." (S. 265)). Ebenfalls nicht thematisiert werden Selbstverpflichtungen aus philosophischer Sicht. Etwa aus Sicht der deontologischen Kant'schen Ethik ist das Handeln nach den eigenen (am kategorischen Imperativ ausgerichteten) subjektiven Prinzipien (Maximen) verbindlich. Die Befolgung von Gesetzen der praktischen Vernunft konstituiert innere Freiheit, vgl. *Kant,* MS, AA VI, S. 226; Zur inneren und äußeren Freiheit im rechtlichen Zustand in Kants Rechtsphilosophie *Hruschka*, JZ 2004, 1085, 1088.

[507] Zu beiden Ansätzen in der Diskussion vgl. *Bachmann*, Private Ordnung, S. 278 ff.; *Frenz*, Selbstverpflichtungen der Wirtschaft, S. 228 ff. auch mit Blick auf Selbstverpflichtungen gegenüber Behörden; *Glinski*, Die rechtliche Bedeutung der privaten Regulierung globaler Produktionsstandards, S. 128 ff. Zum letzteren Ansatz aus rechtsvergleichender Sicht *Beckers*, Enforcing Corporate Social Responsibility Codes, S. 86 ff.

[508] BeckOGK/*Herresthal*, BGB § 311, Stand: 1.4.2022, Rn. 25 f.; MüKoBGB/*Emmerich*, BGB § 311, Rn. 1. Ausführlich zu Kritik am Vertragsprinzip und für eine Aufweichung desselben *Bachmann*, Private Ordnung, S. 287 ff.

[509] BeckOGK/*Herresthal*, BGB § 311, Stand: 1.4.2022, Rn. 26; MüKoBGB/*Emmerich*, BGB § 311, Rn. 22; Staudinger/*Feldmann*, BGB § 311, Rn. 7, 20; ausführlich zu Ausnahmen auch *Bachmann*, Private Ordnung, S. 280 ff.

[510] So der Grundsatz „*beneficia non obtruduntur*", dazu *Bachmann*, Private Ordnung, S. 294 ff. m.w.N.

bung folgt das BGB der Pollizitationstheorie[511] und knüpft die rechtliche Bindung des Schuldverhältnisses bereits an das öffentliche Versprechen einer Belohnung für die Vornahme der zu belohnenden Handlung.[512] Maßgeblich ist für den Gesetzgeber die Erwägung gewesen, dass eine rechtsgeschäftliche Annahme durch den Handelnden meist eine lebensfremde Konstruktion sei.[513]

Die Selbstverpflichtung von CSR-Standards lässt sich allerdings nicht als Auslobung auslegen, weil es schlicht an dem Versprechen einer Belohnung für die Vornahme einer Handlung eines anderen fehlt. Die Literatur diskutiert für den Fall der arbeitsrechtlichen Gesamtzusage des Arbeitgebers und ebenso für Selbstverpflichtungen über CSR-Standards eine Analogie zur Auslobungskonstellation und anderen Ausnahmen des Vertragsprinzips.[514] Fraglich ist aber bereits, ob es an einer planwidrigen Regelungslücke fehlt, weil die Auslobung als enge Ausnahme des Vertragsprinzips aus § 311 Abs. 1 BGB gilt. Für eine Ausnahme des Vertragsprinzips im Falle von Selbstverpflichtungen über CSR-Standards spricht, dass sich der Zweck des Aufdrängungsschutzes im Fall menschenrechtlicher Standards schwer nachvollziehen lässt. Es handelt sich schließlich um fundamentale Mindeststandards. Außerdem wenden Befürworter ein, dass eine Dankverpflichtung nicht bestünde, weil sich das Unternehmen im Gegenzug nicht Dank, sondern Verbesserungen seiner Reputation durch die Reaktion der Öffentlichkeit erhofft.[515] Allerdings ist auch hier jedenfalls eine Dankverpflichtung der Adressaten nicht ausgeschlossen, die sich in Betriebstreue und Unterlassung von Kritik gegen das sich verpflichtende Unternehmen zum Erhalt dieser Reputation äußert.[516] Gegen eine einseitige rechtsgeschäftliche Bindung durch öffentliche Selbstverpflichtung spricht außerdem der Übereilungsschutz. Denn anders als bei der Auslobung, würde nicht nur eine Person (§ 659 BGB), sondern ein unüberschaubarer Adressatenkreis[517] einen Anspruch erwerben. Zum Übereilungsschutz im Falle von Leistungszusagen sieht das Gesetz außerdem strenge Formvorschriften, wie die notarielle Beurkundung (vgl. im Falle unentgeltlicher Zuwendungen § 518 Abs. 1 BGB) oder Schriftformerfordernisse (vgl. für Schuldversprechen und -anerkenntnisse §§ 780 S. 1, 781 S. 1 BGB) vor.[518] Der fehlende Schutz spricht

---

[511] Im Gegensatz zur Vertragstheorie, nach welcher der Handelnde das Angebot des Auslobenden *ad incertas personas* ggf. konkludent annimmt, dazu BeckOGK/*Lohsse*, BGB § 657, Stand: 1.8.2021, Rn. 8 f.

[512] BeckOGK/*Lohsse*, BGB § 657, Stand: 1.8.2021, Rn. 11.

[513] Jew. m.w.N.: BeckOGK/*Lohsse*, BGB § 657, Stand: 1.8.2021, Rn. 11; *Bachmann*, Private Ordnung, S. 286.

[514] *Beckers*, Enforcing Corporate Social Responsibility Codes, S. 104, 106. Wohl ähnlich, *Glinski*, Die rechtliche Bedeutung der privaten Regulierung globaler Produktionsstandards, S. 129 die die „Zulässigkeit der einseitigen Selbstverpflichtung jenseits der gesetzliche normierten Fälle" im Ergebnis bejaht. Für eine Analogie zu § 675 BGB im Fall der arbeitsrechtlichen Gesamtzusage *Bachmann*, Private Ordnung, S. 285 ff., m.w.N.

[515] *Glinski*, Die rechtliche Bedeutung der privaten Regulierung globaler Produktionsstandards, S. 129.

[516] Zur soziologischen Begründung des Aufdrängungsschutzes s. *Bachmann*, Private Ordnung, S. 295, m.w.N.

[517] Krit. zu diesem Argument wegen des Schwebezustands vor der Annahme eines Angebots *Bachmann*, Private Ordnung, S. 293 f. Im Falle einer Selbstverpflichtung gegenüber der Öffentlichkeit fällt demgegenüber die Unüberschaubarkeit potenzieller Anspruchsgegner ins Gewicht.

[518] MüKoBGB/*J. Koch*, BGB § 518, Rn. 1; BeckOK BGB/*Gehrlein*, BGB § 518, Stand: 1.5.2022, Rn. 1. Str. bzgl. § 780 S. 1 BGB. Der Gesetzgeber lehnte die elektronische Form in § 780 S. 2 BGB gerade wegen des Übereilungsschutzes ab, vgl. BT-Drs. 14/4987, S. 22. Das Schriftformerfordernis der §§ 780 ff. dient mithin auch der Warnung und dem Übereilungsschutz des Erklärenden, vgl.

gegen eine rechtsverbindliche Selbstverpflichtung durch einseitige Willenserklärung.[519] In jedem Fall erfordert eine rechtliche Bindung durch Selbstverpflichtung aber einen Rechtsbindungswillen des Erklärenden. Es ist also zu ermitteln, ob und in welcher Hinsicht sich der Erklärende in solchen Fällen überhaupt binden möchte.

2. Rechtsbindungswille

Eine rechtsverbindliche Selbstverpflichtung als rechtsgeschäftlicher Akt setzt voraus, dass die Erklärung des verpflichtenden Unternehmens von einem entsprechenden Rechtsbindungswillen getragen ist. Das Vorliegen des Rechtsbindungswillens ist durch Auslegung zu ermitteln.[520] Im Falle der empfangsbedürftigen Willenserklärung kommt es hierfür maßgeblich auf den Empfängerhorizont an, d.h. darauf, was der Erklärungsempfänger nach Treu und Glauben mit Rücksicht auf die Verkehrssitte verstehen durfte.[521] Erklärt das Unternehmen die Selbstverpflichtung im Rahmen eines Vertragsschlusses mit einem Zulieferer oder im Rahmen eines Vertrags mit einer Behörde, sind die Verpflichtungen empfangsbedürftig und nach dem objektiven Empfängerhorizont §§ 133, 157 BGB auszulegen.[522] In der Regel jedoch erklärt das Unternehmen die einseitige Selbstverpflichtung öffentlich gegenüber der Allgemeinheit auf deren Website oder in Broschüren.[523] Ein verbindliches Angebot *ad incertas personas*[524] wird man – vorbehaltlich einer jeweiligen Einzelprüfung – in einer Selbstverpflichtung zu CSR-Standards weder ausdrücklich noch durch Auslegung ermitteln können. Zunächst ist nicht anzunehmen, dass ein Unternehmen jedem, der die Verpflichtung auch nur liest, einen einklagbaren Erfüllungsanspruch auf Einhaltung der Verpflichtung zusprechen will[525]. Man kann auch annehmen, dass sich ein potenzielles Angebot nur an einen bestimmten Adressatenkreis richtet, wie etwa Stakeholder, die ein gewisses qualifiziertes Interesse an der Einhaltung der Verpflichtung haben. Dann wäre die Auslegung unter Berücksichtigung auf das Verständnis eines durchschnittlichen Angehörigen dieses Adressatenkreises zu bestimmen.[526] Für

---

BeckOGK/*Albers*, BGB § 780, Stand: 1.4.2022, Rn. 159; a.A. MüKoBGB/*Habersack*, BGB § 780, Rn. 21 f.

[519] Zu diesen Formvorschriften als Hindernisse der Rechtsverbindlichkeit öffentlich erklärter Codes of Conduct *Beckers*, Enforcing Corporate Social Responsibility Codes, S. 96 f.

[520] HK-BGB/*Dörner*, BGB § 145, Rn. 4.

[521] S. u.a. BGH, Urt. v. 3. 2. 1967 – VI ZR 114/65 = BGHZ 47, 75, 78 = NJW 1967, 673, 673; BGH, Urt. v. 5. 10. 1961 – VII ZR 207/60 = BGHZ 36, 30, 33 = NJW 1961, 2251, 2253; MüKoBGB/*Busche*, BGB § 133, Rn. 33.

[522] Zu Selbstverpflichtungen gegenüber Behörden siehe *Frenz*, Selbstverpflichtungen der Wirtschaft, S. 228 ff.

[523] *Frenz*, Selbstverpflichtungen der Wirtschaft, S. 228.

[524] Zum Angebot *ad incertas personas* allgemein vgl. MüKoBGB/*Busche*, BGB § 145, Rn. 27; HK-BGB/*Dörner*, BGB § 145, Rn. 3.

[525] Vgl. *Bachmann*, Private Ordnung, S. 297; *Glinski*, Die rechtliche Bedeutung der privaten Regulierung globaler Produktionsstandards, S. 217.

[526] So liegt es zum Beispiel in Fällen der Auslegung von Ausschreibungen im Vergabeverfahren, die sich an einen nur abstrakt bestimmbaren Bieterkreis richten: BGH, Urt. v. 11.11.1993 – VII ZR 47/93 = BGHZ 124, 64-71 – juris Rn. 11; zur Auslegung von AGB nach der Verständnismöglichkeit eines durchschnittlichen Kunden: BGH, Urt. v. 30.3.2006 – I ZR 123/03 = BGHZ 167, 64-75 – juris Rn. 17; auch bei der nicht empfangsbedürftigen Auslobung kommt ein eingegrenzter Adressatenkreis in Betracht: BeckOK BGB/*Wendtland*, BGB § 133, Rn. 31; MüKoBGB/*Busche*, BGB § 133, Rn. 31; *Kornblum*, JuS 1980, 801, 803; im Ergebnis sind §§ 133, 157 BGB anzuwenden, Staudinger/*R. Singer*, BGB § 133, Rn. 17, 72.

die Auslegung kommt es darauf an, ob ein verständiger Adressat erkennen kann, dass der Wille des Erklärenden auf die Abgabe einer Erklärung mit rechtlicher Bindung gerichtet ist.[527] Allerdings sprechen unkonkrete Ziele oder bloße Strebsamkeitsformulierungen, wie sie in Codes of Conduct zu finden sind, gegen einen Rechtsbindungswillen.[528] Als Bespielklausel soll folgender Auszug aus dem Code of Conduct des Bundesverbands Materialwirtschaft, Einkauf und Logistik e. V. dienen: „Das signierende / beitretende Unternehmen ist dem Ziel des Umweltschutzes für die heutigen und künftigen Generationen nachhaltig verpflichtet".[529] Aus einer derart unkonkreten Bekanntmachung eines Ziels zur Verwirklichung des Gemeinwohlinteresses „Umweltschutz" ist kein Angebot auf die Gewährung eines Anspruchs an einen Adressaten auf eine konkrete Verhaltensweise oder Leistung ableitbar. Darüber hinaus wird man mit Blick auf die auch aus objektiver Sicht erkennbaren rein wirtschaftlichen und kommunikativen Interessen des Unternehmens bei der Veröffentlichung des Codes of Conduct einen Rechtsbindungswillen für ein Angebot *ad incertas personas* in der Regel verneinen müssen.[530] Dafür spricht auch, dass ein Unternehmen mit Kunden, die Wert auf die Einhaltung von CSR-Standards legen, gesondert vertragliche Vereinbarungen schließen kann.[531]

III. Private Regelsetzung durch Vertrag

Zentrales Mittel zur privaten Gestaltung der eigenen Rechtsverhältnisse ist der Vertrag.[532] Es ist Ausdruck der liberalistischen, individualistischen Grundhaltung des BGB, dass Rechtssubjekte im Rahmen der zivilrechtlichen Ordnung ihre Rechtsverhältnisse durch Verträge selbst bestimmen und regeln können.[533] Die Vertragsfreiheit ermöglicht auch eine Integration von Verhaltenskodizes und CSR-Standards in Verträge.[534] Die CSR-Regelungen können die Parteien ausdrücklich oder konkludent als Vertragsbestimmungen aufnehmen.[535] Im Zweifel ist der Geltungsumfang und -inhalt privater Regeln in Verträgen durch Auslegung der getroffenen Vereinbarung zu be-

---

[527] MüKoBGB/*Busche*, BGB § 145, Rn. 7.

[528] Zu solchen Formulierungen *Frenz*, Selbstverpflichtungen der Wirtschaft, S. 230, der bei Erklärungen gegenüber der Allgemeinheit höhere Maßstäbe an die Deutlichkeit eines Vorbehalts fordert als bei Erklärungen gegenüber staatlichen Einheiten.; *Buck-Heeb*, in: Fleischer/Kalss/Vogt (Hrsg.), Corporate Social Responsibility, S. 114.

[529] Bundesverband Materialwirtschaft, Einkauf und Logistik e. V., BME – Verhaltensrichtlinie (Code of Conduct), S. 6, online abrufbar unter: https://a.storyblok.com/f/104752/x/0e28c5bcc4/bme_code_of_conduct_de_neues-logo.pdf (zuletzt aufgerufen am 18.6.2022).

[530] *Asmussen*, Haftung für CSR, S. 150; zur Erklärung gemäß § 161 Abs. 1 S. 1 AktG als Selbstbindung auf Widerruf *Leyens*, AcP 215 (2015), 611, 631 f.

[531] *Asmussen*, Haftung für CSR, S. 150.

[532] Ausführlich zum Vertrag als das „universale" Instrument des positiven Rechts zur privaten Regelsetzung (neben Verband, Normenvertrag und AGB) *Bachmann*, Private Ordnung, S. 259 f.

[533] Neben vielen: BVerfG, Beschl. v. 7.2.1990 – 1 BvR 26/84 = BVerfGE 81, 242, 254 ff.; BVerfG, Beschl. v. 19.10.1993 – 1 BvR 567/89, 1 BvR 1044/89 = BVerfGE 89, 214, 231 ff.; BVerfG, Urt. v. 6.2.2001 – 1 BvR 12/92 = BVerfGE 103, 89, 100 f.; Maunz/Dürig/*Di Fabio*, GG Art. 2 Abs. 1, Rn. 101; Dreier/*Dreier*, GG Art. 2 Abs. 1, Rn. 35; *Brox/Walker*, Allgemeiner Teil des BGB, § 2 Rn. 5.

[534] Vgl. *Asmussen*, Haftung für CSR, S. 147 Zur Vertragsfreiheit vgl. Dreier/*Dreier*, GG Art. 2 Abs. 1, Rn. 35; *Looschelders*, Schuldrecht Allgemeiner Teil, § 3 Rn. 1 ff.

[535] Zu CSR-Standards als Vertragsinhalt s. auch *Asmussen*, Haftung für CSR, S. 147 ff.; *Beckers*, Enforcing Corporate Social Responsibility Codes, S. 47 ff. sowie ausführlich unten unter § 5.

stimmen (§§ 133, 157 BGB).[536] Meist wird es sich dabei um Nebenpflichten oder Konkretisierungen der Hauptleistungspflicht handeln.[537] Besondere Anforderungen in Form der AGB-Kontrolle bestehen gegenüber der vertraglichen Integration von CSR-Standards, wenn diese als Allgemeine Geschäftsbedingungen zu qualifizieren sind (§§ 305 ff. BGB). Insbesondere in Verträgen innerhalb von Lieferketten beziehen multinationale Unternehmen regelmäßig ihre Codes of Conduct in die Lieferverträge mit ein.[538] Theoretisch denkbar sind aber auch Verträge, die allein die Einhaltung und Befolgung der CSR-Standards als Hauptleistungspflichten (§§ 311 Abs. 1, 241 Abs. 1 BGB) zum Gegenstand haben.[539]

Die Drittwirkung vertraglich vereinbarter privater Regeln ist wegen der Legitimierung des Vertragsinhalts durch den Willen der Vertragsparteien in Ausübung ihrer Privatautonomie nur in sehr engen Grenzen möglich.[540] Die unmittelbare Verpflichtung Dritter ohne deren eigene Mitwirkung (Vertrag zulasten Dritter) verletzt deren Privatautonomie und ist unzulässig.[541] Allerdings kann ein Dritter im Rahmen eines echten Vertrags zugunsten Dritter ein eigenes Forderungsrecht erhalten, § 328 BGB.[542] Da aber auch Gläubigerstellungen mit Nebenpflichten verbunden sind (etwa aus § 241 Abs. 2 BGB),[543] muss der Dritte zum Schutze seiner negativen Vertragsfreiheit aus Art. 2 Abs. 1 GG jedenfalls die Möglichkeit haben, das aufgedrängte Forderungsrecht abzulehnen, wie es das Zurückweisungsrecht aus § 333 BGB vorsieht.[544]

---

[536] *Leyens*, AcP 215 (2015), 611, 626.

[537] Dazu näher unten in § 5 A und B. Allgemein zu untergesetzlichen Regeln *Leyens*, AcP 215 (2015), 611, 625 ff.

[538] Vgl. *Rühmkorf*, Corporate Social Responsibility, Private Law and Global Supply Chains, S. 79 ff.; *Asmussen*, Haftung für CSR, S. 148 f.; *Spießhofer/Westphalen*, BB 2015, 75, 75 f.; *McBarnet/Kurkchiyan*, in: McBarnet/Voiculescu/Campbell (Hrsg.), The New Corporate Accountability, S. 59 ff. Dazu näher unter § 5. B. II.

[539] Vgl. dazu unten unter § 5. A. II. 1.

[540] Vgl. *Bachmann*, Private Ordnung, S. 300 f.; *Buck-Heeb/Dieckmann*, Selbstregulierung im Privatrecht, S. 265 ff.; Staudinger/*Klumpp*, Vorbem. §§ 328 ff. BGB, Rn. 20 ff. Zur Abgrenzung eines unzulässigen Vertrags zu Lasten Dritter von einem zulässigen Vertrag zugunsten Dritter bzw. mit Lastwirkungen gegenüber Dritten, s. *Habersack*, Vertragsfreiheit und Drittinteressen, S. 26 ff.

[541] BGH, Urt. v. 5. 3. 2002 – XI ZR 184/01 = NJW 2002, 1491, 1492; BVerfG, Beschl. v. 23.4.1986 – 2 BvR 487/80 = BVerfGE 73, 261, Rn. 31; *Habersack*, Vertragsfreiheit und Drittinteressen, S. 29 Staudinger/*Klumpp*, Vorbem. §§ 328 ff. BGB, Rn. 54; MüKoBGB/*Gottwald*, BGB § 328, Rn. 263.

[542] Staudinger/*Klumpp*, BGB § 328, Rn. 65.

[543] MüKoBGB/*Gottwald*, BGB § 328, S. 271; Staudinger/*Klumpp*, Vorbem. §§ 328 ff. BGB, Rn. 20.

[544] Staudinger/*Klumpp*, Vorbem. §§ 328 ff. BGB, Rn. 21; *Looschelders*, Schuldrecht Allgemeiner Teil, § 51 Rn. 7; *Buck-Heeb/Dieckmann*, Selbstregulierung im Privatrecht, S. 266. Umstrittene Ausnahme dieses Aufdrängungsschutzes ist die Auslobung, § 657 BGB, vgl. *Bachmann*, Private Ordnung, S. 284.

§ 4 Private Rechtsdurchsetzung

Das dritte Kapitel widmet sich der Theorie der privaten Rechtsdurchsetzung. Im Vordergrund steht dabei die ökonomische Analyse der Rechtsdurchsetzung. Die vorliegende Arbeit beansprucht nicht zu untersuchen, ob die optimale Durchsetzung von CSR durch private oder öffentlich-rechtliche Durchsetzungsmechanismen oder ein Zusammenspiel derselben erreicht wird. Sie hinterfragt das Potenzial der vertragsrechtlichen Durchsetzung von CSR. Dazu beleuchtet dieses Kapitel zunächst Maßstäbe für die Rechtsdurchsetzung. Dazu gehören unionsrechtliche und verfassungsrechtliche Vorgaben und in der ökonomischen Analyse des Rechts das Kriterium der Effizienz. Anschließend stellt das Kapitel verschiedene Ansätze der rechtswissenschaftlichen Diskussion über *public vs. private enforcement* vor. Mit Blick auf die spätere Analyse der spezifischen vertragsrechtlichen Durchsetzung von CSR interessiert in diesem Zusammenhang aber nicht nur die Gegenüberstellung zu *public enforcement*, sondern zusätzlich die Durchsetzung innerhalb von Vertragsbeziehungen. Schließlich trägt kollektive Rechtsdurchsetzung entscheidend zur Funktionsweise von *private enforcement* im jeweiligen Kontext bei.

A. Effektivität und Effizienz als Kriterien der Rechtsdurchsetzung

Um Recht Geltung zu verleihen, muss Rechtsdurchsetzung wirkungsvoll sein. Die dafür anzulegenden Maßstäbe hängen davon ab, welche Motive und Ziele man mit der Rechtsdurchsetzung verfolgt.[545] Im Unionsrecht prägt der Effektivitätsgrundsatz, Art. 4 Abs. 3 EUV, Art. 197 Abs. 1 AEUV, maßgeblich die Gestaltung der privaten Rechtsdurchsetzung. Für das nationale Recht sind verfassungsrechtliche Anforderungen bei der Ausgestaltung privater Rechtsdurchsetzung zu beachten. In der ökonomischen Analyse des Rechts ist Effizienz der zentrale Maßstab sowohl für die ideale Rechtsdurchsetzung als auch für die Frage, ob ein Normadressat eine Norm befolgen wird.

---

[545] S. dazu nur die verschiedenen Theorien über den Zweck der Strafe, die diesen unter anderem in der Vergeltung begangenen Unrechts (absolute Straftheorien), Spezial- oder Generalprävention und Resozialisierung des Täters (relative Straftheorien) oder kombinierten Zwecken sehen. Vgl. ausführlich zu den verschiedenen Straftheorien sowie neueren Ansätzen *Roxin/Greco*, Strafrecht Allgemeiner Teil, § 3 Rn. 2 ff. Das BVerfG folgt einer Vereinigungstheorie, die versucht „sämtliche Strafzwecke in ein ausgewogenes Verhältnis zueinander zu bringen. (…) Schuldausgleich, Prävention, Resozialisierung des Täters, Sühne und Vergeltung für begangenes Unrecht werden als Aspekte einer angemessenen Strafsanktion bezeichnet“, BVerfG, Urt. v. 21.6.1977 – 1 BvL 14/76 = BVerfGE 45, 187, 253. Dazu *Roxin/Greco*, Strafrecht Allgemeiner Teil, § 3 Rn. 34; *G. Wagner*, AcP 206 (2006), 352, 362.

I. Rechtliche Verankerung des Effektivitätsgrundsatzes für die private Rechtsdurchsetzung

Der folgende Abschnitt widmet sich unionsrechtlichen und verfassungsrechtlichen Kriterien für private Rechtsdurchsetzung.

1. Unionsrechtliche Perspektive

Richtungsgebende Kriterien für die Art der Durchsetzung von Unionsrecht sind der Äquivalenz- und der Effektivitätsgrundsatz aus Art. 4 Abs. 3 UAbs. 2 EUV. Der Effektivitätsgrundsatz prägt auch die Stärkung privater Rechtsdurchsetzung in der Rechtsprechung des EuGH.[546]

Die Durchsetzung des Unionsrechts liegt grundsätzlich bei den Mitgliedstaaten.[547] Nur in Ausnahmefällen obliegt der Rechtsvollzug den Unionsorganen.[548] Um trotz der dadurch möglichen Varianz in den Durchsetzungsformen und der Anwendung des Unionsrechts die einheitliche Geltung und praktische Wirksamkeit (*effet utile*)[549] zu gewährleisten, gibt das Unionsrecht den Mitgliedstaaten Regeln vor, die diese bei der Durchsetzung zu beachten haben.[550] Dazu gehören neben dem Anwendungsvorrang des Unionsrechts[551] und der unmittelbaren Anwendbarkeit des Primärrechts[552] insbesondere die aus Art. 4 Abs. 3 EUV folgenden Grundsätze der Äquivalenz und der Effektivität als Grenzen für die innerstaatliche Rechtsanwendung.[553] Danach darf die Anwendung des innerstaatlichen Rechts beim Vollzug von Unionsrecht keine Unterschiede im Vergleich zu der Anwendung in vergleichbaren innerstaatlichen Sachverhalten aufweisen (Äquivalenzgrundsatz).[554] Außerdem darf sie die Tragweite und Wirksamkeit des Unionsrechts nicht beeinträchtigen, insbesondere nicht die

---

546 Dazu *Poelzig*, Normdurchsetzung durch Privatrecht, S. 270; *Poelzig*, in: Möslein (Hrsg.), Regelsetzung im Privatrecht, S. 233 ff.; *G. Wagner*, AcP 206 (2006), 352, 413; *Hellgardt*, Regulierung und Privatrecht, S. 197 ff.

547 Art. 291 Abs. 1 AEUV. Zum früher umstrittenen Begriff der „Rechtsdurchsetzungsautonomie" bzw. „Verfahrensautonomie" vgl. *Hellgardt*, Regulierung und Privatrecht, S. 180, Rn. 36; Calliess/Ruffert/*Kahl*, EU-Vertrag (Lissabon) Art. 4, Rn. 128.

548 Zum Beispiel ist die europäische Kommission vorrangig für die Durchsetzung des europäischen Wettbewerbsrechts und Beihilfenrechts zuständig, vgl. Art. 105, 108 AEUV sowie die Kartellverfahrensverordnung (EG) Nr. 1/2003 des Rates vom 16. 12. 2002 zur Durchführung der in den Artikeln 81 und 82 des Vertrags niedergelegten Wettbewerbsregeln, ABl. 2003 Nr. L 1/1 und die Verfahrensverordnung (EU) 2015/1589 des Rates vom 13. Juli 2015 über besondere Vorschriften für die Anwendung von Artikel 108 des Vertrags über die Arbeitsweise der Europäischen Union, ABl. 2015 Nr. L 248/9.

549 Vgl. nur EuGH, Urt. v. 4.12.1974 – C-41/74, Rn. 12 = Slg. Slg. 1974, 1337 (1348) (*Van Duyn*). Dazu Grabitz/Hilf/Nettesheim/*Mayer*, EUV Art. 19, Rn. 57 f.

550 S. *Hellgardt*, Regulierung und Privatrecht, S. 180 f.; Streinz/*Streinz*, EUV Art. 4, Rn. 33; Calliess/Ruffert/*Kahl*, EU-Vertrag (Lissabon) Art. 4, Rn. 129.

551 EuGH, Urt. v. 15.7.1964, Rs. 6/64, Slg. 1964, 1253, 1270 (*Costa / E.N.E.L*). Der EuGH gab seine frühere Ansicht eines Geltungsvorrangs auf. Vgl. nunmehr EuGH C-10/97, Slg, 1998, I-6307 Rn. 21 (*IN. CO.GE 90 ua*). Dazu Streinz/*Streinz*, EUV Art. 4, Rn. 35 ff.

552 EuGH, Urt. v. 5.2.1963, Rs. 26/62, Slg. 1963, 3, 27 (*Van Gend & Loos*).

553 Vgl. Streinz/*Streinz*, EUV Art. 4, Rn. 34; *G. Wagner*, AcP 206 (2006), 352, 411; Calliess/Ruffert/*Kahl*, EU-Vertrag (Lissabon) Art. 4, Rn. 129.

554 EuGH, Urt. v. 21.9.1983, verb. Rs. 205–215/82, Slg. 1983, 2633, 2666, Rn. 23 (*Deutsches Milchkontor*); Streinz/*Streinz*, EUV Art. 4, Rn. 54.

Ausübung der durch Unionsrecht verliehenen Rechte praktisch unmöglich machen oder übermäßig erschweren (Effektivitätsprinzip).[555]

a) Unmittelbar anwendbares Unionsrecht

Um die Einhaltung des Unionsrechts sicherzustellen, müssen die Mitgliedstaaten Verstöße gegen Verordnungen (Art. 288 Abs. 2 AEUV) durch „wirksame, verhältnismäßige und abschreckende" Sanktionen ahnden.[556] Die Wirksamkeit einer Sanktion richtet sich danach, ob die mit ihr verfolgten Ziele nicht praktisch unmöglich gemacht oder übermäßig erschwert werden.[557] Die abschreckende Wirkung einer Sanktion bestimmt sich danach, ob sie den Einzelnen von Verstößen abhält und ist infolgedessen abhängig von Art und Höhe der Sanktion.[558] Verhältnismäßigkeit ist gegeben, wenn die Sanktion zur Erreichung der mit ihr verfolgten legitimen Ziele geeignet und erforderlich ist und die Auswirkungen der Sanktion auf den Betroffenen in einem angemessenen Verhältnis zu den angestrebten Zielen stehen.[559] Der Effektivitätsgrundsatz kann den nationalen Gesetzgeber sogar dazu verpflichten, neue Durchsetzungsinstrumente zu schaffen.[560]

In seiner Rechtsprechung entwickelte der EuGH mit der Verpflichtung zum effektiven Schutz individueller Rechte des Einzelnen zusätzlich eine subjektive Ausprägung des Effektivitätsprinzips.[561] Diese Ausprägung des effektiven Rechtsschutzes umfasst auch Art. 47 GRCh.[562] Das Unionsrecht verfolgt mit privatrechtlichen Instrumenten zugleich die effektive Verwirklichung des objektiven Unionsrechts und

---

[555] EuGH, Urt. v. 21.9.1983, verb. Rs. 205–215/82, Slg. 1983, 2633, 2666, Rn. 22 (*Deutsches Milchkontor*); EuGH, Urt. v. 14.12.1995, Rs. 312/93, Slg. 1995, I-1599, Rn. 12 (*Peterbroeck, Van Campenhout & Cie SCS gegen Belgischer Staat*); Streinz/*Streinz*, EUV Art. 4, Rn. 53.

[556] St. Rspr. EuGH, Urt. v. 21.9.1989, Rs. 68/88, Slg. 1989, 2965, Rn. 23 f. (*Kommission/Griechenland*); EuGH, Urt. v. 7.9.2003 – C-167/01, Slg. 2003, I-10155, Rn. 62 (*Inspire Art*); EuGH, Urt. v. 15.1.2004 – C-230/01, Slg. 2004, I-937, Rn. 36 (*Penycoed*); EuGH, Urt. v. 2.5.2005, verb. Rs. C-387/02, C-391/02 und C-403/02, Slg. 2005, I-3565, Rn. 65 (*Berlusconi u. a.*); vgl. Calliess/Ruffert/*Kahl*, EU-Vertrag (Lissabon) Art. 4, Rn. 136; Streinz/*Streinz*, EUV Art. 4, Rn. 34 Zum Gesamten *Poelzig*, in: Möslein (Hrsg.), Regelsetzung im Privatrecht, S. 234 ff.

[557] GA *Kokott*, Schlussanträge v. 14.10.2004, verb. Rs. C-387/02, C-391/02 und C-403/02, Slg. I 3568, I-3597 f., Rn. 88. Vgl. *Poelzig*, in: Möslein (Hrsg.), Regelsetzung im Privatrecht, S. 234.

[558] GA *Kokott*, Schlussanträge v. 14.10.2004, verb. Rs. C-387/02, C-391/02 und C-403/02, Slg. I 3568, I-3598, Rn. 89, m.w.N. Vgl. *Poelzig*, in: Möslein (Hrsg.), Regelsetzung im Privatrecht, S. 234 Für einen Anwendungsfall für eine zu niedrige Höhe der Sanktion s. EuGH, Urt. v. 8.6.1994 – C-383/92, Slg. 1994, I-2479, I-2494, Rn. 41 f. (*Kommission/Vereinigtes Königreich*).

[559] GA *Kokott*, Schlussanträge v. 14.10.2004, verb. Rs. C-387/02, C-391/02 und C-403/02, Slg. I 3568, I-3598, Rn. 90. Zum Verhältnismäßigkeitsprinzip im Unionsrecht bei der Anwendung von Unionsrecht durch Mitgliedstaaten vgl. vielen EuGH, Urt. v. 3.7.2003, Rs. 220/01, Slg. 2003, I-7091, I-7142, Rn. 76. Vgl. außerdem *Poelzig*, in: Möslein (Hrsg.), Regelsetzung im Privatrecht, S. 234.

[560] In diesem Sinn verlangte der EuGH z.B. die Verdrängung entgegenstehenden nationalen Rechts durch die Gewährung vorläufigen Rechtsschutzes, EuGH, Urt. v. 19.6.1990 – C-213/89, Slg. 1990, I-2466, I – 2473, Rn. 20 f., (*Factortame*). Vgl. auch Streinz/*Streinz*, EU-Grundrechte-Charta Art. 47, Rn. 6; *Hellgardt*, Regulierung und Privatrecht, S. 182 f.

[561] So die Bezeichnung bei *Poelzig*, in: Möslein (Hrsg.), Regelsetzung im Privatrecht, S. 234; Ähnlich *Hellgardt*, Regulierung und Privatrecht, S. 187; Zur subjektiven und objektiven Ausprägung des Effektivitätsgrundsatzes *Wilman*, Private Enforcement of EU Law Before National Courts, Rn. Rn. 11.01 ff.

[562] EuGH, Urt. v. 13.3.2007 – C-432/05, Slg. 2007, I-2271, I-2316, Rn. 37 f., (*Unibet*). Vgl. Streinz/*Streinz*, EU-Grundrechte-Charta Art. 47, Rn. 6; *Poelzig*, in: Möslein (Hrsg.), Regelsetzung im Privatrecht, S. 233 f.; *Hellgardt*, Regulierung und Privatrecht, S. 187.

dient dadurch der Verwirklichung des Binnenmarkts.[563] Dies führt zum einen dazu, dass die Verleihung subjektiver Rechte durch das Unionsrecht als „funktional“ gilt.[564] Zum anderen hat dies auch eine Auswirkung auf das Verhältnis zwischen privatrechtlicher und öffentlich-rechtlicher Durchsetzung. Öffentlich-rechtliche und privatrechtliche Mittel zur Durchsetzung des Unionsrechts dienen beide der praktischen Wirksamkeit des Unionsrechts und sind funktional vergleichbar.[565] Darüber hinaus folgert die Rechtsprechung des EuGH aus dem Effektivitätsgrundsatz, dass die praktische Wirksamkeit des Unionsrechts in bestimmten Fällen zum Schutz individueller Rechte Einzelner auch privatrechtliche Durchsetzungsinstrumente erfordern kann. So rechtfertigte der EuGH in der Rs. *Courage*[566] und in der Rs. *Muñoz*[567] die Gewährung von Schadensersatz- und Konkurrentenklagen durch Einzelne mit der Erhöhung der Durchsetzungskraft gemeinschaftsrechtlicher Regeln.[568] Sie seien geeignet von Praktiken und Verhaltensweisen, die den Wettbewerb beschränken oder verfälschen könnten, abzuhalten und würden dadurch zur Verwirklichung der mit der Unionsvorschrift verbundenen objektiven Ziele beitragen.[569] In welchen konkreten Fällen Schadensersatzansprüche als Sanktion unionsrechtlich geboten sind, ist im Einzelnen allerdings umstritten.[570]

b) Durchsetzung von Richtlinienrecht

Geht es um die Umsetzung von Richtlinien, steht den Mitgliedstaaten grundsätzlich ein größerer Spielraum zu. Ihnen obliegt nicht nur der Vollzug, sondern auch die Wahl der Form und Mittel bei der Umsetzung des verbindlichen Richtlinienziels (Art. 288 Abs. 3 AEUV).[571] Auch dabei haben die Mitgliedstaaten die Richtlinie im Sinne des *effet utile* so umzusetzen, dass die Richtlinienziele möglichst wirksam zur Geltung kommen.[572] Darüber hinaus sind nach Rechtsprechung des EuGH auch hier der

---

563 *Hellgardt*, Regulierung und Privatrecht, S. 188 Vgl. *Poelzig*, in: Möslein (Hrsg.), Regelsetzung im Privatrecht, S. 234 f.

564 *G. Wagner*, AcP 206 (2006), 352, 421: „funktionale Subjektivierung“; *Poelzig*, in: Möslein (Hrsg.), Regelsetzung im Privatrecht, S. 234 f.

565 *Hellgardt*, Regulierung und Privatrecht, S. 187: „äquivalent“; *Poelzig*, in: Möslein (Hrsg.), Regelsetzung im Privatrecht, S. 235: „funktional vergleichbares und austauschbares Instrument“.

566 EuGH, Urt. v. 20.9.2001 – C-453/99, Slg. 2001, I-6314, I-6323, Rn. 26 f., (*Courage*).

567 EuGH, Urt. v. 17.9.2002 – C-253/00, Slg. 2002, I-7312, I-7322, Rn. 31, (*Muñoz*).

568 EuGH, Urt. v. 20.9.2001 – C-453/99, Slg. 2001, I-6314, I-6323, Rn. 27, (*Courage*); EuGH, Urt. v. 17.9.2002 – C-253/00, Slg. 2002, I-7312, I-7322, Rn. 31, (*Muñoz*).

569 In den vorliegenden Urteilen ging es um die Aufrechterhaltung eines wirksamen Wettbewerbs, EuGH, Urt. v. 20.9.2001 – C-453/99, Slg. 2001, I-6314, I-6323, Rn. 27, (*Courage*), bzw. die Sicherung eines lauteren Handels und der Markttransparenz in der Gemeinschaft, EuGH, Urt. v. 17.9.2002 – C-253/00, Slg. 2002, I-7312, I-7322, Rn. 31, (*Muñoz*).

570 S. jew. m. w. N.: nur im Fall von Unionsrecht, das Marktteilnehmer unmittelbar verpflichtet, nicht bei der Umsetzung von Richtlinienrecht: *Franck*, Marktordnung durch Haftung, S. 268 f.; nur in Rechtsgebieten, „die Gegenstand detaillierter unionsrechtlicher Regulierung sind“: *Hellgardt*, Regulierung und Privatrecht, S. 197; für Fälle funktionaler Subjektivierung und faktischer Betroffenheit des Einzelnen: *Poelzig*, Normdurchsetzung durch Privatrecht, S. 291 f. Vgl. dazu *G. Wagner*, JZ 2018, 130, 132.

571 Dazu Grabitz/Hilf/Nettesheim/*Nettesheim*, AEUV Art. 288, Rn. 112 ff.

572 EuGH, Urt. v. 8.4.1976, Rs. 48/75, Slg. 1976, 497, 517 Rn. 73 (*Royer*): „Daraus ergibt sich, daß die Mitgliedstaaten verpflichtet sind, innerhalb der ihnen nach Artikel 189 [des EWG-Vertrags] belassenen Entscheidungsfreiheit die Formen und Mittel zu wählen, die sich zur Gewährleistung der praktischen Wirksamkeit (effet utile) der Richtlinien unter Berücksichtigung des mit ihnen verfolg-

Äquivalenz- und Effektivitätsgrundsatz aus Art. 4 Abs. 3 EUV zu beachten.[573] Sanktionen müssen wirksam, verhältnismäßig und abschreckend sein.[574] Für die Wahl der Durchsetzungsinstrumente – z.B. aufsichtsrechtliche oder zivilrechtliche Sanktionen – und die Ahndung von Verstößen gegen Umsetzungsvorschriften betont die Rechtsprechung des EuGH den Spielraum, der den Mitgliedstaaten innerhalb der Vorgaben der Richtlinie und vorbehaltlich der Grundsätze der Äquivalenz und Effektivität zusteht.[575] Räumt eine Richtlinie Einzelnen individuelle Rechte ein, sind diese durch Umsetzungsmaßnahmen der Mitgliedstaaten effektiv zu gewährleisten, sodass „die Begünstigten in der Lage sind, von allen ihren Rechten Kenntnis zu erlangen und diese gegebenenfalls vor den nationalen Gerichten geltend zu machen".[576] Die Rechtsprechung des EuGH macht solche individuellen Rechte auch in Richtlinien aus, die die Allgemeinheit begünstigen (und nach Verständnis des deutschen Rechts keine subjektiven Rechte begründen würden), zum Beispiel im Umwelt- und Vergaberecht.[577] Zum Beispiel leitete der EuGH individuelle Rechte Einzelner wegen möglicher Gesundheitsgefährdungen aus Richtlinien über die Verbesserung der Luftquali-

---

ten Zwecks am besten eignen."; EuGH, Urt. v. 10.4.1984, Rs. 14/83, Slg. 1984, 1891, 1906, Rn. 15, (*von Colson und Kamann*); EuGH, Urt. v. 12.9.1996, verb. Rs. C-58/95 u. a., Slg. 1996, I-4345, I-4369, Rn. 14, (*Gallotti*); Streinz/*Schroeder*, AEUV Art. 288, Rn. 75 Daraus folgt u.a., dass den Mitgliedstaaten diverse Rechtfertigungen bei der Nicht-Umsetzung von Richtlinien verwehrt sind. Vgl. Calliess/Ruffert/*Ruffert*, AEUV Art. 288 (ex-Art. 249 EGV), Rn. 27 ff.

[573] Vgl. EuGH, Urt. V. 15.9.1998, Rs. C-231/96, Slg. 1998, I-4951, I 4990, Rn. 34, (*Edis*); EuGH, Urt. v. 30.5.2013 – C-604/11, ECLI:EU:C:2013:344, Rn. 57, (*Gentil 48*); EuGH, Urt. v. 16.2.2017 – C-219/15, ECLI:EU:C:2017:128, Rn. 59 (*TÜV Rheinland*); vgl. Streinz/*Schroeder*, AEUV Art. 288, Rn. 85; *Poelzig*, in: Möslein (Hrsg.), Regelsetzung im Privatrecht, S. 237.

[574] EuGH, Urt. v. 10.4.1984, Rs. 14/83, Slg. 1984, 1891, 1908, Rn. 23, (*von Colson und Kamann*); EuGH, Urt. v. 8.6.1994, Rs. 382/92, Slg. 1994, I-2435, I-2475, Rn. 55 (*Kommission/Vereinigtes Königreich*); EuGH, Urt. v. 12.9.1996, verb. Rs. C-58/95 u. a., Slg. 1996, I-4345, I-4369, Rn. 14 f., (*Gallotti*); vgl. Calliess/Ruffert/*Ruffert*, AEUV Art. 288 (ex-Art. 249 EGV), Rn. 31.

[575] Bzgl. vertragsrechtlichen Folgen vgl. EuGH, Urt. v. 30.5.2013 – C-604/11, ECLI:EU:C:2013:344, Rn. 57, (*Gentil 48*); Zur Haftung von Zertifizierungsstellen für Medizinprodukte vgl. EuGH, Urt. v. 16.2.2017 – C-219/15, ECLI:EU:C:2017:128, Rn. 59 (*TÜV Rheinland*); Zum Spielraum über die Person des Haftenden bei falscher Etikettierung von Lebensmitteln, vgl. EuGH, Urt. v. 23.11.2006 – C-315/05, Slg. I-11200, I-11218 f., Rn. 58 f., (*Lidl Italia*); s. auch *Poelzig*, in: Möslein (Hrsg.), Regelsetzung im Privatrecht, S. 236 f. Kritisch zur Entwicklung des *private enforcement* durch die Rechtsprechung des EuGH infolge des Urteils in der Rs. *TÜV Rheinland*: *G. Wagner*, JZ 2018, 130, 132 f.

[576] Vgl. EuGH, Urt. v. 28.2.1991 – C-131/88, Slg. 1991, I-825, I-867, Rn. 6, (*Kommission / Deutschland* (*Grundwasserrichtlinie*)); EuGH, Urt. v. 30.5.1991 – C-361/88, Slg. 1991, I-2567, I-2600 f., Rn. 15, (*Kommission / Deutschland* (*TA Luft*)).

[577] EuGH, Urt. v. 30.5.1991 – C-59/89, Slg. 1991, I-2607, I-2631, Rn. 19, (*Kommission / Deutschland* (*Bleigehalt der Luft*)); EuGH, Urt. v. 30.5.1991 – C-361/88, Slg. 1991, I-2567, I-2600 f., Rn. 15 f., (*Kommission / Deutschland* (*TA Luft*)); Urt. v. 17.10.1991 – C-58/89, Slg. 1991, I-4983, I-5023, Rn. 14 (*Kommission / Deutschland* (*Trinkwasserreinheit*)); EuGH, Urt. v. 12.12.1996 – C-298/95, Slg. 1996, I-6747 Rn. 16 – (*Kommission/Deutschland* (*Haltung von Fischen*)); EuGH, Urt. v. 11.8.1995 – C-433/93, Slg. 1995, I-2303 Rn. 19 – (*VOB*); EuGH, Urt. v. 25.7.2008 – C-237/07, Slg. 2008, I-6221, I-6233, Rn. 39 – (*Janecek* (*Anspruch auf Erlass eines Luftreinhalteplans*)). Vgl. Streinz/*Schroeder*, AEUV Art. 288, Rn. 82 und Fn. 232. Die Verleihung individueller Rechte führen *Hellgardt*, Regulierung und Privatrecht, S. 195 f.; und *Poelzig*, Normdurchsetzung durch Privatrecht, S. 291 f. auf die faktische Betroffenheit der Berechtigten zurück. Für eine Berechtigung derjenigen, deren „schutzwürdige Individualinteressen durch die Umsetzungsbestimmung in qualifizierter Weise gefördert werden sollen" Grabitz/Hilf/Nettesheim/*Nettesheim*, AEUV Art. 288, Rn. 127; Ähnlich : Streinz/*Schroeder*, AEUV Art. 288, Rn. 82: Berührung der „Interessen Einzelner im weitesten Sinne".

tät und über die Haltung von zum Verzehr vorgesehenen Fischen und Meeresfrüchten ab.[578] Ob in diesem Fall die Umsetzung durch subjektiv öffentliche Rechte oder auch durch prozessuale Kontrollrechte erfolgen kann, ist umstritten.[579] Der Rechtsprechung des EuGH lässt sich hier bisher keine Tendenz entnehmen.[580] Die Gewährung subjektiv öffentlicher Rechte ist jedenfalls dann erforderlich, wenn die Richtlinie solche ausdrücklich fordert oder dies die Auslegung der Richtlinie ergibt.[581]

c) Zwischenergebnis

Im Ergebnis folgt aus dem Äquivalenz- und Effektivitätsgrundsatz, dass Instrumente der privaten Rechtsdurchsetzung wirksam, verhältnismäßig und abschreckend sein müssen. Können dies die Mittel der privaten Rechtsdurchsetzung im konkreten Fall nicht gewährleisten, ist gegebenenfalls eine Ergänzung und damit ein Nebeneinander mit aufsichtsrechtlichen Durchsetzungsformen notwendig.[582] Bei einer Kombination ist darauf zu achten, dass die Durchsetzungsinstrumente sich nicht gegenseitig behindern und dadurch insbesondere die Wirksamkeit beeinträchtigen oder in der Summe zu hoch und damit unverhältnismäßig sind.[583]

2. Verfassungsrechtliche Perspektive

Das Verfassungsrecht stellt Anforderungen an die Ausgestaltung der Rechtsdurchsetzung durch den Gesetzgeber. Vorgaben und Grenzen folgen insbesondere aus dem Rechtsstaatsprinzip und dem Übermaßverbot.[584] Bei der gesetzlichen Verankerung privater Rechtsdurchsetzung hat der Gesetzgeber im Rahmen seiner Einschätzungsprärogative den Verhältnismäßigkeitsgrundsatz zu wahren.[585] Dazu gehört auch die Angemessenheit der Folgen privater und öffentlich-rechtlicher Sanktionen für betroffene Grundrechtsträger.[586] Insbesondere sind in mehrpoligen Rechtsbeziehungen die Grundrechte der Normadressaten gegen die Grundrechte der Anspruchsberechtigten abzuwägen.[587] Das BVerfG verlangt, dass die Schwere des Eingriffs in einem

---

578 EuGH, Urt. v. 30.5.1991 – C-59/89, Slg. 1991, I-2607, I-2631, Rn. 19, (*Kommission / Deutschland* (*Bleigehalt der Luft*)); EuGH, Urt. v. 30.5.1991 – C-361/88, Slg. 1991, I-2567, I-2600 f., Rn. 15, (*Kommission / Deutschland* (*TA Luft*)); EuGH, Urt. v. 12.12.1996 – C-298/95, Slg. 1996, I-6747 Rn. 16 – (*Kommission/Deutschland* (*Haltung von Fischen*)).
EuGH C-298/95, Slg. 1996, I-6747 Rn. 16 – Kommission/Deutschland.

579 Grabitz/Hilf/Nettesheim/*Nettesheim*, AEUV Art. 288, Rn. 124 f.

580 Streinz/*Schroeder*, AEUV Art. 288, Rn. 83; Grabitz/Hilf/Nettesheim/*Nettesheim*, AEUV Art. 288, Rn. 124 f., die sich daher für ein Wahlrecht der Mitgliedstaaten aussprechen.

581 Grabitz/Hilf/Nettesheim/*Nettesheim*, AEUV Art. 288, Rn. 125.

582 EuGH, Urt. v. 20.9.2001 – C-453/99, Slg. 2001, I-6314, I-6323 f., Rn. 27 ff., (*Courage*). Hierzu sowie zur Koordinierung aufsichtsrechtlicher- und zivilrechtlicher Instrumente *Poelzig*, in: Möslein (Hrsg.), Regelsetzung im Privatrecht, S. 237 ff. Zu hybriden Rechtsdurchsetzungsmodellen s. unten § 4 B IV.

583 Zur Abstimmung zwischen aufsichtsrechtlichen und zivilrechtlichen Durchsetzungsinstrumenten in dieser Hinsicht ausführlich *Poelzig*, in: Möslein (Hrsg.), Regelsetzung im Privatrecht, S. 237 ff.

584 Zum Übermaßverbot als Ausprägung des Rechtsstaatsprinzips vgl. *Schmidt-Aßmann*, in: Isensee/Kirchhof (Hrsg.), Handbuch des Staatsrechts, Rn. 87.

585 Die folgende Ausführungen folgen der Darstellung bei *Poelzig*, Normdurchsetzung durch Privatrecht, S. 351 ff.

586 *Poelzig*, Normdurchsetzung durch Privatrecht, S. 355, 359.

587 *Poelzig*, Normdurchsetzung durch Privatrecht, S. 356 f.

zumutbaren Verhältnis zu dem Gewicht und der Dringlichkeit der rechtfertigenden Gründe für den Eingriff steht.[588]

Aus dem Verhältnismäßigkeitsgrundsatz leitet sich auch das Kompensationsprinzip des Schadensersatzrechts ab.[589] Angemessenes Ziel eines Zivilprozesses ist nach der Rechtsprechung des EuGH „allein der Ausgleich der durch den rechtswidrigen Eingriff gestörten Vermögensverhältnisse der unmittelbar Beteiligten."[590] Eine im Interesse der Allgemeinheit bestehende Bestrafungs- und Abschreckungsfunktion ist mit dem Kompensationsprinzip nicht vergleichbar.[591] Bei Bestehen besonderer Gründe, wie der Schwere der Nachweisbarkeit oder ein mit dem Ausgleich noch nicht abgegoltener Schadensposten, können über die Kompensation hinausgehende Schadenspauschalen oder Gewinnabschöpfungsansprüche aber trotzdem verhältnismäßig sein.[592] In der Gesamtschau dürfen kombinierte Sanktionen, die dem gleichen Zweck dienen, in ihrer Höhe nicht unverhältnismäßig sein.[593]

Bei der gesetzlichen Ausgestaltung privater Rechtsdurchsetzung muss der Gesetzgeber den Gleichbehandlungsgrundsatz aus Art. 3 Abs. 1 GG beachten. Mangels unmittelbarer Grundrechtsverpflichtung ist der Gleichbehandlungsgrundsatz für die Normadressaten bei der Frage nach dem „Ob" einer Anspruchsdurchsetzung nicht relevant.[594]

Kein Maßstab für zivilrechtliche Sanktionen sind die grundrechtsähnlichen Rechte des Art. 103 Abs. 2 GG (*nulla poena sine lege*) und Art. 103 Abs. 3 GG (*ne bis in idem*).[595] Sie gelten nur für die in der Rechtsprechung eng verstandenen Strafen im Sinne einer „missbilligenden hoheitlichen Reaktion auf ein rechtswidriges, schuldhaftes Verhalten" (Art. 103 Abs. 2 GG)[596] bzw. für allgemeine Strafgesetze.[597]

---

[588] St. Rspr. vgl. BVerfG, Beschl. v. 27. 1. 2011 – 1 BvR 3222/09 = NJW 2011, 1578, 1581, Rn. 45; BVerfG, Beschl. v. 20.6.1984 – 1 BvR 1494/78 = BVerfGE 67, 157, 178 = NJW 1985, 121, 123.

[589] BGH, Urt. v. 4.6.1992 – IX ZR 149/91 = BGHZ 118, 312, 343 = NJW 1992, 3096, 3104; *Poelzig*, Normdurchsetzung durch Privatrecht, S. 357.

[590] BGH, Urt. v. 4.6.1992 – IX ZR 149/91 = BGHZ 118, 312, 343 = NJW 1992, 3096, 3104.

[591] BGH, Urt. v. 4.6.1992 – IX ZR 149/91 = BGHZ 118, 312, 340 = NJW 1992, 3096, 3103.

[592] BGH, Urt. v. 4.6.1992 – IX ZR 149/91 = BGHZ 118, 312, 340 = NJW 1992, 3096, 3103: „Anders kann es sich möglicherweise verhalten, soweit mit der Verhängung von Strafschadensersatz restliche, nicht besonders abgegoltene oder schlecht nachweisbare wirtschaftliche Nachteile pauschal ausgeglichen oder vom Schädiger durch die unerlaubte Handlung erzielte Gewinne abgeschöpft werden sollen."

[593] *Poelzig*, Normdurchsetzung durch Privatrecht, S. 359 ff. *Poelzig* schlägt eine Anrechnung bereits geleisteter Zahlungen vor, falls sich ansonsten eine Unverhältnismäßigkeit ergibt.

[594] *Poelzig*, Normdurchsetzung durch Privatrecht, S. 354.

[595] Zu 103 Abs. 2 GG: BVerfG, Beschl. v. 23.4.1991 – 1 BvR 1443/87 = BVerfGE 84, 82, 89; BVerfG, Beschl. v. 14.2.1973 – 1 BvR 112/65 = BVerfGE 34, 269, 293; Zu Art. 103 Abs. 3 GG: BGH, Urt. v. 5. 10. 2004 – VI ZR 255/03 = BGHZ 160, 298, 302 f. = NJW 2005, 215, 216. S. dazu außerdem Dreier/*Schulze-Fielitz*, GG Art. 103 Abs. 2, Rn. 22; *Poelzig*, Normdurchsetzung durch Privatrecht, S. 352 ff.; Dreier/*Schulze-Fielitz*, GG Art. 103 Abs. 3, Rn. 23.

[596] Zu 103 Abs. 2 GG: BVerfG, Urt. v. 5.2.2004 – 2 BvR 2029/01 = BVerfGE 109, 133, 167; dazu Dreier/*Schulze-Fielitz*, GG Art. 103 Abs. 2, Rn. 19.

[597] Zu diesem gegenüber Art. 103 Abs. 2 GG engeren Begriff krit. Dreier/*Schulze-Fielitz*, GG Art. 103 Abs. 3, Rn. 21 f. Im Sinne eines Gleichlaufs des Strafbegriffs BVerfG, Urt. v. 4.5.2011 – 2 BvR 2365/09, 2 BvR 740/10, 2 BvR 2333/08, 2 BvR 1152/10, 2 BvR 571/10 = BVerfGE 128, 326, 392 f.

II. Vorbemerkung zur ökonomischen Analyse des Rechts

Die ökonomische Analyse des Rechts untersucht mit den Mitteln der Neuen Institutionenökonomik die Auswirkungen institutioneller Rahmenbedingungen von Unternehmen und der Gesellschaft.[598] Sie fragt nach den normativen Voraussetzungen und der Beschaffenheit einer effizienten Rechtsstruktur mit dem Ziel der Allokationseffizienz und nach dem ökonomischen Sinngehalt bestehender rechtliche Regeln.[599] Regeln bewertet sie aus konsequentialistischer Sicht nach ökonomischen Effizienzkriterien.[600] Daher folgt eine kurze Vorbemerkung zu Grundannahmen der rechtsökonomischen Theorie.

Zentrale Forschungsgegenstände der ökonomischen Analyse des Rechts sind die von Zielen und Präferenzen gesteuerten Handlungen von Individuen, nicht aber Handlungen von Kollektiven, (methodologischer Individualismus).[601] Das zugrundeliegende Verhaltensmodell menschlicher Handlungen ist der sog. *homo oeconomicus.*[602] Dieser handelt stets eigennützig und rational (sog. REMM-Hypothese: „resourceful, evaluating, maximizing man")[603] und wählt immer diejenige Entscheidungsalternative, die ihm den größten individuellen Nutzen bringt.[604] Ergebnisse aus dem Forschungsbereich der Verhaltensökonomie (Behavioral Economics) zeigen allerdings, dass sich Menschen in bestimmten Situationen gerade nicht eigennützig verhalten, sondern auch von Fairness-, Vertrauens- und Gerechtigkeitserwägungen beeinflusst werden.[605] Außerdem ist es wegen begrenzter kognitiver Fähigkeiten, einem durchschnittlichen Menschen nicht möglich, auf Basis vollständiger Informationslage optimal rationale Urteile zu fällen und Entscheidungen zu treffen.[606] Mensch-

---

[598] *N. Petersen/Towfigh*, in: Towfigh/N. Petersen (Hrsg.), Ökonomische Methoden im Recht, S. 2; *Poelzig*, Normdurchsetzung durch Privatrecht, S. 363.

[599] *Schäfer/Ott*, Lehrbuch der ökonomischen Analyse des Zivilrechts, S. XLIV; *Eidenmüller*, Effizienz als Rechtsprinzip, S. 21; *Miceli*, The Economic Approach to Law, S. 2.

[600] *Eidenmüller*, Effizienz als Rechtsprinzip, S. 21; *Schäfer/Ott*, Lehrbuch der ökonomischen Analyse des Zivilrechts, S. XXXIII f.

[601] *Towfigh*, in: Towfigh/N. Petersen (Hrsg.), Ökonomische Methoden im Recht, S. 26; *Richter/Furubotn*, Neue Institutionenökonomik, S. 3 S.a. *Poelzig*, Normdurchsetzung durch Privatrecht, S. 363 f.

[602] Ausführlich dazu *Eidenmüller*, Effizienz als Rechtsprinzip, S. 30 ff.; *Towfigh*, in: Towfigh/N. Petersen (Hrsg.), Ökonomische Methoden im Recht, S. 30 ff.; *Schäfer/Ott*, Lehrbuch der ökonomischen Analyse des Zivilrechts, S. 95 ff.; *Kirchgässner*, Homo Oeconomicus, S. 12 ff.

[603] Grundlegend *Brunner/Meckling*, Journal of Money, Credit and Banking 9 (1977), 70, 71 f., die das REMM-Modell nicht für sich beanspruchen: „The basic ideas of the REMM model were introduced more than two hundred years ago by Mandeville, Ferguson, and Adam Smith". Dazu auch *Kirchgässner*, Homo Oeconomicus, S. 12; *Richter/Furubotn*, Neue Institutionenökonomik, S. 5.

[604] *Towfigh*, in: Towfigh/N. Petersen (Hrsg.), Ökonomische Methoden im Recht, S. 30 ff.; *Kirchgässner*, Homo Oeconomicus, S. 16 f.; *Eidenmüller*, Effizienz als Rechtsprinzip, S. 21.

[605] Vgl. jew. dazu m.w.N. *Towfigh*, in: Towfigh/N. Petersen (Hrsg.), Ökonomische Methoden im Recht, S. 35 ff. *Jolls/Sunstein/Thaler*, Stan. L. Rev. 50 (1998), 1471, 1479; *Korobkin/Ulen*, Cal. L. Rev. 88 (2000), 1051, 1127 ff. Zum Vertrauensaspekt bei Vertragsschlüssen *Zamir/Teichmann*, Behavioral Law and Economics, S. 241 f.

[606] *Jolls/Sunstein/Thaler*, Stan. L. Rev. 50 (1998), 1471, 1477 f.; *Korobkin/Ulen*, Cal. L. Rev. 88 (2000), 1051, 1075 ff. Dazu außerdem *Kirchgässner*, Homo Oeconomicus, S. 29 ff.; *Englerth/Towfigh*, in: Towfigh/N. Petersen (Hrsg.), Ökonomische Methoden im Recht, S. 247 ff.; *Eidenmüller*, Effizienz als Rechtsprinzip, S. 36 ff. Den Begriff *bounded rationality* geht auf *Herbert A. Simon* zurück, *H. A. Simon*, Administrative Behavior, S. 45 ff., 78 ff., 93 ff. Vgl. *Eidenmüller*, Effizienz als Rechtsprinzip, S. 38.

liche Präferenzen sind zudem nicht in jeder Situation stabil.[607] Die Verhaltensökonomie geht daher von Grundannahmen des beschränkten Eigeninteresses, beschränkter Rationalität und beschränkter Willensstärke aus.[608] Diese Erkenntnis ist für die Analyse von Verträgen wichtig. Vertragsparteien können mit eingeschränkter Rationalität keine vollständigen Verträge schließen, die alle Eventualitäten voraussehen und absichern.[609] Eingeschränkte Rationalität kann den Abschluss von Verträgen außerdem begünstigen. Wie *Kirchgässner* zeigt, würden bereits viele Verträge schon gar nicht zustande kommen, wenn alle Vertragspartner Opportunisten wären.[610] Die Höhe der Transaktionskosten, die erforderlich seien, um auszumachen, ob es sich um ein opportunistisches oder nicht opportunistisches Gegenüber handelt, hinderten den Abschluss vollständiger Verträge.[611] Die eingeschränkte Rationalität (*bounded rationality*) ist eine Schlüsselannahme der Transaktionskostentheorie *Oliver Williamsons.*[612] Sie ist von Bedeutung für die spätere Analyse der Vertragsdurchsetzung. *Herbert A. Simon* entwickelte das ökonomische Verhaltensmodell fort: Es gehe nicht darum, die unter allen Umständen optimal rationale Entscheidung zu treffen, sondern mit den zur Verfügung stehenden Mitteln, diejenige Entscheidung zu treffen, die hinreichend akzeptabel sei.[613]

III. Effizienzmaßstäbe für die private Rechtsdurchsetzung

Die ökonomische Analyse des Rechts entnimmt ihre Effizienzmaßstäbe der Wohlfahrtsökonomie.[614] Die Wohlfahrtsökonomie untersucht die Bedingungen für optimale gesamtgesellschaftliche Wohlfahrtssteigerungen, allerdings unter der Voraussetzung, dass der individuelle Nutzen für einzelne Individuen nicht interpersonell vergleichbar ist und Individuen ihre Präferenzen selbst bestimmen können (Präferenzen-

---

[607] *Korobkin/Ulen*, Cal. L. Rev. 88 (2000), 1051, 1102 ff.; *Jolls/Sunstein/Thaler*, Stan. L. Rev. 50 (1998), 1471, 1479. Vgl. *Kirchgässner*, Homo Oeconomicus, S. 29 ff.; Zum Präferenzenwandel *Eidenmüller*, Effizienz als Rechtsprinzip, S. 31 ff.

[608] *Jolls/Sunstein/Thaler*, Stan. L. Rev. 50 (1998), 1471, 1476 ff. Einen Überblick geben *Englerth/Towfigh*, in: Towfigh/N. Petersen (Hrsg.), Ökonomische Methoden im Recht, S. 243 ff. *Towfigh*, in: Towfigh/N. Petersen (Hrsg.), Ökonomische Methoden im Recht, S. 39 kritisiert, dass die Verhaltensökonomie im Gegensatz zur klassischen ökonomischen Theorie kein in sich geschlossenes, allgemeines Modell menschlichen Verhaltens biete (S. 39).

[609] *Richter/Furubotn*, Neue Institutionenökonomik, S. 5; *Kirchgässner*, Homo Oeconomicus, S. 191.

[610] *Kirchgässner*, Homo Oeconomicus, S. 190 ff. *Kirchgässner* folgert, dass die Anzahl zustandekommender Verträge dann so gering wäre, dass die Funktionsfähigkeit einer modernen Marktwirtschaft, die auf dem freiwilligen Abschluss von Verträgen und deren Einhaltung basiere, gefährdet sei. (S. 191 und Fn. 85).

[611] Vgl. *Richter/Furubotn*, Neue Institutionenökonomik, S. 5 f. mit Verweis auf *Williamson*, Markets and Hierarchies. Analysis and Antitrust Implications.

[612] *Williamson*, J. Fin. 43 (1988), 567, 569: „TCE [Transaction-Cost Economics] expressly assumes that human agents are subject to bounded rationality and are given to opportunism." Vgl. *Eidenmüller*, Effizienz als Rechtsprinzip, S. 38 und Fn. 51. S. dazu i.Ü. bereits oben unter § 2 C. I.

[613] „Whereas economic man supposedly maximizes – selects the best alternative from among all those available to him – his cousin, the administrator, satisfices – looks for a course of action that is satisfactory or ‚good enough.'" *H. A. Simon*, Administrative Behavior, S. 119; *Kirchgässner*, Homo Oeconomicus, S. 32 f.; *Eidenmüller*, Effizienz als Rechtsprinzip, S. 38 f.

[614] *Eidenmüller*, Effizienz als Rechtsprinzip, S. 47.

autonomie).[615] Maßgebliche Effizienzkriterien sind das *Pareto*-Kriterium und das *Kaldor-Hicks*-Kriterium.[616]

1. Das *Pareto*-Kriterium

Effizienz im Sinne des *Pareto*-Kriteriums ist gegeben, wenn es nicht möglich ist, mindestens ein Individuum aus seiner Sicht besser zu stellen, ohne, dass ein anderes Individuum aus dessen eigener Sicht schlechter gestellt würde.[617] Das *Pareto*-Kriterium berücksichtigt die anfängliche Güterverteilung allerdings nicht, sondern „festigt lediglich den Status quo".[618]

2. Das *Kaldor-Hicks*-Kriterium

Das *Kaldor-Hicks*-Kriterium betrachtet demgegenüber neben Nutzen auch den Anfall von Kosten bei unterschiedlichen Akteuren und soll so die Schwächen des *Pareto*-Kriteriums überwinden.[619] Danach ist eine Maßnahme effizient, wenn die durch sie erreichten Vorteile der Gewinner größer als die verursachten Nachteile der Verlierer sind.[620] Die Vorteile könnten die Nachteile also kompensieren. Eine tatsächliche Kompensation muss nach dem *Kaldor-Hicks*-Kriterium lediglich möglich sein.[621] Auf die tatsächliche Umverteilung kommt es nicht an.[622]

Dieses „Kompensationsproblem"[623] lässt sich gut im Kontext der Normdurchsetzung verdeutlichen. Maßgeblich für die ökonomische Analyse privater Rechtsdurchsetzung ist die präventive Wirkung privatrechtlicher Sanktionen.[624] Die Kompensati-

[615] *Eidenmüller*, Effizienz als Rechtsprinzip, S. 47; *Towfigh*, in: Towfigh/N. Petersen (Hrsg.), Ökonomische Methoden im Recht, S. 39 f.

[616] Für die ökonomische Analyse des Rechts ist das Kaldor-Hicks-Kriterium von mehr Relevanz als das Pareto-Kriterium. Hierzu sowie zu weiteren Effizienzkriterien vgl. *Eidenmüller*, Effizienz als Rechtsprinzip, S. 52 ff.

[617] Das *Pareto*-Kriterium ist nach dem italienischen Ökonom *Vilfredo Pareto* benannt., hierzu sowie allg. zum *Pareto*-Kriterium *Towfigh*, in: Towfigh/N. Petersen (Hrsg.), Ökonomische Methoden im Recht, S. 40 f.; *Cooter/Ulen*, Law & Economics, S. 14; *Eidenmüller*, Effizienz als Rechtsprinzip, S. 48 ff. Die *Pareto*-Effizienz beruht auf den Annahmen der Konsumentensouveränität, Nonpaternalismus und Einstimmigkeit bezüglich der Änderung der Güterallokation von Gütern, vgl. *Towfigh*, in: Towfigh/N. Petersen (Hrsg.), Ökonomische Methoden im Recht, S. 40.

[618] *Towfigh*, in: Towfigh/N. Petersen (Hrsg.), Ökonomische Methoden im Recht, S. 41. Eine Umverteilung der sozialen Zustände ist außer durch Entschädigungszahlungen nicht *pareto*-optimal durchführbar, weil die betroffenen Individuen, die Verluste erleiden durch ihr Veto die Maßnahme verhindern können. Entschädigungszahlungen an alle Betroffenen lösen bei einer Vielzahl Betroffener allerdings hohe Kosten aus. Vgl. *Eidenmüller*, Effizienz als Rechtsprinzip, S. 49 f.

[619] *Cooter/Ulen*, Law & Economics, S. 42; *Towfigh*, in: Towfigh/N. Petersen (Hrsg.), Ökonomische Methoden im Recht, S. 42.

[620] *Kaldor*, The Economic Journal 49 (1939), 549, 550; *Hicks*, The Economic Journal 49 (1939), 696, 706. Vgl. dazu *Cooter/Ulen*, Law & Economics, S. 42; *Eidenmüller*, Effizienz als Rechtsprinzip, S. 51.

[621] *Hicks*, The Economic Journal 49 (1939), 696, 711; *Kaldor*, The Economic Journal 49 (1939), 549, 550 Vgl. dazu *Towfigh*, in: Towfigh/N. Petersen (Hrsg.), Ökonomische Methoden im Recht, S. 42 f.; *Eidenmüller*, Effizienz als Rechtsprinzip, S. 156 f.

[622] *Kaldor*, The Economic Journal 49 (1939), 549, 550: „[...]a political question on which the economist, *qua* economist, could hardly pronounce an opinion."; *Hicks*, The Economic Journal 49 (1939), 696, 711; *Eidenmüller*, Effizienz als Rechtsprinzip, S. 156 f.

[623] Dazu *Eidenmüller*, Effizienz als Rechtsprinzip, S. 155 ff.

[624] *Poelzig*, Normdurchsetzung durch Privatrecht, S. 362 f.

onsfunktion tritt gegenüber der Präventionsfunktion zurück.[625] Denn ein einmal verursachter Schaden kann nachträglich nicht mehr rückgängig gemacht werden und die mit ihm verbundenen finanziellen Nachteile sind „in der Welt".[626] Zudem führen die Kosten nachträglicher Kompensation (die Rechtsverfolgungskosten, Verwaltungskosten etc.) zu Effizienzverlusten.[627] Allerdings kann bei genauer Betrachtung eine tatsächliche Kompensation aus ökonomischer Sicht auch nicht gänzlich entfallen, da auch das Unterbleiben von Kompensation unter bestimmten Umständen zu Effizienzverlusten führen kann (im Falle negativer externer Effekte beispielsweise durch Nachteile unterlassener Investitionen von Personen, die keine Kompensation erhalten haben).[628]

Die Effizienz von Rechtsdurchsetzung im Sinne des *Kaldor-Hicks*-Kriteriums hängt davon ab, ob Durchsetzungsmaßnahmen bei Gegenüberstellung der Kosten und Nutzen die gesamtgesellschaftliche Wohlfahrt optimal fördern.[629] Kosten entstehen bei der Einhaltung und Durchsetzung der Regel.[630] Kosten verursachen etwa Schadensvermeidungsmaßnahmen, die Aufdeckung von Normverstößen sowie die Rechtsverfolgung.[631] Der gesamtgesellschaftliche Nutzen besteht in der Vermeidung von Schäden durch normwidriges Verhalten.[632]

IV. Individuelle Verhaltenssteuerung durch Abschreckung

Für die Rechtsdurchsetzung ist die Frage entscheidend, wann sich ein Normadressat an eine Regel hält. In der Rechtsökonomie ist dafür die Theorie individueller Verhaltenssteuerung durch Abschreckung grundlegend.[633] Nach ihr befolgt ein Normadressat eine Regel nicht aufgrund ihres Gebots- oder Verbotscharakters, sondern dann, wenn die Regeleinhaltung aus seiner Sicht effizient ist, wenn somit der Nutzen der Regelbefolgung höher ist, als ein Verstoß gegen die Regel.[634] Eine Person verstößt nach dieser Theorie dann gegen verbotenes Verhalten – zum Beispiel durch Begehung einer Straftat – wenn der aus der Tat erwartungsgemäß zu ziehende Nutzen höher ist als der Nutzen aus alternativer Zielerreichung.[635] Sanktionen und Anreizmechanismen – ob sie privatrechtlicher, öffentlich-rechtlicher Natur oder außerrechtlicher Natur sind – fließen als reiner Kostenfaktor (multipliziert mit der Wahrschein-

---

625 *Poelzig*, Normdurchsetzung durch Privatrecht, S. 368 f.

626 *Poelzig*, Normdurchsetzung durch Privatrecht, S. 368.

627 *Hicks*, The Economic Journal 49 (1939), 696, 712; *Eidenmüller*, Effizienz als Rechtsprinzip, S. 156 f.

628 Dazu ausführlich *Eidenmüller*, Effizienz als Rechtsprinzip, S. 155 ff.: „Alles hängt somit letztlich davon ab, ob die Interventionskosten im Falle der Kompensation (Verwaltungskosten, Allokationsverzerrungen durch Steuern) größer oder kleiner sind als die Investitionskosten bei unterlassener Kompensation (Verluste an Produktionseffizienz)." (S. 160).

629 *Poelzig*, Normdurchsetzung durch Privatrecht, S. 370 mit Verweis auf *Shavell*, Foundations of Economic Analysis of Law, S. 194; und *Cooter/Ulen*, Law & Economics, S. 199.

630 *Poelzig*, Normdurchsetzung durch Privatrecht, S. 370.

631 Dazu auch *Poelzig*, Normdurchsetzung durch Privatrecht, S. 371.

632 *Poelzig*, Normdurchsetzung durch Privatrecht, S. 370.

633 Grundlegend *G. S. Becker*, J. Pol. Econ. 76 (1968), 169, 169 ff.

634 *Kerber*, in: Möslein (Hrsg.), Regelsetzung im Privatrecht, S. 84; *Poelzig*, Normdurchsetzung durch Privatrecht, S. 368, 373, 375.

635 *G. S. Becker*, J. Pol. Econ. 76 (1968), 169, 176.

lichkeit ihres Eintritts) in diese Abwägung ein.[636] Das gilt auch für nichtmonetäre Sanktionen, deren Nachteil mit einem finanziellen Äquivalent in die Rechnung eingestellt wird.[637] Ziel aus rechtsökonomischer Sicht ist die optimale Abschreckung eines Täters vor zukünftigen Straftaten. Die reine Kompensation eines bereits entstandenen Schadens ist demgegenüber zweitrangig.[638]

Grundlegende Arbeiten über die Präventionsfunktion der Rechtsdurchsetzung stammen von *Gary S. Becker* und *George J. Stigler.*[639] *Becker* untersuchte die Voraussetzungen einer optimalen Bekämpfung von Straftaten.[640] Er analysierte die Anzahl an begangenen Rechtsverstößen anhand einer Funktion, die von der Überführungswahrscheinlichkeit, der drohenden Strafe, der subjektiven Bereitschaft eine Straftat zu begehen und anderen Einflussgrößen abhängt.[641] *Becker* zeigte, dass unter der Annahme einer kostenfreien Rechtsdurchsetzung, einem fehlerfreien Rechtssystem und einer Aufklärungswahrscheinlichkeit von 100 %, die optimale Strafe der Höhe der durch die Tat angefallenen Schäden entspricht.[642] Würden also Straftäter bei sicherer Überführung durch Zahlung der Strafe die verursachten gesellschaftlichen Kosten begleichen müssen, dann begehen, würden Täter nur noch diejenigen Strafen begehen, deren Vorteil diese Kosten überwiegt.[643] Die Höhe der optimalen Strafe schließt danach bei Anfall von Durchsetzungskosten auch deren Höhe als Nachteil mit ein.[644] Löst man sich von der Annahme, die Überführungswahrscheinlichkeit sei 100 %, betrage die optimale verhängte Strafe entsprechend mehr.[645] Dahinter steht die Erwägung, dass die optimale Strafe Täter auch in diesem Szenario nur von den ineffizienten Taten abschreckt, welche höhere Nachteile als Vorteile verursachen.[646] Es geht also nicht um die Eliminierung aller Straftaten, sondern nur um die Eliminierung der ineffizienten Straftaten durch Abschreckung.

---

[636] *Poelzig*, Normdurchsetzung durch Privatrecht, S. 368, 373; *Kerber*, in: Möslein (Hrsg.), Regelsetzung im Privatrecht, S. 84; *Hempel*, Privater Rechtsschutz im Kartellrecht, S. 257 ff.

[637] *G. S. Becker*, J. Pol. Econ. 76 (1968), 169, 179 f. *Becker* hält für eine Freiheitsstrafe beispielhaft fest: „For example, the cost of an imprisonment is the discounted sum of the earnings foregone and the value placed on the restrictions in consumption and freedom." (S. 179). Vgl. aber für detaillierte Analysen der (ggf. kombinierten) Verhängung von Freiheitsstrafen oder Geldstrafen z.B. *Polinsky/Shavell*, Journal of Public Economics 24 (1984), 89, 89 ff. Ob außerhalb der ökonomischen Modelle die Freiheitsstrafe mit einem bestimmten Preisetikett versehen werden kann, ist allerdings zweifelhaft. Hierfür müsste man die konkreten Lebensumstände und die Persönlichkeitsstruktur des Täters kennen und mit deren Hilfe die subjektive Bedeutung der Freiheitsstrafe für den Täter bewerten. Vgl. dazu *Klöhn*, in: R. Schulze (Hrsg.), Compensation of Private Losses, S. 191.

[638] *Poelzig*, Normdurchsetzung durch Privatrecht, S. 368; prägnant *Stigler*, J. Pol. Econ. 78 (1970), 526, 531: „Punishment is used for deterrence, and is only a special form of prevention."

[639] *G. S. Becker*, J. Pol. Econ. 76 (1968), 169, 169 ff.; *Stigler*, J. Pol. Econ. 78 (1970), 526, 526 ff.

[640] Wobei *Becker* die Bedeutung der Analyse nicht auf Straftaten beschränkt, sondern auf Rechtsverstöße aller Art erstreckt: „Although the word „crime" is used in the title to minimize terminological innovations, the analysis is intended to be sufficiently general to cover all violations, not just felonies […]", vgl. *G. S. Becker*, J. Pol. Econ. 76 (1968), 169, 170.

[641] *G. S. Becker*, J. Pol. Econ. 76 (1968), 169, 177 ff., 180 ff. *Becker* differenziert in seiner Analyse zwischen risikoneutralen, risikoaversen und risikoaffinen Tätern. Vgl. *Hempel*, Privater Rechtsschutz im Kartellrecht, S. 257 f.

[642] *G. S. Becker*, J. Pol. Econ. 76 (1968), 169, 191 f.

[643] *Werden/M. J. Simon*, Antitrust Bull. 31 (1986), 935, 937.

[644] *G. S. Becker*, J. Pol. Econ. 76 (1968), 169, 192.

[645] *G. S. Becker*, J. Pol. Econ. 76 (1968), 169, 192 f. Vgl. *Werden/M. J. Simon*, Antitrust Bull. 31 (1986), 935, 937 f.; *Hempel*, Privater Rechtsschutz im Kartellrecht, S. 258.

[646] Vgl. *Werden/M. J. Simon*, Antitrust Bull. 31 (1986), 935, 938.

Stigler beschäftigte sich daran anknüpfend mit dem optimalen Durchsetzungsniveau. Er definiert die optimal angedrohte Strafe ebenfalls als Funktion aus der Summe des verursachten Schadens und den Durchsetzungskosten dividiert durch die Aufklärungswahrscheinlichkeit.[647] Nach seiner Ansicht wird das effiziente Durchsetzungsniveau erreicht, wenn die Summe aus den Durchsetzungskosten und der Summe der verursachten Schäden minimiert wird.[648] Dann würden die aufgewendeten Grenzkosten dem erzielten Grenznutzen entsprechen und der eingesetzte Durchsetzungsaufwand effizient eingesetzt.[649] Hauptgrund für diese Begrenzung ist für *Stigler*, dass eine maximale Rechtsdurchsetzung wegen der hohen Ermittlungskosten ineffizient sei.[650] Versucht man ein hohes Durchsetzungsniveau durch hohe Abschreckung mittels einer Maximalstrafe zu erzielen, würde der Täter von schwerwiegenden Taten im Vergleich zu harmloseren Taten nicht mehr hinreichend abgeschreckt werden.[651] *Stigler* schlägt daher eine der Schwere der Tat bzw. den durch die Tat verursachten Schäden angepasste Abschreckung vor (*marginal deterrence*).[652] Auch andere Rechtsökonomen kritisieren, dass die optimale Strafe in *Beckers* Modell in ihrer Höhe maximal hoch sei.[653] Sie halten ein vermindertes Abschreckungsniveau für optimal.[654] Die Absenkung soll nach ihrer Ansicht so weit erfolgen, als die dadurch eingesparten Durchsetzungskosten höher sind als die Nachteile, die nicht abgeschreckte Täter durch Tatbegehung verursachen.[655] Schließlich sprechen die tatsächlichen Begebenheiten in der Rechtsdurchsetzung und die Risikoaversion wirtschaftlicher Akteure für eine Reduzierung der Strafe gegenüber *Beckers* Modell. Zu Fehlern bei der Rechtsdurchsetzung gehören zum Beispiel die Verurteilung Unschuldiger, die Freisprechung Schuldiger und die fälschlicherweise Bestrafung von legalem Verhalten.[656] Während die Freisprechung Schuldiger die Überführungswahrscheinlichkeit reduziert, schreckt die Bestrafung von legalem Verhalten aber von sozial erwünsch-

---

[647] *Stigler*, J. Pol. Econ. 78 (1970), 526, 533.

[648] *Stigler*, J. Pol. Econ. 78 (1970), 526, 532 f.: „The enforcement agency should minimize the sum of damages plus enforcement costs".

[649] *Stigler*, J. Pol. Econ. 78 (1970), 526, 532 f.: „The enforcement agency should minimize the sum of damages plus enforcement costs [...]. This goal will serve two functions. The first is to set the scale of enforce-ment, namely where marginal return equals marginal cost. If the scale of enforcement is correct, society is not spending two dollars to save itself one dollar of damage, or failing to spend one dollar where it will save more than that amount of damage. The second function is to guide the selection of cases: The agency will not (as often now) seek numerous, easy cases to dress up its record, but will pursue the frequent violator and the violator who does much damage."

[650] Vgl. auch für die folgenden Ausführungen *Stigler*, J. Pol. Econ. 78 (1970), 526, 526 ff.

[651] *Stigler*, J. Pol. Econ. 78 (1970), 526, 526 f. *Stigler* veranschaulicht dies u.a. an folgendem Beispiel: „If the thief has his hand cut off for taking five dollars, he had just as well take $5,000." (S. 526).

[652] *Stigler*, J. Pol. Econ. 78 (1970), 526, 528 „Marginal costs are necessary to marginal deterrence." Ausführlich zu marginal deterrence *Polinsky/Shavell*, in: Polinsky/Shavell (Hrsg.), Handbook of Law and Economics, S. 432 ff.

[653] *Polinsky/Shavell*, in: Polinsky/Shavell (Hrsg.), Handbook of Law and Economics, S. 414 und Fn. 19; *Polinsky/Shavell*, Am. Econ. Rev. 69 (1979), 880, 883 f.; *Kaplow*, International Review of Law and Economics 12 (1992), 3, 5.

[654] *Polinsky/Shavell*, in: Polinsky/Shavell (Hrsg.), Handbook of Law and Economics, S. 414, mit der Folgerung: „Some degree of underdeterrence is desirable". *Polinsky/Shavell*, Journal of Public Economics 24 (1984), 89, 90 ff.

[655] *Polinsky/Shavell*, Journal of Public Economics 24 (1984), 89, 90 ff.; *Polinsky/Shavell*, in: Polinsky/Shavell (Hrsg.), Handbook of Law and Economics, S. 414.

[656] *Werden/M. J. Simon*, Antitrust Bull. 31 (1986), 935, 938 f.

tem Verhalten ab.[657] Um dem entgegenzuwirken, müsse die Strafe soweit abgesenkt werden, dass der Grenznutzen der verminderten Abschreckung vor erwünschtem Verhalten den Grenzkosten der ebenfalls verminderten Abschreckung vor nicht erwünschtem Verhalten entspreche.[658] Einen weiteren Grund für eine reduzierte Strafe, demonstrieren Analysen zu risikoaversem Verhalten.[659] Risikoaverse Akteure[660] messen in der Kosten-/Nutzen-Abwägung einem erhöhten Aufdeckungsrisiko einen gesteigerten Kostenwert zu. Um diesen Kostenfaktor gesamtgesellschaftlich zu reduzieren, zeigen *Polinsky/Shavell,* dass eine Erhöhung der Überführungswahrscheinlichkeit und damit einhergehend eine entsprechende Absenkung der Geldstrafe optimal sei.[661] So könne nach ihrer Auffassung dem Problem begegnet werden, dass im Falle einer Absenkung der Überführungswahrscheinlichkeit, die Höhe dieser Risikotragungskosten deutlich mehr betrage als eine Einsparung an Durchsetzungskosten und folglich ineffizient ist.[662]

B. *Public versus Private Enforcement*

Nach der Verhaltenssteuerung eines einzelnen Normadressaten steht nun die effiziente Form der Rechtsdurchsetzung im Fokus. Bereits im römischen Recht spielten private Durchsetzungsinstrumente eine Rolle.[663] Die ökonomische Fragestellung, ob private Rechtsdurchsetzung die Erreichung des optimalen, effizienten Durchsetzungsniveaus fördert, geriet unter dem Einfluss der Chicago School in den USA in den Fokus[664] und wurde auch im Europäischen Rechtsraum aufgegriffen.[665] Aus-

[657] *Werden/M. J. Simon*, Antitrust Bull. 31 (1986), 935, 939; *Posner*, Economic Analysis of Law, S. 260. Zu Fehlentscheidungen als Kostenfaktor vgl. *W. F. Schwartz*, Geo. L. J. 68 (1980), 1075, 1077.

[658] *Werden/M. J. Simon*, Antitrust Bull. 31 (1986), 935, 939. Zur Absenkung der Strafe mit dem Ziel die Kosten fehlerhafter Entscheidungen zu senken, *Posner*, Economic Analysis of Law, S. 260 Vgl. *Hempel*, Privater Rechtsschutz im Kartellrecht, S. 259.

[659] *Polinsky/Shavell*, Am. Econ. Rev. 69 (1979), 880, 884 f.; *Polinsky/Shavell*, Journal of Public Economics 24 (1984), 89, 98; *Kaplow*, International Review of Law and Economics 12 (1992), 3, 3 ff. Dazu *Hempel*, Privater Rechtsschutz im Kartellrecht, S. 259.

[660] Wirtschaftliche Akteure in der Praxis gelten grundsätzlich als risikoavers, vgl. *Werden/M. J. Simon*, Antitrust Bull. 31 (1986), 935, 938; zu Akteuren im Kartellrecht *Breit/Elzinga*, Harv. L. Rev. 86 (1973), 693, 704 ff.; vgl. *Hempel*, Privater Rechtsschutz im Kartellrecht, 259, 265. Empirische Studien zeichnen hier aber ein differenzierteres Bild. Zum Beispiel verhielten sich in der Studie *MacCrimmon/Wehrung*, Journal of Business 57 (1984), 367, 383 f. die Mehrzahl der befragten Führungskräfte risikoaffin, versuchten allerdings Anstrengungen zur Verringerung oder Eliminierung der Risiken z.B. durch das Aufschieben von Entscheidungen oder das Einholen weiterer Informationen zu unternehmen. Vgl. dazu *Pindyck/Rubinfeld*, Mikroökonomie, S. 237 f.

[661] *Polinsky/Shavell*, in: Polinsky/Shavell (Hrsg.), Handbook of Law and Economics, S. 416; mit Beweisführung, *Polinsky/Shavell*, Am. Econ. Rev. 69 (1979), 880, 884 f.

[662] *Polinsky/Shavell*, in: Polinsky/Shavell (Hrsg.), Handbook of Law and Economics, S. 416. Für eine weiterführende Analyse der Konditionen optimaler Abschreckung risikoaverser Individuen s. *Kaplow*, International Review of Law and Economics 12 (1992), 3, 3 ff.

[663] *Kern*, ZZPInt 12 (2007), 351, 356, m.w.N.; *Poelzig*, Normdurchsetzung durch Privatrecht, S. 44 f. Im Römischen Recht gab es z.B. die sog. *actiones populares*, eine Popularklage, die ein Bürger auf Zahlung einer Privatstrafe im öffentlichen Interesse erheben konnte. Dazu *Mommsen*, Zeitschrift der Savigny-Stiftung für Rechtsgeschichte: Romanistische Abteilung 1903, 1, 1 ff. *Halfmeier*, Popularklagen im Privatrecht, S. 29 ff.

[664] *Buxbaum*, in: Basedow (Hrsg.), Private Enforcement of EC Competition Law, S. 45 f. S. dazu z.B. die Beträge zur rechtsökonomischen Analyse der private Durchsetzung von Sanktionen *G. S.*

gangspunkt der grundlegenden Diskussion in der ökonomischen Analyse des Rechts über *public versus private enforcement* sind die Beiträge von *Gary Becker / George Stigler* und *William Landes / Richard Posner.*[666] Bevor diese Debatte näher thematisiert wird, stellt der folgende Unterabschnitt die Unterscheidungsgegenstände dar. Im Anschluss an die Debatte zieht der dritte Unterabschnitt Folgerungen und Kriterien aus der Diskussion für die private Rechtsdurchsetzung, die auch für die Analyse in § 6 relevant sind. In der Rechtspraxis mehren sich hybride Formen der Rechtsdurchsetzung, worauf der letzte Unterabschnitt eingeht.

I. Die Unterscheidung zwischen *Public* und *Private Enforcement*

Die Debatte um *public versus private enforcement* unterscheidet zwischen den Formen der öffentlich-rechtlichen und privatrechtlichen Durchsetzung.[667] Öffentlich-rechtliche Durchsetzung ist durch präventiv-administrative Regulierung gekennzeichnet.[668] Die Nichteinhaltung von Regeln wird durch Behörden geahndet. Behördliche Sanktionen sind im Strafrecht unter anderem Geld- und Freiheitsstrafen, im Verwaltungsrecht unter anderem Bußgelder, die Entziehung von Genehmigungen und Rechten, die Beseitigung der Folgen rechtswidrigen Handelns und die öffentliche Bekanntmachung von Rechtsverstößen.[669] Neuere Maßnahmen sind *naming and shaming*[670], *blacklisting*[671] und die allgemeine Nebenstrafe des Fahrverbots.[672] Bei der privaten Rechtsdurchsetzung dagegen verfolgen Privatrechtssubjekte die Durchsetzung etwa durch Schadensersatz-/ Beseitigungs- oder Unterlassungsansprüche im

---

Becker, J. Pol. Econ. 76 (1968), 169, 169 ff. und im Folgenden bezogen auf das Kartellrecht *Breit/Elzinga*, Harv. L. Rev. 86 (1973), 693, 693 ff.; *W. F. Schwartz*, Geo. L. J. 68 (1980), 1075, 1075 ff.

[665] Vgl. dazu u.a. die Beiträge der Sammelbände zur effektiven privaten Durchsetzung des europäischen Kartellrechts *Ehlermann/Atanasiu* (Hrsg.), Effective private enforcement of EC antitrust law; *Basedow* (Hrsg.), Private Enforcement of EC Competition Law. Vgl. außerdem *Hempel*, Privater Rechtsschutz im Kartellrecht.

[666] *G. S. Becker/Stigler*, J. Legal Stud. 3 (1974), 1, 1 ff.; *Landes/Posner*, J. Legal Stud. 4 (1975), 1, 1 ff.

[667] In Abgrenzung zu einem anderen Verständnis der Unterscheidung, zwischen alternativer Streitbeilegung und staatlicher Gerichtsbarkeit außerdem, *Kern*, ZZPInt 12 (2007), 351, 352 ff.

[668] *Reimann*, in: Stiftung Gesellschaft für Rechtspolitik Trier/Institut für Rechtspolitik an der Universität Trier (Hrsg.), Bitburger Gespräche Jahrbuch 2008/I, S. 105.

[669] Siehe den Überblick bei *Basedow*, in: Schmidt-Kessel (Hrsg.), Rechtsdurchsetzung ohne Staat, S. 109 f.

[670] Zum Beispiel in Art. 34 Abs. 1 UAbs. 1 der Verordnung (EU) Nr. 596/2017 des Europäischen Parlaments und des Rates v. 16.4.2014 über Marktmissbrauch (Marktmissbrauchsverordnung), ABl. L-173 v. 12.6.2014, S. 1. Dazu *Basedow*, in: Schmidt-Kessel (Hrsg.), Rechtsdurchsetzung ohne Staat, S. 110. Ausführlich auch zu weiteren Beispielen des *naming and shaming Armbrüster/Böffel*, ZIP 2019, 1885, 1885 ff.

[671] Zum Beispiel schafft seit 2017 das Wettbewerbsregister in Vergabeverfahren Transparenz für öffentliche Auftraggeber im Hinblick auf Bieter, die erhebliche Rechtsverstöße begangen haben. Vgl. Gesetz zur Einrichtung und zum Betrieb eines Registers zum Schutz des Wettbewerbs um öffentliche Aufträge und Konzessionen (WRegG) vom 18.7.2017, BGBl. I S. 2739. Dazu *Basedow*, in: Schmidt-Kessel (Hrsg.), Rechtsdurchsetzung ohne Staat, S. 110; *Rieder/Dammann de Chapto/Jana K.*, NZKart 2018, 8, 8 ff.

[672] *Basedow*, in: Schmidt-Kessel (Hrsg.), Rechtsdurchsetzung ohne Staat, S. 110. Zum Fahrverbot als allgemeine Nebenstrafe vgl. § 44 Abs. 1 StGB. Dazu *Bode*, NZV 2017, 1, 1 ff.

Wege der Privatklage.[673] Setzt der private Kläger zugleich öffentliche Interessen durch, gilt er als *private attorney general*.[674] Betrachtet man die einzelnen Durchsetzungsinstrumente näher, offenbaren sich Überschneidungen und Aufweichungen in ihren Wirkmechanismen.[675] So ist es privaten Personen mit den Mitteln der Privatklage möglich, in bestimmten Fällen Strafverfahren zu initiieren (§§ 374 ff. StPO) und auch Privatklagen dienen der präventiven Verhaltenssteuerung.[676] Sowohl die privatrechtlichen als auch die öffentlich-rechtlichen Instrumente bieten Formen der *ex ante* und *ex post* Durchsetzung.[677] Beispielsweise arbeitet das Strafrecht mit nachträglicher Bestrafung, das Deliktsrecht hauptsächlich mit nachträglichen Schadensersatzansprüchen. Allerdings kann der Staat auch durch Genehmigungsverfahren oder Umweltverträglichkeitsprüfungen Überprüfungen *ex ante* anordnen. Im Zivilrecht sorgen zum Beispiel Unterlassungsverfügungen (meist bereits im einstweiligen Rechtsschutz) für Rechtsschutz *ex ante*. Vor diesem Hintergrund bieten sich auch alternative Betrachtungsweisen der Debatte an. *Ackermann* schlägt eine funktionale Differenzierung nach dem Initiator der Normdurchsetzung, den Instrumenten der Normdurchsetzung und der (Letzt-)Entscheidung über die Normdurchsetzung vor.[678]

1. Einsatz von *Private Enforcement* in unterschiedlichen Rechtsgebieten und -kreisen

Die Debatte *public versus private enforcement* wird im deutschen und europäischen Rechtsraum insbesondere im Wettbewerbs- und Kapitalmarktrecht geführt,[679] spielt aber auch in zahlreichen anderen Rechtsgebieten eine Rolle, darunter im Umweltrecht.[680] Angefacht wurde die Diskussion insbesondere durch die unterschiedli-

---

[673] Vgl. auch hier den Überblick bei *Basedow*, in: Schmidt-Kessel (Hrsg.), Rechtsdurchsetzung ohne Staat, S. 109 f.

[674] Dazu einführend *Poelzig*, Normdurchsetzung durch Privatrecht, S. 54 f.; *Roach/Trebilcock*, Osgoode Hall L. J. 34 (1996), 461, 477, die den Begriff auf eine Aussage von Judge *Jerome Frank* in einer Entscheidung des U.S. Court of Appeals aus dem Jahr 1943 zurückführen [Associated Industries of New York State, Inc. v. Ickes, 134 F.2d 694, 704 (2d. Cir. 1943)].

[675] *Ackermann*, in: Casper/Klöhn/Roth/Schmies (Hrsg.), FS Köndgen, S. 6 ff.; *Basedow*, in: Schmidt-Kessel (Hrsg.), Rechtsdurchsetzung ohne Staat, S. 111 f.; *Poelzig*, in: Möslein (Hrsg.), Regelsetzung im Privatrecht, S. 229 ff.

[676] Zu Letzterem u.a. *G. Wagner*, AcP 206 (2006), 352, 352 ff. Vgl. zur gesamten Frage sowie zu diesen und weiteren Beispielen *Ackermann*, in: Casper/Klöhn/Roth/Schmies (Hrsg.), FS Köndgen, S. 6 ff.; *Basedow*, in: Schmidt-Kessel (Hrsg.), Rechtsdurchsetzung ohne Staat, S. 111 ff.; *Poelzig*, in: Möslein (Hrsg.), Regelsetzung im Privatrecht, S. 229 ff.

[677] Vgl. *Kern*, ZZPInt 12 (2007), 351, 357 f., mit weiteren Beispielen.

[678] *Ackermann*, in: Casper/Klöhn/Roth/Schmies (Hrsg.), FS Köndgen, S. 3 ff.

[679] Siehe neben vielen im Kartellrecht: *Hempel*, Privater Rechtsschutz im Kartellrecht, S. 1 ff.; *Poelzig*, Normdurchsetzung durch Privatrecht, S. 130 ff. sowie die Beiträge der Sammelbände *Basedow* (Hrsg.), Private Enforcement of EC Competition Law; *Hüschelrath/Schweitzer* (Hrsg.), Public and Private Enforcement of Competition Law in Europe; *Möschel/Bien* (Hrsg.), Kartellrechtsdurchsetzung durch private Schadenersatzklagen?; sowie im Kapitalmarktrecht: *Poelzig*, Normdurchsetzung durch Privatrecht, S. 208 ff.; *Bohrer*, in: Fleischer/Kalss/Vogt (Hrsg.), Enforcement im Gesellschafts- und Kapitalmarktrecht 2015, S. 243 ff.; *Veil/Brüggemeier*, in: Fleischer/Kalss/Vogt (Hrsg.), Enforcement im Gesellschafts- und Kapitalmarktrecht 2015, S. 277 ff.

[680] Weitere Rechtsgebiete sind das Produkthaftungsrecht und Bürgerrechtsklagen. Die grundlegende Diskussion entwickelte sich im Strafrecht (vgl. dazu unten unter § 4 B. II.). Zu den zuvor genannten Rechtsgebieten *Reimann*, in: Stiftung Gesellschaft für Rechtspolitik Trier/Institut für Rechtspolitik an der Universität Trier (Hrsg.), Bitburger Gespräche Jahrbuch 2008/I, S. 105 ff.

che Anwendung privater und öffentlich-rechtlicher Durchsetzungsinstrumente im US-amerikanischen Rechtsraum gegenüber dem europäischen und deutschen Rechtsraum.[681] Exemplarisch folgt daher ein kurzer Überblick über Durchsetzungsmittel im Kartell- und Umweltrecht.

a) Kartellrecht

Private Rechtsdurchsetzung hat im US-Kartellrecht (*antitrust law*) eine herausragende Bedeutung zur Abschreckung vor Kartellrechtsverstößen.[682] Neben der behördlichen Durchsetzung des US-Kartellrechts u.a. durch strafrechtliche Sanktionen, die die Antitrust Division des U.S. Departement of Justice (DOJ) durchsetzt, sowie Unterlassungsverfügungen (*injunctive relief*) des DOJ und der Federal Trade Commission[683] erfolgt die Durchsetzung vorrangig durch Privatklagen.[684] Anreize für deren Erhebung erzeugen eine klägerfreundliche Ausgestaltung materieller Ansprüche und prozessuale Erleichterungen.[685] Geschädigte können dreifachen Schadensersatz (*treble damages*) sowie die Rechtsverfolgungskosten verlangen.[686] Prozessrechtlich können sie ihre Klagebegehren im Wege der Sammelklage (*class action*) bündeln.[687] Außerdem hilft die *pre-trial discovery procedure* der Beweisführung der Klagepartei erheblich.[688]

---

[681] *Reimann*, in: Stiftung Gesellschaft für Rechtspolitik Trier/Institut für Rechtspolitik an der Universität Trier (Hrsg.), Bitburger Gespräche Jahrbuch 2008/I, S. 109; *Poelzig*, Normdurchsetzung durch Privatrecht, S. 51 f.

[682] *Buxbaum*, in: Basedow (Hrsg.), Private Enforcement of EC Competition Law, S. 43 ff.; *Dabbah*, International and Comparative Competition Law, S. 256 ff. Grundlegend zur privaten Rechtsdurchsetzung im US-amerikanischen Kartellrecht aus rechtsökonomischer Sicht *Breit/Elzinga*, Harv. L. Rev. 86 (1973), 693, 693 ff.; *W. F. Schwartz*, Geo. L. J. 68 (1980), 1075, 1075 ff.; *Werden/M. J. Simon*, Antitrust Bull. 31 (1986), 935, 935 ff.

[683] Zu diesen Verfahrensarten näher *Hempel*, Privater Rechtsschutz im Kartellrecht, S. 180 ff.; *Dabbah*, International and Comparative Competition Law, S. 233 ff.; *Broder*, US Antitrust Law and Enforcement, Rn. 8.02 ff.

[684] *Poelzig*, Normdurchsetzung durch Privatrecht, S. 56; *Reimann*, in: Stiftung Gesellschaft für Rechtspolitik Trier/Institut für Rechtspolitik an der Universität Trier (Hrsg.), Bitburger Gespräche Jahrbuch 2008/I, S. 112.

[685] So liegt es im US-Bundeskartellrecht. Auch die einzelnen Bundesstaaten der USA erlassen Kartellrechtsnormen für Verstöße innerhalb eines Bundesstaats. Vgl. *Fiebig*, in: Fuchs/Weitbrecht (Hrsg.), Handbuch Private Kartellrechtsdurchsetzung, Rn. 3.

[686] Beides gem. § 4 Clayton Act 15 U.S.C. § 15 (2009). Diese Regelung weicht (nur zugunsten der Kläger) von der sonst herrschenden *American Rule* ab, nach der die Parteien ihre Anwaltskosten jeweils selbst tragen ab. Darüber hinaus sind in US-Kartellstreitigkeiten Erfolgshonorare auf Klägerseite üblich. Vgl zu beiden Anspruchszielen *Bruckner/Salzwedel*, in: Foer/Stutz (Hrsg.), Private Enforcement of Antitrust Law in the United States, S. 236 f., 245 ff.; *Fiebig*, in: Fuchs/Weitbrecht (Hrsg.), Handbuch Private Kartellrechtsdurchsetzung, 10, 20.

[687] Dazu *Fiebig*, in: Fuchs/Weitbrecht (Hrsg.), Handbuch Private Kartellrechtsdurchsetzung, Rn. 21 ff.; *Richards/Eisenkraft Michael B./Shafroth*, in: Foer/Stutz (Hrsg.), Private Enforcement of Antitrust Law in the United States, S. 108 ff.; *Hempel*, Privater Rechtsschutz im Kartellrecht, S. 210 ff.

[688] *Fiebig*, in: Fuchs/Weitbrecht (Hrsg.), Handbuch Private Kartellrechtsdurchsetzung, Rn. 15 ff. In der *pre-trial discovery procedure* müssen die Beklagten Unterlagen vor Beginn des eigentlichen Verfahrens ohne richterliche Hilfe offenlegen. Das *discovery*-Verfahren ist geregelt in Rule 26-37 FED. R. CIV. P. Dazu *Goldberg/Gustafson*, in: Foer/Stutz (Hrsg.), Private Enforcement of Antitrust Law in the United States, S. 180 ff. *Fiebig*, in: Fuchs/Weitbrecht (Hrsg.), Handbuch Private Kartellrechtsdurchsetzung, Rn. 15 ff.

Ziel starker Privatklagemöglichkeiten ist die Optimierung der Abschreckungswirkung von Verstößen.[689]

Im europäischen und auch im deutschen Kartellrecht dominiert traditionell die behördliche Durchsetzung durch die Europäische Kommission.[690] Diese Dominanz durchbrach zunächst die Rechtsprechung des EuGH in der Rs. *Courage*, in der der EuGH forderte, dass „jedermann Ersatz des Schadens“, der ihm durch einen kartellrechtswidrigen Vertrag entstanden sei, verlangen können solle.[691] Maßgeblich durch die Richtlinie 2014/104/EU[692] ermöglichte auch der Europäische Gesetzgeber individuelle Schadensersatzklagen.[693] Die Rechtsgrundlage im deutschen Recht für private Rechtsdurchsetzung mittels Unterlassungs-, Beseitigungs- und Schadensersatzansprüchen wegen Verletzung der Art. 101, 102 AEUV und Vorschriften des GWB sind §§ 33, 33a GWB.[694] Verbände können außerdem rechtswidrig erlangte Vorteile von Kartellrechtsverletzern abschöpfen, § 34a GWB.[695] Einige Autoren sehen in der hinter dem amerikanischen Vorbild zurückbleibenden Anreizsetzung weiterhin ein Defizit für effektives *private enforcement* im Kartellrecht.[696]

b) Umweltrecht

Im amerikanischen Umweltrecht liegt der Schwerpunkt auf behördlicher Durchsetzung. Dennoch erlauben viele Umweltgesetze sog. *citizen suits*, in der jedermann private oder öffentliche Einrichtungen oder Personen auf Einhaltung der Umweltgesetze verklagen kann.[697] Erforderlich ist eine unmittelbare Betroffenheit des Klägers,

---

[689] *Buxbaum*, in: Basedow (Hrsg.), Private Enforcement of EC Competition Law, S. 44.

[690] Dazu ausführlich unter Nachweis jeweiliger Studien aus den Mitgliedstaaten *Hempel*, Privater Rechtsschutz im Kartellrecht, S. 144 ff. Im deutschen Kartellrecht gab es von Anfang an private Rechtsschutzmöglichkeiten, zum Beispiel durch § 35 GWB a.F., vgl. *Fuchs*, in: Fuchs/Weitbrecht (Hrsg.), Handbuch Private Kartellrechtsdurchsetzung, Rn. 31 ff.

[691] EuGH, Urt. v. 20.9.2001 – C-453/99, Slg. 2001, I-6314, I-6323, Rn. 26, (*Courage*).

[692] Richtlinie 2014/104/EU des Europäischen Parlaments und des Rates vom 26. November 2014 über bestimmte Vorschriften für Schadensersatzklagen nach nationalem Recht wegen Zuwiderhandlungen gegen wettbewerbsrechtliche Bestimmungen der Mitgliedstaaten und der Europäischen Union.

[693] *Fuchs*, in: Fuchs/Weitbrecht (Hrsg.), Handbuch Private Kartellrechtsdurchsetzung, Rn. 29.

[694] Dazu *Fuchs*, in: Fuchs/Weitbrecht (Hrsg.), Handbuch Private Kartellrechtsdurchsetzung, Rn. 5; *Poelzig*, in: Möslein (Hrsg.), Regelsetzung im Privatrecht, S. 230. Zum kollektiven Rechtsschutz durch Verbände *Krüger/Weitbrecht*, in: Fuchs/Weitbrecht (Hrsg.), Handbuch Private Kartellrechtsdurchsetzung, Rn. 39 ff.

[695] Dazu *Poelzig*, in: Möslein (Hrsg.), Regelsetzung im Privatrecht, S. 230. Zum damit verbundenen kollektiven Rechtsschutz *Krüger/Weitbrecht*, in: Fuchs/Weitbrecht (Hrsg.), Handbuch Private Kartellrechtsdurchsetzung, Rn. 48 ff.

[696] Vgl. beispielsweise *Fuchs*, in: Fuchs/Weitbrecht (Hrsg.), Handbuch Private Kartellrechtsdurchsetzung, Rn. 36; *Basedow*, in: Schmidt-Kessel (Hrsg.), Rechtsdurchsetzung ohne Staat, S. 118 spricht von einem „geringen Beitrag zum institutionellen Schutz des Wettbewerbs“ durch Schadensersatzklagen der Geschädigten.

[697] So z.B. Clean Water Act, 33 U.S.C. § 1365 (a) (2000). Dazu *Salzman*, in: Lees/Viñuales (Hrsg.), The Oxford Handbook of Comparative Environmental Law, S. 391 ff.: „Every major federal environmental law passed since 1970 (except FIFRA) also has contained a citizen suit provision.“ (S. 392). Daneben sind auch Klagen nach *common law* (insbesondere *nuisance* und *trespass*) möglich, die aber nach *Reimann*, in: Stiftung Gesellschaft für Rechtspolitik Trier/Institut für Rechtspolitik an der Universität Trier (Hrsg.), Bitburger Gespräche Jahrbuch 2008/I, S. 121 ff., nur gelegentlich vorkommen.

deren Voraussetzungen allerdings weit ausgelegt werden.[698] Um keine wirtschaftlichen Anreize zu setzen, ermöglichen *citzien suits* grundsätzlich den Erlass von Unterlassungsverfügungen, nicht aber Schadensersatzansprüche.[699] Allerdings können erfolgreiche Kläger ihre Rechtsverfolgungskosten ersetzt verlangen.[700] Außerdem müssen private Kläger der zuständigen Behörde durch Mitteilung 60 Tage im Voraus die Möglichkeit geben, ein vorrangiges behördliches Verfahren einzuleiten.[701]

Auch für das öffentlich-rechtliche Umweltrecht in Deutschland ist nicht ausschließlich eine behördliche und strafrechtliche Durchsetzung vorgesehen. Zum Beispiel sieht § 1 UmweltHG eine Gefährdungshaftung für Umwelteinwirkungen durch Inhaber von Anlagen gegenüber Geschädigten neben anderen deliktischen oder spezialgesetzlichen Ansprüchen vor.[702] Hinzu tritt das private Nachbarschaftsrecht der §§ 1004, 906 BGB, das situationsspezifisch die öffentlich-rechtliche Verhaltenssteuerung ergänzt.[703] Im unionsrechtlich beeinflussten Umweltrecht hatte außerdem die Rechtsprechung des EuGH große Auswirkungen auf die private Durchsetzung nicht drittschützender umweltrechtlicher Vorschriften. Die Rechtsprechung des EuGH stütze sich in den einschlägigen Fällen auf ein weites Verständnis individueller Betroffenheit, auf Art. 9 Abs. 3 Aarhus-Konvention[704] sowie auf den unionrechtlichen Effektivitätsgrundsatz.[705] Folge dieser Rechtsprechung sind unter anderem gestärkte sektorspezifische Verbandsbeteiligungsrechte[706] und Verbandsklagerechte.[707] Außer-

---

698 Sog. *standing*. Ein bloß persönliches oder berufliches Interesse z.B. an der Beobachtung bedrohter Arten genügt nicht, vgl. *Salzman*, in: Lees/Viñuales (Hrsg.), The Oxford Handbook of Comparative Environmental Law, S. 393 S. z.B. Clean Water Act, 33 U.S.C. § 1365 (a) (2000): „any citizen may commence a civil action on his own behalf" und § 1365 (g): „For the purposes of this section the term ‚citizen' means a person or persons having an interest which is or may be adversely affected".

699 *Salzman*, in: Lees/Viñuales (Hrsg.), The Oxford Handbook of Comparative Environmental Law, S. 392: „Congress has been cautious not to make citizen suits into profit-making opportunities."

700 *Salzman*, in: Lees/Viñuales (Hrsg.), The Oxford Handbook of Comparative Environmental Law, S. 393.

701 *Salzman*, in: Lees/Viñuales (Hrsg.), The Oxford Handbook of Comparative Environmental Law, S. 392.

702 Für einen Überblick zum Umweltprivatrecht s. *Schlacke*, Umweltrecht, § 2 Rn. 18.

703 *G. Wagner*, AcP 206 (2006), 352, 439; *Schlacke*, Umweltrecht, § 2 Rn. 17.

704 Übereinkommen vom 25. Juni 1998 über den Zugang zu Informationen, die Öffentlichkeitsbeteiligung an Entscheidungsverfahren und den Zugang zu Gerichten in Umweltangelegenheiten (Aarhus-Konvention); BGBl. 2006 II S. 1251; die Ratifizierung durch die Europäische Gemeinschaft erfolgte durch Beschl. 2005/370/EG des Rates v. 17.2.2005, ABl. L 124, S. 1.

705 So die Verurteilungen Deutschlands wegen unzureichender Umsetzung sekundärrechtlicher Vorgaben EuGH, Urt. 12.5.2011 – C-115/09 – (*Bund für Umwelt und Naturschutz Deutschland*), Slg. 2011 I-3673; EuGH, Urt. v. 7.11.2013 – C-72/12 – (*Altrip*) = ZUR 2014, 36 ff.; EuGH, Urt. v. 15.10.2016 – C-137/14 – (*Kommission gegen Bundesrepublik Deutschland*) = ZUR 2016, 33 ff; Zu dieser Rechtsprechung und Umsetzung im nationalen Recht *Schlacke*, Umweltrecht, § 6 Rn. 15.

706 Zum Beispiel in § 63 BNatSchG, sowie die unionsrechtlich vorgegebene Verbandsbeteiligung bei UVP- und SUP-pflichtigen Vorhaben (§§ 18 Abs. 1, 42 Abs. 1 UVPG). Vgl. *Schlacke*, Umweltrecht, § 6 Rn. 6.

707 So § 64 Abs. 1 BNatSchG und § 2 Abs. 1, 1 Abs. 1 S. 1 UmwRG. Dazu *Schlacke*, Umweltrecht, § 6 Rn. 15. Für eine Ausweitung der Verbandsklagebefugnisse auf Produktnachhaltigkeitsanforderungen *Schlacke/Tonner/Gawel*, JZ 2016, 1030, 1035 Eine deutliche Ausweitung von Verbandsklagebefugnissen bringt die durch den Europäischen Gesetzgeber verabschiedete Verbandsklagerichtlinie (EU) 2020/1828 des Europäischen Parlaments und des Rates vom 25. November 2020 über Verbandsklagen zum Schutz der Kollektivinteressen der Verbraucher und zur Aufhebung der

dem hat die Rechtsprechung des EuGH – ausgehend von der *Rs. Janecek* zu Luftreinhalteplänen –[708] eine unionsrechtskonforme Ausweitung der Klagebefugnis aus § 42 Abs. 2 Hs. 2 VwGO bzw. der Erweiterung von privaten Klagemöglichkeiten zur Folge.[709] In der *Rs. Janecek* etwa sprach der EuGH natürlichen oder juristischen Personen, die unmittelbar von der Gefahr einer Überschreitung der Grenzwerte oder der Alarmschwellen betroffen sind, gegen die zuständigen nationalen Behörden einen Anspruch auf Erstellung eines Aktionsplans zu.[710]

2. Charakteristische Eigenschaften

Charakteristische Eigenschaften öffentlich-rechtlicher und privatrechtlicher Rechtsdurchsetzung beeinflussen die Leistungsfähigkeit und Effektivität der jeweiligen Durchsetzungsinstrumente.[711] Dazu gehört der Initiator der Durchsetzungsinitiative.[712] Bei privater Rechtsdurchsetzung trifft der einzelne Betroffene die Entscheidung, ob eine Privatklage eingelegt wird. Er wägt Chancen und Risiken der Klage ab, unterliegt aber auch dem Einfluss der Art und Qualität seiner Rechtsberatung bzw. von Beratungsstellen.[713] Im Verwaltungsrecht steht demgegenüber das Entschließungs- und Auswahlermessen der Behörde.[714] Wegen der begrenzten Ressourcen der Verwaltung ist eine flächendeckende Aufdeckung und Durchsetzung mit öffentlich-rechtlichen Mitteln nicht möglich und daher immer „selektiv“.[715] Ein weiterer Unterschied betrifft das jeweilige Beweiserhebungs- und Tatsachenermittlungsverfahren. Bei privater Rechtsdurchsetzung obliegt es grundsätzlich der Partei die erforderlichen Tatsachen darzulegen. Dagegen gilt in Verwaltungsverfahren und Strafprozessen der Amtsermittlungsgrundsatz.[716]

II. Der Streit um die optimale Rechtsdurchsetzung

Grundlegende rechtsökonomische Beiträge zur Frage nach der optimalen Rechtsdurchsetzung stammen aus der Diskussion zwischen *Gary Becker / George Stigler* und *William Landes / Richard Posner*.

Richtlinie 2009/22/EG. S. dazu unten unter § 6 A. I. 2. c). Zu Verbandsklagen als Instrument kollektiver Rechtsdurchsetzung siehe unter § 4. D. II.

[708] EuGH, Urt. v. 25.7.2008 – C-237/07, Slg. 2008, I-6221, I-6233, Rn. 39 – (*Janecek*); EuGH, Urt. v. 19.11.2014 – C-404/13, Rn. 56 – (*ClientEarth*) = NVwZ 2015, 419; EuGH, Urt. v. 3.10.2019 – C-197/18, Rn. 41 f. = NVwZ 2019, 1587 – (*Wasserleitungsverband Nördliches Burgenland*).

[709] Dazu *Schlacke*, Umweltrecht, § 6 Rn. 13. Zu dieser Rechtsprechung mit Blick auf die Grundwasserressourcen *Köck/Henn*, NVwZ 2020, 504, 509 f.

[710] EuGH, Urt. v. 25.7.2008 – C-237/07, Slg. 2008, I-6221, I-6233, Rn. 39 – (*Janecek*). Siehe dazu bereits oben unter § 4 A. I. 1. b).

[711] Zu den charakteristischen Eigenschaften siehe *Basedow*, in: Schmidt-Kessel (Hrsg.), Rechtsdurchsetzung ohne Staat, S. 113 ff.; und *Ackermann*, in: Casper/Klöhn/Roth/Schmies (Hrsg.), FS Köndgen, S. 4 ff.

[712] *Ackermann*, in: Casper/Klöhn/Roth/Schmies (Hrsg.), FS Köndgen, S. 4 ff.

[713] *Ackermann*, in: Casper/Klöhn/Roth/Schmies (Hrsg.), FS Köndgen, S. 5.

[714] Im Strafrecht dagegen gilt das Legalitätsprinzip, § 152 Abs. 2 StPO sowie die Ausnahmen hiervon §§ 153 ff. StPO ff. Dazu *Basedow*, in: Schmidt-Kessel (Hrsg.), Rechtsdurchsetzung ohne Staat, S. 114.

[715] *Basedow*, in: Schmidt-Kessel (Hrsg.), Rechtsdurchsetzung ohne Staat, S. 114.

[716] Zum Beweiserhebungsverfahren *Basedow*, in: Schmidt-Kessel (Hrsg.), Rechtsdurchsetzung ohne Staat, S. 114.

1. Optimale Rechtsdurchsetzung durch im Wettbewerb stehende private Kläger

Für *Becker/Stigler* liegt die optimale Rechtsdurchsetzung in privater Hand und nutzt die Kräfte des Wettbewerbs.[717] Das optimale Durchsetzungsniveau stelle sich unter der Prämisse ein, dass private Kläger im Falle der erfolgreichen Durchsetzung einen Vorteil mindestens in Höhe der ihnen durch die Tat entstandenen Schäden (oder andersherum des dem Täter entstandenen Vorteils) erhalten.[718] Sinkt die Überführungswahrscheinlichkeit unter 100 % so ist nach ihrem Modell die Höhe des Vorteils bzw. der zu leistenden Strafe entsprechend zu steigern.[719] Gründe für die Effizienzsteigerung der Rechtsdurchsetzung sind für *Becker/Stigler* zum einen, dass Durchsetzungshindernisse wie Bestechung und Korruption verhindert würden.[720] Denn Bestechungsgelder, die rational und nutzenmaximierend denkende Täter ausgeben, betragen maximal die Höhe der im Falle der Überführung zu zahlenden Strafe.[721] Zum anderen ergibt sich die Effizienzsteigerung aus der Erstreckung der privaten Durchsetzung auf jedermann: „Why not then generalize this system, and let anyone enforce statutes and receive as compensation for performance the fines levied against convicted violators?“[722] Im Durchsetzungswettbewerb würden Kanzleien, private Ermittler und spezialisierte Rechtsdurchsetzungsunternehmen konkurrieren.[723] Damit sich auch Opfer an der Sachverhaltsaufklärung und Überführung der Täter beteiligen, könnten die spezialisierten Durchsetzungsunternehmen sie anteilig entlohnen.[724] Im Ergebnis entspricht nach *Becker/Stiglers* Modell die Höhe des Anreizes für private Kläger zur Normdurchsetzung mindestens der Höhe des Anreizes für den zukünftigen Täter zum Normverstoß.[725] Dadurch lassen sich auch Delikte verfolgen, in denen es keine direkten Opfer gibt, wie beispielsweise bei einem Verkauf von Drogen.[726] Ein weiterer Vorteil privater Durchsetzung sei, dass potentielle Opfer von ineffizienten Schadensvermeidungsmaßnahmen abgehalten würden.[727]

---

[717] *G. S. Becker/Stigler*, J. Legal Stud. 3 (1974), 1, 13 ff. Vgl. dazu *Hempel*, Privater Rechtsschutz im Kartellrecht, S. 260 f.

[718] *G. S. Becker/Stigler*, J. Legal Stud. 3 (1974), 1, 13 f.

[719] *G. S. Becker/Stigler*, J. Legal Stud. 3 (1974), 1, 14: „The amount of victim enforcement would be optimal if successful enforcers were paid the amount that they had suffered in damages, excluding their enforcement costs, divided by the probability that they are successful (this assumes that victim enforcers are risk-neutral).“ Mit „Strafe“ ist vorliegend nicht Strafe im strafrechtlichen Sinne gemeint, sondern der Geldbetrag, den ein Täter als infolge eines Normverstoßes zu leisten hat.

[720] *G. S. Becker/Stigler*, J. Legal Stud. 3 (1974), 1, 14: „hence these enforcers could not be corrupted“.

[721] *G. S. Becker/Stigler*, J. Legal Stud. 3 (1974), 1, 5.

[722] *G. S. Becker/Stigler*, J. Legal Stud. 3 (1974), 1, 14.

[723] *G. S. Becker/Stigler*, J. Legal Stud. 3 (1974), 1, 14; Vgl. *Hempel*, Privater Rechtsschutz im Kartellrecht, S. 260 f.

[724] *G. S. Becker/Stigler*, J. Legal Stud. 3 (1974), 1, 14.

[725] *Klöhn*, in: R. Schulze (Hrsg.), Compensation of Private Losses, S. 184; *G. S. Becker/Stigler*, J. Legal Stud. 3 (1974), 1, 13, die für zwei Beispiele in Vertragsbeziehungen (und damit bei Kenntnis der anderen Partei) festhalten: „The enforcement is good precisely because the incentives to enforcers are as large as the incentives to prospective violators“.

[726] *Klöhn*, in: R. Schulze (Hrsg.), Compensation of Private Losses, S. 184 f. Zum Beispiel des Drogenhandels *G. S. Becker/Stigler*, J. Legal Stud. 3 (1974), 1, 2, die diese als „victimless crimes“ qualifizieren.

[727] *G. S. Becker/Stigler*, J. Legal Stud. 3 (1974), 1, 15 Vgl. *Hempel*, Privater Rechtsschutz im Kartellrecht, S. 261.

Für Ausnahmefälle sehen *Becker/Stigler* Korrekturen vor. Dem Problem fehlender Abschreckung durch hohe Strafen wegen begrenzter Zahlungsfähigkeit der Täter begegnet die Rechtsökonomie mit der Verhängung nicht-monetärer Strafen, zum Beispiel Freiheitsstrafen.[728] Letztere verursacht durch das Betreiben von Strafvollzugsanstalten allerdings mehr gesamtgesellschaftliche Kosten als eine monetäre Strafe, was in der Kosten-Nutzen-Abwägung berücksichtigt werden muss.[729] So sei unter anderem im Falle der mangelnden Zahlungsfähigkeit des Täters eine Freiheitsstrafe zu verhängen und der fehlende korrespondierende finanzielle Vorteil für den privaten Kläger aus staatlichen Mitteln zu finanzieren.[730] Für das Problem der Divergenz zwischen tatsächlicher Überführungswahrscheinlichkeit und der als Variable in der Berechnung berücksichtigten Überführungswahrscheinlichkeit schlagen *Becker/Stigler* eine jeweilige Herauf- bzw. Herabsetzung der Höhe der Strafe vor.[731] Wurde eine Person zu Unrecht verfolgt, solle ihr der private Verfolger Schadensersatz leisten.[732]

2. *Over-Enforcement* als Folge privater Rechtsdurchsetzung

Landes/Posner treten der privaten Rechtsdurchsetzung als generelles Mittel für die Erreichung eines optimalen Durchsetzungsniveaus entgegen.[733] Sie zeigen, dass es im Falle privater Rechtsdurchsetzung, wenn das optimale Durchsetzungsniveau eine Überführungswahrscheinlichkeit kleiner 100 % voraussetzt, zu einer übermäßigen Ressourcenaufwendung und damit zu ineffizientem *over-enforcement* kommt.[734] Optimale Rechtsdurchsetzung setzt keine maximale Durchsetzungsaktivität voraus.[735] Stattdessen ist ein Zustand effizienter, in dem eine geringere Überführungswahrscheinlichkeit gegeben ist: Ist die Überführungswahrscheinlichkeit nicht 1, ist es nach der Theorie optimaler Abschreckung bei gleichbleibender Abschreckung möglich, die angedrohte Strafe zu erhöhen und gleichzeitig die Überführungswahrscheinlichkeit durch Herunterfahren der Durchsetzungsanstrengungen entsprechend zu senken.[736] Die Folge ist eine Einsparung an Durchsetzungskosten und damit ein effizienterer Zustand.[737] Eben dieser effizientere Zustand lässt sich aber nach *Landes/Posner* mittels *private enforcement* nicht erreichen. Durch eine erhöhte Strafe und damit einen

728 Dazu bereits *G. S. Becker*, J. Pol. Econ. 76 (1968), 169, 193 ff.

729 *D. Friedman*, J. Legal Stud. 13 (1984), 379, 381 Instruktiv *Polinsky/Shavell*, in: Polinsky/Shavell (Hrsg.), Handbook of Law and Economics, S. 407 ff.

730 *G. S. Becker/Stigler*, J. Legal Stud. 3 (1974), 1, 15.

731 *G. S. Becker/Stigler*, J. Legal Stud. 3 (1974), 1, 16.

732 *G. S. Becker/Stigler*, J. Legal Stud. 3 (1974), 1, 15.

733 *Landes/Posner*, J. Legal Stud. 4 (1975), 1, 3 ff.

734 *Landes/Posner*, J. Legal Stud. 4 (1975), 1, 15.

735 *Stigler*, J. Pol. Econ. 78 (1970), 526, 526 f. Dazu ausführlich *Polinsky/Shavell*, in: Polinsky/Shavell (Hrsg.), Handbook of Law and Economics, S. 412 ff.,s.a. *Klöhn*, in: R. Schulze (Hrsg.), Compensation of Private Losses, S. 185.

736 Dazu bereits *G. S. Becker*, J. Pol. Econ. 76 (1968), 169, 183 f. Dies gilt unter der Prämisse, dass potenzielle Täter entweder risikoneutral oder risikoavers eingestellt sind. (S. 183 f.). Siehe hierzu, sowie zur Differenzierung zwischen risikoneutralen und risikoavers eingestellten Individuen bereits oben unter § 4 A. IV. Vgl. dazu *Klöhn*, in: R. Schulze (Hrsg.), Compensation of Private Losses, S. 186. Eine weitere Prämisse ist, dass der erhöhte Einsatz von Durchsetzungsressourcen direkte Auswirkung auf die Höhe der Überführungswahrscheinlichkeit hat. Hierzu sowie zu den Unterschieden in Fällen risikoneutraler, risikoaverser oder risikoaffinen potentiellen Tätern, s. *Polinsky/Shavell*, in: Polinsky/Shavell (Hrsg.), Handbook of Law and Economics, S. 412 ff.

737 *G. S. Becker*, J. Pol. Econ. 76 (1968), 169, 183 f.; *Klöhn*, in: R. Schulze (Hrsg.), Compensation of Private Losses, S. 186.

erhöhten Gewinnanreiz würden private Kläger dazu neigen, die aufgewendeten Durchsetzungsressourcen zu erhöhen.[738] Damit steige schließlich auch die Überführungswahrscheinlichkeit an.[739] Obwohl also zur Erreichung des optimalen Durchsetzungsniveaus eine Erhöhung der Strafe von der gleichzeitigen Einsparung von Durchsetzungskosten begleitet werden sollte, würde eine erhöhte Strafe an private Kläger ein kontraproduktives Signal zur Erhöhung von Durchsetzungskosten senden.[740] Ein solch falscher Anreiz entstünde nach *Landes/Posner* dagegen nicht für einen nicht an Gewinnmaximierung ausgerichteten öffentlich-rechtlichen Durchsetzungsinitiator.[741]

Landes/Posner lehnen es ab, das *over-enforcement* durch staatliche Besteuerung des Vorteils des privaten Klägers zu verringern.[742] Die dadurch erzielte Störung des Gleichgewichts zwischen verhängter Strafe und erhaltener Belohnung öffne wieder das Risiko der Bestechung und Korruption.[743] Dieses Risiko bestehe auch im Falle von *class actions*, wenn die Anwälte nur einen Anteil der zu zahlenden Strafe erhalten. Der Täter könnte mit den Anwälten dann eine Zahlung vereinbaren, die geringer ist, als die erwartete gerichtlich verhängte Strafe, die aber einen höheren Anteil an Anwaltsvergütung enthält.[744]

3. *Under-Enforcement* als Folge privater Rechtsdurchsetzung

Das *over-enforcement*-Theorem von *Landes/Posner* fand in der Literatur kritische und weiterführende Rezeption.[745] *Polinsky* zeigte, dass private Durchsetzung weniger kostspielig sei als behördliche Durchsetzung, wenn man die Prämisse aufhebt, dass die Durchsetzungskosten privater (wettbewerblicher und monopolistischer) und behördlicher Durchsetzung gleich seien. Allerdings könne in Fällen, in denen ein optimales Durchsetzungsniveau eine hohe Aufklärungswahrscheinlichkeit voraussetze, durch private Durchsetzung eben dieses Aufklärungsniveau nicht erreicht werden.[746] Denn private Durchsetzer würden aus Gründen der Gewinnmaximierung nicht die nötigen Kosten zur Aufklärung aufwenden.[747] Solche Fälle seien bei hohen, durch die Tat verursachten Schäden gegeben, weil eine optimale Abschreckung wegen der begrenzten Zahlungsfähigkeit der Täter hier eine hohe Aufklärungsrate fordere.[748] Als Lösung dieses Falls von *under-enforcement* sei eine Entkopplung der Entlohnung

---

[738] *Landes/Posner*, J. Legal Stud. 4 (1975), 1, 8 f.; *Hempel*, Privater Rechtsschutz im Kartellrecht, S. 261.

[739] *Landes/Posner*, J. Legal Stud. 4 (1975), 1, 8 f.

[740] *Landes/Posner*, J. Legal Stud. 4 (1975), 1, 15.

[741] *Landes/Posner*, J. Legal Stud. 4 (1975), 1, 15.

[742] Wie *G. S. Becker/Stigler*, J. Legal Stud. 3 (1974), 1, 16 vorschlagen. Vgl. *Hempel*, Privater Rechtsschutz im Kartellrecht, S. 261.

[743] *Landes/Posner*, J. Legal Stud. 4 (1975), 1, 24; ebenso *D. Friedman*, J. Legal Stud. 13 (1984), 379, 384 f. *Landes/Posner* halten auch fest, dass durch miteinander im Wettbewerb stehende private Kläger und eine Strafandrohung für Bestechung und Korruption die Gefahr derselben wiederum abgeschwächt würde (S. 24 f.). Zurückhaltend ebenfalls *Werden/M. J. Simon*, Antitrust Bull. 31 (1986), 935, 943 Vgl. *Hempel*, Privater Rechtsschutz im Kartellrecht, S. 261.

[744] *Landes/Posner*, J. Legal Stud. 4 (1975), 1, 43 f.

[745] U.a. *D. Friedman*, J. Legal Stud. 13 (1984), 379, 379 ff.; *Polinsky*, J. Legal Stud. 9 (1980), 105, 105 ff.; *Shavell*, J. L. & Econ. 36 (1993), 255, 255 ff.

[746] *Polinsky*, J. Legal Stud. 9 (1980), 105, 107, 113 ff.

[747] *Polinsky*, J. Legal Stud. 9 (1980), 105, 107, 113 ff.

[748] *Polinsky*, J. Legal Stud. 9 (1980), 105, 107.

privater (kompetitiver) Kläger von der verhängten Strafe möglich indem der Staat in Fällen des *under-enforcements* einen Ausgleich zahlen solle,[749] (sog. *decoupling*)[750].

Under-enforcement kann auch Folge des *free-rider*-Problems im Falle mehrerer Geschädigter sein. Geschädigte, die nicht als Erste die Aufklärung oder Durchsetzung betreiben, profitieren von den bereits ermittelten Tatsachen oder Präzedenzfällen, und potenzielle Opfer profitieren von der abschreckenden Wirkung der Durchsetzungserfolge Dritter.[751]

III. Folgerungen für die private Rechtsdurchsetzung

Wie die oben aufgeführten Argumente zeigen, ist eine eindeutige Bestimmung einer vorzugswürdigen Durchsetzungsform nicht möglich.[752] Aus dem Vorstehenden lassen sich allerdings bestimmte Kriterien dafür herausarbeiten, unter welchen Umständen *private enforcement* vorzugswürdig sein kann.[753] Dazu gehören eine hohe Überführungswahrscheinlichkeit, verhältnismäßig geringe Durchsetzungskosten und hohe Gewinnanreize für private Kläger. Außerdem beeinflussen die jeweiligen Durchsetzungsformen die Rechtsfortbildung und Durchsetzungsstrategien unterschiedlich. Zuletzt sollen die Vorteile privater Rechtdurchsetzung die Schwächen behördlicher Durchsetzung vermeiden. Dieser Abschnitt geht auf diese Kriterien ein.[754]

1. Hohe Überführungswahrscheinlichkeit

Ein ausschlaggebendes Entscheidungskriterium, ob private oder behördliche Rechtsdurchsetzung vorzuziehen ist, stellt die Überführungswahrscheinlichkeit dar und mit ihr einhergehend die Durchsetzungskosten. Nach *Landes/Posner* sei eine effiziente Rechtsdurchsetzung mittels *private enforcement* dann gewährleistet, wenn die Überführungswahrscheinlichkeit sehr hoch ist und sich somit 100 % annähert. Dann decke die optimale Strafe exakt die sozialen Kosten ab, die die Tat hervorruft, bestehend aus den Schäden und den Durchsetzungskosten.[755] Die Gefahr des *over-enforcement* bestehe dann nicht.[756]

---

[749] *Polinsky*, J. Legal Stud. 9 (1980), 105, 108, 120 ff.

[750] *Hempel*, Privater Rechtsschutz im Kartellrecht, S. 263; *Werden/M. J. Simon*, Antitrust Bull. 31 (1986), 935, 942 f. Beide vorstehenden Beiträge führen die Idee des *decoupling* auf *W. F. Schwartz*, Geo. L. J. 68 (1980), 1075, 1093 f. zurück.

[751] Dazu *Werden/M. J. Simon*, Antitrust Bull. 31 (1986), 935, 942 m.w.N.

[752] *Landes/Posner* folgern aus ihrer Analyse auch nicht, dass public enforcement generell effizienter als private enforcement sei. Eine solche Folgerung würde einen Vergleich mit der tatsächlichen behördlichen Durchsetzung und nicht mit der von ihnen analysierten optimalen behördlichen Durchsetzung erfordern, *Landes/Posner*, J. Legal Stud. 4 (1975), 1, 15 f.

[753] Darstellungen über Kriterien bzw. Vorzüge von *public* und *private enforcement* finden sich bei *Klöhn*, in: R. Schulze (Hrsg.), Compensation of Private Losses, S. 187 ff.; *Kern*, ZZPInt 12 (2007), 351, 359 ff.; *Roach/Trebilcock*, Osgoode Hall L. J. 34 (1996), 461, 479 ff.; *Stephenson*, Va. L. Rev. 91 (2005), 93, 106 ff.; *Shavell*, J. Legal Stud. 13 (1984), 357, 357 ff.

[754] Die folgende Darstellung orientiert sich dabei an den Beiträgen in der vorstehenden Fußnote.

[755] *Landes/Posner*, J. Legal Stud. 4 (1975), 1, 31, mit Berufung auf die Beweisführung bei; *G. S. Becker*, J. Pol. Econ. 76 (1968), 169, 192.

[756] *Landes/Posner*, J. Legal Stud. 4 (1975), 1, 31 f.

2. Durchsetzungskosten

Ein an die Überführungswahrscheinlichkeit anknüpfender entscheidender Faktor ist die Höhe der Kosten, die zur Überführung und Verurteilung nötig sind. Verhältnismäßig hohe Durchsetzungskosten unter ansonsten gleichen Umständen halten an Gewinnmaximierung orientierte private Kläger von der Durchsetzung eher ab, niedrige Kosten begünstigen private Rechtsdurchsetzung.[757] Ein Posten der Durchsetzungskosten sind die Ermittlungskosten zur Aufdeckung und Identifizierung des Ausmaßes der Straftat und vor allem des Täters. Hinzu kommen Verfahrenskosten und die Kosten der Bestrafung. Gerade die Höhe der nötigen Ermittlungskosten variiert stark zwischen verschiedenen Rechtsgebieten bzw. Rechtsverletzungen. Sie hängt unter anderem davon ab, ob der private Kläger bereits im Voraus oder ab der Verletzung die nötige Information über den Täter und die Tat besitzt oder aufwendige Ermittlungen nötig sind.[758] Ersteres ist zum Beispiel im Vertragsrecht gegeben[759] oder bei bestimmten deliktischen Tatbeständen[760]: Der Vertragspartner oder der unmittelbare deliktische Täter ist bereits bekannt. Die Ermittlungskosten sind dementsprechend gering und die Überführungswahrscheinlichkeit ist sehr hoch.[761] Private Kläger können den Informationsvorteil kostensparend nutzen. Hier wäre es grundsätzlich ineffizient, wenn man die Informationen erst durch eine zentralisierte Behörde ermitteln ließe.[762] Das ändert sich aber, wenn der Informationsvorteil des privaten Klägers entfällt. Sind die Täter oder die Tat der geschädigten Partei nicht von vorneherein bekannt oder gibt es keinen unmittelbaren Geschädigten (*victimless-crimes*), dann fallen hohe Ermittlungskosten an und die Überführungswahrscheinlichkeit ist tendenziell niedrig.[763] Hier entfällt die oben dargelegte Anreizstruktur für private Rechtsdurchsetzung. Der Einsatz der ermessensgesteuerten, nicht gewinnorientierten behördlichen Durchsetzung hat hier Vorteile.[764] *Landes/Posner* schließen in diesen Fällen wegen des begrenzten Budgets von Behörden die Gefahr von *over-enforcement* aus.[765] Hinzu kommen positive Skaleneffekte, die sich bei einer zentralisierten Sachverhaltsermittlung und der damit verbundenen Bündelung von Ressourcen einstellen.[766] Auch zentralisierte Behörden verursachen aber gleichzeitig Zusatz-

---

[757] *Landes/Posner*, J. Legal Stud. 4 (1975), 1, 32; dazu *Klöhn*, in: R. Schulze (Hrsg.), Compensation of Private Losses, S. 187.

[758] Dazu *Landes/Posner*, J. Legal Stud. 4 (1975), 1, 31; *Shavell*, Foundations of Economic Analysis of Law, S. 578 ff.

[759] Dazu ausführlich *Shavell*, Foundations of Economic Analysis of Law, S. 587 f.

[760] *Landes/Posner* nennen hier als Beispiel einen Verkehrsunfall. Der Schädiger könne jedenfalls durch Mittel wie die Pkw-Kennzeichnung ermittelt werden. *Landes/Posner*, J. Legal Stud. 4 (1975), 1, 31 bei Fn. 66. Dasselbe gilt für Nachbarschaftsstreitigkeiten, vgl. *Klöhn*, in: R. Schulze (Hrsg.), Compensation of Private Losses, S. 188 Ebenso anzudenken sind zum Beispiel presserechtliche Äußerungsdelikte.

[761] Vgl. *Landes/Posner*, J. Legal Stud. 4 (1975), 1, 31.

[762] So *Shavell*, J. Legal Stud. 13 (1984), 357, 360; *Stephenson*, Va. L. Rev. 91 (2005), 93, 108; Vgl. *Klöhn*, in: R. Schulze (Hrsg.), Compensation of Private Losses, S. 188, m.w.N.

[763] *Landes/Posner*, J. Legal Stud. 4 (1975), 1, 31.

[764] *Landes/Posner*, J. Legal Stud. 4 (1975), 1, 31 f.

[765] *Landes/Posner*, J. Legal Stud. 4 (1975), 1, 36 f.

[766] Vgl. *Polinsky*, J. Legal Stud. 9 (1980), 105, 107; *Klöhn*, in: R. Schulze (Hrsg.), Compensation of Private Losses, S. 188 Eine zentralisierte Sachverhaltsermittlung ist auch möglich durch eine monopolistische private Rechtsdurchsetzung. Dazu näher *Polinsky*, J. Legal Stud. 9 (1980), 105, 108 ff., der zeigt, dass wegen der Bündelungseffekte die monopolistische private Durchsetzung kostengünstiger ist als die kompetitive private Durchsetzung. Eine monopolistische private Durchsetzung

kosten durch aufwendige, mehrstufige Entscheidungswege und bürokratische Hürden.[767] Private Rechtsdurchsetzung gilt dagegen als dynamischer.[768]

3. Gewinnanreize

Neben der Überführungswahrscheinlichkeit und den Durchsetzungskosten haben Gewinnanreize eine starke Auswirkung auf den Erfolg privater Rechtsdurchsetzung. Die Gewinnanreize sind optimal, wenn der Anreiz des privaten Klägers zur Rechtsdurchsetzung dem sozialen Interesse an der Rechtsdurchsetzung entspricht.[769]

Die Zuordnung von Verfolgungsrechten zu den Geschädigten bzw. Opfern von Rechtsverletzungen erfüllt diese Bedingungen weitestgehend.[770] Finanzielle Anreize zur Durchsetzung wie die Aussicht auf Schadensersatzzahlungen führen dazu, dass Geschädigte die ihnen zur Verfügung stehenden Informationen nutzen.[771] Verfolgungsrechte von Geschädigten haben noch weitere Vorteile. Erstens führen diese Rechte dazu, dass Opfer entschädigt werden. Zwar spielt ausgleichende Gerechtigkeit für rechtsökonomische Erwägungen keine primäre Rolle.[772] Sie kann sich dennoch vorteilhaft auswirken, wenn Geschädigte infolge des erwarteten Ausgleichs von ineffizienten Schadensvermeidungsmaßnahmen absehen.[773] Zweitens ist die Zuordnung von Verfolgungsrechten zu den Geschädigten eine Maßnahme, die in einem kompetitiven privaten Rechtsdurchsetzungssystem Kosten vermeidet.[774]

Die exklusive Zuordnung der Verfolgungsrechte an Geschädigte bereitet aber unter bestimmten Umständen auch Probleme. Zunächst entfällt die relevante Anreizstruktur für private Kläger, wenn der durch die Rechtsverletzung verursachte Schaden höher ist, als die durch den Täter leistbare Strafe.[775] Als Lösungsansatz diskutiert die Litera-

birgt allerdings Gefahren mit Blick auf den Datenschutz und die Nachvollziehbarkeit und Verantwortlichkeit für den Dateninhalt sowie die Gefahr der Ausnutzung der Monopolstellung bei der Preisgestaltung, vgl. *Klöhn*, in: R. Schulze (Hrsg.), Compensation of Private Losses, S. 188.

[767] *Stewart/Sunstein*, Harv. L. Rev. 95 (1982), 1193, 1298: „Centralized public enforcement may also involve diseconomies of scale, given multiple layers of decision and review and the temptation to adopt overly rigid norms in order to reduce administrative costs." Dazu *Stephenson*, Va. L. Rev. 91 (2005), 93, 108; *Coffee, JR.*, Md. L. Rev. 42 (1983), 215, 226: „bureaucratic setting"; *Klöhn*, in: R. Schulze (Hrsg.), Compensation of Private Losses, S. 188, in Fn. 45.

[768] *Coffee, JR.*, Md. L. Rev. 42 (1983), 215, 226: „private enforcement may be able to mobilize and reallocate its resources more quickly than the public enforcer". *Stewart/Sunstein*, Harv. L. Rev. 95 (1982), 1193, 1298 führen als weiteren Vorteil die Spezialisierung von Anwälten an: „development of a specialized plaintiffs' bar".

[769] *Klöhn*, in: R. Schulze (Hrsg.), Compensation of Private Losses, S. 189: „Enforcement incentives are optimal when the incentives of the person en-forcing the law are perfectly aligned with the socially desirable incentives to enforce the law, i.e. when the marginal social benefits from enforcing the law are equal to marginal social enforcement costs."

[770] *Klöhn*, in: R. Schulze (Hrsg.), Compensation of Private Losses, S. 190 Für Verfolgungsrechts der Geschädigten *Shavell*, Foundations of Economic Analysis of Law, S. 578 ff.; *Roach/Trebilcock*, Osgoode Hall L. J. 34 (1996), 461, 480; *Landes/Posner*, J. Legal Stud. 4 (1975), 1, 33 ff.

[771] *Roach/Trebilcock*, Osgoode Hall L. J. 34 (1996), 461, 480; *Klöhn*, in: R. Schulze (Hrsg.), Compensation of Private Losses, S. 190: „Private incentives to enforce the law seem tob e optimal when private parties are the victims of the violation of law".

[772] Siehe dazu bereits oben unter§ 4 B. I. Vgl. dennoch die Erwägungen hierzu bei *Roach/Trebilcock*, Osgoode Hall L. J. 34 (1996), 461, 480.

[773] *Landes/Posner*, J. Legal Stud. 4 (1975), 1, 35 Vgl. *Hempel*, Privater Rechtsschutz im Kartellrecht, S. 261.

[774] *Landes/Posner*, J. Legal Stud. 4 (1975), 1, 32.

[775] Dazu bereits oben unter § 4 B. II. 3) und insbes. *Polinsky*, J. Legal Stud. 9 (1980), 105, 107 f.

tur die Entkoppelung der Höhe der Belohnung des Durchsetzenden von der Höhe der Strafe (*decoupling*) und die Verhängung kostenintensiver Freiheitsstrafen.[776] Schwierigkeiten bestehen auch, wenn es wie im Falle opferloser Delikte wie bei Umweltschädigungen keine Opfer gibt, die die öffentlichen Interessen mit entsprechendem Anreiz durchsetzen könnten. Die Durchsetzung durch dritte private Kläger würde hier zusätzliche Gewinnanreize erfordern. Um dies noch effizient zu gestalten und *over-enforcement* zu vermeiden, müssten diese sich am entstandenen gesamtgesellschaftlichen Schaden orientieren.[777] Das mag zwar im Falle des ökologischen Schadens lukrativ sein, ein sozialer oder ökologischer Schaden ist aber in vielen Fällen kaum kalkulierbar.[778]

Des Weiteren liegen bei sehr geringen Schäden einzelner Opfer nur geringe Anreize zur Rechtsdurchsetzung vor. Der Gewinn muss dann hoch genug sein, um hohe Rechtsverfolgungskosten und den Aufwand der Rechtsverfolgung für den einzelnen Kläger zu decken. Gewinnanreize richten sich in der US-amerikanischen privaten Rechtsdurchsetzung auch explizit an die Anwaltschaft z.B. in Form eines Erfolgshonorars (*contingency fees*), das durch die erhöhten Summen entsprechend höher ausfällt.[779] Sind von einer Verletzung eine Vielzahl von Opfern betroffen und fällt der gesamtgesellschaftliche Schaden groß, aber der Schaden des einzelnen Geschädigten gering aus, können kollektive Rechtsschutzformen die Anreizprobleme lösen und gesamtgesellschaftlich die effizientere Durchsetzungsform darstellen.[780] Eine andere Form des Anreizes bieten Ansprüche auf Vorteils- oder Gewinnabschöpfung, wie sie beispielsweise § 10 UWG und § 34a GWB vorsehen.[781] Fällt der gesamtgesellschaftliche Schaden geringer als der Vorteil des Täters aus, schreckt Vorteils- und Gewinnabschöpfung allerdings von ökonomisch erwünschtem Verhalten ab.[782] Ein Anspruch auf Vorteils- und Gewinnabschöpfung ist vor diesem Hintergrund jedenfalls dann sinnvoll, wenn die Erfassung und Bezifferung des gesamten entstandenen Schadens nur schwer möglich ist.[783]

Zuletzt ist anzumerken, dass private Kläger außerhalb ökonomischer Modelle nicht ausschließlich aufgrund finanzieller Anreize handeln. Beispielsweise seien in umweltrechtlichen Klagen private Klagen in der Realität auch von Gerechtigkeitserwägungen zum Schutze der Umwelt und natürlicher Ressourcen getragen.[784] Dies be-

---

[776] S. dazu bereits oben unter § 4 B. II. 3). Die Lösungsansätze werfen Folgefragen der Bestechung und Korruption und wiederum des *over-enforcements* auf. Vgl. dazu u.a. *Landes/Posner*, J. Legal Stud. 4 (1975), 1, 25 Vgl. *Hempel*, Privater Rechtsschutz im Kartellrecht, S. 260 ff., m.w.N.

[777] *Klöhn*, in: R. Schulze (Hrsg.), Compensation of Private Losses, S. 192.

[778] Zum Beispiel der privaten Rechtsdurchsetzung des Umweltrechts, in dem hohe Schäden anfallen, vgl. *Austin*, Nw. U. L. Rev. 81 (1987), 220, 256. Zu letzterem Beispiel vgl. *Klöhn*, in: R. Schulze (Hrsg.), Compensation of Private Losses, S. 190.

[779] *Reimann*, in: Stiftung Gesellschaft für Rechtspolitik Trier/Institut für Rechtspolitik an der Universität Trier (Hrsg.), Bitburger Gespräche Jahrbuch 2008/I, S. 130 f.

[780] Dazu sogleich näher unten unter § 4 D. I.

[781] Dazu *Poelzig*, Normdurchsetzung durch Privatrecht, S. 378.

[782] *Segal/Whinston*, ECLR 28 (2007), 306, 312; *Poelzig*, Normdurchsetzung durch Privatrecht, S. 378.

[783] *Poelzig*, Normdurchsetzung durch Privatrecht, S. 378.

[784] So *Klöhn*, in: R. Schulze (Hrsg.), Compensation of Private Losses, S. 191, mit Verweis auf *Austin*, Nw. U. L. Rev. 81 (1987), 220, 257, m.w.N.; *Rose*, Colum. L. Rev. 108 (2008), 1301, 1338 f.

trifft besonders Klagen durch Verbände und andere Interessenvertreter.[785] Darüber hinaus gibt es auch Anreize, die nicht in einem direkten finanziellen Gewinn der privaten Kläger liegen, sondern in der Schädigung des Beklagten oder langfristiger anderer Vorteile.[786] Ein Beispiel hierfür sind mit einer Klage erzielte Reputationsschäden des Beklagten.[787] Solche Anreize verleiten private Kläger zu exzessiver Rechtsverfolgung, weil sie die dafür anfallenden Kosten nicht tragen müssen.[788] Um aus gesamtgesellschaftlicher Sicht nicht noch zusätzliche Kosten durch die Rechtsverfolgung zu produzieren,[789] sollten die Rechtsdurchsetzungsinstrumente privater Kläger in diesen Fällen präzise austariert sein.[790] Bei behördlicher Durchsetzung ist diese Gefahr wegen des begrenzten behördlichen Budgets geringer.[791]

4. Durchsetzungsstrategie

Private Durchsetzung macht es schwieriger, einheitliche Durchsetzungsstrategien zu verfolgen. Dies bezieht sich sowohl auf behördlich verfolgte Durchsetzungsstrategien, kooperative Formen der Durchsetzung und die überschießende Durchsetzung gegenüber sozial erwünschtem Verhalten.

Private Kläger verfolgen ihre eigene Durchsetzungs-Agenda.[792] Dies kann regulatorische Durchsetzungsstrategien verzerren.[793] Behörden können ihre Aufmerksam-

---

[785] *Coffee, JR.*, Md. L. Rev. 42 (1983), 215, 235; *Austin*, Nw. U. L. Rev. 81 (1987), 220, 257 *Austin* hält fest, dass die Anreize eines solchen ideologischen Klägers, „ideological plaintiff", den Anreizen einer behördlichen Durchsetzungsbeamten mehr entsprechen würden als denen eines gewinnorientierten privaten Klägers. Die Klageanreize von Verbänden liegen nicht nur in der Gewinnsumme, sondern auch in der Gewinnung neuer Mitglieder und Aufträge. *Stephenson*, Va. L. Rev. 91 (2005), 93, 115, m.w.N.; *Boyer/Meidinger*, Buff L. Rev. 34 (1985), 833, 840: „[...] plaintiff groups may have principled incentives arising from their commitment to environmental values, as well as organizational incentives to bring suits for the purpose of attracting or retaining members."

[786] Allgemein zum Auseinanderstreben von privaten und sozialen Vorteilen privater Kläger *Shavell*, J. Legal Stud. 26 (1997), 575, 577 ff. *Shavell* führt als Beispiel u.a. die Unterschiede der privaten Vorteile und der mit der Rechtsverfolgung sozial erwünschten Abschreckung an. Vgl. außerdem *Stephenson*, Va. L. Rev. 91 (2005), 93, 114 ff.

[787] *Stephenson*, Va. L. Rev. 91 (2005), 93, 115 f., m.w.N.; *Roach/Trebilcock*, Osgoode Hall L. J. 34 (1996), 461, 485: „strategic behaviour", jeweils mit Verweis auf *Brodley*, Mich. L. Rev. 94 (1995), 1, 45; *Klöhn*, in: R. Schulze (Hrsg.), Compensation of Private Losses, S. 196.

[788] *Klöhn*, in: R. Schulze (Hrsg.), Compensation of Private Losses, S. 196; *Stephenson*, Va. L. Rev. 91 (2005), 93, 114; *Shavell*, J. Legal Stud. 26 (1997), 575, 577 f.

[789] So *Stephenson*, Va. L. Rev. 91 (2005), 93, 115, m.w.N.; *Klöhn*, in: R. Schulze (Hrsg.), Compensation of Private Losses, S. 196: „This danger is especially severe if private parties derive benefits from litigation which, from a social perspective, do not justify additional enforcement costs."

[790] *Roach/Trebilcock*, Osgoode Hall L. J. 34 (1996), 461, 485: „[...] the dangers of strategic, non public-regarding behaviour [...] require careful management of the procedures available to litigants". *Shavell*, J. Legal Stud. 26 (1997), 575, 579: „The general consequence of the possibility of a divergence between the private and the social incentive to use the legal system is that social intervention may be justified. Where private incentives to use the legal system are excessive, restrictions on its use may be desirable. Such restrictions should be expansively interpreted to include all manner of policies discouraging suit (including its outright prohibition in some areas), policies promoting settlement, and policies intended to reduce litigation expenditures (such as procedural rules limiting discovery, the time allowed for the filing of motions, or the number and qualifications of experts). Conversely, where private incentives to use the legal system are inadequate, encouragement of litigation may be beneficial, and policies to effect this should likewise be broadly viewed."

[791] *Klöhn*, in: R. Schulze (Hrsg.), Compensation of Private Losses, S. 196.

[792] *Stephenson*, Va. L. Rev. 91 (2005), 93, 118.

keit auf bestimmte Bereiche lenken und konzentrieren, sodass andere Bereiche vernachlässigt werden.[794] Die abschreckende Wirkung privater Durchsetzung ist geeignet, Kooperationen und Verhandlungen hinsichtlich der Normdurchsetzung zwischen Behörden und erfassten Normadressaten zu erschweren.[795] Das wiederum verhindert die Stabilisierung einer langfristigen Zusammenarbeit nach Rechtsverstößen.[796] Hier zeigt sich das Problem, dass zwar Abschreckung durch potentielle Zivilklagen wirkungsvoll ist, diese aber mit einem gewissen Niveau an kooperativen Elementen abgestimmt werden sollte.[797]

Ein weiteres Argument gegen private Rechtsdurchsetzung knüpft hieran an. Private Rechtsdurchsetzung schrecke die Industrie von präziser Selbstregulierung ab.[798] Freiwillige Compliance sei wegen des begrenzten Budgets der Behörden aber effizient.[799] Präzise von der Wirtschaft entwickelte Verhaltensstandards, die die Behörden anerkennen, entlasten zusätzlich die öffentlich-rechtlichen Regulierungsstellen.[800] Die Kehrseite dieses Arguments ist allerdings, dass die selbst auferlegten Verhaltensstandards, umso präziser sie ausgestaltet sind, dazu geeignet sind, Grundlage zivilrechtlicher Haftung zu werden.[801]

Eine Schwierigkeit der privaten Rechtsdurchsetzung im Zusammenhang mit Durchsetzungsstrategien ist der Umgang mit überschießend formulierten Normen. Behördliche Durchsetzungsorgane können in diesem Fall ihr Durchsetzungsermessen effizient nutzen und entscheiden, dass sie Verstöße gegen den überschießend erfassten Teil nicht durchsetzen werden.[802] Aus rechtsökonomischer Sicht klagen private

---

793 *Stephenson*, Va. L. Rev. 91 (2005), 93, 118 f.; *Austin*, Nw. U. L. Rev. 81 (1987), 220, 236. Zum Beispiel solcher Verzerrungen im Umweltrecht *Cross*, Temp. Envtl. L. & Tech. J. 8 (1989), 55, 68 f.

794 *Cross*, Temp. Envtl. L. & Tech. J. 8 (1989), 55, 68 führt als Beispiel geografische Verzerrungen bei der Durchsetzung von (US-amerikanischem) Umweltrecht an.

795 *Stewart/Sunstein*, Harv. L. Rev. 95 (1982), 1193, 1292 f.: „Private rights of action may also impair anagency's ability to harmonize potentially conflicting statutory provisions and to negotiate with regulated firms and other affected interests in order to establish a workable and consistent regulatory system."; *Cross*, Temp. Envtl. L. & Tech. J. 8 (1989), 55, 67; *Stephenson*, Va. L. Rev. 91 (2005), 93, 117 f.; *Blomquist*, Ga. L. Rev. 22 (1988), 337, 409 f.; mit Beispielen zu Auswirkungen auf Erlaubnisse zur Abwassereinleitung nach dem Federal Water Pollution Control Act (NPDES Permits), vgl. *Bucy*, S. CaL. L. Rev. 76 (2002), 1, 64 f.; *Klöhn*, in: R. Schulze (Hrsg.), Compensation of Private Losses, S. 193.

796 *Stephenson*, Va. L. Rev. 91 (2005), 93, 118; *Rose*, Colum. L. Rev. 108 (2008), 1301, 1336 f.

797 *Cross*, Temp. Envtl. L. & Tech. J. 8 (1989), 55, 67: „In all likelihood, some combination of deterrence and cooperation will produce maximum compliance."; vgl. *Stephenson*, Va. L. Rev. 91 (2005), 93, 117.

798 *Stephenson*, Va. L. Rev. 91 (2005), 93, 118; *Bucy*, S. CaL. L. Rev. 76 (2002), 1, 65; *Blomquist*, Ga. L. Rev. 22 (1988), 337, 411; *Klöhn*, in: R. Schulze (Hrsg.), Compensation of Private Losses, S. 193.

799 *Cross*, Temp. Envtl. L. & Tech. J. 8 (1989), 55, 67.

800 Siehe zu den Vor- und Nachteilen von Selbstregulierung oben unter § 3 A. III. Dazu im hier diskutierten Kontext *Blomquist*, Ga. L. Rev. 22 (1988), 337, 411; *Stephenson*, Va. L. Rev. 91 (2005), 93, 118.

801 *Bucy*, S. CaL. L. Rev. 76 (2002), 1, 65; *Blomquist*, Ga. L. Rev. 22 (1988), 337, 411; *Stephenson*, Va. L. Rev. 91 (2005), 93, 118. Dieses Argument findet sich auch in der Diskussion über die Selbstregulierung von CSR, vgl. *B. Schneider*, NZG 2019, 1369, 1377 f.

802 *Landes/Posner*, J. Legal Stud. 4 (1975), 1, 38; dazu *Klöhn*, in: R. Schulze (Hrsg.), Compensation of Private Losses, S. 194; *Posner*, Economic Analysis of Law, S. 864.

gewinnorientierte Kläger in diesen Fällen dagegen den winkenden Gewinn ein.[803] Hier spart behördliche Durchsetzung soziale Kosten, die mit der Abschreckung und Verfolgung von eigentlich sozial erwünschtem Verhalten verbunden sind.[804] Die Alternative, präzise Normen zu formulieren, ist aus ökonomischer Sicht dagegen kostspielig.[805] Zwar könnte man Normen anstatt eines weiten und auslegungsbedürftigen Wortlauts auch eng formulieren. Dies birgt aber die Gefahr, dass die Regelung Schlupflöcher öffnet, die im Falle des Verstoßes wiederum soziale Kosten hervorrufen.[806] Eine Möglichkeit wäre es, die Entscheidung über das „Ob" der Durchsetzung den Gerichten aufzugeben. Aus ökonomischer Sicht würde das Problem dann aber nur auf eine andere staatliche Stelle verlagert.[807] Hinzu kommt, dass Gerichte nur *ex post* entscheiden, während eine Behörde Durchsetzungsstrategien schon im Voraus umsetzen kann.[808]

5. Rechtsentwicklung

Ein weiteres Unterscheidungskriterium liegt in der Inanspruchnahme der Gerichte. Einerseits belastet private Rechtsdurchsetzung die Gerichte, trägt dadurch aber maßgeblich zur Rechtsfortbildung bei.[809] In diesem Zusammenhang betont US-amerikanische Literatur, dass die wichtigsten Kartellrechtsentscheidungen des U.S. Supreme Courts sowie wichtige Fälle im Anti-Diskriminierungsrecht auf private Klagen zurückgehen würden.[810] Private Kläger seien im Gegensatz zu Behörden im Hinblick auf die Entwicklung von Klagestrategien und neuer rechtlicher Argumente besonders kreativ und innovativ.[811] Dabei darf aber nicht übersehen werden, dass US-amerikanische Zivilprozesse, die nicht bereits in der vorprozessualen Phase („*motion*

---

[803] *Landes/Posner*, J. Legal Stud. 4 (1975), 1, 38. Im Falle ideologischer Kläger (S. oben Fn. 538) ist eine Entscheidung gegen Durchsetzung in Einzelfällen eher zu erwarten, vgl. *Rose*, Colum. L. Rev. 108 (2008), 1301, 1338: „[...] non-profit-driven private enforcers might in fact be motivated to engage in a form of discretionary nonenforcement."

[804] *Landes/Posner*, J. Legal Stud. 4 (1975), 1, 38 f. *Stephenson*, Va. L. Rev. 91 (2005), 93, 116; *Klöhn*, in: R. Schulze (Hrsg.), Compensation of Private Losses, S. 194.

[805] *Landes/Posner*, J. Legal Stud. 4 (1975), 1, 38 f. Zur Komplexität rechtlicher Regelungen aus rechtsökonomischer Sicht vgl. *Kaplow*, Journal of Law, Economics, & Organization 11 (1995), 150, 150 ff. Zu überschießenden und engen Regeln *Kaplow*, Duke L. J. 42 (1992), 557, 586 ff. Zum Gesamten s.a. *Stephenson*, Va. L. Rev. 91 (2005), 93, 116 f.; *Klöhn*, in: R. Schulze (Hrsg.), Compensation of Private Losses, S. 194.

[806] *Landes/Posner*, J. Legal Stud. 4 (1975), 1, 38 f.; *Stephenson*, Va. L. Rev. 91 (2005), 93, 117.

[807] *Landes/Posner*, J. Legal Stud. 4 (1975), 1, 40.

[808] *Klöhn*, in: R. Schulze (Hrsg.), Compensation of Private Losses, S. 195 Für eine ausführliche Gegenüberstellung der Regulierung durch Behörden und durch Gerichte vgl. *Posner*, Economic Analysis of Law, S. 871 ff.

[809] *Roach/Trebilcock*, Osgoode Hall L. J. 34 (1996), 461, 481; *Klöhn*, in: R. Schulze (Hrsg.), Compensation of Private Losses, S. 195 Jeweils mit Referenz auf *Priest/Klein*, J. Legal Stud. 13 (1984), 1, 1 ff.

[810] Zum Kartellrecht *First*, Antitrust L. J. 64 (1995), 137, 179 f. Vgl. *Roach/Trebilcock*, Osgoode Hall L. J. 34 (1996), 461, 481; *Stephenson*, Va. L. Rev. 91 (2005), 93, 113; *Klöhn*, in: R. Schulze (Hrsg.), Compensation of Private Losses, S. 195 Zum Anti-Diskriminierungsrecht vgl. *Selmi*, UCLA L. Rev. 45 (1998), 1401, 1403; *Stephenson*, Va. L. Rev. 91 (2005), 93, 113.

[811] *Stephenson*, Va. L. Rev. 91 (2005), 93, 112 f.; *Kern*, ZZPInt 12 (2007), 351, 360 f.; *Thompson, JR.*, U. Ill. L. Rev. 2000, 185-236, 188, 206-209; *Klöhn*, in: R. Schulze (Hrsg.), Compensation of Private Losses, S. 195.

stage") scheitern, hauptsächlich verglichen werden.[812] Dies reduziert die Inanspruchnahme gerichtlicher Ressourcen,[813] trägt aber nicht zur Rechtsfortbildung bei.

6. Vermeidung von Schwächen behördlicher Durchsetzung

Eine wichtige Stärke der privaten Rechtsdurchsetzung liegt in der Umgehung der spezifischen mit behördlicher Rechtsdurchsetzung verbundenen Gefahren. Dazu gehören in erster Linie die begrenzten Ressourcen und die geringere Anreizstruktur, die nicht das Niveau der privaten Durchsetzung erreichen können.[814] Dies gilt umso mehr, je komplexer und vielschichtiger die zu überwachenden Prozesse und Akteure werden (und damit auch im Hinblick auf die Kontrolle global handelnder Wirtschaftsunternehmen und -konzerne).[815] Allerdings unterliegt die behördliche Durchsetzung dadurch auch nicht der Gefahr des *over-enforcement.*[816] Eine weitere Schwäche behördlicher Rechtsdurchsetzung ist die Gefahr der Bestechlichkeit und Korruption, wenn die Bezahlung der Beamten nicht optimal hoch ist.[817] Behördliches Handeln ruft zudem Probleme aus der *Public Choice* Theorie hervor. Behörden können ihr Ermessen missbräuchlich ausnutzen, um ihr Handeln zugunsten einer politischen oder wirtschaftlichen Interessengruppe oder der öffentlichen Aufmerksamkeit auszurichten.[818] Im Falle spezialisierter Aufsichtsbehörden droht die Gefahr, dass diese zugunsten der Interessen der regulierten Entitäten handeln, sog. *regulatory capture*.[819]

---

[812] *Reimann*, in: Stiftung Gesellschaft für Rechtspolitik Trier/Institut für Rechtspolitik an der Universität Trier (Hrsg.), Bitburger Gespräche Jahrbuch 2008/I, S. 138.

[813] Dazu vergleichend mit der Praxis kontinentaleuropäischer Gerichte *Reimann*, in: Stiftung Gesellschaft für Rechtspolitik Trier/Institut für Rechtspolitik an der Universität Trier (Hrsg.), Bitburger Gespräche Jahrbuch 2008/I, S. 137 f. Zur Inanspruchnahme gerichtlicher Ressourcen durch private Rechtsdurchsetzung außerdem *Stewart/Sunstein*, Harv. L. Rev. 95 (1982), 1193, 1293 f.

[814] Zur mangelnden Anreizstruktur vgl. *G. S. Becker/Stigler*, J. Legal Stud. 3 (1974), 1, 1 ff.; *Kern*, ZZPInt 12 (2007), 351, 360 f. Zum begrenzten Budget vgl. *Landes/Posner*, J. Legal Stud. 4 (1975), 1, 36 ff. Mit Beispielen aus der behördlichen Überwachung von Gesetzen über Wildtierbestände in den USA *Thompson, JR.*, U. Ill. L. Rev. 2000, 185-236, 191–192.

[815] *Kern*, ZZPInt 12 (2007), 351, 360.

[816] *Landes/Posner*, J. Legal Stud. 4 (1975), 1, 36 ff. Siehe außerdem oben unter § 4 B. II. 2.

[817] Dazu bereits *G. S. Becker/Stigler*, J. Legal Stud. 3 (1974), 1, 5 ff., die auch ein Berechnungsmodell für die optimale Bezahlung von Beamten vorstellen. *Becker/Stigler* erachten eine optimale Bezahlung von Beamten aber nicht als hinreichend für das optimale Rechtsdurchsetzungsniveau (S. 13). Vgl. dazu außerdem oben unter § 4 B. II. 1 und 2.

[818] *Stephenson*, Va. L. Rev. 91 (2005), 93, 110, m.w.N.; *Kern*, ZZPInt 12 (2007), 351, 361; *Klöhn*, in: R. Schulze (Hrsg.), Compensation of Private Losses, S. 189; *Thompson, JR.*, U. Ill. L. Rev. 2000, 185-236, 191. Zu „Case Selection by Public Agencies" vgl. *Posner*, Economic Analysis of Law, S. 866 ff.

[819] *Klöhn*, in: R. Schulze (Hrsg.), Compensation of Private Losses, S. 190; *Stephenson*, Va. L. Rev. 91 (2005), 93, 110; *Bucy*, S. CaL. L. Rev. 76 (2002), 1, 32 f.; *Boyer/Meidinger*, Buff L. Rev. 34 (1985), 833, 843 f.; *Stewart/Sunstein*, Harv. L. Rev. 95 (1982), 1193, 1294; *Cohen/Rubin*, Yale J. on Reg. 3 (1985), 167, 170-172, insbes. in Fn. 23. Eine der ersten Arbeiten zu *regulatory capture* stammt von *Bernstein, Regulating Business by Independent Commission, S. 74 ff.*, der einen vierphasigen Lebenszyklus von Aufsichtskommissionen herausarbeitet, in deren zweiten Phase die Kommissionen zwar zunächst aggressiv zugunsten des öffentlichen Interesses, bereits in der nächsten Phase aber zugunsten der Aufsichtsunterworfenen handeln: „The close of the period of maturity is marked by the commission's surrender to the regulated. Politically isolated, lacking a firm basis of public support, lethargic in attitude and approach, bowed down by precedent and backlogs, unsupported in its demands for more staff and money, the commission finally becomes a captive of the regulated groups." (S. 90). Vgl. allgemein zu *regulatory capture* sowie zu *Bernsteins* Theorie *Pos-*

Hier kann ergänzende private Rechtsdurchsetzung korrigierend wirken, indem private Klagen die Durchsetzungslücken füllen, Druck auf die jeweilige Behörde ausüben und die Prioritäten von Lobbygruppen verändern.[820]

7. Zwischenergebnis

Die Diskussion zeigt, dass im Verhältnis zwischen privater und behördlicher Rechtsdurchsetzung nicht pauschal eine bestimmte Durchsetzungsform der anderen vorzuziehen ist. Für eine Gegenüberstellung sind umfassende, komplexe Berechnungen über Kosten und Nutzen der jeweiligen Durchsetzungsmechanismen und ihre Effekte anzustellen.[821] Lösungen müssen tatsächliche Umstände und die Rechtslage berücksichtigen[822], darunter die Abfassung der Normen, die Arbeitsweise der Justiz, das Ineinandergreifen mit anderen Durchsetzungsregularien und ob es prozessuale Erleichterungen für private Parteien gibt. Eine entscheidende Rolle spielen außerdem die Art und Höhe der Schäden, die Anzahl der Geschädigten und die Information über die Identität des Täters. Können die Geschädigten die Täter ohne größere Hürden identifizieren, spricht voraussichtlich mehr für die Nutzung dieser Information durch private Rechtsdurchsetzung.[823] Ist ein großer Ermittlungsaufwand erforderlich, deutet obige Diskussion stärker in Richtung der behördlichen Rechtsdurchsetzung.[824] Private Durchsetzung ist wegen der dann vorhandenen Anreizstruktur vorteilhaft, wenn der Nutzen, den die durchsetzende Partei aus der Durchsetzung zieht, höher ist als die Durchsetzungskosten. Allerdings droht hier bei sehr hohen Vorteilen die Gefahr des *over-enforcement*. Ist der Vorteil aus der Rechtsdurchsetzung gering, weil im Falle hoher Schäden die Zahlungsfähigkeit des Täters die Deckung der Durchsetzungskosten verhindert, ist die behördliche Durchsetzung vorzugswürdig.[825] Eine generell effizientere Form der Rechtsdurchsetzung ist folglich auch in den einzelnen Rechtsgebieten schwer pauschal bestimmbar. Stattdessen kann die ökonomische Analyse Defizite in der Rechtslage aufdecken und durch ergänzende und aufeinander aufbauende Bestimmungen auf Verbesserungen hinwirken.[826] Vor diesem Hintergrund sind die in der Praxis vorherrschenden hybriden Modelle zu verstehen. Auf diese soll der nächste Abschnitt einen kurzen Blick werfen.

IV. Hybride Rechtsdurchsetzung

Die oben aufgegriffene Gegenüberstellung von *public* und *private enforcement* bildet nicht die Rechtswirklichkeit ab. In dieser stehen vielmehr beide Durchsetzungs-

---

ner, Economic Analysis of Law, S. 876 ff. Rechtfertigung für eine wirtschaftsfreundlichere Durchsetzung ist die Aufrechterhaltung der Attraktivität des Wirtschaftsstandorts, um Regulierungswettbewerb zu verhindern und ein damit verbundenes *race-to-the-bottom* der Standards zu verhindern, vgl. *Thompson, JR.*, U. Ill. L. Rev. 2000, 185-236, 191, m.w.N.; *Bucy*, S. CaL. L. Rev. 76 (2002), 1, 33.

[820] *Stephenson*, Va. L. Rev. 91 (2005), 93, 110 ff.; *Klöhn*, in: R. Schulze (Hrsg.), Compensation of Private Losses, S. 190.

[821] Vgl. *Klöhn*, in: R. Schulze (Hrsg.), Compensation of Private Losses, S. 186 f.

[822] *Klöhn*, in: R. Schulze (Hrsg.), Compensation of Private Losses, S. 186 f.; *Stephenson*, Va. L. Rev. 91 (2005), 93, 106.

[823] *Shavell*, Foundations of Economic Analysis of Law, S. 581.

[824] *Shavell*, Foundations of Economic Analysis of Law, S. 581.

[825] Ebenso *Roach/Trebilcock*, Osgoode Hall L. J. 34 (1996), 461, 477.

[826] *Ackermann*, in: Casper/Klöhn/Roth/Schmies (Hrsg.), FS Köndgen, S. 11 f.

formen nebeneinander.[827] Folglich gilt es, sie unter Beachtung der oben dargelegten rechtlichen und ökonomischen Anforderungen aufeinander abzustimmen. Private Rechtsdurchsetzung kann Informations- und Anreizdefizite der Behörden ausgleichen[828] und ergänzen.[829] Auf der anderen Seite hat behördliche Rechtsdurchsetzung das Potenzial, die private Rechtsdurchsetzung zu ergänzen, wenn diese wegen hoher Ermittlungskosten und geringen Anreizen mangelhaft ist.[830] Ein Beispiel für eine Ergänzung sind *follow-on*-Klagen im Anschluss an ein behördliches Aufsichtsverfahren mit Akteneinsichtsrechten der Kläger in die behördlichen Verfahrensakten.[831] Infrage kommt auch eine Bindungswirkung behördlicher und verwaltungsgerichtlicher Entscheidungen.[832] Eine Bindungswirkung kann allerdings die Zusammenarbeit und Vertraulichkeit zwischen Normadressat und Behörde schwächen, ebenso wie Aussage-Anreize von Kronzeugen, die in *follow-on*-Klagen mit zivilrechtlicher Haftung rechnen müssen.[833] Für die Koordinierung der widerstreitenden Positionen ist auf die Besonderheiten der jeweils zu regelnden Materien sowie auf den jeweiligen Rechtskreis Rücksicht zu nehmen.[834] Außerdem ist darauf zu achten, dass bei paralleler Anwendung der Durchsetzungsformen keine zu hohe Abschreckung erfolgt und der Normadressat dadurch zusätzlich von erwünschtem Verhalten absieht.[835] Hinzu kommt die Gefahr divergierender Normauslegung durch Behörden und Gerichte.[836]

---

[827] Vgl. *G. Wagner*, AcP 206 (2006), 352, 438 ff.; *Basedow*, in: Schmidt-Kessel (Hrsg.), Rechtsdurchsetzung ohne Staat, S. 111 f.; *Poelzig*, in: Möslein (Hrsg.), Regelsetzung im Privatrecht, S. 228. Vgl. dazu auch die oben unter § 4 B. I. 1.) skizzierten parallel bestehenden Regime der privaten und behördlichen Durchsetzung im Kartellrecht und Umweltrecht.

[828] *Veil/Brüggemeier*, in: Fleischer/Kalss/Vogt (Hrsg.), Enforcement im Gesellschafts- und Kapitalmarktrecht 2015, S. 308.

[829] Vgl. dazu *G. Wagner*, AcP 206 (2006), 352, 439; *Schmidt-Aßmann*, in: Hoffmann-Riem/Schmidt-Aßmann (Hrsg.), Öffentliches Recht und Privatrecht als wechselseitige Auffangordnungen, S. 18.

[830] *Veil/Brüggemeier*, in: Fleischer/Kalss/Vogt (Hrsg.), Enforcement im Gesellschafts- und Kapitalmarktrecht 2015, S. 308; *Coffee, JR.*, Md. L. Rev. 42 (1983), 215, 224 f.: „it often may be more efficient for public agencies to concentrate on detection (an area where they have the comparative advantage because of their superior investigative resources) and leave the actual litigation of the case to private enforcers, who are frequently more experienced in litigation tactics."

[831] *Poelzig*, in: Möslein (Hrsg.), Regelsetzung im Privatrecht, S. 238 ff.

[832] *Veil/Brüggemeier*, in: Fleischer/Kalss/Vogt (Hrsg.), Enforcement im Gesellschafts- und Kapitalmarktrecht 2015, S. 307 f.

[833] *Poelzig*, in: Möslein (Hrsg.), Regelsetzung im Privatrecht, S. 240 f.

[834] Wie *Poelzig* zeigt, wurde die Frage der Abstimmung bei *follow-on*-Klagen mit Rücksicht auf die Interessenlage im Kartellrecht (Grundsätzliche Möglichkeit der Offenlegung mit Ausnahme von Kronzeugenunterlagen und Vergleichsausführungen, vgl. § 89c GWB) und im Kapitalmarktrecht (grundsätzlicher Ausschluss Privater vom Zugang zu aufsichtsbehördlichen Informationen zugunsten einer funktionierenden Kapitalmarktaufsicht) unterschiedlich gelöst. *Poelzig*, in: Möslein (Hrsg.), Regelsetzung im Privatrecht, S. 241 ff. Allgemein zur Abstimmung von *private* und *public enforcement Kern*, ZZPInt 12 (2007), 351, 378.

[835] *Roach/Trebilcock*, Osgoode Hall L. J. 34 (1996), 461, 480 Zu rechtlichen Grenzen und der Anrechnungslösung von Mehrfachsanktionierungen *Poelzig*, in: Möslein (Hrsg.), Regelsetzung im Privatrecht, S. 249 ff.

[836] Vgl. dazu *Poelzig*, in: Möslein (Hrsg.), Regelsetzung im Privatrecht, S. 244 ff. zu Komplikationen und Lösungen im Kartell- und Kapitalmarktrecht.

C. Effizienz vertragsrechtlicher Durchsetzung

Der folgende Abschnitt geht auf die Spezifika einer effizienten vertragsrechtlichen Durchsetzung als Teil privater Rechtsdurchsetzung ein. Aus rechtsökonomischer Sicht dient das Privatrecht durch Anreizsetzung der Verhaltenssteuerung.[837] Die Verhaltenssteuerung erfolgt auf zwei Wegen: Einerseits hängen die Anreize zur Vertragseinhaltung von der gesetzlichen Ausgestaltung des Haftungssystems ab.[838] Andererseits können Parteien im Rahmen ihrer Vertragsfreiheit etwa durch Vereinbarung von Vertragsstrafen selbst Anreize schaffen.[839] Die Durchsetzung von Verträgen bereitet aus rechtsökonomischer Sicht Probleme, sobald ideale Bedingungen der Vollständigkeit, Explizitheit und symmetrischer Information nicht mehr erfüllt sind. Die Vertragsparteien sehen sich dann Gefahren wie asymmetrischer Information, Opportunismus nach Vertragsschluss und unzureichender Durchsetzbarkeit ausgesetzt. Zur Konzeptualisierung solcher vertragsspezifischen Probleme entwickelte die rechtsökonomische Analyse verschiedene methodologische Theorien, wie die Prinzipal-Agenten-Theorie, Theorien sich selbstdurchsetzbarer bzw. impliziter Verträge und die Transaktionskostentheorie.[840] Vertragsparteien stehen vor dem Hintergrund dieser Gefahren vor der Entscheidung, ein möglichst effizientes Überwachungs- und Durchsetzungssystem einzurichten. Bei der Analyse der vertragsrechtlichen Durchsetzung von CSR stellen sich Probleme adverser Selektion zwischen Verbrauchern und Verkäufern sowie zwischen Herstellern und Lieferanten. Das Problem des moralischen Risikos (*Moral Hazard*) ist von Bedeutung bei der Durchsetzung von CSR-Standards innerhalb der Lieferkette. Die erwähnten Probleme bei der Vertragsdurchsetzung und deren rechtsökonomische Lösungsansätze werden im Folgenden dargestellt.

I. Ökonomische Analyse vertragsrechtlicher Beziehungen

In einer idealen Welt ohne Transaktionskosten und mit frei übertragbaren, eindeutig spezifizierten Handlungsrechten schließen rationale Akteure Austauschgeschäfte, bis eine effiziente Ressourcenallokation erreicht ist (Effizienzhypothese des *Coase*-Theorems) und zwar unabhängig davon, wie die Berechtigungen an den Ressourcen ursprünglich verteilt waren (Invarianzhypothese).[841] In dieser idealen Welt fallen für die Identifikation potenzieller Vertragspartner, das Verhandeln von Vertragsbedingungen oder die Überwachung der Einhaltung der Vertragsbedingungen keine Kosten

---

[837] *G. Wagner*, AcP 206 (2006), 352, 425. Zur Regulierungsfunktion zwingenden und dispositiven Privatrechts *Hellgardt*, Regulierung und Privatrecht, S. 73 ff.

[838] *G. Wagner*, AcP 206 (2006), 352, 426; Zu spezifischen regulatorischen Elementen im allgemeinen und besonderen Schuldrecht *Hellgardt*, Regulierung und Privatrecht, S. 157 ff. Es handelt sich somit um staatliche Verhaltenssteuerung.

[839] *G. Wagner*, AcP 206 (2006), 352, 427. In diesem Fall erfolgt die Verhaltenssteuerung nicht staatlich-regulatorisch, sondern aufgrund des Willens der Vertragsparteien. Zum Verhältnis privatautonomer Selbstbestimmung und staatlicher Verhaltenssteuerung *Hellgardt*, Regulierung und Privatrecht, S. 68 ff.

[840] Dazu *Richter/Furubotn*, Neue Institutionenökonomik, S. 173 ff. Zur Transaktionskostentheorie und Prinzipal-Agenten-Theorie vgl. auch die Ausführungen oben unter § 2 C. I.

[841] *Coase*, J. L. & Econ. 3 (1960), 1, 2 ff. dazu *Schmolke*, in: Towfigh/N. Petersen (Hrsg.), Ökonomische Methoden im Recht, S. 133; *Schäfer/Ott*, Lehrbuch der ökonomischen Analyse des Zivilrechts, S. 73.

an.[842] Alle Vertragspartner haben dasselbe, symmetrische Informationsniveau.[843] Unter solchen Umständen schließen rationale Akteure vollständige Verträge.[844]

In der realen Welt fallen aber Transaktionskosten an.[845] Menschen können aufgrund ihrer eingeschränkten Rationalität nur unvollständig Eventualitäten und Kontingenzen voraussehen und entsprechend handeln.[846] Um dennoch vollständige Verträge zu schließen wäre ein sehr hoher Kostenaufwand erforderlich, der einer effizienten Vertragsregelung entgegensteht. Umso langfristiger die Vertragsbeziehung angesetzt ist (für die Zeit zwischen Vertragsschluss und Erfüllung) und umso komplexer die zu regelnden Sachverhalte sind, desto stärker haben die genannten Faktoren negativen Einfluss auf die Effizienz der vertraglichen Ressourcenallokation.[847] Vertragsrecht hat vor diesem Hintergrund eine transaktionskostensenkende Funktion.[848] Es statuiert eine Risikoallokation, die der eines vollständigen Vertrags nachgebildet ist[849] und schützt die Vertragsparteien vor gegenseitigem *ex ante*- und *ex post*-Opportunismus.[850]

II. Opportunismus vor Vertragsschluss

Vor Vertragsschluss führt asymmetrisch verteilte Information zu dem Problem der adversen Selektion.[851] *Akerlof* veranschaulichte dieses Problem in seinem Aufsatz *„The Market for ‚Lemons'"* am Beispiel des Gebrauchtwagenmarkts.[852] Es soll an dieser Stelle kurz am Beispiel von Kaufverträgen beweglicher Sachen dargestellt werden. Potenziellen, nicht hinreichend informierten Käufern bleibt vor dem Erwerb der Ware die Qualität derselben verborgen. Daraus folgt, dass Käufer nicht bereit sind, mehr als den Erwartungswert der Ware zu zahlen. Da Waren guter Qualität mit

[842] Es kommt nur darauf an, dass ihre Rechte klar definiert und die Auswirkungen von Geschäften vorhersehbar sind; vgl. *Coase*, J. L. & Econ. 3 (1960), 1, 19: „if market transactions were costless, all that matters (questions of equity apart) is that the rights of the various parties should be well-defined and the results of legal actions easy to forecast."

[843] *Richter/Furubotn*, Neue Institutionenökonomik, S. 171.

[844] *Cooter/Ulen*, Law & Economics, S. 291 f.; *Richter/Furubotn*, Neue Institutionenökonomik, S. 167. *Cooter/Ulen* beschreiben einen vollständigen Vertrag als einen Vertrag, der jede mögliche Eventualität berücksichtigt, Risiken und relevante Informationen einbindet und keine Lücken enthält: „Every contingency is anticipated; every risk is internalized; all relevant information is communicated; no gaps remain to fill; no one needs the court's protection from deceit or abuse; nothing can go wrong. Perfect contracts pose no conundrums of interpretation."

[845] *Coase*, J. L. & Econ. 3 (1960), 1, 15 ff.

[846] Siehe dazu bereits oben in der Einführung unter II.

[847] Siehe dazu veranschaulichend die Gegenüberstellung kurzfristiger und besonders langfristiger (relationaler) Verträge bei *MacNeil*, S. CaL. L. Rev. 47 (1974), 691, 738 ff. sowie *Richter/Furubotn*, Neue Institutionenökonomik, S. 167 f. m.w.N.

[848] *Schäfer/Ott*, Lehrbuch der ökonomischen Analyse des Zivilrechts, S. 428; *Schmolke*, in: Towfigh/N. Petersen (Hrsg.), Ökonomische Methoden im Recht, S. 158 f.

[849] *Schäfer/Ott*, Lehrbuch der ökonomischen Analyse des Zivilrechts, S. 428; *Schmolke*, in: Towfigh/N. Petersen (Hrsg.), Ökonomische Methoden im Recht, S. 158, der in diesem Zusammenhang zwischen der Informations-, Entlastungs- und Lückenfüllungsfunktion des Rechts unterscheidet.

[850] *Schäfer/Ott*, Lehrbuch der ökonomischen Analyse des Zivilrechts, S. 428.

[851] Grundlegend *Akerlof A.*, The Quarterly Journal of Economics 84 (1970), 488, 488 ff. Adverse Selektion ist ein Problem, dem sich auch die Prinzipal-Agenten-Theorie angenommen hat. Die schlecht informierte Partei ist der Prinzipal, die besser informierte Partei ist der Agent. Dazu im Hinblick auf Versicherungsverträge *Spence*, Review of Economic Studies 44 (1977), 561, 562 ff. Vgl. *Schmolke*, in: Towfigh/N. Petersen (Hrsg.), Ökonomische Methoden im Recht, S. 138 ff.

[852] *Akerlof A.*, The Quarterly Journal of Economics 84 (1970), 488, 488 ff.

hohen Preisen sich dadurch nicht in der nötigen Stückzahl verkaufen lassen, tritt eine „Abwärtsdynamik“ ein, die zur Folge hat, dass Waren von guter Qualität vom Markt verdrängt werden und sich nur Waren der schlechtesten Qualität auf dem Markt halten.[853] Lösungsmechanismen gegen die adverse Selektion sind sog. *signaling* und *screening*.[854]

Signaling bedeutet, dass die besser informierte Partei Informationen über die Qualität der Ware an die Partei weitergibt, die schlechter informiert ist, und so der Informationsasymmetrie entgegenwirkt.[855] Allerdings müssen Letztere die Informationen auch validieren können, um die gewonnenen Informationen von „falschen“ Informationen über Waren schlechter Qualität zu unterscheiden. Signale sind dafür eine Entscheidungsgrundlage, wenn das Aussenden eines entsprechenden Signals für Verkäufer schlechter Ware unprofitabel ist.[856] Dies ist beispielsweise der Fall bei Produktgarantien.[857] Bei Waren schlechter Qualität tritt der Garantiefall mit höherer Wahrscheinlichkeit ein, weshalb sich ein Garantieversprechen mit gleichem Leistungsumfang kostspieliger für den Verkäufer schlechter Ware auswirkt.[858] Auch im Arbeitsverhältnis tritt adverse Selektion auf. *Signaling* im Bewerbungsprozess funktioniert durch die Ausweisung persönlicher Fähigkeiten und eines bestimmten Bildungsniveaus, wie Schul- und Universitätsabschlüsse.[859] Damit die ausgesendeten Signale auch validierbar sind, muss es sich für Parteien, die die Voraussetzungen des Signals tatsächlich erfüllen, mehr lohnen, in das Signal zu investieren als für solche Parteien, die dem Signal nicht gerecht werden.[860]

Screening ist eine Methode umgekehrter Informationsgewinnung.[861] Dabei bemüht sich die schlechter informierte Partei um Informationsgewinnung über die Qualität der Ware oder Qualitäten des Vertragspartners.[862] Klassisches Beispiel ist das *Screening* potenzieller Versicherungsnehmer durch Versicherungsunternehmen, um Erste-

---

[853] *Schmolke*, in: Towfigh/N. Petersen (Hrsg.), Ökonomische Methoden im Recht, S. 140.

[854] Daneben gibt es auch Lösungen durch konkrete staatliche Interventionen oder durch paternalistisches Vertragsrecht, das nicht rational handelnde Menschen vor eigenen Fehlentscheidungen schützt. Vgl. für einen Überblick zu Lösungsansätzen *Schmolke*, in: Towfigh/N. Petersen (Hrsg.), Ökonomische Methoden im Recht, S. 140 ff.; *Milgrom/Roberts*, Economics, Organization and Management, S. 154 ff.

[855] *Spence*, The Quarterly Journal of Economics 90 (1976), 591, 592; vgl. *Schmolke*, in: Towfigh/N. Petersen (Hrsg.), Ökonomische Methoden im Recht, S. 140 f.; *Milgrom/Roberts*, Economics, Organization and Management, S. 154 ff.

[856] *Spence*, The Quarterly Journal of Economics 90 (1976), 591, 592: „For a signal to be effective, it must be unprofitable for sellers of low quality products to imitate it. That is, high quality sellers must have lower costs for signaling activities.“

[857] *Akerlof A.*, The Quarterly Journal of Economics 84 (1970), 488, 499; *Spence*, The Quarterly Journal of Economics 90 (1976), 591, 592; *Schmolke*, in: Towfigh/N. Petersen (Hrsg.), Ökonomische Methoden im Recht, S. 140 f.

[858] *Schmolke*, in: Towfigh/N. Petersen (Hrsg.), Ökonomische Methoden im Recht, S. 141.

[859] *Spence*, The Quarterly Journal of Economics 87 (1973), 355, 355 ff. Dazu *Richter/Furubotn*, Neue Institutionenökonomik, S. 160; *Milgrom/Roberts*, Economics, Organization and Management, S. 155.

[860] *Milgrom/Roberts*, Economics, Organization and Management, S. 155; *Spence*, The Quarterly Journal of Economics 90 (1976), 591, 592.

[861] Grundlegend *Stiglitz*, The American Economic Review 65 (1975), 283, 283 ff.

[862] *Milgrom/Roberts*, Economics, Organization and Management, S. 156 f.; *Schmolke*, in: Towfigh/N. Petersen (Hrsg.), Ökonomische Methoden im Recht, S. 142 f.

rem passende Vertragskonditionen anzubieten.[863] Das *Screening* kann entweder aktiv durch den schlechter informierten Vertragspartner erfolgen oder durch Selbstselektion.[864] Voraussetzung für Selbstselektion ist eine passende Preisgestaltung durch die Gegenseite, die genug Anreize bietet, die nötige Information offenzulegen.[865]

III. Opportunismus nach Vertragsschluss

Opportunismus der Vertragsparteien spielt auch nach Vertragsschluss eine große Rolle in längerfristigen Vertragsbeziehungen.[866] Die Prinzipal-Agenten-Theorie und die Transaktionskostentheorie haben für opportunistisches Verhalten nach Vertragsschluss Fallgruppen gebildet.[867] Dazu gehören die Ausnutzung transaktionsspezifischer Investitionen und damit verbunden der offene Opportunismus in Form des *hold-up*-Problems[868]. Außerdem drohen verstecktes Handeln und versteckte Informationen des Agenten als Folge der asymmetrischen Informationsverteilung zwischen Agent und Prinzipal.[869]

1. Asymmetrische Information nach Vertragsschluss: *Moral Hazard*

Moral Hazard bezeichnet Anreizprobleme der Parteien, die aus einer Informationsasymmetrie zwischen den Parteien herrühren und zu wohlfahrtsminderndem Verhalten führen.[870] Dazu gehört verstecktes Verhalten (*hidden actions*).[871] Wenn eine Vertragspartei (der Prinzipal) von der anderen Vertragspartei (dem Agenten) ein bestimmtes Verhalten verlangt, aber dessen Einhaltung nicht beobachten kann und auch aus dem Arbeitsergebnis keine Rückschlüsse ziehen kann, besteht das Risiko, dass die besser informierte Partei sich nicht wie vorgegeben verhält.[872] Zum anderen besteht das Risiko, dass die besser informierte Partei Informationen erwirbt und für sich behält, ohne dass die andere Partei erkennen kann, ob eine solche Information in

---

[863] *Rothschild/Stiglitz*, The Quarterly Journal of Economics 90 (1976), 629, 629 ff. Vgl. *Schmolke*, in: Towfigh/N. Petersen (Hrsg.), Ökonomische Methoden im Recht, S. 143.

[864] Bei der Selbstselektion entscheidet sich die informierte Partei durch die Wahl einer entsprechenden Vertragsalternative selbst dazu, die privaten Informationen freizugeben, vgl. *Schmolke*, in: Towfigh/N. Petersen (Hrsg.), Ökonomische Methoden im Recht, S. 143.

[865] Geht eine solche Preisgestaltung fehl, drohen im Versicherungsbeispiel das sog. *pooling equilibrium* und in der Folge Wohlfahrtsverluste, wenn alle Gruppen dasselbe Vertragsmodell abschließen. Vgl. *Schmolke*, in: Towfigh/N. Petersen (Hrsg.), Ökonomische Methoden im Recht, S. 145 f.

[866] Opportunismus ist nach *Williamson*, The Economic Institutions of Capitalism, S. 47: „self-interest seeking with guile".

[867] Zu Opportunismus nach Vertragsschluss bei der vertragsrechtlichen Durchsetzung von CSR-Standards siehe § 6. A. II. und § 6. B. II.

[868] Zum *hold up*-Szenario als „Raubüberfall" *Richter/Furubotn*, Neue Institutionenökonomik, S. 156.

[869] *Schmolke*, in: Towfigh/N. Petersen (Hrsg.), Ökonomische Methoden im Recht, S. 152 f.

[870] *Schmolke*, in: Towfigh/N. Petersen (Hrsg.), Ökonomische Methoden im Recht, S. 151 Zu *Moral Hazard* auch *Milgrom/Roberts*, Economics, Organization and Management, S. 185 ff.

[871] Grundlegend *Arrow*, in: Pratt/Zeckhauser (Hrsg.), Principals and Agents: The Structure of Business, S. 38 ff.; vgl. *Richter/Furubotn*, Neue Institutionenökonomik, S. 173 ff.; *Schmolke*, in: Towfigh/N. Petersen (Hrsg.), Ökonomische Methoden im Recht, S. 151 ff.

[872] „The most typical hidden action is the effort of the agent. Effort is a disutility tot he agent, but it has a value tot he principal in the sense that it increases the likelihood of a favorable outcome".

ihrem Interesse genutzt wird (*hidden information*).[873] Für beide Probleme entwickelte die Prinzipal-Agenten Theorie Lösungen. Ohne die Prinzipal-Agenten-Beziehung durch strukturelle Änderungen (zum Beispiel der Eigentumsverhältnisse) zu eliminieren,[874] stehen im Wesentlichen drei verschiedene Ansätze zur Verfügung. Dazu gehört zunächst die Überwindung des Informationsdefizits des Prinzipals durch Überwachung des Agenten (*monitoring)* mithilfe von Berichten, Kontrollen oder Überwachung durch Dritte.[875] Außerdem ist die Angleichung der Interessen des Agenten an diejenigen des Prinzipals mittels einer Belohnung ein Lösungsmechanismus (*alignment of interests)*.[876] Beispiele für eine solche Belohnung sind die Erfolgsbeteiligung und anreizsteuernde Bezahlung.[877] Der dritte Ansatz ist das sog. *bonding*[878]. Hier muss der Agent eine bestimmte Summe leisten oder eine nichtfinanzielle Sanktion hinnehmen, wenn opportunistisches Verhalten seinerseits aufgedeckt wird.[879] Die Summe kann zum Beispiel in einer Kaution oder in einer Vertragsstrafe bestehen.[880] Sie ist aber durch die Zahlungsfähigkeit des Agenten begrenzt.[881] Für die Überwachung und die Etablierung von Anreiz- und Sanktionsmechanismen fallen allerdings Kosten an. Zusammen mit dem Verlust, den der Prinzipal auch trotz optimaler Sicherungsmechanismen durch abweichendes Agentenverhalten erleiden wird, errechnen sich hieraus die Agency-Kosten.[882]

2. Ausnutzung transaktionsspezifischer Investitionen und *Hold-Up*

Die Eingehung langfristiger Vertragsbeziehungen bzw. relationaler Verträge[883] bringt durch wiederholte Investition in das Vertragsverhältnis eine zweiseitige Abhängigkeit mit sich und birgt die Gefahr, dass höhere vertragsspezifische Investitio-

---

[873] Grundlegend *Arrow*, in: Pratt/Zeckhauser (Hrsg.), Principals and Agents: The Structure of Business, S. 38 ff.; vgl. *Richter/Furubotn*, Neue Institutionenökonomik, S. 173 ff.; *Schmolke*, in: Towfigh/N. Petersen (Hrsg.), Ökonomische Methoden im Recht, S. 151 ff.

[874] Dazu *Milgrom/Roberts*, Economics, Organization and Management, S. 190 ff.

[875] *Arrow*, in: Pratt/Zeckhauser (Hrsg.), Principals and Agents: The Structure of Business, S. 45 f. *Schmolke*, in: Towfigh/N. Petersen (Hrsg.), Ökonomische Methoden im Recht, S. 153; *Milgrom/Roberts*, Economics, Organization and Management, S. 186 f.

[876] *Schmolke*, in: Towfigh/N. Petersen (Hrsg.), Ökonomische Methoden im Recht, S. 154 *Milgrom/Roberts*, Economics, Organization and Management, S. 187 f., sprechen von „goal congruence".

[877] *Schmolke*, in: Towfigh/N. Petersen (Hrsg.), Ökonomische Methoden im Recht, S. 154.

[878] *Milgrom/Roberts*, Economics, Organization and Management, S. 189; *Jensen/Meckling*, Journal of Financial Economics 3 (1976), 305, 308.

[879] Zu Ausprägungen des *bonding* vgl. *Milgrom/Roberts*, Economics, Organization and Management, S. 189; *Arrow*, in: Pratt/Zeckhauser (Hrsg.), Principals and Agents: The Structure of Business, S. 50 *Arrow* spricht von "reward or penalty system" und erwähnt hierbei auch die Kündigung als Sanktionsmöglichkeit.

[880] *Milgrom/Roberts*, Economics, Organization and Management, S. 189.

[881] *Milgrom/Roberts*, Economics, Organization and Management, S. 189.

[882] Vgl. dazu bereits oben unter § 2 C I. und die Definition bei *Jensen/Meckling*, Journal of Financial Economics 3 (1976), 305, 308; und *Fama/Jensen*, J. L. & Econ. 26 (1983), 301, 304; vgl. *Schmolke*, in: Towfigh/N. Petersen (Hrsg.), Ökonomische Methoden im Recht, S. 154.

[883] Dazu *MacNeil*, S. CaL. L. Rev. 47 (1974), 691, 746 ff. Zum Problem der Eingebettetheit, „embeddedness" aus soziologischer Sicht s. *Granovetter*, American Journal of Sociology 91 (1985), 481, 481 ff. Relationale Verträge spielen im modernen Wirtschaftsleben eine große Rolle, vgl. *Richter/Furubotn*, Neue Institutionenökonomik, S. 184.

nen der einen Partei von der anderen Partei ausgenutzt werden.[884] Ein Beispiel hierfür sind Lieferbeziehungen, in deren Rahmen sich z.B. der Lieferant auf die bestimmten Anforderungen des Abnehmers einstellt und sachkapital-spezifisch investiert. Hier kann der Abnehmer durch entsprechende Absenkung des Abnahmepreises *ex post* einen größeren Anteil der *quasi rents* der Vertragsbeziehung für sich verbuchen.[885] Die ihre Verhandlungsmacht ausnutzende Partei kann die andere Partei in der Vertragsbeziehung halten und dadurch die Einnahme von *quasi rents* ganz oder teilweise verhindern (*Hold-Up*).[886]

Die Lösung der Transaktionskostentheorie für eine effizientere Vertragsdurchführung liegt in der Vereinbarung eines effizienten Durchsetzungs- und Überwachungssystems, dessen Struktur von der Art und Häufigkeit der Transaktionen abhängt.[887] Dabei sind die Governance-Kosten zur Eindämmung von Opportunismus gegen die Transaktionskosten für detaillierte vertragliche Regelungen abzuwägen.[888] *Williamson* kategorisierte den Zusammenhang zwischen den Kontrollmechanismen und der Häufigkeit der Transaktionen und Spezifität der Investitionen.[889] Im Falle spezifischer Transaktionen, die nur gelegentlich wiederholt werden, sei eine dreiseitige Kontrolle durch die Hilfe Dritter effizienter als eine bloße Kontrolle durch den Markt.[890] Wiederholen sich die Transaktionen häufiger, rentierten sich kostspielige zweiseitige Überwachungsstrukturen.[891] Bestehen hochspezifische Investitionen, sei schließlich die vertikale Integration ein effizienter Schutz für das investierte Human- und Sachkapital.[892]

D. Kollektive Rechtsdurchsetzung

Die prozessuale Ausgestaltung privater Klagen hat maßgeblichen Einfluss auf die Effektivität privater Rechtsdurchsetzung. Hürden bei der Rechtsdurchsetzung produzieren Kosten und senken die Wahrscheinlichkeit im Prozess Erfolg zu haben. Solche prozessualen Hürden und Herausforderungen sind vielfältig. Sie betreffen unter ande-

---

[884] *Schmolke*, in: Towfigh/N. Petersen (Hrsg.), Ökonomische Methoden im Recht, S. 156 f., bezeichnet die Abhängigkeit als „Lock-in-Effekt".

[885] Unter Erörterung anderer Beispiele *Alchian/Woodward*, Journal of Economic Literature 26 (1988), 65, 67 f.; zu *quasi rents* in Bezug auf sachkaptitalspezifische und humankaptialspezifische Investitionen vgl. *Klein/Crawford/Alchian*, J. L. & Econ. 21 (1978), 297, 298 f., 313 ff. Allgemein *Richter/Furubotn*, Neue Institutionenökonomik, S. 195.

[886] *Richter/Furubotn*, Neue Institutionenökonomik, S. 156; *Alchian/Woodward*, Journal of Economic Literature 26 (1988), 65, 67: „expropriate".

[887] *Williamson*, The Economic Institutions of Capitalism, S. 72 ff. Dazu *Richter/Furubotn*, Neue Institutionenökonomik, S. 194 ff.

[888] *Schmolke*, in: Towfigh/N. Petersen (Hrsg.), Ökonomische Methoden im Recht, S. 157. Eine effiziente Governance Struktur besteht im Falle spezialisierter und sich wiederholender Transaktionen nach *Richter/Furubotn*, Neue Institutionenökonomik, S. 195, aus einem geeigneten „Mix aus Rechtszwang und privater Regelung".

[889] Für die folgenden Ausführungen siehe *Williamson*, The Economic Institutions of Capitalism, S. 72 ff. (vgl. auch die Abbildung auf S. 75) sowie *Richter/Furubotn*, Neue Institutionenökonomik, S. 194 ff.

[890] Williamson nennt als Beispiel „third-party *assistance* (arbitration)" vor, *Williamson*, The Economic Institutions of Capitalism, S. 75.

[891] *Williamson*, The Economic Institutions of Capitalism, S. 75: „The transactions' recurrent nature potentially permits the cost of specialized governance structures to be recovered."

[892] *Williamson*, The Economic Institutions of Capitalism, S. 78.

rem Fragen der Prozessfinanzierung, Tatsachenermittlung, Beweisführung und Art der Streitbeilegung.[893] Besondere Implikationen für die Rechtsdurchsetzung ruft der Anfall massenhafter Individualschäden hervor. Formen des kollektiven Rechtsschutzes können in diesen Fällen Effizienzdefiziten entgegenwirken.

I. Effizienzdefizite von Einzelklagen bei Streu- und Masseschäden

Effizienzdefizite von Einzelklagen bei kollektiven Schäden bestehen im Falle von Streuschäden in mangelnden Anreizen für die Klageerhebung und im Falle von Masseschäden in einer Häufung gleichartiger Klagen.

1. Streuschäden

Streuschäden sind „unfreiwillig, geringfügige Vermögenseinbußen, die einer Vielzahl von Marktteilnehmern durch das rechtswidrige Marktverhalten eines anderen Marktteilnehmers oder durch wiederholte gleichartige Verstöße gegen Marktverhaltensnormen entstehen und dadurch in ihrer Summe ein erhebliches Ausmaß annehmen."[894] Die Geschädigten haben angesichts des geringen zu ersetzenden Schadens, des Prozessrisikos und hoher Prozesskosten nur geringe Anreize, eine Klage zu erheben. Im deutschen Zivilprozess übersteigen bei kleinen Streitwerten bereits die Gerichts- und Anwaltsgebühren die Klageforderung.[895] Hinzu kommt das Prozess- und das Kostenrisiko (§ 91 Abs. 1 ZPO). Diese Nachteile führen zu einem rationalen Desinteresse der Geschädigten von Streuschäden gegenüber der Rechtsdurchsetzung.[896] Wegen der Vielzahl an Einflussfaktoren gibt es keinen einheitlichen Richtwert für Bagatellschäden. Die Literatur und empirische Untersuchungen nennen Richtwerte von 25 bis 200 Euro.[897] Aus rechtsökonomischer Sicht ist bedeutend, dass der gesamtwirtschaftliche Schaden sogar höher sein kann, als die Summe der Einzel-

---

[893] Ausführlich zur ökonomischen Analyse der Prozessführung vgl. *Spier*, in: Polinsky/Shavell (Hrsg.), Handbook of Law and Economics, S. 259 ff.

[894] *Poelzig*, Normdurchsetzung durch Privatrecht, S. 40. Zu Streuschäden außerdem *G. Wagner*, in: Casper/Janssen/Pohlmann/R. Schulze (Hrsg.), Auf dem Weg zu einer europäischen Sammelklage?, S. 51 ff.

[895] *G. Wagner*, in: Casper/Janssen/Pohlmann/R. Schulze (Hrsg.), Auf dem Weg zu einer europäischen Sammelklage?, S. 52 f. Siehe dazu allein das Verhältnis zwischen einem Streitwert von 100 Euro und der zu leistenden dreifachen Gerichtsgebühr von 114 Euro, §§ 12 Abs. 1, 34 GKG i.V.m. Nr. 1210 KV GKG.

[896] *Van den Bergh/Keske*, in: Casper/Janssen/Pohlmann/R. Schulze (Hrsg.), Auf dem Weg zu einer europäischen Sammelklage?, S. 20 f.; *Poelzig*, Normdurchsetzung durch Privatrecht, S. 382 f.; *Schäfer*, in: Basedow/Hopt/Kötz/Baetge (Hrsg.), Die Bündelung gleichgerichteter Interessen im Prozeß, S. 68 ff.; *G. Wagner*, Gutachten A für den 66. Deutschen Juristentag, S. A 107; *Basedow*, in: Schmidt-Kessel (Hrsg.), Rechtsdurchsetzung ohne Staat, S. 123 f.

[897] Für 25 Euro: *Stadler*, Bündelung von Interessen im Zivilprozess, S. 13; *G. Wagner*, Gutachten A für den 66. Deutschen Juristentag, A 112; jeweils mit Verweis auf *Micklitz/Stadler*, Unrechtsgewinnabschöpfung, S. 92 ff, 125. In einer Umfrage des EU-Justizbarometers gaben 50 % der befragten Verbraucher an, bei Beträgen von unter 200 Euro keinen Rechtsbehelf einlegen zu wollen. Spezial-Eurobarometer bezüglich des Zugangs zur Justiz, 195/Welle 60.0- European Opinion Research Group EEIG, Oktober 2004, S. 29, online abrufbar unter: https://europa.eu/eurobarometer/surveys/detail/358 (zuletzt aufgerufen am 1.2.2020); Vgl. *Poelzig*, Normdurchsetzung durch Privatrecht, S. 41.

schäden, wenn gesamtgesellschaftliche Verluste hinzutreten.[898] Hinzu kommt ein Informationsdefizit auf Seiten der Geschädigten.[899] Beispielsweise ist das Informationsniveau der Geschädigten bei Kartellrechtsverstößen gering.[900] Im US-amerikanischen Prozessrecht hilft über den fehlenden Zugang zu den relevanten Informationen u.a. das *pretrial-discovery* Verfahren hinweg.[901] Das mangelnde Durchsetzungsniveau bei Streuschäden lässt also einen hohen gesamtgesellschaftlichen Schaden ohne wirksame Abschreckungsmaßnahmen zu. Dieses Vakuum können Normverstoßende strategisch ausnutzen.[902] Klassisches Beispiel von Streuschäden sind lauterkeitsrechtliche Verstöße durch falsche Kennzeichnung von Lebensmitteln, wie im Fall von sog. Mogelpackungen, deren Mengenangabe eine höher enthaltene Menge verspricht, als die Verpackung tatsächlich enthält.[903] Dieses Phänomen spielt auch bei der Kennzeichnung von Waren mit CSR-Standards eine Rolle.[904]

2. Masseschäden

Demgegenüber kennzeichnet sog. Masseschäden, dass die Bagatellgrenze nicht unterschritten ist, aber durch eine oder vergleichbare Schadensquellen bei einer Vielzahl von Individuen gleichartige Schäden entstehen.[905] Beispiele für Massenschäden sind Verletzungen von Leib oder Leben einer Vielzahl von Personen durch Großschadensereignisse, wie Bahnunglücke, Gebäudeeinstürze und -Brände oder Anlegerschäden durch fehlerhafte Kapitalmarktinformationen[906]. Bei Masseschäden sind die Schäden typischerweise hoch genug, um ausreichend Klageanreize des einzelnen Geschädigten für private Rechtsdurchsetzung hervorzurufen. In der Masse belasten gleichgelagerte Klagen die Ressourcen des Justizsystems.[907] Trotz ihrer Gleichartigkeit besteht das Risiko abweichender Urteile.[908] Außerdem besteht auch im Falle von Masseschäden das *free-rider*-Problem, weil es für einen Geschädigten einen geringeren Auf-

---

[898] Zum Beispiel Qualitätsverluste infolge adverser Selektion, vgl. *van den Bergh/Keske*, in: Casper/Janssen/Pohlmann/R. Schulze (Hrsg.), Auf dem Weg zu einer europäischen Sammelklage?, S. 20 f.

[899] *Van den Bergh/Keske*, in: Casper/Janssen/Pohlmann/R. Schulze (Hrsg.), Auf dem Weg zu einer europäischen Sammelklage?, S. 19 f.

[900] *Krüger/Weitbrecht*, in: Fuchs/Weitbrecht (Hrsg.), Handbuch Private Kartellrechtsdurchsetzung, Rn. 12.

[901] *Fiebig*, in: Fuchs/Weitbrecht (Hrsg.), Handbuch Private Kartellrechtsdurchsetzung, Rn. 17.

[902] *Shavell*, Foundations of Economic Analysis of Law, S. 396.

[903] So z.B. *G. Wagner*, in: Casper/Janssen/Pohlmann/R. Schulze (Hrsg.), Auf dem Weg zu einer europäischen Sammelklage?, S. 52; *Poelzig*, Normdurchsetzung durch Privatrecht, S. 40.

[904] Zu Schäden der Endabnehmer bei nicht CSR-konformen Produkten siehe § 5 A. III. c).

[905] Zu Masseschäden *Poelzig*, Normdurchsetzung durch Privatrecht, S. 42 f.; *G. Wagner*, in: Casper/Janssen/Pohlmann/R. Schulze (Hrsg.), Auf dem Weg zu einer europäischen Sammelklage?, S. 54 ff.; *G. Wagner*, Gutachten A für den 66. Deutschen Juristentag, A 119.

[906] In diesem Fall entschied sich der Gesetzgeber für ein Musterverfahren, vgl. das geänderte Kapitalanleger-Musterverfahrensgesetz (KapMuG) vom 19. 10. 2012, BGBl. I S. 2182, zuletzt geändert durch Artikel 1 des Gesetzes vom 16. Oktober 2020 (BGBl. I S. 2186).

[907] *G. Wagner*, in: Casper/Janssen/Pohlmann/R. Schulze (Hrsg.), Auf dem Weg zu einer europäischen Sammelklage?, S. 54; *D. Zimmer/Höft*, ZGR 2009, 662, 695.

[908] *G. Wagner*, in: Casper/Janssen/Pohlmann/R. Schulze (Hrsg.), Auf dem Weg zu einer europäischen Sammelklage?, S. 54.

wand bedeutet, sein Recht vor dem Hintergrund einer bereits geklärten Rechtslage einzufordern.[909]

II. Effizienzsteigerung durch kollektiven Rechtsschutz

Um diese Defizite privater Rechtsdurchsetzung im Falle von Streu- und Masseschäden zu beheben, setzt die rechtsökonomische Theorie auf kollektiven Rechtsschutz.[910]

1. Formen kollektiven Rechtsschutzes

Die gängigsten Formen des kollektiven Rechtsschutzes sind Sammel-, Verbands- und Musterklagen.[911] Auch die Streitgenossenschaft (§§ 59 f. ZPO) ermöglicht die Zusammenfassung von Einzelklagen in einem einzigen Rechtsstreit. Eine materielle oder formelle Vergemeinschaftung der Klagen hat eine Streitgenossenschaft aber nicht zur Folge.[912] Eine weitergehende Bündelung erzielen die Sammelklage und die Verbandsklage. Sie unterscheiden sich im Wesentlichen danach, ob eine formelle oder eine materielle Bündelung stattfindet.[913] Die Sammelklage verbindet viele Einzelklagen in formeller Hinsicht.[914] Ein Hauptkläger (*lead plaintiff*) macht die Schäden gesammelt geltend.[915] Man differenziert zwischen *Opt-In* und *Opt-Out*-Modellen, die sich dadurch unterscheiden, ob Ansprüche der einzelnen Anspruchsinhaber von vorneherein oder erst auf Initiative der Anspruchsinhaber in der Sammelklage vertreten sind.[916] Die Verbandsklage zeichnet sich durch eine materielle Bündelung aus. Sie vereint die Ansprüche vieler Einzelner in einem einzigen Anspruch, dessen Inhaber

---

[909] *Schäfer*, in: Basedow/Hopt/Kötz/Baetge (Hrsg.), Die Bündelung gleichgerichteter Interessen im Prozeß, S. 70 f., der dieses Problem für begrenzt hält, wenn der Schaden des Einzelnen genügend hoch sei, weil es sich für den Einzelnen dann nicht lohne, das Risiko einzugehen, dass sich alle Geschädigten als Trittbrettfahrer verhalten.

[910] Vgl. aus rechtsökonomischer Sicht *Spier*, in: Polinsky/Shavell (Hrsg.), Handbook of Law and Economics, S. 318 ff.; *van den Bergh/Keske*, in: Casper/Janssen/Pohlmann/R. Schulze (Hrsg.), Auf dem Weg zu einer europäischen Sammelklage?, S. 17 ff.

[911] Wobei weitere Erscheinungs- und Mischformen existieren. Beispiele für Musterklagen sind Kapitalanleger-Musterverfahren nach dem KapMuG oder Musterfeststellungsklagen nach §§ 606-613 ZPO. Siehe für eine rechtsvergleichende Übersicht über unterschiedliche kollektive Rechtsschutzformen *G. Wagner*, in: Casper/Janssen/Pohlmann/R. Schulze (Hrsg.), Auf dem Weg zu einer europäischen Sammelklage?, S. 56 ff.

[912] *G. Wagner*, in: Casper/Janssen/Pohlmann/R. Schulze (Hrsg.), Auf dem Weg zu einer europäischen Sammelklage?, S. 60.

[913] Zu verschiedenen Ausgestaltungen und Abstufungen der Sammel- und Verbandsklage vgl. *G. Wagner*, in: Casper/Janssen/Pohlmann/R. Schulze (Hrsg.), Auf dem Weg zu einer europäischen Sammelklage?, S. 63 ff.

[914] *G. Wagner*, in: Casper/Janssen/Pohlmann/R. Schulze (Hrsg.), Auf dem Weg zu einer europäischen Sammelklage?, S. 63 ff.

[915] Im U.S.-amerikanischen Modell betreiben Anwaltskanzleien auf Erfolgshonorarbasis die Durchsetzung der Sammelklage. Vgl. *G. Wagner*, in: Casper/Janssen/Pohlmann/R. Schulze (Hrsg.), Auf dem Weg zu einer europäischen Sammelklage?, S. 63 f.

[916] Dazu *van den Bergh/Keske*, in: Casper/Janssen/Pohlmann/R. Schulze (Hrsg.), Auf dem Weg zu einer europäischen Sammelklage?, S. 23 ff.; *G. Wagner*, in: Casper/Janssen/Pohlmann/R. Schulze (Hrsg.), Auf dem Weg zu einer europäischen Sammelklage?, S. 63 ff.

eine Vereinigung bzw. ein Verband ist.[917] Eine Abtretung der einzelnen Ansprüche an den Verband ist hier nicht erforderlich, sodass Abtretungskosten gespart werden.[918]

2. Überwindung des rationalen Desinteresses

Im Falle von Streuschäden bezwecken kollektive Rechtsschutzinstrumente in ihrer jeweiligen Ausgestaltung eine Überwindung des rationalen Desinteresses und die Wiederherstellung der zu geringen Klageanreize.[919] Dies geschieht maßgeblich durch die Verringerung der Prozesskosten und des Prozessrisikos für den einzelnen Kläger, indem Kosten und Risiko auf eine Vielzahl von Personen oder auf einen Repräsentanten verteilt werden.[920] In der Folge steigt das Rechtsverfolgungsniveau und damit auch die für die Erreichung des optimalen Durchsetzungsniveaus nötige Abschreckungswirkung.[921] Diese Wirkung hängt allerdings maßgeblich von der Ausgestaltung der Sammelklage ab. Sie gilt als höher bei *stand-alone*-Sammelklagen im Gegensatz zu *follow-on*-Sammelklagen, weil *follow-on*-Sammelklagen meist keine zusätzliche Aufdeckungsarbeit leisten.[922] Weiterhin ziehen rechtsökonomische Untersuchungen *Opt-Out*-Modelle, die einen aktiven Austritt der Klagenden fordern, *Opt-In*-Modellen vor.[923] Der Grund hierfür ist das rationale Desinteresse, das Geschädigte auch davon abhält, in Kosten der Informationsbeschaffung über die Klage zu investieren.[924] Dies führt dazu, dass nur ein kleiner Anteil an Klägern aus einer *Opt-Out*-Gruppenklage austritt.[925] Eine hohe Abschreckungswirkung kollektiver Rechtsinstrumente führt außerdem zu einer erhöhten Vergleichsbereitschaft auf der Beklagtenseite.[926] Im Falle einer möglichen alternativen Streitbeilegung bleibt die Abschre-

---

[917] *G. Wagner*, in: Casper/Janssen/Pohlmann/R. Schulze (Hrsg.), Auf dem Weg zu einer europäischen Sammelklage?, S. 70 f.

[918] *G. Wagner*, in: Casper/Janssen/Pohlmann/R. Schulze (Hrsg.), Auf dem Weg zu einer europäischen Sammelklage?, S. 70 f.

[919] Grundlegend *Kalven, JR./Rosenfield*, UCLR 8 (1941), 684, 684 ff. Vgl. *van den Bergh/Keske*, in: Casper/Janssen/Pohlmann/R. Schulze (Hrsg.), Auf dem Weg zu einer europäischen Sammelklage?, S. 22.

[920] *Kalven, JR./Rosenfield*, UCLR 8 (1941), 684, 691 Außerdem *van den Bergh/Keske*, in: Casper/Janssen/Pohlmann/R. Schulze (Hrsg.), Auf dem Weg zu einer europäischen Sammelklage?, S. 22.

[921] *Van den Bergh/Keske*, in: Casper/Janssen/Pohlmann/R. Schulze (Hrsg.), Auf dem Weg zu einer europäischen Sammelklage?, S. 22 f.

[922] *Van den Bergh/Keske*, in: Casper/Janssen/Pohlmann/R. Schulze (Hrsg.), Auf dem Weg zu einer europäischen Sammelklage?, S. 23.

[923] *Van den Bergh/Keske*, in: Casper/Janssen/Pohlmann/R. Schulze (Hrsg.), Auf dem Weg zu einer europäischen Sammelklage?, S. 24 f.

[924] *Van den Bergh/Keske*, in: Casper/Janssen/Pohlmann/R. Schulze (Hrsg.), Auf dem Weg zu einer europäischen Sammelklage?, S. 24 f.

[925] Dies gilt nicht, wenn der potenziell Austretende erhebliche Schäden erlitten hat und einer Einzelklage höhere Erfolgschancen beimisst, als der Sammelklage. Zu diesem Problem vgl. *van den Bergh/Keske*, in: Casper/Janssen/Pohlmann/R. Schulze (Hrsg.), Auf dem Weg zu einer europäischen Sammelklage?, S. 25.

[926] Hohe Vergleichsquoten können im Ergebnis aber die Abschreckungswirkung wieder vermindern, es sei denn, die Vergleiche sind für die Beklagten nicht wesentlich vorteilhafter als das zu erwartende Urteil. Vgl. *van den Bergh/Keske*, in: Casper/Janssen/Pohlmann/R. Schulze (Hrsg.), Auf dem Weg zu einer europäischen Sammelklage?, S. 27.

ckungswirkung der Kollektivklage nur bestehen, wenn der Inhalt des Vergleichs nicht zu stark von dem erwartbaren Urteil abweichen kann.[927]

3. Verfahrenseffizienz

Die Verfahrenseffizienz ist der zentrale Zweck kollektiven Rechtsschutzes aus rechtsökonomischer Sicht. Lässt sich eine hohe Anzahl ansonsten einzeln erhobener Klagen bündeln, vermeidet man die hohe Summe der Prozesskosten aller Einzelklagen und erzielt dadurch Skalenerträge.[928] Eine Verfahrenseffizienz besteht aber nicht, wenn – im Fall von Streuschäden – Klagen ohnehin nicht erhoben worden wären.[929] Hier sind Verbandsklagen mit materieller Bündelungswirkung das effizientere Klagemodell.[930] Außerdem fehlt es an der Zielerreichung der Bündelung, wenn es für eine Anspruchsbegründung auf Seiten der jeweiligen Geschädigten auf subjektive Voraussetzungen ankommt, die in jedem Einzelfall gesondert festgestellt werden müssten.[931] Dasselbe gilt, wenn die Beweisinteressen innerhalb der Klägergruppe divergieren.[932] Es kommt somit auf die jeweilige Ausgestaltung des kollektiven Rechtsschutzinstruments an.

4. Gefahren kollektiven Rechtsschutzes

Kollektiver Rechtsschutz birgt aber auch Gefahren für effiziente Rechtsdurchsetzung. Die Interessendivergenz zwischen den Klägern und ihrem Repräsentanten, der die Klage im Interesse der anderen Geschädigten führt, ruft Prinzipal-Agenten-Konflikte hervor.[933] Solche Konflikte treten im Falle inhomogener Klägergruppen noch stärker zu Tage.[934] Außerdem eröffnen Sammelklagen in sensiblen Bereichen einen Spielraum für Missbrauch. Kläger können sie strategisch nutzen, um der Reputation des beklagten Unternehmens zu schaden und es in einen frühen Vergleich zu zwingen.[935] Lösungsansätze umfassen unter anderem eine Erfolgsbeteiligung der

---

[927] *Van den Bergh/Keske*, in: Casper/Janssen/Pohlmann/R. Schulze (Hrsg.), Auf dem Weg zu einer europäischen Sammelklage?, S. 27.

[928] *Dam*, J. Legal Stud. 4 (1975), 47, 49 f.; *van den Bergh/Keske*, in: Casper/Janssen/Pohlmann/R. Schulze (Hrsg.), Auf dem Weg zu einer europäischen Sammelklage?, S. 26.

[929] *Van den Bergh/Keske*, in: Casper/Janssen/Pohlmann/R. Schulze (Hrsg.), Auf dem Weg zu einer europäischen Sammelklage?, S. 26.

[930] *G. Wagner*, in: Casper/Janssen/Pohlmann/R. Schulze (Hrsg.), Auf dem Weg zu einer europäischen Sammelklage?, S. 73.

[931] *Krüger/Weitbrecht*, in: Fuchs/Weitbrecht (Hrsg.), Handbuch Private Kartellrechtsdurchsetzung, Rn. 33; *van den Bergh/Keske*, in: Casper/Janssen/Pohlmann/R. Schulze (Hrsg.), Auf dem Weg zu einer europäischen Sammelklage?, S. 26 f.

[932] *Van den Bergh/Keske*, in: Casper/Janssen/Pohlmann/R. Schulze (Hrsg.), Auf dem Weg zu einer europäischen Sammelklage?, S. 27.

[933] *Macey/Miller*, UCLR 58 (1991), 1, 1 ff.; *Coffee, JR.*, Colum. L. Rev. 95 (1995), 1343, 1343 ff.; *Harel/Stein*, Yale L. & Pol'y Rev. 22 (2004), 69-124, 69–124; ausführlich *Haider*, Das Prinzipal-Agenten-Problem im kollektiven Rechtsschutz.

[934] S. *Coffee, JR.*, Colum. L. Rev. 95 (1995), 1343, 1349 ff. über strukturell unterrepräsentierte Klägergruppen, insbes. „future claimants".

[935] *Van den Bergh/Keske*, in: Casper/Janssen/Pohlmann/R. Schulze (Hrsg.), Auf dem Weg zu einer europäischen Sammelklage?, S. 31 Zu strategischen verursachten Streuschäden s.a. *Schäfer*, in: Basedow/Hopt/Kötz/Baetge (Hrsg.), Die Bündelung gleichgerichteter Interessen im Prozeß, S. 69 f.

Agenten (*contingency fees*),[936] richterliche Kontrollen geschlossener Vergleiche, gerichtliche Eingangsprüfungen zur Ausmusterung von Belästigungsklagen[937] oder Auktionen der Klage oder deren Vertretung[938]. Diese Lösungsansätze sind mit Verfahrens- bzw. Kontrollkosten verbunden, die in die Kosten-Nutzen-Abwägung einfließen müssen.[939]

III. Zwischenergebnis

Im Ergebnis ist bei dem Ausgleich der Defizite in der privaten Rechtsdurchsetzung im Fall von Streu- und Masseschäden durch kollektive Rechtsschutzinstrumente darauf zu achten, dass ihr Nutzen größer ist als die durch sie hervorgerufenen Kosten. Das aus rechtsökonomischer Sicht optimale Durchsetzungsniveau setzt auch hier voraus, dass die Abschreckungswirkung nicht über das erforderliche Maß hinausschießt. Die Verfahrenseffizienz hängt stark von dem jeweiligen Klage-Modell ab. Mit welcher Art und Ausgestaltung kollektiver Rechtsschutzinstrumente der Gesetzgeber die Verfahrenseffizienz und Abschreckungswirkung optimieren kann, bestimmt sich vor diesem Hintergrund in erster Linie nach den jeweiligen Umständen der Regelungsmaterie.[940] Relevant ist unter anderem, um welche Schäden (Streu- oder Masseschäden) es sich handelt, wie hoch das rationale Desinteresse eines potentiellen Klägers ist, ob die Ansprüche im Einzelfall einer komplexen Beweisaufnahme bedürfen und welches Abschreckungsniveau im konkreten Rechtsgebiet optimal ist.[941]

---

[936] Zu letzteren *Spier*, in: Polinsky/Shavell (Hrsg.), Handbook of Law and Economics, S. 307 ff.; *Macey/Miller*, UCLR 58 (1991), 1, 1 ff.

[937] Zu gerichtlichen Überprüfungen vgl. *Macey/Miller*, UCLR 58 (1991), 1, 44 ff. *van den Bergh/Keske*, in: Casper/Janssen/Pohlmann/R. Schulze (Hrsg.), Auf dem Weg zu einer europäischen Sammelklage?, S. 31 ff.

[938] S. dazu *Macey/Miller*, UCLR 58 (1991), 1, 105 ff. (zu Auktion der Klage); *Harel/Stein*, Yale L. & Pol'y Rev. 22 (2004), 69-124, 107–119 (zu Auktionen mit Vergabe an den anwaltlichen Vertreter, der bereit ist, die höchste Klagesumme einzuklagen); *van den Bergh/Keske*, in: Casper/Janssen/Pohlmann/R. Schulze (Hrsg.), Auf dem Weg zu einer europäischen Sammelklage?, S. 34 f.

[939] Vgl. die Ausführungen bei *van den Bergh/Keske*, in: Casper/Janssen/Pohlmann/R. Schulze (Hrsg.), Auf dem Weg zu einer europäischen Sammelklage?, S. 31 ff., m.w.N.

[940] *D. Zimmer/Höft*, ZGR 2009, 662, 665.

[941] Siehe in dieser Hinsicht zur Analyse unterschiedlicher kollektiver Rechtsschutzinstrumente im Kapitalmarkt-, Lauterkeits- und Kartellrecht *D. Zimmer/Höft*, ZGR 2009, 662, 688 ff.

§ 5 CSR-Standards als Gegenstand vertragsrechtlicher Durchsetzung

Wie in § 2 aufgezeigt, spielt CSR auf sämtlichen Ebenen der Lieferkette eine Rolle. Die Erörterung im Folgenden unterscheidet danach, welches Glied der Lieferkette CSR-Standards durchsetzt: Ein Endabnehmer, ein inländisches Abnehmerunternehmen innerhalb der Lieferkette oder Stakeholder am Anfang der Lieferkette, welchen CSR-Standards zugutekommen sollen. Wegen der meist internationalen Sachverhalte ist für eine vertragsrechtliche Durchsetzung auf allen Ebenen die Bestimmung des anwendbaren Rechts erforderlich. Die Analyse erfolgt für jede Kategorie der Anspruchsteller daher in zwei Schritten. Zunächst widmet sie sich dem relevanten Forum und dem anwendbaren Recht. Dabei beschränkt sich die vorliegende Arbeit auf die Frage, ob CSR-Standards gegenüber Unternehmen mit Sitz in Deutschland bzw. durch Unternehmen mit Sitz in Deutschland vertragsrechtlich durchgesetzt werden können. Im zweiten Schritt erörtert sie die jeweiligen Möglichkeiten, CSR-Standards vertragsrechtlich durchzusetzen.

A. Durchsetzung durch Endabnehmer

Ethischer Konsum durch Endabnehmer ist ein wichtiges ökonomisches Motiv für Unternehmen, CSR-Standards umzusetzen und ethische Produktionsbedingungen durch Werbeaussagen, Gütesiegel und Produktkennzeichnungen gegenüber Endabnehmern zu kommunizieren.[942] Vor diesem Hintergrund stellt sich die Frage, ob Endabnehmer im Falle solcher Kommunikation vertragsrechtliche Durchsetzungsmöglichkeiten im Hinblick auf CSR-Standards haben.

I. Zuständigkeit der Gerichte und anwendbares Recht

1. Internationale Zuständigkeit

Möchte ein Endabnehmer gegen den Verkäufer einer Ware wegen mangelnder Erfüllung von CSR-Standards vorgehen, ist für die gerichtliche Zuständigkeit danach zu unterscheiden, ob der Käufer als Verbraucher oder gewerblicher Endabnehmer klagt. Für beide Käufergruppen gelten die allgemeinen Regeln über die Zuständigkeit. Befindet sich sowohl der Käufer als auch der (Wohn)Sitz des Verkäufers in Deutschland, kommt es auf eine internationale Zuständigkeit nicht an. Es fehlt an dem für die Anwendbarkeit der Brüssel Ia-VO von der Rechtsprechung und von Teilen der Literatur geforderten ungeschriebenen Merkmal des internationalen Bezugs.[943]

---

[942] Siehe dazu oben unter § 2 D. I. und II.

[943] EuGH, Urt. v. 1.3.2005 – C-281/02 (*Owusu/Jackson u.a.*), Rn. 25, 26, (noch zur Vorgängerverordnung EuGVÜ); EuGH, Urt. v. 17.11.2011 – C-327/10 (*Hypoteční banka a. s./Udo Mike Lindner*), Rn. 30, 34, (noch zur Vorgängerverordnung VO (EG) Nr. 44/2001); EuGH (8. Kammer), Urt. v. 14.11.2013 – C-478/12 (*Armin Maletic ua/lastminute.com GmbH ua*) Rn. 26, 28, (noch zur Vor-

Es verbleibt die Klärung der Zuständigkeit, für den Fall, dass der Endabnehmer in einem anderen Staat ansässig ist. Ein reiner Drittstaatsbezug ist für einen Auslandsbezug nach der Brüssel Ia-VO hinreichend.[944] Vorbehaltlich einer abweichenden Gerichtsstandsvereinbarung gem. Art. 25 Brüssel Ia-VO oder einer rügelosen Einlassung gem. Art. 26 Brüssel Ia-VO kann der Käufer die Klage am allgemeinen Beklagtengerichtsstand[945] vor dem Gericht des Mitgliedstaats erheben, in dem das Unternehmen seinen Satzungs- oder Verwaltungssitz oder seine Hauptniederlassung hat (nach vorliegender Konstellation in Deutschland), Art. 4 Abs. 1, 6 Abs. 1, 63 Abs. 1 Brüssel Ia-VO. Ist der Endabnehmer ein Verbraucher, greifen die besonderen Zuständigkeitsregeln für Verbrauchersachen gemäß Art. 17 ff. Brüssel Ia-VO.[946] Hat der Verbraucher seinen Wohnsitz nicht in Deutschland, eröffnet ihm Art. 5 Abs. 1, 17 Abs. 1 lit. c), 18 Abs. 1 Brüssel Ia-VO die Möglichkeit, an dem besonderen internationalen Gerichtsstand des Orts zu klagen, an dem er seinen Wohnsitz hat.[947] Außerdem kann ein Endabnehmer unabhängig von der Verbrauchereigenschaft in einem anderen Mitgliedstaat als dem Sitz des Beklagten dann Klage einreichen, wenn der Erfüllungsort nach Art. 7 Nr. 1 lit. a) – c) Brüssel Ia-VO in dem anderen Mitgliedstaat liegt.[948] Für Verträge über den Verkauf beweglicher Waren[949] ist der nach Art. 7 Nr. 1 lit. b) erster Gedankenstrich Brüssel Ia-VO autonom zu bestimmende Erfüllungsort der Ort der Übergabe an den Käufer[950]. Für den Fall des Verkaufs beweglicher Waren durch ein Unternehmen mit Sitz in Deutschland, kommt somit Deutschland als relevantes Forum in Betracht.

---

gängerverordnung VO (EG) Nr. 44/2001); Musielak/Voit/*Stadler*, EuGVVO nF Art. 4, Rn. 2; HK-ZPO/*Dörner*, Vorb. Art. 1 Brüssel Ia-VO, Rn. 2; *R. Magnus*, ZEuP 2018, 507.

[944] EuGH, Urt. v. 13.7.2000 – Rs. C-412/98 (*Group Josi Reinsurance Company SA/Universal General Insurance Company*) Rn. 61, (noch zum EuGVÜ); Musielak/Voit/*Stadler*, EuGVVO nF Art. 4, Rn. 2; HK-ZPO/*Dörner*, Vorb. Art. 1 Brüssel Ia-VO, Rn. 3.

[945] Die Anknüpfung am Sitz i.S.d. Art. 63 Abs. 1 Brüssel Ia-VO des beklagten Unternehmens ist Ausdruck des Rechtsträgerprinzips im europäischen Zuständigkeitsrecht, vgl. *G. Wagner*, RabelsZ 80 (2016), 717, 732 f.

[946] Vorbehaltlich einer rügelosen Einlassung (Art. 26 Brüssel Ia-VO) oder einer in der vorliegenden Konstellation weniger relevanten Gerichtsstandsvereinbarung (Art. 25 I, IV, 19 Brüssel Ia-VO). S. auch *Dutta*, in: Reinisch/Hobe/Kieninger/A. Peters (Hrsg.), Unternehmensverantwortung und Internationales Recht, S. 54. Der Begriff der Verbrauchersache im Sinne der Art. 17 ff. Brüssel Ia-VO ist autonom europarechtlich auszulegen. EuGH, Urt. v. 19.1.1993 – Rs C 89/91, Slg. 1978, 1431 Tz. 14-16 u. 19; HK-ZPO/*Dörner*, Art. 17 Brüssel Ia-VO, Rn. 7.

[947] Hat das Unternehmen in Deutschland nur eine Zweitniederlassung, so kann der Verbraucher gem. Art. 5 Abs. 1, 17 Abs. 2, 18 Abs. 1 lit. c) Brüssel Ia-VO ebenso in Deutschland die Klage erheben.

[948] Siehe dazu auch *Dutta*, in: Reinisch/Hobe/Kieninger/A. Peters (Hrsg.), Unternehmensverantwortung und Internationales Recht, S. 54.

[949] Die Brüssel Ia-VO definiert den Verkauf beweglicher Sachen aus Art. 7 Nr. 1 lit. b) Brüssel Ia-VO nicht. Der Terminus ist weit zu verstehen und umfasst alle Verträge, deren charakteristische Verpflichtung in der Lieferung eines Gegenstands besteht, EuGH, Urt. v. 25.2.2010 – C-381/08 (*Car Trim*) Rn. 32 = EuGH NJW 2010, 1059, 1060 f., m. Anm. *Piltz*; BeckOK ZPO/*Thode*, Brüssel Ia-VO Art. 7, Stand: 1.3.2022, Rn. 42. Darunter fällt insbesondere ein Kaufvertrag i.S.d. § 433 BGB.

[950] Zur autonomen Auslegung, EuGH, Urt. v. 3.5.2007 – C-386/05 (*Color Drack*), Rn. 24 = EuZW 2007, 370, 371; zur Bestimmung des Lieferorts als der Ort „der körperlichen Übergabe der Waren, durch die der Käufer am endgültigen Bestimmungsort des Verkaufsvorgangs die tatsächliche Verfügungsgewalt über diese Waren erlangt hat oder hätte erlangen müssen“, s. EuGH, Urt. v. 25.2.2010 – C-381/08 (*Car Trim*) Rn. 62 und Ls. 2 = EuGH NJW 2010, 1059, 1061, m. Anm. *Piltz*; sowie im Anschluss BGH, Urt. v. 23.6.2010 – VIII ZR 135/08 = BGHZ 186, 81 = NJW 2010, 3452, Rn. 20; BeckOK ZPO/*Thode*, Brüssel Ia-VO Art. 7, Stand: 1.3.2022, Rn. 44.

2. Anwendbares Recht

Gemäß dem Grundsatz der Parteiautonomie bestimmen die Parteien entweder ausdrücklich oder stillschweigend das Recht, welches auf den Vertrag Anwendung finden soll.[951] Fehlt eine solche Bestimmung durch die Parteien ist das anzuwendende Recht anhand der relevanten Kollisionsnormen zu bestimmen. Für eine solche Bestimmung sind einerseits die Art des Schuldverhältnisses und andererseits die beteiligten Parteien relevant. Möchte ein in Deutschland ansässiger Verbraucher oder Endabnehmer gegen ein Unternehmen mit Sitz in Deutschland vorgehen, findet deutsches Recht Anwendung, sofern die Parteien hiervon keine abweichende Vereinbarung[952] treffen. Liegt aber ein Bezug zum Recht verschiedener Staaten vor, zum Beispiel weil der Endabnehmer in einem anderen Mitgliedstaat ansässig ist, richtet sich das anwendbare Recht bei fehlender Parteivereinbarung grundsätzlich nach den Regeln des Internationalen Privatrechts.

Eine Konkurrenzregel und einen „ersten" Anknüpfungspunkt im Hinblick auf die Anwendbarkeit des unionsrechtlichen und staatsvertraglichen Kollisionsrechts stellt Art. 3 EGBGB dar.[953] Nach Art. 3 EGBGB, der dem Grunde nach nur einen deklaratorischen Charakter hat,[954] genießen unionsrechtliche und staatsvertragliche Kollisionsnormen einen Vorrang gegenüber dem autonomen deutschen Internationalen Privatrecht.[955] Im Bereich des Warenkaufs hat das internationale materielle Einheitsrecht des Übereinkommens der Vereinten Nationen über Verträge über den internationalen Warenkauf (CISG)[956] Vorrang.[957] Allerdings können die Parteien im Rahmen der parteiautonomen Rechtswahl die Anwendung des CISG gemäß Art. 6 CISG gänzlich ausschließen oder die Bestimmungen des CISG innerhalb gewisser Grenzen modifizieren. Ist eine solche Vereinbarung nicht getroffen, ist für eine Anwendbarkeit des CISG gemäß Art. 1 Abs. 1 CISG Voraussetzung, dass beide Parteien ihre Niederlassung in einem Vertragsstaat des CISG haben, oder kollisionsrechtliche Regeln zur Anwendung des CISG führen.[958] Das CISG gilt gemäß Art. 2 lit. a) CISG nicht für Verbraucherverträge.[959] Im vorliegenden Kontext der Lieferkette von Wa-

---

[951] MüKoBGB/*Martiny*, Rom I-VO Art. 3, Rn. 8; BeckOK BGB/*Spickhoff*, VO (EG) 593/2008 Art. 3, Rn. 1.

[952] Die parteiautonome Rechtswahl bei reinen Inlandssachverhalten ist beschränkt hinsichtlich zwingenden Inlandsrechts, Art. 3 Abs 3 Rom I-VO, dazu MüKoBGB/*Martiny*, Rom I-VO Art. 3, Rn. 85 f.

[953] HK-BGB/*Dörner*, EGBGB Art. 3, Rn. 1.

[954] BeckOK BGB/*S. Lorenz*, EGBGB Art. 3, Rn. 1.

[955] BeckOK BGB/*S. Lorenz*, EGBGB Art. 3, Rn. 1; HK-BGB/*Dörner*, EGBGB Art. 3, Rn. 3.

[956] Übereinkommen der Vereinten Nationen über Verträge über den internationalen Warenkauf vom 11. April 1980; Deutschland ist Vertragsstaat des CISG: BGBl. 1989 II S. 588.

[957] Vgl. Art. 3 Nr. 2 EGBGB und Art. 25 Rom I-VO (Verordnung (EG) Nr. 593/2008). Das CISG wird als Übereinkommen, das sowohl Einheitsrecht, als auch Kollisionsnormen enthält, nach überwiegender Ansicht als Übereinkommen i.S.d. Art. 25 Abs. 1 Rom I-VO qualifiziert, MüKoBGB/*Martiny*, Rom I-VO Art. 25, Rn. 4; Ferrari IntVertragsR/*G. Schulze*, Art. 25 Rom I-VO, Rn. 4; Grüneberg/*Thorn*, (IPR) Rom I Art. 25, Rn. 5; a.A. *J. Schilling*, EuZW 2011, 776, 778 f.

[958] Im Rahmen dieser kollisionsrechtlichen Regeln kann auch das Haager Übereinkommen betreffend das auf internationale Kaufverträge über bewegliche körperliche Sachen anzuwendende Recht v. 15.6.1955 als Teil der kollisionsrechtlichen Regeln des Forums von Bedeutung sein. Es wurde von Deutschland nicht ratifiziert. Vgl. BeckOGK/*A. Köhler*, Rom I-VO Art. 4, Stand: 1.6.2022, Rn. 246.

[959] Aas Schutzniveau des jeweiligen nationalen Verbraucherschutzrechts soll nicht durch die Anwendbarkeit des CISG eingeschränkt werden, BeckOK BGB/*Saenger*, CISG Art. 2, Stand: 1.5.2022, Rn. 2 Eine Ausnahme gilt in Fällen privaten Konsums, wenn der Verkäufer vor oder bei Vertragsab-

renverkäufen behält das CISG seinen Hauptanwendungsbereich innerhalb der Lieferkette zwischen gewerblich handelnden Kaufvertragsparteien und ist daher Gegenstand der Untersuchung unten unter Abschnitt § 5 B. II. 1.

Findet das CISG oder ein anderes materielles Einheitsrecht keine Anwendung, bestimmt sich die Anwendbarkeit des geltenden Vertragsrechts vor Gerichten eines Mitgliedsstaats der Europäischen Union[960] grundsätzlich nach der Verordnung (EG) Nr. 593/2008 (Rom I-VO).[961] Die Rom I-VO ist gemäß Art. 1 Abs. 1 UAbs. 1 Rom I-VO anwendbar, sofern vertragliche[962] Schuldverhältnisse in Zivil- und Handelssachen eine Verbindung zum Recht verschiedener Staaten aufweisen. Grundsätzlich gewährt Art. 3 Rom I-VO eine freie Rechtswahl für die Parteien. Art. 3 Abs. 1 Rom I-VO stellt somit einen Ausfluss des Grundsatzes der Parteiautonomie dar.[963]

Findet eine solche Rechtswahl durch die Parteien nicht statt, gilt für Kaufverträge[964] über bewegliche Sachen nach Art. 4 Abs. 1 lit. a) Rom I-VO grundsätzlich das Recht des Staats, in dem der Verkäufer seinen gewöhnlichen Aufenthalt[965] hat.[966] Dienst- und Werkverträge fallen bei fehlender Rechtswahl unter Art. 4 Abs. 1 lit. b) Rom I-VO, wonach das Recht des Staats gilt, in dem der Dienstleister bzw. Werkunternehmer seinen gewöhnlichen Aufenthalt hat.[967] In der hier besprochenen Konstellation wäre das relevante Vertragsstatut nach Art. 4 Abs. 1 lit. a), 19 Abs. 1 Rom I-VO somit das deutsche Recht, da die Hauptverwaltung des Verkäufers in Deutschland liegt.

Ist der Endabnehmer Verbraucher, kommt es grundsätzlich auf die Anknüpfungskriterien des Art. 6 Abs. 1 Rom I-VO an. Demnach ist das Recht des Staats anwendbar, in dem der Verbraucher seinen gewöhnlichen Aufenthalt hat, wenn das Verkäuferunternehmen seine gewerbliche Tätigkeit in diesem Staat ausübt oder auf diesen ausrichtet und der Vertrag in den Bereich dieser Tätigkeit fällt. Hat der Verbraucher

---

schluss weder von der Verwendung zum privaten Konsum wusste noch von ihr wissen musste (Art. 2 lit. a) Hs. 2 CISG).

[960] EU-Mitgliedstaaten sind grundsätzlich Gerichtsstaaten in diesem Sinne, mit Ausnahme von Vorbehalten des Vereinigten Königreichs und Irlands; in Dänemark findet die Rom I-VO keine Anwendung, Ferrari IntVertragsR/*Ferrari*, VO (EG) 593/2008 Art. 2, Rn. 2.

[961] Verordnung (Eg) Nr. 593/2008 des Europäischen Parlaments und des Rates vom 17. Juni 2008 über das auf vertragliche Schuldverhältnisse anzuwendende Recht (Rom I), ABl. L 177 v. 4.7.2008, S. 6, ber. ABl. L 309 v. 24.11.2009, S. 87; vgl. auch Art. 3 Nr. 1 lit. b) EGBGB.

[962] Ob ein vertragliches Schuldverhältnis vorliegt, ist kollisionsrechtlich autonom zu bestimmen, um eine einheitliche Rechtsanwendung zu gewährleisten; maßgeblich für einen „Vertrag“ i.d.S. ist die Freiwilligkeit einer eingegangenen Verpflichtung, vgl. EuGH, Urt. v. 21.1.2016 – C-359/14, C-475/14 (*ERGO*), NJW 2016, 1005, 1006, Rn. 43 f.; noch zum EuGVÜ: EuGH, Urt. v. 17.9.2002 – Rs. C-334/00 (*Tacconi/Wagner*), Slg. I 2002, 7357, Rn. 19 f., 23.

[963] MüKoBGB/*Martiny*, Rom I-VO Art. 3, Rn. 8.

[964] Der Begriff des Kaufvertrags wie auch die weiteren Anwendungsbereiche der Anknüpfungen in Art. 4 Abs. 1 Rom I-VO sind autonom zu bestimmen, Ferrari IntVertragsR/*Ferrari*, VO (EG) 593/2008 Art. 4, 14, 17.

[965] Den gewöhnlichen Aufenthaltsort konkretisiert Art. 19 Rom I-VO.

[966] Zu beachten ist außerdem die subsidiäre allgemeine Regelanknüpfung des gewöhnlichen Aufenthalts der Partei, die die charakteristische Vertragsleistung erbringt (Art. 4 Abs. 2 Rom I-VO), sowie die Ausweichklausel der engeren Verbindung zu einem anderen Staat (Art. 4 Abs. 3 Rom I-VO).

[967] Werkverträge fallen im Sinne des autonom und weit auszulegenden Begriffs „Dienstleistungsverträge“ aus Art. 4 Abs. 1 lit. b) Rom I-VO unter diese Vorschrift, MüKoBGB/*Martiny*, Rom I-VO Art. 4, Rn. 59; BeckOGK/*A. Köhler*, Rom I-VO Art. 4, Stand: 1.6.2022, Rn. 260; OLG München, Urt. v. 18.1.2018 – 23 U 57/17, NJOZ 2018, 1390, 1391, Rn. 20.

seinen gewöhnlichen Aufenthalt also in einem anderen EU-Mitgliedstaat oder gar in einem Drittstaat und hat er dort ein mit CSR-Standards beworbenes Produkt von dem Verkäufer erworben, ist das Recht dieses EU-Mitgliedstaats oder Drittstaats zur Anwendung berufen.

Stützt sich der Endabnehmer auf Ansprüche wegen Pflichtverletzungen im vorvertraglichen Bereich[968], knüpft Art. 12 Abs. 1 Rom II-VO[969] an das hypothetische Vertragsstatut an. Diese Anknüpfung bezweckt, dass ein später geschlossener Vertrag demselben Vertragsstatut unterliegt, wie Ansprüche nach den Grundsätzen der *culpa in contrahendo* (c.i.c.).[970] Ebenso richtet sich die Wirksamkeit des Vertragsschlusses nach dem hypothetischen Vertragsstatut (Art. 10 Abs. 1 Rom I-VO).[971]

II. Vertragsrechtliche Analyse

Gegenstand der Analyse in diesem Abschnitt sind Kaufverträge (§ 433 BGB), die ein Endabnehmer zum Erwerb von in der Wertschöpfungskette fertig hergestellten Produkten schließt. Der Endabnehmer kann ein Verbraucher sein, der die Ware im Einzelhandel oder direkt bei dem jeweiligen Hersteller erwirbt oder ein gewerblicher Endabnehmer, der zum Beispiel Büromaterial erwirbt. In Frage kommen aber auch Werkverträge (§ 631 BGB) über die Herstellung eines Werks unter Achtung von CSR-Standards oder Werklieferungsverträge. Da für Werklieferungsverträge (§ 650 BGB) grundsätzlich gem. § 650 S. 1 BGB die kaufrechtlichen Regelungen Anwendung finden und die werkvertragliche Gewährleistung in ihrer Grundstruktur parallel zum kaufrechtlichen Gewährleistungsrecht verläuft, liegt der Schwerpunkt auf der Erörterung des kaufrechtlichen Gewährleistungsrechts. Neben der kaufrechtlichen Gewährleistung sind auch Ansprüche wegen Verletzung von Nebenpflichten, selbstständiger Garantien, arglistiger Täuschung und vorvertraglicher Pflichtverletzungen in den Blick zu nehmen.

1. CSR-Standards als Hauptleistungspflicht

Privatrechtssubjekten steht es im Rahmen ihrer Privatautonomie aus Art. 2 Abs. 1 GG frei, Verträge über Inhalte im Sinne ihres Willens zu schließen (§ 311 Abs. 1 BGB).[972] Dies gilt jedenfalls, solange diese Inhalte nicht gegen die gesetzlich gesetzten Grenzen, insbesondere der §§ 134, 138 BGB verstoßen. Daher ist es auch möglich, dass Parteien Verträge über die Einhaltung von CSR-Standards schließen.[973] In der vertragsrechtlichen Praxis hat diese Möglichkeit allerdings weder gegenüber Endabnehmern noch innerhalb der Lieferkette eine Bedeutung. Ein Verkäufer oder

---

[968] Ob ein vorvertragliches Schuldverhältnis in diesem Sinne vorliegt, ist autonom am Kriterium der freiwilligen Eingehung einer Verpflichtung zu bestimmen, noch zum EuGVÜ: EuGH, Urt. v. 17.9.2002 – Rs. C-334/00 (*Tacconi/Wagner*), Slg. I 2002, 7357, Rn. 19, 23.

[969] Verordnung (EG) Nr. 864/2007 des Europäischen Parlaments und des Rates vom 11. Juli 2007 über das auf außervertragliche Schuldverhältnisse anzuwendende Recht (Rom II), ABl. L 199 v. 31.7.2007, S. 40, ber. ABl. L 310 v. 9.11.2012, S. 52.

[970] BeckOGK/*Schinkels*, Rom II-VO Art. 12, Stand: 1.8.2018, Rn. 74.

[971] Unter Beachtung der Sonderanknüpfung an das Aufenthaltsrecht aus Art. 10 Abs. 2 Rom I-VO.

[972] Siehe zur Ausprägung der Privatautonomie als Grundlage privater Rechtsetzung und -gestaltung bereits oben unter § 3 A. und C. III.

[973] So auch *Asmussen*, Haftung für CSR, S. 147 ff.

Hersteller verspricht gegenüber Endabnehmern nicht die Leistung der CSR-Standards als solche,[974] sondern dass diese bei der Produktion der Kaufsache eingehalten werden. Insofern handelt es sich nicht etwa um einseitige Leistungsversprechen im Sinne eines abstrakten Schuldversprechens (§ 780 BGB),[975] sondern entweder um eine Konkretisierung der Hauptleistungspflicht des Kaufvertrags (§ 433 Abs. 1 S. 1 und 2 BGB) oder um Nebenpflichten.

2. Kaufrechtliche Gewährleistung und CSR-Standards

Für die Durchsetzung von CSR-Standards im Wege kaufrechtlicher Gewährleistungsrechte kommt es zunächst darauf an, ob CSR-Standards einen Mangel im Sinne des § 434 BGB darstellen können (sogleich a) – d)). Insbesondere stellt sich die Frage, ob die Beschaffenheit einer Kaufsache auch die Einhaltung von CSR-Standards erfasst. Schließlich ist relevant, ob der Endabnehmer Gewährleistungsrechte geltend machen kann. Die Nichteinhaltung von CSR-Standards als Mangel einer Kaufsache stößt dabei auf Schwierigkeiten, die in den Abschnitten e) – g) erörtert werden.

a) CSR-Standards als vertraglich vereinbarte Beschaffenheit

Die Reichweite des Beschaffenheitsbegriffs des § 434 Abs. 2 S. 1 Nr. 1 BGB unterliegt seit der Neuregelung des Kaufrechts im Zuge der Schuldrechtsmodernisierung im Jahr 2002 lebhafter Diskussion in der Literatur und einer stetigen Ausdehnung in der Rechtsprechung[976].

aa) Der Beschaffenheitsbegriff in Literatur und Rechtsprechung

Im Hinblick auf die Auslegung der Reichweite des Beschaffenheitsbegriffs stehen sich im Wesentlichen zwei Auslegungslager gegenüber. Nach der engen Theorie erfasst der Beschaffenheitsbegriff die physischen Eigenschaften der Sache sowie Beziehungen der Sache zur Umwelt, die an die physische Verfassung der Sache anknüpfen.[977] Teilweise fordern Vertreter der engen Theorie auch, dass die Eigenschaften der Kaufsache dauerhaft und nicht nur vorübergehend anhaften.[978] Auf der anderen Seite steht die weite Theorie, die alle Umweltbeziehungen einer Kaufsache als mögliche Beschaffenheit derselben ansieht.[979] Die weite Theorie macht die Qualifi-

---

[974] So auch zur Selbstbindung an untergesetzliche Verhaltensregeln *Leyens*, AcP 215 (2015), 611, 614.

[975] Ebenso zu untergesetzlichen Verhaltensregeln *Leyens*, AcP 215 (2015), 611, 614.

[976] *Lüttringhaus*, AcP 219 (2019), 29, 41.

[977] *Grigoleit/Herresthal*, JZ 2003, 118, 122; *Grigoleit*, in: Artz/Gsell/S. Lorenz (Hrsg.), Zehn Jahre Schuldrechtsmodernisierung, S. 66 ff.; *Ostendorf*, JZ 2011, 822, 826: Umstände, „die mit physischen Merkmalen des Vertragsgegenstandes (bzw. seinen geistigen Wesensmerkmalen) in zumindest mittelbarem Zusammenhang stehen."; ErmanBGB/*Grunewald*, BGB § 434, S. 3: Fehler, die an die physischen Eigenschaften zumindest anknüpfen; *U. Huber*, AcP 202 (2002), 179, 228: für das Festhalten an der Rechtsprechung vor der Schuldrechtsmodernisierung und gegen eine Ausweitung des Sachmängelrechts im Fall des Unternehmenskaufs. *G. Müller*, WM 2017, 981-992, 284: äußerste Grenze seien in Anlehnung an den Eigenschaftsbegriff nach alter Rechtslage Umstände oder Verhältnisse, die zwar nicht zur physischen Beschaffenheit der Kaufsache gehören, die aber ihre Eigenart und den Wert maßgeblich bestimmen.

[978] *U. Huber*, AcP 202 (2002), 179, 228.

[979] *Redeker*, NJW 2012, 2471, 2474; *Reinicke/Tiedtke*, Kaufrecht, 307 ff.; *D. Schmidt*, BB 2005, 2763, 2766 f.; *Lüttringhaus*, AcP 219 (2019), 29, 48 f.; *Schmidt-Räntsch*, AnwBl 2003, 529, 531; *Berger*, JZ 2004, 276, 278; *Looschelders*, Schuldrecht Besonderer Teil, § 3 Rn. 6; *Häublein*, NJW

zierung als Beschaffenheit nicht von einem physischen Anhaftungskriterium oder einem Kriterium der Dauerhaftigkeit des „Anhaftens“ abhängig.[980] Auch Vertreter der weiten Theorie ziehen allerdings eine Grenze für die Reichweite der Beschaffenheit. Diese liegt im Bezug des Beschaffenheitsumstands zur Kaufsache.[981] Die Wortlaute der Art. 5–8 Warenkaufrichtlinie (EU) 2019/771 (WKRL)[982] und des § 434 BGB stellen auf diesen Bezug ab.[983] Da für das Vorliegen eines Mangels der Zeitpunkt des Gefahrübergangs relevant ist (§ 434 Abs. 1 BGB), muss der Bezug zur Kaufsache im Zeitpunkt des Gefahrübergangs vorliegen.[984] Dies gilt auch für einen Umstand aus der Vergangenheit – wie etwa CSR-Standards, die den Produktionsprozess betreffen. Nach der weiten Theorie kann ein solcher Umstand bei Gefahrübergang vorliegen, wenn er zu diesem Zeitpunkt noch fortwirkt oder die Kaufsache bei Gefahrübergang noch prägt.[985] Nicht erfasst ist der Wert der Sache[986] sowie Umstände, die keinen Bezug zur Sache mehr haben, zum Beispiel, weil sie sich ausschließlich (und nicht zusätzlich) auf die Person des Käufers[987] oder Verkäufers oder auf Dritte beziehen[988].

In der höchstrichterlichen Rechtsprechung wurde eine klare Abgrenzung dahingehend, ob zur Qualifizierung als Beschaffenheit ein spezifischer Bezug zur Kaufsache gefordert ist oder jeglicher tatsächliche Bezug zur Kaufsache ausreicht, bisher nicht entschieden. Die Rechtsprechung des VIII. Senats des BGH fasst unter die Beschaffenheit alle Eigenschaften der Kaufsache, die „der Sache selbst anhaften, als auch alle

---

2003, 388, 390; Staudinger/*Matusche-Beckmann*, BGB § 434, Rn. 54; *Triebel/Hölzle*, BB 2002, 521, 525.

[980] *Redeker*, NJW 2012, 2471, 2474; *Schmidt-Räntsch*, AnwBl 2003, 529, 531; *Reinicke/Tiedtke*, Kaufrecht, Rn. 309, 314; *Berger*, JZ 2004, 276, 278; Staudinger/*Matusche-Beckmann*, BGB § 434, Rn. 54 f.

[981] *Schmidt-Räntsch*, AnwBl 2003, 529, 531; *Lüttringhaus*, AcP 219 (2019), 29, 35; *Reinicke/Tiedtke*, Kaufrecht, Rn. 311; *Looschelders*, Schuldrecht Besonderer Teil, § 3 Rn. 19. Staudinger/*Matusche-Beckmann*, BGB § 434, Rn. 54; *D. Schmidt*, BB 2005, 2763, 2766 f. Zu Art. 2 VerbrGK-RL *Glinski/Rott*, EuZW 2003, 649, 652; Für einen grenzenlosen Beschaffenheitsbegriff *Berger*, JZ 2004, 276, 278. Für einen unbegrenzten Begriff im Hinblick auf Nachhaltigkeitskriterien wohl *Schirmer*, ZEuP 2021, 35, 48 ff.

[982] Richtlinie (EU) 2019/771 des Europäischen Parlaments und des Rates vom 20. Mai 2019 über bestimmte vertragsrechtliche Aspekte des Warenkaufs, zur Änderung der Verordnung (EU) 2017/2394 und der Richtlinie 2009/22/EG sowie zur Aufhebung der Richtlinie 1999/44/EG.

[983] Art. 5 WKRL, stellt darauf ab, dass der Verkäufer „Waren“ liefert „die – soweit anwendbar – die Anforderungen der Art. 6, 7 und 8 erfüllen“. Gem. § 434 Abs. 1 BGB muss „die Sache (…) den subjektiven Anforderungen, den objektiven Anforderungen und den Montageanforderungen“ entsprechen, um sachmangelfrei zu sein.

[984] *Reinicke/Tiedtke*, Kaufrecht, Rn. 312, 314.; *Lüttringhaus*, AcP 219 (2019), 29, 48; Staudinger/*Matusche-Beckmann*, BGB § 434, Rn. 55.

[985] *Reinicke/Tiedtke*, Kaufrecht, Rn. 312 f.; *Lüttringhaus*, AcP 219 (2019), 29, 48; *D. Schmidt*, BB 2005, 2763, 2767. Dabei geht es um Umstände, die der Kaufsache in der Vergangenheit widerfahren sind. Lebhaft diskutiert wird außerdem die Einordnung von Ertrags- und Umsatzzahlen aus der Vergangenheit bei einem Unternehmenskauf. Vorstehende Autoren wollen die in der Vergangenheit liegenden Faktoren berücksichtigen. Zu Ertragszahlen beim Unternehmenskauf s.a. bejahend *Triebel/Hölzle*, BB 2002, 521, 525 A.A. Staudinger/*Matusche-Beckmann*, BGB § 434, Rn. 56.

[986] In Abgrenzung zu den wertbildenden Faktoren, die die Beschaffenheit bilden können, Staudinger/*Matusche-Beckmann*, BGB § 434, Rn. 54; MüKoBGB/*Westermann*, BGB § 434, Rn. 11; BeckOK BGB/*Faust*, BGB § 434, Stand: 1.5.2022, Rn. 18.

[987] *Reinicke/Tiedtke*, Kaufrecht, Rn. 311; Staudinger/*Matusche-Beckmann*, BGB § 434, Rn. 54; *D. Schmidt*, BB 2005, 2763, 2766.

[988] *D. Schmidt*, BB 2005, 2763, 2766.

Beziehungen der Sache zur Umwelt, die nach der Verkehrsauffassung Einfluss auf die Wertschätzung der Sache haben".[989] Ob diese Definition auch jeden tatsächlichen Bezug zur Kaufsache betrifft oder ob die jeweiligen Umstände ihren Ursprung in der (Physis der Sache selbst) haben müssen, ließ der BGH ausdrücklich offen.[990] Im Rahmen dieses „Mittelwegs"[991] qualifizierte der BGH das Bestehen einer Herstellergarantie als Beschaffenheit.[992] Denn eine Herstellergarantie für einen gebrauchten PKW sei eine Rechtsbeziehung zwischen Hersteller und Käufer, die als zugesicherte Kostenübernahme für bestimmte Reparaturen den Wert des PKW beeinflusse.[993] Besonders eine Herstellergarantie könne erhebliche Auswirkungen auf den Wert eines Pkws haben.[994] Bereits 2011 entschied der V. Senat des BGH, dass auch die Höhe von Mieteinnahmen und aufzuwendende Betriebskosten eines Grundstücks eine Beschaffenheit des Grundstücks sind.[995] Außerdem gehört die Schadstofffreiheit von Grundwasser, das den Erdboden des verkauften Grundstücks durchströmt, zur Beschaffenheit der Kaufsache.[996] Dagegen hatte der BGH von dem Beschaffenheitsbegriff die Abrechnungsfähigkeit von Therapieleistungen ausgenommen, die ein Leasingnehmer mithilfe des Leasinggerätes an Patienten anbietet.[997] Dies begründete der BGH damit, dass es sich dabei um einen gänzlich von der physischen Beschaffenheit der Geräte unabhängigen Umstand im Verhältnis von Patienten und deren privaten Krankenversicherungen handele, der geeignet sei, das Nachfrageverhalten von Patienten zu steuern.[998]

In der instanzgerichtlichen Rechtsprechung lösen sich einige Urteile von dem Anknüpfungs-Kriterium an die Physis der Sache.[999] So bewertete das LG Ellwangen den

---

[989] BGH, Urt. v. 15.6.2016 – VIII ZR 134/15 = NJW 2016, 2874, 2874, Rn. 10; BGH, Beschl. v. 26.8.2014 – VIII ZR 335/13, BeckRS 2014, 17609, Rn. 17; BGH, Urt. v. 19.4.2013 – V ZR 113/12 = NJW 2013, 1948, 1949, Rn. 15; BGH, Urt. v. 30.11.2012 – V ZR 25/12 = NJW 2013, 1671, Rn. 8, 10.

[990] BGH, Urt. v. 15.6.2016 – VIII ZR 134/15 = NJW 2016, 2874, 2875, Rn. 13; BGH, Urt. v. 19.4.2013 – V ZR 113/12 = NJW 2013, 1948, 1949, Rn. 15.

[991] *Lüttringhaus*, AcP 219 (2019), 29, 35; Zur Entscheidung des BGH vom 5. 11.2010 *G. Müller*, WM 2017, 981-992, 983: „Der ‚goldene Mittelweg' der neuen Rechtsprechung".

[992] BGH, Urt. v. 15.6.2016 – VIII ZR 134/15 = NJW 2016, 2874, 2875, Rn. 14.

[993] BGH, Urt. v. 15.6.2016 – VIII ZR 134/15 = NJW 2016, 2874, 2875, Rn. 15.

[994] BGH, Urt. v. 15.6.2016 – VIII ZR 134/15 = NJW 2016, 2874, 2875, Rn. 15.

[995] BGH, Urt. v. 5.11.2010 – V ZR 228/09, NJW 2011, 1217, 1218, Rn. 12. Ebenso OLG Köln, Urt. v. 29.11.2018 – 3 U 24/18 = NJW-RR 2019, 686, 687, Rn. 19. In einem *obiter dictum* erklärt sich der V. Senat des BGH im vorstehenden Urteil gegen die Abgrenzung des Beschaffenheitsbegriffs im Sinne der engen Theorie, nach der nur die körperlichen Eigenschaften der Sache und die dieser auf Dauer anhaftenden Umstände tatsächlicher, rechtlicher und wirtschaftlicher Art als Beschaffenheit anzusehen sein sollen (Rn. 13).

[996] BGH, Urt. v. 30.11.2012 – V ZR 25/12 = NJW 2013, 1671, Rn. 10 ff.: In diesem Fall lag in der Schadstoffbelastung des Grundwassers, das den zum verkauften Grundstück gehörenden Erdkörper durchströmte, ein Mangel des Grundstücks nach § 434 Abs. 1 S. 2 Nr. 2 BGB a.F., obwohl das Grundstück selbst nicht kontaminiert war.

[997] BGH, Beschl. v. 26.8.2014 – VIII ZR 335/13, BeckRS 2014, 17609, Rn. 17.

[998] BGH, Beschl. v. 26.8.2014 – VIII ZR 335/13, BeckRS 2014, 17609, Rn. 17. Die steuerliche Abrechnungsfähigkeit als Beschaffenheit verneinen auch Vertreter der weiten Theorie, weil hier ausschließlich eine Anknüpfung an die Person des Käufers gegeben ist und kein Bezug zur Kaufsache, vgl. *Reinicke/Tiedtke*, Kaufrecht, Rn. 311.

[999] Wohl OLG München Urt. v. 6.9.2006 – 20 U 1860/06, BeckRS 2006, 10640: „Beschaffenheit ist mit dem tatsächlichen Zustand der Sache gleichzusetzen und umfasst jede Eigenschaft und jeden der Sache anhaftenden tatsächlichen, wirtschaftlichen oder rechtlichen Umstand"; LG Ellwangen,

Herstellungsort eines Kraftfahrzeugs als Teil der Beschaffenheit und die Herstellung eines Kfz in Südafrika statt in der EU als einen Mangel.[1000] Das OLG Celle ging in einem Fall über das Fehlen eines Bioland-Zertifikats über die Bio-Zertifizierung eines Zwischenhändlers für bestimmte Dünger-Produkte davon aus, dass das Bestehen des Zertifikats sowohl Inhalt einer Beschaffenheitsvereinbarung sein könne, als auch die vertraglich vorausgesetzte oder übliche Verwendung i.S.d. § 434 Abs. 1 S. 2 BGB a.F. definieren könne.[1001]

Auch die Fallgruppen der Unfallwagenrechtsprechung und des Mangelverdachts beziehen sich auf Umstände in der Vergangenheit der Kaufsache, ohne eine konkrete Auswirkung auf die Physis der Sache im Zeitpunkt des Gefahrübergangs zu fordern. Im Falle von Unfallwagen geht die Rechtsprechung davon aus, dass zur üblichen Beschaffenheit und Käufererwartung i.S.d. § 434 Abs. 1 S. 2 Nr. 2 BGB a.F. bei Erwerb eines Gebrauchtwagens gehört, dass das Fahrzeug keinen Unfall erlitten hat, bei dem es zu mehr als „Bagatellschäden" gekommen ist.[1002] Alleine die Tatsache, dass das Fahrzeug bei einem Unfall einen erheblichen Schaden erlitten hat, stellt danach einen Sachmangel dar, unabhängig davon, ob der Schaden weitergehende Folgen hatte und ob das Fahrzeug nach dem Unfall fachgerecht repariert worden ist.[1003] Auch in der Fallgruppe des Mangelverdachts lässt die Rechtsprechung allein den Verdacht für das Vorliegen eines Mangels genügen, ohne, dass zusätzliche Tatsachen den Verdacht erhärten müssen, soweit bereits dieser Mangelverdacht Auswirkung auf die Nutzung oder Verkäuflichkeit der Kaufsache hat.[1004]

Urt. v. 13.12.2002 – 3 O 219/02 = NJW 2003, 517, 518; OLG Celle, Urt. v. 13.8.2009 – 8 U 9/09 = NJW-RR 2010, 122, 123 f.

[1000] LG Ellwangen, Urt. v. 13.12.2002 – 3 O 219/02 = NJW 2003, 517, 518.

[1001] OLG Celle, Urt. v. 13.8.2009 – 8 U 9/09 = NJW-RR 2010, 122, 123 f.

[1002] BGH, Urt. v. 12.3.2008 – VIII ZR 253/05 = NJW 2008, 1517, 1518 Rn. 18; BGH, VU v. 10.10.2007 – VIII ZR 330/06 = NJW 2008, 53, 54, Rn. 20. Diese Rechtsprechung ist allerdings nicht schrankenlos auf andere Kaufgegenstände übertragbar. Besonderheiten gelten bei Tieren: Die Verletzungsfreiheit eines Pferdes in der Vergangenheit stellt keine übliche Beschaffenheit des Pferdes dar, BGH, Urt. v. 30.10.2019 – VIII ZR 69/18 = NJW 2020, 389, 390, Rn. 28. Zur üblichen Beschaffenheit eines Tieres gehört es – anders als bei einem Pkw – gerade nicht, dass es in jeder Hinsicht einer biologischen oder physiologischen „Idealnorm" entspricht. Die Rechtsprechung des BGH begründet dies zurecht mit der besonderen Situation von Lebewesen, „die einer ständigen Entwicklung unterliegen und die – anders als Sachen – mit individuellen Anlagen ausgestattet und dementsprechend mit sich daraus ergebenden unterschiedlichen Risiken behaftet sind". Vgl. BGH, Urt. v. 18.10.2017 – VIII ZR 32/16 = NJW 2018, 150, 152, Rn. 24; BGH, Urt. v. 7.2.2007 – VIII ZR 266/06 = NJW 2007, 1351, 1352 f., Rn. 19; BGH, Urt. v. 29.3.2006 – VIII ZR 173/05 = BGHZ 167, 40 = NJW 2006, 2250, 2252 f., Rn. 27.

[1003] BGH, Urt. v. 12.3.2008 – VIII ZR 253/05 = NJW 2008, 1517, 1518 Rn. 18.

[1004] BGH, Urt. v. 21.7.2017 – V ZR 250/15 = DNotZ, 2018, 217, 219, Rn. 7 f. (Zum Verdacht von Altlasten wegen der Nutzung des Grundstücks zur Klärschlammrückhaltung und Asphaltmischung); BGH, Urt. v. 22.10.2014 – VIII ZR 195/13 = BGHZ 203, 98 = NJW 2015, 544, 547, Rn. 43 f., 45 (Für den Fall einer erhöhten Dioxinkonzentration von Futtermittel): Danach sei ein Sachmangel der Ware bereits anzunehmen, „wenn der konkrete Verdacht besteht, dass die Inhaltsstoffe von Futtermitteln für der Lebensmittelgewinnung dienende Tiere die zulässigen Höchstwerte überschreiten und die Verkäuflichkeit des produzierten Lebensmittels dadurch beeinträchtigt wird" (Rn. 45); BGH, Urt. v. 8.7.2016 – V ZR 35/15 = BGH NJW-RR 2017, 468, 469, Rn. 10 f. (zum Verdacht der Schadstoffbelastung eines Grundstücks, das früher für den Bahnbetrieb genutzt wurde): die Gefahr von Schadstoffbelastungen stelle bei nahezu jeder denkbaren Grundstücksnutzung einen wertmindernden Faktor dar.

Die Reichweite des Beschaffenheitsbegriffs spielt außerdem eine Rolle im Rechts- und Unternehmenskauf.[1005] Im Falle eines Rechtskaufs stellt sich zum Beispiel die Frage, ob die Bonität des Schuldners als nicht-physisches Merkmal zur Beschaffenheit der Forderung gehört.[1006] Umfassende Auswirkungen hat der weite Beschaffenheitsbegriff auf die Einordnung von Ertrags- und Umsatzzahlen des Unternehmens.[1007]

bb) Ethische Produktionsbedingungen als Umstände außerhalb der Physis der Kaufsache

Ethische Qualitäten und CSR-Standards, mit denen Produkte beworben werden, beziehen sich auf den Produktionsprozess, auf Unternehmensstrategien und verknüpfte Aktionen wie *cause-related* Marketing. Vertreter der engen Theorie können ethische Umstände, die den Prozess in der Wertschöpfungskette, aber nicht die Physis der Kaufsache betreffen, nicht unter den Beschaffenheitsbegriff fassen.[1008] Die weite Auffassung des Beschaffenheitsbegriffs ermöglicht grundsätzlich eine Einordnung von CSR-Standards unter den Beschaffenheitsbegriff.[1009] Sie lässt insbesondere auch Umstände aus der Vergangenheit und die Genese des Produkts als möglichen Umstand der Beschaffenheit zu. Wurde ein Produkt unter ethischen Kriterien hergestellt, wirkt dieser Umstand auch im Zeitpunkt des Gefahrübergangs noch fort und ist nach dieser Ansicht also eingeschlossen.[1010]

Allerdings ist das Meinungsspektrum der Vertreter der weiten Auffassung hinsichtlich der Grenze des Bezugs zur Sache gespalten. Einigkeit besteht darüber, dass Produktionsbedingungen der Kaufsache und die Vorgeschichte der Kaufsache unter einen weiten Beschaffenheitsbegriff fallen.[1011] Einige Autoren gehen darüber hinaus

[1005] Da vorliegend hauptsächlich der Sachkauf thematisiert wird, soll hier nur ein sehr kurzer Überblick erfolgen.

[1006] Gegen eine Qualifizierung der fehlenden oder reduzierten Bonität des Schuldners als Mangel der Forderung für den Fall, dass keine Garantie übernommen wurde, u.a. BGH, Urt. v. 26.9.2018 – VIII ZR 187/17 = NJW 2019, 145, 148 f., Rn. 32; *Grigoleit/Herresthal*, JZ 2003, 118, 125 (die eine Anwendung des § 434 Abs. 1 BGB a.F. insbes. wegen § 453 Abs. 3 BGB ablehnen); BeckOK BGB/*Faust*, BGB § 453, Stand: 1.5.2022, Rn. 20; Staudinger/*Beckmann*, BGB § 453, Rn. 8; A.A. *Berger*, JZ 2004, 276, 282. Letzterer verweist auf bessere vertragliche Gestaltungsmöglichkeiten.

[1007] Für eine Beurteilung als Beschaffenheit *Berger*, JZ 2004, 276, 282; *Redeker*, NJW 2012, 2471, 2471 ff.; Staudinger/*Beckmann*, BGB § 453, Rn. 135 f.; *Schmidt-Räntsch*, AnwBl 2003, 529, 531; a.A. *Grigoleit/Herresthal*, JZ 2003, 118, 124 ff.; *U. Huber*, AcP 202 (2002), 179, 223 ff.; BeckOK BGB/*Faust*, BGB § 434, Stand: 1.5.2022, Rn. 29. Im Einzelnen ist die Einordnung von Umständen als Beschaffenheit in der Fallgruppe des Unternehmenskaufs weiter umstritten, etwa im Hinblick auf Unternehmenskennzahlen abgeschlossener Perioden oder die Einordnung des Unternehmensrufs. S. dazu näher die vorstehenden Quellen.

[1008] Gegen eine Subsumierbarkeit ethischer Standards unter den Beschaffenheitsbegriff *Dastis*, VuR 2017, 252, 252 ff.

[1009] *Lüttringhaus*, AcP 219 (2019), 29, 34 f.; *Glinski/Rott*, EuZW 2003, 649, 652 f.; *Beckers*, Enforcing Corporate Social Responsibility Codes, S. 119 f.; *Asmussen*, Haftung für CSR, S. 156; *Schmidt-Kessel*, in: Möstl (Hrsg.), Nachhaltigkeit und Ethik im Lebensmittelrecht, S. 135 f.; *Schirmer*, ZEuP 2021, 35, 43 ff.; *Glinski*, Die rechtliche Bedeutung der privaten Regulierung globaler Produktionsstandards, S. 187 ff.; *Dilling*, in: Winter (Hrsg.), Die Umweltverantwortung multinationaler Unternehmen, S. 306; bezogen auf Nachhaltigkeitsmerkmale *Gsell/Zickgraf*, ZHR 187 (2023), 392, 408-409, 420.

[1010] *Lüttringhaus*, AcP 219 (2019), 29, 48.

[1011] *Glinski/Rott*, EuZW 2003, 649, 652 f.; *Asmussen*, Haftung für CSR, S. 156; *Lüttringhaus*, AcP 219 (2019), 29, 48.

und vertreten, dass auch Aussagen des Verkäufers und Herstellers zu seiner sozialen und umweltfreundlichen Ausrichtung oder Unternehmenspolitik unter den Beschaffenheitsbegriff fallen.[1012] Der Bezug zur Sache könne auch dadurch hergestellt werden, dass Imagewerbung auf das einzelne Produkt abstrahlt.[1013] Die Gegenansicht nimmt Eigenschaften und Verhaltensweisen des Verkäufers bzw. Herstellers, die die Kaufsache nicht unmittelbar betreffen, von einem Bezug zur Kaufsache aus.[1014] *Dilling* sieht einen erforderlichen „spezifischen Bezug" dann gegeben, wenn durch den Handel mit einem Produkt, dessen Produktionsbedingungen den versprochenen ethischen Standards nicht entsprechen, die Verletzung der Standards noch gefördert würde.[1015] *Asmussen* schlägt vor, unternehmensbezogene und prozessorientierte Versprechen von dem Beschaffenheitsbegriff auszuschließen.[1016] Als unternehmensbezogen qualifiziert er Standards, die die Unternehmenspolitik bzw. das Verhalten des Herstellers oder Verkäufers betreffen.[1017] Unter prozessorientierten Versprechen versteht *Asmussen* produktbezogene Bemühungszusagen.[1018] Dem ist zuzustimmen, denn eine Bemühungszusage erhält gerade kein Erfolgsversprechen,[1019] sodass von ihr nicht auf eine konkrete Eigenschaft der Kaufsache geschlossen werden kann. Auch Aussagen, die sich nicht auf den Produktionsprozess, sondern auf die Ausrichtung des Herstellers an einer Nachhaltigkeitspolitik und auf unternehmensinterne Verhaltenspflichten richten – zum Beispiel die unternehmensinterne Vorgabe in Verwaltungsangelegenheiten den Papierverbrauch zu reduzieren – haben keinen Bezug mehr zur Kaufsache. Hier geht es ausschließlich um die Person des Herstellers. Die einzige Verbindung zur Kaufsache ist, dass die Kaufsache von diesem Hersteller, der für sich eine Nachhaltigkeitspolitik proklamiert, hergestellt wird. Der Bezug ist folglich nur mittelbar.

Um die Grenzziehung für den Fall von CSR-Standards näher zu bestimmen, betrachten die nachfolgenden Unterabschnitte die Reichweite des Beschaffenheitsbegriffs aus historischer, systematischer und teleologischer Sicht.

cc) Historische und richtlinienkonforme Auslegung

(1) Rechtslage vor der Schuldrechtsmodernisierung

Im alten Schuldrecht unterschied § 495 BGB a.F. zwischen „Fehlern" und „zugesicherten Eigenschaften". Für Fehler i.S.d. § 495 Abs. 1 S. 1 BGB a.F. kam nach der

[1012] *Schmidt-Kessel*, in: Möstl (Hrsg.), Nachhaltigkeit und Ethik im Lebensmittelrecht, S. 135 f.; *Beckers*, Enforcing Corporate Social Responsibility Codes, S. 119 f.; *Schirmer*, ZEuP 2021, 35, 46 ff. (lässt auch unternehmensbezogene Versprechungen des Herstellers im Sinne einer nachhaltigkeitssensiblen Rekonstruktion des § 434 Abs. 1 S. 2 Nr. 2, S. 3 BGB a.F. als Beschaffenheit des Produkts zu.). Wohl auch *Lüttringhaus*, AcP 219 (2019), 29, 46 ff. und *Glinski*, Die rechtliche Bedeutung der privaten Regulierung globaler Produktionsstandards, S. 201.

[1013] So *Glinski*, Die rechtliche Bedeutung der privaten Regulierung globaler Produktionsstandards, S. 201 *Schirmer*, ZEuP 2021, 35, 48 unter Verweis auf *Collins*, ERPL 22 (2014), 619, 630 und *Kysar*, Harv. L. Rev. 118 (2004), 526, 526 ff.

[1014] Einer engeren Ansicht folgen *Asmussen*, Haftung für CSR, S. 157 ff.; *Dilling*, in: Winter (Hrsg.), Die Umweltverantwortung multinationaler Unternehmen, S. 306.

[1015] *Dilling*, in: Winter (Hrsg.), Die Umweltverantwortung multinationaler Unternehmen, S. 306.

[1016] *Asmussen*, NJW 2017, 118, 119; *Asmussen*, Haftung für CSR, S. 157 ff.

[1017] *Asmussen*, NJW 2017, 118, 119 ff.; *Asmussen*, Haftung für CSR, S. 158.

[1018] *Asmussen*, Haftung für CSR, S. 159.

[1019] So auch die Begründung von *Asmussen*, Haftung für CSR, S. 159.

Rechtsprechung ein objektiver Maßstab in Betracht[1020], für zugesicherte Eigenschaften i.S.d. § 495 Abs. 2 BGB a.F. ein subjektiver Maßstab[1021]. Diesen subjektiven Maßstab fasste die Rechtsprechung aber eng: Dazu gehörten die physischen Eigenschaften der Sache sowie wirtschaftliche und rechtliche Beziehungen der Sache zur Umwelt, soweit sie einen Einfluss auf die Brauchbarkeit oder Wertschätzung der Sache hatten und in der Sache selbst ihren Grund hatten.[1022] Die Kategorien unterschieden sich in den an sie geknüpften Rechtsfolgen. Der Fehler berechtigte gem. § 462 BGB a.F. zur Wandelung und Minderung. Das Fehlen einer zugesicherten Eigenschaft berechtigte auch zum Schadensersatz, § 463 S. 1 BGB a.F.[1023] Die enge Auslegung der zusicherungsfähigen Eigenschaft hatte auch den Effekt, dass fehlerhafte, aber nicht unter § 495 BGB a.F. fallende Merkmale nach allgemeinem Schuldrecht zu behandeln waren und für Sekundäransprüche bei Fahrlässigkeit des Verkäufers nicht die rechtspolitisch als zu kurz empfundene sechs-monatige kaufrechtliche Verjährungsfrist des § 477 a.F. BGB, sondern die Regelverjährung galt.[1024]

(2) Rechtslage nach der Schuldrechtsmodernisierung

Im Zuge der Schuldrechtsmodernisierung[1025] setzte der Gesetzgeber die Verbrauchsgüterkaufrichtlinie 1999/44/EG[1026] (VerbrGK-RL) überschießend auch außerhalb des Verbrauchsgüterkaufs um.[1027] Der Gesetzgeber wollte einen gespaltenen Mangelbegriff gerade verhindern[1028], weshalb auch eine unterschiedliche Auslegung im Verbrauchsgüterkaufrecht und im „allgemeinen" Kaufrecht ausscheidet. Die richtlinienkonforme Auslegung des § 434 BGB[1029] führt zu einem subjektiven Fehlerbegriff.[1030]

1020 Dazu BGHZ 70, 47, 49 = BGH, Urt. v. 18.11.1977 – V ZR 172/76, NJW 1978, 370, 370: Danach seien für einen „Fehler" Beziehungen der Sache zu seiner Umwelt nur relevant, wenn sie „in der Beschaffenheit des Kaufgegenstandes selbst ihren Grund haben, ihm selbst unmittelbar innewohnen, von ihm ausgehen; sie dürfen sich nicht erst durch Heranziehung von außerhalb des Kaufgegenstandes liegenden Verhältnissen oder Umstände ergeben".

1021 Dazu BGHZ 87 302, 307 = BGH, Urt. v. 25.5.1983 – VIII ZR 55/82, NJW 1983, 2192, 2193: Zusicherungsfähige Eigenschaft sei „jedes dem Kaufgegenstand auf gewisse Dauer anhaftende Merkmal, das für den Wert, den vertraglich vorausgesetzten Gebrauch oder aus sonstigen Gründen für den Käufer erheblich ist".

1022 BGH, Urt. v. 26.4.1991 – V ZR 165/89 = BGHZ 114, 263, 266 = DNotZ 1992, 44, 45; Dazu *Berger*, JZ 2004, 276, 278.

1023 Zur alten Rechtslage HKKBGB/*Ernst*, §§ 434 – 445. Sach und Rechtsmängelhaftung, Rn. 12 ff.

1024 HKKBGB/*Ernst*, §§ 434 – 445. Sach und Rechtsmängelhaftung, Rn. 21; *Berger*, JZ 2004, 276, 278.

1025 Gesetz zur Modernisierung des Schuldrechts v. 26.11.2001, BGBl. I, S. 3138.

1026 Richtlinie 1999/44/EG des Europäischen Parlaments und des Rates vom 25. Mai 1999 zu bestimmten Aspekten des Verbrauchsgüterkaufs und der Garantien für Verbrauchsgüter (ABl. L 171 v. 7.7.1999, S. 12). Ab 1.1.2022 ist die VerbrGK-RL aufgehoben gem. Art. 23 UAbs. 1 Richtlinie (EU) 2019/771 des Europäischen Parlaments und des Rates vom 20. Mai 2019 über bestimmte vertragsrechtliche Aspekte des Warenkaufs, zur Änderung der Verordnung (EU) 2017/2394 und der Richtlinie 2009/22/EG und zur Aufhebung der Richtlinie 1999/44/EG (WKRL) (ABl. L 136 v. 22.5.2019, S. 28). Es gelten dann die Regelungen der vollharmonisierenden WKRL.

1027 BT-Drs. 14/6040, S. 211.

1028 BT-Drs. 14/6040, S. 211.

1029 Zur richtlinienkonformen Auslegung des § 434 BGB MüKoBGB/*Westermann*, BGB § 434, Rn. 2; *Grigoleit/Herresthal*, JZ 2003, 118, 119.

1030 BT-Drs. 14/6040, S. 211 f.

Art. 2 Abs. 1 VerbrGK-RL stellt auf die Vertragsmäßigkeit der Ware ab. In Art. 2 Abs. 2 lit. d) VerbrGK-RL verwendet die Richtlinie die Begriffe „Qualität und Leistungen", „Beschaffenheit" und „konkreten Eigenschaften". Weder nach dem Wortlaut in der deutschen Fassung noch aus den Erwägungsgründen (insbesondere Nr. 2-8) lässt sich auf eine Beschränkung der Vertragsmäßigkeit im Hinblick auf Beziehungen zur physischen Beschaffenheit der Kaufsache schließen.[1031] Ebenso verhält es sich mit der weiter gefassten englischen oder französischen Sprachfassung des Richtlinientextes.[1032] Zudem steht das durch die VerbrGK-RL bezweckte hohe Niveau des Verbraucherschutzes[1033] einer Beschränkung auf Anknüpfungspunkte in der Physis der Kaufsache entgegen.[1034] Die unionsrechtlich autonome Auslegung[1035] von Richtlinien spricht im Ergebnis für eine weite Auslegung.[1036]

Der Deutsche Gesetzgeber gab bei der Neuregelung des Kaufrechts die Differenzierung zwischen Fehler und zugesicherter Eigenschaft bewusst auf. Maßgeblich soll die Vereinbarung der Vertragsparteien sein und nicht objektive Umstände, die außerhalb des Willens der Vertragsparteien liegen.[1037] Der Gesetzgeber fügte bewusst keine Definition des Begriffs der Beschaffenheit ein und ließ die Reichweite des Beschaffenheitsbegriffs offen.[1038] Insofern sollte also auch der Wortlaut des Begriffs der „Beschaffenheit" keine Vorgaben hinsichtlich der erfassten Eigenschaften oder Umweltbeziehungen der Sache machen.[1039]

(3) Änderungen durch die Warenkaufrichtlinie (EU) 2019/771 und deren Umsetzung

Die VerbrGK-RL 1999/44/EG ersetzte der Europäische Gesetzgeber im Jahr 2019 durch die WKRL. Die vollharmonisierende Richtlinie[1040] soll das Niveau des Verbraucherschutzes im Vergleich zu der VerbrGK-RL 1999/44/EG nochmals anheben.[1041] Die WKRL unterscheidet ausdrücklich zwischen subjektiven und objektiven Anforderungen und Montageanforderungen an die Vertragsmäßigkeit (Art. 5–8

[1031] *Glinski/Rott*, EuZW 2003, 649, 653 f., mit Verweis auf die weite Auffassung der Kommission im Grünbuch zur integrierten Produktpolitik.KOM (2001) 68; *D. Schmidt*, BB 2005, 2763, 2765; *Lüttringhaus*, AcP 219 (2019), 29, 37 f. Anders aber *Grigoleit/Herresthal*, JZ 2003, 118, 120, die aus den Formulierungen der deutschen Fassung der Richtlinie „Eigenschaft" und „Beschaffenheit" und „vertragsgemäßer Zustand" aus Art. 2 Abs. 1, Abs. 2 und Art. 3 Abs. 2 VerbrGK-RL einen engen Vertragsmäßigkeitsbegriff folgern.

[1032] *Lüttringhaus*, AcP 219 (2019), 29, 37 f. *Lüttringhaus* zieht den Vergleich sowohl zur englischen („qualities", „nature of the goods" und „specific characteristics") als auch zur französischen Fassung („qualités", („nature du bien" und „charactéristiques"), in deren Wortlaut ein Bezug zur Physis ebenso nicht erkennbar ist. *Collins*, ERPL 22 (2014), 619, 637 f., subsumiert „ethische" Produktionsstandards bereits unter „possess the qualities" bzw. „show the quality" in Art. 2 Abs. 1 lit. a) und d) VerbrGK-RL.

[1033] Erwägungsgrund Nr. 1 der RL 1999/44/EG.

[1034] *Berger*, JZ 2004, 276, 279; *Glinski/Rott*, EuZW 2003, 649, 654.

[1035] Zur autonomen Auslegung unionrechtlicher Begriffe u.a. EuGH (Erste Kammer), Urt. v. 28.10.1982 – C-135/81; Slg. 1982, 3799, Rn. 10 (Agences de voyages/Kommission) (CELEX 61981CJ0135); Calliess/Ruffert/*Wegener*, EU-Vertrag (Lissabon) Art. 19, Rn. 28. In diesem Sinne stellt Erwägungsgrund Nr. 7 der RL 1999/44/EG, gerade darauf ab, dass der Grundsatz der Vertragsmäßigkeit ein gemeinsames Element der verschiedenen einzelstaatlichen Rechtstraditionen sei.

[1036] Vgl. dazu *Glinski/Rott*, EuZW 2003, 649, 651 ff.; *Berger*, JZ 2004, 276, 278.

[1037] BT-Drs. 14/6040, S. 212 f.

[1038] BT-Drs. 14/6040, S. 213.

[1039] *Berger*, JZ 2004, 276, 279.

[1040] S. Art. 4, Erwägungsgrund 10 WKRL. Dazu *Staudenmayer*, NJW 2019, 2889, 2889 ff.

[1041] S. Erwägungsgrund 10 WKRL.

WKRL). Neu am Verhältnis der Anforderungen ist, dass die Vertragsmäßigkeit der Ware alle drei Anforderungen erfüllen muss.[1042] Die objektiven Voraussetzungen sind folglich Mindestvoraussetzungen, zu welchen subjektive Anforderungen aus der Parteivereinbarung oder durch Auslegung derselben gleichrangig hinzutreten.[1043] Die Neuregelung[1044] der §§ 434 ff. BGB zur Umsetzung der Richtlinie übernimmt dieses Verhältnis und löst damit die vorherige subsidiäre Anknüpfung in § 434 Abs. 1 S. 2 BGB a.F. an objektive Beschaffenheitskriterien ab.[1045] In dem für CSR-Standards wichtigen objektiven Beschaffenheitstatbestand öffentlicher Herstelleraussagen (Art. 7 Abs. 1 lit. d) WKRL) geht der Wortlaut nun sogar weiter als bisher. Dort heißt es nunmehr, die Waren müssen „hinsichtlich ihrer Menge, Qualität und sonstigen Merkmale – einschließlich ihrer Haltbarkeit, Funktionalität, Kompatibilität und Sicherheit – dem entsprechen, was bei Waren der gleichen Art üblich ist und was der Verbraucher in Anbetracht der Art der Waren und unter Berücksichtigung öffentlicher Erklärungen [...] vernünftigerweise erwarten kann." Auch die subjektiven Anforderungen an die Vertragsmäßigkeit sollen die Parteien gemäß Art. 6 lit. a) WKRL „hinsichtlich der Beschreibung, der Art, der Menge und der Qualität, der Funktionalität, der Kompatibilität, der Interoperabilität und sonstiger Merkmale" im Kaufvertrag festlegen. Beide Aufzählungen sind nicht abschließend. Der offene Wortlaut gibt somit Raum für produktionsbezogene Merkmale und rein tatsächliche Beziehungen zur Sache, wie ethische Anforderungen an die Produktionsbedingungen. Ein enger, auf Beziehungen zur Physis der Sache oder auf Beziehungen, die ihren Ursprung in der Sache haben, beschränkter Vertragsmäßigkeitsbegriff lässt sich hieraus nicht mehr ableiten.[1046] Die Neuregelung des § 434 BGB übernimmt die offenen Auflistungen in § 434 Abs. 3 S. 1 Nr. 2, S. 2 BGB und § 434 Abs. 2 S. 1 Nr. 1, S. 2 BGB. Hinsichtlich der Merkmale bleibt nach dem Wortlaut die Anforderung des Bezugs zur Kaufsache bestehen.[1047]

Die historische Auslegung ergibt, dass bei der Bestimmung der Reichweite des Beschaffenheitsbegriffs der Wille der Vertragsparteien hinreichend berücksichtigt werden muss.[1048] Die aktuelle Neuregelung des Mangelrechts spricht gegen einen engen Beschaffenheitsbegriff, der die Beschaffenheit auf Beziehungen zur Physis der Sache oder auf Beziehungen, die ihren Ursprung in der Sache haben, beschränkt. Die historische Auslegung hinsichtlich des Wortlauts der Regelungen zum Begriff der „Vertragsmäßigkeit" und „Beschaffenheit" zeigen aber, dass jedenfalls ein Bezug zur Kaufsache bestehen muss.

[1042] Art. 5 WKRL, sowie „zusätzlich" in Art. 7 Abs. 1 WKRL. Dazu *Kupfer/J. Weiß*, VuR 2020, 95, 97; *Staudenmayer*, NJW 2019, 2889, 2890.

[1043] Dazu *Kupfer/J. Weiß*, VuR 2020, 95, 97; *Staudenmayer*, NJW 2019, 2889, 2890.

[1044] Die Richtlinie wurde in Deutschland durch das Gesetz zur Regelung des Verkaufs von Sachen mit digitalen Elementen und anderer Aspekte des Kaufvertrags vom 25.6.2021, BGBl. I S. 2133 umgesetzt.

[1045] Dazu *Kupfer/J. Weiß*, ZVertriebsR 2021, 21, 22.

[1046] Ebenso *Schirmer*, ZEuP 2021, 35, S. 45, Fn. 45.; *Lüttringhaus*, AcP 219 (2019), 29, 38, (noch zum Änderungsvorschlag KOM(2017) 637.); BeckOK BGB/*Faust*, BGB § 434, Stand: 1.5.2022, Rn. 18.

[1047] Vgl. den Wortlaut der Art. 5, 6 lit. a) und 7 Abs. 1 lit. d) WKRL sowie BeckOK BGB/*Faust*, BGB § 434, Stand: 1.5.2022, Rn. 18; *Grunewald*, NJW 2021, 1777, 1780.

[1048] So auch *Reinicke/Tiedtke*, Kaufrecht, Rn. 304; mit Verweis auf die Relevanz der Privatautonomie für die ergänzende Vertragsauslegung *Berger*, JZ 2004, 276, 280.

dd) Systematik und teleologische Auslegung

Die Reichweite des Beschaffenheitsbegriffs zieht die Grenze zwischen verschuldensunabhängigen Nacherfüllungsansprüchen und Ansprüchen aus allgemeinem Leistungsstörungsrecht.[1049] Aus dem Sinn und Zweck des Gewährleistungsrechts und Ansprüchen aus allgemeinem Leistungsstörungsrecht leiten sich Argumente für die Reichweite des Beschaffenheitsbegriffs ab.

(1) Äquivalenzverhältnis zwischen Leistung und Gegenleistung

Das Gewährleistungsrecht dient der Sicherung des Äquivalenzverhältnisses zwischen Leistung und Gegenleistung, indem es Gewährleistungsrechte gewährt, wenn die Käufererwartungen im Hinblick auf die Mangelfreiheit der Leistung bei Gefahrübergang nicht erfüllt sind.[1050] Das Konzept des weiten Beschaffenheitsbegriffs tangiert nicht von vorneherein das Äquivalenzinteresse. Auch Umstände außerhalb einer physischen Anknüpfung an die Kaufsache, wie ihre Herkunft und die Art und Weise ihrer Produktion, prägen das Verhältnis zwischen Leistung und Gegenleistung.[1051] Werbeaussagen beziehen sich oft auf ein gewisses Image des Produkts und auf nicht mit der Physis der Sache verbundene Faktoren und prägen das Leistungsinteresse des Käufers.[1052] Verbraucher sind bereit, für die ethische Produktion eines Produkts einen höheren Preis zu zahlen.[1053] Für ein weites Verständnis des Beschaffenheitsbegriffs spricht auch, dass die Parteien durch eine privatautonome Beschaffenheitsvereinbarung selbst Kriterien und Anforderungen bestimmen können, die für die Parteien in Bezug auf die Kaufsache von Relevanz sind.[1054] Es sollte vor diesem Hintergrund nicht von vorneherein ausgeschlossen sein, dass sich Umstände aus der Produktion und Vorgeschichte einer Ware in den Leistungspflichten des Verkäufers widerspiegeln.

[1049] Dazu MüKoBGB/*Westermann*, BGB § 434, Rn. 1.

[1050] Dazu *Grigoleit/Herresthal*, JZ 2003, 118, 121; MüKoBGB/*Westermann*, BGB § 434, Rn. 9; *Lüttringhaus*, AcP 219 (2019), 29, 44 Zur synallagmatischen Verknüpfung auch der Pflicht des Verkäufers eine von Sach- und Rechtsmängeln freie Leistung zu verschaffen und der Kaufpreiszahlungspflicht des Käufers vgl. Staudinger/*Matusche-Beckmann*, Vorbem. BGB § 433 ff., Rn. 42.

[1051] So auch *Lüttringhaus*, AcP 219 (2019), 29, 44 f.; *Dilling*, in: Winter (Hrsg.), Die Umweltverantwortung multinationaler Unternehmen, S. 303.

[1052] *Dilling*, in: Winter (Hrsg.), Die Umweltverantwortung multinationaler Unternehmen, S. 302 f.; *Lüttringhaus*, AcP 219 (2019), 29, 44. Siehe außerdem die Ausführungen zur Bedeutung des ethischen Konsums oben unter § 2 D. II.

[1053] Siehe dazu die Ausführungen zu ethischem Konsum oben unter § 2 D. II. sowie *Dilling*, in: Winter (Hrsg.), Die Umweltverantwortung multinationaler Unternehmen, S. 303, m.w.N. *Schirmer* sieht in der Vereinbarung ethischer Produktionsbedingungen die Transformation „gesellschaftspolitischen Makroziele […] zu einem privatrechtlich relevanten Mikrophänomen zwischen einem konkreten Verkäufer und einer konkreten Käuferin", vgl. *Schirmer*, ZEuP 2021, 35, 47.

[1054] *Looschelders*, in: Hertel/S. Lorenz/Stresemann (Hrsg.), FS Krüger, S. 266; *Reinicke/Tiedtke*, Kaufrecht, Rn. 310; *Schmidt-Räntsch*, AnwBl 2003, 529, 531; *D. Schmidt*, BB 2005, 2763, 2765; *Lüttringhaus*, AcP 219 (2019), 29, 44 f. Die bevorstehende Änderung des Kaufrechts in Umsetzung der Warenkauf-RL enthält eine Bestimmung über ein negatives Abweichen von objektiven Anforderungen durch eine Beschaffenheitsvereinbarung gegenüber Verbrauchern. Hier bedarf es der Inkenntnissetzung des Verbrauchers und einer ausdrücklichen, gesonderten Vereinbarung (§ 476 Abs. 1 S. 2 BGB; Art. 7 Abs. 5 WKRL). CSR-Standards dürften allerdings in aller Regel keine negativen Abweichungen von objektiven Anforderungen darstellen, sondern zusätzliche Anforderungen.

(2) Eignung zur Nacherfüllung

Ein Argument für die Anknüpfung an die Physis der Kaufsache ist, dass ein weiter Beschaffenheitsbegriff zu einer Umkehrung des Regel-Ausnahmeverhältnisses des Nachfristerfordernisses führen würde, weil die Nacherfüllung außerhalb der Physis der Kaufsache liegender Umstände grundsätzlich nicht möglich ist.[1055] Dagegen spricht allerdings, dass eine Nacherfüllung im Falle außerhalb der Physis der Kaufsache liegender Mängel nicht in jedem Fall denklogisch ausgeschlossen ist. Produktionsbedingungen können zwar nur im Nachhinein verändert werden. Jedoch ist eine Nachlieferung ist nicht ausgeschlossen, wenn diese Bedingungen schnell geändert werden können.[1056] Hinzu kommt, dass der Gesetzgeber im System des Kaufrechts mit §§ 440, 323 Abs. 2, 326 Abs. 5, 281 Abs. 2, 283 BGB Bestimmungen speziell für den Fall getroffen hat, in denen eine Nacherfüllung unmöglich, unverhältnismäßig oder unzumutbar und in der Folge die Fristsetzung entbehrlich ist.

(3) Rechtssichere Abgrenzung der Haftung auf das Erfüllungsinteresse

Nach Ansicht der Vertreter eines engen Beschaffenheitsbegriffs droht im Falle eines weiten Beschaffenheitsbegriffs die kaufrechtliche Erfüllungshaftung die strengeren Anforderungen an selbstständige Garantieversprechen und die Abgrenzung zu Ansprüchen aus vorvertraglicher Haftung zu unterlaufen.[1057] Die Rechtssicherheit erfordert folglich ein geeignetes Abgrenzungskriterium. Ob das Kriterium der Anknüpfung an die Physis der Kaufsache oder an jeden auch nur tatsächlichen Bezug zur Kaufsache für mehr Rechtssicherheit sorgt, ist streitig. Vertreter des engen Beschaffenheitsbegriffs halten die Folgen eines weiten Beschaffenheitsbegriffs für unüberschaubar für Verkäufer.[1058] Die Gegenansicht verweist auf die vielzähligen Abgrenzungsfragen, die eine Anknüpfung an die Physis der Kaufsache in der Vergangenheit aufwies.[1059] Für mehr Rechtsklarheit durch einen weiten Beschaffenheitsbegriff spricht jedenfalls, dass § 434 Abs. 2 S. 1 Nr. 1 BGB die Möglichkeit einer privatautonomen Vereinbarung ausdrücklich vorsieht und eine kaufrechtliche Erfüllungshaftung die Vertragsgestaltung erleichtert, soweit ein Bezug zur Kaufsache besteht.[1060] Als Abgrenzungskriterium zwischen kaufrechtlicher Erfüllungshaftung, selbständiger Garantieversprechen und Haftung nach den Grundsätzen der c.i.c. dient in diesem Fall das Erfordernis eines Bezugs zur Kaufsache.[1061] Dadurch fallen An-

---

[1055] *Ostendorf*, JZ 2011, 822, 825.

[1056] Dazu und zu anderen diskutierten Nacherfüllungsmöglichkeiten näher unten unter § 5 A. II. 2. d).

[1057] *Grigoleit/Herresthal*, JZ 2003, 118, 123 Zu den Vorteilen selbstständiger Garantien im Unternehmenskauf und Anlagenbau *Ostendorf*, JZ 2011, 822, 825 f.

[1058] MüKoBGB/*Westermann*, BGB § 434, Rn. 10, m.w.N.; *U. Huber*, AcP 202 (2002), 179, S. 212, 227.

[1059] *Dilling*, in: Winter (Hrsg.), Die Umweltverantwortung multinationaler Unternehmen, S. 304 ff.; *Schmidt-Räntsch*, AnwBl 2003, 529, 532; *Berger*, JZ 2004, 276, 281 f.; *Redeker*, NJW 2012, 2471, 2474; *Asmussen*, NJW 2017, 118, 120; Plakativ *D. Schmidt*, BB 2005, 2763, 2765: „Rechtsprechung und Lehre zu § 459 BGB a.F. haben es in 100 Jahren nicht geschafft, anhand der Nähe zur Sache zu bestimmen, welche Beziehung ausreichend eng ist, um sie in das Gewährleistungsrecht zu integrieren, und welche zu weit ist, um davon noch erfasst zu sein".

[1060] *D. Schmidt*, BB 2005, 2763, 2766.

[1061] *Dilling*, in: Winter (Hrsg.), Die Umweltverantwortung multinationaler Unternehmen, S. 305; *Schmidt-Räntsch*, AnwBl 2003, 529, 531; *Lüttringhaus*, AcP 219 (2019), 29, 35; *Reinicke/Tiedtke*, Kaufrecht, Rn. 311; *Looschelders*, Schuldrecht Besonderer Teil, § 3 Rn. 19. Staudinger/*Matusche-*

forderungen, die sich ausschließlich auf die Parteien, Dritte oder sonstige Umstände beziehen, nicht mehr unter die kaufrechtliche Erfüllungshaftung.[1062]

(4) Zügige Abwicklung des Kaufvertrags

Die kenntnisunabhängig beginnende kurze zweijährige Verjährungsfrist des Kaufrechts (§ 438 Abs. 1 Nr. 3, Abs. 2 BGB) dient der zügigen Abwicklung des einmaligen Leistungsaustauschs im Rahmen des Kaufvertrags.[1063] Indem der Beginn der Verjährungsfrist an die Ablieferung der Sache geknüpft ist, gewährt sie dem Verkäufer Schutz vor einer Inanspruchnahme nach zwei Jahren und erzeugt Rechtssicherheit für den Verkäufer.[1064] Die kaufrechtliche Verjährungsfrist verkürzt den Zeitraum für die Prüfungs- und Kontrollmöglichkeiten des Käufers im Hinblick auf Mängel gegenüber der Regelverjährung.[1065] Der Gesetzgeber erachtet zwei Jahre für eine Prüfung der Sache durch den Käufer als ausreichend.[1066] In diesem Zusammenhang stellt sich die Frage, ob eine Ausweitung des Beschaffenheitsbegriffs der zügigen Abwicklung des Kaufvertrags entgegensteht.

Dafür spricht, dass Käufer Eigenschaften einer Sache, die nicht ihre Physis betreffen, also etwa deren Produktionsbedingungen, grundsätzlich nicht unmittelbar überprüfen können. Allerdings lassen sich auch zum Beispiel in der Physis der Sache begründete technische Defekte von Käufern nicht unmittelbar überprüfen.[1067] Darüber hinaus können Käufer Informationen über Kaufsachen auch von anderer Quelle beziehen. Ein Käufer kann ab Erhalt der Kaufsache etwa die auf der Verpackung gekennzeichneten oder in Vertragsunterlagen ausgewiesenen CSR-Standards prüfen. Er hat die Möglichkeit, deren Bedingungen nachzulesen, sich über darin zitierte Normen zu informieren und im Falle von Zertifikaten deren Erteilungsvoraussetzungen in Erfahrung zu bringen. Die Ergebnisse kann er – falls das gekennzeichnet ist –

Beckmann, BGB § 434, Rn. 54; *D. Schmidt*, BB 2005, 2763, 2766 f. Zu Art. 2 VerbrGK-RL *Glinski/Rott*, EuZW 2003, 649, 652; Zur Grenze des Bezugs zur Sache vgl. außerdem oben unter § 5 A. II. 2. aa).

[1062] *D. Schmidt*, BB 2005, 2763, 2766.

[1063] *Redeker*, NJW 2012, 2471, 2474.

[1064] BeckOGK/*Arnold*, BGB § 438, Stand: 1.4.2022, Rn. 4 f.; *Looschelders*, in: Hertel/S. Lorenz/Stresemann (Hrsg.), FS Krüger, S. 266; *Redeker*, NJW 2012, 2471, 2474.

[1065] Allerdings setzte der Gesetzgeber zur Stärkung der Käuferrechte die vor der Schuldrechtsmodernisierung geltende Verjährungsfrist von sechs Monaten bereits nach oben, BT-Drs. 14/6040, S. 228; dazu HKKBGB/*Ernst*, §§ 434 – 445. Sach und Rechtsmängelhaftung, Rn. 21; BeckOGK/*Arnold*, BGB § 438, Stand: 1.4.2022, Rn. 6.

[1066] Der Gesetzgeber geht gleichwohl davon aus, dass „bei industriellen Massengütern Mängel ganz überwiegend während der ersten 6 Monate auftreten", BT-Drs. 14/6040, S. 228. Zu beachten ist außerdem, dass der Gesetzgeber mit der Zwei-Jahres-Verjährungsfrist die entsprechende Vorgabe von Art. 5 Abs. 1 VerbrGK-RL umsetzte. Auch Art. 10 Abs. 1 WKRL gibt in Anknüpfung daran als Mindestfrist zwei Jahre vor (vgl. Erwägungsgrund 41 WKRL).

[1067] Siehe dazu die Beweisschwierigkeiten in Fällen von Grundmängeln in der Konstruktion oder Programmierung, die sich in anderen Funktions- oder Substanzmängeln nach Gefahrübergang zeigen. Hier lässt § 477 Abs. 1 BGB nach Änderung der Rechtsprechung eine Vermutung nicht nur in zeitlicher Hinsicht zu, sondern auch dahingehend, dass der nach Gefahrübergang aufgetretene Mangel auf einem Grundmangel beruht, der schon bei Gefahrübergang bestand, vgl. die Entscheidung des EuGH zu Art. 5 Abs. 3 VerbrGK-RL EuGH, Urt. v. 4.6.2015 – Rs. C-497/13 (*Faber*), Rn. 71 ff. und die anschließende Rechtsprechungsänderung des BGH zu § 476 a.F. BGH, Urt. v. 12.10.2016 – VIII ZR 103/15 = BGHZ 212, 224 = NJW 2017, 1093, 1096 f., Rn. 36; dazu *R. Koch*, NJW 2017, 1068, 1068 ff. Zum Streit über die Reichweite des § 476 BGB a.F. vgl. ErmanBGB/*Grunewald*, BGB § 477, Rn. 5; *S. Lorenz*, NJW 2004, 3020, 3020 ff.

damit abgleichen, woher die Kaufsache stammt. Und schließlich ist es ihm möglich, mit den ihm zur Verfügung stehenden Mitteln nach Meldungen in den Medien oder in Berichten von NGOs zu suchen.[1068] Wird kurz nach Ablieferung der Sache ein Verstoß des Verkäufers gegen einschlägige CSR-Standards öffentlich bekannt, dann sollte es nicht durch den subjektiven Anknüpfungspunkt der Kenntnis im Hinblick auf den Beginn der Regelverjährung im Risikobereich des Verkäufers liegen, wann der Käufer mit einer Untersuchung beginnt oder ob er zufällig von CSR-Verletzungen erfährt.[1069] Der objektive Verjährungsbeginn begrenzt gerade das Haftungsrisiko des Verkäufers in zeitlicher Hinsicht.[1070] Im Falle von Handelsgeschäften wird ein Käufer die Untersuchung wegen § 377 HGB ohnehin unverzüglich nach Ablieferung durchführen, sofern eine solche Untersuchungspflicht nicht abbedungen[1071] ist. Kann der Käufer einen Verstoß gegen CSR-Standards nicht ad hoc feststellen, sondern wäre dafür eine weitergehende Recherche außerhalb einer Routine-Untersuchung nötig, hat der Käufer die Anzeige nach Entdeckung des Mangels gemäß § 377 Abs. 2 a.E. und Abs. 3 HGB nachzuholen.

Erfährt der Käufer erst nach zwei Jahren von einem CSR-Verstoß, ließe sich eine Vertragsverletzung nur geltend machen, wenn der Verstoß nicht den kaufrechtlichen Verjährungsregelungen, sondern der kenntnisabhängigen Regelverjährung unterliegen würde. Allerdings ist aufgrund der zurückliegenden Zeitspanne wohl auch der Nachweis des Bezugs der betroffenen Produktionsbedingung zur Kaufsache erheblich erschwert, sodass das Interesse an einer schnellen Abwicklung des Kaufvertrags überwiegt.

(5) Kontroll- und Informationsvorsprung

Die Haftung des Verkäufers für Mängel der Kaufsache beruht darauf, dass der Verkäufer durch seine Nähe zur Produktion und zum Transport der Kaufsache für Mängel aus dieser Sphäre einstehen soll.[1072] Für *Grigoleit/Herresthal* besteht diese Nähe gerade in der physischen Sachherrschaft des Verkäufers über die Kaufsache und der damit verbundenen Verlässlichkeit bei Kontroll- und Informationsmöglichkeiten.[1073] Diese Nähe besteht allerdings in gewisser Hinsicht auch im Hinblick auf die Vorgeschichte bzw. die Produktionsbedingungen. Die Informations- und Kontrollmöglichkeiten des Verkäufers sind im Falle solcher CSR-Standards höher als diejenigen des Käufers.[1074] Entscheidet sich ein Verkäufer für die Eingehung einer

[1068] Ob die konkret erhaltene Kaufsache von einem bereits durch Dritte aufgedeckten Verstoß erfasst ist, wird der Käufer grundsätzlich nicht herausfinden können. Zu den damit verbundenen erheblichen Beweisproblemen siehe unten unter § 6 A. I.

[1069] So allgemein zur Abhängigkeit von der Ausübung der vereinbarten Nutzungsart *Berger*, JZ 2004, 276, 281.

[1070] *Looschelders*, in: Hertel/S. Lorenz/Stresemann (Hrsg.), FS Krüger, S. 266; *Redeker*, NJW 2012, 2471, 2474.

[1071] Zur grds. Dispositivität des § 377 HBG MüKoHGB/*Grunewald*, HGB § 377, Rn. 120.

[1072] BGH, Urt. v. 19.12.1980 – V ZR 185/79= BGHZ 79, 183, 186 = NJW 1980, 864, 864: „Verantwortungsbereich des Veräußerers" (noch zur zusicherungsfähigen Eigenschaft); Vgl. *Dilling*, in: Winter (Hrsg.), Die Umweltverantwortung multinationaler Unternehmen, S. 296; *Grigoleit/Herresthal*, JZ 2003, 118, 121, mit Verweis auf: *Canaris*, in: E. Lorenz (Hrsg.), Karlsruher Forum 2002, S. 63.

[1073] *Grigoleit/Herresthal*, JZ 2003, 118, 121, mit Verweis auf: *Canaris*, in: E. Lorenz (Hrsg.), Karlsruher Forum 2002, S. 63; *Lehmann/Jorden*, JZ 2001, 952, 955; ähnlich MüKoBGB/*Westermann*, BGB § 434, Rn. 10.

[1074] *Lüttringhaus*, AcP 219 (2019), 29, 45 ff.

Beschaffenheitsvereinbarung oder für die Werbung und Kennzeichnung mit CSR-Standards, so muss er sich auch daran festhalten lassen, über entsprechende Informationen verfügen zu können.[1075]

(6) Regress in der Lieferkette

Die durch einen weiten Beschaffenheitsbegriff erweiterte Erfüllungshaftung des Verkäufers korreliert mit dem Vorteil, dass er mittels der Regressvorschriften im Kaufrecht (§§ 445a f., ggf. i.V.m. § 478 BGB) unter erleichterten Voraussetzungen seine Lieferanten in Anspruch nehmen kann[1076]. Dadurch trifft im Falle einer mehrgliedrigen Lieferkette auch den Hersteller und nicht nur den Verkäufer die Sanktionswirkung der Gewährleistungsrechte.[1077] Die Erleichterungen des Verkäuferregresses bezwecken zum einen die Besserstellung des Letztverkäufers gegenüber seinem Vorverkäufer.[1078] Zum anderen sollen die Kosten über die vertraglichen Beziehungen in der Lieferkette am Ende demjenigen auferlegt werden, der für den Schaden verantwortlich ist (§§ 445a Abs. 3, 445b Abs. 3, 478 Abs. 3 BGB).[1079] Dies ist in ökonomischer Hinsicht auch effizient, weil diese Partei die Kosten am ehesten vermeiden kann.[1080] Verkäufer tragen allerdings trotz dieser Erleichterungen des Regressweges auch ein Regressrisiko.[1081] Der Verkäuferregress findet allerdings keine Anwendung, wenn der Letztverkäufer gegenüber dem Käufer außerhalb des Kaufrechts etwa wegen Aufklärungsfehlern, Täuschung oder Garantieverträgen oder aufgrund einer Beschaffenheitsvereinbarung haftet, die nicht zwischen Hersteller und Verkäufer getroffen wurde[1082]. Die mit den Regressvorschriften verbundenen erleichterten Durchsetzungsmöglichkeiten, sprechen dafür, Umstände wie Produktionsbedingungen am Anfang und innerhalb der Lieferkette unter den Beschaffenheitsbegriff zu fassen.

ee) CSR-Standards und der Bezug zur Kaufsache als Abgrenzungskriterium

Die vorstehenden Erwägungen ergeben, dass eine Beschaffenheit der Kaufsache auch ein außerhalb der Kaufsache liegender Umstand sein kann, der einen Bezug zur Kaufsache[1083] aufweist. Nicht erfasst ist der Wert der Sache[1084] sowie Umstände, die

---

[1075] *Lüttringhaus*, AcP 219 (2019), 29, 45 f.; *Lehmann/Jorden*, JZ 2001, 952, 955. Zu Beschaffenheitsvereinbarungen *Looschelders*, in: Hertel/S. Lorenz/Stresemann (Hrsg.), FS Krüger, S. 266.

[1076] Zum Lieferantenregress vgl. BeckOGK/*Arnold*, BGB § 445a, Stand: 1.4.2022, Rn. 11 f.

[1077] *Glinski*, Die rechtliche Bedeutung der privaten Regulierung globaler Produktionsstandards, S. 192.

[1078] BeckOGK/*Arnold*, BGB § 445a, Stand: 1.4.2022, Rn. 11, krit. jedoch mit Blick auf das Motiv des Schwächerenschutzes des Letztverkäufers in Rn. 12 f. Erleichterungen des Verkäuferregresses sind die Entbehrlichkeit einer Fristsetzung, § 445a Abs. 2 BGB, eine Ablaufhemmung, § 445b Abs. 2 BGB und ein Aufwendungsersatzanspruch bezüglich der Kosten der Nacherfüllung im Verhältnis zum eigenen Käufer, § 445a Abs. 1 BGB.

[1079] BeckOGK/*Arnold*, BGB § 445a, Stand: 1.4.2022, Rn. 12.

[1080] BeckOGK/*Arnold*, BGB § 445a, Stand: 1.4.2022, Rn. 13.

[1081] Das Regressrisiko besteht zum einen in Insolvenzrisiken der Zwischenlieferanten, zum anderen im unterschiedlichen Beginn der Verjährungsfristen (i.d.R. jeweils mit Ablieferung, § 438 Abs. 2 BGB) innerhalb der Lieferkette. Zwar verhindert eine zwei-monatige Ablaufhemmung der Verjährung des Aufwendungsersatzanspruchs aus § 445a Abs. 1 BGB eine Verjährung vor Erfüllung von Käuferansprüchen. Das Risiko von Regresslücken durch zu langes Abwarten besteht in der Praxis aber weiterhin. Vgl. *Matthias Weller*, NJW 2012, 2312, 2315.

[1082] *Berger*, JZ 2004, 276, 279 f.

[1083] Zum Bezug zur Kaufsache als Abgrenzungskriterium: *Schmidt-Räntsch*, AnwBl 2003, 529, 531; *Lüttringhaus*, AcP 219 (2019), 29, 35; *Reinicke/Tiedtke*, Kaufrecht, Rn. 311; *Looschelders*,

sich ausschließlich (und nicht zusätzlich) auf die Person des Käufers,[1085] auf die Person des Verkäufers oder auf Dritte beziehen oder die isoliert Umstände außerhalb der Sache betreffen.[1086] Danach gehören zum Beispiel Finanzierungsmöglichkeiten oder Steuervorteile, die ihren Grund ausschließlich in der Person des Käufers haben, nicht mehr zur Beschaffenheit der Kaufsache.[1087]

Mithilfe des Abgrenzungskriteriums des Bezugs zur Kaufsache lässt sich die Frage nach der kaufrechtlichen Gewährleistung im Falle von CSR-Standards beantworten. Handelt es sich um Anforderungen, die sich ausschließlich auf die Person des Verkäufers, des Herstellers oder auf dritte Personen und dadurch nur noch mittelbar auf die Kaufsache beziehen, liegt kein für das Kaufrecht relevanter Bezug zur Kaufsache mehr vor. Verspricht zum Beispiel der Verkäufer, dass in seinem Unternehmen konkrete soziale Belange oder Arbeitnehmerbelange gelten, etwa, dass alle Arbeitnehmer ein angemessenes Mindesteinkommen erhalten und angemessene Arbeitszeiten gelten, bezieht sich dies allein auf das Unternehmen des Verkäufers. Entsprechendes gilt, wenn der Verkäufer seine Produkte damit kennzeichnet, für bestimmte soziale Projekte zu spenden. Darunter fällt zum Beispiel die Angabe „Wir setzen uns gegen Kinderarbeit ein“ oder im Falle der Produktion von Eiern die Angabe, dass der Produzent auch männliche Küken aufzieht. Solche rein „unternehmensbezogenen“ CSR-Standards[1088] sind nicht von der Beschaffenheit einer Kaufsache umfasst.

Anders verhält es sich, wenn sich solche Aussagen ausdrücklich auf die konkrete Produktion einer Kaufsache beziehen. Verspricht ein Verkäufer etwa, dass die Kaufsache ohne Kinderarbeit oder in einer umweltschonenden Weise produziert wurde, und dies nicht der Fall war, liegt ein Bezug zur Kaufsache vor, weil ihre konkrete Genese betroffen ist. Auch die Aussage, eine Packung Eier stamme aus Freilandhaltung stellt danach eine Beschaffenheit dar.

Kein Bezug zur Kaufsache und damit kein Mangel liegt demnach vor, wenn der Verkäufer verspricht, die Kaufsache entsprechend bestimmter ethischer Standards zu produzieren – etwa mit der Kennzeichnung „Wir produzieren unter umweltschonender Entsorgung aller Produktionsstoffe“ oder „aus Produktion ohne Kinderarbeit“ – und ein Verstoß gegen Standards vorliegt, der aber ausschließlich in anderen Produktionsstätten,[1089] oder bei der Produktion anderer Produktlinien erfolgte. Ein Bezug zur Kaufsache fehlt ebenfalls, wenn für die Kaufsache versprochene Produktionsbedin-

Schuldrecht Besonderer Teil, § 3 Rn. 19; Staudinger/*Matusche-Beckmann*, BGB § 434, Rn. 54; *D. Schmidt*, BB 2005, 2763, 2766 f.; *Dilling*, in: Winter (Hrsg.), Die Umweltverantwortung multinationaler Unternehmen, S. 305; BeckOK BGB/*Faust*, BGB § 434, Stand: 1.5.2022, Rn. 18.

[1084] In Abgrenzung zu den wertbildenden Faktoren, die die Beschaffenheit bilden können, Staudinger/*Matusche-Beckmann*, BGB § 434, Rn. 54; MüKoBGB/*Westermann*, BGB § 434, Rn. 11; BeckOK BGB/*Faust*, BGB § 434, Stand: 1.5.2022, Rn. 18.

[1085] *Reinicke/Tiedtke*, Kaufrecht, Rn. 311; Staudinger/*Matusche-Beckmann*, BGB § 434, Rn. 54.

[1086] *D. Schmidt*, BB 2005, 2763, 2766.

[1087] *Reinicke/Tiedtke*, Kaufrecht, Rn. 311; *D. Schmidt*, BB 2005, 2763, 2766; Ob zukünftige Umstände und Entwicklungen (etwa Ertragspotenziale oder die zukünftige Entwicklung eines Grundstücks zum „Bauland“) von einem weiten Beschaffenheitsbegriff noch gedeckt sind, ist umstritten (abl. etwa *Lüttringhaus*, AcP 219 (2019), 29, 48; dafür unter Differenzierung nach der vereinbarten Risikozuordnung der Verwirklichung des Potenzials *D. Schmidt*, BB 2005, 2763, 2767), kann hier aber dahinstehen.

[1088] Vgl. zur begrifflichen Unterscheidung von unternehmensbezogenen und produktionsbezogenen CSR-Standards *Asmussen*, Haftung für CSR, S. 156 ff. und *Asmussen*, NJW 2017, 118, 118 ff.

[1089] So auch *Dilling*, in: Winter (Hrsg.), Die Umweltverantwortung multinationaler Unternehmen, S. 306.

gungen eingehalten wurden, aber der Hersteller in anderer Sache wegen unethischen Verhaltens Reputationsverluste erleidet.[1090]

Für die Frage, was von der Produktion der Kaufsache umfasst ist, kommt es auf die Auslegung der Vereinbarung oder Werbeaussagen an. Weil die Produktion der konkreten Kaufsache nicht betroffen ist, kann es zum Beispiel keinen Sachmangel darstellen, wenn nicht umweltschonend entsorgte umweltschädliche Stoffe aus einer Produktionsstätte festgestellt wurden, die aber nicht aus der Produktion der konkreten Kaufsache stammen. Es kann mangels Bezugs zur konkreten Kaufsache auch keinen Sachmangel darstellen, wenn Kinderarbeit in einer anderen Produktionsstätte erfolgt, in der die Kaufsache nicht hergestellt wurde, oder bei Produktion einer anderen Produktlinie erfolgte. Allerdings kann es etwa im Falle eines Verstoßes gegen Kinderarbeit nicht darauf ankommen, dass die konkrete Kaufsache von einem Kind bearbeitet wurde. Die Produktion der konkreten Kaufsache wäre auch betroffen, wenn ein Kind in der Produktionsstätte Reinigungsarbeiten vornahm. Das Versprechen „Produktion ohne Kinderarbeit" umfasst bei Auslegung nach dem objektiven Empfängerhorizont sämtliche Prozesse und Schritte, die im Falle einer Warenproduktion ineinandergreifen.

ff) Zwischenergebnis und Ausblick

Die vorstehende Untersuchung zeigt, dass ein weiter Beschaffenheitsbegriff einem engen Beschaffenheitsbegriff vorzuziehen ist. Aus systematischen Gründen bedarf es jedoch einer Begrenzung des weiten Beschaffenheitsbegriffs, die im tatsächlichen Bezug des jeweiligen Umstandes zur Kaufsache zu sehen ist. Ethische Produktionsbedingungen, die sich auf die Entstehung der Kaufsache beziehen und Umstände außerhalb der Physis der Kaufsache betreffen, fallen unter diesen weiten Beschaffenheitsbegriff. Bei Verstoß gegen CSR-Standards liegt ein Mangel nur dann vor, wenn die Produktionsbedingungen der konkreten Kaufsache betroffen sind. Andernfalls, etwa im Falle einer CSR-Standard-widrigen Produktion des Herstellers im Rahmen einer anderen Produktlinie, fehlt es am Bezug zur Kaufsache. Dasselbe gilt im Falle von versprochenen sozialen Engagements, die nicht die Kaufsache betreffen.

Der Käufer einer mit CSR-Standards beworbenen Ware steht im Falle eines Verstoßes im Ergebnis vor erheblichen Beweisschwierigkeiten. Selbst wenn dem Käufer etwa durch Kennzeichnung oder durch Informationen auf der Website des Herstellers bekannt ist, in welchem Land und durch welchen Produzenten die Ware hergestellt wurde, ist es ihm in aller Regel nicht möglich, darzulegen und zu beweisen, in welcher konkreten Produktionsstätte die Kaufsache hergestellt wurde und, dass der bekannt gewordene Verstoß gerade diese Produktionsstätte und Produktlinie betrifft.[1091] Diesen Beweisschwierigkeiten ist durch Ausgestaltung der Beweis- und Klagemöglichkeiten Rechnung zu tragen.[1092]

[1090] So der Vorschlag von *Schirmer*, ZEuP 2021, 35, 48 unter Verweis auf *Collins*, ERPL 22 (2014), 619, 630 und *Kysar*, Harv. L. Rev. 118 (2004), 526, 526 ff.

[1091] Zu diesen Beweisschwierigkeiten ebenso *Dilling*, in: Winter (Hrsg.), Die Umweltverantwortung multinationaler Unternehmen, S. 306.

[1092] Vgl. dazu unten unter § 6 A. I.

b) Vorvertragliche Information über CSR-Standards als Vertragsinhalt gemäß § 312d Abs. 1 S. 2 BGB

CSR-Standards können auch Vertragsinhalt werden, wenn es sich um wesentliche Eigenschaften der Waren im Sinne der § 312d Abs. 1 S. 2 BGB, Art. 246a § 1 Nr. 1 BGB handelt. Durch § 312d Abs. 1 S. 2 BGB werden auch diejenigen Angaben zum Vertragsinhalt von Fernabsatzverträgen oder außerhalb von Geschäftsräumen geschlossenen Verträgen, die der Verkäufer im Rahmen seiner Informationsplichten machen muss.[1093] Wesentliche Eigenschaften der Waren sind alle Anforderungen an die Kaufsache, die nach der Verkehrsanschauung für eine informierte Kaufentscheidung des Verbrauchers relevant sind.[1094] Zur Bestimmung der Wesentlichkeit muss auf die jeweiligen Umstände des Einzelfalls abgestellt und dem Verbraucher ermöglicht werden, sich trotz fehlender physischer Untersuchungsmöglichkeit der Kaufsache eine Einschätzung zu machen.[1095] In bestimmten Einzelfällen, etwa für Öko-Siegel, kann man auch CSR-Standards als vertragswesentliche Eigenschaft in diesem Sinne einordnen.[1096] Darüber hinaus muss der Unternehmer den Verbraucher über gegebenenfalls bestehende einschlägige Verhaltenskodizes[1097] und darüber, wie der Verbraucher Exemplare davon erhalten kann (Art. 246a § 1 Nr. 13 EGBGB), informieren. Zweck von Art. 246a § 1 Nr. 13 EGBGB ist es, den Verbrauchern Kenntnis über die Unterwerfung unter den Kodex und über deren Rechte aus dem Kodex zu verschaffen.[1098] Strenge Einbeziehungsregelungen, wie sie sonst zum Beispiel für die Einbeziehung von AGB in Verbraucherverträge nach § 305 Abs. 2 und 3 BGB gelten, sieht § 312d BGB nicht vor.[1099] Vor diesem Hintergrund ist im Einzelfall genau zu bestimmen, welche Aussagen in Verhaltenskodizes konkrete Leistungs- und Unterlassungspflichten begründen[1100] und somit Beschaffenheitsmerkmale einer Kaufsache beschreiben sollen.

[1093] Dazu im vorliegenden Kontext auch *Schmidt-Kessel*, in: Möstl (Hrsg.), Nachhaltigkeit und Ethik im Lebensmittelrecht, S. 140 f.; *Lüttringhaus*, AcP 219 (2019), 29, 51 f.

[1094] BeckOGK/*Busch*, EGBGB Art. 246, Stand: 1.6.2021, Rn. 18; BeckOGK/*Busch*, EGBGB Art. 246a § 1, Stand: 1.6.2021, Rn. 6. Nach Ansicht von *Schmidt-Kessel*, in: Möstl (Hrsg.), Nachhaltigkeit und Ethik im Lebensmittelrecht, S. 141 richtet sich die Wesentlichkeit nach der Wertung des Gesetzes und durch das Erklärungsverhalten der Abnehmerseite.

[1095] BeckOK BGB/*Martens*, EGBGB Art. 246, Stand: 1.5.2022, Rn. 11; BeckOGK/*Busch*, EGBGB Art. 246a § 1, Stand: 1.6.2021, Rn. 6.

[1096] Zu Öko- und Fair-Trade Siegeln als wesentliche Eigenschaft *Lüttringhaus*, AcP 219 (2019), 29, 52.

[1097] Im Sinne des Art. 2 lit. f) der Richtlinie über unlautere Geschäftspraktiken (2005/29/EG Richtlinie 2005/29/EG des Europäischen Parlaments und des Rates vom 11. Mai 2005 über unlautere Geschäftspraktiken im binnenmarktinternen Geschäftsverkehr zwischen Unternehmen und Verbrauchern und zur Änderung der Richtlinie 84/450/EWG des Rates, der Richtlinien 97/7/EG, 98/27/EG und 2002/65/EG des Europäischen Parlaments und des Rates sowie der Verordnung (EG) Nr. 2006/2004 des Europäischen Parlaments und des Rates).

[1098] MüKoBGB/*Wendehorst*, BGB § 312d, Rn. 43; BeckOK BGB/*Martens*, EGBGB Art. 246a § 1, Stand: 1.5.2022, Rn. 18; Staudinger/*Thüsing*, BGB § 312d, Rn. 36 *Thüsing* verweist darauf, dass es dem Unternehmer möglich sein solle, sich von einem Verhaltenskodex trotz vorheriger Information gegenüber den Verbrauchern wieder zu lösen.

[1099] *Schmidt-Kessel*, in: Möstl (Hrsg.), Nachhaltigkeit und Ethik im Lebensmittelrecht, S. 141.

[1100] Nicht alle Aussagen eines Verhaltenskodex begründen Leistungs- oder Unterlassungspflichten; MüKoBGB/*Wendehorst*, BGB § 312d, Rn. 10. Wohl gegen die Einordnung eines Regelwerks als Vertragsbestandteil, das die Erteilungsvoraussetzungen eines Öko-Siegels bestimmt *Schmidt-Kessel*, in: Möstl (Hrsg.), Nachhaltigkeit und Ethik im Lebensmittelrecht, S. 141.

c) Verwendungseignung durch Einhaltung von CSR-Standards

CSR-Standards können auch eine Rolle hinsichtlich der Verwendungseignung und Funktionserwartung spielen. Hier kommt es darauf an, ob die Eignung der Kaufsache für eine nach dem Vertrag vorausgesetzte Verwendung i.S.d. § 434 Abs. 2 S. 1 Nr. 2 BGB oder für eine gewöhnliche Verwendung i.S.d. § 434 Abs. 3 S. 1 Nr. 1 BGB gemindert oder aufgehoben ist.[1101] Dabei geht es in beiden Fällen um die Art und Weise der Nutzung durch den Käufer.[1102]

In einer weiten Interpretation der Verwendungseignung schlagen manche Autoren vor, den ethischen Konsum als solchen unter die Verwendungseignung zu subsumieren.[1103] Allein ein ethisches Kaufmotiv genügt für eine Verwendung in diesem Sinne aber noch nicht,[1104] weil es gerade nicht die Nutzung der Sache betrifft. Zum Beispiel kann ein unter Kinderarbeit hergestelltes T-Shirt getragen werden. Ein Ei aus Käfighaltung anstelle von Freilandhaltung kann verzehrt werden. Eine besondere an CSR-Standards anknüpfende Verwendungseignung hängt somit davon ab, ob die Parteien diese vertraglich vorausgesetzt haben. Ob die Parteien eine konkrete Nutzung übereinstimmend unterstellt haben, ist anhand der Gesamtumstände des Vertragsschlusses zu ermitteln.[1105] Es ist denkbar, dass der Käufer die Kaufsache für einen Zweck verwenden möchte, der an Menschenrechts- oder Umweltstandards geknüpft ist, oder Lebensmittel an eine bekanntermaßen sensible Personengruppe angeboten werden[1106]. Ein solcher Zweck könnte zum Beispiel das Tragen von menschenrechts- und umweltfreundlich hergestellten T-Shirts an einem Aktivistenstand oder der Einbau eines FSC-zertifizierten Holzmaterials in ein nachhaltiges, hohe Umweltstandards einhaltendes Bauprojekt sein.[1107] Die Rechtsprechung geht von einer verminderten Eignung dann aus, wenn durch die übliche Nutzung das Risiko eines großen wirtschaftlichen Schadens oder erhebliche Gesundheitsgefahren entstehen.[1108] Zwar eignet sich das Holz auch im Falle eines Verstoßes gegen CSR als Baumaterial und das T-Shirt zum Tragen. Ein gerade auf umweltbewusstes Bauen ausgelegtes Bauprojekt

---

[1101] Zur verminderten Eignung vgl. BGH, Urt. v. 26.4.2017 – VIII ZR 80/16 = NJW 2017, 2817, 2818, Rn. 18. Es ist umstritten, ob die Verwendungseignung ein Aspekt der Beschaffenheit der Kaufsache ist (so Staudinger/*Matusche-Beckmann*, BGB § 434, Rn. 74; zu § 434 BGB n.F.: BeckOK BGB/*Faust*, BGB § 434, Stand: 1.5.2022, Rn. 20) oder ein von der Beschaffenheit losgelöstes Mangel-Kriterium ist (MüKoBGB/*Westermann*, BGB § 434, Rn. 18). Der Wortlaut der WKRL und der Wortlaut des § 434 BGB n.F. trennen zwischen „Zweck" und „Merkmalen" bzw. zwischen „Verwendung" und „Beschaffenheit", sodass trotz eines weiten Beschaffenheitsbegriffs der Verwendungsbegriff nicht auf die Beschaffenheit der Kaufsache beschränkt ist. Die Verwendungseignung muss sich auf die Kaufsache beziehen. Ebenso MüKoBGB/*Westermann*, BGB § 434, Rn. 19; ähnlich, allerdings mit dem Erfordernis, dass die fehlende Verwendbarkeit auf Gründen, die in der Beschaffenheit der Sache liegen, beruhen muss BeckOK BGB/*Faust*, BGB § 434, Stand: 1.5.2022, Rn. 21.

[1102] BGH, Urt. v. 20.3.2019 – VIII ZR 213/18 = NJW 2019, 1937, 1938, Rn. 26, 29.

[1103] *Beckers*, Enforcing Corporate Social Responsibility Codes, S. 120 unter Verweis auf *Dilling*, in: Winter (Hrsg.), Die Umweltverantwortung multinationaler Unternehmen, S. 302 ff.

[1104] Staudinger/*Matusche-Beckmann*, BGB § 434, Rn. 76.

[1105] BGH, Urt. v. 20.3.2019 – VIII ZR 213/18 = NJW 2019, 1937, 1938, Rn. 25; BGH, Urt. v. 6.12.2017 – VIII ZR 219/16 = NJW-RR 2018, 822, 824, Rn. 33.

[1106] *Schmidt-Kessel*, in: Möstl (Hrsg.), Nachhaltigkeit und Ethik im Lebensmittelrecht, S. 144.

[1107] Zu einem solchen Beispiel der Lieferung FSC-zertifizierten Holzes *Dilling*, in: Winter (Hrsg.), Die Umweltverantwortung multinationaler Unternehmen, S. 308 f.

[1108] BGH, Urt. v. 26.4.2017 – VIII ZR 80/16 = NJW 2017, 2817, 2818, Rn. 18. Zur Asbestbelastung eines Wohnhauses BGH, Urt. v. 27.3.2009 – V ZR 30/08 = BGHZ 180, 205 = NJW 2009, 2120, 2121, Rn. 9.

könnte aber ohne entsprechende Materialien den Status als umweltbewusstes Bauprojekt und damit gegebenenfalls Investoren verlieren. In diesem Sinne entschied das OLG Celle, dass es eine Verwendung i.S.d. § 434 Abs. 1 S. 2 Nr. 1 bzw. Nr. 2 BGB a.F. darstelle, wenn Düngemittel, die mit einem Bioland-Zertifikat versehen sind, zum Anbau und späteren Verkauf von Bio-Lebensmitteln verwendet werden.[1109] Dem Käufer drohe bei Verwendung eines Düngemittels, das die Zertifikatsvoraussetzungen nicht einhalte, ein wirtschaftlicher Schaden und unter Umständen auch die Aberkennung der Zertifizierung als Bio-Betrieb.[1110]

Darüber hinaus kommt auch ein Weiterverkauf der CSR-Standards entsprechenden Kaufsache als vertraglich vorausgesetzte Verwendung in Betracht.[1111] Die Verletzung von CSR-Standards hindert grundsätzlich nicht deren Weiterveräußerlichkeit. Die Kaufsache kann ein Abnehmer aber ggf. nur mit Preisabschlag verkaufen, etwa wenn eine Zertifizierung fehlt. Für die Einordnung der Weiterveräußerlichkeit als vertraglich vorausgesetzte Verwendung mit Blick auf CSR-Standards ist aber erforderlich, dass der CSR-Verstoß zugleich eine Verletzung einer objektiven Anforderung an die Kaufsache in Form der üblichen Beschaffenheit (ggf. i.V.m. Herstelleraussagen und Kennzeichnungen) darstellt, die bei dem Weiterverkauf relevant ist.[1112] Für *Schmidt-Kessel* genügt schon ein Hinweis auf ein Zielland als Verkaufsziel, um den Verkäufer nach Art. 35 Abs. 2 lit. b) CISG bzw. § 434 Abs. 1 S. 2 Nr. 1 BGB a.F. auf die ethischen Standards des Ziellands zu verpflichten.[1113] Im deutschen Kaufrecht gibt es allerdings keine wie in Art. 35 Abs. 2 lit. b) CISG vorgesehene Rückausnahme für den Fall, dass der Käufer auf die Sachkenntnis und das Urteilsvermögen des Verkäufers – zum Beispiel bei Einhaltung hoher Standards des Ziellands – nicht vertraute oder vernünftigerweise nicht vertrauen konnte.[1114] Wegen der unterschiedlichen Erwartungshaltung der Käufer in Zielländern ist die Annahme einer Verwendungseignung zum Verkauf in einem Zielland durch bloße Nennung des Ziellands abzulehnen.

Im Ergebnis lässt sich im Hinblick auf CSR-Standards eine Verwendungseignung vertraglich vereinbaren. Dies ist der Fall, wenn die Parteien eine Verwendung vertraglich voraussetzen, die auf eine Produktion nach entsprechenden CSR-Standards angewiesen ist, oder wenn die Verwendung eines Produkts, welches die CSR-

---

[1109] OLG Celle, Urt. v. 13.8.2009 – 8 U 9/09 = NJW-RR 2010, 122, 124. Das OLG Celle verneinte das Vorliegen eines Sachmangels im konkreten Fall, weil zwar der Lieferant als Zwischenhändler nicht zertifiziert war, wohl aber der Hersteller und nach den Vorgaben der EG-Öko-Verordnung für Düngemittel eine Zertifizierung nicht an ein Kontrollsystem gebunden ist, das auch von Transporteuren und Zwischenhändlern eine Zertifizierung verlangt. Dazu auch *Schmidt-Kessel*, in: Möstl (Hrsg.), Nachhaltigkeit und Ethik im Lebensmittelrecht, S. 144.

[1110] OLG Celle, Urt. v. 13.8.2009 – 8 U 9/09 = NJW-RR 2010, 122, 124.

[1111] Dieser Aspekt wird vorliegend wegen des sachlichen Zusammenhangs angesprochen, obwohl es in diesem Kapitel um Endabnehmer geht. Im Hinblick auf die Einhaltung von Standards *Beckers*, Enforcing Corporate Social Responsibility Codes, S. 120; Allg.: BeckOK BGB/*Faust*, BGB § 434, Stand: 1.5.2022, Rn. 55; MüKoBGB/*Westermann*, BGB § 434, Rn. 19. Offen gelassen: BGH, Urt. v. 20.5.2009 – VIII ZR 191/07 = BGHZ 181, 170 = NJW 2009, 2807, 2808, Rn. 10.

[1112] So allgemein zum Weiterverkauf als von dem Vertrag vorausgesetzte Verwendung auch BeckOK BGB/*Faust*, BGB § 434, Stand: 1.5.2022, Rn. 55: „In diesem Fall muss die Sache mangels anderer Vereinbarung die Voraussetzungen des Abs. 3 in Bezug auf den Endabnehmer erfüllen, richtig etikettiert und mit der Originalverpackung versehen sein, da sie sonst nicht oder nur mit Preisabschlag verkäuflich ist".

[1113] *Schmidt-Kessel*, in: Möstl (Hrsg.), Nachhaltigkeit und Ethik im Lebensmittelrecht, S. 144.

[1114] Zum Fehlen dieser Rückausnahme kritisch *Schmidt-Kessel*, in: Möstl (Hrsg.), Nachhaltigkeit und Ethik im Lebensmittelrecht, S. 144 f.

Standards nicht erfüllt, das Risiko eines erheblichen Nachteils birgt. Gerade letztere Voraussetzung sorgt für Unsicherheiten bei der Einordnung eines Mangels. Für die Parteien bietet die vertragliche Vereinbarung von CSR-Standards als Beschaffenheit vor diesem Hintergrund mehr Rechtssicherheit. In den meisten Fällen, in denen die Parteien über die Wichtigkeit der Einhaltung von CSR-Standards mit Blick auf einen konkreten Einsatz der Kaufsache sprechen, wird ohnehin eine Beschaffenheitsvereinbarung nahe liegen.

d) CSR-Standards im Rahmen des objektiven Mangeltatbestands

Der objektive Mangeltatbestand des § 434 Abs. 3 S. 1 Nr. 2 lit. a) und b) BGB stellt darauf ab, dass die Beschaffenheit bei Sachen derselben Art üblich ist und der Käufer sie unter Berücksichtigung nach Art der Sache und der öffentlichen Äußerungen, insbesondere der Werbung oder auf dem Etikett erwarten kann.

aa) CSR-Standards und Erwartung nach der Art der Sache

Die pauschale Annahme, dass Käufer nach Art der Sache eine ethische Produktion von Waren üblicherweise erwarten können dürfen, wäre eine wirkungsvolle Maßnahme, um mithilfe des Gewährleistungsrechts CSR-Standards rechtlich zu erfassen.[1115] Ein Verstoß gegen entsprechende CSR-Standards würde sodann, sofern es sich um eine Anforderung handelt, die Bezug zur Sache hat, unabhängig von der Werbung für das konkrete Produkt und von der ausdrücklichen vertraglichen Vereinbarung, einen Mangel darstellen. Was ein Käufer üblicherweise erwarten kann, bestimmt sich grundsätzlich nach der Verkehrsauffassung.[1116] Diese bestimmt sich aus Sicht des Erwartungshorizonts eines vernünftigen Durchschnittskäufers.[1117] Der Erwartungshorizont eines vernünftigen Durchschnittskäufers richtet sich daran aus, was der Käufer von vergleichbaren Waren derselben Gattung erwarten darf.[1118] Darunter fallen vor allem gesetzliche Qualitäts- und Sicherheitsstandards.[1119] Die übliche Qualität im Vertragsrecht ist aber nicht zwingend an den Inhalt öffentlich-rechtlicher

---

[1115] Dazu *Schmidt-Kessel*, in: Möstl (Hrsg.), Nachhaltigkeit und Ethik im Lebensmittelrecht, S. 145 ff.; *Wilhelmsson*, Y.B. N.Z. 6 (2002-2003), 83, 95 ff.; abl. ggü. der Aufwertung von „Nachhaltigkeit zur generellen Verkehrserwartung" *Schirmer*, ZEuP 2021, 35, 51.

[1116] BeckOK BGB/*Faust*, BGB § 434, Stand: 1.5.2022, Rn. 75, 84; *Looschelders*, Schuldrecht Besonderer Teil, § 3 Rn. 32.

[1117] BGH, Urt. v. 20.5.2009 – VIII ZR 191/07 = BGHZ 181, 170 = NJW 2009, 2807, 2808, Rn. 14; BeckOK BGB/*Faust*, BGB § 434, Stand: 1.5.2022, Rn. 75, 84; *Looschelders*, Schuldrecht Besonderer Teil, § 3 Rn 32; Grüneberg/*Weidenkaff*, BGB § 434, Rn. 27.

[1118] BGH, Urt. v. 20.5.2009 – VIII ZR 191/07 = BGHZ 181, 170 = NJW 2009, 2807, 2808, Rn. 14: „die objektiv berechtigte Käufererwartung" orientiere sich „in Ermangelung abweichender Anhaltspunkte jedenfalls im Regelfall an der üblichen Beschaffenheit gleichartiger Sachen"; BeckOK BGB/*Faust*, BGB § 434, Stand: 1.5.2022, Rn. 76, 84; *Looschelders*, Schuldrecht Besonderer Teil, § 3 Rn. 16.

[1119] *Schmidt-Kessel*, in: Möstl (Hrsg.), Nachhaltigkeit und Ethik im Lebensmittelrecht, S. 145. Zur Idee die „Üblichkeit" des § 434 Abs. 1 S. 2 Nr. 2 BGB a.F. als Hebel zur Steuerung nachhaltigen Konsums bei der Produktnutzung zu nutzen vgl. *Schlacke/Tonner/Gawel*, JZ 2016, 1030, 1035: „Insgesamt diente eine Standardsetzung im öffentlichen Recht – unabhängig davon, wo sie anknüpfte – dazu, produktbezogene Nachhaltigkeitsstandards überhaupt zu etablieren und könnte als Scharnier zwischen Umwelt- und Verbraucherinteressen dienen." Für eine Auslegung des § 434 Abs. 3 S. 1 Nr. 2 BGB im Lichte höherrangiger Nachhaltigkeitsvorgaben und Art. 20a GG *Gsell/Zickgraf*, ZHR 187 (2023), 392, 411 f.

Bestimmungen gebunden.[1120] Jedenfalls für ethische Anforderungen an die Kaufsache verstößt ein höherer Maßstab nicht gegen den Zweck der öffentlich-rechtlichen Regelungen, Mindeststandards zu etablieren.[1121] Über gesetzliche Standards hinaus, kann die Verkehrsauffassung auch durch andere Faktoren, beispielsweise durch Werbung, beeinflusst werden.[1122] Ob CSR-Standards aus Sicht der Verkehrsauffassung üblich sind, ist eine Tatfrage, die einer Analyse der Marktlage und der Käufererwartungen bedarf und gegebenenfalls durch Sachverständigengutachten zu klären ist.[1123] Ethischer Konsum wächst zwar, erreicht aber längst keine Dimensionen, die die durchschnittliche Käufererwartung widerspiegeln würden.[1124] Die Üblichkeit könnte aber in Nischenmärkten gegeben sein. Beispielsweise erwartet ein durchschnittlicher Käufer in einem Weltladen, dass etwa dort angebotene Schokoladen fair gehandelt sind und menschenwürdige Arbeitsbedingungen bei der Produktion der Ware herrschen.[1125] In der Literatur halten einige Autoren die Freiheit der Warenproduktion von Kinderarbeit für eine übliche Beschaffenheit.[1126] In der Zukunft könnten die materiellen Sorgfaltspflichten aus §§ 3 ff. LkSG oder aus der Konfliktmineralien-VO die Verkehrsauffassung mit Blick auf die Üblichkeit prägen. Ob sich durch die Zunahme gesetzlicher materieller Sorgfaltspflichten und die derzeit dynamische Entwicklung in der Verbreitung von CSR-Standards eine Verkehrsauffassung für die Einhaltung der Standards bei der Warenproduktion herausbildet, bleibt abzuwarten.[1127]

bb) Werbeaussagen und Kennzeichnungen

Gemäß Art. 7 Abs. 1 lit. d) WKRL gehört zu den objektiven Anforderungen, dass „die Waren […] dem entsprechen, […] was der Verbraucher in Anbetracht der Art der Waren und unter Berücksichtigung öffentlicher Erklärungen, die von dem Verkäufer oder im Auftrag des Verkäufers oder einer anderen Person in vorhergehenden Gliedern der Vertragskette einschließlich des Herstellers, insbesondere in der Wer-

[1120] Dazu m.w.N. aus dem Lebensmittelrecht *Schmidt-Kessel*, in: Möstl (Hrsg.), Nachhaltigkeit und Ethik im Lebensmittelrecht, S. 147 f.

[1121] Vollharmonisierende unionsrechtliche Qualitätsstandards können einer abweichenden Üblichkeit entgegenstehen. Da der Üblichkeitsbegriff aus Art. 7 Abs. 1 lit. d) WKRL aber selbst einer vollharmonisierenden Richtlinie entstammt, kann man hierin auch einen eigenen vertragsrechtlichen Standard zum Zwecke des Verbraucherschutzes erblicken. Vgl. zu Art. 2 VerbrGKRL *Schmidt-Kessel*, in: Möstl (Hrsg.), Nachhaltigkeit und Ethik im Lebensmittelrecht, S. 147.

[1122] *Schmidt-Kessel*, in: Möstl (Hrsg.), Nachhaltigkeit und Ethik im Lebensmittelrecht, S. 145 ff.

[1123] *Schmidt-Kessel*, in: Möstl (Hrsg.), Nachhaltigkeit und Ethik im Lebensmittelrecht, S. 148.

[1124] S. dazu die Nachweise empirischer Analysen oben unter § 2 D. II.

[1125] Zu den Weltläden der WELTLADEN-BETREIBER eG s. den Internetauftritt online unter https://weltladen-muenchen.de/genossenschaft/#fndtn-tab1 (zuletzt aufgerufen am 11.7.2022).

[1126] *Schmidt-Kessel*, in: Möstl (Hrsg.), Nachhaltigkeit und Ethik im Lebensmittelrecht, S. 147, mit Verweis auf; *Schrader*, ZUR 2013, 451, 452.

[1127] Zuversichtlich hinsichtlich einer „Dynamisierung der Qualitätsstandards" *Schmidt-Kessel*, in: Möstl (Hrsg.), Nachhaltigkeit und Ethik im Lebensmittelrecht, S. 148 f. Generell ablehnend *Schirmer*, ZEuP 2021, 35, 51. Zu beachten ist auch das Spannungsverhältnis zwischen Käufererwartungen und dem Stand der Technik. Vgl. dazu die Entscheidung des BGH zu einem Dieselfahrzeug mit Partikelfilter, dessen Eignung zum Kurzstreckenbetrieb nach dem Stand der Technik nur eingeschränkt bestand. Der BGH urteilte, dass die objektiv berechtigte Käufererwartung sich auch nur auf die eingeschränkte Eignung bezieht: „Eine Kaufsache, die dem Stand der Technik gleichartiger Sachen entspricht, ist nicht deswegen nach § 434 I 2 Nr. 2 BGB [a.F.] mangelhaft, weil der Stand der Technik hinter der tatsächlichen oder durchschnittlichen Käufererwartung zurückbleibt." BGH, Urt. v. 4.3.2009 – VIII ZR 160/08 = NJW 2009, 2056, 2057, Rn. 11.

bung oder auf dem Etikett, abgegeben wurden, vernünftigerweise erwarten kann". Vernünftigkeit ist dabei „objektiv unter Berücksichtigung der Art und des Zwecks des Vertrags, der Umstände des Einzelfalls und der Gebräuche und Gepflogenheiten der Vertragsparteien" zu bestimmen.[1128] Die Erklärung der Werbeaussage ist aus Sicht des Erwartungshorizonts eines vernünftigen Durchschnittskäufers auszulegen.[1129] Hinsichtlich des Erwartungshorizonts des Verbrauchers kann man, sofern es nicht um eine unlautere Beeinflussung geht, grundsätzlich auf den lauterkeitsrechtlichen Maßstab eines aufmerksamen, durchschnittlichen Betrachters zurückgreifen.[1130] Der Verkäufer kann allerdings darlegen, dass er die Werbung nicht kannte oder vernünftigerweise nicht kennen konnte bzw. die Werbung die Kaufentscheidung des Käufers gar nicht beeinflussen konnte (Art. 7 Abs. 2 lit. a), lit. c) WKRL; § 434 Abs. 3 S. 3 BGB).[1131] Fallen Verkäufer und Hersteller auseinander, müssen Verkäufer sich grundsätzlich über die Werbung des Herstellers und dessen Angaben über die Waren informieren.[1132]

Daraus ergibt sich, dass öffentliche Aussagen des Herstellers über die Einhaltung von CSR-Standards bei der Produktion einer Ware eine öffentliche Äußerung des Herstellers im Sinne des § 434 Abs. 3 S. 1 Nr. 2 lit. b) BGB darstellen.[1133] Die öffentlichen Aussagen müssen außerdem die Beschaffenheit der gesamten Art betreffen, sodass sie die Beschaffenheitsmerkmale, die bei Sachen derselben Art üblich sind, näher konkretisieren.[1134] Dabei kann man davon ausgehen, dass ein rationaler Verbraucher in der Lage ist, zu unterscheiden, ob ein Unternehmen öffentliche Anpreisungen tätigt, die sich auf eine Ware und deren Produktion beziehen, oder, ob die Äußerungen von den Produkten losgelöste Verhaltensweisen des Unternehmens ver-

---

[1128] Erwägungsgrund 24 WKRL.

[1129] BeckOK BGB/*Faust*, BGB § 434, Stand: 1.5.2022, Rn. 102. *Lüttringhaus*, AcP 219 (2019), 29, 57; Staudinger/*Matusche-Beckmann*, BGB § 434, Rn. 101; MüKoBGB/*Westermann*, BGB § 434, Rn. 29. Zu diesem Ergebnis kommen, wie *Asmussen* darlegt, sowohl die Auslegung öffentlicher kommerzieller Kommunikation nach §§ 133, 157 BGB, als auch das unionsrechtliche Verbraucherleitbild, *Asmussen*, Haftung für CSR, S. 163 ff.

[1130] MüKoBGB/*Westermann*, BGB § 434, Rn. 29; *Schmidt-Kessel*, in: Möstl (Hrsg.), Nachhaltigkeit und Ethik im Lebensmittelrecht, S. 142 f. Zur Abstimmung der Auslegungsmaßstäbe und für einen Gleichlauf *Asmussen*, Haftung für CSR, S. 161 ff.

[1131] Erforderlich ist nicht nur die Widerlegung einer Kausalität für die Kaufentscheidung, sondern, dass die Werbung von dem Käufer auch nicht berücksichtigt wurde. Die Hürden sind also sehr hoch. Zu diesem Ausschlusstatbestand noch zu § 434 Abs. 1 S. 3 BGB a.F. a.E.: MüKoBGB/*Westermann*, BGB § 434, Rn. 35; *Reinicke/Tiedtke*, Kaufrecht, Rn. 337.

[1132] Staudinger/*Matusche-Beckmann*, BGB § 434, Rn. 110. Differenzierend nach Art der Werbung und danach, ob es sich um einen Vertragshändler bzw. Fachhändler oder anderen Verkäufer handelt MüKoBGB/*Westermann*, BGB § 434, Rn. 33; ErmanBGB/*Grunewald*, BGB § 434, Rn. 26; BeckOK BGB/*Faust*, BGB § 434, Stand: 1.5.2022, Rn. 118. Nach vorstehenden Quellen trifft private Verkäufer keine Informationspflicht. Zum weiten Herstellerbegriff der WKRL siehe BeckOK BGB/*Faust*, BGB § 434, Stand: 1.5.2022, Rn. 107 ff.

[1133] Vgl. zu Fallbeispielen *Dilling*, in: Winter (Hrsg.), Die Umweltverantwortung multinationaler Unternehmen, S. 291 ff. Zum Gesamten auch *Lüttringhaus*, AcP 219 (2019), 29, 54 ff.; *Asmussen*, Haftung für CSR, S. 155 ff.; *Gsell/Zickgraf*, ZHR 187 (2023), 392, 410 f.

[1134] Hinsichtlich § 434 Abs. 1 S. 3 BGB a.F. war umstritten, ob öffentliche Äußerungen über die objektiven Anforderungen des § 434 Abs. 1 S. 2 Nr. 2 BGB a.F. hinausgehen können. Dafür Staudinger/*Matusche-Beckmann*, BGB § 434, Rn. 96, m.w.N. Für eine enge Auslegung Grüneberg/*Weidenkaff*, BGB § 434, Rn. 33. Nach der Formulierung des Art. 7 Abs. 1 lit. d) WKRL und des neuen § 434 Abs. 3 S. 1 Nr. 2 lit. b) BGB ist auch für öffentliche Äußerungen Voraussetzung, dass sie das Bild dessen prägen, was bei Waren der gleichen Art üblich ist und sich nicht lediglich auf ein konkretes Stück oder einen konkreten Einzelfall beziehen.

sprechen.[1135] Ein Verbraucher, der ein T-Shirt mit einem Label „frei von Kinderarbeit" erwirbt, setzt darauf, dass das konkrete T-Shirt ohne Kinderarbeit hergestellt wurde. Wirbt der Verkäufer damit, dass er sich im Produktionsland politisch gegen Kinderarbeit einsetzt, und stellt sich heraus, dass ein solches Engagement nicht erfolgt ist oder gar Kinderarbeit im Unternehmen des Herstellers erfolgt ist, so ist das T-Shirt nicht bereits deshalb mangelhaft.

Bei der Verwendung von Siegeln oder Herstelleraussagen zu CSR-Standards stellt sich die Frage, inwieweit die Erteilungsvoraussetzungen des Siegels oder Konkretisierungen des Verhaltens in Regelwerken ebenfalls auf die Erwartungen des Käufers durchschlagen.[1136] Eine von diesen Regelwerken losgelöste Erwartung eines Verbrauchers kann sich jedenfalls dann herausbilden, wenn die Herstelleraussage mit keinerlei Verweis auf eine Verfahrensregel oder einschränkende Verfahrensvoraussetzungen ausgestaltet ist.[1137]

Auch die nichtfinanzielle Erklärung des Lageberichts (§§ 289b f. HGB, §§ 315b f. HGB) ist eine öffentliche Äußerung in diesem Sinne, wenn sie Aussagen zu Waren enthalten.[1138] Als öffentliche Äußerung kommt auch der Bericht in Betracht, den ein Unternehmen über die Erfüllung seiner Sorgfaltspflichten aus dem LkSG gemäß § 10 Abs. 2 LkSG im Internet veröffentlichen muss.[1139] Allerdings spricht die gesetzliche Verpflichtung zur Offenlegung dieser Berichte im Bundesanzeiger bzw. im Internet[1140] gegen eine bewusste öffentliche Äußerung zur Information von potenziellen Kunden.[1141] Dem Unternehmen steht es zwar frei, in der nichtfinanziellen Erklärung über die gesetzlich geforderten Angaben des § 289c Abs. 3 HGB hinauszugehen und nicht nur Angaben zu Risiken und Konzepten zu machen, sondern auch zu der konkreten Herstellung der Waren.[1142] Mit dem Wortlaut des § 434 Abs. 3 S. 1 Nr. 2 („erwarten kann") ist aber darauf abzustellen, dass es sich um erkennbar ernsthafte

---

[1135] *Asmussen*, Haftung für CSR, S. 169; a.A. *Schirmer*, ZEuP 2021, 35, 51. *Schirmer* sieht in § 434 Abs. 1 S. 3 BGB a.F. a.E. ein Einfallstor für ein nachhaltigkeitsresponsiven Privatrecht: „in einem nachhaltigkeitsresponsiven Privatrecht ist dem Durchschnittskäufer ein bisschen ‚Unvernunft' in Nachhaltigkeitsangelegenheiten erlaubt; er *darf* darauf vertrauen, dass Hersteller ihren Worten auch die entsprechenden Taten folgen lassen."

[1136] Für die Konformität mit Siegel-Vorgaben *Croon-Gestefeld*, NJW 2022, 497, 499 f.; *Gsell/Zickgraf*, ZHR 187 (2023), 392, 410 f.; Verneinend zur Siegelverwendung *Schmidt-Kessel*, in: Möstl (Hrsg.), Nachhaltigkeit und Ethik im Lebensmittelrecht, S. 143: § 434 Abs. 1 S. 3 BGB a.F. biete dem Unternehmer gerade keine Gewähr dafür, dass er vertragsrechtlich nur an die Einhaltung der Siegelstandards gebunden ist.

[1137] So zur Erwartung der Einhaltung von Abgas-Grenzwerten auch im Straßenverkehr bzgl. eines durch den sog. „Diesel-Skandal" betroffenen Pkw im Rahmen der üblichen Beschaffenheit nach § 434 Abs. 1 S. 2 Nr. 2 BGB a.F., OLG Köln, Beschl. v. 20.12.2017 – 18 U 112/17 = NZV 2018, 72, 73, Rn. 15; Zur Siegelverwendung *Schmidt-Kessel*, in: Möstl (Hrsg.), Nachhaltigkeit und Ethik im Lebensmittelrecht, S. 142 f. Zur Auslegung einer konkludenten Beschaffenheitsvereinbarung *Lüttringhaus*, AcP 219 (2019), 29, 53.

[1138] *Lüttringhaus*, AcP 219 (2019), 29, 55 ff. m.w.N. *Grunewald*, NJW 2021, 1777, 1779 f.

[1139] *R. Koch*, MDR 2022, 1, 6; *Fleischer*, DB 2022, 920, 927.

[1140] Zum gesonderten nichtfinanziellen Bericht vgl. §§ 289b Abs. 3 S. 1 Nr. 2 lit. a) und b) bzw. 315b Abs. 3 S. 1 Nr. 2. lit. a) und b) HGB sowie § 325 HGB. Zu den möglichen Berichtsvarianten und Offenlegungsvarianten der nichtfinanziellen Erklärung vgl. MüKoHGB/*Kajüter*, HGB §§ 289b-289e, Rn. 19 ff.

[1141] *Lüttringhaus*, AcP 219 (2019), 29, 56; *R. Koch*, MDR 2022, 1, 6; *Fleischer*, DB 2022, 920, 927.

[1142] *Lüttringhaus*, AcP 219 (2019), 29, 56; ähnlich wohl MüKoBGB/*Westermann*, BGB § 434, Rn. 27.

konkrete Versprechungen[1143] der Verkäufers handeln muss und nicht um solche, deren Zweck erkennbar nicht die Vermarktung von Produkten gegenüber potenziellen Kunden ist.[1144] Anders ist dies hinsichtlich der gezielten Vermarktung von CSR-Strategien durch Broschüren[1145] zu bewerten, die an leicht auffindbarer Stelle über die Internetseite abrufbar sind und auf die von anderen Seiten verwiesen wird. Davon kann ein Durchschnittskäufer[1146] beispielsweise auch im Supermarkt mithilfe des Smartphones Kenntnis erlangen.[1147] Auch die Widerlegung der Kausalität für die Kaufentscheidung dürfte dem Verkäufer, außer bei Vorliegen konkreter Anhaltspunkte, kaum gelingen.[1148]

e) Nacherfüllung und CSR-Standards

Ziel der Durchsetzung von CSR-Standards ist es, dass diese innerhalb und am Ende der Lieferkette erfüllt werden. Eben dieses Ziel wollen auch Endabnehmer durch einen ethischen Konsum fördern. Ein Nacherfüllungsanspruch im Falle von Mängeln durch Nichteinhaltung von CSR-Standards könnte ebendieser Durchsetzung dienen. Eine genaue Betrachtung zeigt aber, dass die Geltendmachung eines Nacherfüllungsanspruchs nur in seltenen Ausnahmefällen zur Durchsetzung von CSR-Standards geeignet ist.

aa) Nachbesserung

Stimmen Produktionsbedingungen nicht mit den versprochenen Bedingungen überein, scheidet eine Nachbesserung als taugliche Form der Nacherfüllung regelmäßig aus, da eine nachträgliche Änderung der Produktionsbedingungen die Art und Weise der Produktion der konkreten Kaufsache gerade nicht mehr ändert. Das aus der

---

[1143] *Dilling*, in: Winter (Hrsg.), Die Umweltverantwortung multinationaler Unternehmen, S. 292 mit Verweis auf *Lehmann*, DB 2002, 1090, 1092, der fordert, dass Werbeaussagen und Kennzeichnung hinsichtlich der Beschaffenheit einen so konkreten inhaltlichen Bestimmtheitsgrad aufweisen, dass sie „das Manko einer bestimmten vertraglichen Vereinbarung ersetzen können". Zur hinreichenden Bestimmtheit von Werbeaussagen und zur Ernsthaftigkeit der Angaben vgl. außerdem Staudinger/*Matusche-Beckmann*, BGB § 434, Rn. 102 f.; *Bernreuther*, MDR 2003, 63, 64; Erman-BGB/*Grunewald*, BGB § 434, Rn. 25.

[1144] Für *Dilling*, in: Winter (Hrsg.), Die Umweltverantwortung multinationaler Unternehmen, S. 292 erfasst § 434 Abs. 1 S. 3 BGB a.F. Aussagen, deren Zweck die Absatzförderung ist. Ähnlich MüKoBGB/*Westermann*, BGB § 434, Rn. 29: „Um die Verkäuferhaftung nicht zu überspannen, sondern sie an auch für ihn nachprüfbare Äußerungen zu knüpfen, sollte also nur eine solche Äußerung eines in der ‚Kette' von Produzenten eines Grund- oder Teilprodukts befindlichen Unternehmers als haftungsbegründend in Betracht kommen, aus der der Käufer Schlüsse in Bezug auf die Beschaffenheit, der von ihm ins Auge gefassten Kaufsache ziehen kann."

[1145] Zur Präsentation der nichtfinanziellen Lageberichte in dieser Form siehe *Lüttringhaus*, AcP 219 (2019), 29, 58.

[1146] Das Verhältnis zwischen der Kausalität der öffentlichen Aussage für die Willensbildung des konkreten Käufers bzw. für einen vernünftigen Durchschnittskäufer ist umstritten, vgl. für einen Vorrang der individuellen Kausalität BeckOK BGB/*Faust*, BGB § 434, Stand: 1.5.2022, Rn. 122, m.w.N.; a.A., nach der auch die Widerlegung der Kausalität für einen Durchschnittskäufer genügt, MüKoBGB/*Westermann*, BGB § 434, Rn. 35.

[1147] Zu Veröffentlichungen im Internet vgl. ähnlich auch *Dilling*, in: Winter (Hrsg.), Die Umweltverantwortung multinationaler Unternehmen, S. 292; *Lüttringhaus*, AcP 219 (2019), 29, 58. Allgemein bejahend zu Äußerungen im Internet oder Internetpräsentationen auch Staudinger/*Matusche-Beckmann*, BGB § 434, Rn. 99. Dass ein Durchschnittskäufer allerdings eine im oder mit dem Lagebericht im Bundesanzeiger veröffentlichte Erklärung abruft, dürfte zu bezweifeln sein.

[1148] *Lüttringhaus*, AcP 219 (2019), 29, 58. Allgemein zur Schwierigkeit dieser Beweiserbringung MüKoBGB/*Westermann*, BGB § 434, Rn. 35; Grüneberg/*Weidenkaff*, BGB § 434, Rn. 39.

Käfighaltung der Legehenne stammende Ei wird kein Bio-Ei mehr, selbst wenn die Legehenne in Zukunft verlegt werden würde. Das unter Kinderarbeit produzierte T-Shirt bleibt ein solches, selbst wenn in Zukunft keine Kinder mehr in der Produktionsstätte arbeiten. Allerdings sind Fälle denkbar, in denen eine Nachbesserung durch rückwirkende Maßnahmen gelingen kann. Dies ist etwa der Fall, wenn – soweit Gegenteiliges vereinbart wurde – bei unterbezahlten Arbeitskräften deren Gehalt rückwirkend ausgezahlt werden kann.[1149] Hier stellt sich im Einzelfall die Frage, ob der Verkäufer wegen hoher Kosten nach § 275 Abs. 2 BGB oder jedenfalls wegen Unverhältnismäßigkeit nach § 439 Abs. 4 S. 1, 2 BGB die Nachbesserung verweigern kann.[1150] Ansonsten scheidet eine Nachbesserung im Falle mangelhafter Produktionsbedingungen wegen objektiver Unmöglichkeit von vorneherein aus (§ 275 Abs. 1 Var. 2 BGB).

bb) Nachlieferung

Im Gegensatz dazu verspricht eine Nachlieferung zunächst mehr Erfolg. Denn die Lieferung eines den CSR-Standards entsprechenden Produkts ist theoretisch möglich, wenn die Produktionsbedingungen entsprechend geändert werden können. Allerdings bedeutet die Verbesserung der Produktionsbedingungen je nach Situation und Lieferkette eine erhebliche finanzielle und personelle Belastung auf Verkäuferseite. Sie wird innerhalb der Lieferkette einen langwierigen Prozess darstellen, innerhalb dessen der Verkäufer Überwachungsstrukturen und Compliance-Strategien ändern oder die Zusammenarbeit mit Lieferanten neu aufstellen muss. Zum Beispiel müssten im Falle des unter Kinderarbeit produzierten T-Shirts Kinder aus den Produktionsbetrieben mithilfe hohen Überwachungsaufwands ferngehalten werden. Im Fall einer die Umwelt belastenden Produktionsstätte müssten zum Beispiel Filterungsanlagen angeschafft und installiert werden. Infolge des hohen Aufwands liegt die Einrede des Verkäufers aus § 439 Abs. 4 S. 1 BGB nahe, dass die Nachlieferung eines CSR-Standard-konformen Produkts nur mit unverhältnismäßigen Kosten zu erfüllen sei. Zu beachten ist außerdem, dass ein Einzel- oder Großhändler am Ende der Handelskette meist auch keine mangelfreien Produkte beschaffen kann, wenn deren Produktion noch nicht umgestellt wurde und er in vielen Fällen eine solche Produktionsumstellung auch bei dem Hersteller nicht veranlassen kann. *Lüttringhaus* schlägt vor, dass eine Nachbesserung auch wegen Unzumutbarkeit (§ 440 S. 1 Var. 3 BGB) ausscheiden könne, weil das Vertrauensverhältnis des Käufers in den Hersteller zerrüttet sei.[1151] Eine nachhaltige Zerrüttung des Vertrauensverhältnisses kommt in Betracht, wenn der Verkäufer bei Abschluss des Vertrags über die Einhaltung der CSR-Standards vorsätzlich täuschte und der Käufer daher auch zukünftig keine täuschungsfreie mangelfreie Leistung erwarten muss.[1152] Ist eine vorsätzliche Täuschung

---

[1149] *Lüttringhaus*, AcP 219 (2019), 29, 59. *Lüttringhaus* behandelt diese Fälle unter dem Stichwort einer „sach-externen" Nachbesserung. Siehe dazu näher unten unter § 6 A. II. 2. a).

[1150] Krit. in dieser Hinsicht ebenfalls *Lüttringhaus*, AcP 219 (2019), 29, 59. Zur Frage der Verweigerung beider Arten der Nacherfüllung wegen Unverhältnismäßigkeit siehe sogleich unten unter § 5 A. II. 2. e) bb).

[1151] *Lüttringhaus*, AcP 219 (2019), 29, 60. Ähnlich *Glinski*, Die rechtliche Bedeutung der privaten Regulierung globaler Produktionsstandards, S. 191. *Glinski* sieht im Falle systematischer Verletzungen von Produktionsbedingungen die Enttäuschung ethischen Konsums als Grundlage für den Übergang zu Rücktritts- oder Minderungsverlangen an.

[1152] BeckOGK/*Höpfner*, BGB § 440, Stand: 1.5.2022, Rn. 38 m.w.N. Erfolgte die Täuschung allerdings nicht durch den Verkäufer, sondern durch den Hersteller der Ware stellen sich Probleme bei

nicht nachweisbar, ist das Interesse des Verkäufers an einer zweiten Andienung zu berücksichtigen und der Verkäufer sollte die Möglichkeit im Rahmen einer möglichen Nacherfüllung erhalten, aufzuzeigen, dass der CSR-Verstoß behoben wurde.

cc) Zwischenergebnis

Im Ergebnis scheitert die Möglichkeit, mittelbar durch die Nachlieferung eine Produktionsänderung zu verlangen, in den meisten Fällen an der Einrede der absoluten Unverhältnismäßigkeit. Der Endabnehmer eines mit CSR-Standards beworbenen Produkts kann folglich regelmäßig keine Änderung der Produktionsweise mithilfe der Nacherfüllung erstreiten. Hier spiegeln sich die Interessen der Parteien im Kaufvertrag wider. Das positive Interesse des Käufers ist auch im Falle ethischen Konsums auf Eigentum und Besitz der Ware gerichtet und nicht auf den Aufwand der Neuerrichtung menschen- und umweltgerechter Produktionsstrukturen, sodass der Nacherfüllungsaufwand auf Verkäuferseite schnell in ein Missverhältnis zum Leistungsinteresse des Käufers gerät. Da eine Nacherfüllung weder in Form der Nachbesserung noch der Nachlieferung grundsätzlich Erfolgsaussichten hat, sind Sekundäransprüche effektiver bei der Durchsetzung ethischer Produktstandards mittels Kaufrecht.[1153]

f) Rücktritt und Minderung bei Nichteinhaltung von CSR-Standards

Der Käufer kann bei Unmöglichkeit bzw. Unzumutbarkeit der Nacherfüllung gemäß §§ 437 Nr. 2, 440 S. 1, 323, 326 Abs. 5, 441 BGB von dem Vertrag ohne Fristsetzung zurücktreten oder die Minderung erklären. Ein Rücktritt ist allerdings nicht möglich, wenn der Mangel unerheblich ist (§§ 437 Nr. 2, 323 Abs. 5 S. 2 BGB). Die Unerheblichkeit richtet sich nach einer Interessenabwägung im Einzelfall.[1154] Relevant ist im Fall nicht behebbarer Mängel das Maß der Funktionsbeeinträchtigung und die Höhe des merkantilen Minderwerts.[1155] Hat der Verkäufer den Mangel arglistig verschwiegen, schließt die Rechtsprechung eine Unerheblichkeit aus.[1156] Auch im Falle einer Beschaffenheitsvereinbarung ist eine Erheblichkeit regelmäßig indiziert.[1157] Die fehlende ethische Produktion einer Ware gilt demzufolge dann grundsätzlich als nicht unerheblich, wenn die ethische Produktion zwischen den Parteien als Beschaffenheitsvereinbarung Inhalt des Kaufvertrags wurde.[1158] Demgegenüber

---

der Zurechnung der Täuschung. Dazu zum sog. „Diesel-Skandal" BGH, Urt. vom 29.9.2021 – VIII ZR 111/20 = NJW 2022, 463, 465, Rn. 29. Zur Zurechnung einer arglistigen Täuschung durch Herstelleraussagen vgl. außerdem unten unter § 5 A. II. 4. a).

[1153] *Glinski*, Die rechtliche Bedeutung der privaten Regulierung globaler Produktionsstandards, S. 193 betont, dass der Rücktritt dann massenhaft vorkommen müsse.; ebenso *Beckers*, Enforcing Corporate Social Responsibility Codes, S. 123 ff.; *Schirmer*, ZEuP 2021, 35, 53: Der Nacherfüllungsanspruch sei „gar nicht das Ziel, sondern nur gesetzessystematisch nötige Durchgangsstation".

[1154] BGH, Urt. v. 28.5.2014 – VIII ZR 94/13 = BGHZ 201, 290 = NJW 2014, 3229, Rn. 16; BGH, Urt. v. 6.2.2013 – VIII ZR 374/11 = NJW 2013, 1365, 1366, Rn. 16.

[1155] Zum merkantilen Minderwert als Kriterium: BGH, Urt. v. 12.3.2008 – VIII ZR 253/05 = NJW 2008, 1517, Rn. 22; Zur Funktionsbeeinträchtigung: BGH, Urt. v. 29.6.2011 – VIII ZR 202/10 = NJW 2011, 2872, Rn. 21; *Looschelders*, Schuldrecht Besonderer Teil, § 4 Rn. 39.

[1156] BGH NJW 2006, 1960 = BGHZ 167, 19; a.A. *Looschelders*, Schuldrecht Besonderer Teil, § 4 Rn. 40.

[1157] BGH NJW 2013, 1365 Rn. 16, BGH NJW 2014, 3229 Rn. 14 = BGHZ 201, 290. *Looschelders*, Schuldrecht Besonderer Teil, § 4 Rn. 39.

[1158] Bejahend *Glinski*, Die rechtliche Bedeutung der privaten Regulierung globaler Produktionsstandards, S. 193. *Lüttringhaus* geht davon aus, dass eine Bagatellgrenze überschritten sein dürfte,

spricht im Rahmen der Einzelfallabwägung für eine Unerheblichkeit, dass eine Funktionsbeeinträchtigung durch den Mangel im Falle nicht erfüllter ethischer Produktionsbedingungen in der Regel nicht besteht und der merkantile Minderwert gering ist.

Im Falle der Unerheblichkeit des Mangels kommt aber die Minderung in Betracht (§ 441 Abs. 1 S. 2 BGB). Die Höhe des Minderungsbetrags des Kaufpreises entspricht dem Anteil des gesamten Kaufpreises, in dem der mangelbedingte Minderwert der Sache zu ihrem Wert im mangelfreien Zustand steht (§ 441 Abs. 3 BGB).[1159] Bei Verstoß gegen CSR-Standards ist für den mangelbedingten Minderwert ausschlaggebend, welchen Wertverlust ein nicht ethisch korrekt hergestelltes Produkt im Gegensatz zu einem ethisch korrekt hergestellten Produkt erleidet.[1160] Die Bezifferung des mangelbedingten Minderwerts der Ware gestaltet sich in diesem Fall schwierig. Im Ausgangspunkt ist für den Wert einer Sache ihr objektiver Verkehrswert maßgeblich,[1161] sodass die Differenz zwischen unterschiedlichen Marktpreisen ethisch und nicht ethisch korrekt produzierter Produkte eine Orientierung bieten kann. Hier kommt es unter anderem darauf an, wie stark die Verletzung von CSR-Standards das Image des Produkts ansonsten beschädigt und ob sich etwa im Falle leichter Überschreitungen von Grenzwerten überhaupt eine Wertminderung der Kaufsache ergibt.[1162] Im unternehmerischen Verkehr ist es wahrscheinlich, dass die Parteien für die Minderung eine Lösung im Wege von Vergleichsverhandlungen finden.[1163] Ist die Ermittlung des mangelbedingten Minderwerts mit Schwierigkeiten verbunden, besteht aber die Möglichkeit der Schätzung der Minderung, § 441 Abs. 3 S. 2 BGB. Ob eine Schätzung erforderlich ist, beurteilt sich nach § 287 Abs. 2 ZPO.[1164] Dieser setzt voraus, dass die Höhe der Forderung streitig und die vollständige Aufklärung aller maßgebenden Umstände mit Schwierigkeiten verbunden ist, die

---

weil sich das Produkt nicht mehr zum „ethischen" Konsum eignet, *Lüttringhaus*, AcP 219 (2019), 29, 60.

[1159] *Reinicke/Tiedtke*, Kaufrecht, 496 ff.; MüKoBGB/*Westermann*, BGB § 441, Rn. 12.

[1160] Glinski *Glinski*, Die rechtliche Bedeutung der privaten Regulierung globaler Produktionsstandards, S. 192.

[1161] *Reinicke/Tiedtke*, Kaufrecht, Rn. 497; MüKoBGB/*Westermann*, BGB § 441, Rn. 13; BeckOK BGB/*Faust*, BGB § 441, Stand: 1.5.2022, Rn. 10 ff.; Staudinger/*Matusche-Beckmann*, BGB § 441, Rn. 17 . Bei der Bestimmung des mangelbedingten Minderwerts spielen außerdem Veränderungen der Kaufsache nach Vertragsschluss, die in den Verantwortungsbereich des Verkäufers fallen, eine Rolle, nicht aber solche Wertveränderungen, die auf den Käufer zurückgehen (etwa Beschädigungen oder bei Lebensmitteln der Untergang durch Verzehr). S. dazu die vorstehenden Autoren. Im Falle des Verzehrs kommt auch ein Rücktritt in Betracht, wobei für das untergegangene Lebensmittel kein Wertersatz zu leisten wäre, § 346 Abs. 3 Nr. 3 BGB. Vgl. dazu *Lüttringhaus*, AcP 219 (2019), 29, 60.

[1162] Vgl. zum Beispiel das Urteil des LG Ravensburg über eine Abweichung eines festgestellten Kraftstoffmehrverbrauchs eines Pkw von 3,03 %, die sich nur sehr knapp jenseits des Toleranzbereichs der Messverfahren bewegte. Das LG Ravensburg entschied, dass nicht angenommen werden könne, dass auf dem allgemeinen Fahrzeugmarkt ein Neufahrzeug allein auf Grund einer so minimalen Differenz gleich weniger wert sein solle. Außerdem handelte es sich in diesem Fall ohnehin von vorneherein um keinen Kraftstoffverbrauch-sparsamen Pkw, was für jeden umwelt- und folgekostenbewussten Käufer schon aus den Prospektangaben erkennbar gewesen sei. LG Ravensburg, Urt. v. 6.3.2007 – 2 O 297/06, NJW 2007, 2127, 2129; dazu auch Staudinger/*Matusche-Beckmann*, BGB § 441, Rn. 17.

[1163] Zu einem solchen Beispiel, in dem sich die Parteien auf einen Preisabschlag von 30 % geeinigt hatten, weil geliefertes Holz nicht FSC-zertifiziert war, *Dilling*, in: Winter (Hrsg.), Die Umweltverantwortung multinationaler Unternehmen, S. 308 f.

[1164] BeckOK BGB/*Faust*, BGB § 441, Stand: 1.5.2022, Rn. 14.

zu der Bedeutung des streitigen Teils der Forderung in keinem Verhältnis stehen. Wäre für die Bestimmung des mangelbedingten Minderwerts ein kostenintensives Sachverständigengutachten einzuholen, kann für den bei Konsumgütern voraussichtlich geringen Minderungsbetrag eine Schätzung in Betracht kommen.

g) Schadensersatz wegen Verletzung von CSR-Standards

Unter den Voraussetzungen der §§ 437 Nr. 3, 440, 280, 281, 283, 311a BGB kann der Käufer im Falle einer zu vertretenden Pflichtverletzung des Käufers bei Nichteinhaltung der CSR-Standards den ihm dadurch entstandenen Schaden ersetzt verlangen. Im Kontext von CSR-Standards stellen sich hier insbesondere zwei Problemkreise. Dies ist zum einen die Frage des Vertretenmüssens des Verkäufers, der eine Ware verkauft, die ein dritter Hersteller – meist durch Wertschöpfung aus einer langkettigen Lieferkette – erzeugte. Zum anderen ist fraglich, welchen Schaden ein Käufer wegen der Lieferung nicht ethisch produzierter Ware ersetzt verlangen kann.

aa) Vertretenmüssen des Verkäufers

Ein Schadensersatzanspruch des Endabnehmers hängt unter anderem davon ab, ob der Verkäufer die Pflichtverletzung der mangelhaften Leistung aus § 433 Abs. 1 S. 2 BGB oder die nicht fristgerechte Nacherfüllung (§ 439 BGB) zu vertreten hat. Hierbei wird das Vertretenmüssen des Verkäufers vermutet (§§ 437 Nr. 3, 280 Abs. 1 S. 2 BGB). Wie oben aufgezeigt, ist eine Nacherfüllung im Falle ethischer Produktionsbedingungen teils bereits unmöglich, oft aber unverhältnismäßig oder für den Käufer unzumutbar, sodass im Folgenden nicht das Ausbleiben einer Nacherfüllung, sondern die mangelhafte Leistung die relevante Pflichtverletzung darstellt.[1165] Ein eigenes Verschulden des Verkäufers liegt dabei nicht bereits in der Kenntnis oder fahrlässigen Unkenntnis des Verkäufers hinsichtlich des Mangels. Vielmehr setzt dies voraus, dass der Verkäufer entweder den Eintritt des Mangels zu verschulden hat oder den erkannten bzw. fahrlässig unerkannten Mangel nicht unter Anwendung der im Verkehr erforderlichen Sorgfalt bis zur Lieferung der Ware durch Reparatur oder Auswahl einer mangelfreien Kaufsache aus der Gattung beseitigt hat.[1166] Im Falle anfänglich unbehebbarer Mängel ist die Widerlegung der vermuteten Kenntnis bzw. der zu vertretenden Unkenntnis der Unbehebbarkeit des Mangels relevant (§ 311a Abs. 2 S. 2 BGB).[1167]

(1) Vertragliche Garantieübernahme, § 276 Abs. 1 S. 1 BGB a.E.

Auf den Vorsatz oder die Fahrlässigkeit des Verkäufers (§ 276 Abs. 1 S. 1 BGB) kommt es nicht an, wenn der Verkäufer für die Einhaltung von CSR-Standards eine

---

[1165] Für eine alternative Anknüpfung an diese beiden Pflichtverletzungen vgl. *Reinicke/Tiedtke*, Kaufrecht, Rn. 541 f.; BeckOK BGB/*Faust*, BGB § 437, Stand: 1.5.2022, Rn. 87; so auch der Wille des Gesetzgebers, vgl. BT-Drs. 14/6040, S. 140 „dass der Schuldner schuldhaft nicht leistet oder nicht nacherfüllt". A.A. (taugliche Pflichtverletzung ist nur das Unterbleiben der Nacherfüllung) *S. Lorenz*, in: Baums/Wertenbruch/Lutter/K. Schmidt (Hrsg.), Festschrift für Ulrich Huber, S. 428 ff. Im Falle der Unzumutbarkeit der Nacherfüllung soll auch nach letzterer Ansicht die Pflicht zur mangelhaften Leistung tauglicher Anknüpfungspunkt sein, *S. Lorenz*, in: Baums/Wertenbruch/Lutter/K. Schmidt (Hrsg.), Festschrift für Ulrich Huber, S. 433 f. Vgl. dazu auch BeckOGK/*Höpfner*, BGB § 437, Stand: 1.5.2022, Rn. 93, m.w.N.

[1166] BeckOK BGB/*Faust*, BGB § 437, Stand: 1.5.2022, Rn. 90, 102; *Reinicke/Tiedtke*, Kaufrecht, Rn. 566, 568.

[1167] Dazu *Medicus/S. Lorenz*, Schuldrecht II, § 7 Rn. 81.

Garantie über eine verschuldensunabhängige Haftung übernommen hat (§ 276 Abs. 1 S. 1 BGB a.E.). Infrage kommt etwa eine Beschaffenheitsgarantie, (§ 443 Abs. 1 Alt. 1 BGB), wenn es um CSR-Standards geht, die geeignet sind, die Beschaffenheit der Kaufsache zu konkretisieren.[1168] Die Garantieübernahme setzt die Eingehung eines Garantievertrags (§ 311 Abs. 1 BGB) voraus.[1169] Das Angebot des Verkäufers zur Garantieübernahme muss in diesem Falle durch Auslegung (§§ 133, 157 BGB) bestimmbar auf die Eingehung einer Haftung gerichtet sein, die als verschuldensunabhängige Haftung über die gesetzlichen kaufrechtlichen Gewährleistungsrechte hinaus geht.[1170] Dafür genügt die bloße Beschreibung von Beschaffenheitsmerkmalen nicht.[1171] Kriterien für die Bestimmung des Rechtsbindungswillens sind insbesondere, ob die Partei für die sorgfältige Herstellung rechtlich einstehen möchte, oder, ob nur bloße Beschreibungen, Anpreisungen oder Qualitätseinstufungen vorliegen.[1172] Im Falle einer öffentlichen Äußerung muss eine Garantie für die andere Partei außerdem hinreichend bestimmt und erkennbar sein, wenngleich sie nicht als „Garantie" bezeichnet sein muss.[1173] Bewirbt also ein Verkäufer die Einhaltung von CSR-Standards durch Siegel und Gütezeichen liegt darin grundsätzlich noch keine Garantieübernahme.[1174] Erfolgt ein Angebot des Herstellers zur Annahme eines Garantievertrags in der Werbung, ist der Zugang einer Annahmeerklärung nicht zu erwarten (§ 151 S. 1 BGB).[1175]

[1168] Das Vorliegen eines Beschaffungsrisikos zum Beispiel im Falle Gattungsschulden schließt noch keine Beschaffenheitsgarantie ein, die sich auf die Qualität der Sache bezieht. Vgl. *Schroeter*, JZ 2010, 495, 495, m.w.N.; *Matthias Weller*, NJW 2012, 2312, 2314; BeckOK BGB/*S. Lorenz*, BGB § 276, Stand: 1.5.2022, Rn. 41, m.w.N.

[1169] Dazu sowie zum Angebot über die einschlägige Werbung vgl. BeckOGK/*Stöber*, BGB § 443, Stand: 1.6.2021, Rn. 45; MüKoBGB/*Westermann*, BGB § 443, Rn. 5 ff.; BeckOK BGB/*Faust*, BGB § 443, Stand: 1.5.2022, Rn. 18 Für den Fall des Verbrauchsgüterkaufs trifft § 479 BGB Sonderbestimmungen zur Abfassung einer Garantieerklärung, die den Verbraucher vor Irreführung schützen soll, jurisPK-BGB/*Ball*, BGB § 479, Stand: 23.12.2021, Rn. 2. Dabei handelt es sich allerdings nicht um Wirksamkeitsvoraussetzungen für die Garantie, vgl. § 479 Abs. 3 BGB.

[1170] BeckOGK/*Stöber*, BGB § 443, Stand: 1.6.2021, Rn. 45; BeckOK BGB/*Faust*, BGB § 443, Stand: 1.5.2022, Rn. 18.

[1171] BeckOGK/*Stöber*, BGB § 443, Stand: 1.6.2021, Rn. 47; ähnlich MüKoBGB/*Westermann*, BGB § 443, Rn. 16. Zur Zurückhaltung vor der Annahme einer konkludenten Garantieerklärung (noch zur Zusicherung nach alter Rechtslage) vgl. BGH, Urt. v. 17.3.2010 – VIII ZR 253/08 = NJW-RR 2010, 1329, 1329, Rn. 10; Zur unterschiedlichen Annahme einer konkludenten Garantieerklärung eines Gebrauchtwagenhändlers bei Angaben über die Laufleistung bzw. eines privaten Verkäufers, BGH, Urt. v. 29.11.2006 – VIII ZR 92/06 = BGHZ 170, 86 = NJW 2007, 1346, 1348, Rn. 22 ff.

[1172] *Reinicke/Tiedtke*, Kaufrecht, Rn. 901 f.

[1173] BeckOGK/*Stöber*, BGB § 443, Stand: 1.6.2021, Rn. 69.

[1174] *Lüttringhaus*, AcP 219 (2019), 29, 61. Alternativ kann man im stationären Handel über eine konkludente Beschaffenheitsvereinbarung durch Produktkennzeichnungen nachdenken, was angesichts des Mangeltatbestands in § 434 Abs. 1 S. 3 BGB a.F. aber keinen Unterschied machen würde. Vgl. *Lüttringhaus*, AcP 219 (2019), 29, 53 f.

[1175] BGH, Urt. v. 12.11.1980 – VIII ZR 293/79 = BGHZ 78, 369, 372 f. = NJW 1981, 275, 276; BGH, Urt. v. 23.3.1988 – VIII ZR 58/87 = BGHZ 104, 82 = NJW 1988, 1726, 1727; MüKoBGB/*Westermann*, BGB § 443, Rn. 6; BeckOK BGB/*Faust*, BGB § 443, Stand: 1.5.2022, Rn. 19; *Reinicke/Tiedtke*, Kaufrecht, Rn. 901 f.; a.A.: BeckOGK/*Stöber*, BGB § 443, Stand: 1.6.2021, Rn. 70. *Stöber* spricht sich im Falle der Werbung für ein einseitiges Rechtsgeschäft ohne Annahme durch den Käufer aus. Eine Möglichkeit ist ein Vertrag zugunsten Dritter zwischen Händler und Hersteller zugunsten des Käufers. Diese hat aber den Nachteil des Einwendungsdurchgriffs gegenüber dem Käufer (§ 334 BGB), vgl. MüKoBGB/*Westermann*, BGB § 443, Rn. 6.

(2) Sorgfaltspflichtverstoß des Verkäufers, § 276 Abs. 2 BGB

Schließlich kommt in Betracht, dass ein Verkäufer sich dadurch entlastet, dass er bei der Lieferung einer Ware, bei deren Herstellungsprozess die versprochenen CSR-Standards nicht eingehalten wurden, die im Verkehr erforderliche Sorgfalt (§ 276 Abs. 2 BGB) beachtet hat. Hierbei ist zu unterscheiden, ob ein Verkäufer die Ware als Groß-/Einzel- oder Zwischenhändler lediglich handelt oder ob er die Waren mittels eigener Gehilfen in seinem Betrieb oder mithilfe von dritten Personen hergestellt hat.

Hersteller haben bei der Warenproduktion für die Einhaltung der im Verkehr erforderlichen Sorgfalt insbesondere im Rahmen des technisch Möglichen und wirtschaftlich Zumutbaren den Herstellungsprozess so zu gestalten, dass sie keine mangelhaften Produkte produzieren.[1176] Anhaltspunkte hierfür gibt die Rechtsprechung hinsichtlich der Produzentenhaftung. Sie kategorisiert verschiedene Produktfehler bei der Produktion, Produktbeobachtung und Instruktion.[1177] Auf Produktionsebene trifft den Hersteller die Pflicht, sicherzustellen, dass die Produkte nicht bereits durch ihre Konstruktion fehlerhaft sind (Konstruktionsfehler).[1178] Er muss durch stichprobenartige Qualitätskontrollen sicherstellen, dass bis auf einzelne Ausreißer fehlerhafte Waren nicht in den Verkehr gebracht werden (Fabrikationsfehler)[1179]. Diese Verkehrspflichten beeinflussen auch die im Verkehr erforderliche Sorgfalt, die gegenüber Käufern des Herstellers anzuwenden ist.[1180] Darüber hinaus ist der Sorgfaltsmaßstab des § 276 BGB auch privatautonom gestaltbar .[1181] Die Parteien können somit durch vertragliche Vereinbarung erhöhte Sorgfaltspflichten im Hinblick auf die Einhaltung von CSR-Standards bei der Produktion festlegen.[1182] Das könnte zum Beispiel der Fall sein, wenn der Verkäufer in seinem Code of Conduct erklärt, dass er regelmäßig bestimmte Fremd-Auditierungen in den Produktionsstätten durch ein Audit-Unternehmen durchführt oder selbst in einem konkreten Zeitintervall Kontrollen vor Ort vornimmt. Wurde ein konkreter Prüfstandard bzw. eine konkrete Zertifizierung vereinbart (zum Beispiel, dass der Hersteller die Arbeitsbedingungen in seinem Unternehmen nach dem Standard SA8000 überprüft), ist der Sorgfaltsmaßstab dann eingehalten, wenn der Hersteller den Nachweis für den Prüfstandard bzw. die Zertifizierung für den relevanten Zeitraum erbringt.

[1176] Zu Sorgfaltsmaßstäben im Rahmen der deliktischen Produzentenhaftung *Looschelders*, Schuldrecht Besonderer Teil, § 63 Rn. 6. Dazu *Tröger*, Arbeitsteilung und Vertrag, S. 430; *Matthias Weller*, NJW 2012, 2312, 2314. Zur Relevanz von Konstruktions- und Fertigungsmängeln im Kaufrecht außerdem BT-Drs. 14/6040, S. 210.

[1177] Vgl. BGH, Urt. v. 17.10.1989 – VI ZR 258/88 = NJW 1990, 906, 907; BGH, Urt. v. 26.11.1968 – VI ZR 212/66 = BGHZ 51, 91, 105 = NJW 1969, 269, 274 ff; *Looschelders*, Schuldrecht Besonderer Teil, § 63 Rn. 9 ff.

[1178] Zur deliktischen Produzentenhaftung: BGH, Urt. v. 17.10.1989 – VI ZR 258/88 = NJW 1990, 906, 907; BGH, Urt. v. 16.6.2009 – VI ZR 107/08 = BGHZ 181, 253 = NJW 2009, 2952, 2953; *Looschelders*, Schuldrecht Besonderer Teil, § 63 Rn. 9.

[1179] BGH, Urt. v. 26.11.1968 – VI ZR 212/66 = BGHZ 51, 91, 105 = NJW 1969, 269, 274 ff; BGH, Urt. v. 9.5.1995 – VI ZR 158/94 = BGHZ 129, 353, 358 = NJW 1995, 2162, 2163 (jew. zur deliktischen Produzentenhaftung); Hierzu sowie zu den weiteren Kategorien der Instruktionsfehlern und Produktbeobachtungspflichten vgl. *Looschelders*, Schuldrecht Besonderer Teil, § 63 Rn. 9 ff.

[1180] Zur Stichprobenkontrolle *Schmidt-Räntsch*, AnwBl 2003, 529, 532.

[1181] Zur vertraglichen Gestaltung des Sorgfaltsmaßstabs MüKoBGB/*Grundmann*, BGB § 276, Rn. 57; BeckOGK/*Schaub*, BGB § 276, Stand: 1.3.2022, Rn. 72.

[1182] Siehe dazu sowie zur Beeinflussung des allgemeinen Sorgfaltsmaßstabs durch privat gesetzte CSR-Standards oben unter § 3 C. I.

Demgegenüber hat ein Händler, der mit von Dritten hergestellten Masseartikeln handelt, in der Regel keine Möglichkeit und auch nicht die Expertise, den Herstellungsprozess zu überprüfen und die Waren fachmännisch mit vertretbarem Aufwand zu untersuchen.[1183] Die im Verkehr erforderliche Sorgfalt erfordert von einem solchen Händler daher grundsätzlich keine Untersuchungspflicht im Hinblick auf Mängel bei massenhaft gefertigter Ware.[1184] Untersuchungspflichten können aber im Einzelfall bestehen, etwa bei besonders hochwertigen oder fehleranfälligen Produkten oder im Falle besonderer Sachkunde des Verkäufers.[1185] Dies lässt sich auch auf die Einhaltung von CSR-Standards bei der Produktion übertragen. Einen Letztverkäufer trifft hier mangels Sachkunde und Überprüfungsmöglichkeit grundsätzlich keine Untersuchungspflicht. Ausnahmen können sich im Einzelfall etwa durch die mögliche Kontrolle mitzuliefernder Zertifikatsnachweise ergeben.[1186] Eine Untersuchungsobliegenheit nach den jeweiligen Gepflogenheiten der Branche[1187] ergibt sich schließlich aus § 377 Abs. 1 HGB gegenüber dem Hersteller bzw. Lieferanten des Verkäufers.[1188] Sie besteht aber nicht gegenüber dem Abnehmer des betroffenen Händlers.[1189]

(3) Haftung für ein Verschulden Dritter bei der Produktion, § 278 S. 1 Var. 2 BGB

In der Praxis stehen hinter einem Warenverkauf kurze oder lange Lieferketten. Ein Händler, der Letztverkäufer ist, hat in der Regel keine Kenntnis von den CSR-Verstößen am Anfang der Lieferkette.[1190] Nach der herrschenden Meinung in Literatur und Rechtsprechung hat der Verkäufer außerdem für fremdes Verschulden des Herstellers nicht nach § 278 S. 1 Var. 2 BGB einzustehen.[1191] Ausweislich der Geset-

---

[1183] BT-Drs. 14/6040, S. 210; *Matthias Weller*, NJW 2012, 2312, 2314 f.; *Schroeter*, JZ 2010, 495, 496; *U. Huber*, in: Habersack/Hommelhoff/Hüffer/K. Schmidt (Hrsg.), FS Ulmer, S. 1189.

[1184] BGH, Urt. v. 19.6.2009 – V ZR 93/08 = BGHZ 181, 317 = NJW 2009, 2674, 2676; *Reinicke/Tiedtke*, Kaufrecht, Rn. 567; *Matthias Weller*, NJW 2012, 2312, 2314 f.; *Schroeter*, JZ 2010, 495, 496, m.w.N.; *Schmidt-Räntsch*, AnwBl 2003, 529, 532; *U. Huber*, in: Habersack/Hommelhoff/Hüffer/K. Schmidt (Hrsg.), FS Ulmer, S. 1188 f.

[1185] BT-Drs. 14/6040, S. 210. Zu gebrauchten Waren *Schroeter*, JZ 2010, 495, 496; *Reinicke/Tiedtke*, Kaufrecht, Rn. 567 Aus Effizienzgesichtspunkten sollte Information über die Qualität einer Ware im Zwei-Parteien-Verhältnis von demjenigen einzuholen sein, der dies am kostengünstigsten erledigen kann. In der Regel ist das der Hersteller und/oder Händler, der die Ware produzieren lässt. Siehe *Köndgen*, in: Ackermann/Köndgen (Hrsg.), FS Roth, S. 343 f.

[1186] Zum Beispiel verlangt Art. 29 Abs. 2 Öko-Verordnung (VO (EG) Nr. 834/2007 des Rates vom 28. Juni 2007 über die ökologische/biologische Produktion und die Kennzeichnung von ökologischen/biologischen Erzeugnissen und zur Aufhebung der Verordnung (EWG) Nr. 2092/91VO), dass erfasste Unternehmer die Bescheinigungen ihrer Lieferanten über die Erfüllung der Anforderungen der Öko-Verordnung prüfen. Zu einem solchen Fall, allerdings nach der Vorgängerregelung vgl. OLG München, Urt. v. 13.11.2002 – 27 U 346/02 = NJW-RR 2003, 849, 850 (unter Anwendung des CISG).

[1187] Dazu MüKoHGB/*Grunewald*, HGB § 377, Rn. 37, m.w.N.

[1188] *Schmidt-Räntsch*, AnwBl 2003, 529, 532; *Schroeter*, JZ 2010, 495, 496.

[1189] MüKoHGB/*Grunewald*, HGB § 377, Rn. 31; *Schroeter*, JZ 2010, 495, 496; a.A. wohl *Schmidt-Räntsch*, AnwBl 2003, 529, 532. Ziel der Rügeobliegenheit ist es, zugunsten der Schnelligkeit des Handelsverkehrs zügig Rechtsklarheit zu schaffen. Sie soll den Verkäufer also schützen, anstatt dessen Pflichten auszuweiten. Vgl. MüKoHGB/*Grunewald*, HGB § 377, Rn. 3, 31.

[1190] Vgl. *Lüttringhaus*, AcP 219 (2019), 29, 61.

[1191] BGH, Urt. v. 15.7.2008 – VIII ZR 211/07 = BGHZ 177, 224 = NJW 2008, 2837, 2840, Rn 29; BGH, Urt. v. 2.4.2014 – VIII ZR 46/13 = BGHZ 200, 337= NJW 2014, 2183, 2185; Aus der Literatur *Lüttringhaus*, AcP 219 (2019), 29, 61; MüKoBGB/*Ernst*, BGB § 280, Rn. 69; *Reinicke/Tiedtke*,

zesbegründung soll die Verpflichtung des Verkäufers „auf die mangelfreie Verschaffung der Sache" begrenzt sein und „nicht die Herstellung der Sache umfassen".[1192] Nach herrschender Meinung schuldet nur ein Verkäufer, der zugleich Hersteller ist, die Herstellung der Ware und muss entsprechend für das Verschulden seiner Hilfspersonen bei der Herstellung einstehen.[1193] Ein Verschulden von Unterlieferanten des Herstellers, die die Rohstoffe oder andere Vorprodukte der Ware liefern, ist nach dieser Ansicht nicht dem Hersteller zuzurechnen, weil sich die Herstellungspflicht nicht auf diese Vorprodukte beziehe.[1194] Zentrales Argument für die herrschende Meinung ist die klare Grenzziehung zwischen kauf- und werkvertraglichen Pflichten.[1195] Allerdings ist die Rechtsprechung auch im Werkvertragsrecht streng und qualifiziert nicht als Erfüllungsgehilfen des Werkunternehmers, wer Rohstoffe und Vorprodukte zuliefert, aus denen das Werk hergestellt wird.[1196] Bei einem Werklieferungsvertrag, der sich neben der Lieferung explizit auf die Herstellung bezieht, verneinte der BGH in einem *obiter dictum* wegen des Verweises auf die Anwendung des Kaufrechts (§ 650 S. 1 BGB) eine Einordnung eines Dritten, der mit der Bearbeitung der Sache betraut wurde, als Erfüllungsgehilfen.[1197] Dabei verwies der BGH auf die „mit der Einführung des kaufrechtlichen Nachbesserungsanspruchs vollzogene Angleichung der Haftung für Sachmängel beim Werkvertrag", die es ausweislich der Regierungsbegründung rechtfertige, „auch Verträge mit einer Herstellungsverpflichtung dem Kaufrecht zu unterstellen".[1198] Die herrschende Meinung möchte mit dieser Trennung der Pflichtenprogramme vermeiden, dass der Hersteller zum Erfüllungsgehilfen eines jeden Verkäufers wird und die Haftung für fehlerhafte Produkte über das Vertragsrecht von Herstellern auf Händler verlagert wird.[1199] Bei langen Lieferketten und CSR-Verletzungen in den ersten Produktionsstufen würde nach der herrschenden

---

Kaufrecht, Rn. 566; Staudinger/*Caspers*, BGB § 278, Rn. 37; *U. Huber*, in: Habersack/Hommelhoff/Hüffer/K. Schmidt (Hrsg.), FS Ulmer, S. 1187.

[1192] BT-Drs. 14/6040, 210; dazu BGH, Urt. v. 2.4.2014 – VIII ZR 46/13 = BGHZ 200, 337= NJW 2014, 2183, 2185, Rn. 32.

[1193] BGH, Urt. v. 4.10.1972 – VIII ZR 117/71 = BGHZ 59, 303, 309 = NJW 1972, 2300 (zum früheren Recht); *U. Huber*, in: Habersack/Hommelhoff/Hüffer/K. Schmidt (Hrsg.), FS Ulmer, S. 1186 f.

[1194] BGH, Urt. v. 21.6.1967 – VIII ZR 26/65 = BGHZ 48, 118 = NJW 1967, 1903, 1904 (*Trevira*) (zum früheren Recht; in diesem Urteil bejahte der BGH aber eine auf der besonderen Gestaltung der Werbung im Einzelfall folgende Zusicherung des Verkäufers, dahingehend, dass die von dem Hersteller vorgeschriebene Verarbeitungsweise auf allen Produktionsstufen fehlerfrei durchgeführt würde); Staudinger/*Caspers*, BGB § 278, Rn. 38; *U. Huber*, in: Habersack/Hommelhoff/Hüffer/K. Schmidt (Hrsg.), FS Ulmer, S. 1185 f.

[1195] Staudinger/*Caspers*, BGB § 278, Rn. 37.

[1196] BGH, Urt. v. 27.6.1985 – VII ZR 23/84 = BGHZ 95, 128 = NJW 1985, 2475, 2475 f.; BGH, Urt. v. 9.2.1978 – VII ZR 84/77 = BGH NJW 1978, 1157, 1157. Dazu auch *U. Huber*, in: Habersack/Hommelhoff/Hüffer/K. Schmidt (Hrsg.), FS Ulmer, S. 1185.

[1197] BGH, Urt. v. 2.4.2014 – VIII ZR 46/13 = BGHZ 200, 337 = NJW 2014, 2183, 2185, Rn. 33. Kritisch zum diesbezüglichen Gleichlauf des engen Pflichtenprogramms in Werklieferungsverträgen (§ 650 BGB) und Kaufverträgen *Witt*, NJW 2014, 2156, 2158; BeckOK BGB/*Faust*, BGB § 437, Stand: 1.5.2022, Rn. 101; *Köndgen*, in: Ackermann/Köndgen (Hrsg.), FS Roth, S. 342 f.

[1198] BGH, Urt. v. 2.4.2014 – VIII ZR 46/13 = BGHZ 200, 337 = NJW 2014, 2183, 2185, Rn. 37 mit Verweis auf BT-Drs. 14/6040, S. 268.

[1199] *U. Huber*, in: Habersack/Hommelhoff/Hüffer/K. Schmidt (Hrsg.), FS Ulmer, S. 1187 f.; Staudinger/*Caspers*, BGB § 278, Rn. 37.

Meinung weder der Letztverkäufer noch der Hersteller der Ware für ein Verschulden ihrer Lieferanten einstehen müssen.[1200]

Folge dieser Rechtslage ist, dass im Falle des Entlastungsbeweises des Verkäufers reine Vermögensschäden des Käufers wie etwa ein Minderwert der Kaufsache oder Mehrkosten eines Deckungskaufs grundsätzlich nicht ersatzfähig sind.[1201] Mögliche deliktische Direktansprüche gegen den Hersteller aus Produkthaftung (§§ 1 Abs. 1 S. 1, 4 Abs. 1 S. 1 ProdHG) oder aus der deliktischen Produzentenhaftung nach §§ 823 ff. BGB erfassen reine Vermögensschäden außer im Falle einer vorsätzlichen sittenwidrigen Schädigung (§ 826 BGB) oder der Verletzung entsprechender Schutzgesetze (§ 823 Abs. 2 BGB) nicht.[1202]

Kritiker fordern demgegenüber, dass die Differenzierung zwischen der Leistungspflicht des Verkäufers und des Herstellers aufzugeben sei.[1203] Nach dieser Ansicht schulde der Verkäufer nach grammatikalischer und systematischer Auslegung der Primärleistungspflicht des § 433 Abs. 1 S. 2 BGB auch die Herstellung der Ware.[1204] Dem Verkäufer steht es frei, die Herstellung durch eigene Produktion oder durch Zulieferung zu leisten.[1205] Dasselbe gilt unstreitig im Fall der Nacherfüllung wegen eines Sachmangels: Hier muss der Verkäufer entweder nachbessern oder nachliefern, unabhängig davon, ob der Mangel erst im Einflussbereich des Verkäufers entstanden ist (§§ 437 Nr. 1, 439 BGB). Wenn er die gewählte Art der Nacherfüllung als Händler selbst nicht leisten kann, muss er sich zur Erfüllung dieser Pflicht eines dritten Reparateurs oder Zulieferers bedienen.[1206] Darüber hinaus ruft eine Differenzierung nach dem Kriterium, ob der Käufer die Ware bei einem Händler oder direkt beim Hersteller erwirbt, unstimmige Ergebnisse hervor.[1207] Der Erwerb von Massenware bei einem Hersteller wird in der Regel als Kaufvertrag zu qualifizieren sein, wenn die Ware bereits vor Vertragsschluss hergestellt worden ist. Es leuchtet allerdings nicht ein, warum das Pflichtenprogramm des (Hersteller-)Verkäufers weitergehen soll, als dasjenige des Händlers. Weiterhin kann ein Käufer auch bei einem Händler Produkte

---

[1200] Vgl. zur Haftung des Letztverkäufers *Lüttringhaus*, AcP 219 (2019), 29, 61.

[1201] Zur Schadensbestimmung bei Mängeln im Hinblick auf CSR-Standards s. sogleich untern unter bb).

[1202] Vgl. zu deren Schutzbereich *Looschelders*, Schuldrecht Besonderer Teil, § 58 Rn. 5, § 63 Rn. 14 f.; MüKoBGB/*G. Wagner*, ProdHaftG § 1, Rn. 3.

[1203] Dazu MüKoBGB/*Grundmann*, BGB § 278, Rn. 31; *Matthias Weller*, NJW 2012, 2312, 2315; *Schroeter*, JZ 2010, 495, 497 ff.; BeckOK BGB/*Faust*, BGB § 437, Stand: 1.5.2022, Rn. 101; *F. Peters*, ZGS 2010, 24, 27 f.; *Köndgen*, in: Ackermann/Köndgen (Hrsg.), FS Roth, S. 342 f. Dieser Lösungsansatz wurde verstärkt hinsichtlich der Frage nach der Ersatzfähigkeit von Ein- und Ausbaukosten im Rahmen der Nacherfüllung diskutiert. Der EuGH entschied in der Rs. *Weber/Putz* in Auslegung der VerbrGK-RL, dass es sich dabei um Posten der verschuldensunabhängig zu leistenden Nacherfüllung handele (EuGH, Urt. v. 16.6.2011 – C-87/09, C-65/09 (*Weber/Putz*) = EuZW 2011, 2269. Der Deutsche Gesetzgeber setzte dies in überschießender Umsetzung durch § 439 Abs. 3 BGB auch für den B2B Bereich um (vgl. dazu *Nietsch/Osmanovic*, NJW 2018, 1, 1 ff.) obwohl aus Sicht der deutschen Rechtslage Ein- und Ausbaukosten als (nur bei Vertretenmüssen zu ersetzender) mangelbedingter Folgeschaden zu qualifizieren waren (vgl. u.a. *S. Lorenz*, ZGS 2004, 408, 409 f.). Vgl. zum Gesamten MüKoBGB/*Grundmann*, BGB § 278, Rn. 31.

[1204] MüKoBGB/*Grundmann*, BGB § 278, Rn. 31; *Matthias Weller*, NJW 2012, 2312, 2315; *Schroeter*, JZ 2010, 495, 497.

[1205] *Matthias Weller*, NJW 2012, 2312, 2315; *Witt*, NJW 2014, 2156, 2157; *Köndgen*, in: Ackermann/Köndgen (Hrsg.), FS Roth, S. 340 f.

[1206] *Schroeter*, JZ 2010, 495, 497 f.; *Köndgen*, in: Ackermann/Köndgen (Hrsg.), FS Roth, S. 342.

[1207] *Schroeter*, JZ 2010, 495, 497; BeckOK BGB/*Faust*, BGB § 437, Stand: 1.5.2022, Rn. 101: „äußerst bedenklich".

aus Eigenproduktion, die der Händler unter Eigenmarken verkauft, erwerben. In diesem Fall muss auch ein Händler als Hersteller für Produktionsfehler, die durch seine eigenen Mitarbeiter hervorgerufen wurden, nach § 278 S. 1 Var. 2 BGB einstehen.[1208]

(4) Differenzierung nach dem jeweiligen Sorgfaltsmaßstab

Folgt man vor diesem Hintergrund der Auffassung, dass die Pflicht aus § 433 Abs. 1 S. 2 BGB auch die Herstellung einer sach- und rechtsmangelfreien Ware einschließt, stellt sich die Frage nach dem Verschuldensmaßstab. Heranzuziehender Verschuldens- und Sorgfaltsmaßstab bei der Zurechnung von Verschulden nach § 278 S. 1 Var. 2 BGB ist der Maßstab, an dem sich der Schuldner messen lassen muss.[1209] Ist nichts Abweichendes vereinbart (§ 276 Abs. 1 S. 1 BGB), ist Maßstab die im Verkehr erforderliche Sorgfalt (§ 276 Abs. 2 BGB) bei Erfüllung der Pflicht aus § 433 Abs. 1 S. 2 BGB. Einige Autoren vertreten, dass jeden Verkäufer durch das ausgeweitete Pflichtenprogramm Sorgfaltspflichten im Hinblick auf die Herstellung treffen und der Verkäufer, wenn er sich bei Ausübung dieser Sorgfalt Hilfspersonen (etwa des Herstellers) bedient, für deren Sorgfaltsverstöße einzustehen hat.[1210] Diese haftungsrechtliche Ausweitung dient zwar der *ratio* des § 278 BGB,[1211] nach der sich der Schuldner nicht durch Vorteile der Arbeitsteilung der Haftung entziehen können soll – etwa durch gezielte Auslagerung der Produktion oder des Vertriebs auf andere Gesellschaften.[1212] Demgegenüber entspricht es aber dem Willen des Gesetzgebers, dass die Ausweitung des Pflichtenprogramms für Verkäufer nicht dazu führt, dass über § 278 BGB eine Einstandspflicht für sämtliche Vertriebs- und Produktionsstufen innerhalb einer Lieferkette erzeugt wird.[1213] Arbeitsteilige Produktion ist durch die kostensenkende Spezialisierung „einer der machtvollsten Treiber wirtschaftlichen Wachstums".[1214] Sie ist folglich aus ökonomischer Sicht wünschenswert und daher nicht per se mit einer Haftungsausweitung zu belegen.[1215]

Stattdessen lässt sich eine interessengerechtere und differenziertere Lösung dadurch erzielen, dass Sorgfaltspflichten eines Verkäufers nicht unbegrenzt aus dem Pflichtenprogramm des § 433 Abs. 1 S. 2 BGB folgen,[1216] und der Verkäufer für das Risiko fehlerhafter Arbeit Dritter nach § 278 S. 1 Var. 2 BGB nur dann einstehen muss, wenn der Dritte gerade die dem Verkäufer obliegenden Sorgfaltspflichten ver-

---

[1208] *Schroeter*, JZ 2010, 495, 499, m.w.N. Zur diesbezüglichen Rechtsprechung nach früherem Recht, die hier eine Zurechnung von Verschulden bei der Produktion wegen Herstellungspflichten annahm, vgl. *F. Peters*, ZGS 2010, 24, 25.

[1209] BGH, Urt. v. 15.12.1959 – VI ZR 222/58 = BGHZ 31, 358= NJW 1960, 669, 671; MüKoBGB/*Grundmann*, BGB § 278, Rn. 50; *Matthias Weller*, NJW 2012, 2312, 2315.

[1210] *Schroeter*, JZ 2010, 495, 498; *Matthias Weller*, NJW 2012, 2312, 2315; wohl im Ergebnis ebenso *F. Peters*, ZGS 2010, 24, 27 f.; MüKoBGB/*Grundmann*, BGB § 278, Rn. 31.

[1211] Dazu MüKoBGB/*Grundmann*, BGB § 278, Rn. 3, m.w.N.; ausführlich zu Sinn und Zweck des § 278 BGB aus rechtsökonomischer Sicht *Tröger*, Arbeitsteilung und Vertrag, S. 134 ff.; *Köndgen*, in: Ackermann/Köndgen (Hrsg.), FS Roth, S. 329 ff.

[1212] *Schroeter*, JZ 2010, 495, 499; *Klees*, MDR 2010, 305, 308; *F. Peters*, ZGS 2010, 24, 28.

[1213] BT-Dr 14/6040, S. 210; *U. Huber*, in: Habersack/Hommelhoff/Hüffer/K. Schmidt (Hrsg.), FS Ulmer, S. 1187 f.; Staudinger/*Caspers*, BGB § 278, Rn. 37.

[1214] *Köndgen*, in: Ackermann/Köndgen (Hrsg.), FS Roth, S. 331 Zur rechtsökonomischen Analyse des § 278 BGB vgl. *Tröger*, Arbeitsteilung und Vertrag, S. 143 ff.

[1215] *Tröger*, Arbeitsteilung und Vertrag, S. 433 f.

[1216] BeckOK BGB/*Faust*, BGB § 437, Stand: 1.5.2022, Rn. 101; *Tröger*, Arbeitsteilung und Vertrag, S. 433.

letzt hat.[1217] Der Sorgfaltsmaßstab des Verkäufers entzieht sich einer für alle Situationen einheitlichen Regelung. Vielmehr ist der Sorgfaltsmaßstab objektiv und verkehrskreisbezogen auszurichten.[1218] Wie *Tröger*[1219] und *Köndgen*[1220] darlegen, ist für die Bestimmung von Sorgfaltspflichten in den Beziehungen zwischen Händler und Hersteller bzw. zwischen Hersteller und Zulieferer nach der jeweiligen Risikotragung des jeweiligen Abnehmers zu differenzieren. Es kommt dabei auf die jeweilige Organisation innerhalb der Lieferkette an. Ein höherer Organisationsgrad und eine höhere Risikobeherrschung sprechen für erhöhte Sorgfaltspflichten des Verkäufers gegenüber dessen Käufern.[1221] Der Verkäufer kann sich aber „durch eigenes Auftreten oder gesetzliche Typenbildung […] auf eine Vermittlungsaufgabe ohne Übernahme zentraler Verantwortung zurückziehen."[1222] Hersteller, die ein bestimmtes Produkt zum Beispiel unter einer Marke in den Verkehr bringen[1223] oder die in hochintegrierten Hersteller-Zuliefererbeziehungen wie z.B. der Automobilbranche tätig sind,[1224] treffen Sorgfaltspflichten im Hinblick auf die Produktion.[1225] Bedient sich der Hersteller zur Erfüllung seiner Qualitätssicherungspflichten eines Zulieferers von Rohstoffen, Vorprodukten und Einzelteilen, ist dieser als Erfüllungsgehilfe einzuordnen.[1226] Ein hinreichender Einfluss auf die Produktion für eine Gehilfenhaftung besteht außerdem, wenn ein Händler, der nicht selbst produziert, durch den Hersteller produzieren (und nacherfüllen) lässt und entsprechende Vorgaben stellt.[1227] Den Händler treffen dann auch Untersuchungspflichten zur Prüfung, ob die Vorgaben auch eingehalten bzw. der jeweilige Fehler behoben ist.[1228] Im Übrigen treffen einen reinen Händler, der durchlaufende Ware anbietet, bei der Herstellung der Ware dagegen keine Sorgfaltspflichten[1229] und bis auf Ausnahmefälle auch mangels ausreichenden Knowhows und entsprechenden Ressourcen keine Untersuchungspflicht[1230]. In diesem Fall muss er auch für das Verschulden eines Herstellers bei der Produktion nicht einstehen. Aufgrund der mangelnden Risikobeherrschung ergibt sich dieselbe Situation, wenn ein Hersteller oder Werkunternehmer für die Herstellung Vorprodukte verwendet, auf

---

[1217] *Köndgen*, in: Ackermann/Köndgen (Hrsg.), FS Roth, S. 332 f.; BeckOK BGB/*Faust*, BGB § 437, Stand: 1.5.2022, Rn. 101.

[1218] MüKoBGB/*Grundmann*, BGB § 276, Rn. 54 ff., m.w.N.

[1219] *Tröger*, Arbeitsteilung und Vertrag, S. 434 f.: „Risikobeherrschung und -tragung".

[1220] *Köndgen*, in: Ackermann/Köndgen (Hrsg.), FS Roth, S. 331 ff. *Köndgen* stellt für serielle Arbeitsteilung und Vertragsnetzwerke auf einen Organisationszusammenhang und Organisationsgrad im Vertragsnetzwerk abstellen.

[1221] Dazu *Köndgen*, in: Ackermann/Köndgen (Hrsg.), FS Roth, S. 339; *Tröger*, Arbeitsteilung und Vertrag, S. 434.

[1222] *Köndgen*, in: Ackermann/Köndgen (Hrsg.), FS Roth, S. 339.

[1223] Vgl. BeckOK BGB/*Faust*, BGB § 437, Stand: 1.5.2022, Rn. 101.

[1224] Vgl. *Tröger*, Arbeitsteilung und Vertrag, S. 434.

[1225] Siehe zu der im Verkehr erforderlichen Sorgfalt von Herstellern bereits oben unter § 5 A. II. 2. g) aa) (2).

[1226] *Tröger*, Arbeitsteilung und Vertrag, S. 431.

[1227] *Köndgen*, in: Ackermann/Köndgen (Hrsg.), FS Roth, S. 344, der diesen Fall auf die Einbindung in das Qualitätssicherungsprogramm des Händlers als „hierarchisches Element" gründet; *Tröger*, Arbeitsteilung und Vertrag, S. 435.

[1228] *Köndgen*, in: Ackermann/Köndgen (Hrsg.), FS Roth, S. 344.

[1229] BeckOK BGB/*Faust*, BGB § 437, Stand: 1.5.2022, Rn. 101. *Tröger*, Arbeitsteilung und Vertrag, S. 433.

[1230] Siehe dazu die Ausführungen oben unter § 5 A. II. 2. g) aa) (2). Ebenso *Köndgen*, in: Ackermann/Köndgen (Hrsg.), FS Roth, S. 344.

deren Fertigung der Zulieferer keinen Einfluss nehmen kann.[1231] Die Bestimmung der Sorgfaltspflichten hängt mithin von der Ausgestaltung der Lieferkette und ihrer Machtverteilung ab und lässt sich nicht in jedem Einzelfall pauschal einordnen.[1232] Haftet ein Händler für das Verschulden des Herstellers, oder ein Hersteller für das Verschulden seines Lieferanten nach obigen Maßstäben, stehen ihm als Ausgleich Regressansprüche innerhalb der Lieferkette zu (§§ 445a ff. BGB).[1233] Diese Ansprüche sind mit Regressrisiken unter anderem hinsichtlich der Verjährung und des Haftungsumfangs behaftet.[1234] Dass das jeweilige Glied der Lieferkette das Insolvenzrisiko des von ihm eingeschalteten Gehilfen trägt, entspricht aber der Risikoverteilung in der Vertragsbeziehung.[1235]

Für die Einstandspflicht eines Händlers oder Herstellers für die Einhaltung von CSR-Standards in der Lieferkette ergibt sich aus dieser Differenzierung Folgendes: Sorgfaltspflichten des Verkäufers im Hinblick auf die Produktionsbedingungen sind anhand der diesbezüglichen Risikoverteilung in der Lieferkette zu bestimmen. Den Verkäufer treffen erhöhte Sorgfaltspflichten, wenn ein hoher Organisationsgrad und eine hohe Einflussnahme durch den Verkäufer in der Lieferkette vorliegt. Eine vertragliche Vereinbarung über die Einhaltung von CSR-Standards bei der Produktion der Ware, die den Organisationsgrad in der Lieferkette erhöht, wie die Vereinbarung von Überwachungsmaßnahmen und Zertifizierungen, führt zu einer entsprechenden Anhebung des Sorgfaltsmaßstabs. Der Verkäufer muss sich an den verschärften Sorgfaltspflichten, die er vertraglich im Hinblick auf CSR-Standards verspricht, wie etwa Zertifizierungsanforderungen oder einer versprochenen Kontrolldichte, messen lassen.[1236] Die Ausübung der sich daraus ergebenden Kontroll- und Untersuchungspflichten hinsichtlich der Produktionsbedingungen kann der Verkäufer etwa an Audit-Unternehmen oder an die vorgeschalteten Lieferanten delegieren. Für eine Verletzung des Sorgfaltsmaßstabs des Herstellers durch diese Gehilfen muss der Hersteller in solchen Fällen nach § 278 S. 1 Var. 2 BGB einstehen. Der Grad an vorzunehmenden Sorgfaltsmaßnahmen kann außerdem abhängig sein von der Höhe eines Risikos für einen Verstoß in der jeweiligen Lieferkette. Im Falle eines hohen Risikos aufgrund der Art und des Orts der Produktion oder der Branche wird eine Weitergabe von Codes of Conduct an Zulieferer ohne weitergehende Kontrollmechanismen zur Erfüllung des Sorgfaltsmaßstabs nicht ausreichen können.[1237] Die Sorgfaltspflichten von Verkäufern können außerdem durch öffentlich-rechtliche materielle Sorgfaltspflichten beeinflusst werden, wie sie sich aus §§ 3 ff. LkSG oder aus der Konfliktmi-

---

[1231] *Tröger*, Arbeitsteilung und Vertrag, S. 434 f. Jedenfalls in diesen Kontext passt auch die Rechtsprechung zum Werkvertragsrecht, nach der ein Werkunternehmer für das Verschulden von Lieferanten von Materialien und Vorprodukten nicht einstehen muss, vgl. BGH, Urt. v. 27.6.1985 – VII ZR 23/84 = BGHZ 95, 128 = NJW 1985, 2475, 2475 f.; BGH, Urt. v. 9.2.1978 – VII ZR 84/77 = BGH NJW 1978, 1157, 1157.

[1232] *Tröger*, Arbeitsteilung und Vertrag, S. 435, mit Verweis auf den (hypothetischen) Willen der Vertragsschließenden als Grund für Abgrenzungsschwierigkeiten.

[1233] Dazu bereits näher oben unter § 5 A. II. 2. a) dd) (6).

[1234] Zu Regressansprüchen und -risiken *Matthias Weller*, NJW 2012, 2312, 2316; *F. Peters*, ZGS 2010, 24, 28; *Köndgen*, in: Ackermann/Köndgen (Hrsg.), FS Roth, S. 342 Dazu bereits oben unter § 5 A. II. 2. a) dd) (6).

[1235] Ebenso *Köndgen*, in: Ackermann/Köndgen (Hrsg.), FS Roth, S. 342.

[1236] Siehe dazu bereits oben unter § 5 A. II. 2. g) aa) (2).

[1237] Die Durchsetzungsmöglichkeiten in der Lieferkette sind unten unter § 6 B. Gegenstand der Diskussion.

neralien-VO etc. ergeben.[1238] Fällt ein Verkäufer unter den Anwendungsbereich des LkSG und treffen ihn danach Pflichten zu Präventionsmaßnahmen und Abhilfe gegenüber Zulieferern in Bezug auf die vertraglich gegenüber dem Käufer versprochenen CSR-Standards, beeinflussen diese öffentlich-rechtlichen Pflichten auch die im Verkehr erforderliche Sorgfalt des Verkäufers. Abzuwarten bleibt, inwieweit die Rechtsprechung die hier diskutierten Sorgfaltsmaßstäbe in Bezug auf Nachhaltigkeitsbelange vor dem Hintergrund der Lieferkettengesetzgebung ausgestaltet.[1239]

bb) Kausaler Schaden

Schließlich stellt sich die Frage, ob einem Endabnehmer durch die Mangelhaftigkeit einer Kaufsache wegen Nichteinhaltung von CSR-Standards ein Schaden entsteht. Ein Verstoß gegen CSR-Standards bei der Produktion der Sache kann einen ersatzfähigen materiellen Schaden bei Endabnehmern hervorrufen, wenn die fehlende ethische Produktionsbedingung dazu führt, dass die Kaufsache einen niedrigeren Wert hat, als dies bei Einhaltung der Produktionsbedingungen der Fall wäre.[1240] Ein dem Käufer darüber hinausgehender immaterieller Schaden ist nicht ersatzfähig (§ 253 Abs. 1 BGB).[1241] Kann man eine Differenz zwischen dem Wert der erhaltenen Ware und dem Wert der Ware bei ordnungsgemäßer Erfüllung beziffern, liegt in diesem Minderwert ein Schaden, der im Wege des Anspruchs auf kleinen Schadensersatz statt der Leistung geltend gemacht werden kann.[1242] Im Falle einer höheren Zahlbereitschaft von Konsumenten für ethisch produzierte Waren kann deren objektiver Verkehrswert im Vergleich zu nicht ethisch produzierten Waren erhöht sein.[1243] Übersteigt zum Beispiel der objektive Verkehrswert eines unter Verwendung des Bio-Siegels nach der VO (EG) Nr. 834/2007 verkauften Produkts den Verkehrswert eines vergleichbaren Produkts ohne Bio-Siegel, kann der Käufer die Wertdifferenz als Minderwert verlangen.

Bei der Bestimmung des Minderwerts stellen sich zwei Schwierigkeiten. Zunächst ist fraglich, ob jede Art der beschaffenheits-relevanten CSR-Verletzungen den objektiven Verkehrswert einer Sache beeinflusst und damit einen Werthaltigkeitsunterschied auslöst. Für die Frage, ob überhaupt ein bezifferbarer Minderwert besteht, kommt es auf die Umstände im Einzelfall an. Die Heranziehung von Beseitigungskosten des Mangels zur Bemessung des Minderwerts[1244] scheidet im Falle von CSR-Verletzungen wegen der entweder anfänglich unmöglichen oder unverhältnismäßigen

---

[1238] Vgl. zu materiellen Sorgfaltspflichten oben unter § 2 E. II. 1.) und 2.). Zum Einfluss der öffentlich-rechtlichen Sorgfaltspflichten des LkSG auf deliktische Verkehrspflichten *Spindler*, ZHR 186 (2022), 67, 97; *G. Wagner*, ZIP 2021, 1095, 1103; *Paefgen*, ZIP 2021, 2006, 2011.

[1239] Dazu *Rünz*, ZVertriebsR 2020, 291, 296.

[1240] Im Ergebnis ebenso *Schirmer*, ZEuP 2021, 35, 52; *Beckers* hält im Falle von Endverbrauchern ausschließlich einen immateriellen Schaden in Form enttäuschter Erwartungen für gegeben, vgl. *Beckers*, Enforcing Corporate Social Responsibility Codes, S. 122.

[1241] Zu gesetzlich bestimmten Fällen der Geldentschädigung in Ausnahme zu § 253 Abs. 1 BGB vgl. Staudinger/*Höpfner*, BGB § 253, Rn. 4 f.; ErmanBGB/*Ebert*, BGB § 253, Rn. 1 ff.

[1242] Dazu *Looschelders*, Schuldrecht Besonderer Teil, § 4 Rn. 63; BeckOK BGB/*Faust*, BGB § 437, Stand: 1.5.2022, Rn. 75; *Medicus/S. Lorenz*, Schuldrecht II, § 7 Rn. 83; MüKoBGB/*Westermann*, BGB § 437, Rn. 35 f.; BeckOK BGB/*S. Lorenz*, BGB § 281, Stand: 1.5.2022, Rn. 71. Aus der Rechtsprechung etwa BGH, Urt. v. 19.05.1993 – VIII ZR 155/92 – (*Burra*) = NJW 1993, 2103, 2104.

[1243] Siehe allg. zum ethischen Konsum bereits oben unter § 2 D. II.

[1244] Dazu u.a. BGH, Urt. v. 26.1.1983 – VIII ZR 227/81 = NJW 1983, 1424, 1425; MüKoBGB/*Westermann*, BGB § 437, Rn. 36 m.w.N.

Nacherfüllung aus. Daher könnte man eine Bemessung ähnlich dem merkantilen Minderwert bei der Beschädigung von Pkws andenken.[1245] Auch hier geht es darum, dass der merkantile Minderwert eines geschädigten, aber reparierten und in diesem Zustand handelbaren[1246] Gegenstands nicht mehr beseitigt werden kann, sodass gemäß § 251 Abs. 1 Alt. 1 BGB eine Entschädigung in Geld[1247] zu leisten ist. Allerdings fußt die Bestimmung des merkantilen Minderwerts auf der Annahme, dass das Schadensereignis, auch bei erfolgter, technisch einwandfreier Reparatur, zu einer Gefahr der erhöhten Schadensanfälligkeit für den weiteren Gebrauch der Sache führe.[1248] Diese Gefahr der verborgenen Schäden oder Mängeln besteht bei der Verletzung ethischer Produktionsbedingungen grundsätzlich nicht.[1249] Hinzu kommt, dass auch die Grundsätze des merkantilen Minderwerts von Unfallwagen eine Erheblichkeitsschwelle kennen, die Bagatellschäden ausnimmt.[1250] Ist im Falle der Verletzung von CSR-Standards ein Minderwert ermittelbar, besteht eine weitere Schwierigkeit darin, dass der Minderwert der Sache zwar ein materieller, ersatzfähiger Schaden ist, aber im Regelfall nur einen sehr geringen Anteil des Werts der Kaufsache ausmachen wird.[1251]

Alternativ steht dem Käufer die Möglichkeit offen, die Mehrkosten eines Deckungskaufs als Ersatzbeschaffung für ethisch korrekt produzierte Güter im Rahmen des Schadensersatzes statt der Leistung ersetzt zu verlangen.[1252] Der Verkäufer kann in diesem Fall einwenden, dass die Pflichtverletzung unerheblich ist (§ 281 Abs. 1 S. 3 BGB). Für die Unerheblichkeit kommt es auf das Ausmaß der Leistungsstörung an, welches anhand einer umfassenden Interessenabwägung im Einzelfall zu ermitteln ist.[1253] Das Vorliegen einer Beschaffenheitsvereinbarung oder einer vertraglich ver-

---

[1245] So *Schirmer*, ZEuP 2021, 35, 52.

[1246] Dazu ErmanBGB/*Ebert*, BGB § 251, Rn. 6.

[1247] BGH, Urt. v. 29.4.1958 – VI ZR 82/57 = BGHZ 27, 181 = NJW 1958, 1085, 1085 f.; *Vuia*, NJW 2012, 3057-3061, 3057.

[1248] BGH, Urt. v. 23.11.2004 – VI ZR 357/03 = BGHZ 161, 151 = NJW 2005 277, 279; *Vuia*, NJW 2012, 3057-3061, 3058.

[1249] Anders kann dies ggf. bei Verwendung und Entfernung gesundheitsgefährdender Stoffe sein.

[1250] Allerdings ist umstritten, an welche Voraussetzungen ein Bagatellschaden zu knüpfen ist. Vgl. *Vuia*, NJW 2012, 3057-3061, 3059, m.w.N. Die Rechtsprechung knüpft an die Art des Schadens an und nimmt „nur ganz geringfügige, äußere (Lack-)Schäden“ aus, „nicht dagegen andere (Blech-)Schäden, auch wenn sie keine weitergehenden Folgen hatten und der Reparaturaufwand nur gering war; ob das Fahrzeug nach dem Unfall fachgerecht repariert worden ist, ist nicht von Bedeutung“ Vgl. BGH, Urt. v. 12.3.2008 – VIII ZR 253/05 = NJW 2008, 1517, 1518, Rn 18 mit Verweis auf BGH, Urt. v. 10.10.2007 – VIII ZR 330/06 = NJW 2008, 53, 54, Rn. 20.

[1251] Zu Streuschäden s. unten unter § 6 A. II. 1. und 3.

[1252] Im Rahmen des sog. großen Schadensersatzes statt der Leistung. Vgl. *Looschelders*, Schuldrecht Besonderer Teil, § 4 Rn. 63. Wann und ob die Mehrkosten eines Deckungskaufs unter den Schadensersatz statt der Leistung oder neben der Leistung fällt, ist umstritten. Dieser Schadensposten fällt nach einer schadensphänomenologischen Abgrenzung unter den Schadensersatz statt der Leistung. Siehe zu den unterschiedlichen Ansichten neben vielen BeckOGK/*Riehm*, BGB § 280, Stand: 1.4.2021, Rn. 217 ff.; *Ackermann*, JuS 2012, 865-873, 865 ff.; BeckOK BGB/*S. Lorenz*, BGB § 280, Stand: 1.5.2022, Rn. 25 ff. jew. m.w.N. Die Einordnung kann hier dahinstehen, weil ein Deckungskauf kein im Falle der Nichteinhaltung von CSR-Standards typischerweise eintretender Schadensposten von Endabnehmern ist.

[1253] BGH, Urt. v. 17.2.2010 – VIII ZR 70/07 = NJW-RR 2010, 1289, 1291, Rn. 23; BGH, Urt. v. 6.2.2013 – VIII ZR 374/11 = NJW 2013, 1365, 1366, Rn. 16; BGH, Urt. v. 28.5.2014 – VIII ZR 94/13 = BGHZ 201, 290 = NJW 2014, 3229, Rn. 16; BGH, Urt. v. 26.10.2016 – VIII ZR 240/15 = NJW 2017, 153, Rn. 27 ff.; vgl. *Looschelders*, Schuldrecht Besonderer Teil, § 4 Rn. 63, 38 f.; a.A. (Maß der beeinträchtigten Gläubigerinteressen) Staudinger/*Schwarze*, BGB 281, Rn. C 27.

einbarten Verwendung ist Indiz für die Erheblichkeit einer Schlechtleistung.[1254] Da es sich im Falle der Verletzung von CSR-Standards meist um grundsätzlich nicht zu beseitigende Mängel handelt, kommt es für die Erheblichkeitsschwelle nicht auf einen Beseitigungsaufwand an, sondern darauf, ob eine Funktionsbeeinträchtigung gegeben ist, oder ob lediglich Bagatellmängel vorliegen.[1255] Die Rechtsprechung stellt bei Fehlen einer Funktionsbeeinträchtigung auf den merkantilen Minderwert ab und hält zum Beispiel einen Mangel für unerheblich, wenn der merkantile Minderwert weniger als 1 % des Kaufpreises ausmacht.[1256] Da der mangelbedingte Minderwert bei Verletzung von CSR-Standards im Verhältnis zum Kaufpreis grundsätzlich gering ausfallen dürfte, wird es im Einzelfall darauf ankommen, ob eine Beschaffenheitsvereinbarung über CSR-Standards als Indiz für die Erheblichkeit der Pflichtverletzung vorliegt.

h) Zwischenergebnis

Das Gewährleistungsrecht bietet wertvolle Ansatzpunkte zur Durchsetzung von CSR-Standards, wenn dem Beschaffenheitsbegriff ein weites Verständnis zugrunde gelegt wird, welches auch tatsächliche Beziehungen zur Kaufsache einschließt. Für ein solches Begriffsverständnis sprechen sowohl die richtlinienkonforme Auslegung nach der neuen WKRL als auch systematische und teleologische Gründe. Der Beschaffenheitsbegriff findet seine Grenze allerdings in dem Erfordernis des Bezugs zur Kaufsache. Dieser ist für eine Verletzung von CSR-Standards im Einzelfall zu bestimmen. Es genügt für die Begründung eines Mangels der Kaufsache nicht, dass ein Unternehmen gegen ethische Produktionsbedingungen verstößt, wenn diese nicht die Produktion der konkreten Kaufsache betreffen.

Eine Nacherfüllung bei Verletzung von CSR-Standards scheitert im Regelfall an der Unmöglichkeit oder Unverhältnismäßigkeit der Nacherfüllung. Ob sich der Käufer im Falle der Verletzung von CSR-Standards von dem Vertrag durch Rücktritt oder durch großen Schadensersatz statt der Leistung lösen kann, hängt von der Unerheblichkeit der Pflichtverletzung ab. Im Falle eines Abschlusses einer Beschaffenheitsvereinbarung über CSR-Standards ist eine Unerheblichkeit regelmäßig nicht gegeben. Ist die Pflichtverletzung aufgrund des durch die Verletzung von CSR-Standards hervorgerufenen nur geringen Wertunterschiedes der Kaufsache als unerheblich zu bewerten, kann der Käufer nur kleinen Schadensersatz statt der Leistung oder Minderung verlangen. Fällt der mangelbedingte Minderwert bzw. dessen entsprechender Anteil am Kaufpreis gering aus, wie typischerweise bei der Verletzung von CSR-Standards zu erwarten ist, stellt sich die Problematik von Streuschäden.[1257]

Ein Lieferant eines Verkäufers scheidet nicht per se als Erfüllungsgehilfe des Verkäufers bei Herstellung der Ware aus. Für die Einordung als Erfüllungsgehilfe kommt es auf den im konkreten Fall dem Verkäufer obliegenden Sorgfaltsmaßstab bei der Herstellung der Ware und der Einhaltung der vereinbarten CSR-Standards an, der anhand der Organisationsstrukturen und der Risikotragung des Verkäufers in der

---

[1254] Zur Beschaffenheitsvereinbarung s. BGH, Urt. v. 6.2.2013 – VIII ZR 374/11 = BGH NJW 2013, 1365, 1366, Rn. 16; BGH, Urt. v. 17.2.2010 – VIII ZR 70/07 = NJW-RR 2010, 1289, 1291, Rn. 23; vgl. *Looschelders*, Schuldrecht Besonderer Teil, § 4 Rn. 63, 39; zur vertraglich vorausgesetzten Verwendung: Staudinger/*Schwarze*, BGB 281, Rn. C 27.

[1255] Staudinger/*Schwarze*, BGB 281, Rn. C 27.

[1256] BGH, Urt. v. 12.3.2008 – VIII ZR 253/05 = NJW 2008, 1517, 1519, Rn 22. Vgl. *Looschelders*, Schuldrecht Besonderer Teil, § 4 Rn. 63, 39; Staudinger/*Schwarze*, BGB 281, Rn. C 27.

[1257] Lösungsansätze für dieses Problem werden unten unter § 6 A. II. diskutiert.

jeweiligen Lieferkette zu bestimmen ist. Obliegen dem Verkäufer im konkreten Fall bestimmte Sorgfaltspflichten hinsichtlich der Einhaltung der CSR-Standards bei der Produktion der Kaufsache, hat der Verkäufer für ein diesbezügliches Lieferantenverschulden einzustehen.

Bei der Geltendmachung von Ansprüchen aus dem Gewährleistungsrecht steht der Käufer im Fall einer streitigen Auseinandersetzung regelmäßig vor erheblichen Schwierigkeiten, den erforderlichen Bezug zur Kaufsache nachzuweisen. Für diese Konstellationen ist es erforderlich, Lösungen zur Verbesserung der vertragsrechtlichen Durchsetzungsmöglichkeiten zu entwickeln.[1258]

3. CSR-Standards als Inhalt einer selbstständigen Garantie oder von Nebenleistungspflichten

Parteien eines Kaufvertrags können CSR-Standards, die keinen Bezug zur Sache mehr aufweisen, nicht als Beschaffenheitsvereinbarung zum Inhalt des Kaufvertrags machen. Es bleibt aber die Möglichkeit der Vereinbarung einer Nebenpflicht. Außerdem kann der Verkäufer die Pflicht zur Einhaltung solcher CSR-Standards durch Übernahme einer selbstständigen Garantie (§§ 311 Abs. 1, 443 Abs. 1 Var. 2 BGB) eingehen. In beiden Fällen wird es entscheidend auf die Auslegung der Willenserklärungen der Parteien und den Rechtsbindungswillen des Verkäufers ankommen. Gegenüber Endabnehmern dürfte die praktische Bedeutung solcher Verpflichtungen gering sein.

a) Übernahme einer selbstständigen Garantie für die Einhaltung von CSR-Standards

Eine Garantie unterscheidet sich von der Leistungspflicht dadurch, dass sie den an eine Leistungspflicht geknüpften gesetzlichen Rechte- und Pflichtenkatalog erweitert. Welche Rechte der Garantiegeber zusichert, ist der vertraglichen Vereinbarung der Parteien überlassen und muss im konkreten Einzelfall durch Auslegung bestimmt werden.[1259] Zum Beispiel können eine strengere, i.d.R. verschuldensunabhängige Haftung (§ 276 Abs. 1 S. 1 BGB) sowie Reparaturpflichten oder Dienstleistungen vereinbart werden.[1260] Die Garantieübernahme setzt die Eingehung eines Garantievertrags (§ 311 Abs. 1 BGB) voraus.[1261] Das Angebot des Verkäufers zur Garantieübernahme für CSR-Standards ohne Bezug zur Kaufsache muss erkennbar (§§ 133, 157 BGB) auf die Eingehung einer verschuldensunabhängigen Haftung über die gesetzlichen kaufrechtlichen Gewährleistungsrechte hinaus gerichtet sein.[1262] Für die Einhaltung von CSR-Standards, die keinen Bezug zur Sache haben, kann der Verkäufer im Rahmen eines Kaufvertrags für „andere als die Mängelfreiheit betreffende Anforde-

---

1258 Siehe zu Lösungsansätzen unten unter § 6 A. I.

1259 BeckOK BGB/*Faust*, BGB § 443, Stand: 1.5.2022, Rn. 11; MüKoBGB/*Westermann*, BGB § 443, Rn. 11.

1260 BeckOK BGB/*Faust*, BGB § 443, Stand: 1.5.2022, Rn. 11; MüKoBGB/*Westermann*, BGB § 443, Rn. 11.

1261 Dazu sowie zum Angebot über die einschlägige Werbung vgl. BeckOGK/*Stöber*, BGB § 443, Stand: 1.6.2021, Rn. 45; MüKoBGB/*Westermann*, BGB § 443, Rn. 5 ff.; BeckOK BGB/*Faust*, BGB § 443, Stand: 1.5.2022, Rn. 18; Staudinger/*Matusche-Beckmann*, BGB § 443, Rn. 21.

1262 Allgemein BeckOGK/*Stöber*, BGB § 443, Stand: 1.6.2021, Rn. 45; BeckOK BGB/*Faust*, BGB § 443, Stand: 1.5.2022, Rn. 18.

rungen" i.S.d. § 443 Abs. 1 Var. 2 BGB einstehen.[1263] Ohne konkrete Anhaltspunkte für eine solche Haftung liegt in der Werbung mit der Einhaltung von CSR-Standards im Unternehmen des Herstellers regelmäßig keine Garantieübernahme.

b) CSR-Standards als Nebenleistungspflicht

Neben einer über die Hauptleistungspflicht hinausgehenden Garantie können Parteien eines Kaufvertrags außerdem Nebenpflichten über die Einhaltung von CSR-Standards vereinbaren. Infrage kommen Nebenleistungspflichten, die nach herrschender Meinung unter § 241 Abs. 1 BGB fallen und in der Regel einklagbar sind.[1264] Eine Nebenleistungspflicht zeichnet aus, dass sie nicht wie eine Hauptleistungspflicht konstitutiv für den jeweiligen Vertragstypus des Schuldverhältnisses ist, sondern der Vorbereitung, Sicherung oder Durchführung der Hauptleistungspflicht dient.[1265] Als Nebenleistungspflicht sind im Rahmen von Kaufverträgen CSR-Standards denkbar, die zum Beispiel konkrete Bestimmungen für die Lieferung der Ware betreffen, zum Beispiel einen tierfreundlichen Transport. Die Parteien können aber auch selbstständige Nebenpflichten vereinbaren, die nicht der Hauptleistungspflicht dienen.[1266] Beispiele sind die Einführung eines bestimmten Risikomanagements oder die Mitlieferung eines Zertifikats über die Einhaltung geprüfter CSR-Standards im Betrieb des Herstellers.[1267]

Vorstehende Überlegungen setzen voraus, dass die Verhaltenspflichten mit dem Endabnehmer vereinbart wurden. Ob ein Verkäufer sich zur Einhaltung von CSR-Standards neben der Leistung aus § 433 Abs. 1 BGB verpflichten möchte, hängt von der Auslegung seiner Willenserklärungen ab, §§ 133, 157 BGB. Dabei ist unter anderem zu unterscheiden, ob Letztverkäufer und damit Vertragspartner ein Händler oder der Hersteller ist, der die Kaufsache unter einer bestimmten Marke vertreibt. Aussagen des Herstellers, die keinen Bezug zur Kaufsache mehr haben, werden nicht als Anforderung an die Kaufsache Vertragsinhalt des Kaufvertrags mit einem Händler. § 434 Abs. 3 S. 1 Nr. 2 lit. b) BGB ist in diesem Fall nicht einschlägig. Ein Angebot mit Rechtsbindungswillen des Herstellers liegt noch nicht in der Bekanntmachung einer Selbstverpflichtung zur Einhaltung eines Codes of Conduct auf der Website des Unternehmens. Durch diese möchte sich ein Unternehmen nicht gegenüber sämtlichen Adressaten der Aussagen vertraglich binden.[1268] Dasselbe dürfte grundsätzlich für öffentliche Äußerungen in der Werbung oder auf der Website über die Einhaltung von nicht auf Kaufsachen bezogene CSR-Standards zum Beispiel über die Unterstützung bestimmter Projekte an den Produktionsorten gelten. Ein Rechtsbindungswille kann aber in Ausnahmefällen gegeben sein, etwa wenn der Hersteller mit einem End-

---

[1263] *Lüttringhaus*, AcP 219 (2019), 29, 46.

[1264] Zur Unterscheidung MüKoBGB/*Bachmann*, BGB § 241, Rn. 35, 69; Jauernig/*Mansel*, BGB § 241, Rn. 9. Grüneberg/*Grüneberg*, BGB § 241, Rn. 5 f. Die Abgrenzung zwischen (Neben-)Leistungspflichten und Nebenpflichten sind im Einzelnen umstritten. Zur Abgrenzung vgl. BeckOGK/*Riehm*, BGB § 280, Stand: 1.4.2021, Rn. 101 ff., 164 ff. sowie zugunsten einer Einordnung von der Rechtsfolge her vgl. MüKoBGB/*Bachmann*, BGB § 241, Rn. 69 ff.

[1265] MüKoBGB/*Bachmann*, BGB § 241, Rn. 35; Jauernig/*Mansel*, BGB § 241, Rn. 9; BeckOK BGB/*Sutschet*, BGB § 241, Stand: 2.1.2021, Rn. 41; Grüneberg/*Grüneberg*, BGB § 241, Rn. 5.

[1266] Vgl. Grüneberg/*Grüneberg*, BGB § 242, Rn. 25, der selbstständigen Nebenpflichten einen Eigenzweck, losgelöst von der Sicherung der Hauptleistungspflicht, zuschreibt.

[1267] Da solche Verhaltenspflichten maßgeblich in Lieferbeziehungen eine Rolle spielen, werden sie später unter § 5 B. II. 1.) noch vertieft behandelt.

[1268] Siehe zur Frage der Selbstverpflichtungen und dem Bestehen eines Rechtsbindungswillen oben unter § 3 C. II.

abnehmer individuelle Konditionen aushandelt. Fraglich ist, wie Erklärungen eines Herstellers zu bewerten sind, die die Zusage enthalten, mit dem Erlös des Verkaufs bestimmte Projekte zu unterstützten. Beispiele aus der Praxis sind die Finanzierung einer „Mahlzeit an einen Menschen in Not“[1269] oder die Aufzucht männlicher Küken[1270]. Im Falle eines direkten Vertragsschlusses mit dem Hersteller darf der Käufer solche Angebote jedenfalls so verstehen, dass der Hersteller sich verpflichtet, neben der Übereignung und Übergabe der mangelfreien Kaufsache aus einem bestimmten Budget den jeweiligen Projekten eine entsprechende Finanzierung zuzuführen. Darin kann – je nach Ausgestaltung des Engagements – eine selbstständige Nebenleistungspflicht (§ 241 Abs. 1 BGB) oder ein typengemischter Vertrag liegen.[1271]

c) Rechtsfolgen

Wurden CSR-Standards ohne Bezug zu einer Kaufsache ausnahmsweise zwischen Verkäufer und Endabnehmer als Gegenstand einer selbstständigen Garantie oder als Nebenleistungspflichten vereinbart, so stellt sich die Frage nach den Rechtsfolgen einer Verletzung. Die Garantie kann dem Käufer je nach ihrem Inhalt sowohl ein Rücktrittsrecht als auch einen verschuldensunabhängigen Schadensersatzanspruch (§ 276 Abs. 1 S. 1 a.E. BGB) ermöglichen.

Im Falle von Nebenpflichtverletzungen sind sowohl der Rücktritt als auch ein Schadensersatzanspruch an weitere Voraussetzungen geknüpft. Im Falle der Verletzung einer Nebenleistungspflicht aus § 241 Abs. 1 BGB würde eine Lösung von dem Vertrag durch Rücktritt oder großen Schadensersatz statt der Leistung voraussetzen, dass der Käufer an der Kaufsache ohne die Erfüllung der Nebenleistungspflicht kein Interesse mehr hat (§ 323 Abs. 5 S. 1 bzw. § 281 Abs. 1 S. 2 i.V.m. Abs. 5 BGB).[1272] Erforderlich ist, dass das ursprünglich durch den Gläubiger verfolgte Interesse an der Gesamtleistung über die Entbehrung des vorenthaltenen Teils hinaus beeinträchtigt

---

[1269] So zum Beispiel einige Produkte der Marke share GmbH, online abrufbar unter: https://www.share.eu/ (zuletzt aufgerufen am 11.7.2022). Über die Verwendung des Kaufpreises für ein Produkt der share GmH heißt es auf der Website: „share gibt 6 Cent von jedem verkauften Produkt an die Tafel Deutschland, um die Rettung von Lebensmitteln zu unterstützen“: online abrufbar unter: https://www.share.eu/projekt/FTD001/ (zuletzt aufgerufen am11.07.2022).

[1270] Eine von vielen Initiativen mit dieser Zielsetzung ist die „Alnatura Bruderküken-Initiative“ der Alnatura Produktions- und Handels GmbH, online abrufbar unter: https://www.alnatura.de/de-de/ueber-uns/alnatura-initiativen/bruderkueken-initiative/ (zuletzt aufgerufen am 11.7.2022). Auf der Website heißt es: „Der Mehrpreis pro Ei wird zur Finanzierung der Maßnahmen vollständig der Bruderküken-Initiative zugeführt.“

[1271] Im Rahmen des typengemischten Vertrags kommt je nach Ausgestaltung der Projektunterstützung ein dienst- oder werkvertragliches Element in Betracht. Ein zusätzlicher unentgeltlicher Auftrag, § 662 BGB, liegt nicht vor, da der Hersteller den Kaufpreis als Entgelt erhält und der Käufer davon ausgehen darf, dass ein Teil des Kaufpreises als Entgelt für die soziale Wohltat beim Verkäufer verbleibt. Für eine entgeltliche Geschäftsbesorgung nach § 675 Abs. 1 BGB fehlt es nach dem engen Begriffsverständnis der Geschäftsbesorgung in der Rechtsprechung wohl an der Wahrnehmung fremder Vermögensinteressen des Geschäftsherrn, weil diesem die Finanzierung der sozialen Wohltat nicht obliegt, sondern er diese mit der Kaufentscheidung nur unterstützt. Vgl. zum engen Begriffsverständnis der Geschäftsbesorgung BGH, Urt. v. 25. 4.1966 – VII ZR 120/65 = BGHZ 45, 223, 228 f. = NJW 1966, 1452, 1454; MüKoBGB/*Heermann*, § 675, Rn. 3 ff., m.w.N. Anders könntedas zu bewerten sein, wenn der Käufer zusätzlich zum Kaufpreis einen konkreten Geldbetrag explizit für die soziale Wohltat spendet.

[1272] Zur Teilleistung im Falle einer Verletzung von Nebenleistungspflichten vgl. BeckOGK/*Riehm*, BGB § 280, Stand: 1.4.2021, Rn. 101.

ist.[1273] Dies wird der beweispflichtige Käufer bei der Verletzung von CSR-Standards, die die Kaufsache gerade nicht betreffen, nur in Ausnahmefällen darlegen und beweisen können. [1274] Denn der Käufer hat in diesen Fällen eine ansonsten einwandfreie und funktionierende Kaufsache erhalten.

Fehlt ein Bezug der CSR-Standards zur Kaufsache, ist in der Regel auch ein Schaden in Form eines Minderwerts der Kaufsache[1275] nicht entstanden. Darüber hinaus ist ein immaterieller Schaden durch frustrierten ethischen Konsum nicht ersatzfähig (§ 253 Abs. 1 BGB).

4. Arglistige Täuschung über die Einhaltung von CSR-Standards

Täuscht ein Verkäufer einen Käufer arglistig über die Einhaltung von CSR-Standards und ist diese Täuschung kausal für die Abgabe der Willenserklärung des Käufers zum Abschluss des Kaufvertrags, kann der Käufer die Erklärung nach §§ 123 Abs. 1 BGB, 142 Abs. 1 BGB anfechten und sich so rückwirkend von dem Vertrag lösen. Dies gilt sowohl für die Täuschung über Umstände, die zugleich einen Sachmangel begründen,[1276] als auch für Tatsachen, die keinen Sachmangel begründen. Die arglistige Täuschung kommt damit gerade auch für die Täuschung über CSR-Standards ohne Bezug zur Kaufsache in Betracht.[1277] Die Anfechtung nach §§ 123 f. BGB schützt die freie rechtsgeschäftliche Selbstbestimmung.[1278] Sie umfasst daher auch weitergehend als § 119 Abs. 1 und Abs. 2 BGB Motivirrtümer[1279] und setzt nicht voraus, dass dem Getäuschten ein Vermögensschaden entstanden ist.[1280]

CSR-Standards beziehen sich meist auf objektiv nachprüfbare Tatsachen des Produktionsprozesses oder des Verhaltens des Herstellers.[1281] Nicht mehr von § 123 Abs. 1 BGB erfasst sind Werturteile, Vermutungen oder marktschreierische Angaben in der Werbung, wenn sie nach der Verkehrsauffassung keine sachliche Bedeutung besitzen und deshalb von einem verständigen Adressaten nicht ernst genommen werden.[1282] Im Hinblick auf die Täuschung über die Einhaltung der CSR-Standards stellt sich die Frage, ob sich ein Verkäufer Äußerungen des Herstellers über die Einhaltung von CSR-Standards zurechnen lassen muss und unter welchen Voraussetzungen eine

---

[1273] MüKoBGB/*Ernst*, BGB § 323, Rn. 209.

[1274] Die Beweislast für den Interessenfortfall liegt bei dem Gläubiger des Schadensersatzanspruchs, MüKoBGB/*Ernst*, BGB § 281, Rn. 155.

[1275] S. dazu oben unter § 5 A. II. 2. g) bb).

[1276] Zur nach h.M. parallelen Anwendbarkeit der Anfechtung nach § 123 BGB neben Gewährleistungsrechten s. BeckOK BGB/*Faust*, BGB § 437, Stand: 1.5.2022, Rn. 193.

[1277] *Asmussen*, Haftung für CSR, S. 170 ff.; MüKoBGB/*Westermann*, BGB § 433, Rn. 54.

[1278] BGH, Urt. v. 24.10.1968 – II ZR 214/66 = BGHZ 51, 141, 147 = NJW 1969, 925, 927; Staudinger/*Singer/Finckenstein*, BGB § 123, Rn. 1; MüKoBGB/*Armbrüster*, BGB § 123, Rn. 1; Soergel/Wolf/*Hefermehl*, BGB § 123, Rn. 1.

[1279] MüKoBGB/*Armbrüster*, BGB § 123, Rn. 1; Staudinger/*Singer/Finckenstein*, BGB § 123, Rn. 1.

[1280] Dazu *Asmussen*, Haftung für CSR, S. 171, mit Verweis auf die Gesetzgebungsmaterialien: Prot. I, S. 249 = *Mugdan* (Hrsg.), Die gesammelten Materialien zum Bürgerlichen Gesetzbuch für das Deutsche Reich, S. 722; vgl. die Abgrenzung in der Rechtsprechung BGH, Urt. v. 24.10.1968 – II ZR 214/66 = BGHZ 51, 141, 147 = NJW 1969, 925, 927: „durch diese Vorschrift wird nicht das Vermögen, sondern die Entschließungsfreiheit des Getäuschten geschützt".

[1281] Dazu ausführlich *Asmussen*, Haftung für CSR, S. 171 f.; *Asmussen*, NJW 2017, 118, 121.

[1282] Staudinger/*Singer/Finckenstein*, BGB § 123, Rn. 7; Soergel/Wolf/*Hefermehl*, BGB § 123, Rn. 3.

Aussage über die Einhaltung von CSR-Standards eine arglistige Täuschung des Käufers darstellt.

a) Zurechnung von Herstelleraussagen

Erwirbt der Käufer die Kaufsache von einem Händler, stellt sich die Frage nach einer Zurechnung täuschender Herstelleraussagen. Die Zurechnung von täuschendem Verhalten anderer Personen nach § 123 Abs. 1 BGB besteht nur für solche Personen, die nicht „Dritte" im Sinne des § 123 Abs. 2 S. 1 BGB sind. Für die Rechtsprechung sind Repräsentanten, Vertrauenspersonen und solche Personen, deren Verhalten nach „Billigungsgesichtspunkten unter Berücksichtigung der Interessenlage" zuzurechnen ist, keine Dritten.[1283] Die Literatur fordert ebenfalls ein restriktives Verständnis nach welchem nur Dritter ist, wessen Verhalten unter keinem rechtlichen Gesichtspunkt – weder als Vertreterhandeln noch in Anknüpfung an § 278 BGB – dem Kreis des Erklärungsgegners zurechenbar ist.[1284] Einen Hersteller ordnet die Rechtsprechung gegenüber dem Käufer nicht als Erfüllungsgehilfen eines unabhängigen Händlers ein.[1285] Nach hier vertretener Ansicht kommt es für die Einordnung als Erfüllungsgehilfe auf die Organisationsstrukturen und die Risikotragung des Verkäufers in der jeweiligen Lieferkette an.[1286] Diese scheitert jedoch im Falle unabhängiger Händler ebenfalls an fehlenden Sorgfaltspflichten derselben für die Herstellung der Ware gegenüber dem Käufer.[1287] Allein die Kennzeichnung der Ware oder Werbeaussagen setzen noch keinen Rechtsschein gegenüber einem Käufer, dass der Hersteller im Verantwortungsbereich des Verkäufers stehe.[1288] Ist der Hersteller danach als „Dritter" anzusehen, kann der Käufer nach § 123 Abs. 2 S. 1 BGB den Vertrag nur dann anfechten, wenn der Verkäufer die Täuschung des Herstellers kannte oder fahrlässig nicht kannte. Auch dies wird in der Regel bei der Verletzung von Produktionsbedingungen in der Lieferkette des Herstellers nicht der Fall sein. Eine Hürde ist auch die Beweislast für die Kenntnis oder fahrlässige Unkenntnis, die bei dem Anfechtenden liegt.[1289]

[1283] BGH, Urt. v. 6. 7.1978 – III ZR 63/76 = NJW 1978, 2144, 2145; Zu Repräsentant und Vertrauensperson BGH, Urt. v. 30.3.2011 – VIII ZR 94/10 = NJW 2011, 2874, 2875; Der BGH zieht hauptsächlich die Kriterien des § 278 BGB heran vgl. BGH, Urt. v. 20.2.1967 – III ZR 40/66 = BGHZ 47, 224 = NJW 1967, 1026, 1027; Dazu Staudinger/*Singer/Finckenstein*, BGB § 123, Rn. 53; Jauernig/*Mansel*, BGB § 123, Rn. 10.

[1284] Staudinger/*Singer/Finckenstein*, BGB § 123, Rn. 53; ähnlich MüKoBGB/*Armbrüster*, BGB § 123, Rn. 75.

[1285] BGH, Urt. v. 15.7.2008 – VIII ZR 211/07 = BGHZ 177, 224 = NJW 2008, 2837, 2840, Rn. 29; BGH, Urt. v. 2.4.2014 – VIII ZR 46/13 = BGHZ 200, 337= NJW 2014, 2183, 2185; BGH, Urt. v. 21.6.1967 – VIII ZR 26/65 = BGHZ 48, 118 = NJW 1967, 1903, 1904; BGH, Beschl. v. 9.6.2020 – VIII ZR 315/19 = NJW 2020, 3312, 3313.

[1286] Siehe dazu oben unter § 5 A. II. 2. g) aa) (4).

[1287] Siehe dazu oben unter § 5 A. II. 2. g) aa) (4).

[1288] So die Rechtsprechung zum sog. „Diesel-Skandal" für rechtlich unabhängige Vertragshändler, OLG München, Urt. v. 3.7.2017 – 21 U 4818/16 = BeckRS 2017, 119589, Rn. 15; OLG Frankfurt a. M., Beschl. v. 26.9.2019 – 11 U 2/19 = BeckRS 2019, 30296, Rn. 34; OLG Köln Beschl. v. 6.3.2018 – 16 U 110/17 = BeckRS 2018, 8837, Rn. 16 ff.; OLG Koblenz, Urt. v. 7.9.2017 – 1 U 302/17 = NJW-RR 2018, 54, 55; dazu *Ring*, NJW 2016, 3121, 3125 f.; Jauernig/*Mansel*, BGB § 123, Rn. 10.

[1289] Staudinger/*Singer/Finckenstein*, BGB § 123, Rn. 89.

b) Offenbarungspflicht über Mängel

Erhält ein Verkäufer Kenntnis darüber, dass bei der Produktion einer bestimmten Ware CSR-Standards, mit deren Einhaltung die Ware beworben wurde, tatsächlich nicht eingehalten wurden und verkauft er die Ware dennoch, steht der Vorwurf des arglistigen Verschweigens eines Mangels als Täuschung durch Unterlassung im Raum. Ob eine hierfür erforderliche Offenbarungspflicht bestand, macht die Rechtsprechung davon abhängig, dass ein Informationsgefälle zwischen den Parteien besteht, durch welches der andere Teil nach Treu und Glauben unter Berücksichtigung der Verkehrsauffassung eine Aufklärung über den verschwiegenen Umstand im Einzelfall erwarten durfte.[1290] Bei Abschluss von Kaufverträgen besteht grundsätzlich keine Offenbarungspflicht über Mängel, die ein Käufer selbst durch eigene Prüfung erkennen kann.[1291] Eine Offenbarungspflicht nimmt die Rechtsprechung aber dann an, wenn ein Käufer Spuren eines Mangels nicht erkennen oder aus erkennbaren Spuren keine tragfähigen Rückschlüsse auf Art und Umfang des Mangels ziehen kann.[1292] Letztere Situation besteht im Falle der Verletzung von CSR-Standards, weil diese für den Käufer – außer im Falle einer öffentlichen Berichterstattung und eindeutigen Zuordnung der Kaufsache zu diesem Vorfall – nicht durch eigene Prüfung erkennbar ist. Hat ein Verkäufer Kenntnis von seinen Lieferanten über die Verletzung von CSR-Standards, mit denen die Sache beworben ist, besteht folglich eine Offenbarungspflicht. Nichts anderes sollte im Fall von vereinbarten CSR-Standards gelten, die sich nicht mehr auf die Kaufsache beziehen. Dem Käufer ist eine Nachprüfung des in der Sphäre des Verkäufers bzw. Herstellers bestehenden Verhaltens auch in diesem Fall grundsätzlich nicht möglich.

c) Kausalität und Nachweis der Kausalität

§ 123 Abs. 1 BGB setzt einen doppelten Kausalzusammenhang voraus. Die Täuschung muss kausal für einen Irrtum, und der Irrtum muss kausal für die Abgabe der Willenserklärung gewesen sein.[1293] An einem kausalen Irrtum fehlt es zum Beispiel, wenn der Anfechtende die Täuschung durchschaut hat.[1294] In der vorliegenden Konstellation ist dies auch vor dem Hintergrund oft unscharf konturierter ethischer Kriterien wie „nachhaltig“ oder „ökologisch“ unwahrscheinlich.[1295] Schwierigkeiten bereitet im Falle der Täuschung über die Einhaltung von CSR-Standards der Kausalzusammenhang zwischen Irrtum und Abgabe der Willenserklärung. Der sich auf die Anfechtung berufende Käufer muss nachweisen, dass er zur Abgabe der Willenserklärung durch die Täuschung bestimmt wurde. Dabei ist nicht erforderlich, dass der Käufer die auf den Kauf gerichtete Willenserklärung bei Kenntnis über die Nichtein-

---

1290 BGH, Urt. v. 20.10.2000 – V ZR 285/99 = NJW 2001, 64, 64; BeckOK BGB/*Wendtland*, BGB § 123, Stand: 1.5.2022, Rn. 11.

1291 BGH, Urt. v. 20.10.2000 – V ZR 285/99 = NJW 2001, 64, 64; BGH, Urt. v. 14.6.2019 – V ZR 73/18 = DNotZ 2020, 27, 28. (zur Arglist in § 444 BGB).

1292 BGH, Urt. v. 14.6.2019 – V ZR 73/18 = DNotZ 2020, 27, 28 f. (zur Arglist in § 444 BGB).

1293 Zum doppelten Kausalzusammenhang vgl. Staudinger/*Singer/Finckenstein*, BGB § 123, Rn. 48.

1294 BGH, Urt. v. 28. April 1971 – VIII ZR 258/69 = BGH NJW 1971, 1795, 1798; Staudinger/*Singer/Finckenstein*, BGB § 123, Rn. 48.

1295 *Asmussen*, Haftung für CSR, S. 174 f. hält fest, dass eine durch den Anfechtenden erkannte Übertreibung in CSR-Standards unerheblich ist, wenn das von ihm erwartete Mindestmaß an Regelbefolgung nicht eingehalten wurde.

haltung der CSR-Standards nicht abgegeben hätte.[1296] Vielmehr genügt eine Mitursächlichkeit.[1297] Der Anfechtende muss also darlegen, dass er die Kaufsache gerade auch wegen der Einhaltung der CSR-Standards erworben hatte. Teile der Rechtsprechung halten im Falle von Umständen, die nach der allgemeinen Lebenserfahrung typischerweise die Willensbildung beeinflussen können, einen Anscheinsbeweis für die Kausalität als ausreichend.[1298] Der Anfechtende müsse dann nur Umstände darlegen „die für seinen Entschluß von Bedeutung sein können, und daß die arglistige Täuschung nach der Lebenserfahrung bei der Art des zu beurteilenden Rechtsgeschäfts einen Einfluß auf die Entschließung auszuüben pflegt."[1299] Gegen die Anwendung eines solchen Anscheinsbeweises auf die Kausalität von Willensentschlüssen wenden Kritiker und Teile der Rechtsprechung ein, dass ein individueller Willensentschluss nicht Grundlage eines allgemeinen Erfahrungssatzes sein kann.[1300] Dem ist grundsätzlich zuzustimmen, denn die Entscheidungsgründe eines Individuums hängen von den Umständen der Person und der Situation im Einzelfall ab und sind damit nicht verallgemeinerungsfähig[1301]. Allerdings ist eine Ausnahme zu machen, soweit es um Geschäfte geht, deren Art einen typischen Geschehensablauf mit sich bringt, wie Erwerbsgeschäfte des alltäglichen Lebens.[1302] Hier spielen zwar zahlreiche Faktoren für die Kaufentscheidung (Preis, das äußere Erscheinungsbild der Kaufsache, ihre Kennzeichnung, ihre mögliche Verwendung etc.) eine Rolle. Die Kaufentscheidung ist in der Regel aber gerade auf diese typischen Faktoren begrenzt. Der Anscheinsbeweis der Mitursachlichkeit erstreckt sich somit auch auf die Kennzeichnung der Ware mit Werbung für die Einhaltung von CSR-Standards stellt somit Anschein eine Mitursache für den Kauf war. Dagegen lässt sich einwenden, dass CSR-Standards derzeit wohl noch keine verallgemeinerungsfähige Entscheidungsgrundlage für Erwerbsentscheidungen von Konsumenten bilden.[1303] Nur ein Teil der Konsumenten richtet seine Kaufentscheidungen an ethischem Konsum aus.[1304] Hier kommt es jedoch auf die jeweilige Erwerbssituation an. Erwirbt ein Käufer eine mit

---

[1296] Die Kausalität im Sinne des § 119 BGB ist gerade nicht erforderlich, vgl. BGH, Urt. v. 20. 3.1967 – VIII ZR 288/64 = NJW 1967, 1222, 1223; BeckOK BGB/*Wendtland*, BGB § 123, Stand: 1.5.2022, Rn. 37.

[1297] BGH, Urt. v. 22.2.2005 – X ZR 123/03 = NJW-RR 2005, 1082, 1083; RG, 15.11.1911 – Rep. I. 512/10 = RGZ 77, 309, 314; BeckOK BGB/*Wendtland*, BGB § 123, Stand: 1.5.2022, Rn. 37; MüKoBGB/*Armbrüster*, BGB § 123, Rn. 24.

[1298] BGH, Urt. v. 12-05-1995 – V ZR 34/94 = NJW 1995, 2361, 2362; BGH, Urt. v. 5.12.1975 – V ZR 34/74 = WM 1976, 111, 113; BGH, Urt. v. 12. 11.1957 – VIII ZR 311/56 = NJW 1958, 177, 177; Vgl. BeckOK BGB/*Wendtland*, BGB § 123, Stand: 1.5.2022, Rn. 41; MüKoBGB/*Armbrüster*, BGB § 123, Rn. 96.

[1299] BGH, Urt. v. 12.5.1995 – V ZR 34/94 = NJW 1995, 2361, 2362. BGH, Urt. v. 12.11.1957 – VIII ZR 311/56 = NJW 1958, 177, 177.

[1300] BGH, Urt. v. 20.9.1968 – V ZR 137/65 = NJW 1968, 2139, 2139; Staudinger/*Singer/Finckenstein*, BGB § 123, Rn. 89, m.w.N.

[1301] BGH, Urt. v. 20.9.1968 – V ZR 137/65 = NJW 1968, 2139, 2139; Staudinger/*Singer/Finckenstein*, BGB § 123, Rn. 89.

[1302] Die Rechtsprechung bejaht im Falle gewöhnlicher Umsatzgeschäfte einen solchen typischen Geschehensablauf (BGH, Urt. v. 12.11.1957 – VIII ZR 311/56 = NJW 1958, 177, 177) wozu Grundstückskaufverträge nicht mehr gehören (BGH, Urt. v. 20. 9.1968 – V ZR 137/65 = NJW 1968, 2139, 2139) und auch nicht der Erwerb von Gesellschaftsanteilen (BGH, Urt. v. 20.11.1995 – II ZR 209/94 = NJW 1996, 1051, 1051). Die Rechtsprechung hierzu ist allerdings nicht einheitlich vgl. Staudinger/*Singer/Finckenstein*, BGB § 123, Rn. 89 m.w.N.

[1303] So *Asmussen*, Haftung für CSR, S. 176.

[1304] Siehe dazu oben unter § 2 D II.

CSR-Standards auf der Verpackung beworbene Ware oder erwirbt er die Ware von einem Hersteller, der seine Identität ersichtlich an ethisch korrektes Verhalten knüpft, wird der Käufer die Ware typischerweise auch aufgrund dieser Kennzeichnung oder Identität erwerben. Geht es nicht um alltägliche Erwerbsgeschäfte mit typischem Geschehensablauf, liegt eine Verallgemeinerungsfähigkeit nicht mehr vor. Dann ist ein Nachweis für die tatsächliche Mitursächlichkeit erforderlich. Im unternehmerischen Verkehr kann der Verkäufer die Mitursächlichkeit nachweisen, wenn er darlegt, dass die eigene CSR-Politik des Abnehmers es einschließt, dass auch Lieferanten CSR-Standards bei der Produktion einhalten.[1305]

d) Arglist

Für die Arglist des Käufers genügt ein Eventualvorsatz bezüglich der Unrichtigkeit angegebener Tatsachen.[1306] Nur leichtfertige oder grob fahrlässige Unkenntnis genügen nicht.[1307] Ein arglistiges Verschweigen ist nach der Rechtsprechung dann gegeben, wenn „der Verkäufer den Mangel kennt oder ihn zumindest für möglich hält und zugleich weiß oder doch damit rechnet und billigend in Kauf nimmt, dass der Käufer den Mangel nicht kennt und bei Offenbarung den Vertrag nicht oder nicht mit dem vereinbarten Inhalt geschlossen hätte“.[1308] Ein Täuschungsvorsatz kann aber auch bereits dann gegeben sein, wenn ein Verkäufer vertragswesentliche Erklärungen ohne hinreichende Erkenntnisgrundlage „ins Blaue hinein“ abgibt.[1309] In einem solchen Fall fordert die Rechtsprechung für bedingten Vorsatz, dass der Verkäufer mit der Unrichtigkeit seiner Angaben rechnet.[1310] Bewirbt etwa ein Hersteller seine Produkte mit der Einhaltung von CSR-Standards, ohne Kenntnis darüber zu haben, ob diese eingehalten werden, liegt hierin folglich ein relevantes arglistiges Verschweigen. Dies ist besonders in mehrgliedrigen Lieferketten von Relevanz, wenn ein Hersteller die Einhaltung von CSR-Standards bei der Produktion am Anfang der Lieferkette verspricht. Hier schließt sich die Frage an, inwiefern ein Hersteller auf die ihm gegenüber von Lieferanten getätigten Angaben vertrauen darf. Ist die Ware durch Ausstellung eines Zertifikats durch eine dritte Prüfgesellschaft zertifiziert oder unterhält der Hersteller ein Risikomanagement und ergeben sich daraus tragfähige Informationen und Rückschlüsse auf die Einhaltung der CSR-Standards vor Ort, so wird er den sich daraus ergebenden Angaben vertrauen und diese an Käufer weitergeben dürfen. Bestehen aber keine Anhaltspunkte darüber, ob CSR-Standards durch Lieferanten eingehalten werden, kann es angesichts der Umstände an den jeweiligen Produktionsorten und der Branche nahe liegen, dass der Hersteller billigend in Kauf nimmt, dass pauschale Angaben über die Produktion am Ende der Lieferkette nicht der Wahrheit entsprechen.

[1305] *Asmussen*, Haftung für CSR, S. 176 f.

[1306] BGH, Urt. v. 14.6.2019 – V ZR 73/18 = DNotZ 2020, 27, 28. (zur Arglist in § 444 BGB).

[1307] BGH, Urt. v. 14.6.2019 – V ZR 73/18 = DNotZ 2020, 27, 28. (zur Arglist in § 444 BGB).

[1308] BGH, Urt. v. 14.6.2019 – V ZR 73/18 = DNotZ 2020, 27, 28. (zur Arglist in § 444 BGB).

[1309] BGH, Urt. v. 14.6.2019 – V ZR 73/18 = DNotZ 2020, 27, 30, Rn. 25 (zur Arglist in § 444 BGB); BGH, Urt. v. 26. 9.1997 – V ZR 29/9 = NJW 1998, 302, 303.

[1310] BGH, Urt. v. 14.6.2019 – V ZR 73/18 = DNotZ 2020, 27, 31, Rn. 29 (zur Arglist in § 444 BGB).

5. Haftung wegen einer vorvertraglichen Pflichtverletzung

Scheitern bereits besprochene Ansprüche aus Vereinbarung von CSR-Standards am Bezug zur Kaufsache oder am Rechtsbindungswillen der Parteien, kommt dennoch eine Haftung aus vorsätzlicher oder fahrlässiger vorvertraglicher Pflichtverletzung nach den Grundsätzen der c.i.c. gemäß §§ 280 Abs. 1, 241 Abs. 2, 311 Abs. 2 BGB in Betracht.[1311] Ansprüche nach den Grundsätzen der c.i.c. sind auf den Schutz des negativen Interesses gerichtet.[1312] Voraussetzung ist das Bestehen eines vorvertraglichen Kontaktes (§ 311 Abs. 2 BGB), der Schutz- und Rücksichtnahmepflichten nach § 241 Abs. 2 BGB auf gegenseitige Rücksichtnahme auslöst.[1313]

Im Hinblick auf die Durchsetzung von CSR-Standards kommt als vorvertragliche Pflichtverletzung in Betracht, dass der Verkäufer fehlerhafte Aussagen über die Einhaltung von CSR-Standards im Verkaufsgespräch tätigt, die nicht die Beschaffenheit der Kaufsache betreffen[1314] und die sich nach hier vertretener Ansicht also nicht auf die Kaufsache beziehen.[1315] Zweifelhaft ist jedoch, ob Ansprüche nach den Grundsätzen der c.i.c. in solchen Szenarien eine erfolgversprechende Anspruchsgrundlage darstellen, um die Interessen eines Endabnehmers durchzusetzen. Als Anspruchsziele kommen der Ersatz eines Vermögensschadens oder die Rückabwicklung des Vertrags im Wege der Naturalrestitution, § 249 Abs. 1 BGB in Betracht. Ob Rechtsfolge eines Anspruchs nach den Grundsätzen der c.i.c. auch die Vertragsrückabwicklung sein kann, ist umstritten.

Sofern man die Auffassung des BGH vertritt, dass Ansprüche aus c.i.c eine rechtsgeschäftliche Entscheidungsfreiheit nicht schützten, kann sich ein Anspruch von vornherein nur dann ergeben, wenn sich ein kausaler Vermögensschaden eingestellt hat.[1316] Dies wird im Zusammenhang mit Aussagen gegenüber Endabnehmern[1317] über CSR-Standards ohne Bezug zur Kaufsache nur in seltenen Ausnahmefällen gegeben sein, etwa, wenn der Endabnehmer darlegen kann, dass er bei Kenntnis der Unrichtigkeit der Aussage statt des Vertrags ein konkretes, lukrativeres Alternativgeschäft abgeschlossen hätte.[1318]

[1311] Ebenso *Asmussen*, NJW 2017, 118, 122 f.; *Asmussen*, Haftung für CSR, S. 178 ff.; MüKoBGB/*Westermann*, BGB § 433, Rn. 54.

[1312] Siehe nur *Ackermann*, Der Schutz des negativen Interesses, S. 547.

[1313] MüKoBGB/*Emmerich*, BGB § 311, Rn. 44 ff.

[1314] Nach h.M. verdrängen kaufrechtliche Schadenersatzansprüche Ansprüche nach den Grundsätzen der c.i.c. wegen eines Mangels, sofern der Verkäufer nur fahrlässig handelt. Vgl. *S. Lorenz*, JuS 2015, 398, 400; *Looschelders*, Schuldrecht Allgemeiner Teil, § 8 Rn. 17, m.w.N.; HK-BGB/*Fries/R. Schulze*, BGB § 311, Rn. 14. Anders im Fall des Vorsatzes, vgl. die vorstehenden Quellen, sowie BGH, Urt. v. 27.3.2009 – V ZR 30/08 = BGHZ 180, 205 = NJW 2009, 2120, 2122.

[1315] Zur Frage, ob durch Werbung oder Kennzeichnung über CSR-Standards ein vorvertragliches Schuldverhältnis zwischen einem dritten Hersteller und Käufer entsteht, vgl. (dies ablehnend) *Asmussen*, Haftung für CSR, S. 183 ff. Innerhalb der Lieferkette können fehlerhafte Aussagen des Lieferanten in vorvertraglichen Due Diligence Prüfungen zu Ansprüchen nach den Grundsätzen der c.i.c. führen.

[1316] Siehe nur BGH, Urt. v. 26.9.1997 – V ZR 29/96 = NJW 1998, 302 ff., m.w.N.; *S. Lorenz*, JuS 2015, 398, 398.

[1317] Ist Käufer ein Abnehmer in der Lieferkette, kommen allerdings weitere Schadensposten, etwa Reputationsschäden in Betracht (vgl. dazu unten unter § 6 B. II. 10. c). Dazu auch *Asmussen*, Haftung für CSR, S. 178.

[1318] Zu weiteren Beispielen vgl. *Asmussen*, Haftung für CSR, S. 180.

Nach vorherrschender Ansicht in der Literatur, lassen die Grundsätze der vorvertraglichen Haftung aus c.i.c. eine Vertragsrückabwicklung zu.[1319] Dafür spricht, dass Rücksichtnahmepflichten aus § 241 Abs. 2 BGB neben dem Schutz des Vermögens[1320] auch die rechtsgeschäftliche Entscheidungsfreiheit umfassen.[1321] Der Endabnehmer müsste dann darlegen, dass er den Vertrag bei Kenntnis der Nichteinhaltung des nicht auf die Kaufsache bezogenen ethischen Umstands nicht geschlossen hätte. Dieser Kausalitätsnachweis stellt einen Käufer vor größere Beweisschwierigkeiten als der Nachweis der Mitursächlichkeit im Rahmen einer Anfechtung wegen arglistiger Täuschung.[1322]

III. Zwischenergebnis

Nach Untersuchung der dem Endabnehmer zur Verfügung stehenden Durchsetzungsmöglichkeiten von CSR-Standards zeigt sich, dass Endabnehmer rechtliche Durchsetzungsmittel zur Verfügung haben. In Konsumgeschäften des alltäglichen Lebens bestehen diese hauptsächlich in der Geltendmachung von Gewährleistungsrechten, soweit die verletzten CSR-Standards einen Bezug zur Kaufsache aufweisen. Eine Nacherfüllung hinsichtlich der Einhaltung von CSR-Standards wird regelmäßig an Einwendungen des Verkäufers scheitern. Für eine Rückabwicklung der Kaufverträge muss die Verletzung der CSR-Standards die Schwelle der Erheblichkeit der Vertragsverletzung überschreiten. Eine Minderung oder ein Schadensersatzanspruch hängt unter anderem davon ab, ob die Kaufsache durch Verletzung von CSR-Standards überhaupt einen Wertverlust erlitt.

Die Untersuchung ergibt, dass die Gewährleistungsrechte der Endabnehmer je nach Lage des Einzelfalls rechtlichen Einwendungen ausgesetzt sind und davon abhängen, dass der Markt ethisch hochwertig produzierten Produkten einen höheren Wert beimisst. Hierbei zeigt sich, dass das Durchsetzungspotenzial von Gewährleistungsrechten auch von der Zahlungsbereitschaft von Konsumenten für ethisch hohe Produktqualität abhängt.

Unter besonderen Umständen und bei Vorliegen eines entsprechenden Rechtsbindungswillens des Verkäufers, kommen über die Gewährleistungsrechte hinausgehende Ansprüche aus Garantien oder im Falle der Vereinbarung von CSR-Standards ohne Bezug zur Kaufsache Ansprüche aus der Verletzung von Nebenleistungspflichten in Betracht. Bei vorsätzlichen falschen Angaben des Verkäufers über die Einhaltung von CSR-Standards, die für den Vertragsschluss mitursächlich waren, steht dem Endabnehmer außerdem die Anfechtung wegen arglistiger Täuschung offen. Im Falle für den Vertragsschluss kausaler, falscher vorvertraglicher Angaben über die Einhaltung von CSR-Standards ohne Bezug zur Kaufsache kommt ein Anspruch auf Rückabwicklung des Vertrags nach den Grundsätzen der c.i.c. in Betracht.

1319 Umstritten ist die Anpassung an die Vorschriften der §§ 119 ff. und 123 f. BGB. *Looschelders*, Schuldrecht Allgemeiner Teil, § 8 Rn. 15 f., m.w.N.

1320 HK-BGB/*Fries/R. Schulze*, BGB § 311, Rn. 16; MüKoBGB/*Bachmann*, § 241, Rn. 173.

1321 BT-Drs. 14/6040, S. 126; *Ackermann*, Der Schutz des negativen Interesses, S. 305.; bejahend HK-BGB/*Fries/R. Schulze*, BGB § 311, Rn. 23; MüKoBGB/*Emmerich*, BGB § 311, Rn. 52; *Canaris*, JZ 2001, 499, 519 verneinend: vgl. BGH, Urt. v. 26.9.1997 – V ZR 29/96 NJW 1998, 302 ff., m.w.N. Zu der grundsätzlichen Problemstellung: *Ackermann*, Der Schutz des negativen Interesses, S. 304 f.; *S. Lorenz*, JuS 2015, 398, 398 ff.

1322 Siehe dazu oben unter § 5 A. II. 4. c).

Es zeigte sich, dass ein zentrales Problem bei der Geltendmachung von Ansprüchen durch Endabnehmer die Erbringung des Nachweises über die Verletzung von CSR-Standards in Bezug auf die konkrete Kaufsache ist. Dies gilt auch für den Nachweis des Vorsatzes im Falle einer Anfechtung nach § 123 BGB und gegebenenfalls für eine Widerlegung des Entlastungsbeweises des Vertretenmüssens in Zusammenhang mit einem Anspruch nach § 280 Abs. 1 BGB. Ein Endabnehmer steht bei der Durchsetzung von CSR-Standards in einer streitigen Auseinandersetzung vor erheblichen Beweisschwierigkeiten.

B. Durchsetzung durch Abnehmer innerhalb der Lieferkette

Dieser Abschnitt analysiert die Möglichkeiten einer vertragsrechtlichen Durchsetzung durch Abnehmer innerhalb der Lieferkette. Der Schwerpunkt der Analyse liegt auf der Implementierungsmöglichkeit von CSR-Standards durch ein inländisches Abnehmerunternehmen in der ihm nachgeordneten Lieferkette.

I. Zuständigkeit der Gerichte und anwendbares Recht

Zunächst stellt sich die Frage, ob innerhalb einer internationalen Lieferkette eine Analyse deutschen Rechts überhaupt zielführend ist. Dazu ist die Zuständigkeit der Gerichte und das anwendbare Recht in entsprechenden internationalen Sachverhalten zu bestimmen. Als Sitz bzw. Ort der Hauptverwaltung der Abnehmergesellschaft wird Deutschland zugrunde gelegt.

1. Nationale und internationale Zuständigkeit

Möchte eine in Deutschland ansässige Abnehmergesellschaft gegen einen Lieferanten wegen Verletzung von CSR-Standards vorgehen, kommt es darauf an, an welchem Ort der Lieferant seinen Sitz hat. Befindet sich dieser in Deutschland, ist die örtliche und sachliche Zuständigkeit nach den nationalen Regelungen der ZPO zu ermitteln. Vorrangig sind insofern zunächst zugelassene Gerichtsstandsvereinbarungen gem. § 38 ZPO zu berücksichtigen. Sofern die Parteien keine Gerichtsstandsvereinbarungen getroffen haben, kann der Lieferant am Ort seines Sitzes gem. §§ 12, 17 ZPO verklagt werden.

Befindet sich der Lieferant im Ausland, ist die internationale Zuständigkeit zu bestimmen: Grundsätzlich können die Parteien, die in unterschiedlichen Ländern sitzen, ebenso vorrangige Gerichtsstandsvereinbarungen treffen. Im Anwendungsbereich der Brüssel Ia-VO ergibt sich die Möglichkeit der Gerichtsstandsvereinbarung aus Art. 25 Brüssel Ia-VO. Eine solche Gerichtsstandsvereinbarung muss jedoch die Formvoraussetzungen des Art. 25 Abs. 1 S. 3 Brüssel Ia-VO erfüllen. In Lieferverträgen in internationalen Lieferketten ist es üblich, dass die Parteien Vereinbarungen über die Zuständigkeit treffen. Eine solche kann zum Beispiel die Durchführung eines Schiedsverfahrens nach einer institutionalisierten Schiedsgerichtsordnung[1323] betref-

[1323] Z.B. nach der Schiedsordnung der ICC Germany e.V. Internationale Handelskammer oder der DIS-Schiedsgerichtsordnung der Deutschen Institution für Schiedsgerichtsbarkeit e.V. (DIS); Aus der Praxis zum Beispiel in Ziff. XXIV der Allgemeinen Einkaufsbedingungen (Global Terms and Conditions of Purchase) des Automobilzulieferers Brose Fahrzeugteile SE & Co. KG aus Coburg,

fen. Vor allem finden sich in Lieferverträgen Vereinbarungen zu Gerichtsständen.[1324] Die Prorogation bildet einen ausschließlichen Gerichtsstand (Art. 25 Abs. 1 S. 2 Brüssel Ia-VO), wenn sie ein Gericht eines EU-Mitgliedstaats betrifft,[1325] den Formerfordernissen des Art. 25 Brüssel Ia-VO genügt und sich auf ein konkretes Rechtsgeschäft bezieht.

Sitzt der Lieferant in einem anderen EU-Mitgliedstaat und haben die Parteien keine Gerichtsstandsvereinbarung getroffen, ist die internationale Zuständigkeit nach Art. 4 Abs. 1, 6 Abs. 1, 63 Brüssel Ia-VO grundsätzlich in dem Mitgliedstaat begründet, in dem sich dessen Sitz befindet. Alternativ kommt der besondere Gerichtsstand des Erfüllungsorts nach Art. 7 Nr. 1 lit. a) und lit. b) Brüssel Ia-VO in Betracht, der sich im Falle einer Lieferung von Waren am Zielort der Lieferung befindet (Art. 7 Nr. 1 lit. b) Brüssel Ia-VO). Art. 7 Nr. 1 Brüssel Ia-VO setzt auch die örtliche Zuständigkeit am Erfüllungsort[1326] innerhalb des jeweiligen Mitgliedstaats fest. Hat der Lieferant seinen Sitz in einem Staat außerhalb des Anwendungsbereichs der Brüssel Ia-VO, ist nach Art. 6 Abs. 1 Brüssel Ia-VO auf die nationalen Regeln des jeweiligen Forums zur internationalen Zuständigkeit zurückzugreifen.[1327] In Deutschland sind das die insofern doppelfunktionalen §§ 12 ff. ZPO.[1328] Nach diesen Vorschriften kommt nur in besonderen Fällen oder bei ausschließlicher Zuständigkeit ein Gerichtsstand in Deutschland in Betracht. Anzudenken wäre der besondere Gerichtsstand des Erfüllungsorts nach Art. 29 Abs. 1 ZPO, mit der Maßgabe, dass eine Bringschuld zum inländischen Abnehmer vereinbart wurde oder der Erfüllungsort unter Kaufleuten durch Parteiabrede entsprechend vereinbart wurde (§ 29 Abs. 2, § 38 Abs. 1 ZPO). Lässt sich auf diese Weise kein Gerichtsstand in Europa bzw. Deutschland bestimmen, ist der allgemeine Gerichtsstand nach dem Recht des Sitzstaats des Zulieferers zu bestimmen.

Stand Juni 2013, online abrufbar unter: https://www.brose.com/de/media/purchasing-downloads/general_terms/de/brose_allgemeine_einkaufsbedingungen_juni_2013_2015.pdf, (zuletzt aufgerufen am 03.7.2022).

[1324] *Rühmkorf*, Corporate Social Responsibility, Private Law and Global Supply Chains, S. 84, mit Blick auf britische Aktiengesellschaften und deren Vereinbarungen zugunsten englischer Gerichte. *Rühmkorf* führt dies auf die Verhandlungsmacht englischer Unternehmen gegenüber Zulieferern zurück. Ein Beispiel für AGBs, die Deutschland als Gerichtsstandort festlegen, ist Ziff. 18.3. der General Terms and Conditions of Purchase der Robert Bosch GmbH, Oktober 2021, online abrufbar unter: https://assets.bosch.com/media/global/bosch_group/purchasing_and_logistics/information_for_business_partners/downloads/purchasing_docs/terms_and_conditions/europe_middle_east/germany_en.pdf (zuletzt aufgerufen am 10.7.2022); und weiteres Beispiel für eine Zuständigkeitsvereinbarung z.B. Ziff. 13. 1 der General Terms and Conditions for the Purchase of Products and Services von Unilever PLC/Unilever N.V., März 2021, online abrufbar unter: https://www.unilever.com/files/6c6c652a-0116-4a93-8c90-feee66fa6b9e/2021-03-global-purchasing-gtcs-english-german.pdf (zuletzt aufgerufen am 10.7.2022).

[1325] BeckOK ZPO/*Gaier*, Brüssel Ia-VO Art. 25, Stand: 1.3.2022, Rn. 18; Musielak/Voit/*Stadler*, EuGVVO nF Art. 25, Rn. 3 f. Dagegen ist wegen des universellen Geltungsanspruchs des Art. 25 Brüssel Ia-VO ein (Wohn-)Sitz der Parteien in der EU bei Eröffnung des Anwendungsbereichs für Zivil- und Handelssachen nach Art. 1 Abs. 1 Brüssel Ia-VO nicht erforderlich, vgl. Musielak/Voit/*Stadler*, EuGVVO nF Art. 25, Rn. 1; BeckOK ZPO/*Gaier*, Brüssel Ia-VO Art. 25, Stand: 1.3.2022, Rn. 14.

[1326] BeckOK ZPO/*Thode*, Brüssel Ia-VO Art. 7, Stand: 1.3.2022, Rn. 6.

[1327] Vorausgesetzt, dass keine der Sondernormen der Art. 18 Abs. 1, 21 Abs. 2, 24 oder 25 Brüssel Ia-VO eingreift.

[1328] HK-ZPO/*Dörner*, Art. 6 Brüssel Ia-VO, Rn. 2; BeckOK ZPO/*Thode*, Brüssel Ia-VO Art. 6, Stand: 1.3.2022, Rn. 1.

2. Anwendbares Recht im internationalen Kontext

Hinsichtlich des anwendbaren Rechts knüpft die Analyse an die Sachverhaltsannahmen im vorherigen Kapitel an.

Im Bereich des Warenkaufs ist die Geltung des internationalen materiellen Einheitsrechts des CISG[1329] vorrangig.[1330] Die Parteien können im Rahmen der parteiautonomen Rechtswahl die Anwendung des CISG gemäß Art. 6 CISG gänzlich ausschließen oder die Bestimmungen des CISG innerhalb gewisser Grenzen modifizieren. Neben dem Ausschluss des CISG ist in Zuliefererverträgen die parteiautonome Rechtswahl (Art. 3 Abs. 1 S. 1 Rom I-VO) [1331] zugunsten des Staats, in dem der Käufer seinen Sitz hat, gängig.[1332] In Deutschland ansässige Abnehmergesellschaften vereinbaren in der Praxis regelmäßig unter Ausschluss des CISG die Anwendbarkeit deutschen Rechts[1333], britische Abnehmergesellschaften etwa das englische Recht.[1334]

Liegt kein parteiautonomer Ausschluss der Anwendbarkeit des CISG vor, ist Voraussetzung für die Anwendbarkeit des CISG nach Art. 1 Abs. 1 CISG, dass beide

[1329] Übereinkommen der Vereinten Nationen über Verträge über den internationalen Warenkauf vom 11. April 1980; Deutschland ist Vertragsstaat des CISG: BGBl. 1989 II S. 588.

[1330] Vgl. Art. 3 Nr. 2 EGBGB und Art. 25 Rom I-VO (Verordnung (EG) Nr. 593/2008). Das CISG wird als Übereinkommen, das sowohl Einheitsrecht, als auch Kollisionsnormen enthält, nach überwiegender Ansicht als Übereinkommen i.S.d. Art. 25 Abs. 1 Rom I-VO qualifiziert, MüKoBGB/*Martiny*, Rom I-VO Art. 25, Rn. 4; Ferrari IntVertragsR/*G. Schulze*, Art. 25 Rom I-VO, Rn. 4; Grüneberg/*Thorn*, (IPR) Rom I Art. 25, Rn. 5; a.A. *J. Schilling*, EuZW 2011, 776, 778 f.

[1331] Die Wirksamkeit des Verweisungsvertrags ist akzessorisch an das hypothetische Vertragsstatut geknüpft, nach dem sich auch die Wirksamkeit des Hauptvertrags beurteilt (Art. 10 Abs. 1, 3 Abs. 5 Rom I-VO). Unter Vorbehalt der Unwirksamkeit des Verweisungsvertrags nach dem Aufenthaltsstatut der Partei, die behauptet, der Verweisung nicht zugestimmt zu haben, Art. 3 Abs. 5, 10 Abs. 2 Rom I-VO. Zum Zustandekommen und Wirksamkeit des Verweisungsvertrags vgl. Ferrari IntVertragsR/*Ferrari*, VO (EG) 593/2008 Art. 3, Rn. 8 f.

[1332] *Rühmkorf*, Corporate Social Responsibility, Private Law and Global Supply Chains, S. 85, mit Blick auf britische Aktiengesellschaften, in deren Zuliefererverträgen das englische Recht gewählt wird.; *Kocher*, The International Journal of Comparative Labour Law and Industrial Relations 18 (2002), 265, 267.

[1333] So z.B. Ziff. 18.2 der General Terms and Conditions of Purchase der Robert Bosch GmbH, Oktober 2021, online abrufbar unter: https://assets.bosch.com/media/global/bosch_group/purchasing_and_logistics/information_for_business_partners/downloads/purchasing_docs/terms_and_conditions/europe_middle_east/germany_en.pdf (zuletzt aufgerufen am 10.7.2022); § 15 Abs. 5 der Allgemeinen Einkaufsbedingungen für Kauf- und Werkverträge der Hipp-Unternehmensgruppe, Stand September 2012: „Alle Geschäfte mit dem Lieferanten unterliegen (…) dem am (…) definierten Gerichtsstand geltenden nationalen und europäischen Recht“, online abrufbar unter: https://www.hipp.de/fileadmin/media/DE-AT/pdf/UeberHiPP/AGBs_Deutsch_09_2012.pdf (zuletzt aufgerufen am 10.7.2022) oder Ziff. 36.7 der Allgemeinen Einkaufsbedingungen der Bayer AG und ihrer verbundenen Unternehmen mit Sitz in Deutschland, Leverkusen, Dezember 2020; online abrufbar unter: https://www.bayer.com/sites/default/files/DE-Allgemeine-Einkaufsbedingungen-Bayer-21-Dezember-2020.pdf (zuletzt aufgerufen am 10.7.2022). S.a. *Kocher*, The International Journal of Comparative Labour Law and Industrial Relations 18 (2002), 265, 267.

[1334] *Rühmkorf*, Corporate Social Responsibility, Private Law and Global Supply Chains, S. 85 Z.B. Ziff. 13. 1 der General Terms and Conditions for the Purchase of Products and Services von Unilever PLC/Unilever N.V., März 2021, online abrufbar unter: https://www.unilever.com/files/6c6c652a-0116-4a93-8c90-feee66fa6b9e/2021-03-global-purchasing-gtcs-english-german.pdf (zuletzt aufgerufen am 10.7.2022).

Parteien ihre Niederlassung in einem Vertragsstaat des CISG haben, oder kollisionsrechtliche Regeln zur Anwendung des CISG führen.[1335]

Wenn das CISG keine Anwendung findet und die Parteien auch keine vorrangige Rechtswahl nach Art. 3 Rom I-VO getroffen haben, ergeben sich die Anknüpfungskriterien für vertragliche Ansprüche gegen einen Zulieferer maßgeblich aus Art. 4 Rom I-VO. Danach ist für kaufvertragliche Ansprüche oder Ansprüche aus Werklieferungsverträgen das anwendbare Recht dasjenige des Staats, in dem die Hauptverwaltung des Zulieferers liegt (Art. 4 Abs. 1 lit. a) Rom I-VO). Ist eine spezielle Regelanknüpfung nach Art. 4 Abs. 1 Rom I-VO nicht möglich, greift die allgemeine Regelanknüpfung nach Abs. 2. Danach unterliegt der Vertrag dem Recht des Staats, in dem die Partei ihren gewöhnlichen Aufenthalt hat, die die charakteristische Leistung des Vertrags erbringt. Dies führt in einem Liefervertrag wiederum zur Anwendung des ausländischen Rechts. Auch die Ausweichklausel und die Auffanganknüpfung des Art. 4 Abs. 3 und Abs. 4 Rom I-VO führen zu keinen anderen Ergebnissen.

Bezüglich möglicher Regressansprüche eines Verkäufers aus § 478 BGB ist umstritten, ob diese vertragsrechtlich (Rom I-VO) oder deliktisch (Rom II-VO) einzuordnen sind, weil diese Ansprüche in den Mitgliedstaaten unterschiedlich ausgestaltet wurden.[1336] Ansprüche aus vertraglichen Beziehungen der Lieferkette sind wegen ihres Zusammenhangs einer freiwillig eingegangenen Verpflichtung[1337] vertraglich in diesem Sinne zu qualifizieren. Damit unterliegen im Ergebnis Lieferverträge mit einem ausländischen Zulieferer regelmäßig dem Recht des Staats, in dem der Zulieferer seinen Sitz hat.

Der grundsätzliche Vorrang der Geltung des CISG und die praxisrelevanten Möglichkeiten der parteiautonomen Rechtswahl zugunsten der Anwendung deutschen Rechts rechtfertigen die Untersuchung vertragsrechtlicher Durchsetzungsmöglichkeiten von CSR-Standards durch Abnehmer mit Sitz in Deutschland gegenüber nationalen und internationalen Zulieferern sowohl nach CISG als auch nach deutschem Recht.

II. Vertragsrechtliche Analyse

Vertragsparteien ist es möglich, im Rahmen ihrer Privatautonomie einen Vertrag über die Einhaltung von CSR-Standards zu schließen oder CSR-Standards als subjektive oder objektive Anforderungen der Kaufsache zu erfassen.[1338] Darüber hinaus kann ein Abnehmer, der im Verhältnis zu eigenen Abnehmern oder Verbrauchern gewährleistungsrechtlich wegen eines Verstoßes gegen CSR-Standards in Anspruch

---

[1335] Im Rahmen dieser kollisionsrechtlichen Regeln kann auch das Haager Übereinkommen betreffend das auf internationale Kaufverträge über bewegliche körperliche Sachen anzuwendende Recht v. 15.6.1955 als Teil der kollisionsrechtlichen Regeln des Forums von Bedeutung sein. Es wurde von Deutschland nicht ratifiziert. Vgl. BeckOGK/*A. Köhler*, Rom I-VO Art. 4, Stand: 1.6.2022, Rn. 246.

[1336] MüKoBGB/*Martiny*, Rom I-VO Art. 1, Rn. 18 m.w.N. Hintergrund der Diskussion ist u.a., dass der EuGH in der Rs. *Handte* über den Regress nach französischem Recht zugunsten des deliktischen Gerichtsstands entschied (EuGH, Urt. v. 17.6.1992 – C-26/91 (*Handte*), Slg. 1992, I-3967, Rn. 21. Allerdings ging es hier auch um einen Regressanspruch gegen den Hersteller, der nicht Verkäufer des Anspruchstellers war.

[1337] Staudinger/*R. Magnus*, Rom I-VO Art. 1, Rn. 29, zum Regressanspruch gegen Vorlieferanten Rn. 38; Ferrari IntVertragsR/*Kieninger*, VO (EG) 593/2008 Art. 1, Rn. 6.

[1338] Siehe dazu bereits oben unter § 5 A. II. 1. und 2.

genommen wurde, Regress gegen seinen Lieferanten nehmen. Und schließlich ist für die vorliegende Untersuchung von Bedeutung, dass multinationale Unternehmen CSR-Standards in Lieferverträgen als Teil der Lieferbedingungen an Lieferanten weitergeben.[1339] In diesem Abschnitt liegt das Hauptaugenmerk auf der rechtlichen Gültigkeit und Durchsetzbarkeit von CSR-Standards im Rahmen von Allgemeinen Geschäftsbedingungen in Lieferbeziehungen. Zunächst beleuchtet dieser Abschnitt die Vereinbarung von CSR-Standards in der Lieferbeziehung nach dem CISG und sodann nach deutschem Recht.

1. CSR-Standards als Vertragsinhalt in Kaufverträgen nach UN-Kaufrecht

a) Vertragsmäßigkeit der Ware und CSR-Standards

Art. 35 CISG definiert die Anforderungen an die Vertragsmäßigkeit der Ware. Dieser Begriff ist mit Blick auf seinen internationalen Charakter unabhängig von nationalen Rechtsordnungen und einheitlich auszulegen, Art. 7 Abs. 1 CISG. Dem Wortlaut des Art. 35 Abs. 1 CISG („Menge, Qualität und Art") kann man keine Einschränkung auf die Physis einer Ware entnehmen.[1340] Auch in der Rechtsprechung findet sich keine Begrenzung, wie folgende zwei Urteile zeigen. Der BGH ordnete in einer Entscheidung zum CISG den Herkunftsort der Ware als taugliches Qualitätsmerkmal nach Art. 35 Abs. 1 CISG ein.[1341] In der juristischen Literatur ist eine Entscheidung des OLG München aus dem Jahr 2002 auf Resonanz gestoßen. Das Gericht sah in einem Fall über die Lieferung von Bio-Gerste die Konformität mit der Ökolandbau-VO als Teil der Vertragsmäßigkeit der Ware i.S.d. Art. 35 Abs. 1 CISG an.[1342] In diesem Fall ging es aber nicht etwa um die Produktion der Gerste, sondern um das Kontrollverfahren des Transports der Gerste. Die damals geltende Ökolandbau-VO[1343] schrieb vor, dass die Gerste – wie im Fall geschehen – nur offen im Lkw transportiert werden darf, wenn ein Begleitpapier mitgeführt wird, das bestimmte Informationen enthält, die ermöglichen, dass der für die Erzeugung des Produkts Verantwortliche zweifelsfrei ermittelt werden kann. Im zugrundeliegenden Fall wurde die Gerste im offenen Lkw transportiert. Das erforderliche Begleitpapier wurde jedoch nicht vorgelegt. Die Gerste konnte infolgedessen nicht als Biogerste, sondern nur als konventionelle Gerste mit einem geringeren Kaufpreis verkauft werden. Das

---

[1339] Vgl. nur zur internationalen Diskussion *Ulfbeck/Hansen/Andhov*, in: Andhov/Ulfbeck/Mitkidis (Hrsg.), Law and responsible supply chain management, S. 46 ff.; *Cutler*, in: Cutler/Dietz (Hrsg.), The Politics of Private Transnational Governance by Contract, S. 80 ff.; *Hansen/C. S. Petersen/Ulfbeck*, ERPL 2020, 333, 342 ff.; *Poncibò*, ERCL 12 (2016), 335, 335 ff.; *Cafaggi/Iamiceli*, Unif. L. Rev. 20 (2015), 135, 135 ff.; *Beckers*, Enforcing Corporate Social Responsibility Codes; *Rühmkorf*, Corporate Social Responsibility, Private Law and Global Supply Chains; *Mitkidis*, Sustainability Clauses in International Business Contracts.

[1340] Schlechtriem/Schwenzer/Schroeter/*Schwenzer*, CISG Art. 35, Rn. 4; *C. Ramberg*, in: Schwenzer/Spagnolo (Hrsg.), Boundaries and intersections, S. 82 f.

[1341] BGH, Urt. v. 3.4.1996 – VIII ZR 51/95 = BGHZ 132, 290 = NJW 1996, 2364, 2366; dazu Schlechtriem/Schwenzer/Schroeter/*Schwenzer*, CISG Art. 35, Rn. 9.

[1342] OLG München, Urt v. 13.11.2002 – 27 U 346/02 = NJW-RR 2003, 849, 849. Anzumerken ist, dass das OLG München die mangelnde Qualität der Begleitpapiere nicht unter Art. 34 CISG einordnet, welcher eine Übergabe der Dokumente anordnet, die im Vertrag vorgesehen sind. Dazu *Hohloch*, JuS 2003, 1134, 1134.

[1343] Verordnung (EWG) Nr. 2092/91 des Rates vom 24. Juni 1991 über den ökologischen Landbau und die entsprechende Kennzeichnung der landwirtschaftlichen Erzeugnisse und Lebensmittel (in Kraft bis 31.12.2008).

OLG München begründete die Einordnung des Nachweises des Kontrollverfahrens als vereinbarte Qualität der Ware damit, dass es sich um einen – wenn auch formalen – Teil der vereinbarten Qualität handele,[1344] der ohne Nachweis für Abnehmer mit zumutbarem Aufwand nicht festzustellen sei.[1345] Gerade deshalb setze die Ökolandbau-VO bei Erzeugung, Handel und Verarbeitung auf ein Zertifizierungssystem der Betriebe.[1346] Das weite Verständnis erlaubt es im Ergebnis, Produktionsbedingungen und ethische Prinzipien als Qualität der Ware einzuordnen.[1347] Da Art. 35 Abs. 1 und Abs. 2 CISG aber die vertragsmäßigen Anforderungen jeweils auf die Ware beziehen, muss auch hier ein Bezug zur Kaufsache vorliegen.

Darüber hinaus können Gebräuche und Gepflogenheiten als Auslegungsmaßstab nach Art. 8 Abs. 3 CISG oder durch ausdrückliche (Art. 9 Abs. 1 CISG) oder hypothetische (Art. 9 Abs. 2 CISG) Einbeziehung in den Vertrag relevant sein. Gebräuche sind „Regeln des geschäftlichen Verkehrs, die von den beteiligten Handelskreisen in einer Branche oder an einem Marktort üblicherweise eingehalten werden".[1348] *Schwenzer/Leisinger* wollen insbesondere das Verbot von Kinderarbeit und von Zwangsarbeit als Gebrauch im Sinne des Art. 9 Abs. 2 CISG einordnen.[1349] Gegen ethische Mindeststandards als weltweiter Handelsbrauch spricht bisher allerdings das Fehlen eines einheitlichen und hinreichend bestimmten Standards.[1350] Kritisch zu betrachten sind in diesem Zusammenhang auch Unterschiede zwischen versprochenen ethischen Qualitäten und der Qualität und Reichweite tatsächlich umgesetzter Standards.[1351] Erfolgsversprechender mag ein Blick auf einzelne Branchen oder den betroffenen Handelszweig sein.[1352] Da der Bereich ethischer Standards und der Lieferkettenregulierung derzeit außerdem einer großen Dynamik unterliegt, bleibt abzu-

---

[1344] OLG München, Urt. v. 13.11.2002 – 27 U 346/02 = NJW-RR 2003, 849, 850.

[1345] OLG München, Urt. v. 13.11.2002 – 27 U 346/02 = NJW-RR 2003, 849, 850.

[1346] OLG München, Urt. v. 13.11.2002 – 27 U 346/02 = NJW-RR 2003, 849, 850. Ein Prüfsystem anhand von amtlich ausgestellten Bescheinigungen sieht auch Art. 29 Abs. (2) der aktuell geltenden Öko-Verordnung vor (VO (EG) Nr. 834/2007 des Rates vom 28. Juni 2007 über die ökologische/biologische Produktion und die Kennzeichnung von ökologischen/biologischen Erzeugnissen und zur Aufhebung der Verordnung (EWG) Nr. 2092/91VO).

[1347] *Schwenzer*, Unif. L. Rev. 22 (2017), 122, 124; *Schlechtriem*, Pace Int'l L. Rev. 19 (2007), 89, 100; Schlechtriem/Schwenzer/Schroeter/*Schwenzer*, CISG Art. 35, Rn. 9; Kröll/Mistelis/Perales Viscasillas CISG/*Kröll*, CISG Art. 35, Rn. 59, der dafür eintritt, dass eine solche Vereinbarung im Zweifel nur zur Umsetzung nach bestem Bemühen, „best effort", verpflichte; *Butler*, in: Schwenzer (Hrsg.), 35 Years CISG and Beyond, S. 302; *C. Ramberg*, in: Schwenzer/Spagnolo (Hrsg.), Boundaries and intersections, S. 82 f.

[1348] Schlechtriem/Schwenzer/Schroeter/*Schmidt-Kessel*, CISG Art. 9, Rn. 11.

[1349] *Schwenzer/Leisinger*, in: Cranston/J. Ramberg/Ziegler (Hrsg.), Commercial Law Challenges in the 21st Century: Jan Hellner in memoriam, S. 265; *Schwenzer*, Unif. L. Rev. 22 (2017), 122, 125 (bezüglich des Kimberley Process Certification Schemes für sog. „Blut-Diamanten").

[1350] Siehe dazu bereits oben unter § 3 II. 1. d) sowie die Ausführungen bei *Butler*, in: Schwenzer (Hrsg.), 35 Years CISG and Beyond, S. 307 ff.; *C. Ramberg*, in: Schwenzer/Spagnolo (Hrsg.), Boundaries and intersections, S. 84.

[1351] Kritisch zur Diskrepanz zwischen behaupteten und umgesetzten ethischen Standards *Schlechtriem*, Pace Int'l L. Rev. 19 (2007), 89, 98; *Butler*, in: Schwenzer (Hrsg.), 35 Years CISG and Beyond, S. 307 f. *Mitkidis*, Nordinc Journal of Commercial Law 2014, 1, 14 f.

[1352] Bejahend zu Kimberley Process Certification Schemes für sog. „Blut-Diamanten" *Schwenzer*, Unif. L. Rev. 22 (2017), 122, 125; Für sektorspezifische Handelsgebräuche in der Elektronik- und Kleidungsindustrie *Butler*, in: Schwenzer (Hrsg.), 35 Years CISG and Beyond, S. 312 ff. bejahend zum Electronic Industry Code of Conduct *Schwenzer/Leisinger*, in: Cranston/J. Ramberg/Ziegler (Hrsg.), Commercial Law Challenges in the 21st Century: Jan Hellner in memoriam, S. 265.

warten, inwieweit sich bestimmte Standards im internationalen Handelsverkehr auch vor dem Hintergrund neuer und geplanter Lieferkettengesetzgebung ausbreiten.

Art. 35 Abs. 2 CISG stellt objektive Kriterien für die Vertragsmäßigkeit der Ware auf. Als objektives Kriterium in Lieferbeziehungen spielt auch für die Einordnung von CSR-Standards die Zweckeignung einer Ware nach Art. 35 Abs. 2 lit. a) und lit. b) CISG eine Rolle. Als Eignung zum gewöhnlichen Gebrauch nach Art. 35 Abs. 2 lit. a) CISG ist im internationalen Handel die Wiederverkäuflichkeit anerkannt.[1353] Im Fall einer Verletzung von CSR-Standards kann unter Umständen die Wiederverkäuflichkeit vollständig entfallen. Denkbar ist zum Beispiel eine Stigmatisierung der Ware aufgrund eines öffentlichen Skandals und eines folgenden Konsumboykotts. Die Wiederverkäuflichkeit als ethisch produzierte Ware auf einem entsprechend sensiblen Markt kann folglich bei Vorliegen der weiteren Voraussetzungen als besonderer Gebrauchszweck des Art. 35 Abs. 2 lit. b) CISG zu qualifizieren sein.[1354] Nach Ansicht von *Schmidt-Kessel* genügt für einen besonderen Gebrauchszweck nach Art. 35 Abs. 2 lit. b) CISG der Hinweis auf ein Zielland mit hohen ethischen Standards.[1355] Zwar ist zu berücksichtigen, dass ein ausländischer Verkäufer die Vorschriften und Praktiken des Ziellands nicht kennt oder nur unter hohem Aufwand in Erfahrung bringen kann.[1356] Dem Verkäufer ist es in diesem Fall aber möglich, sich darauf zu berufen, dass der Käufer in seine entsprechende Sachkenntnis und sein Urteilsvermögen nicht vertrauen durfte.[1357] Der Ansicht von *Schmidt-Kessel* ist daher zuzustimmen für den Fall, dass für eine Vermarktung im Zielland materielle ethische

---

[1353] BGH, Urt. v. 2.3.2005 – VIII ZR 67/04 = NJW-RR 2005, 1218, 1219 f.; Schlechtriem/Schwenzer/Schroeter/*Schwenzer*, CISG Art. 35, Rn. 14. Dazu auch *C. Ramberg*, in: Schwenzer/Spagnolo (Hrsg.), Boundaries and intersections, S. 85.

[1354] Staudinger/*U. Magnus*, CISG Art. 35, Rn. 26; Schlechtriem/Schwenzer/Schroeter/*Schwenzer*, CISG Art. 35, S. 19Für den Fall von Fair-Trade-Siegeln *Schwenzer*, Unif. L. Rev. 22 (2017), 122, 126; Kröll/Mistelis/Perales Viscasillas CISG/*Kröll*, CISG Art. 35, Rn. 76, ordnet den Fall, in dem der Verkäufer mit der Einhaltung sozialer Standards wirbt, als Erwartung des Käufers zur Eignung für einen entsprechenden Verkauf unter den gewöhnlichen Gebrauch nach Art. 35 Abs. 2 lit. a) CISG ein. Kritisch hinsichtlich der Voraussetzung des Vertrauens des Käufers auf die Sachkenntnis und das Urteilsvermögen des Lieferanten hinsichtlich der Einhaltung von CSR-Standards *C. Ramberg*, in: Schwenzer/Spagnolo (Hrsg.), Boundaries and intersections, S. 86. Dies kann man das aber nicht verallgemeinern, insbesondere dann nicht, wenn sich der Abnehmer den Lieferanten als Vertragspartner gerade wegen der Umsetzung von CSR-Standards ausgesucht hat.

[1355] *Schmidt-Kessel*, in: Möstl (Hrsg.), Nachhaltigkeit und Ethik im Lebensmittelrecht, S. 144. Ebenso allgemein *Schlechtriem*, IPRax 2001, 162, 163; Schlechtriem/Schwenzer/Schroeter/*Schwenzer*, CISG Art. 35, Rn. 17a. Zur in Rechtsprechung und Literatur umstrittenen Frage, ob sich der gewöhnliche Gebrauch i.S.d. Art. 35 Abs. 2 a) CISG nach gesetzlichen oder anderen Anforderungen des Zielstaats oder davon abweichenden Anforderungen des Verkäuferstaats richtet, siehe Kröll/Mistelis/Perales Viscasillas CISG/*Kröll*, CISG Art. 35, Rn. 89 ff., m.w.N.

[1356] So der Einwand der Ansicht, maßgeblich seien die Normen des Verkäuferstaats, es sei denn der Käufer klärt über die Ziellandbestimmungen auf, vgl. die Entscheidung des BGH im „Muschel"-Fall, BGH, Urt. v. 8.3.1995 – VIII ZR 159/94 = BGHZ 129, 75 = juris Rn. 18; Kröll/Mistelis/Perales Viscasillas CISG/*Kröll*, CISG Art. 35, Rn. 94 f.

[1357] *Schmidt-Kessel*, in: Möstl (Hrsg.), Nachhaltigkeit und Ethik im Lebensmittelrecht, S. 144 (mit kritischem Hinweis auf das Fehlen einer solchen Schutzklausel im deutschen Recht). Ebenso Schlechtriem/Schwenzer/Schroeter/*Schwenzer*, CISG Art. 35, Rn. 17a; *Schlechtriem*, IPRax 2001, 162, 164. Für das Vertrauen in die Sachkenntnis und das Urteilsvermögen des Verkäufers können die Unternehmensgröße, der zu erwartende Kenntnisstand, die weltweite Vermarktung seiner Produkte sowie die Verbreitung und Bekanntheit der entsprechenden Verwendungsbedingungen eine Rolle spielen. Vgl. *Schlechtriem*, IPRax 2001, 162, 164.

Produktmodalitäten durch öffentlich-rechtliche Vorschriften, Verwaltungspraktiken oder Erwartungen der Vermarktungszielgruppe tatsächlich erforderlich sind.

b) CSR-Standards in Allgemeinen Geschäftsbedingungen nach CISG

Will ein Abnehmer die Einhaltung von CSR-Standards außerhalb der Leistungsbestimmung der Ware verlangen oder sich darüberhinausgehende Rechte, wie Auditierungs- oder Vertragsbeendigungsrechte einräumen, kommt eine Einbeziehung der Bestimmungen in den Vertrag als Allgemeine Geschäftsbedingungen in Betracht.[1358] Das CISG enthält keine Vorschriften zur Einbeziehung von Allgemeinen Geschäftsbedingungen. Dafür gelten die allgemeinen Regeln des Vertragsschlusses nach Art. 14 ff. CISG und der Auslegung von Erklärungen nach Art. 8 CISG.[1359] Fehlt es an einer ausdrücklichen Einbeziehung, sind die Voraussetzungen für die Einbeziehung umstritten.[1360] Einigkeit besteht dahingehend, dass der Verwender der AGB (hier des Codes of Conduct) einen Verweis auf die Allgemeinen Geschäftsbedingungen gegenüber der anderen Partei im Rahmen seines Angebots machen muss.[1361] Eine Ansicht lässt einen solchen Verweis genügen, soweit die andere Partei die Möglichkeit hatte, in zumutbarer Weise von den Bedingungen Kenntnis zu erlangen, etwa durch Aufsuchen der Website des Verwenders, auf der die AGB abrufbar sind.[1362] Dagegen fordern u.a. deutsche Gerichte, dass die Allgemeinen Geschäftsbedingungen auch übersandt werden oder anderweitig zugänglich gemacht werden müssen.[1363] Gemäß Art. 4 S. 2 lit. a) CISG unterliegt die inhaltliche Kontrolle dem nationalen Recht.[1364] Mangels inhaltlicher Kontrolle der AGBs durch das CISG sei ein höherer Maßstab angebracht als im deutschen Recht, das eine Inhaltskontrolle kennt.[1365] Im Ergebnis ist es rechtssicherer, einen Code of Conduct an die andere Partei zu versenden, als lediglich auf einen Link zu verweisen.

c) Ausschluss der Ansprüche des Käufers

Der Verkäufer haftet nach Art. 35 Abs. 3 CISG nicht für eine Vertragswidrigkeit der Ware, wenn der Käufer die Vertragswidrigkeit bei Vertragsschluss kannte oder fahrlässig nicht kannte. Im Falle der Verletzung von CSR-Standards ist dies zum

---

[1358] Dazu ausführlicher unten unter § 5 B. II. 4.

[1359] *CISG Advisory Council*, CISG-AC Opinion No. 13 Inclusion of Standard Terms under the CISG, 2013, online abrufbar unter: http://www.cisgac.com/cisgac-opinion-no13/ (zuletzt aufgerufen am 10.7.2022); Schlechtriem/Schwenzer/Schroeter/*Schmidt-Kessel*, CISG Art. 8, Rn. 52; Staudinger/*U. Magnus*, CISG Art. 14, Rn. 40.

[1360] Schlechtriem/Schwenzer/Schroeter/*Schroeter*, CISG Art. 14, S. 126, m.w.N.; Staudinger/*U. Magnus*, CISG Art. 14, Rn. 41, m.w.N.

[1361] Schlechtriem/Schwenzer/Schroeter/*Schroeter*, CISG Art. 14, S. 121.

[1362] Schlechtriem/Schwenzer/Schroeter/*Schmidt-Kessel*, CISG Art. 8, 53a; *Schmidt-Kessel*, NJW 2002, 3444, 3446; LG Coburg, Urt. v. 12.12.2006 – 22 O 38/06 –, juris Rn. 24.

[1363] BGH, Urt. v. 31.10.2001 – VIII ZR 60/01 = BGHZ 149, 113 = NJW 2002, 370, 371 f.; OLG München, Urt. v. 14.1.2009, 20 U 3863/08 = IHR 2009, 201, 203; Kröll/Mistelis/Perales Viscasillas CISG/*Ferrari*, CISG Art. 14, Rn. 40; Staudinger/*U. Magnus*, CISG Art. 14, Rn. 41; *CISG Advisory Council*, CISG-AC Opinion No. 13 Inclusion of Standard Terms under the CISG, 2013, online abrufbar unter: http://www.cisgac.com/cisgac-opinion-no13/ (zuletzt aufgerufen am 10.7.2022).

[1364] Vgl. dazu Kröll/Mistelis/Perales Viscasillas CISG/*Ferrari*, CISG Introduction to Art. 14 – 24, Rn. 6. Im internationalen Vergleich fallen Inhalt und Reichweite von Gültigkeitskontrollen von AGB allerdings sehr unterschiedlich aus: vgl. dazu die Gegenüberstellungen bei *W. Müller/A. Schilling*, BB 2012, 2319; *Leuschner*, ZEuP 2017, 335.

[1365] BGH, Urt. v. 31.10.2001 – VIII ZR 60/01 = BGHZ 149, 113 = NJW 2002, 370, 371 f.

Beispiel gegeben, wenn der Käufer durch Berichte von Audit-Unternehmen, NGOs, Medien oder staatlichen Stellen von einer Verletzung der CSR-Standards bei der Produktion der Ware wusste oder von diese hätte kennen müssen. Auch ein viel zu geringer Kaufpreis kann ein Indiz für eine Produktion ohne die eingeforderten Standards sein.[1366]

Sekundäransprüche des Käufers können außerdem ausgeschlossen sein, wenn der Käufer der Untersuchungs- und Rügeobliegenheit nach Art. 38, 39 Abs. 1 CISG nicht oder nicht rechtzeitig nachkommt. Um die Verletzung von CSR-Standards bei der Warenproduktion zu erkennen, reicht ein visueller und physischer Check der Ware nicht aus. Eine bessere Handhabung des Informationsdefizits über Produktionsbedingungen bieten Zertifizierungen oder Bestätigungsdokumente über die Einhaltung der jeweiligen CSR-Standards.[1367] Darüber hinaus ist es dem Käufer zwar möglich, die Verletzung von CSR-Standards durch eine investigative Recherche oder Audits aufzudecken. Der dafür erforderliche Zeit- und Kostenaufwand tritt aber in Konflikt mit dem nach Art. 38 Abs. 1 CISG erforderlichen „kurzen“ Untersuchungszeitraum. Der Umfang der Untersuchung nach Art. 38 CISG umfasst die nach den Umständen des Einzelfalls zu bestimmenden, geeigneten, handelsüblichen und insbesondere zumutbaren Maßnahmen, sofern nicht abweichende Abreden oder Gebräuche vorliegen.[1368] Im Falle von Massenwaren genügen Stichproben.[1369] Eine Durchführung von Audits an den Produktionsstätten dürfte über zumutbare Untersuchungsobliegenheiten des Käufers im Regelfall hinausgehen.

Genügt eine oberflächliche, physische Untersuchung nicht zur Mangelaufdeckung, können auch weitergehende Tests erforderlich sein.[1370] Generelle Sicherheitsstandards werden von der Untersuchung der Ware zum Teil ausgenommen.[1371] Bleibt der Mangel an CSR-Standards also unerkannt, weil es sich um einen verborgenen Mangel, der durch die im konkreten Fall zu fordernden Untersuchungen nicht erkannt werden konnte, handelt, ist es interessengerecht, wenn die angemessene Frist des Art. 39 Abs. 1 CISG nicht an die durchgeführte Untersuchung anknüpft, sondern erst an die spätere Kenntnis bzw. das spätere Kennenmüssen des Käufers.[1372] Der Verkäufer trägt das Risiko, dass auch erst später aufgedeckte Verstöße gegen CSR-Standards noch gerügt werden können, wenn der Käufer darlegt, dass eine ordnungsgemäße Untersuchung nicht zum Erfolg geführt hatte.[1373] Die Kenntnis des Käufers beginnt in dem Zeitpunkt, in welchem er Kenntnis von dem Mangel erlangt oder er durch eine

---

[1366] *Schwenzer*, Unif. L. Rev. 22 (2017), 122, 127; *C. Ramberg*, in: Schwenzer/Spagnolo (Hrsg.), Boundaries and intersections, S. 84, S. 84.

[1367] So auch *Schwenzer*, Unif. L. Rev. 22 (2017), 122, 127.

[1368] Staudinger/*U. Magnus*, CISG Art. 38, Rn. 28 ff.; Ferrari IntVertragsR/*Ferrari*, UN-Kaufrechts-Übereinkommen Art. 38, Rn. 10.

[1369] Staudinger/*U. Magnus*, CISG Art. 38, Rn. 30; OLG Köln, Beschluss vom 31.8.2006 – 16 U 20/06, IHR 2007, 71, 71 f.

[1370] Kröll/Mistelis/Perales Viscasillas CISG/*Kröll*, CISG Art. 38, S. 54.

[1371] Kröll/Mistelis/Perales Viscasillas CISG/*Kröll*, CISG Art. 38, S. 61; BeckOGK/*Hachem*, CISG Art. 38, Stand: 1.3.2021, Rn. 18.

[1372] Staudinger/*U. Magnus*, CISG Art. 39, Rn. 31; Ferrari IntVertragsR/*Ferrari*, UN-Kaufrechts-Übereinkommen Art. 39, Rn. 20; BeckOK BGB/*Saenger*, CISG Art. 39, Stand: 1.5.2022, Rn. 9; BeckOGK/*Hachem*, CISG Art. 39, Stand: 1.3.2021, Rn. 24 f.

[1373] Staudinger/*U. Magnus*, CISG Art. 39, Rn. 31.

Untersuchung ernsthafter Verdachtsmomente von dem Mangel hätte Kenntnis erlangen müssen.[1374]

Vor dem Hintergrund der unklaren Konturierung der Untersuchungspflicht für Mängel ethischer Produktionsbedingungen erscheint für die Verletzung von CSR-Standards eine vertragliche Regelung des Umfangs der Untersuchungspflicht sinnvoll.

d) Wesentlichkeit der Vertragsverletzung

Nach dem CISG kommt es für Sekundärrechte wegen der Verletzung eines CSR-Standards auf die Wesentlichkeit der Vertragsverletzung an. Dies gilt für das Verlangen einer Ersatzlieferung (Art. 46 Abs. 2 CISG) durch den Käufer[1375] und ebenso für eine Aufhebung des Vertrags nach Art. 49 Abs. 1 lit. a) CISG und 72 Abs. 1 CISG. Der Terminus der „Wesentlichkeit der Vertragsverletzung" ist in Art. 25 CISG als eine Verletzung definiert, die „für die andere Partei [einen] solchen Nachteil zur Folge hat, daß ihr im Wesentlichen entgeht, was sie nach dem Vertrag hätte erwarten dürfen, es sei denn, daß die vertragsbrüchige Partei diese Folge nicht vorausgesehen hat und eine vernünftige Person der gleichen Art diese Folge unter den gleichen Umständen auch nicht vorausgesehen hätte".

Im Zusammenhang mit dem Erfordernis der Wesentlichkeit und der Verletzung von CSR-Standards existieren in der juristischen Literatur unterschiedliche Auffassungen. *Nalin* äußert sich dahingehend, dass eine Lösung von dem Vertrag der einzige Weg sei, mit dem sich der Käufer auch öffentlichkeitswirksam von der Verletzung ethischer Prinzipien distanzieren könne und schlägt vor, die Wesentlichkeitsschwelle im Falle vereinbarter ethischer Standards niedrig anzusetzen.[1376] *Schwenzer* schlägt vor, dass es für die Wesentlichkeit genügen würde, wenn sich die Parteien über die Einhaltung bestimmter Standards geeinigt haben.[1377] Die Parteien machen durch eine Vereinbarung hinreichend deutlich, dass die Vertragsmäßigkeit in dieser Hinsicht für sie von besonderer Bedeutung ist.[1378] Sind die Standards nicht eingehalten, kann von einem relevanten Nachteil für den Käufer ausgegangen werden.[1379] Die Definition der Wesentlichkeit in Art. 25 CISG verlangt eine Differenzierung nach den Auswirkungen der Vertragsverletzung auf die mit dem Vertrag verbundenen Erwartungen des Verkäufers. Es überzeugt daher, einerseits auf die Bedeutung des verletzten CSR-Standards für den Käufer abzustellen, wofür die Parteivereinbarung ein Indiz sein kann.[1380] Andererseits ist für die Wesentlichkeit die weitere Verwendbarkeit, insbe-

---

[1374] Kröll/Mistelis/Perales Viscasillas CISG/*Kröll*, CISG Art. 39, Rn. 71; Ferrari IntVertragsR/*Ferrari*, UN-Kaufrechts-Übereinkommen Art. 39, Rn. 20; Staudinger/*U. Magnus*, CISG Art. 39, Rn. 31, mit Verweis auf den Grundsatz von Treu und Glauben; BeckOK BGB/*Saenger*, CISG Art. 39, Stand: 1.5.2022, Rn. 9 ebenfalls mit Verweis auf den Grundsatz von Treu und Glauben; Offengelassen, ob es auf tatsächliche Kenntnis oder auf ein Kennenmüssen ankommt, in: BGH, Urt. v. 3.11.1999 – VIII ZR 287/98, juris Rn. 11.

[1375] Demgegenüber muss die Vertragsverletzung im Falle der Nachbesserung nach Art. 46 Abs. 3 S. 1 CISG nicht wesentlich sein. Eine Nachbesserung kann der Käufer grundsätzlich verlangen, sofern diese nicht unter Berücksichtigung aller Umstände unzumutbar ist.

[1376] *Nalin*, in: Schwenzer (Hrsg.), 35 Years CISG and Beyond, S. 336 f.

[1377] *Schwenzer*, Unif. L. Rev. 22 (2017), 122, 128.

[1378] *Schwenzer*, Unif. L. Rev. 22 (2017), 122, 128.

[1379] *Schwenzer*, Unif. L. Rev. 22 (2017), 122, 128.

[1380] *Schwenzer/Leisinger*, in: Cranston/J. Ramberg/Ziegler (Hrsg.), Commercial Law Challenges in the 21st Century: Jan Hellner in memoriam, S. 269.

sondere die Weiterverkäuflichkeit der Ware durch den Käufer relevant.[1381] Dabei ist auch ein Rufschaden zu berücksichtigen, der durch einen Weiterverkauf oder eine weitere Zusammenarbeit mit dem Lieferanten entstehen kann.[1382] Im Ergebnis bedarf die Feststellung der Wesentlichkeit einer umfassenden Abwägung der Faktoren im Einzelfall.[1383]

e) Vorhersehbarkeit des Schadens

Ein entscheidender Unterschied zwischen Regelungen des Kaufrechts im BGB und des CISG ist, dass ein Schadensersatzanspruch im CISG nicht an das Verschuldensprinzip geknüpft ist, sondern an die Vorhersehbarkeit der Schäden, Art. 74 Abs. 2 CISG.[1384] Im Rahmen eines Schadensersatzanspruchs wegen einer Vertragsverletzung nach Art. 45 Abs. 1 lit. b), 74 Abs. 1 CISG kann der Käufer den ihm entgangenen Gewinn ersetzt verlangen. Außerdem kann der Käufer Ersatz eines ihm durch die Vertragsverletzung entstandenen Reputationsschadens verlangen.[1385] Der entgangene Gewinn des Käufers errechnet sich aus der Differenz zwischen dem unterschiedlichen Marktpreis der Ware mit und ohne Einhaltung der CSR-Standards.[1386] Hier bereitet das Kriterium der Voraussehbarkeit in der Regel kein Hindernis für einen Schadensersatzanspruch. Im Hinblick auf einen Reputationsschaden ist die Voraussehbarkeit des Ausmaßes und der genauen Höhe des Schadens für den Verkäufer allerdings nur schwer bestimmbar.[1387] Sinn und Zweck des Vorhersehbarkeitserfordernisses ist der Schutz der Parteien vor uferloser, nicht vorhersehbarer Einstandspflicht.[1388] Dies spricht für eine enge Lesart, die eine volle Ersatzfähigkeit nur dann zulässt, wenn dem Verkäufer die Übernahme dieses Haftungsrisikos bewusst war, etwa weil in den Vertragsverhandlungen darüber gesprochen wurde, oder weil der

---

[1381] So *C. Ramberg*, in: Schwenzer/Spagnolo (Hrsg.), Boundaries and intersections, S. 88 ff.

[1382] *Schwenzer*, Unif. L. Rev. 22 (2017), 122, 129.

[1383] Ebenso *C. Ramberg*, in: Schwenzer/Spagnolo (Hrsg.), Boundaries and intersections, S. 88; *Schwenzer/Leisinger*, in: Cranston/J. Ramberg/Ziegler (Hrsg.), Commercial Law Challenges in the 21st Century: Jan Hellner in memoriam, S. 269: „case-by-case basis" *Schwenzer/Leisinger* schlagen alternativ zur einer Einzelfallabwägung vor, dass der Verstoß gegen grundlegende ethische Standards („basic ethical standards") für eine Wesentlichkeit genügen solle (S. 269). Dabei bereitet allerdings die Frage des Bewertungsmaßstabs für die Bestimmung grundlegender ethischer Standards Schwierigkeiten. Demgegenüber kann man ein besonderes Gewicht der verletzten Standards auch in einer Einzelfallabwägung berücksichtigen.

[1384] Vgl. *Medicus/S. Lorenz*, Schuldrecht II, § 17 Rn. 5 Zu Reichweite und Grenzen der Schadensersatzhaftung nach Art. 74 CISG vgl. MüKoBGB/*P. Huber*, CISG Art. 74, Rn. 3 ff.

[1385] Schlechtriem/Schwenzer/Schroeter/*Schwenzer*, CISG Art. 74, Rn. 34, m.w.N.; BeckOGK/*Bach*, CISG Art. 74, Stand: 1.2.2022, Rn. 51. *Schlechtriem*, Pace Int'l L. Rev. 19 (2007), 89, 95 ff.; *Schwenzer*, Unif. L. Rev. 22 (2017), 122, 129. Zur Bestimmung eines Reputationsschadens vgl. näher unten unter § 5 B. II. 10. e).

[1386] *Schwenzer*, Unif. L. Rev. 22 (2017), 122, 130. *Schwenzer* schlägt alternativ vor, den Schadensersatzanspruch über die Höhe der Reduzierung der Produktionskosten durch Nichteinhaltung der Standards zu berechnen oder durch eine Gewinnabschöpfung. Zum Beispiel für den Fall des Preisunterschieds zwischen Bio-Gerste und herkömmlicher Gerste OLG München, Urt. v. 13.11.2002 – 27 U 346/02 = NJW-RR 2003, 849, 850.

[1387] Ebenso *C. Ramberg*, in: Schwenzer/Spagnolo (Hrsg.), Boundaries and intersections, S. 91.

[1388] BeckOGK/*Bach*, CISG Art. 74, Stand: 1.2.2022, Rn. 17; Staudinger/*U. Magnus*, CISG Art. 74, Rn. 36.

Zweck des Vertrags zumindest auch auf die Förderung oder den Erhalt der – vorliegend ethischen – Reputation des Käufers gerichtet ist.[1389]

2. CSR-Standards als Inhalt von Schuldverhältnissen in Lieferbeziehungen nach deutschem Recht

Wie bereits unter § 5 A. 2. besprochen, können CSR-Standards, die einen Bezug zur Sache aufweisen, eine Beschaffenheit der Kaufsache darstellen. Ansprüche sind in diesen Fällen den kaufrechtlichen Regelungen zu entnehmen. Darüber hinaus steht es den Parteien eines Liefervertrags im Rahmen ihrer Privatautonomie frei, in einem Liefervertrag CSR-Standards ohne Bezug zur Kaufsache als Inhalt von Nebenpflichten und Nebenleistungspflichten zu vereinbaren (§§ 311 Abs. 1, 241 Abs. 1 bzw. Abs. 2 BGB).[1390] Als Nebenpflichten kommen seitens des Lieferanten Verhaltenspflichten wie die Achtung menschenrechtlicher, sozialer und ökologischer Standards, die Erbringung von Zertifikatsnachweisen, Auskunftspflichten, die Durchführung von Risikoprüfungen oder Selbstauditierungen in Betracht. Auf Seiten des Abnehmers gehören zu möglichen Nebenrechten Kontroll- und Auskunftsrechte. Den Parteien steht es frei, diesbezüglich Sekundärrechte wie Kündigungsrechte des Abnehmers und Schadensersatz- bzw. Freistellungspflichten des Lieferanten zu vereinbaren. Stehen die Inhalte dieser Rechte und Pflichten in Bezug auf CSR-Standards ernsthaft zur Disposition und haben folglich beide Parteien die Möglichkeit ihre Interessen bei Aushandeln der Verhaltenspflichten einzubringen, dann liegt eine Individualvereinbarung vor (§ 305 Abs. 1 S. 3 BGB). Die Zulässigkeit dieser vertraglichen Regelungen unterliegt einem weiten Maßstab: Sie muss sich im Einzelfall am zwingenden Recht, gesetzlichen Verboten (§ 134 BGB) und zivilrechtlichen Generalklauseln wie den §§ 138, 242 BGB messen lassen.[1391]

In der Praxis nutzen große Abnehmerunternehmen ihre wirtschaftliche Macht bei der Verwendung von Musterverträgen und vorab entworfenen Verhaltenskodizes.[1392] In diesem Fall müssen sich die Regelungen an der im deutschen Recht für Verträge zwischen Unternehmern geltenden AGB-Kontrolle (§ 310 Abs. 1 S. 1, S. 2 BGB) messen lassen.[1393]

[1389] Vgl. Schlechtriem/Schwenzer/Schroeter/*Schwenzer*, CISG Art. 74, Rn. 56; MüKoBGB/*P. Huber*, CISG Art. 74, Rn. 39; BeckOGK/*Bach*, CISG Art. 74, Stand: 1.2.2022, Rn. 53.

[1390] *Leyens*, AcP 215 (2015), 611, 640. Der Übergang zwischen Nebenleistungspflichten und Nebenpflichten i.S.d. § 241 Abs. 2 BGB dürfte fließend sein, zum Beispiel im Falle von Auskunftspflichten und Rücksichtnahmepflichten des Lieferanten. Zu Nebenleistungspflichten vgl. auch bereits oben unter § 5 A. II. 3. b).

[1391] Dazu BGH, Urt. v. 9.7.1992 – VII ZR 7/92 = BGHZ 119, 152, 168 = NJW 1992, 3158, 3161; *Leyens*, AcP 215 (2015), 611, 641; BeckOGK/*Schaub*, BGB § 276, Stand: 1.3.2022, Rn. 166.

[1392] So auch *Depping*, in: Walden/Depping (Hrsg.), CSR und Recht, S. 129. Ähnlich *Spießhofer/Westphalen*, BB 2015, 75, 79.

[1393] Anders ist dies zum Beispiel im britischen Recht. Die Regelungen des Unfair Contract Terms Frameworks sind größtenteils nur auf *business-to-consumer* Beziehungen anwendbar. *Rühmkorf*, Corporate Social Responsibility, Private Law and Global Supply Chains, S. 94. *Rühmkorf* bezieht sich dabei auf The Unfair Terms in Consumer Contracts Regulation 1999, The sale of Godds Act 1979, The Supply of Goods and Services Act 1982 und den Consumer Credit Act 1974. Vgl. dazu *Rühmkorf*, Corporate Social Responsibility, Private Law and Global Supply Chains, S. 94.

3. Einbeziehung von CSR-Standards als AGB in Lieferverträgen

Innerhalb der Lieferkette geben Abnehmergesellschaften CSR-Standards in der Regel in Form eines eigenen Codes of Conduct weiter.[1394] Dies geschieht etwa, indem die Abnehmergesellschaft in ihren Einkaufsbedingungen von dem Lieferanten verlangt, den Code of Conduct einzuhalten. Die Einkaufsbedingungen verweisen dann auf den jeweiligen beigelegten oder im Internet veröffentlichten Code of Conduct. Stellvertretend für diese Form des Verweises auf den Code of Conduct ist folgendes Beispiel aus den Allgemeinen Einkaufsbedingungen der Bayer AG und ihrer verbundenen Unternehmen mit Sitz in Deutschland: „Von dem Lieferanten wird erwartet, dass sein Geschäftsbetrieb und Geschäftsgebaren im Einklang mit dem Bayer-Verhaltenskodex für Lieferanten in der jeweils zum Vertragsschluss geltenden Fassung (https://www.bayer.de/de/lieferanten-verhaltenskodex.aspx) steht."[1395]

a) CSR-Standards als AGB

Das Schrifttum ordnet Codes of Conduct grundsätzlich als AGB ein.[1396] Voraussetzung für eine Einordnung als AGB ist unter anderem, dass es sich um Vertragsbedingungen handelt (§ 305 Abs. 1 S. 1 BGB). Das heißt der betreffende Code of Conduct muss Rechte und Pflichten der Parteien bestimmen und den Vertragsinhalt regeln. Dies ist durch Auslegung zu bestimmen (§§ 133, 157 BGB).[1397] Zum Beispiel sind bloß unverbindliche Bitten keine Vertragsbedingungen.[1398] In einer empirischen Analyse untersuchten *McBarnet/Kurkchiyan* vertragsrechtliche Lieferkettenbeziehungen im Hinblick auf die Weitergabe von CSR Standards.[1399] Dabei fanden sie heraus, dass Verträge mit Lieferanten im Hinblick auf CSR-Standards nur wenig

---

[1394] Vgl. dazu bspw. den Tchibo Verhaltenskodex Sozial- und Umweltstandards (Tchibo Social and Environmental Code of Conduct – Tchibo SCoC) für Geschäftspartner (Produkte und Dienstleistungen) der Tchibo GmbH, Stand: April 2020, online abrufbar unter: https://www.tchibo-nachhaltigkeit.de/media/pages/mm_download-files/b9186d6052-1657195613/social-and-environmental-code-of-conduct-for-business-partners-german.pdf (zuletzt aufgerufen am 10.7.2022); oder den Dr. Oetker Verhaltenskodex für Lieferanten der Dr. August Oetker Nahrungsmittel KG, online abrufbar unter: https://www.rspo.org/file/acop/dr-august-oetker-nahrungsmittel-kg/M-Policies-to-PNC-laborrights.pdf (zuletzt aufgerufen am 10.7.2022); sowie den KiK Textilien und Non- Food GmbH Verhaltenskodex der KiK- Textilien und Non-Food GmbH, vom 09.11.2015, online abrufbar unter: https://www.kik.de/unternehmen/wp-content/uploads/2018/05/CoC-deutsch_09.11.15.pdf (zuletzt aufgerufen am 10.7.2022).

[1395] Ziff. 35 der Allgemeinen Einkaufsbedingungen der Bayer AG und ihrer verbundenen Unternehmen mit Sitz in Deutschland, Leverkusen, Dezember 2020; online abrufbar unter: https://www.bayer.com/sites/default/files/DE-Allgemeine-Einkaufsbedingungen-Bayer-21-Dezember-2020.pdf (zuletzt aufgerufen am 10.7.2022).

[1396] So *Spießhofer/Westphalen*, BB 2015, 75, 79; *Teicke/Matthiesen*, BB 2013, 771, 772; *Gilch/Pelz*, CCZ 2008, 131, 131; *Schröder*, in: Fröhlich (Hrsg.), CSR und Beschaffung, S. 155; *Busekist/Uhlig*, in: Hauschka/Moosmayer/Lösler (Hrsg.), Corporate Compliance, Rn. 83 ff.; allg. zu Compliance-Klauseln ohne Differenzierung zu Verhaltenskodizes *Passarge*, in: Martinek/Semler/Flohr/Amereller (Hrsg.), Handbuch des Vertriebsrechts, Rn. 191 ff.; *Depping*, in: Walden/Depping (Hrsg.), CSR und Recht, S. 129.

[1397] BGH, Urt. v. 4.2.2009 – VIII ZR 32/08 = BGHZ 179, 319 = NJW 2009, 1337, 1338; BGH, Urt. v. 3.7.1996 – VIII ZR 221/95. = BGHZ 133, 184 = NJW 1996, 2574, 2575; BeckOGK/*Lehmann-Richter*, BGB § 305, Stand: 1.6.2022, Rn. 89 f.

[1398] BGH, Urt. v. 3.7.1996 – VIII ZR 221/95 = BGHZ 133, 184 = NJW 1996, 2574, 2575.

[1399] *McBarnet/Kurkchiyan*, in: McBarnet/Voiculescu/Campbell (Hrsg.), The New Corporate Accountability, S. 59 ff.

detaillierte Formulierungen enthalten.[1400] Durch vage Formulierungen halten sich multinationale Unternehmen die Möglichkeit offen, spätere Änderungen und Anpassungen vorzunehmen.[1401] Beispiele für vage Formulierungen sind etwa unkonkrete Erwartungen dahingehend, dass der Lieferant seinen Mitarbeitern einen fairen und angemessenen Lohn zahlt oder er zu Engagement in der örtlichen Gemeinde ermutigt wird.[1402] Allerdings finden sich in Codes of Conduct auch konkrete Rechte und Pflichten, wie die Einräumung von Auditierungsrechten, Weitergabepflichten oder die Pflicht zur Einrichtung von Compliance- oder Managementsystemen.[1403] Es kommt daher im Einzelfall auf die Formulierung und Auslegung des konkreten Codes of Conduct an.

Der Qualifizierung als AGB steht auch nicht entgegen, dass auf den Code of Conduct in der Klausel nur verwiesen wird. Denn Vertragsbedingungen müssen nicht einheitlich in die Vertragsurkunde aufgenommen werden, sondern können auch einen gesonderten Bestandteil des Vertrags bilden (§ 305 Abs. 1 S. 2 BGB).[1404]

b) Einbeziehung der CSR-Standards

Darüber hinaus richtet sich die Einbeziehung von AGBs im unternehmerischen Verkehr nach den allgemeinen Grundsätzen der Rechtsgeschäftslehre.[1405] Daher genügt es, wenn die Auslegung der Parteivereinbarung ergibt, dass auch ein im Internet enthaltener Verhaltenskodex Vertragsbestandteil sein soll. Es ist umstritten, ob hierfür eine Übermittlung der Vertragsbedingungen notwendig ist.[1406] Allerdings genügt es auch nach der strengeren Ansicht, wenn die Vertragsbedingungen mühelos abruf-

---

[1400] *McBarnet/Kurkchiyan*, in: McBarnet/Voiculescu/Campbell (Hrsg.), The New Corporate Accountability, S. 68 ff.

[1401] *McBarnet/Kurkchiyan*, in: McBarnet/Voiculescu/Campbell (Hrsg.), The New Corporate Accountability, S. 70 ff.

[1402] So lautet zum Beispiel eine Klausel des Verhaltenskodexes für Lieferanten der Bayer AG, Version 5.1, Dezember 2019, S. 7, online abrufbar unter: https://www.bayer.com/de/file/32171/download?token=WtpC6x-Z (zuletzt aufgerufen am 10.7.2022): „Die Lieferanten sollten Verantwortung für die Gemeinden, in denen sie tätig sind, übernehmen, indem sie auf Anliegen der Anwohner eingehen und für gesunde und sichere Lebensbedingungen sorgen. Sie werden zur Schaffung von Arbeitsplätzen, Beschaffung, Bereitstellung von Aus- und Weiterbildungsangeboten sowie Infrastrukturentwicklung auf lokaler Ebene ermutigt."

[1403] S. dazu zum Beispiel die jew. Formulierungen „müssen" im Verhaltenskodex für Lieferanten der Bayer AG, Version 5.1, Dezember 2019, S. 12, online abrufbar unter: https://www.bayer.com/de/file/32171/download?token=WtpC6x-Z (zuletzt aufgerufen am10.7.2022); oder den KiK Textilien und Non- Food GmbH Verhaltenskodex der KiK-Textilien und Non-Food GmbH, vom 09.11.2015, online abrufbar unter: https://www.kik.de/unternehmen/wp-content/uploads/2018/05/CoC-deutsch_09.11.15.pdf (zuletzt aufgerufen am 10.7.2022). S. ebenso die Ausführungen bei *Teicke/Matthiesen*, BB 2013, 771, 771 ff.; *Spießhofer/Westphalen*, BB 2015, 75, 75 ff.

[1404] Zu § 305 Abs. 1 S. 2 BGB s. BeckOGK/*Lehmann-Richter*, BGB § 305, Stand: 1.6.2022, Rn. 105.

[1405] BeckOGK/*Lehmann-Richter*, BGB § 305, Stand: 1.6.2022, Rn. 301; ErmanBGB/*Roloff/Looschelders*, BGB § 305, Rn. 46.

[1406] E.A. (Zugänglichmachung nur auf Verlangen genügt, wenn eindeutige und klare Bezugnahme erfolgt und Kenntnis-Verschaffung durch den Vertragspartner ohne Weiteres möglich ist): BGH, Urt. v. 3.12.1987 – VII ZR 374/86 = BGHZ 102, 293, 294 = NJW 1988, 1210, 1212; BGH, Urt. v. 12.2.1992 – VIII ZR 84/91 = BGHZ 117, 190, 198 = NJW 1992, 1232, 1233; Erman-BGB/*Roloff/Looschelders*, BGB § 305, Rn. 50; jurisPK-BGB/*Lapp/Salamon*, BGB § 305, Stand: 23.3.2022, Rn. 142; a.A. (Beifügung notwendig, wo keine mühelose Einsicht möglich ist): MüKoBGB/*Basedow*, BGB § 305, Rn. 110.

bar sind.[1407] Die Pflichten des Lieferanten im Code of Conduct sind für den Vertragspartner zwar in diesem Fall erst erkennbar, nachdem dieser die entsprechende Website aufgerufen hat. Hierbei handelt es sich aber nicht um überraschende Klauseln i.S.d. § 305c Abs. 1 BGB.[1408] Eine überraschende Klausel besteht, wenn diese objektiv ungewöhnlich ist und der typischerweise anzutreffende Vertragspartner nach den Umständen des Falls vernünftigerweise nicht mit ihr zu rechnen brauchte.[1409] Compliance-Klauseln, die auf einen Verhaltenskodex verweisen, sind immer häufiger in Einkaufsbedingungen international tätiger Unternehmen enthalten.[1410] Sie sind in internationalen Lieferbeziehungen nicht ungewöhnlich und wegen der nachvollziehbaren systematischen Einbindung[1411] in die Compliance Klausel ist ein verlinkter Code of Conduct auch nicht überraschend.[1412] Wenn also der Code of Conduct nicht ausdrücklich beigefügt ist, sondern nur auf einen mühelos abzurufenden Link verwiesen wird, genügt dies für eine Einbeziehung.

Ein allgemeines und auch für die Einbeziehung von Codes of Conduct relevantes Problem bei der Vereinbarung von AGB im unternehmerischen Verkehr ist die Kollision zweier Regelwerke, sog. „Battle of Forms".[1413] Hier stellt sich die Frage, welcher Code of Conduct gilt, wenn der Lieferant in den Vertragshandlungen erklärt, sich nicht an einen anderen als den eigenen Code of Conduct zu halten.[1414] Beginnen die Parteien mit der Vertragsvollziehung, äußert sich darin ihr Wille, dass der Vertrag mit dem Inhalt der sich deckenden Individualvereinbarungen dennoch ohne Einigung über den Code of Conduct wirksam zustande kommen sollte.[1415] Soweit sich die Codes of Conduct aber widersprechen, gilt nach dem deutschen Verständnis keiner der beiden, sondern – wenn vorhanden – dispositives Gesetzesrecht.[1416]

[1407] So auch die Gegenansicht, die ansonsten eine Beifügung fordert: MüKoBGB/*Basedow*, BGB § 305, Rn. 110. Vgl. zur parallelen Diskussion im CISG oben unter § 5 B. II. 1. b).

[1408] Diese Kontrolle ist auch im unternehmerischen Verkehr anwendbar BeckOGK/*Bonin*, BGB § 305c, Stand: 1.6.2022, Rn. 11.

[1409] Zum zweistufigen Tatbestand s. BeckOGK/*Bonin*, BGB § 305c, Stand: 1.6.2022, Rn. 29; BeckOK BGB/*H. Schmidt*, BGB § 305c, Stand: 1.5.2022, Rn. 13. Für eine dreistufige Prüfung MüKoBGB/*Basedow*, BGB § 305c, Rn. 6 ff. zur hinsichtlich der Prüfung differenzierten Rechtsprechung vgl. die zuvor genannten Quellen m.w.N.

[1410] S. dazu *Gilch/Pelz*, CCZ 2008, 131, 132, die bereits 2008 festhielten „Insgesamt steht die Wirtschaft hier erst am Anfang einer vermutlich dynamischen Entwicklung. Es darf angenommen werden, dass in einigen Jahren Einbeziehungsklauseln ebenso Standard sein werden wie die Verpflichtung, ein ISO 9000 entsprechendes Qualitätsmanagement vorzuweisen."

[1411] Zu dieser Voraussetzung hinsichtlich des äußeren Erscheinungsbildes einer Klausel BGH, Urt. v. 9.12.2009 – XII ZR 109/08 = BGHZ 183, 299 = BGH NJW 2010, 671, 672, Rn. 17; BGH, Urt. v. 5.12.2012 – IV ZR 110/10 = NZA-RR 2013, 327, 330, Rn. 40; BeckOGK/*Bonin*, BGB § 305c, Stand: 1.6.2022, Rn. 38.

[1412] *Depping*, in: Walden/Depping (Hrsg.), CSR und Recht, S. 131.

[1413] Dazu BeckOK BGB/*J. Becker*, BGB § 305, Stand: 1.2.2022, Rn. 83 ff.; MüKoBGB/*Basedow*, BGB § 305, Rn. 113 ff.

[1414] Dies wird typischerweise durch Abwehrklauseln erfolgen.

[1415] So zur AGB-Kollision BGH, Urt. v. 26.9.1973 – VIII ZR 106/72 = BGHZ 61, 282 = NJW 1973, 2106, 2107. Diese Situation lässt sich als offener Einigungsmangel i.S.d. § 154 Abs. 1 S. 1 BGB einordnen, vgl. BeckOK BGB/*J. Becker*, BGB § 305, Stand: 1.2.2022, Rn. 83; MüKoBGB/*Basedow*, BGB § 305, Rn. 118.

[1416] Dazu MüKoBGB/*Basedow*, BGB § 305, Rn. 118; BeckOK BGB/*J. Becker*, BGB § 305, Stand: 1.2.2022, Rn. 84.

c) Zwischenergebnis

Im Ergebnis ist es möglich, CSR-Standards über Codes of Conduct als AGB in Lieferverträge einzubeziehen. Als AGB sind sie nach dem Grundsatz der objektiven Auslegung zunächst nach ihrem Wortlaut aus Sicht von verständigen und redlichen Vertragspartnern und deren durchschnittlichen Verständnismöglichkeiten auszulegen und die Interessen der regelmäßig beteiligten Verkehrskreise sind abzuwägen.[1417] Die vertragliche Vereinbarung von Codes of Conduct wirft im Rahmen der Inhaltskontrolle verschiedene Fragen auf, die Thema der nachfolgenden Ausführungen sind. Bei der Bewertung im unternehmerischen Bereich kommt es im Rahmen der Inhaltskontrolle maßgeblich darauf an, ob die Bestimmungen des Codes of Conduct den Vertragspartner des Verwenders entgegen den Geboten von Treu und Glauben unangemessen benachteiligen, §§ 307 Abs. 2 S. 1, 310 Abs. 1 S. 1, 2 Hs. 1 BGB.[1418]

4. Drittbindung von Unterlieferanten

Aus rechtspolitischer Sicht dienen CSR-Standards in internationalen Lieferketten vor allem der Verbesserung der Produktionsbedingungen am Anfang der Lieferkette. Daher setzen transnationale Empfehlungen, die EU-Konfliktmineralien VO (EU) 2017/821 und das LkSG auf die Weitergabe der Standards innerhalb der Lieferkette.[1419] Wenn die Standards auch für Lieferanten auf den unteren Stufen der Lieferkette gelten, haben multinationale Unternehmen am Kopf der Kette eine bessere Ausgangslage für die Risikoanalyse der Lieferkette. Die Verpflichtung, CSR-Standards in der Lieferkette durchzureichen, hat aber Grenzen. Unzulässig ist ein Vertrag zu Lasten dritter Unterlieferanten, die nicht am Liefervertrag zwischen Abnehmer und Lieferant beteiligt sind.[1420]

5. Weitergabe von CSR-Standards in der Lieferkette

In der Praxis behelfen sich Unternehmen daher mit einer Pflicht zur Weitergabe für Lieferanten. Die direkten Lieferanten verpflichten sich im Vertrag zu einer Weiterga-

---

[1417] So die Anforderungen der Rspr, vgl. BGH Urt. v. 29.6.2016 – VIII ZR 191/15, BeckRS 2016, 14159, Rn. 29; BGH, Urt. v. 13.11.2012 – XI ZR 500/11 = NJW 2013, 995, 996, Rn. 16; BGH, Urt. v. 7.12.2010 – XI ZR 3/10 = BGHZ 187, 360 = NJW 2011, 1801, 1803, Rn. 29; BGH, Urt. v. 7.6.2011 – XI ZR 388/10= BGHZ 190, 66 = NJW 2011, 2640, 2640, Rn. 21.

[1418] Hauptleistungspflichten des Vertrags sind zum Schutze der Privatautonomie und marktwirtschaftlichen Prinzipien allerdings von der richterlichen Inhaltskontrolle ausgenommen, § 307 Abs. 3 BGB. Nicht kontrollfähige Leistungsbeschreibungen sind nach der Rechtsprechung „nur solche Bestimmungen, die Art, Umfang und Güte der geschuldeten Leistung festlegen […] Klauseln, die das Hauptleistungsversprechen abweichend vom Gesetz oder der nach Treu und Glauben geschuldeten Leistung verändern, ausgestalten oder modifizieren, unterliegen dagegen der Inhaltskontrolle. Damit bleibt für die der Überprüfung entzogene Leistungsbeschreibung nur der enge Bereich der Leistungsbezeichnungen, ohne die mangels Bestimmtheit oder Bestimmbarkeit des wesentlichen Vertragsinhalts ein wirksamer Vertrag nicht mehr angenommen werden kann“, BGH, Urt. v. 29.4.2010 – Xa ZR 5/09 = NJW 2010, 1958, 1959 Rn. 20; ähnlich BGH, Urt. v. 26.1.2001 – V ZR 452/99 = BGHZ 146, 331 = NJW 2001, 2399, 2401 (zu § 8 AGBG); s. a. MüKoBGB/*Wurmnest*, BGB § 307, Rn. 13, 17; Ulmer/Brandner/Hensen/*Fuchs*, BGB § 307, Rn. 18.

[1419] Siehe dazu oben unter § 2 E. II. 2.

[1420] Zum Vertrag zulasten Dritter vgl. bereits oben unter § 3 C. III. Zur unzulässigen Verpflichtung von Unterlieferanten *Buck-Heeb/Dieckmann*, Selbstregulierung im Privatrecht, S. 267; *Gilch/Pelz*, CCZ 2008, 131, 133.

be der CSR-Standards an ihre Unterlieferanten. In Lieferketten-AGB finden sich zum Beispiel folgende Klauseln: „Die Lieferanten müssen die in diesem Verhaltenskodex dargelegten Grundsätze auch in ihrer vorgeschalteten Lieferkette umsetzen.“[1421] In Compliance Klauseln im internationalen Wirtschaftsverkehr sind Weitergabe-Klauseln auch in anderen Zusammenhängen üblich: So empfiehlt das britische Justizministerium zur Vermeidung von Verstößen gegen § 7 UK Bribery Act 2010 die vertragliche Weitergabe von Anti-Korruptionsklauseln in der Lieferkette.[1422] Ebenso empfiehlt der Guide des U.S. Departement of Justice und der U.S. Securities & Exchange Commission zum U.S.-amerikanischen Anti-Korruptionsgesetz (Foreign Corrupt Practices Act (FCPA)) die Einholung von Zusagen dritter Parteien.[1423]

Im deutschen Recht der AGB-Kontrolle stoßen solche Weitergabe-Klauseln dann an Grenzen, wenn ein Verstoß eine Schadensersatzfolge nach sich zieht. In diesem Fall besteht die Gefahr, dass Gerichte die Klausel verwenderfeindlich (§ 305c Abs. 2 BGB) so auslegen, dass der Lieferant verschuldensunabhängig trotz eigenen Bemühens für eine fehlende Umsetzung des Codes of Conduct durch einen Unterlieferanten oder (je nach Formulierung sogar dessen Unterlieferanten) einzustehen hat.[1424] Die Reichweite einer solchen Haftung ist problematisch mit Blick auf das Verschuldensprinzip, das einen wesentlichen Grundgedanken des Haftungsrechts darstellt (§ 307 Abs. 2 Nr. 1, Abs. 1 S. 1 BGB).[1425] Nach diesem Grundgedanken besteht eine

---

[1421] So der Verhaltenskodex für Lieferanten der Bayer AG, Version 5.1, Dezember 2019, S. 12, online abrufbar unter: https://www.bayer.com/de/file/32171/download?token=WtpC6x-Z (zuletzt aufgerufen am 10.7.2022). Ähnlich die Formulierung bei So Ziff. 5.3. der Allgemeinen Einkaufsbedingungen der E.ON SE – Stand 4.4.2022, online abrufbar unter: https://www.eon.com/content/dam/eon/eon-com/Procurement/documents/de/Terms-and-conditions/1807%20E.ON%20SE_AEB%20-%20aktuelle%20Links.pdf, (zuletzt aufgerufen am 10.7.2022): „Der Auftragnehmer wird seine Mitarbeiter und seine Subunternehmer, die er im Zusammenhang mit der Erfüllung seiner vertraglichen Pflichten gegenüber E.ON ein-setzt, auf die Einhaltung des Lieferantenkodexes verpflichten. Auf Verlangen weist der Auftragnehmer die Verpflichtung seiner Mitarbeiter und Subunternehmer E.ON nach.“

[1422] Ministry of Justice, The Bribery Act 2010 – Guidance, 2012, S. 16 Rn. 39, online abrufbar unter: https://www.justice.gov.uk/downloads/legislation/bribery-act-2010-guidance.pdf (zuletzt aufgerufen am 10.7.2022): „The principal way in which commercial organisations may decide to approach bribery risks which arise as a result of a supply chain is by employing the types of anti-bribery procedures referred to elsewhere in this guidance (e.g. risk-based due diligence and the use of anti-bribery terms and conditions) in the relationship with their contractual counterparty, and by requesting that counterparty to adopt a similar approach with the next party in the chain.“; *Teicke/Matthiesen*, BB 2013, 771, 771.

[1423] Criminal Division of the U.S. Department of Justice and the Enforcement Division of the U.S. Securities and Exchange Commission, A Resource Guide to the U.S. Foreign Corrupt Practices Act, Second Edition, 2020, S. 62, online abrufbar unter: https://www.justice.gov/criminal-fraud/file/1292051/download (zuletzt aufgerufen am 10.7.2022): „In addition to considering a company's due diligence on third parties, DOJ and SEC also assess whether the company has informed third parties of the company's compliance program and commitment to ethical and lawful business practices and, where appropriate, whether it has sought assurances from third parties, through certifications and otherwise, of reciprocal commitments.“; *Teicke/Matthiesen*, BB 2013, 771, 771.

[1424] Zu diesem Beispiel *Spießhofer/Westphalen*, BB 2015, 75, 81 f.

[1425] So auch *Spießhofer/Westphalen*, BB 2015, 75, 81; *Gilch/Pelz*, CCZ 2008, 131, 133 f.; *Teicke/Matthiesen*, BB 2013, 771, 773. Ähnlich mit Bezug auf Teile der zuvor genannten Quellen *Busekist/Uhlig*, in: Hauschka/Moosmayer/Lösler (Hrsg.), Corporate Compliance, Rn. 86; *Passarge*, in: Martinek/Semler/Flohr/Amereller (Hrsg.), Handbuch des Vertriebsrechts, Rn. 194 f. a.A. allerdings ohne Begründung *Herb*, in: Hauschka/Moosmayer/Lösler (Hrsg.), Corporate Compliance, Rn. 30.

Verpflichtung zur Leistung von Schadensersatz grundsätzlich nur bei schuldhaftem Verhalten.[1426] Demgegenüber ist eine verschuldensunabhängige Haftung nur in Ausnahmefällen, wie beispielsweise der Garantieübernahme, § 276 Abs. 1 Hs. 2 BGB, gegeben.[1427] Nach der Rechtsprechung des BGH rechtfertigen allein erschwerte Überprüfungsmöglichkeiten des Käufers und Klausel-Verwenders die Zulässigkeit einer verschuldensunabhängigen Haftung noch nicht, sondern sprechen – wenn überhaupt – für eine höhere Sorgfaltspflicht des Lieferanten.[1428] Danach können allein die Schwierigkeiten des Abnehmers bei der Überprüfung der Einhaltung von CSR-Standards in den vorgeschalteten Stufen in der Lieferkette es nicht rechtfertigen, dem Lieferanten eine verschuldensunabhängige Haftung für die Umsetzung des Codes of Conduct in der vorgeschalteten Lieferkette aufzubürden. Hinzu kommt die Gefahr der Unvereinbarkeit mit den wesentlichen Grundgedanken des § 278 S. 1 Var. 2 BGB.[1429] In Lieferketten gelten nach der Rechtsprechung des BGH (Unter-)Lieferanten grundsätzlich nicht als Erfüllungsgehilfen i.S.d. § 278 S. 1 Var. 2 BGB des Verkäufers.[1430] Eine verschuldensunabhängige Haftung durch Weitergabe-Klauseln würde diese Grundgedanken aushöhlen. Nach der hier vertretenen Ansicht[1431] besteht die Unvereinbarkeit mit den wesentlichen Grundgedanken des § 278 S. 1 Var. 2 BGB dann, wenn der Lieferant aufgrund der Risikoverteilung in der Lieferkette keinen Einfluss auf die ihm vorgeschaltete Lieferkette hat.

Im Ergebnis muss der Verwender im Falle einer mit einem Schadensersatz sanktionierten Weitergabepflicht eine verschuldensunabhängige Einstandspflicht vermeiden. Als Alternative bieten sich entweder ausführlich formulierte Weitergabepflichten an, die hinsichtlich ihrer Rechtsfolge zwischen verschuldensabhängigen und verschuldensunabhängigen Pflichtverstößen des Lieferanten differenzieren.[1432] Eine andere Möglichkeit sind Bemühens-Klauseln, in denen sich der Lieferant lediglich verpflichtet, sich um eine Weitergabe nach besten Kräften zu bemühen[1433] oder die Lieferanten sorgfältig auszuwählen.[1434] Bemühens-Klauseln lassen den Fall unange-

---

1426 BGH, Urt. v. 5.10.2005 – VIII ZR 16/05 = BGHZ 164, 196 = BGH NJW 2006, 47, 49, Rn. 30; BGH, Urt. v. 23.4.1991 – XI ZR 128/90 = BGHZ 114, 238, 240 = NJW 1991, 1886, 1887 (zu § 9 AGBG).

1427 BGH, Urt. v. 5.10.2005 – VIII ZR 16/05 = BGHZ 164, 196 = BGH NJW 2006, 47, 49 f., Rn. 30. Eine generelle Garantieübernahme für die vereinbarte Beschaffenheit der Kaufsache in AGB benachteilige den Lieferanten unangemessen, weil sie ihn dem Risiko einer unübersehbaren Schadensersatzhaftung aussetzen würde (BGH, a.a.O. Rn. 31). Dabei ging es um die verschuldensunabhängige Haftung für das Bestehen von Rechtsmängeln.

1428 BGH, Urt. v. 5.10.2005 – VIII ZR 16/05 = BGHZ 164, 196 = BGH NJW 2006, 47, 50, Rn. 33.

1429 So auch *Spießhofer/Westphalen*, BB 2015, 75, 81 f.; *Teicke/Matthiesen*, BB 2013, 771, 773; *Gilch/Pelz*, CCZ 2008, 131, 133.

1430 BGH, Urt. v. 15.7.2008 – VIII ZR 211/07 = BGHZ 177, 224 = NJW 2008, 2837, 2840, Rn. 29; BGH, Urt. v. 2.4.2014 – VIII ZR 46/13 = BGHZ 200, 337= NJW 2014, 2183, 2185; BGH, Urt. v. 21.6.1967 – VIII ZR 26/65 = BGHZ 48, 118 = NJW 1967, 1903, 1904.

1431 Vgl. dazu oben unter § 5 A. II 2. g) aa) (4).

1432 Ähnlich *Depping*, in: Walden/Depping (Hrsg.), CSR und Recht, S. 130.

1433 Für Bemühens-Klauseln als bessere Alternative sprechen sich aus *Teicke/Matthiesen*, BB 2013, 771, 773; *Gilch/Pelz*, CCZ 2008, 131, 133–134; *Busekist/Uhlig*, in: Hauschka/Moosmayer/Lösler (Hrsg.), Corporate Compliance, Rn. 86; *Passarge*, in: Martinek/Semler/Flohr/Amereller (Hrsg.), Handbuch des Vertriebsrechts, Rn. 194; *Depping*, in: Walden/Depping (Hrsg.), CSR und Recht, S. 130.

1434 *Teicke/Matthiesen*, BB 2013, 771, 773. Dies entspricht einer ohnehin bereits aus Compliance-rechtlichen Gesichtspunkten verbreiteten Third Party Due Diligence. Dazu *Busekist/Uhlig*, in:

tastet, in welchem sich der Lieferant zwar mehrmals vergeblich zur Weitergabe des Codes of Conduct an den Unterlieferanten bemüht hatte, dabei aber erfolglos blieb.[1435]

6. Verpflichtung zur Einhaltung gesetzlicher Vorgaben und transnationaler CSR-Standards

Ein wichtiger Inhalt von Codes of Conduct betrifft die Compliance mit internationalen, nationalen und gegebenenfalls lokalen gesetzlichen Bestimmungen. Dabei ist es grundsätzlich unproblematisch, wenn AGB nur klarstellen, dass der Lieferant die für ihn geltenden Gesetze, darunter in der Compliance relevante Kartellrechts- und Anti-Korruptionsbestimmungen einhalten muss, denn diese gelten ohnehin von Gesetzes wegen.[1436]

Zu beachten ist aber das Bestimmtheits- und Transparenzgebot des § 307 Abs. 1 S. 2 BGB. Das Transparenzgebot des § 307 Abs. 1 S. 2 BGB verlangt, dass der Verwender entsprechend den Grundsätzen von Treu und Glauben die Rechte und Pflichten seiner Vertragspartner möglichst klar und durchschaubar darstellt, und schließt mit ein, dass für den Vertragspartner die wirtschaftlichen Nachteile und Belastungen auf zumutbare Weise erkennbar sind.[1437] Es sollen insbesondere keine ungerechtfertigten Beurteilungsspielräume entstehen.[1438] Das Transparenzgebot gilt auch im unternehmerischen Bereich, wenngleich aufgrund der besseren unternehmerischen Verständnis- und Erkenntnismöglichkeiten mit einem weniger strengen Maßstab.[1439] Für den Maßstab der Bestimmtheit ist auf die Erkenntnismöglichkeiten eines durchschnittlichen Vertragspartners abzustellen.[1440]

Ein Verstoß gegen das Transparenzgebot kommt etwa in Betracht, wenn der Lieferant ansonsten per se nicht anwendbare rechtliche Bestimmungen aus einem anderen Land einhalten muss[1441] und für den Vertragspartner nicht oder nur mit hohem Aufwand durch Rechtsberatung herauszufinden ist, welche Vorschriften er einzuhalten hat.[1442] In diesem Sinne sind auch sog. Benchmark-Klauseln[1443] kritisch zu beurteilen, nach denen die strengste Regelung gilt. Zum Beispiel lautet eine Klausel aus einem

---

Hauschka/Moosmayer/Lösler (Hrsg.), Corporate Compliance, Rn. 81 ff.; *Passarge*, in: Martinek/Semler/Flohr/Amereller (Hrsg.), Handbuch des Vertriebsrechts, Rn. 188 ff.; so wohl auch die Empfehlung zur Weitergabe bei *Teicke/Matthiesen*, BB 2013, 771, 777.

[1435] So auch *Gilch/Pelz*, CCZ 2008, 131, 134.

[1436] *Teicke/Matthiesen*, BB 2013, 771, 772; *Gilch/Pelz*, CCZ 2008, 131, 133. *Busekist/Uhlig*, in: Hauschka/Moosmayer/Lösler (Hrsg.), Corporate Compliance, Rn. 85; *Depping*, in: Walden/Depping (Hrsg.), CSR und Recht, S. 132.

[1437] BGH, Urt. v. 25.10.2017 – XII ZR 1/17 = NJW-RR 2018, 198, 199, Rn. 13; BGH, Urt. v. 3.8.2011 – XII ZR 205/09 = NJW 2012, 54, 55 Rn. 12; BGH, Urt. v. 16.5.2007 – XII ZR 13/05 = NJW 2007, 2176, 2176, Rn. 14; BGH, Urt. v. 5.11.2003 – VIII ZR 10/03 = NJW 2004, 1598, 1600.

[1438] BGH, Urt. v. 20.7.2005 – VIII ZR 121/04 = BGHZ 164, 11, 16 = NJW-RR 2005, 1496, 1498; BGH, Urt. v. BGHZ 165, 12, 21 = NJW 2006, 996, 997 f.; BGH, Urt. v. 5.11.2003 – VIII ZR 10/03 = NJW 2004, 1598, 1600.

[1439] BGH, Urt. v. 3.8.2011 – XII ZR 205/09 = NJW 2012, 54, 56 Rn. 16.

[1440] BGH, Urt. v. 3.8.2011 – XII ZR 205/09 = NJW 2012, 54, 55 Rn. 12; BGH, Urt. v. 16.5.2007 – XII ZR 13/05 = NJW 2007, 2176, 2176 Rn. 14.

[1441] Zu diesem Beispiel *Teicke/Matthiesen*, BB 2013, 771, 772.

[1442] In diesem Sinne auch *Teicke/Matthiesen*, BB 2013, 771, 772; *Busekist/Uhlig*, in: Hauschka/Moosmayer/Lösler (Hrsg.), Corporate Compliance, Rn. 85.

[1443] *Schröder*, in: Fröhlich (Hrsg.), CSR und Beschaffung, S. 154 f.

Code of Conduct des Bundesverbands Materialwirtschaft: „Das signierende/beitretende Unternehmen verpflichtet sich insbesondere, das Übereinkommen über das Mindestalter für die Zulassung zur Beschäftigung (Übereinkommen 138 der Internationalen Arbeitsorganisation) sowie das Übereinkommen über das Verbot und unverzügliche Maßnahmen zur Beseitigung der schlimmsten Formen der Kinderarbeit (Übereinkommen 182 der Internationalen Arbeitsorganisation) einzuhalten. Sieht eine nationale Regelung betreffend Kinderarbeit strengere Maßstäbe vor, sind diese vorrangig zu beachten."[1444] Hier erlegt die Klausel dem Lieferanten die Verpflichtung auf, dass er selbst zu prüfen hat, welche der anwendbaren Gesetze „strenger" sind. Ein im Einzelfall hoher erforderlicher Mehraufwand für diese Prüfung, kann zur Intransparenz einer Benchmark-Klausel führen.[1445]

Das Transparenzgebot ist auch eine Hürde für Verweise auf transnationale CSR-Standards. Transnationale Standards gelten für Lieferanten grundsätzlich nicht schon von Gesetzes wegen und sind daher keine Rechtsvorschriften i.S.d. § 307 Abs. 3 S. 1 BGB.[1446] Dies gilt jedoch nicht, wenn Rechtsvorschriften transnationale Standards verbindlich als Sorgfaltsmaßstab für die Lieferkette festsetzen, wie Art. 4 lit. d) Konfliktmineralien-VO (EU) 2017/821 die Inhalte von Anhang II der OECD-Leitsätze für multinationale Unternehmen.[1447] Auch im Falle deklaratorischer Klauseln i.S.d. § 307 Abs. 3 S. 1 BGB bleibt aber grundsätzlich wegen § 307 Abs. 3 S. 2 BGB eine Kontrolle anhand des Transparenzgrundsatzes möglich.[1448] Vor diesem Hintergrund können Beurteilungsspielräume durch unbestimmte Rechtsbegriffe oder Querverweise auf andere Abkommen in den transnationalen Standards problematisch sein.[1449] Zur klaren Bestimmung des Pflichtenkreises des Adressaten ist außerdem erforderlich, dass der Adressat erkennen kann, welche Nachweise er gegenüber dem Verwender erbringen muss, um der jeweiligen Klausel zu genügen.[1450] Dies gilt zum Beispiel

---

[1444] Bundesverbands Materialwirtschaft, Einkauf und Logistik e. V., BME-Verhaltensrichtlinie (Code of Conduct), Ziff. III. 1. d), online abrufbar unter: https://a.storyblok.com/f/104752/x/0e28c5bcc4/bme_code_of_conduct_de_neues-logo.pdf (zuletzt aufgerufen am 18.6.2022). Dazu *Schröder*, in: Fröhlich (Hrsg.), CSR und Beschaffung, S. 154 f.

[1445] Ebenso *Spießhofer/Westphalen*, BB 2015, 75, 81.

[1446] Zum allerdings weiten Verständnis des Begriffs „Rechtsvorschriften" in § 307 Abs. 3 S. 1 BGB vgl. BeckOGK/*Eckelt*, BGB § 307, Stand: 1.7.2022, Rn. 183.

[1447] Zweifelhaft ggü. der Annahme eines Erlaubnisvorbehalts in diesem Fall *Teicke/Rust*, CCZ 2018, 39, S. 42, in Fn. 25; allgemein zum gesetzlichen Erlaubnisvorbehalt i.R.d. § 307 Abs. 3 BGB BeckOGK/*Eckelt*, BGB § 307, Stand: 1.7.2022, Rn. 185 ff.

[1448] Ulmer/Brandner/Hensen/*Fuchs*, BGB § 307, Rn. 35 f.

[1449] *Teicke/Rust*, CCZ 2018, 39, 42 kritisieren in dieser Hinsicht die Pflicht der Unionseinführer aus Art. 4 lit. d) Konfliktmineralien-VO (EU) 2017/821, die eigene Lieferkettenpolitik und Anhang II der OECD-Leitsätze für Multinationale Unternehmen weiterzureichen, weil Anhang II der OECD Leitsätze selbst auf andere Abkommen verweise und unbestimmte Rechtsbegriffe enthalte. *Teicke/Rust* empfehlen als Lösung eine Erläuterung und Konkretisierung in den AGB. *Depping* geht dagegen nicht davon aus, dass trotz ihres hohen Abstraktionsgrads, Gerichte Regelungen internationaler Instrumente als unklar oder unverständlich qualifizieren, vgl. *Depping*, in: Walden/Depping (Hrsg.), CSR und Recht, S. 131.

[1450] Interessant ist in diesem Kontext eine Entscheidung des BVerwG aus dem Jahr 2013 über einen Normenkontrollantrag eines Steinmetzbetriebes über eine Norm einer städtischen Bestattungs- und Friedhofssatzung, vgl. BVerwG, Urt. v. 16.10.2013 – 8 CN 1.12 = BVerwGE 148, 133 = NVwZ 2014, 527, 528, Rn. 20 ff. Die Norm ließ nur die Aufstellung von Grabmälern zu, die nachweislich in der gesamten Wertschöpfungskette ohne ausbeuterische Kinderarbeit nach der ILO-Konvention 182 hergestellt wurden. Das Bundesverwaltungsgericht sah in dieser Bestimmung einen Verstoß gegen die aus dem Rechtsstaatsprinzip, Art. 20 Abs. 3 GG, abgeleiteten Gebote der Normenklarheit

in Fällen, in denen eine Klausel verlangt, dass der Lieferant nur aus nachhaltigem Holzabbau stammende Materialien verwenden oder nur Produkte liefern darf, die nachweislich ohne Kinderarbeit hergestellt wurden. In diesem Fall muss der Lieferant erkennen können, ob es sich um nachhaltigen Holzabbau handelt oder bis zu welchem Alter Kinderarbeit gegeben ist[1451]. Auch Themen wie Mindestvergütung und wöchentliche Höchstarbeitszeiten lassen, wenn sie nicht definiert sind, Beurteilungsspielräume offen.[1452]

7. Pflicht zur Weitergabe von Informationen

Codes of Conduct können Meldepflichten dahingehend vorsehen, dass der Zulieferer Informationen über Verstöße gegen den Code of Conduct im eigenen Betrieb oder in der nachgeschalteten Lieferkette an die Abnehmergesellschaft melden muss. Solche Meldepflichten in einem vertraglichen Lieferverhältnis entsprechen der allgemeinen Schadensminderungspflicht aus §§ 254 Abs. 2, 241 Abs. 2 BGB,[1453] weil sie dem Abnehmer die Möglichkeit der schnellen Reaktion geben. Die Meldung eines Verstoßes verlangt aber gleichzeitig eine Selbstdenunziation, die nicht im Interesse des Lieferanten liegt. Nach Ansicht einiger Autoren ist eine Meldepflicht jedenfalls dann unzulässig, wenn sie die Meldung von Verstößen des Lieferanten gegenüber Dritten einschließt.[1454] Dieser Auffassung ist zuzustimmen, weil eine in dieser Hinsicht nicht differenzierende Meldepflicht die Interessen des Lieferanten an der rechtlichen und wirtschaftlichen Pflege seiner Vertragsbeziehungen mit Dritten außer Acht lässt.

In schwerwiegenden Fällen bietet das Gesetz Anzeigerechte an staatliche Stellen. Dies ist ein Indiz dafür, dass auch in AGB eine Meldepflicht in schwerwiegenden Fällen vereinbart werden kann. Konkret gibt es sektorspezifische Melde- und Anzeigepflichten gegenüber Behörden.[1455] Arbeitnehmer haben ein Anzeigerecht nach § 17 Abs. 2 ArbSchG bei Gefährdungen der Sicherheit und Gesundheit bei der Arbeit. Ein ungeschriebenes, generelles Anzeigerecht von Arbeitnehmern an staatliche Stellen ist nur im Falle schwerwiegender Rechtsverstöße möglich, wenn die Abwendung eines nicht unerheblichen Schadens oder eines Gesetzesverstoßes nicht auf andere Art und

---

und der hinreichenden Bestimmtheit. Für den Normbetroffenen sei mangels einheitlicher, valider Nachweismöglichkeiten weder erkennbar, welcher Nachweis für die Freiheit von Kinderarbeit genügen würde, noch seien konkrete Maßstäbe in der Satzung bestimmt worden. Interessant ist auch, dass das BVerwG zusätzlich wegen des hohen Aufwands zur Nachweiserbringung, der ohne klare Vorgaben zu hinreichenden Nachweisen anfallen würde, eine unverhältnismäßige Einschränkung der Berufsausübungsfreiheit der Steinmetze (Art. 12 Abs. 1 GG) bejahte (Rn. 30 ff.).

[1451] Zu einem fiktiven, aber praxisrelevanten Beispiel hierfür vgl. *Spießhofer/Westphalen*, BB 2015, 75, 81.

[1452] Dazu mit Formulierungsvorschlägen *Depping*, in: Walden/Depping (Hrsg.), CSR und Recht, S. 133 ff.

[1453] *Teicke/Matthiesen*, BB 2013, 771, 773.

[1454] *Gilch/Pelz*, CCZ 2008, 131, 135; *Teicke/Matthiesen*, BB 2013, 771, 773.

[1455] So müssen zum Beispiel im Fall der Geldwäsche Verpflichtete nach dem Geldwäschegesetz (GWG) bestimmte Tatsachen, die einen Verdacht auf Geldwäsche begründen, der Zentralstelle für Finanztransaktionsuntersuchungen zu melden (§ 43 GWG). In diesem Fall ist auch die Datenweitergabe gemäß Art. 6 Abs. 1 S. 1 lit. c) Datenschutzgrundverordnung (EU) 2016/679 (DSGVO) legitimiert. Vgl. dazu *Klaas*, CCZ 2020, 256, 259. Nach Art. 33 Abs. 1 DSGVO ist der Verantwortliche zur Meldung der Verletzung personenbezogener Daten verpflichtet. Vgl. zu gesetzlichen Anzeigepflichten auch *M. Zimmer/Weigl*, CCZ 2019, 21, 21 f. Zu Meldepflichten des Compliance Officers außerdem *Lösler*, WM 2007, 676, 677 ff.

Weise erreicht werden kann und eine innerbetriebliche Klärung nicht erfolgreich war.[1456]

Im Zusammenhang mit der Verletzung von CSR-Standards könnte man danach eine vertragliche Anzeigepflicht im Falle schwerwiegender Menschenrechtsverletzungen zur Durchsetzung höherer Transparenz in der Lieferkette andenken. Dabei sind aber auf Ebene der Arbeitnehmer und der Geschäftsführung des Lieferanten die Treue- und Rücksichtnahmepflichten aus dem Arbeitsverhältnis der Arbeitnehmer bzw. dem Dienstverhältnis der Geschäftsführung des Lieferanten zu berücksichtigen.[1457] Aus der Treuepflicht der Arbeitnehmer gegenüber dem Arbeitgeber aus § 241 Abs. 2 BGB folgt, dass diese Mitteilungen an Dritte zu unterlassen haben, die dem Ruf oder Kredit des Arbeitgebers schaden.[1458] Aufgrund ihrer Treue- und Rücksichtnahmepflicht können Leitungsorgane eines Unternehmens Kritik grundsätzlich nur unternehmensintern bzw. gegenüber dem Aufsichtsorgan vorbringen.[1459]

8. Kontroll- und Auditierungsrechte

Kontroll- und Auditierungsrechte dienen der Überprüfung, ob der Lieferant die vorgegebenen CSR-Standards einhält. Eine solche Klausel lautet etwa: „Die Lieferanten gewähren (…) [der Käuferin] das Recht, ihre Nachhaltigkeitsleistung nach vorheriger Ankündigung mit angemessener Frist zu bewerten, um beim Lieferanten die Übereinstimmung mit den Grundsätzen (…) [des] Verhaltenskodex [der Käuferin] zu beurteilen. Die Bewertung wird direkt von (…) [der Käuferin] oder einem qualifizierten Dritten z. B. in Form einer Beurteilung oder Überprüfung durchgeführt.“[1460]

Audit- und Kontrollrechte haben verschiedene Ausprägungen. Zunächst ist zwischen einer Eigen-Auditierung und Fremd-Auditierung zu unterscheiden. Die Eigen-Auditierung (auch *Self-Assessment*) sieht vor, dass sich der Lieferant einer Selbstkontrolle unterzieht und Selbstauskünfte gegenüber dem Abnehmerunternehmen macht, zum Beispiel unter Verwendung bestimmter Fragebögen.[1461] Dabei kann der Abnehmer standardisierte Plattformen nutzen oder eigene Fragebögen entwerfen, welche auf Besonderheiten der Branche und der konkreten Lieferbeziehung eingehen.[1462] Die Fremd-Auditierung sieht Überprüfungs- und Kontrollrechte durch externe Prüfer (spezialisierte Prüfungsgesellschaften) oder Personal des Abnehmerunternehmens

---

[1456] *Lösler*, WM 2007, 676, 678.

[1457] *Gilch/Pelz*, CCZ 2008, 131, 135 f.; zu Anzeigerecht und Treuepflichten näher *Herbert/Oberrath*, NZA 2005, 193, 193 ff.; *Lösler*, WM 2007, 676, 677 ff.

[1458] *Lösler*, WM 2007, 676, 677; zu Anzeigerecht und Treuepflicht von Arbeitnehmern *Herbert/Oberrath*, NZA 2005, 193, 193 ff.

[1459] *Lösler*, WM 2007, 676, 679; zum Informationsfluss im Unternehmen *Rodewald/Unger*, BB 2007, 1629, 1630 ff.

[1460] Bayer AG, Verhaltenskodexes für Lieferanten, Version 5.1, Dezember 2019, S. 13, online abrufbar unter: https://www.bayer.com/de/file/32171/download?token=WtpC6x-Z (zuletzt aufgerufen am 10.7.2022). Ein weiteres Formulierungsbeispiel macht *Depping*, in: Walden/Depping (Hrsg.), CSR und Recht, S. 138.

[1461] Dazu *Schröder*, in: Fröhlich (Hrsg.), CSR und Beschaffung, S. 158; *Depping*, in: Walden/Depping (Hrsg.), CSR und Recht, S. 137 f.; *Gilch/Pelz*, CCZ 2008, 131, 134. Letztere schlagen vor, dass die Eigen-Auditierung in Unternehmen, die durch Wirtschaftsprüfer geprüft werden, auch die Wirtschaftsprüfer übernehmen könnten mit dem Vorteil, dass diese einer Verschwiegenheitspflicht unterliegen.

[1462] *Depping*, in: Walden/Depping (Hrsg.), CSR und Recht, S. 137.

vor.[1463] Letztere Prüfungsform umfasst in Lieferanten-Audits typischerweise Interviews mit der Geschäftsleitung und einer repräsentativen Auswahl von Mitarbeitern, Sichtkontrollen und Rechte zur Einsicht von Dokumenten zu Umwelt- und Personalfragen.[1464] Welche Methode der Verwender der Auditierungs-Klausel als Audit-Maßnahme wählt, hängt von dem jeweiligen Prüfungsziel ab.[1465] Ob Arbeitnehmer Interessenvertretungen bilden können, kann der Abnehmer zum Beispiel nicht durch Begehungen, aber durch Interviews oder Dokumenteinsicht herausfinden.[1466] Für die Überprüfung der Einhaltung von Arbeits- und Gesundheitsschutzstandards sind dagegen eine Begehung vor Ort und Interviews geeignet.[1467] Ein positives Prüfungsergebnis nach einem standardisierten Prüfungsablauf ist zertifizierbar, so beispielsweise durch das Zertifizierungsprogramm der Social Accountability International (SA) 8000.[1468] Inhalt der SA8000-Prüfung ist vor allem die Übereinstimmung mit den ILO-Kernarbeitsnormen.[1469] Im Fall einer Zertifizierung ist zu beachten, dass Audit-Termine nur Stichproben ermöglichen und Momentaufnahmen darstellen.[1470] Die Reichweite und Häufigkeit der Audit-Maßnahmen sollte an die Ergebnisse einer vorher durchgeführten Lieferketten-spezifischen Risikoanalyse angepasst werden.[1471]

Für die wirksame Vereinbarung von Auditrechten in AGB nach § 307 Abs. 1 S. 1, Abs. 2 Nr. 1 BGB kommt es darauf an, wie stark die Audit-Rechte zugunsten der Interessen des Abnehmers in die Rechte des Zulieferers eingreifen.[1472] Die nachfolgenden Ausführungen beleuchten einzelne Aspekte der Interessenabwägung näher. Ein wesentliches Indiz für eine unangemessene Benachteiligung ist die Abweichung von dispositiven gesetzlichen Bestimmungen, die Ausdrücke des Gerechtigkeitsgebots sind und nicht lediglich auf Zweckmäßigkeitserwägungen beruhen.[1473] In die Abwägung fließt auf Seiten des Abnehmerunternehmens, dessen Interesse an der Einholung von Informationen darüber, ob der Lieferant CSR-Standards, wie Arbeitsschutzbedingungen, das Verbot von Kinderarbeit oder Umweltschutzstandards vertragskonform einhält und umsetzt. Regelmäßige und insbesondere anlasslose Audit-

---

[1463] *Schröder*, in: Fröhlich (Hrsg.), CSR und Beschaffung, S. 158.

[1464] *Depping*, in: Walden/Depping (Hrsg.), CSR und Recht, S. 138; *Schröder*, in: Fröhlich (Hrsg.), CSR und Beschaffung, S. 158; *Teicke/Matthiesen*, BB 2013, 771, 773.

[1465] *Schröder*, in: Fröhlich (Hrsg.), CSR und Beschaffung, S. 158.

[1466] Zu diesem und weiteren Beispielen *Schröder*, in: Fröhlich (Hrsg.), CSR und Beschaffung, S. 158.

[1467] Zu diesem und weiteren Beispielen *Schröder*, in: Fröhlich (Hrsg.), CSR und Beschaffung, S. 158.

[1468] *Depping*, in: Walden/Depping (Hrsg.), CSR und Recht, S. 139. Im dritten Quartal 2021 waren ausweislich der Website von Social Accountability International über 4700 Einrichtungen weltweit mit dem SA8000-zertifiziert: online abrufbar unter: https://sa-intl.org/sa8000-search/ (zuletzt aufgerufen am 10.7.2022).

[1469] Vgl. die Angabe der SAI online abrufbar unter: https://sa-intl.org/programs/sa8000/ (zuletzt aufgerufen am 10.7.2022); sowie *Depping*, in: Walden/Depping (Hrsg.), CSR und Recht, S. 139.

[1470] *Schröder*, in: Fröhlich (Hrsg.), CSR und Beschaffung, S. 158.

[1471] *Schröder*, in: Fröhlich (Hrsg.), CSR und Beschaffung, S. 158.

[1472] Eine unangemessene Benachteiligung liegt vor, wenn der Verwender die Vertragsgestaltung einseitig für sich in Anspruch nimmt und missbräuchlich eigene Interessen auf Kosten des Vertragspartners durchzusetzen versucht, ohne die Interessen des Vertragspartners hinreichend zu berücksichtigen und ihm einen angemessenen Ausgleich zuzugestehen, BGH, Urt. v. 27.6.2007 – VIII ZR 149/06 = NJW 2007, 3637, 3640; BGH, Urt. v. 21.12.1983 – VIII ZR 195/82 = BGHZ 89, 206, 210 f. = NJW 1984, 1182, 1182.

[1473] BGH, Urt. v. 27.6.2007 – VIII ZR 149/06 = NJW 2007, 3637, 3640; BGH, Urt. v. 21.12.1983 – VIII ZR 195/82 = BGHZ 89, 206, 210 f. = NJW 1984, 1182, 1182.

Termine erzeugen Druck zur Compliance mit den CSR-Standards. Das Abnehmerunternehmen hat also ein Interesse an der regelmäßigen, anlasslosen Einholung von Informationen.[1474] Die Interessen des Lieferanten bei Audits liegen hauptsächlich in der Risikominimierung, da bei Audits für ihn verschiedene Risiken bestehen. Dazu gehören datenschutzrechtliche Risiken, im Hinblick auf personenbezogene Daten von Mitarbeitern, Kunden und Lieferanten.[1475] Darüber hinaus besteht für den Lieferanten das Risiko, dass durch die Audit- und Kontrollmaßnahmen Betriebs- und Geschäftsgeheimnisse bekannt werden und auch an Dritte gelangen können.[1476] Problematisch ist dies gerade, wenn der Lieferant gegenüber Dritten zur Geheimhaltung von Informationen verpflichtet ist.[1477] Diesen Interessen trägt auch die Wertung gesetzlicher Bestimmungen zum Schutz von Geschäftsgeheimnissen Rechnung.[1478]

a) Auskunftsanspruch

Einen gesetzlichen Anspruch auf die Durchführung von Kontrollen oder Auditierungen gibt es nicht. Ein in der Rechtsprechung in verschiedenen Rechtsgebieten aus § 242 BGB hergeleiteter Auskunftsanspruch bezieht sich auf die Erbringung von Informationen, nicht auf die Durchführung von Kontrollen durch eine Vertragspartei oder externe Personen.[1479] Außerdem macht ihn die Rechtsprechung von einer im Einzelfall durchzuführenden umfassenden Abwägung der durch die Auskunftserteilung berührten rechtlichen sowie grundrechtlichen Belange beider Parteien abhängig.[1480] Grundsätzlich hat jede Partei ein berechtigtes Interesse zu erfahren, ob ihr aufgrund einer Pflichtwidrigkeit der anderen Partei ein Anspruch zusteht. Daraus folgt aber kein Anspruch auf fortwährende Information im Hinblick auf ein rechtmä-

---

[1474] *Kuß*, in: Taeger/Pohle (Hrsg.), Computerrechts-Handbuch, Rn. 77, (zum Lizenzaudit).

[1475] Dazu *Teicke/Matthiesen*, BB 2013, 771, 774; *Busekist/Uhlig*, in: Hauschka/Moosmayer/Lösler (Hrsg.), Corporate Compliance, Rn. 86; *Kuß*, in: Taeger/Pohle (Hrsg.), Computerrechts-Handbuch, Rn. 3, (zum Lizenzaudit).

[1476] *Schröder*, in: Fröhlich (Hrsg.), CSR und Beschaffung, S. 159; *Depping*, in: Walden/Depping (Hrsg.), CSR und Recht, S. 138; *Kuß*, in: Taeger/Pohle (Hrsg.), Computerrechts-Handbuch, Rn. 3, (zum Lizenzaudit).

[1477] *Gilch/Pelz*, CCZ 2008, 131, 135 die Auditierungs-Klauseln in dieser Hinsicht für überraschend i.S.v. § 305c Abs. 1 BGB halten. A.A. *Depping*, in: Walden/Depping (Hrsg.), CSR und Recht, S. 138.

[1478] Diese Frage ist in der Vergangenheit besonders mit Blick auf sog. „Lizenzaudits" eines Software-Lizenzgebers bei dem Lizenznehmer über die Validierung einer ausreichenden Lizensierung diskutiert worden. S. nur Westphalen/Thüsing/*Hoeren*, IT-Verträge, Rn. 154 ff.; *Hoeren*, CR 2008, 409, 409 ff.; *Kotthoff/Wieczorek*, MMR 2014, 3, 3 ff.; *Kuß*, in: Taeger/Pohle (Hrsg.), Computerrechts-Handbuch, Rn. 1 ff.

[1479] Zu Auskunftsansprüchen wegen des Verdachts einer Pflichtverletzung der anderen Vertragspartei vgl. u.a. BGH, Urt. v. 26.9.2013 – VII ZR 227/12 = NJW 2014, 381, 382, Rn. 14; BGH, Urt. v. 1.8.2013 – VII ZR 268/11 = NJW 2014, 155, 155 Rn. 20; BGH, Beschl. v. 11.2.2008 – II ZR 277/06, BeckRS 2008, 04552, Rn. 7; BGH, VU v. 17.7.2002 – VIII ZR 64/01 = NJW 2002, 3771, 3771. Für einen Überblick über Art und Umfang von aus § 242 BGB hergeleiteten Informationsansprüchen s. BeckOGK/*Kähler*, BGB § 242, Stand: 1.1.2021, Rn. 637 ff.

[1480] BGH, Urt. v. 23.1.2019 – XII ZR 71/18 = NJW 2019, 848, 850, Rn. 27 (zum Auskunftsrecht eines Kindes über anonymen Samenspender); BGH, Urt. v. 26.9.2013 – VII ZR 227/12 = NJW 2014, 381, 382, Rn. 19 (Auskunftsanspruch gegen den Handelsvertreter über verbotswidrig vermittelte Geschäfte); BGH, Urt. v. 17.5.2001 – I ZR 291/98 = BGHZ 148, 26 = GRUR 2001, 841, 843 (Zum Drittauskunftsrecht eines Herstellers gegen einen Anbieter kosmetischer Artikel ohne Herstellungsnummer); Zum Auskunftsrecht über Gehaltserhöhungen im Arbeitsverhältnis BAG, Urt. v. 1.12.2004 – 5 AZR 664/03 = BAGE 113, 55 = NZA 2005, 289, 291.

ßiges Verhalten der anderen Partei.[1481] Im Falle von Dauerschuldverhältnissen ist für das Auskunftsverlangen ein begründeter Verdacht einer Pflichtverletzung und die Wahrscheinlichkeit eines daraus resultierenden Schadens erforderlich.[1482] Anlasslose Kontrollen und Auditprüfungen lassen sich hieraus folglich nicht ableiten.

b) Schutz von Betriebs- und Geschäftsgeheimnissen

Um von dem gesetzlichen Schutz von Geschäfts- und Betriebsgeheimnissen nicht einseitig abzuweichen, ist in Auditierungs-Klauseln eine Regelung zur Wahrung und zum Umgang mit Geschäftsgeheimnissen zu treffen. Der Schutz von Betriebs- und Geschäftsgeheimnissen ist Schutzzweck unter anderem der § 4 GeschGehG, § 203 StGB, § 404 AktG, § 85 GmbHG, § 120 BetrVG, §§ 116, 93 Abs. 1 S. 3 AktG.[1483] Als Generalklausel ist § 307 Abs. 1 S. 1 BGB außerdem nach der Lehre der mittelbaren Drittwirkung der Grundrechte[1484] das Einfallstor für Grundrechte im Zivilrecht,[1485] sodass im Rahmen der Interessenabwägung auch der grundrechtliche Schutz von Betriebs- und Geschäftsgeheimnissen nach Art. 14 Abs. 1 GG bzw. Art. 12 Abs. 1 GG[1486] zu berücksichtigen ist. Die Berücksichtigung der Interessen des Lieferanten kann zum Beispiel durch Ankündigung vorheriger Kontrollen erfolgen. Der Lieferant hätte in diesem Fall Zeit, dafür zu sorgen, dass Geschäftsgeheimnisse in den zu prüfenden Unterlagen gewahrt werden.[1487] Eine weitere Maßnahme sind Verschwiegenheitsverpflichtungen des Prüfpersonals des Abnehmers,[1488] sowie die Ausnahme von Unterlagen, die Geschäfts- und Betriebsgeheimnisse des Lieferanten oder Dritter enthalten.[1489] Ist Letzteres nicht möglich, weil es gerade auf diese Dokumente in der Prüfung ankommt, so bleibt noch die Möglichkeit, Dritte als Prüfer einzusetzen.[1490] In diesem Zusammenhang sollte der Dritte zur Verschwiegenheit gegenüber

---

[1481] BeckOGK/*Kähler*, BGB § 242, Stand: 1.1.2021, Rn. 672 ff.

[1482] BGH, Urt. v. 26.9.2013 – VII ZR 227/12 = NJW 2014, 381, 382, Rn. 14; BGH, Urt. v. 1.8.2013 – VII ZR 268/11 = NJW 2014, 155, 155 Rn. 20; BGH, Beschl. v. 11.2.2008 – II ZR 277/06, BeckRS 2008, 04552, Rn. 7; BGH, VU v. 17.7.2002 – VIII ZR 64/01 = NJW 2002, 3771, 3771; BeckOGK/*Kähler*, BGB § 242, Stand: 1.1.2021, Rn. 678.

[1483] S. dazu sowie zu weiteren Normen, die Geschäftsgeheimnisse schützen *Kotthoff/Wieczorek*, MMR 2014, 3, 7; Zu den Regelungen des Gesetzes zum Schutz von Geschäftsgeheimnissen vom 18. April 2019, BGBl. I S. 466, (GeschGehG) vgl. *Ohly*, GRUR 2019, 441, 441 ff.

[1484] BVerfG, Urt. v. 15.1.1958 – 1 BvR 400/51 = BVerfGE 7, 198, 205 = NJW 1958, 257, 257 (Lüth); dazu Dreier/*Dreier*, Vorb. Art. 1 GG, Rn. 96 ff.

[1485] U.a. BGH, Urt. v. 22.2.2017 – IV ZR 289/14 = BGHZ 214, 127 = NJW 2017, 1391, 1392, Rn. 23 f.; MüKoBGB/*Wurmnest*, BGB § 307, Rn. 57.

[1486] Zur Erfassung im Schutzbereich des Art. 12 Abs. 1 GG: BVerfG, Beschl. v. 14.3.2006 – 1 BvR 2087/03, 1 BvR 2111/03 = BVerfGE 115, 205, 248 (ob auch Art. 14 Abs. 1 GG einschlägig ist, ließ das BVerfG offen mit dem Hinweis, der Schutz von Betriebs- und Geschäftsgeheimnissen durch Art.14 Abs.1 GG ginge jedenfalls nicht weiter als der durch Art.12 Abs.1 GG; zur Erfassung im Schutzbereich sowohl des Art. 12 Abs. 1 GG und des Art. 14 Abs. 1 GG: BVerwG, Beschl. v. 19.1.2009 – 20 F 23/07 = NVwZ 2009, 1114, 1116, Rn. 16; sowie *Kloepfer/Greve*, NVwZ 2011, 577, 579 („Idealkonkurrenz der grundrechtlichen Verbürgungen").

[1487] *Depping*, in: Walden/Depping (Hrsg.), CSR und Recht, S. 138; *Kuß*, in: Taeger/Pohle (Hrsg.), Computerrechts-Handbuch, Rn. 80, (zum Lizenzaudit).

[1488] *Teicke/Matthiesen*, BB 2013, 771, 774; *Kotthoff/Wieczorek*, MMR 2014, 3, 7, (zum Lizenzaudit); *Kuß*, in: Taeger/Pohle (Hrsg.), Computerrechts-Handbuch, Rn. 87, (zum Lizenzaudit).

[1489] *Depping*, in: Walden/Depping (Hrsg.), CSR und Recht, S. 138.

[1490] *Teicke/Matthiesen*, BB 2013, 771, 774; *Kuß*, in: Taeger/Pohle (Hrsg.), Computerrechts-Handbuch, Rn. 87, (zum Lizenzaudit).

dem Abnehmer im Hinblick auf Informationen, die für Lieferanten-Audit nicht entscheidend sind, verpflichtet werden.[1491]

c) Keine unzumutbare Störung des Betriebsablaufs

Zu den weiteren Interessen des Lieferanten gehört, dass die Auditierung keine unzumutbaren Störungen des Betriebsablaufs hervorruft.[1492] Eine unzumutbare Beeinträchtigung wegen des damit verbundenen Mehraufwands des Lieferanten wäre zum Beispiel gegeben, wenn der Abnehmer einseitig bestimmen dürfte, dass die Kontrolle außerhalb der Geschäftszeiten des Lieferanten stattfindet.[1493] Außerdem darf die Audit-Maßnahme, um den Verhältnismäßigkeitsgrundsatz zu wahren, nicht weiter ausgestaltet sein als zur Erfassung der Prüfungsgegenstände erforderlich.[1494]

d) Datenschutzrechtliche Fragen

Bei Prüfmaßnahmen vor Ort besteht das Risiko, dass personenbezogene Daten der Mitarbeiter des Lieferanten oder Daten von dessen Geschäftspartnern an den Abnehmer übermittelt werden. Die Verarbeitung und Preisgabe persönlicher Daten sind durch Grundrechte und Grundfreiheiten geschützt. Das Recht auf informationelle Selbstbestimmung aus Art. 2 Abs. 1, Art. 1 Abs. 1 GG gewährleistet als besondere Ausprägung des allgemeinen Persönlichkeitsrechts, die Befugnis des Grundrechtsträgers grundsätzlich selbst über die Preisgabe und Verwendung seiner persönlichen Daten sowohl durch Dritte als auch durch ihn selbst zu bestimmen.[1495] Dieses Grundrecht der an Audit-Maßnahmen Beteiligten Personen ist bei der Interessenabwägung nach § 307 Abs. 1 S. 1 BGB zu berücksichtigen und gegen das Offenbarungsinteresse des Abnehmers abzuwägen.[1496] Darüber hinaus sind datenschutzrechtliche Bestimmungen der DSGVO[1497] zu beachten. Eine Auditierungs-Klausel, die diese nicht einhält, kann eine unangemessene Benachteiligung im Sinne des § 307 Abs. 2 Nr. 1 BGB darstellen, weil sie mit wesentlichen Grundgedanken der gesetzlichen Regelungen zum Datenschutz nicht vereinbar ist.[1498]

[1491] *Kuß*, in: Taeger/Pohle (Hrsg.), Computerrechts-Handbuch, Rn. 87, (zum Lizenzaudit).

[1492] *Kotthoff/Wieczorek*, MMR 2014, 3, 7; *Kuß*, in: Taeger/Pohle (Hrsg.), Computerrechts-Handbuch, Rn. 79 ff.

[1493] *Kuß*, in: Taeger/Pohle (Hrsg.), Computerrechts-Handbuch, Rn. 81, (zum Lizenzaudit); *Depping*, in: Walden/Depping (Hrsg.), CSR und Recht, S. 138.

[1494] *Kotthoff/Wieczorek*, MMR 2014, 3, 7. Unzulässig ist es, wenn der Abnehmer die Audit-Maßnahmen zu einer Ausforschung des Lieferanten missbrauchen kann, vgl. zur entsprechenden Wertung im urheberrechtlichen Auskunftsanspruch aus § 101 UrhG: *Kuß*, in: Taeger/Pohle (Hrsg.), Computerrechts-Handbuch, Rn. 76, (zum Lizenzaudit).

[1495] Dazu BVerfG, Beschl. v. 17.7.2013 – 1 BvR 3167/08 = VersR 2013, 1425, 1427, Rn. 22; grundlegend BVerfG, Urt. v. 15.12.1983 – 1 BvR 209/83 u.a. = BVerfGE 65, 1, 43 = NJW 1984, 419, 422.

[1496] So der BGH zur Mitwirkungsobliegenheit des Versicherungsnehmers bei der Datenerhebung in Allgemeinen Versicherungsbedingungen einer Berufsunfähigkeitsversicherung: BGH, Urt. v. 22.2.2017 – IV ZR 289/14 = BGHZ 214, 127 = NJW 2017, 1391, 1392, Rn. 23 f. Der BGH hielt eine Mitwirkung nur bei Vorliegen eines Verdachts für zu eng, eine Mitwirkung nur insoweit, als diese zur Prüfung des Leistungsfalls relevant sind dagegen für angemessen (Rn. 44 f.). Zur mittelbaren Drittwirkung der Grundrechte für zu BVerfG, Urt. v. 15.1.1958 – 1 BvR 400/51 = BVerfGE 7, 198, 205 = NJW 1958, 257, 257 (Lüth); Dreier/*Dreier*, Vorb. Art. 1 GG, Rn. 96 ff.

[1497] Verordnung (EU) 2016/679 des Europäischen Parlaments und des Rates vom 27.4.2016 zum Schutz natürlicher Personen bei der Verarbeitung personenbezogener Daten, zum freien Datenverkehr und zur Aufhebung der Richtlinie 95/46/EG vom 4.5.2016 (DSGVO).

[1498] Westphalen/Thüsing/*Munz*, Datenschutzklauseln, Rn. 6.

Nach Art. 6 DSGVO dürfen personenbezogene Daten nur verarbeitet werden, wenn einer der Erlaubnistatbestände des Art. 6 Abs. 1 DSGVO erfüllt ist. Personenbezogene Daten sind nach Art. 4 Nr. 1 DSGVO alle Informationen, die sich auf eine identifizierte oder identifizierbare natürliche Person beziehen, wobei eine Person insbesondere als identifizierbar gilt, wenn sie mittels Zuordnung zu einer Kennung oder besonderen Merkmalen identifiziert werden kann.[1499] Ob personenbezogene Daten bei einer Audit-Maßnahme erhoben, erfasst und verknüpft und damit verarbeitet (i.S.d. Art. 4 Nr. 2 DSGVO) werden, hängt von dem jeweiligen Einzelfall und insbesondere von der Prüfmethode ab. Da Audit-Maßnahmen die Einhaltung sozialer Mindeststandards überprüfen sollen, ist es wahrscheinlich, dass der Auditor personenbezogene Daten erhebt und verarbeitet.[1500] Das lässt sich am Beispiel der Überprüfung von Kinderarbeit verdeutlichen. Diese setzt Informationen über das Alter und damit die Geburtsdaten der Arbeitnehmer des Lieferanten voraus.

Im Fall von CSR-Audits kann sich ein berechtigtes Interesse an der Datenverarbeitung aus eine Abwägung nach Art. 6 Abs. 1 lit. f) DSGVO ergeben.[1501] Nach Art. 6 Abs. 1 lit. f) DSGVO ist die Verarbeitung zulässig, wenn dies „zur Wahrung der berechtigten Interessen des Verantwortlichen oder eines Dritten erforderlich [ist], sofern nicht die Interessen oder Grundrechte und Grundfreiheiten der betroffenen Person, die den Schutz personenbezogener Daten erfordern, überwiegen, insbesondere dann, wenn es sich bei der betroffenen Person um ein Kind handelt." Ob die Datenverarbeitung erforderlich ist, hängt von der jeweiligen Audit-Maßnahme im Einzelfall ab und setzt eine Abwägung der Interessen der betroffenen Personen voraus. Alternativ ist bei der Überprüfung der Sicherheits- und Gesundheitsbedingungen einer Produktionsstätte der Erlaubnistatbestand des Art. 6 Abs. 1 lit. d) DSGVO anzudenken. Dieser lässt die Verarbeitung zu, wenn sie erforderlich ist, um lebenswichtige Interessen der betroffenen Person oder einer anderen natürlichen Person zu schützen. Lebenswichtige Interessen sind zum Beispiel im Fall von humanitären Notfällen, Naturkatastrophen oder menschlich verursachten Katastrophen gegeben.[1502] Hierunter lassen sich die Fälle schwerwiegender Menschenrechtsverstöße, schwerwiegender Umweltverstöße und einer großen Gefährdung des Lebens und der Gesundheit der Arbeitnehmer im Betrieb des Lieferanten, subsumieren.[1503]

[1499] Die genaue Definition der Identifizierbarkeit nach Art. 4 Nr. 1 DSGVO lautet: „als identifizierbar wird eine natürliche Person angesehen, die direkt oder indirekt, insbesondere mittels Zuordnung zu einer Kennung wie einem Namen, zu einer Kennnummer, zu Standortdaten, zu einer Online-Kennung oder zu einem oder mehreren besonderen Merkmalen, die Ausdruck der physischen, physiologischen, genetischen, psychischen, wirtschaftlichen, kulturellen oder sozialen Identität dieser natürlichen Person sind, identifiziert werden kann".

[1500] In der Rechtsprechung des EuGH sind u.a. Geburtsdatum ebenso wie Aufzeichnungen über die Arbeitszeit einer Person oder ihr Einkommen personenbezogene Daten. Vgl. zum Einkommen: EuGH 16.12.2008 – C-73/07 Rn. 35 (*Satakunnan*) = EuZW 2009, 108; zum Geburtsdatum: EuGH 17.7.2014 – C-141/12, C-372/12 Rn. 38 – (*Y. S.*) = NVwZ-RR 2014, 736; zu Aufzeichnungen über die Arbeitszeit: EuGH 30.5.2013 – C-342/12 Rn. 19 – (*Worten*), NZA 2013, 723. S. zu diesen und weiteren Beispielen Franzen/Gallner/Oetker/*Franzen*, DSGVO Art. 4, Rn. 3.

[1501] Ebenso zum Lizenzaudit *Kuß*, in: Taeger/Pohle (Hrsg.), Computerrechts-Handbuch, Rn. 91.

[1502] Erwägungsgrund 46 DSGVO.

[1503] Allerdings soll dieser Erlaubnistatbestand nach dem Willen des Verordnungsgebers als subsidiär hinter den anderen Tatbeständen zurücktreten, auch wenn sich dies nicht aus dem Gesetzestext selbst ergibt. So Erwägungsgrund 46 DSGVO: „Personenbezogene Daten sollten grundsätzlich nur dann aufgrund eines lebenswichtigen Interesses einer anderen natürlichen Person verarbeitet werden,

Im Ergebnis zeigt sich, dass Auditierungsrechte und datenschutzrechtliche Vorgaben in einem Spannungsverhältnis stehen können. Das Risiko einer unangemessenen Benachteiligung i.S.d. § 307 Abs. 1 S. 1, Abs. 2 Nr. 1 BGB durch Auditierungs-Klauseln, ist geringer, wenn die Parteien den Schutz der personenbezogenen Daten der betroffenen Mitarbeiter und Geschäftspartner des Lieferanten bereits in der vertraglichen Ausgestaltung der Auditierungsrechte festhalten.[1504]

e) Transparenzgebot

Das Transparenzgebot des § 307 Abs. 1 S. 2 BGB verlangt, dass aus dem Inhalt der Klausel eindeutig hervorgeht, welche Kontroll- und Auditmaßnahmen der Verwender unter welchen Voraussetzungen und in welchem Umfang durchführen darf bzw. durch Audit-Unternehmen durchführen lassen darf.[1505] Eine genauere Festlegung erhöht auch die Akzeptanz von Auditierungs-Klauseln, da der Lieferant besser erkennen kann, worauf er sich einlässt.[1506]

f) Zwischenergebnis

Auditierungsrechte in Lieferverträgen bieten eine Kontrollmöglichkeit des Lieferanten hinsichtlich der Einhaltung von CSR-Standards. Auf Ergebnisse der Auditierung können die Parteien ohne Kenntnis der Öffentlichkeit schnell reagieren.[1507] Die Reichweite, Häufigkeit und Form der Auditierung sollten aus Gründen der Verhältnismäßigkeit an die Ergebnisse einer Risikoanalyse angepasst sein.[1508] Dabei sind das Interesse des Abnehmers an der Informationsgewinnung mit dem Schutz von Betriebs- und Geschäftsgeheimnissen des Lieferanten, der Weiterführung des Betriebsablaufs des Lieferanten, datenschutzrechtlichen Aspekten und dem Transparenzgebot abzuwägen. Ausgewogenere Auditierungsrechte, die auf die Interessen des Lieferanten Rücksicht nehmen, fördern die Akzeptanz und Kooperation seitens des Lieferanten.[1509]

9. Kündigungs- und Rücktrittsklauseln

Die Vereinbarung einer möglichen Vertragsbeendigung bei Verstößen gegen CSR-Standards ist ein wichtiges Instrument zur Durchsetzung von CSR-Standards. Sie betont zugleich die Bedeutung der CSR-Standards für den Abnehmer. In Dauerschuldverhältnissen wie Dauerlieferverträgen[1510] tritt grundsätzlich die Kündigung

---

wenn die Verarbeitung offensichtlich nicht auf eine andere Rechtsgrundlage gestützt werden kann." Vgl. dazu Franzen/Gallner/Oetker/*Franzen*, DSGVO Art. 6, Rn. 8.

[1504] Dazu *Teicke/Matthiesen*, BB 2013, 771, 773 f., die Auditierungs-Klauseln wegen regelmäßigen Verstoßes gegen gesetzliche Datenschutzbestimmungen ein hohes Unwirksamkeitsrisiko attestieren.

[1505] Jeweils zum Lizenzaudit: *Kotthoff/Wieczorek*, MMR 2014, 3, 6; *Kuß*, in: Taeger/Pohle (Hrsg.), Computerrechts-Handbuch, Rn. 73.

[1506] Bzgl. besserer Akzeptanz auch *Gilch/Pelz*, CCZ 2008, 131, 135.

[1507] *Teicke/Matthiesen*, BB 2013, 771, 774.

[1508] *Schröder*, in: Fröhlich (Hrsg.), CSR und Beschaffung, S. 158Zur Selbstauditierung als geringeres Mittel: *Kotthoff/Wieczorek*, MMR 2014, 3, 7; *Kuß*, in: Taeger/Pohle (Hrsg.), Computerrechts-Handbuch, Rn. 95, (zum Lizenzaudit).

[1509] *Teicke/Matthiesen*, BB 2013, 771, 774.

[1510] Zur Abgrenzung der verschiedenen Dauerverträge vgl. neben vielen BeckOK BGB/*S. Lorenz*, BGB § 280, Stand: 1.5.2022, Rn. 64 ff.

aus wichtigem Grund an die Stelle eines Rücktrittsrechts.[1511] Die getroffenen Regelungen dürfen allerdings nicht so ausgestaltet sein, dass der Verwender durch eine einseitige und missbräuchliche Vertragsgestaltung eigene Interessen auf Kosten seines Vertragspartners durchsetzen kann, ohne dessen Belange hinreichend zu berücksichtigen und ihm einen angemessenen Ausgleich zuzugestehen.[1512] Im Fall außerordentlicher Kündigungsrechte sind zusätzlich die wesentlichen Grundgedanken des § 626 Abs. 1 BGB und des § 314 BGB zu beachten, deren Charakter zwingend ist.[1513] Zu den wesentlichen Grundgedanken des außerordentlichen Kündigungsrechts aus § 314 BGB gehört es, dass ein sachlicher Grund für die Kündigung besteht. Nach § 626 Abs. 1 BGB ist dies ein Grund, der „an sich“ eine außerordentliche Kündigung rechtfertigt.[1514] Der Kündigungsgrund muss so gravierend sein, dass es dem Abnehmer nicht zugemutet werden kann, am Vertrag festzuhalten.[1515]

Vor diesem Hintergrund ist eine Klausel, wonach jeder Verstoß gegen CSR-Standards in einem Code of Conduct ohne Differenzierung eine außerordentliche Kündigung des Abnehmers rechtfertigt, unzulässig.[1516] Vielmehr sollte die Klausel nach der Schwere der Verstöße differenzieren. Auch das Transparenzgebot des § 307 Abs. 1 S. 2 BGB verlangt eine Differenzierung zwischen einfachen Verstößen gegen CSR-Standards und gravierenden Fällen, die eine außerordentliche Kündigung zulassen.[1517] Außer bei besonders schwerwiegenden Verstößen ist auch im Fall des Vorliegens eines sachlichen Rechtfertigungsgrunds zunächst eine Abmahnung auszusprechen oder eine zur Abhilfe bestimmte Frist zu bestimmen.[1518] Ein wichtiger Grund für eine außerordentliche Kündigung ist bei schwerwiegenden Verstößen gegen den Code of Conduct gegeben. Für das Vorliegen eines schwerwiegenden Verstoßes spricht, wenn der Verstoß negative Auswirkungen auf die Reputation des

---

[1511] Haben die Parteien ausnahmsweise ein Interesse an der Rückabwicklung bereits erbrachter Leistungen oder ist diese unschwer möglich und interessengerecht, dann kommt auch bei Dauerlieferverhältnissen ein Rücktrittsrecht in Betracht. Rechte des Abnehmers im Hinblick auf eine einzelne Rate richten sich wie in Sukzessiv- oder Ratenlieferungsverträgen demgegenüber nach den allgemeinen Regeln und sind einem Rücktritt zugänglich. Siehe BGH, Urt. v. 19.2.2002 – X ZR 166/99 = NJW 2002, 1870, 1871; vgl. zum Gesamten BeckOK BGB/*S. Lorenz*, BGB § 280, Stand: 1.5.2022, Rn. 64 ff.

[1512] St. Rspr., u.a. BGH, Urt. v. 7.6.2018 – III ZR 351/17 = BGHZ 219, 51 = BGH NJW 2018, 2788, 2789; BGH, Urt. v. 18.2.2016 – III ZR 126/15 = BGHZ 209, 52, 58 = NJW 2016, 1578, 1579, Rn. 17 m.w.N.

[1513] Daher bedarf es auch nicht eines Rückgriffs auf § 307 Abs. 2 Nr. 1 BGB. BGH, Urt. v. 26.5.1986 – VIII ZR 218/85 = NJW 1986, 3134, 3134 (wonach die bei Dauerschuldverhältnissen gegebene außerordentliche Kündigungsmöglichkeit durch AGB nicht abbedungen werden kann); BeckOK BGB/*S. Lorenz*, BGB § 314, Stand: 1.5.2022, Rn. 28; MüKoBGB/*Gaier*, BGB § 314, Rn. 7 f.; BeckOK BGB/*Plum*, BGB § 626, Stand: 1.5.2022, Rn. 2; MüKoBGB/*Henssler*, BGB § 626, Rn. 56 f.

[1514] BeckOGK/*Zschieschack*, BGB § 307 Kündigungsklausel, Stand: 1.6.2022, Rn. 48 f.; MüKoBGB/*Henssler*, BGB § 626, Rn. 66.

[1515] BGH, Urt. v. 15.11.2007 – III ZR 247/06 = NJW 2008, 360, 364; BGH, Urt. v. 8.10.1990 – VIII ZR 247/89 = BGHZ 112, 279, 285 = NJW 1991, 102, 104.

[1516] *Schröder*, in: Fröhlich (Hrsg.), CSR und Beschaffung, S. 157; *Spießhofer/Westphalen*, BB 2015, 75, 82.

[1517] Ebenso *Spießhofer/Westphalen*, BB 2015, 75, 82; *Schröder*, in: Fröhlich (Hrsg.), CSR und Beschaffung, S. 157.

[1518] So der Rechtsgedanke des § 314 Abs. 2 S. 1 BGB. *Spießhofer/Westphalen*, BB 2015, 75, 82; *Teicke/Matthiesen*, BB 2013, 771, 773; *Depping*, in: Walden/Depping (Hrsg.), CSR und Recht, S. 141.

Abnehmers hat,[1519] Verstöße durch den Lieferanten mutwillig nicht beseitigt werden oder solche wiederholt trotz Prüfung und Rücksprache begangen und verborgen wurden. Außerdem dürften Verstöße gegen strafbewehrte Gesetzesvorschriften, wie zum Beispiel strafrechtliche Korruptionstatbestände,[1520] auf das Vertrauensverhältnis durchschlagen.

Bei der Androhung von Kündigungsrechten wegen Nichteinhaltung von CSR-Standards ist zu beachten, dass eine Umsetzung für Lieferanten unter Umständen nicht sofort möglich ist. Den Interessen des Lieferanten an einer Fortsetzung des Vertrags dienen eingeräumte Fristen für Abhilfemöglichkeiten oder eine Kooperation bei der Entwicklung von Abhilfemöglichkeiten. Kooperationsmöglichkeiten tragen schließlich auch aus rechtspolitischer Sicht mehr zur Verwirklichung von CSR-Standards im Lieferantenbetrieb bei als eine schnelle Vertragsbeendigung.[1521] Diese sollte lediglich die Ultima Ratio sein.[1522]

10. Schadensersatz für die Verletzung von CSR-Standards in Lieferketten

Sehen Klauseln in AGB einen vertraglichen Schadensersatzanspruch vor, sind dabei gemäß § 307 Abs. 2 Nr. 1 BGB wesentliche Grundgedanken des Haftungsrechts sowie das Transparenzgebot zu beachten. Die Wirksamkeit von Schadensersatzansprüchen bestimmt sich außerdem im Zusammenhang mit der jeweiligen CSR-Verpflichtung, deren Verletzung sie sanktioniert.[1523] Im Falle der Verletzung von CSR-Standards kann die Bestimmung eines Schadensanfalls und der Höhe des Schadens Schwierigkeiten bereiten.

a) Verschuldensprinzip und -maßstab

Zunächst ist zu beachten, dass eine undifferenzierte verschuldensunabhängige Haftung in AGB unwirksam ist.[1524] Sie umgeht das Verschuldensprinzip als Ausdruck eines zentralen Gerechtigkeitsgebots und damit einen wesentlichen Grundgedanken des Haftungsrechts[1525]. Liegt kein Fall einer speziellen Garantieübernahme (§ 276 Abs. 1 Hs. 2 BGB) oder eine entsprechende Individualvereinbarung vor,[1526] so besteht das Risiko, dass der Vertragspartner einer unübersehbaren Schadensersatzhaftung ausgesetzt ist und ohne Berücksichtigung seiner Interessen durch die Schadensersatzklausel unangemessen benachteiligt wird.[1527] Insbesondere Formulierungen, die

---

[1519] Ähnlich *Gilch/Pelz*, CCZ 2008, 131, 136.

[1520] *Schröder*, in: Fröhlich (Hrsg.), CSR und Beschaffung, S. 157.

[1521] S. dazu ausführlich unten unter § 6 B. III. 2. b). ee).

[1522] Ebenso *Depping*, in: Walden/Depping (Hrsg.), CSR und Recht, S. 141 Vgl. dazu unten unter § 6 B. III. 2. b). ee).

[1523] So allg. zu Compliance-Verpflichtungen *Teicke/Matthiesen*, BB 2013, 771, 773.

[1524] Zum Verschuldensprinzip vgl. BGH, Urt. v. 5.10.2005 – VIII ZR 16/05 = BGHZ 164, 196 = BGH NJW 2006, 47, 49, Rn. 30; ebenso im vorliegenden Kontext *Teicke/Matthiesen*, BB 2013, 771, 773; *Spießhofer/Westphalen*, BB 2015, 75, 81; *Gilch/Pelz*, CCZ 2008, 131, 136 S. dazu auch die Nachweise oben unter § 5 B. II. 5.

[1525] BGH, Urt. v. 5.10.2005 – VIII ZR 16/05 = BGHZ 164, 196 = BGH NJW 2006, 47, 49, Rn. 30; BGH, Urt. v. 23.4.1991 – XI ZR 128/90 = BGHZ 114, 238, 240 = NJW 1991, 1886, 1887 (zu § 9 AGBG).

[1526] Die Individualvereinbarung ist aber an den Grenzen der §§ 138, 242 BGB zu messen. Dazu BGH, Urt. v. 9.7.1992 – VII ZR 7/92 = BGHZ 119, 152, 168 = NJW 1992, 3158, 3161.

[1527] BGH, Urt. v. 5.10.2005 – VIII ZR 16/05 = BGHZ 164, 196 = NJW 2006, 47, 50, Rn. 31, zu einer Haftung für unverschuldete Rechtsmängel der Kaufsache in AGB seitens des Verkäufers als

Schadensersatz- oder Freistellungsansprüche ausschließlich an die objektive Verletzung von Pflichten aus einem Code of Conduct knüpfen, sind – verwenderfeindlich ausgelegt (§ 305c Abs. 2 BGB) – verschuldensunabhängige Ansprüche und stellen ohne entsprechenden Ausgleich für den Lieferanten eine unangemessene Benachteiligung i.S.d. § 307 Abs. 2 Nr. 1 BGB dar.[1528]

Das Verschuldensprinzip ist auch im Hinblick auf die Haftung des Lieferanten für das Verhalten Dritter, insbesondere seiner Unterlieferanten zu beachten.[1529] Nach dem wesentlichen Grundgedanken des § 278 S. 1 Var. 2 BGB hat der Schuldner für das Verschulden der in seinem Pflichtenkreis tätigen Erfüllungsgehilfen einzustehen, nicht aber für sonstige Dritte.[1530] Weitet eine Klausel in AGB die Einstandspflicht auch auf das Verschulden solcher Unterlieferanten aus, die keine Erfüllungsgehilfen sind, liegt ein Verstoß gegen wesentliche Grundgedanken des Haftungsrechts aus § 278 BGB vor.[1531]

Schließlich können die Vertragsparteien durch die Vereinbarung von Pflichten zur Durchführung von Überprüfungen, Ergreifung von Vorsichtsmaßnahmen oder Abhilfemaßnahmen im Hinblick auf CSR-Verstöße die Anforderungen an Sorgfaltspflichten des Lieferanten erhöhen.[1532]

b) Transparenzgebot

Darüber hinaus ist das Transparenzgebot des § 307 Abs. 1 S. 2 BGB auch bei der Festlegung von Sanktionen und Rechtsfolgen für Verstöße gegen Pflichten des Codes of Conduct zu beachten. Wirtschaftliche Nachteile und Belastungen, die aus einer Bestimmung folgen, müssen also für den Adressaten so erkennbar sein, wie es nach den jeweiligen Umständen gefordert werden kann.[1533] Das bedeutet, dass sowohl der Tatbestand als auch die Folge einer Sanktion bestimmbar sein müssen.

---

unangemessene Benachteiligung des Lieferanten; BGH, Urt. vom 23.6.1988 – VII ZR 117/87 = BGHZ 105, 24, 29 ff. = NJW 1988, 2536, 2537 f. Anders ist dies, wenn bereits gesetzlich eine verschuldensunabhängige Haftung des Verkäufers/Lieferanten besteht. So statuiert beispielsweise § 24 LFGB eine verschuldensunabhängige Haftung des Futtermittelverkäufers, der Futtermittel in Verkehr bringt, die nicht unverdorben, echt, unverfälscht, zweckgeeignet und von handelsüblicher Beschaffenheit i.S.d. Art. 4 Abs. 2 UAbs. 1 Buchst. a der Verordnung (EG) 767/2009 sind. Dazu Zipfel/Rathke/*Boch*, LFGB § 24, Rn. 19 ff. sowie zu § 24 LFGB a.F.: BGH, Urt. v. 22.10.2014 – VIII ZR 195/13 = BGHZ 203, 98 = NJW 2015, 544, 544 ff.

[1528] Zu gleich gelagerten Beispielen: *Gilch/Pelz*, CCZ 2008, 131, 136; *Spießhofer/Westphalen*, BB 2015, 75, 82; allg. zur Übernahme einer verschuldensunabhängigen Haftung in AGB: *Depping*, in: Walden/Depping (Hrsg.), CSR und Recht, S. 140; *Teicke/Matthiesen*, BB 2013, 771, 773.

[1529] Dazu auch *Spießhofer/Westphalen*, BB 2015, 75, 81 f.; *Teicke/Matthiesen*, BB 2013, 771, 773; *Gilch/Pelz*, CCZ 2008, 131, 133.

[1530] Dritte in diesem Sinne sind nicht unter § 278 S. 1 BGB fallende gesetzliche Vertreter oder organschaftliche Vertreter (für deren Handlung der Verein/die Gesellschaft nach § 31 BGB (analog) einstehen muss). Westphalen/Thüsing/*Thüsing*, Haftungserweiterungsklauseln, Rn. 3.

[1531] Westphalen/Thüsing/*Thüsing*, Haftungserweiterungsklauseln, Rn. 3. Mit Bezug zur vorliegend untersuchten Konstellation *Teicke/Matthiesen*, BB 2013, 771, 773; *Gilch/Pelz*, CCZ 2008, 131, 133; *Spießhofer/Westphalen*, BB 2015, 75, 81; *Depping*, in: Walden/Depping (Hrsg.), CSR und Recht, S. 130.

[1532] Zur vertraglichen Gestaltung des Sorgfaltsmaßstabs MüKoBGB/*Grundmann*, BGB § 276, Rn. 57; BeckOGK/*Schaub*, BGB § 276, Stand: 1.3.2022, Rn. 72.

[1533] BGH, Urt. v. 25.10.2017 – XII ZR 1/17 = NJW-RR 2018, 198, 199, Rn. 13; BGH, Urt. v. 3.8.2011 – XII ZR 205/09 = NJW 2012, 54, 55 Rn. 12; BGH, Urt. v. 16.5.2007 – XII ZR 13/05 = NJW 2007, 2176, 2176, Rn. 14; BGH, Urt. v. 5.11.2003 – VIII ZR 10/03 = NJW 2004, 1598, 1600; MüKoBGB/*Wurmnest*, BGB § 307, Rn. 63.

c) Schadensposten bei der Verletzung von CSR-Standards

Im Falle einer Verletzung von CSR-Standards kommen je nach Art der verletzten Pflicht und nach Inhalt der verletzten CSR-Standards verschiedene Schadensposten in Betracht.

Als Schadensposten auf Seiten eines Abnehmers wegen Verletzung von CSR-Standards ist zunächst ein entgangener Gewinn (§ 252 BGB) aus einem Weiterverkauf[1534] zu nennen.[1535] Daneben kommen im Zusammenhang mit der Verletzung eines CSR-Standards Reputationsschäden in Betracht.[1536] Ein solcher kann durch negative Berichterstattung über CSR-Verstöße in der dem Abnehmer vorgeschalteten Lieferkette ausgelöst werden. Infolgedessen kann ein Abnehmer Schwierigkeiten bekommen, gut ausgebildete Mitarbeiter anzuwerben oder eigenes Personal motiviert zu halten.[1537] Wegen ethischen Konsums und der Sensibilisierung der Öffentlichkeit für Menschenrechts- und Umweltverletzungen im Ausland kann ein an die Öffentlichkeit gelangter CSR-Verstoß selbst dann einen Reputationsvermögensschaden hervorrufen, wenn das Fehlverhalten nicht von direkten Vertragspartnern stammt.[1538]

Problematisch ist in den Fällen des Reputationsschadens die Bestimmung der Schadenshöhe sowie der Nachweis der Kausalität des Reputationsschadens. Bei börsennotierten Gesellschaften lässt sich der Reputationsschaden durch Ereignisstudien, die den Aktienkurs vor und nach einem reputationsschädigenden Ereignis vergleichen und von anderen Kurseinflüssen bereinigen, ermitteln.[1539] Nach Bereinigung dieser Einflüsse, die nicht auf dem Reputationsverlust beruhen, erhält man den Verlust an Börsenwert, der den Reputationsschaden darstellt.[1540] Für die Ermittlung der Schadenshöhe lohnt sich außerdem ein Blick auf das UN-Kaufrecht. Im UN-Kaufrecht

---

[1534] Einen Beispielsfall prüft *Dilling*, in: Winter (Hrsg.), Die Umweltverantwortung multinationaler Unternehmen, S. 307.

[1535] Zur Einordnung eines Weiterveräußerungsschadens als Schadensersatz statt bzw. neben der Leistung vgl. s. BeckOGK/*Riehm*, BGB § 280, Stand: 1.4.2021, Rn. 217 ff., zur schadensphänomenologischen Abgrenzung im Fall eines Weiterveräußerungsschadens Rn. 264 ff.; vgl. auch die anderen Ansichten hinsichtlich der Abgrenzung *Ackermann*, JuS 2012, 865-873, 865 ff.; BeckOK BGB/*S. Lorenz*, BGB § 280, Stand: 1.5.2022, Rn. 25 ff. jew. m.w.N. zu diesen Fallgruppen bei der Verletzung von CSR-Standards, die die Beschaffenheit der Kaufsache betreffen, oben unter § 5 A. II. 2. e).

[1536] Zur Unternehmensreputation als Vermögensgegenstand der Gesellschaft *Klöhn/Schmolke*, NZG 2015, 689, 691; *Klöhn/Schmolke* definieren den „Reputationsvermögensschaden" als „der abgezinste Wert aller künftigen Mehrkosten und Mindereinnahmen der Gesellschaft, die darauf beruhen, dass die Stakeholder der Gesellschaft an der Fähigkeit oder Bereitschaft der Gesellschaft zur Einhaltung ihrer expliziten und impliziten Versprechen zweifeln" (S. 692).

[1537] Dazu *Moosmayer*, Compliance, Rn. 69.

[1538] Zur Unterscheidung höherer Reputationsschäden bei Fehlverhalten gegenüber *related-parties*, wie Vertragspartnern und geringeren – aber vorhandenen – Reputationsschäden gegenüber *third parties* vgl. die empirische Analyse von *Murphy/Shrieves/Tibbs*, J. Fin. & Quant. Anal. 44 (2009), 55, 63 ff. sowie *Klöhn/Schmolke*, NZG 2015, 689, 693.

[1539] Dazu *Klöhn/Schmolke*, NZG 2015, 689, 692 f., mit Verweis auf eine solche Studie und Berechnung von *Karpoff/Lee/Martin*, J. Fin. & Quant. Anal. 43 (2008), 581, 581 ff. Die Autoren der Studie untersuchten 585 Emittenten, gegen die die Securities Exchange Commission (SEC) ein Verfahren wegen der Verletzung verschiedener Finanzberichtsvorschriften einleitete und kamen zu dem Ergebnis, dass 66,6% des gesamten Kursverlustes infolge des Bekanntwerdens auf den Reputationsverlust zurückzuführen ist.

[1540] Dazu *Klöhn/Schmolke*, NZG 2015, 689, 692; *Karpoff/Lee/Martin*, J. Fin. & Quant. Anal. 43 (2008), 581, 582.

sind Reputationsschäden nach Art. 74 S. 1 CISG ersatzfähig.[1541] In der Literatur zu Art. 74 CISG finden sich Vorschläge, den Reputationsschaden anhand der Größe des Unternehmens, der Größe des Markts oder des Werts einer Marke zu bemessen.[1542] Alternativ können auch die Kosten von Wiederherstellungsmaßnahmen als Maßstab dienen.[1543] Für die Bewertung eines Unternehmens, dessen Gewinnchancen und Absatzleistung greifen eine Vielzahl von Faktoren ineinander. Dies macht die Bestimmung eines tatsächlichen Schadensausmaßes komplex.[1544] Bei nicht börsennotierten Gesellschaften wird es daher auf eine sachverständige Begutachtung der unterschiedlichen Ergebnisse bei Einhaltung und Nichteinhaltung der CSR-Standards[1545] oder auf eine Schätzung auf Basis greifbarer Anknüpfungstatsachen durch das Gericht nach § 287 ZPO ankommen.[1546]

Außerdem ist entsprechend der allgemeinen Grundsätze des Schadensrechts ein etwaiges Mitverschulden des Abnehmers zu berücksichtigen, § 254 Abs. 1, Abs. 2 S. 1 BGB. Ein solches kommt zum Beispiel als Verletzung der Schadensminderungspflicht in Betracht. Denkbar wäre ein Szenario, in dem sich der Abnehmer öffentlich nicht hinreichend und zügig genug zu einer Aufklärung und einer Prävention im Hinblick auf zukünftige Verletzungen bekennt und durch dieses Verhalten den eigenen Reputationsschaden vergrößert.

Als weitere Folgeschäden kommen auch die Kosten für eine Rückrufaktion,[1547] oder das Durchreichen einer wegen eines Mangels verwirkten Vertragsstrafe gegenüber eigenen Abnehmern in Betracht.

d) Vertragsstrafen

Vertragsstrafen sind ein scharfes Sanktionsmittel. Sie sind daher auch als Durchsetzungsmittel für CSR-Standards in Betracht zu ziehen.[1548] Eine unselbstständige

---

[1541] Schlechtriem/Schwenzer/Schroeter/*Schwenzer*, CISG Art. 74, Rn. 34, m.w.N.; BeckOGK/*Bach*, CISG Art. 74, Stand: 1.2.2022, Rn. 51. *Schlechtriem*, Pace Int'l L. Rev. 19 (2007), 89, 95 ff. Auch bei Schadensersatzansprüchen aus CISG liegt die Beweislast nach h.M. jedenfalls für den Schadensumfang und Kausalzusammenhang bei dem Gläubiger des Schadensersatzanspruchs, s. Schlechtriem/Schwenzer/Schroeter/*Schwenzer*, CISG Art. 74, Rn. 64, m.w.N.

[1542] Schlechtriem/Schwenzer/Schroeter/*Schwenzer*, CISG Art. 74, Rn. 34 Krit. dazu, weil es sich nur um Bezugsgrößen handele, die keinen Schluss auf das konkrete Schadensausmaß zuließen BeckOGK/*Bach*, CISG Art. 74, Stand: 1.2.2022, Rn. 52.1.

[1543] BeckOGK/*Bach*, CISG Art. 74, Stand: 1.2.2022, Rn. 52.1; Schlechtriem/Schwenzer/Schroeter/*Schwenzer*, CISG Art. 74, Rn. 34.

[1544] Zur Bestimmung des entgangenen Gewinns bei lauterkeitsrechtlichen Ansprüchen aus § 9 UWG H. Köhler/Bornkamm/Feddersen/*H. Köhler*, UWG § 9, Rn. 1.35.

[1545] Zur Bewertung von Finanzdaten bei Nichtbeachtung von untergesetzlichen Verhaltensregeln *Leyens*, AcP 215 (2015), 611, 649 f. Zur Schätzung des Reputationsvermögensschadens bei kapitalmarktfernen Gesellschaften oder wenn der Börsenkurs aus anderen Gründen nicht aussagekräftig ist, s. *Klöhn/Schmolke*, NZG 2015, 689, 693.

[1546] Zur Schätzung nach § 287 ZPO BGH, Urt. v. = NJW 2012, 2267, 2268, Rn. 9: „Für die Schadensschätzung nach dieser Vorschrift benötigt der Richter als Ausgangssituation aber greifbare Tatsachen, die der Geschädigte im Regelfall im Einzelnen darlegen und beweisen muss. Eine völlig abstrakte Berechnung des Schadens, auch in Form der Schätzung eines ‚Mindestschadens', lässt § 287 ZPO grundsätzlich nicht zu".

[1547] Welche allerdings im Fall von verletzten CSR-Standards mangels Sicherheits- oder Gesundheitsrisiko für die Endabnehmer selten durchgeführt werden dürfte.

[1548] Wenngleich sie in der Praxis im Zusammenhang mit CSR-Klauseln laut *Depping*, in: Walden/Depping (Hrsg.), CSR und Recht, S. 140 unüblich sind. Allg. zur Sicherung von Nebenpflichten durch Vertragsstrafen Westphalen/Thüsing/*Thüsing*, Vertragsstrafe, Rn. 24 f.

Vertragsstrafe sichert als Druckmittel die Erfüllung vertraglich vereinbarter Pflichten und ermöglicht gleichzeitig die erleichterte Schadloshaltung ohne Einzelnachweis.[1549] Sie signalisiert dem Lieferanten zugleich, dass die gesicherte Pflicht für den Abnehmer von hoher Bedeutung ist. Die Rechtsprechung zur Zulässigkeit einer Vertragsstrafenklausel setzt sowohl hinsichtlich der Begründung als auch im Hinblick auf die zulässige Höhe einer Vertragsstrafe hohe Maßstäbe. Diese hohen Maßstäbe sind bei der Wahl einer Vertragsstrafe als Durchsetzungsmittel von CSR-Standards zu beachten. Eine formularmäßig vereinbarte Vertragsstrafe muss zunächst ein Verschuldensmerkmal enthalten.[1550] Dieses ist nur abdingbar, wenn höherrangige Interessen des AGB-Verwenders vorrangig zu beurteilen sind.[1551] Die Vertragsstrafe muss außerdem in einem angemessenen Verhältnis zur Schwere der Vertragsverletzung und ihren Folgen für den Vertragsstrafenschuldner stehen.[1552] Sie darf also nicht jede beliebige Vertragsverletzung betreffen, sondern muss nach Art, Gewicht und Dauer der Vertragsverletzung differenzieren.[1553] Die Höhe der Vertragsstrafe ist nicht mehr angemessen, wenn sie die von ihr verfolgten Zwecke übersteigt.[1554] Das heißt, sie ist an der Bedeutung der gesicherten Pflicht und an der von einer Pflichtverletzung ausgehenden Gefahr für den Gläubiger und dem ihm drohenden Schaden zu messen.[1555] Dabei beachtet die Rechtsprechung verschiedene Faktoren, u.a. die Höhe des Entgelts, den drohenden Schaden des Gläubigers, die Folgen der Pflichtverletzung des Schuldners.[1556] Ebenso ist bei einer Kumulation mehrerer Vertragsstrafen eine Anrechnung oder eine Obergrenze vorzusehen.[1557]

Vor diesem Hintergrund sind bei der Vereinbarung von Vertragsstrafen für die Verletzung von CSR-Standards in AGB die genaue Bezeichnung der Pflichtverletzung und der Höhe der Vertragsstrafe und ein Anknüpfen an ein Verschuldenserfordernis zentral. Wichtig ist, dass Vertragsstrafen hinsichtlich der Schwere des CSR-Verstoßes differenzieren. Sie kommen insbesondere für die Verletzung fundamentaler Pflichten eines Codes of Conduct oder Pflichtverletzungen in Betracht, die einen hohen Reputationsschaden des Abnehmers nach sich ziehen würden oder die die Weiterverkäuflichkeit der Ware stark beeinträchtigen würden.

1549 BGH, Urt. v. 31.8.2017 – VII ZR 308/16 = NJW 2017, 3145, 3146; BGH, Urt. v. 23.1.2003 – VII ZR 210/01 = BGHZ 153, 311 = NJW 2003, 1805, 1808; BGH, Urt. v. 20.1.2000 – VII ZR 46/98 = NJW 2000, 2106, 2107; Westphalen/Thüsing/*Thüsing*, Vertragsstrafe, Rn. 2.

1550 BGH, Urt. v. 21.3.2013 – VII ZR 224/12 = BGHZ 197, 100 = NJW 2013, 2111, 2113; BGH, Urt. v. 20.3.2003 – I ZR 225/00 = NJW-RR 2003, 1056, 1060. Westphalen/Thüsing/*Thüsing*, Vertragsstrafe, Rn. 23.

1551 BGH, Urt. v. 21.3.2013 – VII ZR 224/12 = BGHZ 197, 100 = NJW 2013, 2111, 2113; BGH, Urt. v. 20.3.2003 – I ZR 225/00 = NJW-RR 2003, 1056, 1060.

1552 BGH, Urt. v. 20.1.2016 – VIII ZR 26/15 = NJW 2016, 1230, 1232, Rn. 34; BGH, Urt. v. 7.5.1997 – VIII ZR 349/96 = NJW 1997, 3233, 3234; Westphalen/Thüsing/*Thüsing*, Vertragsstrafe, Rn. 25.

1553 BGH, Urt. v. 31.8.2017 – VII ZR 308/16 = NJW 2017, 3145, 3146; BGH, Urt. v. 20.1.2016 – VIII ZR 26/15 = NJW 2016, 1230, 1232, Rn. 34; Westphalen/Thüsing/*Thüsing*, Vertragsstrafe, Rn. 15.

1554 BeckOGK/*Kähler*, BGB § 307 Vertragsstrafeklausel, Stand: 1.6.2022, Rn. 135.

1555 BGH, Urt. v. 31.8.2017 – VII ZR 308/16 = NJW 2017, 3145, 3146.

1556 BeckOGK/*Kähler*, BGB § 307 Vertragsstrafeklausel, Stand: 1.6.2022, Rn. 141 ff.

1557 Hier gilt es auch die Wertungen der § 340 Abs. 2 und § 341 Abs. 2 BGB zu beachten. Relevant ist dies auch in Kombination mit Schadenspauschalierungsklauseln. Hierzu sowie allg. zur Kumulation BeckOGK/*Kähler*, BGB § 307 Vertragsstrafeklausel, Stand: 1.6.2022, Rn. 209 ff.; Westphalen/Thüsing/*Thüsing*, Vertragsstrafe, Rn. 29 ff.

e) Schadenspauschalen

Ein weiteres Mittel zur vereinfachten Durchsetzung eines bestehenden Schadensersatzanspruchs sind Schadenspauschalen. Verstößt der Lieferant gegen CSR-Pflichten, ist der Schaden der Abnehmergesellschaft meist schwierig zu kalkulieren.[1558] Eine Pauschalierung der Schadensersatzsumme im Fall eines Verstoßes gegen eine Verhaltenspflicht aus dem Code of Conduct ist geeignet, dem Verwender eine Beweiserleichterung[1559] zu verschaffen. Außerdem beschleunigt sie die Streitabwicklung und vermeidet auf diese Weise Kosten.[1560] Auch im unternehmerischen Verkehr gilt eine unangemessen hohe Pauschale in AGB als eine unangemessene Benachteiligung i.S.d. § 307 Abs. 1 S. 1 BGB.[1561] Nach h.M. muss der Verwender keinen ausdrücklichen Hinweis auf die Möglichkeit des Gegenbeweises geben.[1562] Für die Höhe der Pauschalierung gilt, dass sie den nach gewöhnlichem Verlauf der Dinge typischerweise zu erwartenden Schaden nicht übersteigen darf.[1563] In der Praxis ist ein typischerweise zu erwartender Schaden bei der Verletzung von CSR-Standards in Form eines Reputationsschadens oder entgangenen Gewinns allerdings im Voraus[1564] schwer bestimmbar[1565] und muss geschätzt werden. Wirtschaftlich mag sich ein Verstoß gegen CSR-Standards sogar finanziell vorteilhaft auswirken und erst bei Bekanntwerden in der Öffentlichkeit einen hohen Reputationsschaden nach sich ziehen.[1566] Schadenspauschalen wegen Verletzung von CSR-Standards bergen daher ein hohes Unwirksamkeitsrisiko.

[1558] S. dazu oben unter § 5 B. II. 1. So auch *Depping*, in: Walden/Depping (Hrsg.), CSR und Recht, S. 140; *Schröder*, in: Fröhlich (Hrsg.), CSR und Beschaffung, S. 158.

[1559] Zu diesem Vorteil der Schadenspauschalierung BGH, Urt. v. 10.11.1976 – VIII ZR 115/75 = BGHZ 67, 312 = NJW 1977, 381, 382; Westphalen/Thüsing/*Thüsing*, Vertragsstrafe, Rn. 3.

[1560] Westphalen/Thüsing/*Thüsing*, Schadenspauschalierungsklauseln, Rn. 1.

[1561] Dazu führt die Indizwirkung des §§ 309 Nr. 5 lit. a), 310 Abs. 1 S. 2 Hs. 1 BGB und verstößt auch nicht gegen die ratio des § 348 HGB, vgl. Westphalen/Thüsing/*Thüsing*, Schadenspauschalierungsklauseln, Rn. 34; Ulmer/Brandner/Hensen/*Fuchs/M. Zimmermann*, BGB § 309 Nr. 5, Rn. 33.

[1562] BGH, Urt. v. 22.10.2015 – VII ZR 58/14 = NZBau 2016, 213, 216; Rn: 29; BGH, BGH, Urt. v. 20.3.2003 – I ZR 225/00 = NJW-RR 2003, 1056, 1059 (noch zu § 9 AGBG); BeckOGK/*Kähler*, BGB § 307 Schadenspauschalierungsklausel, Stand: 1.6.2022, Rn. 119; Westphalen/Thüsing/*Thüsing*, Schadenspauschalierungsklauseln, Rn. 35; Ulmer/Brandner/Hensen/*Fuchs/M. Zimmermann*, BGB § 309 Nr. 5, Rn. 34; a.A. *Westphalen*, NJW 2002, 12, 20 Anders als Verbraucher, müssen nach der h.M. geschäftsgewandte Unternehmer die Möglichkeit des Gegenbeweises kennen. Nicht zulässig ist demgegenüber aber der Ausschluss der Möglichkeit des Gegenbeweises. Vgl. BGH, Urt. v. 22.10.2015 – VII ZR 58/14 = NZBau 2016, 213, 216; Rn. 29; BGH, Urt. v. 20.3.2003 – I ZR 225/00 = NJW-RR 2003, 1056, 1059 (noch zu § 9 AGBG); Westphalen/Thüsing/*Thüsing*, Schadenspauschalierungsklauseln, Rn. 35.

[1563] Ansonsten widerspricht die Pauschalierung wesentlichen Grundgedanken des Schadensersatzrechts des § 252 BGB und benachteiligt den Vertragspartner entgegen dem Gebot von Treu und Glauben unangemessen vgl. BGH, Urt. v. 11.11.1997 – XI ZR 13/97 = NJW 1998, 592, 593 (noch zu § 9 AGBG); Westphalen/Thüsing/*Thüsing*, Schadenspauschalierungsklauseln, Rn. 34; BeckOGK/*Kähler*, BGB § 307 Schadenspauschalierungsklausel, Stand: 1.6.2022, Rn. 65 f.

[1564] Zur Schadensprognose im Voraus BeckOGK/*Kähler*, BGB § 307 Schadenspauschalierungsklausel, Stand: 1.6.2022, Rn. 65 f.

[1565] *Schröder*, in: Fröhlich (Hrsg.), CSR und Beschaffung, S. 158.

[1566] *Depping*, in: Walden/Depping (Hrsg.), CSR und Recht, S. 140 f.

11. Mitbestimmungsrechte im Betrieb des Lieferanten

Bei Vereinbarung von Verhaltensstandards, die Arbeitsbedingungen betreffen, können mitbestimmungsrechtliche, insbesondere betriebsverfassungsrechtliche Fragen zu berücksichtigen sein.[1567] Ist der Lieferant ein inländischer Betrieb, auf den das BetrVG anwendbar ist, und der einen Betriebsrat hat, ist dieser an Entscheidungen zu beteiligen, die Mitbestimmungsrechte berühren. Der Betriebsrat hat nach § 87 Abs. 1 BetrVG zum Beispiel Mitbestimmungsrechte in Fragen der Ordnung des Betriebs, Arbeitszeiten, betriebliche Lohngestaltung und bei Umsetzung gesetzlicher Regelungen über die Verhütung von Arbeitsunfällen und Berufskrankheiten sowie über den Gesundheitsschutz.[1568] Neu eingeführt wurde außerdem die Beratung des Wirtschaftsausschusses nach § 106 Abs. 3 Nr. 5b BetrVG für Fragen der unternehmerischen Sorgfaltspflichten in Lieferketten gemäß dem LkSG. Die Rechtsprechung qualifiziert eine „Whistleblower"-Klausel, die eine mit konkreten Verhaltenspflichten verbundene Meldepflicht des Arbeitnehmers über Verstöße anderer Arbeitnehmer gegen Verhaltenspflichten eines Codes of Conduct im Betrieb statuiert, als eine Regelung, die Mitbestimmungsrechte nach § 87 Abs. 1 Nr. 1 BetrVG auslöst.[1569] Darüber hinaus ist der Betriebsrat bei Fragen des Arbeitsschutzes und des betrieblichen Umweltschutzes hinzuzuziehen (§ 89 Abs. 2 BetrVG).[1570] Für die Einrichtung IT-basierter Hinweisgebersysteme besteht auch ein Mitbestimmungsrecht nach § 87 Abs. 1 Nr. 6 BetrVG.[1571] Der Lieferant als Arbeitgeber kann Arbeitsbedingungen, die Mitbestimmungsrechte nach dem BetrVG berühren, nicht einseitig mit Wirkung für seinen Betrieb beschließen.[1572] Daher sollten Vorgaben in Codes of Conduct im Hinblick auf Mitbestimmungsrechte im Betrieb des Lieferanten einen ausreichenden Spielraum für die Umsetzung lassen und diese nicht untergraben.[1573]

III. Zwischenergebnis

Einem inländischen Abnehmer steht eine Bandbreite an vertraglichen Durchsetzungsinstrumenten für CSR-Standards gegenüber seinem direkten Lieferanten zur Verfügung. Außerhalb von Individualvereinbarungen kommt eine Verwendung von Codes of Conduct in AGB in Betracht. Hierbei sind die für den unternehmerischen Bereich geltenden Regelungen der AGB-Kontrolle nach §§ 305 ff., 310 Abs. 1 S. 1, 2

[1567] Dazu *Schröder*, in: Fröhlich (Hrsg.), CSR und Beschaffung, S. 155; *Teicke/Matthiesen*, BB 2013, 771, 772; *Mengel*, CCZ 2008, 85, 85 ff. Zur Behinderung von Betriebsratsarbeit durch die Ausübung von Druck zur Compliance mit Ethikrichtlinien *Rieble*, BB 2013, 245, 245 ff.

[1568] Zu den Mitbestimmungsrechten des § 87 Abs. 1 BetrVG im Einzelnen ErfK/*Kania*, BetrVG § 87, Rn. 18 ff.; zur Berührung im Einzelnen durch Implementierung von Verhaltenspflichten *Reinhard*, NZA 2016, 1233, 1233 ff.

[1569] BAG, Beschl. v. 22.7.2008 – 1 ABR 40/07 (Honeywell) = BAGE 127, 146 = NZA 2008, 1248, 1255; LAG Düsseldorf, Beschl. v. 14.11.2005 –10 TaBV 46/05 = NZA-RR 2006, 81, 84 f.; dazu *Reinhard*, NZA 2016, 1233, 1234 f.; *Mengel*, CCZ 2008, 85, 87; *Junker*, BB 2005, 602, 604 f.; *Kock*, MDR 2006, 673, 674.

[1570] Dazu *Reinhard*, NZA 2016, 1233, 1237.

[1571] *Kuß*, in: Taeger/Pohle (Hrsg.), Computerrechts-Handbuch, Rn. 82.

[1572] Vorschriften, die Mitbestimmungsrechte nicht beachten, dürfen ohne Beachtung dieser Rechte im Betrieb nicht angewendet werden Vgl. z.B. LAG Düsseldorf, Beschl. v. 14.11.2005 – 10 TaBV 46/05 = NZA-RR 2006, 81, 85. Dennoch erlassene Maßnahmen sind gegenüber dem einzelnen Arbeitnehmer unwirksam, vgl. ErfK/*Kania*, BetrVG § 87, Rn. 139.

[1573] Zu Spannungsfällen durch Ausübung wirtschaftlichen Drucks *Rieble*, BB 2013, 245, 245 ff.

Hs. 1 BGB zu berücksichtigen. Dabei gilt unter anderem, dass Verweise in einem Code of Conduct auf andere Regelwerke und die sich aus dem Code of Conduct ergebenden Pflichten eindeutig bestimmbar sein müssen. Weitergabe-Klauseln dürfen nicht zu einer Ausweitung der Haftung ohne Rücksicht auf das Verschuldensprinzip führen. Dies erschwert die vertragsrechtliche Durchsetzung in längeren Lieferketten. Wichtiges Durchsetzungsmittel sind Auditierungsrechte. Solche Rechte sollten in AGB allerdings von vorneherein Interessen des Lieferanten angemessen berücksichtigen. Dabei stellen sich Fragen im Hinblick auf den Schutz von Betriebs- und Geschäftsgeheimnissen sowie datenschutzrechtliche Folgethematiken. Schadensersatzklauseln in AGB müssen das Verschuldensprinzip wahren. Schadenspauschalen, sofern diese zulässig ausgestaltet sind, können Nachweisschwierigkeiten hinsichtlich des Ob und der Höhe eines Schadensanfalls überwinden. Sie bergen wegen der im CSR-Bereich schwierigen Prognose der Schadenshöhe ein Unwirksamkeitsrisiko. Als Durchsetzungsmittel kommen auch Vertragstrafen in Betracht. Diese sollten nach der Schwere des Verstoßes differenzieren und auf eindeutige Bestimmbarkeit der auslösenden Pflichten ausgelegt sein. Insgesamt ist anzumerken, dass eine Abstufung zwischen kooperativer Lösungsentwicklung und scharfen Sanktionen wie der Vertragsbeendigung und Schadensersatzforderungen zu stärkerer Akzeptanz des Codes of Conduct durch Lieferanten beiträgt.[1574]

C. Durchsetzung durch betroffene Stakeholder am Anfang der Lieferkette

In der Debatte um die Verfolgung von Menschenrechtsverletzungen in Lieferketten stehen neben bereits diskutierten Ansprüchen von Endabnehmern und Abnehmern innerhalb der Lieferkette Ansprüche von Stakeholdern gegen einen inländischen Abnehmer im Fokus. Dabei spielt die Frage, ob der inländische Abnehmer oder die inländische Konzernmutter deliktsrechtliche Sorgfaltspflichten gegenüber Stakeholdern hat, eine wichtige Rolle.[1575] Im internationalen Kontext wird diskutiert, ob Stakeholder Rechte aus dem Liefervertrag zwischen dem inländischen Abnehmer und

---

[1574] *Teicke/Matthiesen*, BB 2013, 771, 775 ff.

[1575] Vgl. etwa aus der britischen Rechtsprechung zum *common law* zur Haftung der Konzernmutter sowie Zuständigkeitsfragen: Court of Appeal, AAA and others v Unilever PLC and Unilever Tea Kenya Limited [2018] EWCA Civ 1532; Court of Appeal, *Chandler v Cape plc* [2012] EWCA Civ 525; Supreme Court, *Lungowe and others v Vedanta Resources plc and Konkola Copper Mines plc* [2019] UKSC 20; Supreme Court, *Okpabi & Others v Royal Dutch Shell Plc & Another* [2021] UKSC 3. Für den Fall einer Einstandspflicht ohne Konzernverbindung riefen die Prozesse um den Einsturz des Rana Plaza-Buildings, einer Textilfabrik in Bangladesh im April 2013 große Aufmerksamkeit hervor. Darin verklagten Geschädigte in einer Sammelklage in Kanada das Unternehmen am Kopf der Lieferkette und Audit-Unternehmen auf Schadensersatz in einer Sammelklage gestützt auf *negligence*, vgl. *Das v. George Weston Limited*, Court of Appeal for Ontario; 2018 ONCA 1053; Eine ähnliche Klage anlässlich des Rana Plaza Vorfalls gegen US-amerikanische Unternehmen scheiterte bereits 2016 vor dem Superior Court of the State of Delaware, *Rahaman v. J.C. Penney Corp.*, No. N15C-07-174MMJ, 2016 WL 2616375; Aus der Literatur: *G. Wagner*, RabelsZ 80 (2016), 717, 750 ff.; *Marc-Philippe Weller/Kaller/Schulz*, AcP 216 (2016), 387; *Marc-Philippe Weller/Thomale*, ZGR 2017, 509; *Thomale/Hübner*, JZ 2017, 385; *Fleischer/Korch*, ZIP 2019, 2181; *Rühmkorf*, Corporate Social Responsibility, Private Law and Global Supply Chains, S. 164 ff.; *Zerk*, Multinationals and Corporate Social Responsibility, S. 198 ff.; *Habersack/Ehrl*, AcP 219 (2019), 155; *Lampley*, Am. U. L. Rev. 68 (2019), 1707; *Fleischer/Korch*, DB 2019, 1944.

dem ausländischen Zulieferer herleiten können. Für das britische Recht kommt es darauf an, inwiefern ein Liefervertrag mit Einbeziehung eines Codes of Conduct Dritten Rechte gemäß dem Contracts (Right of Third Parties) Act 1999 verleiht.[1576] Im US-amerikanischen Recht ist die Entscheidung *Doe v. Wal-Mart Stores, Inc.* relevant.[1577] Darin entschied der United States Court of Appeals for the 9th Circuit über eine Sammelklage ausländischer Beschäftigter in Zuliefererbetrieben von Wal-Mart-Stores, Inc. („Wal-Mart") wegen Verletzung von Arbeitsstandards in den Zuliefererbetrieben. Die Kläger beriefen sich unter anderem darauf, als Drittparteien Begünstigte des Codes of Conduct zu sein, welchen Wal-Mart in den Lieferverträgen mit den Zulieferern vereinbarte und in welchem sich Wal-Mart Stores, Inc. Kontrollrechte („Right of Inspection") einräumte.[1578] Wal-Mart, so argumentierten die Kläger, habe gegenüber den Zulieferern versprochen, deren Einhaltung des Codes of Conduct durchzusetzen.[1579] Das Gericht lehnte Rechte der Kläger aus dem Vertrag ab, da die Formulierungen des Vertrags bzw. des Codes of Conduct nicht darauf schließen ließen, dass Wal-Mart und die jeweiligen Zulieferer beabsichtigt hätten, den Klägern Leistungsrechte einzuräumen.[1580] Auch die deutsche Justiz beschäftigte sich bereits mit vertraglichen Ansprüchen von Beschäftigten und Geschädigten im Ausland.[1581] Der folgende Abschnitt untersucht vor diesem Hintergrund vertragliche Ansprüche zur Durchsetzung von CSR-Standards durch betroffene Stakeholder.

I. Zuständigkeit der Gerichte und anwendbares Recht

1. Internationale Zuständigkeit

Möchten ausländische Stakeholder eine Abnehmergesellschaft in der EU gerichtlich in Anspruch nehmen, ist jedenfalls die allgemeine internationale Zuständigkeit am Sitz des Unternehmens nach Art. 4 Abs. 1, 6 Abs. 1, 63 Brüssel Ia-VO gegeben.[1582] Für Ansprüche aus Vertrag oder aus Drittwirkungen eines Vertrags ist außerdem der besondere Gerichtsstand des Erfüllungsorts aus Art. 7 Nr. 1 lit. b) Brüssel Ia-VO anzudenken. Er begründet aber keinen inländischen Gerichtsstand am Sitz der Abnehmergesellschaft, denn die Vertragserfüllung gegenüber Stakeholdern würde vor Ort an der Arbeitsstätte erfolgen und damit in den hier diskutierten Fällen meist

---

[1576] Dafür *Beckers*, Enforcing Corporate Social Responsibility Codes, S. 133 ff.; *Rühmkorf*, Corporate Social Responsibility, Private Law and Global Supply Chains, S. 104 ff., der die Ausschlussmöglichkeit des s1 (2) Contracts (Right of Third Parties) Act 1999 von Ansprüchen Dritter, welche sich gem. s1 (1) (b) Contracts (Rights of Third Parties) Act 1999 aus Klauseln ergeben können, als widersprüchlich und kon-traproduktiv kritisiert.

[1577] United States Court of Appeals for the 9th Circuit, *Doe v. Wal-Mart Stores, Inc.*, 2009, 572 F.3d, 677.

[1578] „Right of Inspection", United States Court of Appeals for the 9th Circuit, *Doe v. Wal-Mart Stores, Inc.*, 2009, 572 F.3d, 677, 680 f.

[1579] United States Court of Appeals for the 9th Circuit, *Doe v. Wal-Mart Stores, Inc.*, 2009, 572 F.3d, 677, 681.

[1580] United States Court of Appeals for the 9th Circuit, *Doe v. Wal-Mart Stores, Inc.*, 2009, 572 F.3d, 677, 681 f.

[1581] So im Fall *KiK*, LG Dortmund, Urt. V. 10.1.2019 – 7 O 95/15, BeckRS 2019, 388, Rn. 32 ff.

[1582] Vgl. dazu rechtsvergleichend *Dutta*, in: Reinisch/Hobe/Kieninger/A. Peters (Hrsg.), Unternehmensverantwortung und Internationales Recht, S. 48 ff., der das allgemeine Zuständigkeitsmodell für Klagen gegen Inlandsunternehmen grundsätzlich für ausreichend hält.

in einem Drittstaat.[1583] Anders verhält es sich, wenn sich Dritte auf das Bestehen eines Arbeitsvertrags mit der inländischen Abnehmergesellschaft berufen.[1584] Dann kommt nach Art. 20 Abs. 1, 21 Abs. 1 lit. a), 63 Brüssel Ia-VO u.a. neben dem Gerichtsstand am Ort der Arbeitsstätte (Art. 21 Abs. 1 lit. b) i) Brüssel Ia-VO) ebenfalls der Sitz des Arbeitgebers als besonderer Gerichtsstand in Betracht.

In Fällen von Dreieckskonstellationen können die Kläger daran interessiert sein, zugleich auch den ausländischen Zulieferer oder die ausländische Tochtergesellschaft am Gerichtsstand der inländischen Abnehmergesellschaft mit möglichen prozessualen Vorteilen zu verklagen. Für Fälle der sog. strategischen Streitgenossenschaft oder Ankerklage kommt im europäischen Zuständigkeitsrecht der einheitliche Gerichtsstand der Streitgenossenschaft am Ort des Sitzes der Abnehmergesellschaft nach Art. 8 Nr. 1 Brüssel Ia-VO in Betracht.[1585] Diese Zuständigkeit besteht nur, wenn der Zulieferer seinen Sitz ebenfalls in einem EU-Mitgliedstaat hat.[1586] Um die Gefahr widersprüchlicher Entscheidungen zu vermeiden, ist außerdem erforderlich, dass zwischen den Klagen gegen den Zulieferer und gegen die Abnehmergesellschaft eine autonom zu bestimmende Konnexität besteht.[1587] Eine Zuständigkeit für die Klage gegen eine Tochtergesellschaft oder einen Zulieferer, die ihren Sitz in einem Drittstaat haben, richtet sich dagegen nach den autonomen nationalen Zuständigkeitsregeln (Art. 6 Abs. 1 Brüssel Ia-VO). Hier unterscheiden sich die einzelnen mitgliedstaatlichen Rechtsordnungen erheblich. Das deutsche Recht – anders als zum Beispiel das englische Recht[1588] – sieht eine Zuständigkeit des Sachzusammenhangs nicht

[1583] Ist der Zulieferer eine Tochtergesellschaft des Abnehmers, findet Art. 7 Abs. 5 Brüssel Ia VO keine Anwendung, da Tochtergesellschaften aufgrund ihrer Selbstständigkeit nicht als Niederlassung im Sinne dieser Norm gelten, vgl. MüKoZPO/*Gottwald*, Brüssel Ia-VO Art. 7, Rn. 82; Musielak/Voit/*Stadler*, EuGVVO nF Art. 7, Rn. 25. Einen Konzerngerichtsstand kennt das europäische Zuständigkeitsrecht nicht, vgl. *G. Wagner*, RabelsZ 80 (2016), 717, 732 ff.; *Dutta*, in: Reinisch/Hobe/Kieninger/A. Peters (Hrsg.), Unternehmensverantwortung und Internationales Recht, S. 58 f. Der EuGH hat das Rechtsträgerprinzip für Zuständigkeiten nach der EuInsVO festgehalten. Ausnahmen gelten nur für Briefkastenfirmen, nicht jedoch bereits bei Kontrolle der wirtschaftlichen Entscheidungen der Tochtergesellschaft durch die Muttergesellschaft, vgl. EuGH, Urt. v. 2.5.2006, C-341/04 *(Eurofood)*, Slg. I 2006, 3854, Rn. 30-35.

[1584] Ob ein Arbeitsvertrag i.S.d. Art. 20 Brüssel Ia-VO vorliegt, ist unionsrechtlich autonom zu bestimmen. Es kommt daher auf den Arbeitsvertragsbegriff des Art. 45 AEUV an und damit maßgeblich auf die Kriterien der Weisungsgebundenheit und des Unterordnungsverhältnisses. Vgl. dazu BeckOK ZPO/*Spohnheimer*, Brüssel Ia-VO Art. 20, Stand: 1.3.2022, Rn. 9, 12; Musielak/Voit/*Stadler*, EuGVVO nF Art. 20, Rn. 2.

[1585] Rechtsvergleichend zu Ankerklagen *Dutta*, in: Reinisch/Hobe/Kieninger/A. Peters (Hrsg.), Unternehmensverantwortung und Internationales Recht, S. 55 ff.

[1586] Krit. dazu *G. Wagner*, RabelsZ 80 (2016), 717, 737. Rechtsvergleichend zu Ankerklagen *Dutta*, in: Reinisch/Hobe/Kieninger/A. Peters (Hrsg.), Unternehmensverantwortung und Internationales Recht, S. 55 ff.

[1587] Die Konnexität liegt z.B. bei identischer Sach- und Rechtslage vor, dazu EuGH, Urt. v. 13.7.2006, C-539/03 *(Roche Nederland)*, Slg. 2006, I-6535, Rn. 26. Diese ist für die Konnexität aber nicht notwendig, vgl EuGH, Urt. v. 1.12.2011, Rs. C-145/10 (*Painer*). Auch gleiche Rechtsgrundlagen der Klageforderungen sind nicht erforderlich (EuGH, Urt. v. 11.10.2007, C-98/06 (*Freeport*), Slg. I 2007, 8340, Rn. 45, 47). Krit. zum Vorliegen der Konnexität in den hier diskutierten Fällen *Dutta*, in: Reinisch/Hobe/Kieninger/A. Peters (Hrsg.), Unternehmensverantwortung und Internationales Recht, S. 55 f.

[1588] Im englischen Zuständigkeitsrecht ist Voraussetzung für eine Ankerklage unter anderem, dass ein Anspruch gegen den Ankerbeklagten gemäß einer summarischen Prüfung nicht von vorneherein ausgeschlossen ist (*real issue to be tried*), vgl. dazu die Entscheidungen des Supreme Courts vom 10.4.2019 *Lungowe and others v Vedanta Resources plc and Konkola Copper Mines plc* [2019]

vor.[1589] Andere anzudenkende Gerichtsstände, wie der Vermögensgerichtsstand (§ 23 ZPO), bestehen nur in Ausnahmefällen.[1590]

2. Anwendbares Recht

Für Klagen ausländischer Stakeholder gestaltet es sich schwierig, zur Anwendbarkeit deutschen Rechts zu gelangen, sofern keine ausdrücklichen vertraglichen Regelungen in dieser Hinsicht geschlossen sind. Stützen die Stakeholder ihre Klagen auf Ansprüche aus einem Arbeitsverhältnis mit dem Zulieferer, gelten vorbehaltlich einer vorrangigen Rechtswahl (Art. 3 Rom I-VO) die Anknüpfungskriterien des Art. 8 Abs. 2 S. 1 Rom I-VO für Individualarbeitsverträge und damit das Recht des Staats, in dem oder von dem aus der Arbeitnehmer in Erfüllung des Vertrags gewöhnlich seine Arbeit verrichtet. In den typischen Fällen mit CSR-Bezug wäre das der Ort der Produktionsstätte im Ausland.[1591] Daran ändert sich auch nichts, wenn sich die Kläger auf ein Arbeitsverhältnis mit der inländischen Abnehmergesellschaft berufen.

Stützen sich die Kläger auf eine Begünstigung aus dem Liefervertrag zwischen der inländischen Abnehmergesellschaft und dem ausländischen Lieferanten, kommt es ebenfalls auf das Vertragsstatut nach der Rom I-VO an. Denn Ansprüche aus echtem Vertrag zugunsten Dritter sind vertragliche Ansprüche i.S.d. autonomen Vertragsbegriffs[1592] der Rom I-VO.[1593] Die charakteristische Leistung im Sinne der allgemeinen Regelanknüpfung des Art. 4 Abs. 2 Rom I-VO im Hinblick auf eine etwaige Begünstigung aufgrund von CSR-Standards erbringt der Zulieferer typischerweise am Ort der Produktionsstätte, sodass auch in diesen Konstellationen ausländisches Recht gilt. Sieht man die vertraglich geschuldete Leistung in der Kontrolle und Überwachung als vertragliche Nebenpflicht der Abnehmergesellschaft,[1594] ist Dienstleister dieser Pflichten die inländische Abnehmergesellschaft (Art. 4 Abs. 1 lit. b) Rom I-VO). Allerdings handelt es sich um Nebenpflichten und damit nicht um die charakteristische (Art. 4 Abs. 2 Rom I-VO) Leistung des Vertrags. Darüber hinaus spricht der Ort

---

UKSC 20, Rn. 42 ff; und vom 12.2.2021, *Okpabi & Others v Royal Dutch Shell Plc & Another* [2021] UKSC 3, Rn. 153 ff; Dazu *Dutta*, in: Reinisch/Hobe/Kieninger/A. Peters (Hrsg.), Unternehmensverantwortung und Internationales Recht, S. 56; *Kieninger*, IPRax 2020, 60, 60 ff.

[1589] *Marc-Philippe Weller/Benz/A. Zimmermann*, NZG 2019, 1121, 1122 f.; *Kieninger*, IPRax 2020, 60, 61.

[1590] Nach Rechtsprechung des BGH bedarf es in völkerrechtskonformer Auslegung für eine Zuständigkeit aus § 23 ZPO eines über den Gesetzeswortlaut hinausgehenden hinreichenden Inlandsbezugs, BGH, Urt. v. 2.7.1991 – XI ZR 206/90 = BGHZ 115, 90 = NJW 1991, 3092, 3093 f. . Vgl. zu § 23 ZPO als Gerichtsstand für Ankerklagen *Kieninger*, IPRax 2020, 60, 61; *Habersack/Ehrl*, AcP 219 (2019), 155, 181; *Thomale/Hübner*, JZ 2017, 385, 389 f. Eine inländische Notzuständigkeit als ungeschriebener Gerichtsstand im deutschen Zuständigkeitsrecht kann ausnahmsweise einschlägig sein, wenn ein Rechtsschutz im Ausland praktisch nicht möglich ist, zum Beispiel weil kein rechtsstaatliches Verfahren gewährt ist, vgl. *Dutta*, in: Reinisch/Hobe/Kieninger/A. Peters (Hrsg.), Unternehmensverantwortung und Internationales Recht, S. 60.

[1591] So auch *Thomale/Hübner*, JZ 2017, 385, 390.

[1592] Zur autonomen Auslegung des Vertragsbegriffs in der Rom I-VO vgl. EuGH, Urt. v. 21.1.2016 – C-359/14, C-475/14 (*ERGO*), NJW 2016, 1005, 1006, Rn. 43; noch zum EuGVÜ: EuGH, Urt. v. 17.9.2002 – Rs. C-334/00 (*Tacconi/Wagner*), Slg. I 2002, 7357, Rn. 19 f.; MüKoBGB/*Martiny*, Rom I-VO Art. 1, Rn. 7.

[1593] BAG, Urt. v. 23.3.2016 – 5 AZR 767/14 = BAGE 154, 348 = AP Rom I-Verordnung Nr. 3 (m. Anm. *Deinert*) Rn. 30 f.; MüKoBGB/*Martiny*, Rom I-VO Art. 1, Rn. 17; Staudinger/*R. Magnus*, Rom I-VO Art. 1, Rn. 38.

[1594] So *B. Schneider*, NZG 2019, 1369, 1376; *Heinlein*, NZA 2018, 276, 281.

der Erbringung der Kontrolle und Überwachung nicht für eine nach Art. 4 Abs. 3 Rom I-VO offensichtlich engere Bindung des Vertrags zum inländischen Sitzstaat der Abnehmergesellschaft.

Schwieriger einzuordnen ist ein Vertrag mit Schutzwirkung zugunsten Dritter. Diesbezüglich ist umstritten, wie diese Rechtsfigur im Regelungsregime der Rom-Verordnungen zu qualifizieren ist – als außervertragliche[1595] oder vertragliche Konstruktion[1596]. Befürworter einer außervertraglichen Klassifizierung betonen die Funktion der Rechtsfigur als Ausgleich der Schwächen des deutschen Deliktsrechts.[1597] Außerdem wollen sie im Sinne eines autonomen Verständnisses von Schutzpflichten die im Kollisionsrecht für vorvertragliche Schutzpflichten geltenden außervertraglichen Anknüpfungskriterien allgemein auf Schutzpflichten erstrecken.[1598] Die Gegenansicht wendet ein, dass der Vertrag mit Schutzwirkung zugunsten Dritter zu Ansprüchen wegen positiver Vertragsverletzung verhelfe, weshalb eine vertragliche Qualifikation vorzunehmen sei.[1599] Geht man von einer vertraglichen Einordnung aus, kommt man im Falle einer Stakeholder-Klage zu parallelen Ergebnissen hinsichtlich des anwendbaren Rechts wie bei einem Vertrag zugunsten Dritter. Es käme somit maßgeblich auf das Recht am Ort der Produktionsstätte an. Bei einer deliktischen Qualifikation ist in der Regel[1600] auf den Ort des Schadenseintritts abzustellen, sodass auch in diesen Fällen das anwendbare Recht das Recht des Staats ist, an dem sich die Produktionsstätte befindet.

3. Zwischenergebnis

Im Ergebnis ist eine Durchsetzung etwaiger vertraglicher Ansprüche betroffener Stakeholder im Ausland gegenüber einem deutschen Abnehmer zwar an einem deutschen Gerichtsstand möglich. Die Rechtslage beurteilt sich aber grundsätzlich nicht nach deutschem Recht.

II. Vertragsrechtliche Analyse

Auch eine kurze Auseinandersetzung mit Ansprüchen von vertraglichen Stakeholdern nach dem deutschen Recht wirft Schwierigkeiten auf.

Als Stakeholder, die Verstößen gegen CSR-Standards vor Ort ausgesetzt sind, kommen Arbeitnehmer des ausländischen Lieferanten und Anwohner oder Mitglieder der lokalen Gemeinschaften in Betracht. Für solche Drittparteien wären Ansprüche gegen das wirtschaftlich leistungsfähige Abnehmerunternehmen am Kopf der Lieferkette verheißungsvoll. Daher nimmt die nachfolgende Analyse vornehmlich das

---

[1595] So u.a. Oberster Gerichtshof Wien, Beschl. v. 26.6.2007 – 10 Ob 66/07i = IPRax 2009, 354, 356; MüKoBGB/*Martiny*, Rom I-VO Art. 1, Rn. 17; *Dutta*, IPRax 2009, 293, 294 ff.; *Freitag*, IPRax 2016, 418, 421.

[1596] MüKoBGB/*Spellenberg*, Rom I-VO Art. 12, Rn. 64; Staudinger/*R. Magnus*, Rom I-VO Art. 1, Rn. 38.

[1597] *Dutta*, IPRax 2009, 293, 297; MüKoBGB/*Martiny*, Rom I-VO Art. 1, Rn. 17.

[1598] *Dutta*, IPRax 2009, 293, 296 f.; *Freitag*, IPRax 2016, 418, 421.

[1599] Staudinger/*R. Magnus*, Rom I-VO Art. 1, Rn. 38; MüKoBGB/*Spellenberg*, Rom I-VO Art. 12, Rn. 64.

[1600] Art. 4 Abs. 1 Rom II-VO. Eine Rechtswahl für das im kollisionsrechtlichen Sinne außervertragliche Schuldverhältnis zwischen Stakeholdern und Schuldner ist nach Art. 14 Abs. 1 Rom II-VO möglich, aber unwahrscheinlich.

Rechtsverhältnis zwischen inländischen Abnehmern und ausländischen Stakeholdern in den Fokus. Zu betonen ist aber, dass Ansprüche von Stakeholdern gegen den Produzenten vor Ort ebenfalls ein wichtiges Durchsetzungsmittel sein können, wenn das ausländische Recht solche vorsieht und sie im dortigen Rechtssystem in der Praxis auch durchsetzbar sind.

1. CSR-Standards als Vertragsangebot an Stakeholder

Zunächst stellt sich die Frage, ob am Produktionsort beschäftigte Stakeholder direkte vertragliche Ansprüche aus einem eigenständigen Vertragsverhältnis mit der inländischen Abnehmergesellschaft haben. Dieses Argument brachten die Kläger im Fall *Doe v. Wal-Mart Stores, Inc.*[1601] vor. Der Court of Appeal for the 9th Circuit lehnte diese Argumentation ab.[1602] Weder genügten die Vorgaben, die Wal-Mart seinen Zulieferern über die Art und Weise und den zeitlichen Rahmen der Herstellung der Waren machte, noch sei ein Kontrollsystem hinsichtlich der Erfüllung der vertraglichen Verpflichtungen durch den Zulieferer ausreichend, um ein Arbeitsverhältnis mit dessen Arbeitnehmern zu begründen.[1603] Im deutschen Recht wird ein direktes Vertragsangebot an Stakeholder ebenso regelmäßig am Rechtsbindungswillen scheitern.[1604] Der Liefervertrag und ein einbezogener Code of Conduct richten sich nach dem Willen der Vertragsparteien auf die Begründung von Rechten und Pflichten derselben. Hinzu kommt die Schwierigkeit, dass die konkreten Stakeholder, denen ein direktes Vertragsangebot zugehen sollte, nicht hinreichend bestimmt sind. Weiterhin schlagen einige Autoren vor, im Betrieb des Lieferanten ausgehängte Verhaltenskodizes als arbeitsrechtliche Gesamtzusage einzuordnen.[1605] Ansprüche aus dem Rechtsinstitut der Gesamtzusage macht die Rechtsprechung des BAG aber von einem vorherigen Vertragsangebot des Arbeitgebers und damit einem zugrundeliegenden Rechtsbindungswillen des Arbeitgebers abhängig.[1606] An diesem fehlt es grundsätzlich in den vorliegenden Konstellationen.

2. Echter Vertrag zugunsten Dritter

Alternativ könnten sich vertragliche Ansprüche von Stakeholdern aus dem Liefervertrag als Vertrag zugunsten Dritter ergeben.[1607] Für die Frage, ob dritten Parteien

---

[1601] United States Court of Appeals for the 9th Circuit, *Doe v. Wal-Mart Stores, Inc.*, 2009, 572 F.3d, 677, 681 ff.

[1602] United States Court of Appeals for the 9th Circuit, *Doe v. Wal-Mart Stores, Inc.*, 2009, 572 F.3d, 677, 683.

[1603] United States Court of Appeals for the 9th Circuit, *Doe v. Wal-Mart Stores, Inc.*, 2009, 572 F.3d, 677, 683.

[1604] Zum Rechtsbindungswillen hinsichtlich einer Selbstverpflichtung durch Verabschiedung eines Codes of Conduct vgl. bereits oben unter § 3 B. II.

[1605] *Heinlein*, NZA 2018, 276, 280; *Beckers*, in: Lomfeld (Hrsg.), Die Fälle der Gesellschaft, S. 201 f.

[1606] BAG, Urt. v. 22.12.2009 – 3 AZR 136/08 = NZA-RR 2010, 541, 542; BAG, Urt. v. 16.10.2007 = BAGE 124, 210 = NZA 2008, 1012, 1013 f.; BAG, Beschl. v. 16.9.1986 – GS 1/82 = BAGE 53, 42 = NZA 1987, 168, 171.

[1607] Dazu *Heinlein*, NZA 2018, 276, 281; *B. Schneider*, NZG 2019, 1369, 1376; *Beckers*, Enforcing Corporate Social Responsibility Codes, S. 139 f.; *Schirmer*, ZEuP 2021, 35, 53 ff. Zum common law *Rühmkorf*, Corporate Social Responsibility, Private Law and Global Supply Chains, S. 104 ff. Rechtsvergleichend aus der Perspektive des internationalen Vertragsrechts *Mitkidis*, Sustainabil-

ein Anspruch auf Leistung aus einem Vertrag zustehen soll, kommt es auf die Bestimmungen des Vertrags an und in Ermangelung einer solchen auf die Umstände und den Zweck des Vertrags (§ 328 Abs. 2 BGB).[1608] An dem maßgeblichen Kriterium für einen eigenen vertraglichen Anspruch – dem Rechtsbindungswillen – wird es in der vorliegenden Konstellation regelmäßig fehlen.[1609] Voraussetzung für ein Forderungsrecht ist außerdem, dass die Zuwendungsempfänger konkret bestimmbar sind.[1610] In der Literatur finden sich Vorschläge für ein echtes Leistungsrecht von Stakeholdern im Hinblick auf CSR-Standards. Dazu gehören Vereinbarungen, die die Zahlung eines bestimmten Mindestlohns an die Arbeitnehmer des Produzenten[1611] oder konkrete Vorgaben im Hinblick auf Höchstarbeitszeiten beinhalten.[1612] Versprechender solcher Leistungen ist allerdings der Lieferant, sodass das Vollzugsverhältnis nicht – wie für einen Anspruch gegen den Abnehmer erforderlich – zwischen den Stakeholdern und dem Abnehmer bestünde, sondern zwischen den Stakeholdern und dem Lieferanten. Für einen einklagbaren Anspruch im Valutaverhältnis bedürfte es stattdessen einer eigenen Leistungspflicht des Abnehmers gegenüber den Stakeholdern.[1613] An einer Verpflichtung des Abnehmers zur Durchsetzung von CSR-Standards an den Produktionsstätten dürfte es in den Lieferverträgen allerdings regelmäßig fehlen. Aus der alleinigen vertraglichen Einräumung von Kontrollrechten für den Abnehmer folgt jedenfalls noch nicht, dass dieser auch eine Pflicht zur Durchsetzung gegenüber dem Vertragspartner oder gar gegenüber Dritten übernommen hat.[1614]

Die hohen Anforderungen an die Begründung vertraglicher Rechte von Stakeholdern in einem Liefervertrag, der einen Code of Conduct enthält, zeigt auch ein jüngstes Urteil des LG Dortmund.[1615] Das LG Dortmund verneinte Rechte aus einem Vertrag zugunsten Dritter auf Basis eines Codes of Conduct, der auch Mindestangaben

---

ity Clauses in International Business Contracts, S. 196 ff.; *Mitkidis*, in: Andhov/Ulfbeck/Mitkidis (Hrsg.), Law and responsible supply chain management, S. 69 ff.

[1608] Vgl. dazu auch BGH, Urt. v. 10. 2.1971 – VIII ZR 182/69 = BGHZ 55, 307 = NJW 1971, 1702, 1703; BGH, Urt. v. 16.10.1990 – XI ZR 330/89 = NJW 1991, 2209, 2209; *Looschelders*, Schuldrecht Allgemeiner Teil, § 51 Rn. 3.

[1609] Kritisch ebenso *Schirmer*, ZEuP 2021, 35, 54; *Mitkidis*, in: Andhov/Ulfbeck/Mitkidis (Hrsg.), Law and responsible supply chain management, S. 71.

[1610] BGH, Urt. v. 28.6.1979, VII ZR 248/78 = BGHZ 75, 75 = NJW 1979, 2036, 2036; BGH, Urt. v. 16.11.2007 – V ZR 208/06 NJW-RR 2008, 683, 684; ErmanBGB/*Westermann*, BGB § 328, Rn. 6.

[1611] Ebenso *Beckers*, Enforcing Corporate Social Responsibility Codes, S. 140.

[1612] Für diesen Fall ebenso bejahend, allerdings mit Blick auf das common law *Rühmkorf*, Corporate Social Responsibility, Private Law and Global Supply Chains, S. 106.

[1613] Für Kontrollpflichten als einklagbare Nebenpflichten im Valutaverhältnis zwischen Abnehmers und Arbeitnehmern des Lieferanten *Heinlein*, NZA 2018, 276, 281; *B. Schneider*, NZG 2019, 1369, 1376.

[1614] Mit einer parallelen Argumentation ließ der Court of Appeal for 9th Circuit auch eine Drittbegünstigung der Beschäftigten im Fall *Doe v. Wal-Mart Stores, Inc.* scheitern. Die Richter sahen in dem relevanten Passus des Codes of Conduct, in dem Wal-Mart erklärte, die Einhaltung der Standards zu überprüfen und Nichteinhaltung durch Beendigung der Wirtschaftsbeziehungen zu ahnden, mangels Formulierung und mangels Sanktionen gegenüber Wal-Mart gerade keine Verpflichtung Wal-Marts zur Durchsetzung der Standards, vgl. United States Court of Appeals for the 9th Circuit, *Doe v. Wal-Mart Stores, Inc.*, 2009, 572 F.3d, 677, 682.

[1615] LG Dortmund, Urt. v. 10.1.2019 – 7 O 95/15, BeckRS 2019, 388.

zu der an die Beschäftigten zu zahlenden Vergütung vorsah.[1616] Das LG Dortmund sah keine Anhaltspunkte dafür, dass dem an den Lieferanten adressierten Code of Conduct unmittelbare Ansprüche der Kläger zu entnehmen seien.[1617]

Zu berücksichtigen ist außerdem, dass Vertragsparteien solche Forderungsrechte auch durch ausdrücklichen Ausschluss im Liefervertrag verhindern und eine entsprechende ergänzende Auslegung dadurch zum Scheitern bringen können.[1618]

3. Vertrag mit Schutzwirkung zugunsten Dritter

Liegt eine vertragliche Vereinbarung eines Forderungsrechts für Stakeholder nicht vor, ist zu erwägen, ob der Liefervertrag eine Schutzwirkung zugunsten der Stakeholder entfaltet und dadurch Ansprüche auf Schadensersatz wegen Verletzung von Schutzpflichten nach §§ 280 Abs. 1, 311 Abs. 2, 241 Abs. 2 BGB ausgelöst werden. Eine Schutzwirkung zugunsten eines Dritten nehmen Rechtsprechung und Literatur wegen der Erweiterung des Haftungsrisikos unter Umgehung der deliktischen Haftungsgrenzen aus §§ 823 ff., 826 BGB nur restriktiv unter strenger Einhaltung der hierfür entwickelten Kriterien an.[1619] Voraussetzung für eine Schutzwirkung sind die Leistungsnähe des Dritten zur Vertragsleistung, ein berechtigtes Interesse des Gläubigers an der Einbeziehung des Dritten, die Erkennbarkeit der Einbeziehung des Dritten für den Schuldner und die Schutzbedürftigkeit des Dritten.[1620]

Bereits die Begründung einer Leistungsnähe der Stakeholder bereitet Schwierigkeiten.[1621] Die Leistungsnähe setzt voraus, dass der Dritte mit der Leistung bestimmungsgemäß in Berührung kommt, das heißt, denselben Gefahren ausgesetzt ist, wie der Gläubiger der Leistung.[1622] Ein nur zufälliger Kontakt mit der Leistung genügt nicht.[1623] Beschäftigte des Zuliefererbetriebs kommen in der Regel mit der Leistung des Liefervertrags insoweit in Berührung, als sie in ihrer jeweiligen Arbeitsstelle an der Produktion der Ware beteiligt sind und dabei auf Arbeitsschutzstandards angewiesen sind. Allerdings ist die Leistung des Abnehmers nicht die Lieferung der Ware,

---

[1616] LG Dortmund, Urt. v. 10.1.2019 – 7 O 95/15, BeckRS 2019, 388 Rn. 32 ff. In diesem Fall wurde die Beklagte KiK Textilien und Non-Food GmbH auf Schmerzensgeld hauptsächlich von Angehörigen verletzter Arbeitnehmer eines pakistanischen Textillieferanten in Anspruch genommen, in dessen Textilfabrik ein Brand 259 Menschen das Leben kostete und weitere 47 Personen verletzte. Das LG Dortmund wies die Klage wegen Verjährung der Ansprüche nach pakistanischem Recht ab, verneinte aber auch einen Anspruch der Kläger aus Vertrag zugunsten Dritter und aus Vertrag mit Schutzwirkung zugunsten Dritter.

[1617] LG Dortmund, Urt. v. 10.1.2019 – 7 O 95/15, BeckRS 2019, 388, Rn. 34.

[1618] *Rühmkorf* bewertet CSR-Standards in Lieferkettenverträgen mit derartigen Ausschlussklauseln als bloße Lippenbekenntnisse, *Rühmkorf*, Corporate Social Responsibility, Private Law and Global Supply Chains, S. 104 ff.unter Analyse der Rechtslage im common law.

[1619] BGH, Urt. v. 20.4.2004 – X ZR 250/02 = BGHZ 159, 1= NJW 2004, 3035, 3037; *Looschelders*, Schuldrecht Allgemeiner Teil, § 9 Rn. 8; MüKoBGB/*Gottwald*, BGB § 328, Rn. 183.

[1620] BGH, Urt. v. 22. 1.1968 – VIII ZR 195/65 = BGHZ 49, 350, 354 = NJW 1968, 885, 887; BGH, Urt. v. 2.7.1996 – X ZR 104/94 = BGHZ 133, 168, 170 ff. = NJW 1996, 2927, 2928 f.; BGH, Urt. v. 6.5.2008 – XI ZR 56/07= BGHZ 176, 281 = NJW 2008, 2245, 2247, Rn. 27; *Looschelders*, Schuldrecht Allgemeiner Teil, § 9 Rn. 9-14; BeckOGK/*Mäsch*, BGB § 328, Stand: 1.4.2022, Rn. 169; MüKoBGB/*Gottwald*, BGB § 328, Rn. 184; Staudinger/*Klumpp*, BGB § 328, Rn. 110 ff.

[1621] Das LG Dortmund lässt im Fall KiK eine Schutzwirkung zugunsten der Kläger ohne nähere Begründung bereits hieran scheitern, LG Dortmund, Urt. v. 10.1.2019 – 7 O 95/15, BeckRS 2019, 388, Rn. 34.

[1622] BGH, Urt. v. 6.5.2008 – XI ZR 56/07= BGHZ 176, 281 = NJW 2008, 2245, 2247, Rn. 27.

[1623] MüKoBGB/*Gottwald*, BGB § 328, Rn. 185.

sondern die Bezahlung.[1624] Es kommt daher darauf an, ob der Abnehmer sich im Vertrag selbst zur Umsetzung von CSR-Standards verpflichtet.[1625] Möglicher Anknüpfungspunkt für eine Leistung der Abnehmergesellschaft könnte somit die Wahrnehmung von Kontroll- und Überprüfungsrechten im Hinblick auf CSR-Standards sein.[1626] Eine Auslegung des Liefervertrags (§§ 133, 157 BGB) wird aber in der Regel ergeben, dass die Umsetzung der CSR-Standards gerade eine Pflicht des Zulieferers ist. Audit, Kontrollrechte des Abnehmers und Sanktionsandrohungen dienen der Überwachung des Verhaltens des Lieferanten, nicht der Begründung einer Pflicht des Abnehmers.[1627]

Eine weitere Hürde für einen Vertrag mit Schutzwirkung zugunsten Beschäftigter von Lieferanten ist die Schutzbedürftigkeit.[1628] Einem Vertrag mit Schutzwirkung zugunsten Dritter stehen eigene vertragliche Ansprüche des Dritten entgegen, die denselben oder gleichwertigen Inhalt haben.[1629] Stakeholder, die Arbeitnehmer sind, werden in der Regel vertragliche Ansprüche aus ihrem Beschäftigungsverhältnis gegen ihren Arbeitgeber haben.[1630] Hier kommt es auf den jeweiligen Einzelfall und auf das anzuwendende ausländische Recht an. Insbesondere ist zu prüfen, ob nach dem anwendbaren ausländischen Recht realisierbare vertragliche Ansprüche gerade wegen der Verletzung des betroffenen Mindeststandards gegeben sind.[1631] Jedenfalls nach deutschem Recht kann sich der Arbeitgeber auch vertraglich nicht von Schutzpflichten gegenüber seinen Arbeitnehmern lösen (§ 619 BGB).[1632]

Die Schutzbedürftigkeit für Anwohner vor Ort ist hiervon abweichend zu bewerten. Diese haben gegen den Produzenten in der Regel nur, soweit nach ausländischem Recht vorgesehen, deliktische Ansprüche.[1633] Problematisch sind in diesem Fall aber die Voraussetzungen der Erkennbarkeit und der Leistungsnähe.[1634] Für eine Schutzwirkung genügt es nicht, dass die Betroffenen nur zufällig mit der Leistung der Einhaltung von CSR-Standards, wie Gebäudesicherheit und Umweltschutzmaßnahmen, in Berührung kommen. Im Ergebnis würde aber auch diese Konstruktion eines Ver-

---

[1624] Somit wäre bei Annahme einer Schutzpflicht des Abnehmers zugunsten Dritter der Gläubiger und nicht der Schuldner schutzpflichtbelastet, *Habersack/Ehrl*, AcP 219 (2019), 155, 192; Ähnlich *Schirmer*, ZEuP 2021, 35, 56.

[1625] Nicht nur die Hauptleistung, sondern auch Nebenleistungen und Schutzpflichten können maßgeblich für Schutzpflichten zugunsten Dritter sein, Staudinger/*Klumpp*, BGB § 328, Rn. 113; BeckOGK/*Mäsch*, BGB § 328, Stand: 1.4.2022, Rn. 170.1. Vor diesem Hintergrund spricht *Canaris* von „Einwirkungsnähe", *Canaris*, ZIP 2007, 1781, 1787 f.

[1626] Vgl. *B. Schneider*, NZG 2019, 1369, 1376; *Heinlein*, NZA 2018, 276, 281.

[1627] Vgl. zum Zweck der Kontrollrechte aus rechtsökonomischer Sicht oben unter § 4 C. III.

[1628] *Thomale/Hübner*, JZ 2017, 385, 390; *Habersack/Ehrl*, AcP 219 (2019), 155, 192; A.A. *Schirmer*, ZEuP 2021, 35, 57.

[1629] BGH, Urt. v. 15.2.1978 – VIII ZR 47/77 – BGHZ 70, 327, 330 = NJW 1978, 883, 884; BGH, Urt. v. 18.2.2014 – VI ZR 383/12 = BGHZ 200, 188 = NJW 2014, 2577, 2578 f.

[1630] *B. Schneider*, NZG 2019, 1369, 1375; *Thomale/Hübner*, JZ 2017, 385, 390.

[1631] Auch für die Durchsetzbarkeit sollte der jeweilige Einzelfall bewertet werden. Die Durchsetzbarkeit der Ansprüche sieht *Schirmer*, ZEuP 2021, 35, 57, als generelles Hindernis in diesen Fällen.

[1632] § 619 BGB betrifft nur Schutzpflichten nach §§ 617 f. BGB, nicht allgemeine Fürsorgepflichten nach §§ 611, 241 Abs. 2 BGB, BeckOGK/*Witschen*, BGB § 619, Stand: 1.6.2022, Rn. 7. Soweit ein solcher Haftungsausschluss auch nach ausländischem Arbeitsrecht unzulässig ist, bestehen auch hier regelmäßig Schutzpflichten, vgl. *Thomale/Hübner*, JZ 2017, 385, 390.

[1633] BeckOGK/*Mäsch*, BGB § 328, Stand: 1.4.2022, Rn. 181; *Looschelders*, Schuldrecht Allgemeiner Teil, § 9 Rn.14.

[1634] *Schirmer*, ZEuP 2021, 35, 58.

trags mit Schutzwirkung zugunsten Dritter – wenn überhaupt – nur zu Ansprüchen Dritter gegen den Lieferanten führen, der die Einhaltung der Standards verspricht.

III. Zwischenergebnis

Die vorstehende Diskussion verdeutlicht, dass Stakeholder am Ort der ausländischen Produktionsstätte nach deutschem Recht grundsätzlich keine vertraglichen Ansprüche gegen inländische Abnehmerunternehmen haben. Ausnahmen ergeben sich nur dann, wenn ein entsprechender Rechtsbindungswille des Abnehmers besteht. Ein Vertrag zugunsten bzw. mit Schutzwirkung zugunsten Dritter kann vorliegen, wenn sich der Abnehmer selbst zur Durchsetzung von CSR-Standards gegenüber Zulieferern verpflichtet und die Auslegung des Vertrags ergibt, dass bestimmte Stakeholder entsprechende Ansprüche erhalten sollen bzw. dass bestimmte Stakeholder erkennbar mit bestimmten CSR-Standards in Berührung kommen und keine eigenen vertraglichen Ansprüche gegen ihren Zulieferer haben. Letztlich scheitert das Bestehen solcher Ansprüche daran, dass die Ansprüche regelmäßig nach ausländischem Recht zu bewerten sind.

In der Praxis stehen Ansprüchen dritter Parteien aus einem Liefervertrag außerdem praktische Schwierigkeiten entgegen. Dazu gehört die Mehrstufigkeit internationaler Lieferketten. Nur in äußerst kurzen Lieferketten ist der direkte Vertragspartner der inländischen Abnehmergesellschaft auch der Produzent am Anfang der Lieferkette. Außerdem drohen hohe Rechtsverfolgungskosten und ein beschränkter Zugang zu rechtlicher Beratung der betroffenen Stakeholder.[1635]

Im Ergebnis ist die Möglichkeit einer vertragsrechtlichen Durchsetzung von CSR-Standards durch betroffene Stakeholder daher nur in Ausnahmefällen gegeben. Das Potenzial vertragsrechtlicher Durchsetzung von CSR-Standards durch betroffene Stakeholder ist somit gering. Wegen ihrer schwachen vertragsrechtlichen Position sind für betroffene Stakeholder andere Durchsetzungsmöglichkeiten zielführender.[1636]

1635 Dazu *Domej*, in: Reinisch/Hobe/Kieninger/A. Peters (Hrsg.), Unternehmensverantwortung und Internationales Recht, S. 249 ff.

1636 Zur alternativen Lösung der deliktsrechtlichen Durchsetzung vgl. u.a. *Domej*, in: Reinisch/Hobe/Kieninger/A. Peters (Hrsg.), Unternehmensverantwortung und Internationales Recht, S. 229 ff.; *Schirmer*, ZEuP 2021, 35, 59 f. Zum Problem des anwendbaren Rechts neben vielen *Rühl*, in: Reinisch/Hobe/Kieninger/A. Peters (Hrsg.), Unternehmensverantwortung und Internationales Recht, S. 100 ff.

§ 6 Das Potenzial der vertragsrechtlichen Durchsetzung von CSR

Das letzte Kapitel der Arbeit untersucht das Potenzial der vertragsrechtlichen Durchsetzung von CSR. Dabei werden die im vorhergehenden Kapitel § 5 dargestellten Möglichkeiten zur Durchsetzung von CSR-Standards mit vertragsrechtlichen Mitteln in der Lieferkette anhand der im Kapitel § 4 herausgearbeiteten Kriterien für effiziente private Rechtsdurchsetzung analysiert. Die gewonnenen Erkenntnisse aus dem Vorkapitel zeigen, dass es vertragliche Ansprüche von Endabnehmern und von Abnehmern innerhalb der Lieferkette gibt, die Ansatzpunkte für eine vertragsrechtliche Durchsetzung von CSR bieten. Dagegen zeigt sich, dass das deutsche Recht für Stakeholder am Ort der Produktionsstätte keine verallgemeinerungsfähigen vertragsrechtlichen Durchsetzungsmöglichkeiten gegen inländische Abnehmer bietet. Da deutsches Recht auch in letzterem Kontext regemäßig keine Anwendung findet, beschränkt sich die Untersuchung dieses Kapitels auf die Durchsetzung durch Endabnehmer und Abnehmer in der Lieferkette. Zunächst erfolgt die Bewertung der vertragsrechtlichen Durchsetzung von CSR durch Endabnehmer und anschließend durch Abnehmer innerhalb der Lieferkette.

A. Bewertung der vertragsrechtlichen Durchsetzung durch Endabnehmer

Zur Durchsetzung von CSR-Standards durch Endabnehmer kommen schwerpunktmäßig Mängelgewährleistungsrechte und Rechte aus arglistiger Täuschung in Betracht. Um CSR-Standards wirkungsvoll zu fördern, sollte die Durchsetzung dieser Ansprüche Kriterien für effizientes *private enforcement* erfüllen und Lösungen für Opportunismus in Verträgen mit Endabnehmern vorsehen. Als Kriterien für effizientes *private enforcement* gelten hauptsächlich geringe Durchsetzungskosten, eine hohe Überführungswahrscheinlichkeit und hohe Gewinnanreize.[1637]

I. Durchsetzungskosten und Überführungswahrscheinlichkeit

Die Durchsetzungskosten, die für einen Endabnehmer mit der vertragsrechtlichen Durchsetzung von CSR-Standards verbunden sind, hängen von der Art seines Rechtsbehelfs ab. Nachfolgend wird sich zeigen, dass die Durchsetzungskosten bei der Durchsetzung durch Endabnehmer hoch sind. Dies betrifft sowohl die Ermittlungs-, als auch die Prozessführungskosten. In vertragsrechtlichen Konstellationen ist den privaten Klägern die Identität ihres Vertragspartners bereits bekannt. Kosten für die Aufdeckung der Person, die die Pflichtverletzung begangen hat, fallen demgegenüber nicht ins Gewicht. Die entscheidenden Ermittlungskosten betreffen den Nachweis der Pflichtverletzung und die Prozessführungskosten für den einzelnen privaten Kläger.

[1637] Vgl. zum Gesamten oben unter § 4 B. III.

1. Ermittlungskosten für den Nachweis des Verstoßes gegen CSR-Standards

Die Ermittlungskosten für Kläger, die vertragsrechtliche Ansprüche wegen Verletzung von CSR-Standards geltend machen, entstehen maßgeblich durch die Ermittlung der für den Nachweis der Verletzung von CSR-Standards nötigen Beweismittel. Im kaufrechtlichen Gewährleistungsrecht kommt hinzu, dass der Käufer als Kläger zur Darlegung eines Mangels den Bezug der Verletzung von CSR-Standards zur konkreten Kaufsache darlegen muss.[1638] Beide Faktoren stellen den Käufer vor erhebliche Beweisschwierigkeiten.

a) Beweislastverteilung

Im Kaufrecht obliegt die Darlegungs- und Beweislast für das Vorliegen eines Sachmangels nach Annahme der Kaufsache grundsätzlich dem Käufer.[1639] Er muss also für die Geltendmachung sämtlicher Gewährleistungsrechte darlegen und beweisen, dass als Beschaffenheit oder Zweck der Kaufsache vereinbarte CSR-Standards durch den Verkäufer nicht eingehalten wurden. Hat der vereinbarte oder beworbene Umstand grundsätzlich einen Bezug zur Kaufsache, steht der Käufer dennoch vor erheblichen Beweisproblemen, weil er nachweisen muss, dass die CSR-Standard-Verletzung auch im konkreten Vertragsverhältnis einen Mangel begründet und der Bezug zur Kaufsache also im konkreten Fall besteht[1640].

Geht es im Ausnahmefall um Ansprüche aus dem allgemeinen Schuldrecht wegen Verletzung von Nebenleistungspflichten, liegt die Darlegungs- und Beweislast für die objektive Pflichtverletzung grundsätzlich ebenfalls bei dem Gläubiger.[1641]

Eine übernommene Beschaffenheitsgarantie oder eine selbstständige Garantie i.S.d. § 443 Abs. 1 BGB hilft über diese Beweislast des Käufers nur dann hinweg, wenn sie sich auch darauf erstreckt, dem Käufer den Beweis eines Mangels zu vereinfachen oder gar zu ersparen. Der Wortlaut des § 443 Abs. 1 BGB legt jedoch nahe, dass eine Garantie regelmäßig im Garantiefall Rechte zusätzlich zur gesetzlichen Mängelhaftung gewährt. Der Käufer trägt also auch hier die Darlegungs- und Beweislast für das Vorliegen des Garantievertrags und des Garantiefalls.[1642]

Auch im Falle der Anfechtung wegen arglistiger Täuschung obliegt es dem Käufer, den Beweis der Verletzung von CSR-Standards zu erbringen. Der Käufer hat die Täuschung seines Vertragspartners zu beweisen.[1643] Handelt es sich um die Verlet-

---

[1638] Vgl. dazu die hier vertretene Ansicht unter § 5. A. II. 2. a) ee). So auch *Glinski*, Die rechtliche Bedeutung der privaten Regulierung globaler Produktionsstandards, S. 192 f.; *Dilling*, in: Winter (Hrsg.), Die Umweltverantwortung multinationaler Unternehmen, S. 306.

[1639] Grüneberg/*Weidenkaff*, BGB § 434, Rn. 46. Vor Annahme als Erfüllung liegt die Beweislast für die Mangelfreiheit beim Verkäufer, vgl. zur Beweislastverteilung im kaufrechtlichen Gewährleistungsrecht BeckOK BGB/*Faust*, BGB § 434, Stand: 1.5.2022, Rn. 121 ff.

[1640] So auch *Glinski*, Die rechtliche Bedeutung der privaten Regulierung globaler Produktionsstandards, S. 192 f.; *Dilling*, in: Winter (Hrsg.), Die Umweltverantwortung multinationaler Unternehmen, S. 306.

[1641] Vgl. Zur Beweislastverteilung eines Schadensersatzanspruchs aus § 280 Abs. 1 BGB Jauernig/*Stadler*, BGB § 280, Rn. 23; Grüneberg/*Grüneberg*, BGB § 280, Rn. 35.

[1642] Zur Beweislastverteilung bei Ansprüchen aus Garantien MüKoBGB/*Westermann*, BGB § 443, Rn. 23 Jauernig/*Berger*, BGB § 443, Rn. 16.

[1643] BGH, Urt. v. 13.5.1957 – II ZR 56/56 = NJW 1957, 988, 988; MüKoBGB/*Armbrüster*, BGB § 123, Rn. 95; Staudinger/*Singer/Finckenstein*, BGB § 123, Rn. 89; Grüneberg/*Ellenberger*, BGB § 123, Rn. 30 Zum Nachweis der Kausalität der Täuschung für den Willensentschluss des Anfechtenden s. oben unter § 5 A. II. 4. c).

zung einer Offenbarungspflicht, muss er auch die negativen Tatsachen des arglistigen Verschweigens darlegen und beweisen.[1644]

b) Schwierigkeiten bei der Beweiserbringung

Diese Beweislastverteilung stellt den Endabnehmer vor erhebliche Herausforderungen und Kosten. Für den Nachweis der Verletzung von CSR-Standards ist ein Endabnehmer fast vollständig auf Informationsermittlung durch Dritte angewiesen. Hinsichtlich des Bestehens eines Mangels der konkreten Kaufsache benötigt er in der Regel sogar Informationen des Verkäufers. Im Einzelnen ergibt sich das aus den folgenden Überlegungen:

Ein Endabnehmer wird von der Verletzung von CSR-Standards typischerweise durch Berichterstattung Dritter erfahren. Dritte Quellen sind zum Beispiel Medienberichte oder veröffentlichte Erkenntnisse von NGOs oder von Verbänden (im Folgenden zusammengefasst bezeichnet als Intermediäre). Um Rechte gegenüber dem Verkäufer geltend zu machen, kann der Käufer sodann versuchen, an die durch Dritte ermittelten Informationen zu gelangen. Die Tatsachen kann er dann im Prozess mithilfe der Beweismittel der §§ 355 ff. ZPO darlegen – zum Beispiel durch Anbieten eines Zeugenbeweises unter Benennung der Personen, die die Verletzung aufgedeckt haben.

Erstrecken sich die aufgedeckten Verletzungen aber noch nicht hinreichend auf die im konkreten Vertragsverhältnis vereinbarten CSR-Standards oder auf die konkrete Kaufsache, ist dem Endabnehmer ein Nachweis ohne Mobilisierung eines erheblichen Zeit- und Kostenaufwandes nicht möglich. Für eine Aufdeckung müsste der Käufer erstens die Produktionskette der erworbenen Kaufsache kennen und zweitens den Produktions- bzw. Verarbeitungsort entsprechend überprüfen. Keine hilfreichen Anhaltspunkte bietet hierfür veröffentlichte Berichterstattung im Sinne der §§ 389b ff., 315b ff. HGB. Zwar müssen Unternehmen darin auch über Ergebnisse der angewandten Konzepte berichten. Dass sich dabei Informationen über Verstöße finden, ist wegen der damit verbundenen Selbstbelastung nicht zu erwarten. Über wesentliche Risiken, die mit den Geschäftsbeziehungen, Waren und Dienstleistungen verknüpft sind, müssen die adressierten Unternehmen nur berichten, soweit die Berichterstattung verhältnismäßig ist (§§ 289c Abs. 3 Nr. 4, 315c Abs. 2 HGB). Eine Überprüfung der Produktionsstätten durch den Käufer scheitert nicht zuletzt am Zutritt zu den Produktionsstätten. Weiterhin müsste der Käufer die erworbene Ware zu der an die Öffentlichkeit gelangten Verletzung von CSR-Standards an einem bestimmten Produktionsort zuordnen. Hierbei steht der Käufer vor erheblichen Problemen, denn Produktions- und Lieferketten sind selten offengelegt. Einige Produkte sind zwar hinsichtlich ihrer Herkunft freiwillig oder aufgrund gesetzlicher Vorgaben gekennzeichnet.[1645] Manche Unternehmen, deren Marken für soziale und nachhaltige Produktion stehen sollen, legen die Herkunft und Wertschöpfungsketten ihrer Produkte offen.[1646] Gesetzlich vorgeschriebene Herkunftsangaben bestehen besonders im Le-

[1644] Hinsichtlich der unterbliebenen Aufklärung kommen dem Anfechtenden die Grundsätze der sekundären Darlegungslast zugute, BGH, Urt. v. 20.10.2000 – V ZR 285/99 = NJW 2001, 64, 65; vgl. Grüneberg/*Ellenberger*, BGB § 123, Rn. 30; MüKoBGB/*Armbrüster*, BGB § 123, Rn. 95.

[1645] Für einen Überblick zur Kennzeichnung von Herkunftsort bzw. Ursprungsland im Lebensmittelrecht vgl. *Sosnitza*, GRUR 2016, 347, 347 ff. Zu dieser Kennzeichnung als Mittel zur Förderung nachhaltigen Konsums vgl. *Kahl*, ZLR 2017, 147, 173 f.

[1646] So zum Beispiel das französische Unternehmen Veja, das Schuhe aus Textilien aus Brasilien herstellt, vgl. online unter: https://project.veja-store.com/en/single/transparency (zuletzt aufgerufen

bensmittelrecht.[1647] Auch hier decken sie aber nicht alle Lebensmittel ab und betreffen hauptsächlich Monoprodukte.[1648] Die Art der Herkunftsangabe lässt außerdem nur in wenigen Fällen auf einen konkreten Produktionsort schließen. Oft betrifft die obligatorische Kennzeichnung lediglich das Ursprungsland, in dem das Produkt hergestellt wurde.[1649] Nur in wenigen Fällen gehen die Anforderungen weiter. So müssen etwa bei Rindfleisch die Angaben auch den Schlachthof, den Zerlegungsbetrieb, sowie die Angabe zum Geburtsort des Tieres erfassen.[1650] Eier sind über einen Erzeugercode auf einen konkreten Betrieb und Stall zurückzuführen.[1651] Ohne eine solche konkrete Herkunftsangabe lässt sich aber trotz Angabe etwa des Ursprungslands noch nicht darauf schließen, welcher Produktionsstätte ein Produkt entstammt. Dies gilt erst recht in stark verzweigten Wertschöpfungsketten.

Damit bleibt festzuhalten, dass ein Endabnehmer auf durch Intermediäre ermittelte Informationen angewiesen ist, um überhaupt von einer Nichteinhaltung von CSR-Standards zu erfahren. Auch hinsichtlich der Betroffenheit der konkreten Kaufsache steht der Endabnehmer vor erheblichen Beweisschwierigkeiten. Im Ergebnis sind die Kosten, die ein vertragsrechtlicher Kläger für die Ermittlung der Beweise aufbringen müsste, hoch.

c) Lösungsansätze

Diesen Beweisschwierigkeiten sollte durch verschiedene Mittel und Maßnahmen Rechnung getragen werden.

aa) Zugriff auf behördliche Informationen über Verstöße

Eine erste Möglichkeit wäre, den privaten Klägern Informationen zu gewähren, die in anderen Verfahren bereits ermittelt wurden. Hier kommen Informationen aus Verfahren in Betracht, die aufgrund der Lieferkettengesetzgebung geführt werden.[1652]

---

am 09.07.2022) oder die Speicherstadt Kaffeerösterei, die Kaffee im Direkthandel erwirbt und deren Ursprung offenlegt, darunter den Import von Kaffee von der Frauenkooperative APROLMA („Asociacion de Productoras Libres de Marcala") aus der Region Marcala, Honduras, online abrufbar unter: https://speicherstadt-kaffee.de/honduras-aprolma/ (zuletzt aufgerufen am 9.7.2022).

[1647] Dazu *Sosnitza*, GRUR 2016, 347, 347 ff. m.w.N.

[1648] Vgl. *Sosnitza*, GRUR 2016, 347, 353; Voit/Grube/*Grube*, LMIV Art. 26, Rn. 1 ff. Seit Inkrafttreten der Lebensmittelinformationsverordnung (VO (EU) Nr. 1169/2011 des Europäischen Parlaments und des Rates vom 25. Oktober 2011, ABl. L 304 v. 22.11.2011, S. 18 (LMIV)) im Jahr 2014 ergänzt Art. 26 LMIV bestehende Systeme obligatorischer Herkunftsbezeichnungen im Lebensmittelrecht durch horizontale Kennzeichnungspflichten zum Zwecke der Verbraucherinformation. Allerdings umfassen diese Regelungen nicht flächendeckend alle Lebensmittel. Art. 26 Abs. 2 lit. a) LMIV führt obligatorische Kennzeichnungspflichten für Fleisch der Tierarten Schwein, Ziege, Schaf und Hausgeflügel ein, Art. 26 Abs. 2 lit. b) LMIV verpflichtet zur Angabe von Ursprungsland oder Herkunftsort, wenn andernfalls eine Irreführung über das tatsächliche Ursprungsland oder den tatsächlichen Herkunftsort möglich wäre. Vgl. die vorstehenden Quellen.

[1649] Vgl. *Sosnitza*, GRUR 2016, 347, 349 Zum Begriff des Ursprungslands vgl. Art. 2 Abs. 3 LMIV.

[1650] Art. 13 Abs. 2, 5 Rinderkennzeichnungs-VO (EG) Nr. 1760/2000 des Europäischen Parlaments und des Rates vom 17. Juli 2000, ABl. L 204, S. 1; Vgl. *Sosnitza*, GRUR 2016, 347, 349 f. mit weiteren Beispielen.

[1651] Vgl. *Sosnitza*, GRUR 2016, 347, 349, m.w.N.

[1652] Informationen aus behördlichen Bußgeldverfahren wegen Verstößen gegen eine Sorgfaltspflichtengesetzgebung sind für private Kläger hilfreicher als Verfahren wegen Verstoßes gegen Berichtspflichten, die keine materiellen Vorgaben machen. Zur Unterscheidung bereits oben unter § 2 E.

Meldungen, die die zuständige Behörde (nach § 19 Abs. 1 S. 1 LkSG das Bundesamt für Wirtschaft und Ausfuhrkontrolle) über solche Verfahren an die Öffentlichkeit richtet, genügen zur Schließung des Informationsdefizits nicht. Das LkSG sieht zwar eine Veröffentlichung eines jährlichen Berichts auf der Website der zuständigen Behörde vor. In diesem weist die Behörde aber nur auf festgestellte Verstöße und angeordnete Abhilfemaßnahmen ohne Benennung der betroffenen Unternehmen hin (§ 21 Abs. 2 LkSG). Eine weiterreichende Veröffentlichungspflicht der zuständigen Behörde würde dem Informationsbedürfnis privater Kläger dagegen mehr Rechnung tragen. Dies zeigt ein vergleichender Blick auf die Regelung des § 53 Abs. 5 GWB.[1653] Die darin vorgesehene Veröffentlichung der Bußgeldentscheidungen des Bundeskartellamts dient gezielt der Information potenziell Geschädigter, die auf dieser Basis mögliche Schadensersatzansprüche prüfen können sollen.[1654] Die Mitteilung ist auf der Internetseite zu veröffentlichen (§ 53 Abs. 5 S. 1 GWB). Sie soll unter anderem Angaben zum festgestellten Sachverhalt, zu Art und Zeitraum des Verstoßes, zu den Unternehmen, gegen die Geldbußen festgesetzt wurden, zu den betroffenen Waren und Dienstleistungen und einen Hinweis auf die Ersatzansprüche geschädigter Personen enthalten (§ 53 Abs. 5 S. 2 Nr. 1-5 GWB). Den Beweisschwierigkeiten eines privaten Klägers würde jedenfalls stärker Rechnung getragen werden, wenn die Mitteilungspflichten bei Verstößen gegen das geplante Sorgfaltspflichtengesetz vergleichbar ausgeweitet würden. Ausstehend bleibt auch dann allerdings der Nachweis, dass der Verstoß gegen das Sorgfaltspflichtengesetz mit dem Verstoß gegen CSR-Standards im konkreten Vertragsverhältnis gleichläuft. Ein Hinweis auf betroffene Waren könnte Beweisschwierigkeiten hinsichtlich eines Bezugs zur Kaufsache beheben, allerdings nur, wenn die Nennung nicht nur allgemein erfolgt, sondern eine eindeutige Zuordnung ermöglicht. Gegen eine solche namentliche Veröffentlichung nach dem Konzept des *naming and shaming* sprechen die dadurch ausgelösten nachteiligen Folgen für die betroffenen Unternehmen. Bei Bekanntwerden schwerwiegender Verstöße sollte eine solche Veröffentlichungspflicht zur Behebung von Informationsdefiziten von Endabnehmern unter Beachtung des zusätzlichen Sanktionscharakters ermöglicht werden.

Eine weitere Lösungsmöglichkeit ist außerdem ein Akteneinsichtsrecht für private Kläger. Die aus den Behördenakten gewonnenen Informationen können einem privaten Kläger Aufschluss über die Art und Weise der Verletzung von CSR-Standards geben sowie über öffentlich-rechtliche Sorgfaltspflichten des Verkäufers in der Lieferkette. Diese können der Widerlegung eines durch den Verkäufer erbrachten Entlastungsbeweises hinsichtlich des Vertretenmüssens dienen. Ansprüche auf Zurverfügungstellung von Informationen und auf Akteneinsicht gegenüber Bundes- und Landesbehörden gewähren Informationsgesetze des Bundes und der Länder. Zum Beispiel gewährt § 1 Abs. 1, Abs. 2 IFG[1655] einen Anspruch auf Zugang zu amtlichen Informationen des Bundes. Ein Zugang hängt aber von der Einwilligung der Betroffenen ab, wenn der Zugang Betriebs- oder Geschäftsgeheimnisse von Betroffenen betrifft (§ 6 S. 2 IFG). Da Sorgfaltspflichten für die Lieferkette auch interne Prozesse und die Art der Herstellung bzw. Zusammenarbeit mit Lieferanten betreffen, liegt der Ablehnungsgrund im vorliegenden Fall nahe. Außerdem ist ein Anspruch aus § 1

[1653] Dazu *K. Seifert*, NZKart 2017, 215, 512.

[1654] BT-Drs. 18/10207, S. 82; Dazu Immenga/Mestmäcker/*Stockmann*, GWB § 53, Rn. 4.

[1655] Gesetz zur Regelung des Zugangs zu Informationen des Bundes v. 5.9.2005, BGBl. I S. 2722 (Informationsfreiheitsgesetz).

Abs. 1 IFG nach § 1 Abs. 3 IFG nur subsidiär gegenüber anderen Informationszugangsansprüchen anwendbar.[1656] Daneben kommt ein Recht auf Auskunft und Akteneinsicht in das an den Sorgfaltsverstoß anknüpfende Bußgeldverfahren aus § 475 StPO i.V.m. § 46 OWiG in Betracht.[1657] Nach § 475 Abs. 1 S. 1, S. 2 StPO[1658] kommt es darauf an, ob ein berechtigtes Interesse des Antragstellers und keine entgegenstehenden schutzwürdigen Interessen des Betroffenen vorliegen. Ein berechtigtes Interesse liegt zwar auch in der Verifizierung des Bestehens zivilrechtlicher Ansprüche.[1659] Im Falle eines nur mittelbaren Zusammenhangs zu der verfolgten prozessualen Tat tritt dieses Interesse allerdings in der Regel gegenüber entgegenstehenden Interessen des Betroffenen zurück.[1660] Wegen diesen Hindernissen ist die Gewährung von Akteneinsicht an Endabnehmer unwahrscheinlich. Vor diesem Hintergrund wäre ein Akteneinsichtsrecht im LkSG für vertragsrechtliche Kläger sinnvoll. Eine gesetzliche Regelung müsste gleichzeitig Regelungen zum Schutz von Betriebs- und Geschäftsgeheimnissen des betroffenen Unternehmens treffen.[1661]

bb) Auskunftsansprüche gegen Private

Kann ein privater Kläger keine Informationen über behördliche Verfahren gegen den Beklagten einholen oder erhält er keinen Zugang, kann er auch versuchen, an Beweismittel in der Verfügungsgewalt des Beklagten zu gelangen. Eine spezifische Regelung solcher Auskunfts- und Herausgabeansprüche privater Kläger traf der Gesetzgeber im Kartellverfahren.[1662] Das Zivilprozessrecht sieht auch Möglichkeiten der Anordnungen der Vorlegung von Urkunden oder Gegenständen für den Augenschein durch eine Partei vor.[1663] Außerdem sieht Art. 18 der neuen Verbandsklagerichtlinie (EU) 2020/1828 (Verbandsklage-RL)[1664] vor, dass qualifizierte Einrichtungen einen Antrag auf Anordnung der Offenlegung von Beweismitteln stellen können, welche der Verfügung des Beklagten oder Dritten unterstehen. Voraussetzung ist, dass die qualifizierte Einrichtung „alle unter zumutbarem Aufwand zugänglichen Beweismittel vorgelegt hat, die zur Stützung der Klage ausreichen" (Art. 18 S. 1 Verbandskla-

---

1656 Dazu mit Bezug zur Anwendbarkeit im Kartellverfahren *K. Seifert*, NZKart 2017, 215, 517.

1657 Beide Einsichtsrechte finden als allgemeine Gesetze des Strafverfahrens nach § 46 Abs. 1 OWiG in allen Verfahren Anwendung, in denen Ordnungswidrigkeiten verfolgt oder geahndet werden, vgl Graf/*Bücherl*, OWiG § 46, Stand: 1.1.2021, Rn. 6 Zur früheren (jetzt teilweise durch § 89c Abs. 5 S. 1 GWB verdrängten) Anwendung im Kartellverfahren *K. Seifert*, NZKart 2017, 215, 516 f.; *Weitbrecht*, NZKart 2018, 106, 110.

1658 Dazu *Grau/Blechschmidt/Frick*, NStZ 2010, 662, 669.

1659 LG Hildesheim, Beschl. v. 6.2.2009 – 25 Qs 1/09, NJW 2009, 3799, 3800, vgl. MüKoStPO/*Singelnstein*, StPO § 475, Rn. 16.

1660 MüKoStPO/*Singelnstein*, StPO § 475, Rn. 26; *Grau/Blechschmidt/Frick*, NStZ 2010, 662, 669.

1661 Ein Beispiel für eine solche ausführliche Regelung ist § 89c GWB.

1662 Solche vorprozessualen und prozessualen Ansprüche regeln §§ 33g, 89b GWB.

1663 Die Anordnung richtet sich nach §§ 142 Abs. 1 S. 1, 144 Abs. 1 S. 1, 2 ZPO (i.V.m. § 273 Abs. 2 Nr. 5 ZPO). Die Anträge einer Partei hierauf nach § 371 Abs. 2 bzw. § 421 ZPO i.V.m. §§ 422 ff. ZPO. Die Herausgabepflicht Dritter besteht nur innerhalb einer Zumutbarkeitsgrenze, § 142 Abs. 2 S. 1, 144 Abs. 2 S. 1 ZPO. Im Falle der Urkundenvorlage ist Voraussetzung, dass sich eine Partei auf die Urkunden oder sonstigen Unterlagen bezogen hat, § 142 Abs. 1 S. 1 ZPO.

1664 Richtlinie (EU) 2020/1828 des europäischen Parlaments und des Rates vom 25.11.2020 über Verbandsklagen zum Schutz der Kollektivinteressen der Verbraucher und zur Aufhebung der Richtlinie 2009/22/EG, ABl. L 409 vom 4.12.2020, S. 1.

ge-RL). Die Umsetzung des Deutschen Gesetzgebers steht noch aus.[1665] Er muss bei der Umsetzung insbesondere unionsrechtliche und nationale Vorschriften über Vertraulichkeit und Verhältnismäßigkeit achten (Art. 18 S. 1 Verbandsklage-RL). Ein solches Herausgaberecht gegen den Beklagten einer Verbraucher-Verbandsklage[1666] ist für die vorliegende Konstellation hilfreich, weil der Kläger dadurch – je nach Einzelfall und Ausgestaltung – Unterlagen über Produktionsorte und von der Verletzung betroffene Produktlinien im konkreten Fall anfordern kann.

cc) Ausweitung von Informationspflichten des Herstellers

Zur Lösung der Beweisschwierigkeiten des privaten Klägers kommt neben einem Zugriff auf Informationen bei Behörden oder des Vertragspartners eine Verschärfung von Informationspflichten des Herstellers in Betracht. Dies könnte entweder durch eine Ausweitung vorvertraglicher Informationspflichten oder durch erhöhte Kennzeichnungsvorschriften geschehen.

Eine Vorgabe über Informationspflichten in Verbraucherverträgen traf der Unionsgesetzgeber durch die Verbraucherrechterichtlinie 2011/83/EU[1667]. Die Richtlinie sieht für stationär abgeschlossene Verträge in Art. 5 Abs. 1 lit. a) und für Fernabsatzverträge oder außerhalb von Geschäftsräumen geschlossene Verträge in Art. 6 Abs. 1 lit. a) eine Informationspflicht des Unternehmers über wesentliche Eigenschaften der Waren oder Dienstleistungen vor. Der Deutsche Gesetzgeber setzte diese Pflichten in Art. 246 Abs. 1 Nr. 1 EGBGB und Art. 246a § 1 Nr. 1 EGBGB um.[1668] Die Richtlinie ist vollharmonisierend (Art. 4 Verbraucherrechte-RL), lässt aber hinsichtlich der erwähnten Informationspflichten eine abweichende Festlegung zusätzlicher vorvertraglicher Informationspflichten zu (Art. 5 Abs. 4, 6 Abs. 8 Verbraucherrechte-RL).[1669] Somit könnten sowohl der Unionsgesetzgeber als auch der nationale Gesetzgeber weitergehende Informationspflichten über die genaue Herkunft der Produkte bzw. Rohstoffe aufstellen.[1670] Alternativ zu vorvertraglichen Informationspflichten kommt eine Ausweitung von Kennzeichnungspflichten hinsichtlich der Lieferkette und Herkunftsorte in Betracht.

Die aufgezeigten Möglichkeiten der Ausweitung von Informationspflichten verursachen Kosten für die verpflichteten Unternehmen. Die Kosten entstehen durch die Verschaffung und Aufbereitung der Informationen über die ggf. komplexe Lieferkette und bei der Produktkennzeichnung durch Druckkosten.[1671] *Sosnitza* führt es unter anderem auf die Höhe der Druckkosten zurück, dass die bisher bestehenden Kennzeichnungspflichten im Lebensmittelrecht mit Ausnahme von Bio-Lebensmitteln „ausschließlich Monoprodukte betreffen, bei denen die Rückverfolgbarkeit und die

[1665] Dabei bilden die oben genannten Vorlagepflichten der ZPO bereits eine gute Ausgangslage. Vgl. *Röthemeyer*, VuR 2021, 43, 49.

[1666] Zur Verbraucher-Verbandsklage s. näher unten unter § 6 A. II. 3.

[1667] Richtlinie 2011/83/EU (Verbraucherrechte-RL) des Europäischen Parlaments und des Rates vom 25. Oktober 2011 über die Rechte der Verbraucher, zur Abänderung der Richtlinie 93/13/EWG des Rates und der Richtlinie 1999/44/EG des Europäischen Parlaments und des Rates sowie zur Aufhebung der Richtlinie 85/577/EWG des Rates und der Richtlinie 97/7/EG des Europäischen Parlaments und des Rates, ABl. L 304 v. 22.11.2011, S. 64.

[1668] Siehe dazu auch oben unter § 5 A. II. b).

[1669] Zum Gesamten *Schlacke/Tonner/Gawel*, JZ 2016, 1030, 1036.

[1670] *Schlacke/Tonner/Gawel*, JZ 2016, 1030, 1036, 1038 machen diesen Vorschlag hinsichtlich Umweltstandards.

[1671] Zu Letzteren vgl. *Sosnitza*, GRUR 2016, 347, 353.

damit verbundenen Kosten noch vergleichsweise überschaubar sind".[1672] Der Kostenaufwand für die verpflichteten Unternehmen spiegelt sich in der Bereitschaft der Verbraucher allerdings nicht wider, höhere Preise für ein höheres Informationsniveau zu zahlen.[1673] Vor diesem Hintergrund stellt es eine kostengünstigere Alternative dar, wenn die Information nicht auf der Produktverpackung zur Verfügung stehen müssen, sondern eine Darstellung auf der Website ausreicht. Auf diese Darstellung könnte mittels Links oder QR-Codes auf der Verpackung verwiesen werden, sodass interessierte Verbraucher jederzeit Zugang zu den entsprechenden Angaben erhalten können.[1674] Dieser kostengünstigeren Kennzeichnungsmöglichkeit auf der Website, stehen aber Kosten zur Informationsermittlung über komplexe Lieferketten auf Seiten der verpflichteten Unternehmen entgegen. Die Informationsbereitstellung sollte daher gesetzlich geregelt werden. Für den Bereich der Konfliktmineralien sieht die Konfliktmineralien-VO zum Beispiel die verpflichtende Weitergabe aller im Rahmen der Erfüllung der Sorgfaltspflicht in der Lieferkette erlangten Informationen an unmittelbar nachgelagerte Abnehmer vor.[1675]

Darüber hinaus ist die Signalwirkung von Produktinformationen gegenüber Verbrauchern zu beachten.[1676] Die Informationspflicht sollte sich daher auf objektiv überprüfbare Informationen erstrecken.[1677]

dd) Beweiserleichterungen

Schließlich kommen zur Lösung von Beweisschwierigkeiten hinsichtlich einer Verletzung von CSR-Standards und der Produktbezogenheit Veränderungen der Darlegungs- und Beweislast in Frage. Hier ist insbesondere eine Verteilung der Beweislast nach Gefahrenbereichen anzudenken, sodass ein Unternehmen, welches die Einhaltung von CSR-Standards verspricht, für Tatsachen, die die interne Umsetzung der CSR-Standards betreffen, auch beweisbelastet ist. *Dilling* schlägt für Schadensersatzansprüche wegen Verletzung ethischer Produktionsbedingungen eine Beweislastumkehr in Anlehnung an die von der Rechtsprechung entwickelten Grundsätze der Beweiserleichterungen bei der Produzentenhaftung nach § 823 Abs. 1 BGB vor.[1678] Im Rahmen der Produzentenhaftung kommt dem Kläger eine Beweislastumkehr auf mehreren Stufen zugute. Der Hersteller muss beweisen, dass ihm im Falle

---

[1672] *Sosnitza*, GRUR 2016, 347, 353.

[1673] So etwa zur Zahlungsbereitschaft für Fleisch der Bericht der Kommission an das Europäische Parlament und den Rat über die obligatorische Angabe des Ursprungslands oder des Herkunftsorts für Fleisch als Zutat, 17.12.2013, COM (2013) 755 final, S. 9; vgl. *Sosnitza*, GRUR 2016, 347, 353.

[1674] *Sosnitza*, GRUR 2016, 347, 353.

[1675] Das System zur Rückverfolgbarkeit der Gewahrsams- oder Lieferkette in Bezug auf Minerale und Metalle sehen Art. 4 lit. f) und g) Konfliktmineralien-VO vor. Erfasste Informationen schließen unter anderem den Lieferanten des Unionseinführers, das Ursprungsland der Minerale, Hütten und Raffinerien in der Lieferkette, Zertifizierungen und im Falle des Imports aus Konflikt- und Hochrisikogebieten nähere Informationen über z.B. die Ursprungsmine, Aufbereitungsorte etc. ein. Die Zurverfügungstellung der Informationen gegenüber unmittelbar nachgelagerten Abnehmern (unter Wahrung von Geschäftsgeheimnissen und Beachtung von Wettbewerbsbedenken) statuiert Art. 7 Abs. 2 Konfliktmineralien-VO. Zur Konfliktmineralien-VO siehe auch oben unter § 2 E. II. 1.

[1676] Zum *signaling* bzgl. CSR-Standards siehe unten unter § 6 A. III. sowie allgemein oben unter § 4 C. II. Hinsichtlich der Ausweitung vorvertraglicher Informationspflichten und *signaling* s.a. *Schlacke/Tonner/Gawel*, JZ 2016, 1030, 1038.

[1677] Vgl. *Schlacke/Tonner/Gawel*, JZ 2016, 1030, 1038.

[1678] So *Dilling*, in: Winter (Hrsg.), Die Umweltverantwortung multinationaler Unternehmen, S. 306.

eines durch den Geschädigten bewiesenen Produktfehlers, der zu einem Schaden des Geschädigten führte, kein Verschulden und keine Verletzung einer Verkehrssicherungspflicht bei der Konstruktion und Herstellung des Produkts zur Last fällt.[1679] Dabei muss er sich auch für die ordnungsgemäße Einrichtung und Organisation seines Betriebs zur Verhinderung von Produktfehlern entlasten.[1680]

Übertragen auf die Situation bei der Durchsetzung von CSR-Standards sprechen für eine solche Beweislastverlagerung die besonderen Schwierigkeiten des Klägers, Abläufe nachzuweisen, die in die Sphäre der Gegenpartei fallen.[1681] Der Kläger steht außerhalb des Geschehensablaufs der Produktion der Ware und der Umsetzung der CSR-Standards und kann von sich aus nicht oder nur unter erheblichem Aufwand die für die Anspruchsbegründung erforderlichen Tatsachen ermitteln bzw. die Verletzung von CSR-Standards durch den Beklagten nachweisen. Dagegen kann der (Hersteller-) Verkäufer Informationen über die Umsetzung der CSR-Standards, damit verbundene Vorfälle und die Produktionsbedingungen der Ware grundsätzlich leichter beschaffen. Für eine Erleichterung der Darlegungslast des Käufers spricht darüber hinaus eine Selbstbindung des Verkäufers an CSR-Standards. Ein Verkäufer, der sich freiwillig zur Umsetzung von CSR-Standards verpflichtet, sollte sich auch in zumutbarer Weise an der Aufklärung darüber beteiligen, ob er die selbst auferlegten Pflichten durch entsprechende Verfahrensschritte eingehalten hat.[1682]

Allerdings stellt sich bereits das vorgelagerte Problem, dass der Endabnehmer, um die Vorteile einer entsprechenden Beweislastumkehr zu erhalten, zunächst grundsätzlich nachweisen muss, dass das Produkt im Zeitpunkt des In-Verkehr-Bringens bereits fehlerhaft war.[1683] Nur soweit ein Produkt eine besondere Schadenstendenz aufweist und der vorhandene Fehler typischerweise aus dem Verantwortungsbereich des Herstellers stammt, kommt auch eine Beweislastumkehr für die kausale Zuordnung eines schädlichen Produktfehlers im Herstellerbetrieb in Betracht.[1684] Bei der Verletzung ethischer Produktionsmerkmale fehlt es an einem solchen tauglichen Anknüpfungskriterium für die Beweislastumkehr. Anhaltspunkte für einen Mangel

---

[1679] Dies gilt bei Fabrikations- und Konstruktionsfehlern (nicht in dieser Form für Instruktions- und Produktbeobachtungsfehler), vgl. neben vielen BGH, Urt. v. 26.11.1968 – VI ZR 212/66 = BGHZ 51, 91 = BGH NJW 1969, 269; Grüneberg/*Sprau*, BGB § 823, Rn. 188 f.; *Looschelders*, Schuldrecht Besonderer Teil, § 63 Rn. 3; Thomas/Putzo/*Seiler*, ZPO § 284 Vorb, Rn. 29.

[1680] *Looschelders*, Schuldrecht Besonderer Teil, § 63 Rn. 4; Grüneberg/*Sprau*, BGB § 823, Rn. 176, 189.

[1681] Allgemein zu den Grundsätzen der sekundären Darlegungslast Thomas/Putzo/*Seiler*, ZPO § 284 Vorb, Rn. 18a.

[1682] So zur freiwilligen Selbstbindung mit Schwerpunkt auf Bewertungs- und Prüfungsleistungen von Finanzprodukten nach untergesetzlichen Verhaltensregeln, *Leyens*, AcP 215 (2015), 611, 647: „Wer sich bindet, hat konsequenterweise zur Durchsetzung der selbst begründeten Pflichten beizutragen, also zu belegen, dass er die Verfahrensvorgaben eingehalten hat. Bei schon im Eigeninteresse vorgehaltener Compliance-Organisation und Dokumentation überfordert dies nicht. Wo entsprechende Maßnahmen fehlen, trifft eine Umkehr der Darlegungslast den Richtigen, weil er die Einhaltung seines nach vertraglichem, verbandlichem, publizitätsgesteuerten oder aufsichtsrechtlichem Bindungsmuster gegebenen ‚Versprechens' gerade nicht überprüft und schon deshalb verletzt."

[1683] BGH, Urt. v. 7.6.1988 – VI ZR 91/87 = BGHZ 104, 323 = NJW 1988, 2611, 2613, der dazu festhält: „eine generelle Beweislastumkehr würde die Deliktshaftung des Herstellers zu einer Erfolgseinstandshaftung machen, für die es einer besonderen materiellrechtlichen Legitimierung bedarf"; *Looschelders*, Schuldrecht Besonderer Teil, § 63 Rn. 4; Grüneberg/*Sprau*, BGB § 823, Rn. 188.

[1684] BGH, Urt. v. 7.6.1988 – VI ZR 91/87 = BGHZ 104, 323 = NJW 1988, 2611, 2613; *Looschelders*, Schuldrecht Besonderer Teil, § 63 Rn. 5; Grüneberg/*Sprau*, BGB § 823, Rn. 188.

werden sich stattdessen aus Medienberichten über die Verletzung von CSR-Standards bei der Produktion ergeben. Anders als etwa im Falle des § 477 Abs. 1 BGB, der eine Vermutung dahingehend aufstellt, dass der nach Gefahrübergang aufgetretene Folgemangel auf einem vor Gefahrübergang bestehenden Grundmangel[1685] beruht,[1686] offenbart sich bei der Verletzung ethischer Produktionsbedingungen gerade kein Funktions- oder Substanzmangel. Würde man den Nachweis konkreter Anhaltspunkte für eine Verletzung von CSR-Standards auch mit Blick auf das konkrete Vertragsverhältnis entfallen lassen,[1687] würde jedweder Anhaltspunkt über schlechte Arbeitsbedingungen in Produktionsstätten bereits als Anknüpfungspunkt für eine Beweislastumkehr genügen. Eine Beweislastumkehr bereits auf dieser Darlegungsgrundlage ruft aber die Gefahr missbräuchlicher Klagen hervor.[1688] Ein weiterer Unterschied zur Produzentenhaftung besteht schließlich darin, dass es im Rahmen einer vertraglichen Haftung wegen § 280 Abs. 1 S. 2 BGB einer Beweislastumkehr für das Vertretenmüssen schon gar nicht bedarf. Ein wesentlicher Vorteil der Beweislastumkehr bei der deliktischen Produzentenhaftung liegt gerade in der Beweiserleichterung des Verschuldensnachweises für den Geschädigten.

Vor diesem Hintergrund bedarf es Beweiserleichterungen nach den Grundsätzen der sekundären Darlegungslast im Hinblick auf die Darlegung des Bezugs zur Kaufsache. Die Rechtsprechung nimmt unter Anwendung des Grundsatzes von Treu und Glauben (§ 242 BGB) eine sekundäre Darlegungslast der Gegenseite an, soweit der primär darlegungsbelasteten Partei eine weitere Sachverhaltsaufklärung im Gegensatz zur Gegenseite nicht möglich und zumutbar ist.[1689] Legt der Käufer schlüssig und hinreichend substantiiert dar, dass ein bestimmter Vorfall (etwa die Aufdeckung von Kinderarbeit in einer Produktionsstätte des Verkäufers) gegen vertraglich vereinbarte CSR-Standards verstößt, die geeignet sind, die Beschaffenheit der Kaufsache zu betreffen, obliegt es dem Verkäufer anschließend im Einzelnen darzulegen, dass die konkrete Kaufsache davon nicht betroffen ist. Für die Darlegung eines Mangels der konkreten Kaufsache durch den Kläger sollte als Auslöser für eine sekundäre Darlegungslast vor dem Hintergrund der fehlenden Rückverfolgbarkeit der Waren genügen, dass dieselbe Produktart oder für die Kaufsache relevante Rohstoffe betroffen sind.[1690]

[1685] Zur Unterscheidung von „Folgemangel" und „Grundmangel" vgl. *S. Lorenz*, NJW 2004, 3020, 3021.

[1686] Diese Auslegung bestätigte der EuGH in einer Entscheidung zu Art. 5 Abs. 3 VerbrGK-RL, vgl. EuGH, Urt. v. 4.6.2015 – Rs. C-497/13 (*Faber*), Rn. 71 ff.; Daran anschließend änderte der BGH seine Rechtsprechung zu § 476 a.F., vgl. BGH, Urt. v. 12.10.2016 – VIII ZR 103/15 = BGHZ 212, 224 = NJW 2017, 1093, 1096 f., Rn. 36; dazu *R. Koch*, NJW 2017, 1068, 1068 ff. Zum Streit über die Reichweite des § 476 BGB a.F. vgl. ErmanBGB/*Grunewald*, BGB § 477, Rn. 5; *S. Lorenz*, NJW 2004, 3020, 3020 ff.

[1687] *Glinski*, Die rechtliche Bedeutung der privaten Regulierung globaler Produktionsstandards, S. 193 *Glinski* deutet an, dass auf einen Nachweis des Bezugs auf das konkrete Produkt gänzlich verzichtet werden könnte.

[1688] *Leyens*, AcP 215 (2015), 611, 647 f., erwartet keine „Klageflut" durch eine Beweislastumkehr bei freiwilliger Selbstbindung, wenn die Rechtsprechung bei den verbleibenden Darlegungserfordernissen mit Augenmaß vorgeht.

[1689] BGH, Urt. v. 10.2.2015 – VI ZR 343/13 = BGH NJW-RR 2015, 1279 m.w.N.; Thomas/Putzo/*Seiler*, ZPO § 284 Vorb, Rn. 18a.

[1690] Wohl in diesem Fall auch für eine Beweislastumkehr als milderes Mittel *Glinski*, Die rechtliche Bedeutung der privaten Regulierung globaler Produktionsstandards, S. 193.

2. Ermittlungskosten für den Nachweis des Vertretenmüssens bzw. des Verschuldens

Zur Erbringung des Entlastungsbeweises bei der Inanspruchnahme eines Veräufers auf Schadensersatz wegen Nichteinhaltung von CSR-Standards (§§ 437 Nr. 3, 280 Abs. 1 S. 2 BGB) muss der Verkäufer darlegen und beweisen, dass weder ihn noch seine Erfüllungsgehilfen (§§ 276, 278 BGB) ein Verschulden bei der Lieferung der mangelhaften Ware trifft.[1691] Dabei kann sich der Verkäufer nach der Rechtsprechung dadurch entlasten, dass der Hersteller bzw. der Lieferant eines Vorproduktes kein Erfüllungsgehilfe i.S.d. § 278 S. 1 Alt. 2 BGB ist.[1692] Wie oben bereits diskutiert, sollte in Abweichung zu dieser Rechtsprechung auch in der Herstellung der Ware eine Pflicht des Verkäufers aus § 433 Abs. 1 S. 2 BGB liegen und infolgedessen Hersteller und Lieferanten grundsätzlich als Erfüllungshilfen des Verkäufers gelten.[1693] Allerdings muss nach hier vertretener Ansicht danach differenziert werden, ob der Erfüllungsgehilfe den im Einzelfall zu bestimmenden vertraglichen Sorgfaltsmaßstab des Verkäufers bei der Herstellung verletzt hat.[1694] Hersteller, die ein bestimmtes Produkt zum Beispiel unter einer Marke in Verkehr bringen, haben grundsätzlich Sorgfaltspflichten im Hinblick auf die Produktion auch von Vorprodukten.[1695] Einen reinen Händler hingegen, der von vorneherein von Dritten hergestellte Ware selbst ankauft und unter fremder Marke vertreibt, trifft in der Regel keine vertragliche Sorgfaltspflicht bei der Herstellung der Sache.[1696] Es kommt mithin auf den jeweiligen Vertrag an. In Fällen, in denen Endabnehmer Ware bei einem reinen Händler erwerben, kommt diese Ansicht zum gleichen Ergebnis wie die herrschende Meinung. Anders als mit der herrschenden Meinung kommt eine Haftung allerdings in Betracht, wenn den Hersteller Sorgfaltspflichten bei der Herstellung bezüglich der Einhaltung von CSR-Standards treffen. In diesem Fall muss der Hersteller, um sich zu entlasten, darlegen und beweisen, dass er bzw. die ihm zuzurechnenden Gehilfen die im Verkehr erforderliche Sorgfalt bei der Umsetzung der für die Herstellung der Ware relevanten CSR-Standards eingehalten haben. Ansatzpunkte für den Nachweis eingehaltener Sorgfaltspflichten im Hinblick auf die versprochenen CSR-Standards können sein, dass der Hersteller hinreichende Zertifizierungen durch Auditoren durchführen hat lassen, die Lieferanten bestimmte Zertifikate vorgelegt haben oder seine Sorgfaltspflichten durch eine anderweitige Auswahl und Kontrolle seiner Lieferanten eingehalten hat.[1697]

Eine andere Beweislastverteilung besteht für eine Anfechtung wegen arglistiger Täuschung nach § 123 BGB. Für den subjektiven Tatbestand einer arglistigen Täu-

---

1691 Allgemein zur Beweislastverteilung BeckOK BGB/*Faust*, BGB § 437, Stand: 1.5.2022, Rn. 106.

1692 Siehe dazu ausführlich oben unter § 5 A. II. 2. g) aa) (4).

1693 Siehe dazu oben unter § 5 A. II. 2. g) aa) (4) sowie MüKoBGB/*Grundmann*, BGB § 278, Rn. 31; *Matthias Weller*, NJW 2012, 2312, 2315; *Schroeter*, JZ 2010, 495, 497 ff.; BeckOK BGB/*Faust*, BGB § 437, Stand: 1.5.2022, Rn. 101; *F. Peters*, ZGS 2010, 24, 27 f.; *Köndgen*, in: Ackermann/Köndgen (Hrsg.), FS Roth, S. 342 f.

1694 Siehe dazu ausführlich oben unter § 5 A. II. 2. g) aa) (4) sowie *Köndgen*, in: Ackermann/Köndgen (Hrsg.), FS Roth, S. 331 ff.; *Tröger*, Arbeitsteilung und Vertrag, S. 434 f.

1695 Ebenso BeckOK BGB/*Faust*, BGB § 437, Stand: 1.5.2022, Rn. 101 S. dazu ausführlich oben unter § 5 A. II. 2. g) aa) (4).

1696 Ebenso BeckOK BGB/*Faust*, BGB § 437, Stand: 1.5.2022, Rn. 101 S. dazu ausführlich oben unter § 5 A. II. 2. g) aa) (4).

1697 Zur Durchsetzung von CSR-Standards gegenüber Lieferanten vgl. § 5 B und § 6 B.

schung trägt der Anfechtende die Beweislast.[1698] Er muss also nachweisen, dass der Täuschende arglistig im Hinblick auf den objektiven Tatbestand gehandelt hat. Ein Käufer wird die Beweisführung hinsichtlich der Arglist gegebenenfalls auf Indizien stützen können.[1699] Indizien könnten sich zum Beispiel aus einer früheren Berichterstattung über vergangene Vorfälle ergeben, auf die der Verkäufer nicht reagiert hat.

3. Ermittlungskosten für den Nachweis eines kausalen Schadens

Der Geschädigte trägt auch die Beweislast für die Tatbestandsvoraussetzung eines kausalen Schadens. Hier besteht die Herausforderung für den Käufer im Nachweis einer Wertdifferenz zwischen dem heranzuziehenden objektiven Verkehrswert der Sache unter Einhaltung der CSR-Standards und unter Nichteinhaltung der CSR-Standards. Anhaltspunkte für die Höhe des Schadens können sich aus einem Vergleich der verschiedenen Marktpreise ergeben.[1700] Als Beweismittel kommt ein (allerdings kostenintensives) Sachverständigengutachten (§ 411 ZPO) in Betracht.[1701] Das Gericht kann, falls es für die Beurteilung dieser Frage die nötige Sachkunde besitzt, auch eine Schätzung unter Würdigung aller Umstände nach freier Überzeugung vornehmen (§ 287 Abs. 1 BGB).[1702] Dies erleichtert dem Geschädigten die Darlegungslast.[1703]

4. Prozessführungskosten

Der – wenn überhaupt – vorhandene einklagbare Schaden in Form eines Mangelminderwerts des einzelnen Endabnehmers bei der Nichteinhaltung von CSR-Standards beträgt in der Regel nur einen geringen Anteil des Werts der gesamten Ware. Selbst bei teureren Anschaffungen fällt der Schaden daher tendenziell gering aus. Die anwaltlichen Beratungs- und Vertretungskosten, die Gerichtskosten und die Einkalkulierung des Prozessrisikos übersteigen diese Gewinnaussichten leicht um ein Vielfaches.[1704] Die Prozessführungskosten gewährleistungsrechtlicher Klagen wegen Verletzung von CSR-Standards sind im Ergebnis verhältnismäßig hoch. Auf Seiten

---

1698 BGH, Urt. v. 13.5.1957 – II ZR 56/56 = NJW 1957, 988, 988. Staudinger/*Singer/Finckenstein*, BGB § 123, Rn. 89; MüKoBGB/*Armbrüster*, BGB § 123, Rn. 95.

1699 Staudinger/*Singer/Finckenstein*, BGB § 123, Rn. 89. Zum Schluss von Indizien auf Arglist im Rahmen der freien richterlichen Beweiswürdigung (§ 286 S. 1 ZPO) vgl. BGH, Urt. v. 13.5.1957 – II ZR 56/56 = NJW 1957, 988, 989. Nach der Rechtsprechung des BGH ist ein Indizienbeweis als mittelbarer Beweis dann überzeugend, „wenn andere Schlüsse aus Indizientatsachen ernstlich nicht in Betracht kommen." Hauptstück des Beweises sei nicht die Indizientatsache, sondern „der daran anknüpfende weitere Denkprozeß, kraft dessen auf das Gegebensein der rechtserheblichen weiteren Tatsache geschlossen wird." Vgl. BGH, Urt. v. 17.2.1970 – III ZR 139/67 = BGHZ 53, 245, 260 = NJW 1970, 946, 950.

1700 Siehe zu diesem Schadensposten oben unter § 5 A. II. 2. g) bb).

1701 So zum merkantilen Minderwert von Nutzfahrzeugen BGH, Urt. v. 18.9.1979 – VI ZR 16/79 = NJW 1980, 281, 282; ErmanBGB/*Ebert*, BGB § 251, Rn. 13; *Vuia*, NJW 2012, 3057-3061, 3060.

1702 Vgl. zur nötigen Sachkunde BGH, Urt. v. 22.12.2087 = VI ZR 6/87 = NJW-RR 1988, 534, 535; sowie Thomas/Putzo/*Seiler*, ZPO § 287, Rn. 10. Zum Beispiel der Bemessung des merkantilen Minderwerts von Fahrzeugen nach § 287 ZPO nach bestimmten Modellen vgl. ErmanBGB/*Ebert*, BGB § 251, Rn. 9 ff.; *Vuia*, NJW 2012, 3057-3061, 3058–3061.

1703 Im Kontext der Bestimmung des merkantilen Minderwerts von Unfallwägen *Vuia*, NJW 2012, 3057-3061, 3061.

1704 Siehe dazu sowie zu den Schätzungen der Bagatellrichtwerte in einer Höhe von ca. 25-200 Euro bereits die Ausführungen oben unter § 4 D I. 1.

des Verkäufers hat die mit einem Prozess verbundene Gefahr der Kenntnis der Öffentlichkeit und das damit verbundene Risiko eines Reputationsschadens ein hohes Abschreckungspotenzial. Das spricht dafür, dass es sowohl für den Käufer als auch für den Verkäufer lukrativer ist, im direkten Verhältnis eine einvernehmliche Lösung zu finden und umzusetzen und einen streitigen Prozess zu vermeiden.

5. Zwischenergebnis

Die Durchsetzung von CSR-Standards durch Endabnehmer zeichnet sich im Ergebnis durch hohe Ermittlungs- und Prozesskosten aus. Das Prozessrisiko ist im Verhältnis zu dem zu erzielenden Gewinn einer Einzelklage hoch. Lösungsansätze umfassen zunächst die Schaffung von rechtlichen Grundlagen zur Informationsgewinnung für den Käufer. Das umfasst eine Pflicht zur Veröffentlichung von Informationen aus behördlichen Verfahren wegen Verstößen gegen Lieferkettengesetzgebung und Akteneinsichtsrechte in solche Verfahren. Demgegenüber ist der Zugang privater Kläger auf Informationen des beklagten Verkäufers bereits durch das Prozessrecht bestimmt und erfährt infolge der Umsetzung von Art. 18 Verbandsklage-RL noch eine Ausweitung für Verbandsklagen. Besonders effektiv wäre eine Schließung des Informationsdefizits des Käufers durch die Ausweitung der Informationspflichten von Herstellern über die Herkunft von Produkten und Lieferketten gegenüber Endabnehmern. Zuletzt sollte den Verkäufer im Prozess bei Vorliegen von hinreichenden Anhaltspunkten für einen Bezug der Verletzung von CSR-Standards auf die Kaufsache die sekundäre Darlegungslast dahingehend treffen, dass ein Bezug zur Kaufsache nicht besteht.

II. Das Problem geringer Gewinnanreize

Bei Betrachtung der Gewinnanreize privater Kläger zeigt sich, wie bereits angesprochen, dass diese nur gering sind und dadurch außer Verhältnis zu den hohen Durchsetzungskosten der Kläger stehen. Es handelt sich hier um eine Streuschadensproblematik.[1705] Lösungsvorschläge umfassen veränderte Klageziele sowie kollektiven Rechtsschutz.

1. Gewinnanreize

Verbrauchern und Endabnehmern stehen gewährleistungsrechtlich im Falle der Verletzung von mangelbegründenden CSR-Standards die Möglichkeit der Minderung, bei Erheblichkeit des Mangels die Lösung von dem Vertrag durch Rücktritt oder im Falle des Vertretenmüssens des Verkäufers ein Schadensersatzanspruch zu.[1706] Die Minderung und der „kleine" Schadensersatz statt der Leistung setzen beide voraus, dass die Verletzung der CSR-Standards zu einem mangelbedingten Minderwert führt.[1707] Dabei kommt in Betracht, dass sich in Fällen von CSR-Verstößen ein mangelbedingter Minderwert nicht bestimmen lässt, weil Vergleichswerte nicht ermittelbar sind oder sich die Kaufsache zum gleichen Wert auch ohne Anpreisung

---

[1705] Dazu oben unter § 4 D. I. 1.

[1706] Dazu ausführlich oben unter § 5 A. II. 2. f) und g). Nacherfüllung scheidet bei der Verletzung von CSR-Standards in der Regel aus.

[1707] Siehe dazu oben unter § 5 A. II. 2. f) und g).

von CSR-Standards verkaufen lässt. Lässt sich ein mangelbedingter Minderwert dennoch beziffern, bleibt er bei alltäglichen Konsumgütern voraussichtlich unterhalb der Bagatellschwelle von etwa 25-200 Euro für hinreichende Gewinnanreize für einen privaten Kläger.[1708] Endabnehmer, die keine Verbraucher sind, nehmen typischerweise größere Mengen als Verbraucher ab. In diesem Fall können Mengeneffekte die Gewinnanreize erhöhen. Dennoch bestehen im Ergebnis außer für Kläger, die aus ideologischen Gründen klagen, keine hinreichenden Gewinnanreize, um gewährleistungsrechtliche Ansprüche gegenüber ihren jeweiligen Verkäufern geltend zu machen. Selbst von einer Rückabwicklung dürften Endabnehmer wegen des damit verbundenen Aufwands in vielen Fällen absehen.[1709]

2. Stärkung des *Private Enforcement* durch Erweiterung der Klageziele

Eine Möglichkeit, das Defizit der geringen Gewinnanreize zu adressieren, ist es, die Klageziele zu erweitern. In der Diskussion stehen Erweiterungen des Anspruchs auf Nachbesserung auf Umstände außerhalb der Sache und eine Erhöhung der Schadensersatzsumme.

a) Nachbesserung durch Maßnahmen ohne Auswirkung auf die Kaufsache

Ein ideologischer Kläger hätte möglicherweise höhere Klageanreize, wenn er direkt auf eine Umsetzung von CSR-Standards hinwirken könnte, als wenn er nur die Aussicht auf einen geringen finanziellen Ausgleich oder auf Rückabwicklung hätte. Die Untersuchung von Nachbesserungsmöglichkeiten unter § 5. A. II. 2. e) aa) zeigt, dass eine Nachbesserung im Großteil der Fälle unmöglich (§ 275 Abs. 1 BGB) ist. Nur in Ausnahmefällen kann eine rückwirkende Veränderung der Produktionsbedingungen durch Nachbesserungsmaßnahmen erzielt werden. Als Alternative kommt vor diesem Hintergrund eine Erweiterung der Nachbesserungsmöglichkeiten auch für Maßnahmen in Betracht, die keine Auswirkung auf die konkrete Kaufsache haben. Vorschläge zu einer Ausweitung stammen von *Lüttringhaus*[1710] und *Beckers*[1711]. *Lüttringhaus* schlägt eine „sach-externe" Nachbesserung vor.[1712] Eine solche sach-externe Nachbesserung könne zum Beispiel in der Nachholung von Aufforstung bestehen, wenn CSR-Standards das Baumfällen verboten haben.[1713] Ein weiteres Beispiel von *Lüttringhaus* ist die nachträgliche Einführung artgerechter Tierhaltung im Falle einer nicht eingehaltenen Bio-Zertifizierung.[1714] *Beckers* schlägt vor, unionsrechtlichen Individualschutz umweltrechtlicher Bestimmungen wie einen Anspruch auf Erstellung eines Aktionsplans zur Luftreinhaltung in der Rs. *Janecek*[1715] auf Ver-

---

[1708] Siehe dazu sowie zu den Schätzungen der Bagatellrichtwerte in einer Höhe von ca. 25-200 Euro bereits die Ausführungen oben unter § 4 D I. 1.

[1709] Dafür sprechen auch die in empirischen Verhaltensstudien aufgedeckten widersprüchlichen Verhaltensweisen der Verbraucher. Siehe zum sog. „*intention-behaviour gap*" oben unter § 2 D. II.

[1710] *Lüttringhaus*, AcP 219 (2019), 29, 59.

[1711] *Beckers*, ERCL 14 (2018), 157, 183 ff., zu Umweltschutzaspekten.

[1712] *Lüttringhaus*, AcP 219 (2019), 29, 59.

[1713] *Lüttringhaus*, AcP 219 (2019), 29, 59.

[1714] *Lüttringhaus*, AcP 219 (2019), 29, 59. *Lüttringhaus* sieht im letzteren Beispiel eine Nachbesserung u.a. deswegen kritisch, weil die geänderten Tierhaltungsbedingungen den Mangel des konkret erworbenen Produkts nicht beseitigten.

[1715] EuGH, Urt. v. 25.7.2008, Rs. C-237/07, Slg. 2008, I-6221, I-6233, Rn. 39 – (*Janecek*); Vgl. Dazu die Ausführungen oben unter § 4 A. I. 1. b) und § 4 B. I. 1. b).

braucherrechte zu übertragen.[1716] Sie fordert, dass Verbraucher im Falle verletzter Umweltvorschriften im Rahmen der in Art. 3 Abs. 2 VerbrGK-RL geforderten unentgeltlichen Herstellung des vertragsgemäßen Zustands des Verbrauchsgutes verlangen können, dass der Verkäufer einen Plan über die Beseitigung der durch ihn verursachten externen Umweltschäden aufstellt.[1717] *Beckers* stützt sich dabei unter anderem auf die weite Interpretation der unentgeltlichen Herstellung in der Rechtsprechung des EuGH.[1718]

Den Vorschlag von *Beckers* kann man allerdings nicht ohne Weiteres auf hier diskutierte ethische Produktionsbestimmungen übertragen. Zwischen der Rechtsprechung des EuGH über die Gewährung individueller Rechte durch das die Allgemeinheit schützende Unionsrecht[1719] und der für die Zukunft herzustellenden ethischen Produktionsbedingungen besteht ein zentraler Unterschied. Nach der Rechtsprechung des EuGH sind individuelle Rechte einzelner gegeben, wenn schützenswerte Individualinteressen berührt sind bzw. Einzelne faktisch durch die Regelung betroffen sind (etwa im Falle der Berührung ihrer Gesundheitsinteressen).[1720] Ethische Produktionsbedingungen betreffen demgegenüber die Interessen der Käufer der Ware einzig im Aspekt des ethischen Konsums. Es fehlt hier für die Verleihung individueller Rechte an einer vergleichbaren Berührung von Rechtsgütern der Käufer.[1721]

Auch die Erwägungen des EuGH für ein weites Verständnis des Umfangs der Nacherfüllung aus der Rs. *Weber/Putz* lassen sich auf ethische Produktionsbedingungen nicht übertragen. Der EuGH begründete den weiten Umfang der Nachlieferung mit dem Zweck eines wirksamen Verbraucherschutzes in Auslegung von Art. 3 Abs. 2 und Abs. 3 VerbrGK-RL.[1722] Bei der Verletzung ethischer Produktionsbestimmungen wäre eine Nacherfüllung nach Umstellung der Produktion allerdings gerade mit Unannehmlichkeiten für den Käufer verbunden. Allein die Dauer einer solchen Nachbesserung (3 Abs. 3 UAbs. 3 VerbrGK-RL und jetzt Art. 14 Abs. 1 lit. b) WKRL) könnte beretis für eine Unannehmlichkeit sprechen. Eine Nachfristsetzung würde in der Regel auf einen Rücktritt oder eine Minderung hinauslaufen.

Zusätzlich stellt sich auch weiterhin ein Anreizproblem. Der Käufer gewinnt selbst keine Besserstellung durch sach-externe Nachbesserung. Es darf daher bezweifelt werden, dass eine solche Erweiterung der Nachbesserungsmöglichkeiten zu einer Verbesserung der Anreizstruktur jedes einzelnen Käufers führt. Für ideologische Kläger steigen die Klageanreize dagegen signifikant. Mithilfe sach-externer Nachbesserung kann der Käufer direkt auf eine echte Veränderung am Anfang der Lieferkette hinwirken.

Ausweitungen der Nachbesserung im Falle der Verletzung ethischer Produktionsbedingungen stoßen an mehreren Stellen auf Bedenken. Sie eröffnen aber in Kombi-

---

[1716] *Beckers*, ERCL 14 (2018), 157, 185 ff.

[1717] *Beckers*, ERCL 14 (2018), 157, 186.

[1718] *Beckers*, ERCL 14 (2018), 157, 182 ff.; mit Bezug auf EuGH, Urt. v. 17.4.2008 – C-404/06 (*Quelle*) = Slg. I 2008, 2685 und EuGH, Urt. v. 16.6.2011 – C-87/09, C-65/09 (*Weber/Putz*) = EuZW 2011, 2269.

[1719] Siehe dazu oben unter § 4 A. I. 1. b).

[1720] Siehe dazu oben unter § 4 A. I. 1. b).

[1721] *Beckers* hält ethischen und umweltbewussten Konsum vor dem Hintergrund zunehmender Stärkung der Verbraucherrolle insbesondere in europäischen Programmen und des Verbraucherschutzniveaus nach Art. 169 AEUV als hinreichend, *Beckers*, ERCL 14 (2018), 157, 184 f.

[1722] EuGH, Urt. v. 16. 6. 2011 – C-87/09, C-65/09 (Weber/Putz) = EuZW 2011, 2269, Rn. 52, 55 unter Verweis auf EuGH, Urt. v. 17.4.2008 – C-404/06 (*Quelle*) = Slg. I 2008, 2685, Rn. 35.

nation mit kollektivem Rechtsschutz (dazu sogleich unter c)) große Chancen für eine vertragsrechtliche Durchsetzung von CSR-Standards durch Verbraucher.

b) Erhöhung des Schadensersatzes

Eine alternative Möglichkeit zur Erhöhung der Gewinnanreize ist eine Erhöhung der einklagbaren Schadensersatzsumme im Sinne von *punitive damages* nach Vorbild des U.S.-amerikanischen *common law.*[1723] *Punitive damages* dienen unter anderem der Bestrafung des Täters, der Abschreckung des Täters vor der weiteren Begehung von Verstößen und seitens der Kläger der Erhöhung der Durchsetzungsanreize.[1724] In Deutschland werden Urteile, die *punitive damages* anordnen, wegen Verstoßes gegen den *ordre public*-Vorbehalt des § 328 Abs. 1 Nr. 4 ZPO nicht anerkannt.[1725] Grund für die kritische Beurteilung von *punitive damages* ist insbesondere die damit einhergehende Bereicherung des Geschädigten weit über den Ausgleich des erlittenen Schadens hinaus sowie die Berührung des Bestrafungsmonopols des Staates.[1726] Die Einführung von *punitive damages* ruft somit verfassungsrechtliche Bedenken im Hinblick auf die Vereinbarkeit mit dem Verhältnismäßigkeitsgrundsatz hervor.[1727] Zudem würde ein Strafschadensersatz durch die Orientierung an der Bündelung der Einzelschäden die Durchsetzungsanreize für Geschädigte derart stark erhöhen, dass eine Verzerrung der Anreize und ein Wettlauf der Klagenden drohen würde.[1728] Vor diesem Hintergrund versprechen kollektive Klageinstrumente (dazu sogleich unter 3.) als alternatives Instrument zum Beheben von Durchsetzungsdefiziten mehr Erfolg.

c) Zwischenergebnis

Im Ergebnis stellen kaufrechtliche Gewährleistungsansprüche von Endabnehmern grundsätzlich kein effizientes Mittel zur Durchsetzung von CSR-Standards dar. Die Gewinnanreize sind zu niedrig und falls ein Kläger die Kosten dennoch auf sich nehmen würde, wäre die Wirkung auf den Verkäufer und dessen vorgeschaltete Lie-

---

[1723] Zu *punitive damages* und *treble damages* nach U.S.-amerikanischem Recht bzw. *exemplary damages* nach britischem common law vgl. *Gotanda*, Colum. J. Transnat'l L. 42 (2004), 391, 391 ff. Vgl. außerdem die Ausführungen zu Strafschadensersatz bei *G. Wagner*, Gutachten A für den 66. Deutschen Juristentag, A 68 ff.; vgl. *Beckers*, Enforcing Corporate Social Responsibility Codes, S. 123.

[1724] Daneben bestehen noch weitere Zwecke, wie Generalprävention, der Ausgleich nicht anderweitig kompensierbarer Verluste und die Verhinderung von Racheakten des Geschädigten, vgl. die Darstellungen bei *Ellis*, S. CaL. L. Rev. 56 (1982), 1, 3 ff.; *Gotanda*, Colum. J. Transnat'l L. 42 (2004), 391, 395 f.

[1725] BGH, Urt. v. 4.6.1992 – IX ZR 149/91 = BGHZ 118, 312, 338 f. = NJW 1992, 3096, 3102; Dazu *Poelzig*, Normdurchsetzung durch Privatrecht, S. 357 f.; dazu differenzierend *G. Wagner*, Gutachten A für den 66. Deutschen Juristentag, S. 471 ff.

[1726] BGH, Urt. v. 4.6.1992 – IX ZR 149/91 = BGHZ 118, 312, 338 f. = NJW 1992, 3096, 3102.

[1727] Das BVerfG geht davon aus, dass eine auf *punitive damages* gerichtete Schadensersatzklage „nicht von vornherein gegen unverzichtbare Grundsätze eines freiheitlichen Rechtsstaats" verstößt. Eine nähere Prüfung der verfassungsrechtlichen Anforderungen erfolgte jedoch nicht, weil diese Aussagen in Nichtannahmebeschlüssen über die Entscheidung zur Klagezustellung ergingen, BVerfG, Beschl. v. 9.1.2013 – 2 BvR 2805/12 = GRUR 2013, 534, 535; BVerfG, Beschl. v. 14.6.2007 – 2 BvR 2247/06 u.a. = NJW 2007, 3709, 3710 f.; BVerfG, Beschl. v. 7.12.1994 – 1 BvR 1279/94 = NJW 1995, 649, 650 f.; Dazu *Poelzig*, Normdurchsetzung durch Privatrecht, S. 358. Für eine Anwendung von Schadensmultiplikatoren insbesondere im Immaterialgüterrecht *G. Wagner*, AcP 206 (2006), 352, 464 f.

[1728] Vgl. *G. Wagner*, in: Casper/Janssen/Pohlmann/R. Schulze (Hrsg.), Auf dem Weg zu einer europäischen Sammelklage?, S. 60. Zum Durchsetzungswettbewerb vgl. oben unter § 4 B. II. 1.

ferkette gering. Dennoch liegt Potenzial der vertragsrechtlichen Durchsetzung durch einzelne Endabnehmer aufgrund der Öffentlichkeitswirksamkeit einer solchen Klage.[1729] Die Öffentlichkeitswirksamkeit übt zum einen Druck auf die Unternehmen aus, da Reputationsschäden als Folge drohen. Zum anderen kann sie die Aufmerksamkeit von anderen Durchsetzungsorganen auf sich ziehen. Dazu gehören Behörden, die hinsichtlich der konkreten Missstände noch nicht tätig wurden,[1730] und Verbraucherschutz- oder Umweltverbände, die die Informationen über Verstöße weiterverbreiten oder kollektive Rechtsschutzmaßnahmen anstoßen können.

3. Stärkung des *Private Enforcement* durch Kollektivierung des Rechtsschutzes

Die vertragsrechtliche Durchsetzung von CSR durch Endabnehmer stellt sich somit als eine Streuschadensproblematik dar. Dem geringen Einzelschaden stehen die Summe der Gesamtschäden sowie die Mengen- und Kostenvorteile gegenüber, die der Hersteller durch mangelnde Umsetzung von CSR-Standards und teureren Weiterverkauf der Produkte erzielt. Einen Ausweg aus diesem Durchsetzungsdefizit bieten kollektive Rechtsschutzformen.[1731] Geeignete Mittel zur Überwindung des Defizits im Falle von Streuschäden sind wegen der Vermeidung eines nötigen Tätigwerdens von „Bagatell"-Geschädigten sogenannte *Opt-Out*-Sammelklagen oder Verbandsklagen mit materieller Bündelung.[1732] Diese Instrumente gewährleisten eine Demonstration des wahren Gesamtschadens[1733] und damit verbunden eine bessere Abschreckungswirkung und größere Handlungsoptionen für Kläger als eine Einzelklage.

Für Kollektivinteressen der Verbraucher schafft nun nach langjährigem Entstehungsweg die neue Verbandsklage-RL (EU) 2020/1828[1734] eine Grundlage für Verbandsklagemöglichkeiten.[1735]

Die Richtlinie führt ein neues System von Verbandsklagen ein,[1736] die durch qualifizierte Einrichtungen als antragstellende Verfahrensparteien geführt werden. Die

---

[1729] Vgl. *Wilhelmsson*, Y.B. N.Z. 6 (2002-2003), 83, 100 bezeichnet dies als „instrumental usefulness".

[1730] *Wilhelmsson*, Y.B. N.Z. 6 (2002-2003), 83, 100.

[1731] Siehe dazu oben unter § 4 D. II. Forderungen nach kollektiven Rechtsschutzmechanismen zur Durchsetzung von CSR-Standards/ethischer Produktionsbedingungen finden sich unter anderem bei *Wilhelmsson*, Y.B. N.Z. 6 (2002-2003), 83, 101; *Glinski*, Die rechtliche Bedeutung der privaten Regulierung globaler Produktionsstandards, S. 193; *Beckers*, Enforcing Corporate Social Responsibility Codes, S. 125; *Beckers, Anna*, Was Versprechen wert sind, Süddeutsche Zeitung 20.12.2015, (online abrufbar unter: https://www.sueddeutsche.de/politik/aussenansicht-was-versprechen-wert-sind-1.2790863) (zuletzt aufgerufen am 9.7.2022).

[1732] Vgl. *G. Wagner*, in: Casper/Janssen/Pohlmann/R. Schulze (Hrsg.), Auf dem Weg zu einer europäischen Sammelklage?, S. 77 ff.; *G. Wagner*, Gutachten A für den 66. Deutschen Juristentag, A 107 ff. Für eine von Verbraucherschutzorganisationen geführte *Opt-Out*-Gruppenklage im Falle von Streuschäden von Verbrauchern *Howells*, in: Casper/Janssen/Pohlmann/R. Schulze (Hrsg.), Auf dem Weg zu einer europäischen Sammelklage?, S. 106 f. ebenso *Ioannidou*, ERPL 2019, 1367, 1375 f. Siehe zu den Effizienzgewinnen und Gefahren kollektiven Rechtsschutzes oben unter § 4 D. II.

[1733] Zur Opt-Out-Verbandsklage *Howells*, in: Casper/Janssen/Pohlmann/R. Schulze (Hrsg.), Auf dem Weg zu einer europäischen Sammelklage?, S. 106 f.

[1734] Richtlinie (EU) 2020/1828 des Europäischen Parlaments und des Rates vom 25. November 2020 über Verbandsklagen zum Schutz der Kollektivinteressen der Verbraucher und zur Aufhebung der Richtlinie 2009/22/EG, ABl. L 409, v. 4.12.2020, S. 1.

[1735] Siehe zum Entstehungsweg nur die Skizzierung bei *Augenhofer*, NJW 2021, 113, 113 f.; *Röthemeyer*, VuR 2021, 43, 43; *Ioannidou*, ERPL 2019, 1367, 1376 ff. Die Richtlinie ist bis zum 25.12.2022 durch die Mitgliedstaaten umzusetzen (Art. 24 Abs. 1 UAbs. 1 Verbandsklage-RL).

Verbandsklagen können auf Unterlassungs- oder Abhilfeentscheidungen gerichtet sein (Art. 7 ff. Verbandsklage-RL). Während die Richtlinie für Unterlassungsentscheidungen eine aktive Beteiligung der Verbraucher ablehnt, lässt sie es für Abhilfeentscheidungen den Mitgliedstaaten offen, ob sie ein *Opt-Out* oder ein *Opt-In*-Modell einführen.[1737] Abhilfeentscheidungen richten sich nach Art. 9 Abs. 1 Verbandsklage-RL auf die Verpflichtung des Unternehmers, den betroffenen Verbrauchern Abhilfe in Form von Schadenersatz, Reparatur, Ersatzleistung, Preisminderung, Vertragsauflösung oder Erstattung des gezahlten Preises zu leisten. Die Richtlinie verlangt, dass die Entscheidung für die betroffenen Verbraucher unmittelbar gilt und diese ohne weitere Klageerhebung an die Abhilfe gelangen (Art. 9 Abs. 6 Verbandsklage-RL).[1738] Art. 11 Verbandsklage-RL sieht außerdem die Möglichkeit eines Vergleichs über die Abhilfe für die betroffenen Verbraucher vor. Die Richtlinie findet nach Art. 1 Abs. 1 Verbandsklage-RL Anwendung für Verstöße durch Unternehmer gegen die in ihrem Anhang I enthaltenen Vorschriften und ihrer Umsetzung in nationales Recht. Zu diesen Vorschriften gehören unter anderem die VerbrGK-RL und die WKRL.

Bei der Umsetzung der Verbandsklage-RL bietet sich die Chance, Weichen für die effektive Durchsetzung ethischer Produktionsbedingungen durch Endabnehmer zu stellen. Die folgenden Ausführungen zeigen einzelne Aspekte hierfür auf. Vorab ist festzuhalten, dass aufgrund des rationalen Desinteresses von Verbrauchern mit Blick auf die Durchsetzung von CSR-Standards grundsätzlich ein *Opt-Out*-Modell einem *Opt-In*-Modell vorzuziehen ist.

a) Schadensersatz

Da die Richtlinie nur Verstöße gegen die im Anhang I aufgeführten Gesetzgebungsakte der Europäischen Union erfasst und weder die VerbrGK-RL noch die WKRL Regelungen zum Schadensersatz enthalten, erfassen die Abhilfeentscheidungen der Verbandsklage-RL keine kaufrechtlichen Schadensersatzforderungen. Diesbezüglich wäre eine Ausweitung der Verbraucher-Verbandsklage auch auf kaufrechtliche Schadensersatzansprüche wünschenswert. Dadurch ließen sich geringe mangelbedingte Minderwerte ethisch nicht wie versprochen produzierter Waren zu einer größeren durchzusetzenden Schadenssumme bündeln. Qualifizierte Einrichtungen wie Verbände verfügen über bessere finanzielle und rechtliche Ressourcen für die Beweisführung als ein einzelner Verbraucher. Dadurch könnten die Durchsetzungskosten und Beweisschwierigkeiten für Verbraucher verringert werden, die wegen Verletzung von CSR-Standards Schadensersatz geltend machen wollen.

b) Auskehr der nicht in Anspruch genommenen Abhilfebeträge

Art. 9 Abs. 7 S. 2 Verbandsklage-RL überlässt den Mitgliedstaaten die Zweckbestimmung der nach erfolgreicher Durchführung einer Sammelklage nicht in Anspruch genommenen Abhilfebeträge, die während der festgelegten Fristen nicht abgerufen werden. Diese Bestimmung schafft in Kombination mit einem *Opt-Out*-Modell die Möglichkeit, dass die Anteile betroffener Verbraucher, die ihr rationales Desinteresse

---

[1736] Definiert in Art. 3 Nr. 5 Verbandsklage-RL als „Klage zum Schutz der Kollektivinteressen der Verbraucher, die von einer qualifizierten Einrichtung als antragstellender Verfahrenspartei im Interesse von Verbrauchern erhoben wird, um eine Unterlassungsentscheidung oder eine Abhilfeentscheidung oder beides zu erwirken".

[1737] Für Unterlassungsentscheidungen Art. 8 Abs. 3 und Abhilfeentscheidungen Art. 9 Abs. 2 Verbandsklage-RL. Siehe dazu *Augenhofer*, NJW 2021, 113, 115.

[1738] Das Modell einer Musterfeststellungsklage scheidet daher aus.

nicht überwinden und auf erstrittene Entschädigungssummen nicht zurückgreifen, für die Durchsetzung von CSR-Standards verwendet werden.[1739] In Betracht kommt zum Beispiel, dass die nicht in Anspruch genommene Summe direkt für Veränderungen am Produktionsort eingesetzt wird. Eine solche Verwendung folgt der *cy-près*-Doktrin aus den USA und England.[1740] Statt einer mit Aufwand und Kosten verbundenen Verteilung der erstrittenen Summe wird die Summe an Verbraucherorganisationen, gemeinnützige Einrichtungen oder Wissenschaftsinstitutionen ausgekehrt.[1741]

Im Falle der Verletzung von CSR-Standards wäre es eine Möglichkeit, dass dieser Teil der erstrittenen Summe an geschädigte Stakeholder vor Ort, Multistakeholder-Initiativen, Kooperationen oder NGOs am Ort der Produktionsstätte fließt. Mit den Geldern könnten etwa Infrastrukturprojekte unterstützt, Schulen aufgebaut, Bildungsprogramme durchgeführt oder durch Kooperationen bessere Arbeitsbedingungen gefördert werden. Im Falle von Umweltschäden könnten die Gelder in die Wiederherstellung der Umwelt, etwa durch die Wiederbepflanzung oder die Wiederaufforstung fließen. Solche Verwendungen könnten auch möglicher Gegenstand von Abhilfevergleichen zwischen den Parteien der Verbandsklage sein.[1742]

c) Ausübung von Gestaltungsrechten

Auf Bedenken stößt die Kollektivierung von Gestaltungsrechten im Zusammenhang mit einem *Opt-Out*-Modell. Wer ohne eigenes Wissen mangels Austrittsbekundung der von der Sammelklage betroffenen Verbrauchergruppe angehört, würde durch eine Abhilfeentscheidung, die auf die Rückabwicklung des Vertrags gerichtet ist, der eigenen Entscheidung über die Gestaltung des Rechtsverhältnisses beraubt. Ob sich ein Käufer von dem Vertrag lösen möchte, sollte auch im Falle einer Verbandsklage im Rahmen seiner Entscheidungsmacht bleiben. Für solche Entscheidungen sollte daher allein ein *Opt-In*-Modell gewählt werden. Im Falle der Verletzung von CSR-Standards zeigt sich das anschaulich: Nicht alle Käufer möchten eine funktionierende und physisch korrekte Kaufsache trotz Verletzung von CSR-Standards wieder zurückgeben. Außerdem stellt sich im Kaufrecht die Problematik, dass die Erheblichkeit des Mangels eine umfassende Interessenabwägung im Einzelfall fordert und dem in Verbandsklagen nur durch erhöhten Ermittlungsaufwand und Berücksichtigung unterschiedlicher Ziele in der Abhilfeentscheidung Rechnung getragen werden könnte.

[1739] *Augenhofer*, NJW 2021, 113, 116 mit Verweis auf *Stadler*, VuR 2018, 83, 85.

[1740] Dazu *Stadler*, VuR 2018, 83, 85, m.w.N. Für die Verknüpfung der *cy-près*-Lösungen mit Verbraucher-Verbandsklagen *Howells*, in: Casper/Janssen/Pohlmann/R. Schulze (Hrsg.), Auf dem Weg zu einer europäischen Sammelklage?, S. 106 f.

[1741] *Stadler*, VuR 2018, 83, 85 Damit einher geht freilich die Frage nach der Finanzierung und finanzieller Anreize für die qualifizierten Einrichtungen. Die Verbandsklage-RL löst diese durch den Vorschlag staatlicher Finanzierung (Art. 20 Verbandsklage-RL). Die Drittfinanzierung schließt sie nicht aus, verweist aber auf Beschränkungen zur Vermeidung von Interessenkonflikten und auf die Möglichkeit der Mitgliedstaaten eine solche zu verbieten (Art. 10 Verbandsklage-RL). Zu Finanzierungsmöglichkeiten vgl. *Röthemeyer*, VuR 2021, 43, 52; *Augenhofer*, NJW 2021, 113, 117 Für hinreichende Anreize durch kontrollierte Anwendung der *cy-près*-Doktrin in Kombination mit angemessenen Finanzierungsvereinbarungen *Howells*, in: Casper/Janssen/Pohlmann/R. Schulze (Hrsg.), Auf dem Weg zu einer europäischen Sammelklage?, S. 106 f.

[1742] Diese Vergleichskomponente könnte man an die aufschiebende Bedingung knüpfen, dass ein gewisser Teil an der gezahlten Vergleichssumme nicht an die Verbraucher mangels Geltendmachung der Summe durch dieselben ausgegeben wird. Die Möglichkeit von Abhilfevergleichen regelt Art. 11 Verbandsklage-RL.

d) Einrede der Unverhältnismäßigkeit

Ein gebündeltes Klagebegehren kann sich vorteilhaft gegenüber den Einreden des Verkäufers auswirken. Die durch Addierung der mangelbedingten Minderwerte geringere Diskrepanz zwischen dem Interesse des Gesamtausmaßes des verursachten Schadens und dem Aufwand, den eine Nachlieferung nach Umstellung der Produktion erfordern würde, verschiebt auch die Hürde der Einrede der Unmöglichkeit aus § 275 Abs. 2 BGB oder Unverhältnismäßigkeit aus § 439 Abs. 4 BGB. Hier kann eine Verbandsklage nach der Verbandsklage-RL eine hohe Durchsetzungskraft zur Umsetzung von CSR-Standards entfalten. In der Praxis stellt sich allerdings für den Fall, dass sich ein *Opt-In*-Modell durchsetzen sollte, die Frage nach der hinreichenden Inanspruchnahme einer solchen Nachlieferung durch Verbraucher. Um die Durchsetzungskraft zu erhöhen, ist daher ein *Opt-Out*-Modell vorzuziehen. Dennoch ist den Einreden der §§ 275 Abs. 2 BGB und § 439 Abs. 4 BGB nicht vollständig der Boden entzogen. Der Verkäufer kann sich weiterhin auf sie berufen, wenn die Kosten für eine Produktionsumstellung und die Produktionskosten neuer Produkte auch die aggregierten Streuschäden um ein Vielfaches übersteigen.

e) Vorteile der Klageerhebung durch Verbände

Schließlich stellt sich die Frage, welche Organisationen als qualifizierte Einrichtungen im Sinne der Richtlinie, für die Durchsetzung von CSR-Standards infrage kommen. Hier sollte der Bereich der zuzulassenden Interessen nicht zu eng gefasst werden. CSR-Standards beziehen sich auf eine große Spannbreite von Themen, darunter insbesondere Tierschutz-, Arbeitnehmerschutz- und Umweltbelange. Das Wissen um Menschenrechtsverletzungen, Umweltverletzungen und Tierschutzverstößen in Produktionsländern liegt aber nicht zentriert bei lokalen Verbraucherschutzorganisationen. Auch die vertieften Kenntnisse und erweiterten Informationszugangsmöglichkeiten von Umweltverbänden oder Menschenrechtsverbänden könnte man nutzbar machen.[1743] Diese Organisationen können eine entscheidende Stärkung bei der Durchsetzung von CSR-Standards sein. Eine solche Ausweitung birgt auch keine Missbrauchsgefahr, wenn die Zulassung zu Verbandsklagen wie in bisherigen Vorschriften strengen Voraussetzungen unterliegt. Für Umweltverbände ergeben sich solche Voraussetzungen zum Beispiel aus dem § 3 Abs. 1 UmwRG.[1744] Der Europäische Gesetzgeber macht in Art. 4 Abs. 3 Verbandsklage-RL konkrete Vorgaben für die Voraussetzungen für qualifizierte Einrichtungen. Dies betrifft allerdings die Erhebung grenzüberschreitender Verbandsklagen. Für innerstaatliche Verbandsklagen ist es Sache der Mitgliedstaaten, geeignete Voraussetzungen für die Benennung qualifizierter Einrichtungen festzulegen (Art. 4 Abs. 4 Verbandsklage-RL). Hier erscheint es zur Durchsetzung von CSR-Standards im Ergebnis förderlich, die Qualifizierung von Einrichtungen für die Durchführung von Verbandsklagen nicht nur für Verbraucherverbände, sondern auch für Umweltverbände und für Verbände, deren Zweck

[1743] Einen solchen Vorschlag in Bezug auf die sachliche und personelle Ausweitung der Verbandsklagebefugnisse von Umweltverbänden auf Bereiche der nachhaltigen Produktnutzung (konkret Verstöße gegen das Produktsicherheitsgesetz, Energieverbrauchsrelevante-Produkte-Gesetz und erweiterte vorvertragliche produktspezifische Informationspflichtverletzungen) machen *Schlacke/Tonner/Gawel*, JZ 2016, 1030, 1035.

[1744] Zu diesen Voraussetzungen zählen die gemeinnützige Verfolgung von Zwecken des Umweltschutzes, das Bestehen von mindestens drei Jahren sowie eine Gewähr für eine sachgerechte Aufgabenerfüllung.

dem Schutz von Menschenrechten dient, zu öffnen.[1745] Um einem Missbrauch der Prozessführungsbefugnis vorzubeugen, sollte die Qualifizierung solcher Verbände für innerstaatliche Verbandsklagen an strenge Voraussetzungen geknüpft werden.

4. Zwischenergebnis

Die Verbraucher-Verbandsklage nach der Verbandsklage-RL bietet die Chance für eine verbesserte vertragsrechtliche Durchsetzung von CSR-Standards durch Verbraucher. Sie überwindet insbesondere das rationale Desinteresse bei Streuschäden. Dafür sind aber bei der Umsetzung der Verbandsklage-RL in nationales Recht einige Weichen zu stellen. Dazu sollten erstens kaufrechtliche Schadensersatzforderungen erfasst werden. Zweitens sollte es die Möglichkeit geben, dass nicht von Verbrauchern in Anspruch genommene erzielte Summen an geschädigte Stakeholder ausgezahlt werden. Alternativ kommen als Geldempfänger Intermediäre am Ort der Produktion in Frage (*cy-près*-Modell). Drittens sollten sich auch Umweltschutz- und Menschenrechtsverbände als qualifizierte Einrichtungen eintragen lassen können. Für die Geltendmachung kollektiver mangelbedingter Minderwerte sollte eine *Opt-Out*-Lösung forciert werden, die allerdings nicht für die Geltendmachung von Gestaltungsrechten gilt. Schließlich ist ein großer Vorteil der Verbandsklage, dass Abhilfeverlangen im Vergleichswege auch auf in die Zukunft gerichtete Verbesserungs- und Umsetzungsmaßnahmen gerichtet werden können. Hervorzuheben ist außerdem, dass lediglich Verbraucher von der Verbandsklage erfasst sind. Für gewerbliche Endabnehmer ist eine Beteiligung an der Verbandsklage nicht möglich, es sei denn, der Deutsche Gesetzgeber setzt die Regelung in dieser Hinsicht überschießend um.

Der Deutsche Gesetzgeber setzte die Verbandsklagerichtlinie unter anderem durch Erlass eines Gesetzes zur gebündelten Durchsetzung von Verbraucherrechten (VDuG) vom 8.10.2023 um. Neben die bereits bestehende Musterfeststellungsklage tritt im VDuG nun eine neue Form der Abhilfeklage. Zu begrüßen ist, dass der Deutsche Gesetzgeber Verbandsklagen in sämtlichen Fällen bürgerlicher Rechtsstreitigkeiten ermöglicht. Der Deutsche Gesetzgeber entschied sich bei der Auswahl der Verbraucher, auf die sich die Bindungswirkung der Abhilfegrundentscheidung bezieht, allerdings für ein *Opt-In*-Verfahren: Die Verbraucher müssen sich für eine Bindungswirkung im Verbandsklageregister angemeldet und ihre Anmeldung nicht zurückgenommen haben.[1746] Die Abhilfeklage richtet sich gemäß § 14 S. 1 VDuG nur auf die „Verurteilung des Unternehmers zu einer Leistung an die betroffenen Verbraucher." Zwar kann als Leistung auch die Zahlung eines kollektiven Gesamtbetrags begehrt werden (§ 14 S. 2 VDuG). Allerdings sind nicht abgerufene Abhilfebeträge nach § 37 VDuG Gegenstand eines Rückzahlungsanspruchs. Klageberechtigt sind qualifizierte Verbraucherverbände sowie qualifizierte Einrichtungen nach Maßgabe der Verbandsklage-RL (§ 2 Abs. 1 VDuG). Mit Blick auf die zuvor herausgearbeiteten Aspekte besteht im Ergebnis im Bereich der Verbandsklagen noch Potenzial für eine verbesserte vertragsrechtliche Durchsetzung von CSR-Standards durch Verbraucher.

[1745] Vgl. den Vorschlag von *Schlacke/Tonner/Gawel*, JZ 2016, 1030, 1035, 1038, die Verbandsklagebefugnis des UKlaG in beschränktem Umfang für Umweltverbände öffnen möchten und umgekehrt die Klagebefugnis nach dem UmwRG für Verbraucherverbände öffnen möchten.

[1746] Vgl. §§ 26, 43 VDuG sowie die Erläuterungen in der Gesetzesbegründung BT-Drs. 20/6520, S. 87, 98.

III. Opportunismus in Verträgen mit Endabnehmern

Opportunismus in Verträgen mit Endabnehmern spielt hauptsächlich vor Vertragsschluss eine Rolle. Die betroffenen Kaufverträge sind kurzfristige Verträge, bei denen Vertragsschluss und Erfüllung meist gar nicht oder nur in zeitlicher Hinsicht kurz auseinanderfallen. Sie sind nicht durch wiederkehrende Investitionen oder einen hohen Spezifikationsgrad von Investitionen gekennzeichnet. Somit steht das Problem adverser Selektion vor Vertragsschluss im Vordergrund.

Will ein Endabnehmer auf ethische Kriterien bei der Kaufentscheidung achten, ist er vollständig auf die Information des Verkäufers angewiesen. Der Endabnehmer kann eine floskelartige Behauptung des Verkäufers bzw. Herstellers über die Einhaltung von CSR-Standards nicht verifizieren. Er weiß nicht, ob hinter der Aussage des Verkäufers, dass die Sache bzw. ihre Inhaltsstoffe nachhaltig oder umweltbewusst produziert werden würden, tatsächlich die Einhaltung hoher ethischer Standards steht, oder nur niedrige oder gar keine Nachhaltigkeits- oder Umweltanforderungen erfüllt werden. Nach der Theorie der adversen Selektion führen nicht verifizierbare Angaben zu einem Qualitätsabfall der Produkte auf dem Markt.[1747] Im Hinblick auf CSR-Standards droht also ein Qualitätsabfall bei der Einhaltung gekennzeichneter CSR-Standards. Für eine Relativierung dieser Schlussfolgerung spricht, dass Forschung aus dem Bereich *Behavioral Law and Economics* gezeigt hat, dass Verbraucher Herstellerangaben auf der Ware nicht in der Weise kritisch hinterfragen, wie es die ökonomische Theorie der adversen Selektion voraussetzt.[1748] Umso mehr steht ein Hersteller, der ethische Standards tatsächlich einhält, vor der Frage, wie er dies gegenüber Verbrauchern kommunizieren kann. Ein klassisches Signal für die jeweilige Anforderung wird durch eine Garantie vermittelt.[1749] Im Falle der Einhaltung von CSR-Standards sind Garantien für einen Hersteller als verschuldensunabhängige Einstandspflicht dann mit einem hohen Risiko verbunden, wenn der Hersteller keinen Einfluss auf die Produktion am Anfang der Lieferkette hat. Garantien stellen daher nur im Einzelfall ein geeignetes, dann aber starkes Signal dar. Demgegenüber sind mit standardisierten Prüfverfahren verbundene Zertifizierungen, Produktsiegel oder Umweltzeichen in der Praxis verbreitet. Da das Zertifizierungsverfahren selbst mit Kosten verbunden ist, lohnt es sich nicht für Hersteller, die nicht wie versprochen nach ethisch hohen Standards produzieren. Der Erfolg von Zertifizierungen fußt allerdings auf der Annahme, dass Endabnehmer, die ethisch konsumieren möchten, zwischen floskelartigen Behauptungen zu CSR-Standards und Zertifizierungen, Gütezeichen oder Produktsiegeln differenzieren. Ob dies angesichts der großen Bandbreite vorhandener Zertifizierungsmöglichkeiten und Erscheinungsformen beworbener CSR-Maßnahmen hinreichend geschieht, darf vor dem Hintergrund empirischer Erkenntnisse über Verbraucherverhalten allerdings bezweifelt werden.[1750] Daher ist es zur Förderung des Absatzes von Produkten, bei deren Produktion hohe CSR-Standards eingehalten werden, von Vorteil, wenn strenge Zertifizierungssysteme oder

---

[1747] Siehe dazu oben unter § 4 C. II.

[1748] Dazu *Zamir/Teichmann*, Behavioral Law and Economics, S. 284 f., m.w.N.; grundlegend in diesem Forschungsfeld *Grossman*, J. L. & Econ. 24 (1981), 461, 461 ff.

[1749] Siehe dazu oben unter § 4 C. II.

[1750] Vgl. dazu die Quellen zu zurückhaltendem Verbraucherverhalten hinsichtlich ethischen Konsums oben unter § 2 D. II.

Gütezeichen, als vertrauenswürdige Signale stärker ins Bewusstsein der Verbraucher rücken.[1751]

IV. Nebeneinander von Durchsetzungsformen

Private enforcement führt bei hinreichenden Klageanreizen zu hoher Gerichtsbelastung, aber auch zur Erschwerung von Durchsetzungsstrategien von Behörden und der Gefahr divergierender Entscheidungen.[1752] Letzteres gefährdet bei vergleichbaren zugrundeliegenden Sachverhalten die Rechtssicherheit.[1753] Erreicht die Durchsetzung von CSR-Standards durch Endabnehmer einen hohen Abschreckungsgrad zum Beispiel durch Verbandsklagen, besteht die Gefahr, dass Durchsetzungsstrategien der Behörden, die die Einhaltung von Sorgfaltspflichten im Rahmen eines Sorgfaltspflichtengesetzes überwachen, konterkariert werden. Denkbar ist beispielsweise, dass die zuständigen Behörden den Angemessenheitsmaßstab (§ 3 Abs. 2 LkSG) bewusst weit auslegen, um Unternehmen bei der Einrichtung ihrer Risikoanalysen, Abhilfemaßnahmen und weiteren Maßnahmen einen Spielraum zur Abwägung von Maßnahmen und Kosten zu gewähren. Verstoßen die Unternehmen im Rahmen der Produktion gegen die von ihnen gegenüber Endabnehmern angepriesenen Maßnahmen, könnte die Rechtsprechung über vertragsrechtliche Ansprüche einen strengeren Maßstab für CSR-Standards setzen. Allerdings sind dabei die Unterschiede der jeweils durchzusetzenden Pflichten zu beachten. Die Gefahr divergierender Entscheidungen besteht nur im Falle einer inhaltlichen Übereinstimmung der jeweils betroffenen Inhalte und Pflichten.

B. Bewertung der vertragsrechtlichen Durchsetzung innerhalb der Lieferkette

Dieser Abschnitt untersucht das Potenzial vertragsrechtlicher Durchsetzung durch Abnehmer in der Lieferkette. Im Gegensatz zur Durchsetzung durch Endabnehmer ist es in diesem Fall das inländische Abnehmerunternehmen, das CSR-Standards für seine Unternehmenspolitik und die Produktion der eigenen Ware setzt. Das Abnehmerunternehmen hat mithin ein intrinsisches Interesse an der Durchsetzung von CSR-Standards.[1754] Wie effektiv die vertragsrechtliche Durchsetzung innerhalb der Lieferkette zu bewerten ist, hängt von der Höhe der Durchsetzungskosten und von Durchsetzungsanreizen ab. Außerdem ist nachteiliger Opportunismus in längerfristigen Lieferbeziehungen bei der Umsetzung von CSR-Standards zu berücksichtigen. Bei der Bewertung vertragsrechtlicher Durchsetzung in der Lieferkette spielen rechtspraktische Erwägungen über die Art und Beschaffenheit von Lieferbeziehungen und -ketten eine wichtige Rolle.

[1751] Für eine Anregung zu nachhaltigem Konsum durch Kennzeichnung über Ursprungs- und Herkunftsangaben *Kahl*, ZLR 2017, 147, 173.

[1752] S dazu ausführlich oben unter § 4 B. III. 5.

[1753] Rechtssicherheit steht, sobald die Sachverhalte sich im Kern auch nur leicht unterscheiden, in einem Spannungsverhältnis zu der Einzelfallgerechtigkeit, vgl. zu diesem Spannungsverhältnis *Schmidt-Aßmann*, in: Isensee/Kirchhof (Hrsg.), Handbuch des Staatsrechts, Rn. 81.

[1754] Siehe zu normativen Begründungen und ökonomischen Motiven von CSR oben unter § 2 C. und D.

I. Durchsetzungskosten und Überführungswahrscheinlichkeit

Wie auch bei der vertragsrechtlichen Durchsetzung durch Endabnehmer, fallen für Abnehmer in der Lieferkette keine Kosten zur Ermittlung der Identität des Anspruchsgegners an, weil dies der Vertragspartner ist. Die Ermittlungskosten zur Aufdeckung eines Verstoßes gegen CSR-Standards im Geschäftsbereich des Vertragspartners oder dessen vorgelagerter Lieferkette sind dagegen als hoch einzustufen. Der Abnehmer hat ohne Einräumung entsprechender Rechte keinen Zugriff auf die nötigen Informationen bei seinem Zulieferer. Den Zugriff können Überwachungs- und Kontrollrechte erleichtern, die sich der Abnehmer gegenüber dem Zulieferer vertraglich einräumen lassen kann.[1755] Dann allerdings entstehen Kosten für die Ressourcen, die in die Überwachung und Kontrolle fließen. Aus Effizienzgesichtspunkten muss ein Unternehmen abwägen, ob der drohende Reputationsschaden und der entgangene Gewinn bei Bekanntwerden eines Verstoßes höher sind als die Kosten zur Betreibung eines präventiven, funktionierenden Überwachungssystems.[1756] Dabei ist auch zu beachten, dass sich im Falle einer streitigen Auseinandersetzung über Schadensersatzforderungen der Nachweis eines Reputationsschaden im Einzelfall schwierig gestalten kann.[1757]

Außerdem hat die Art der Vertragsgestaltung Einfluss auf die Effektivität vertragsrechtlicher Durchsetzung von CSR-Standards gegenüber Lieferanten. Schafft es der Abnehmer gegenüber seinen Zulieferern Akzeptanz für die CSR-bezogenen Regelungen in Codes of Conduct und Formularverträgen zu hervorrufen, ist die Wahrscheinlichkeit höher, dass sich der Zulieferer besser um die Einhaltung der Regelungen bemüht.[1758] Für mehr Akzeptanz kann etwa eine gemeinsame Festlegung des Verhaltenskodex, die ausgewogene Gestaltung der Vertragsklauseln unter Wahrung der jeweils beidseitigen Interessen, oder die Klarstellung sorgen, dass eine Vertragsbeendigung nur im Ausnahmefall die gewählte Sanktion ist.[1759] Darüber hinaus dient eine Kommunikation über die Bedeutung der CSR-Standards in Vertragsverhandlungen dazu, dass das Bewusstsein des Zulieferers über die CSR-Themen geschärft wird.[1760]

Präventive vertragsrechtliche Durchsetzungsmechanismen können außerdem Kosten aus anderweitiger Haftung vermeiden. Dazu gehört eine Bußgeldhaftung, die etwa infolge einer nicht befolgten Sorgfaltspflichtengesetzgebung droht.[1761] Die ge-

---

[1755] Vgl. dazu oben unter § 5 B. II. 8.

[1756] Zur rechtsökonomischen Theorie siehe oben unter § 4 C III.

[1757] Siehe dazu oben unter § 5 B. II. 10. c).

[1758] *Teicke/Matthiesen*, BB 2013, 771, 772, 775 Ebenso unter dem Aspekt der *goal congruence Pedersen/Andersen*, Journal of Public Affairs 2006, 228, 233.

[1759] Zu diesen Beispielen siehe *Teicke/Matthiesen*, BB 2013, 771, 772 ff.

[1760] *Teicke/Matthiesen*, BB 2013, 771, 775. Solche Kommunikation verursacht allerdings auch selbst Transaktionskosten. Vgl. dazu *Pedersen/Andersen*, Journal of Public Affairs 2006, 228, 233 f., m.w.N.

[1761] Zu bestehenden und geplanten gesetzlichen Sorgfaltspflichten siehe dazu oben ausführlich unter § 2 E II. Daneben droht im Compliance-Bereich eine Bußgeldhaftung nach §§ 130, 30 OWiG bei Nichteinrichtung eines effektiven Compliance-Management-Systems. Ob dieses Compliance-Management-System auch außerhalb des Betriebs stehende Dritte erfassen muss, ist umstritten. Vgl. zur Haftung fehlender „Third Party Compliance“ *Busekist/Uhlig*, in: Hauschka/Moosmayer/Lösler (Hrsg.), Corporate Compliance, Rn. 22 ff. *Teicke/Matthiesen*, BB 2013, 771, 775. Zum Einfluss der Sanktionsandrohungen des UK Bribery Acts 2010 in Großbritannien auf Vertragsbedingungen in der Lieferkette nach englischem Recht vgl. *Rühmkorf*, Corporate Social Responsibility, Private Law and Global Supply Chains, S. 118 ff.

planten Regelungen sehen zur Erfüllung der Sorgfaltspflichten auch eine Einbindung der unmittelbaren und zumindest teilweise auch mittelbaren Zulieferer in die Due Diligence Systeme vor.[1762]

Die klageweise Verfolgung vertraglicher Ansprüche des Abnehmers in der Lieferkette ist in der Praxis – soweit ersichtlich – selten.[1763] Sie ist zeit- und kostenintensiv und mit öffentlicher Aufmerksamkeit verbunden. Präventive vertragsrechtliche Durchsetzungsmethoden oder der Öffentlichkeit entzogene (aber u.U. kostenintensive) Schiedsverfahren vermeiden diese Nachteile.

II. Durchsetzungsanreize

Für eine Durchsetzung von CSR-Standards innerhalb der Lieferkette sind Gewinnanreize der Abnehmerunternehmen vorhanden. Wegen der Abnahmemenge kann die Schadenssumme den Streuschadensbereich übersteigen. Ein Durchsetzungsanreiz für präventive Maßnahmen ergibt sich aus einem drohenden Reputationsschaden, der im Verletzungsfall besonders dann droht, wenn das Abnehmerunternehmen gegenüber den Endabnehmern mit der Einhaltung der CSR-Standards bei der Produktion wirbt oder das jeweilige Image des Unternehmens mit der Einhaltung von CSR-Standards verknüpft ist.[1764] Im Falle schwerwiegender Verletzungen von Menschenrechts- oder Umweltbelangen droht ein Reputationsschaden durch öffentliche Berichterstattung allerdings auch ohne ein entsprechendes Unternehmensimage.[1765] Die Länge, die Verzweigungen und Intransparenz internationaler Lieferketten schrecken in der Praxis von Durchsetzungsanstrengungen ab, die über direkte Zulieferer hinausgehen.[1766]

[1762] Siehe dazu insbesondere den deutschen und europäischen Vorschlag oben ausführlich unter § 2 E II 2.

[1763] Ebenso *Rühmkorf*, Corporate Social Responsibility, Private Law and Global Supply Chains, S. 123; *McBarnet/Kurkchiyan*, in: McBarnet/Voiculescu/Campbell (Hrsg.), The New Corporate Accountability, S. 79.

[1764] Vgl. die Analyse von *Vogel* zum Business Case von CSR, der zum Ergebnis kommt, dass sich CSR-Maßnahmen für Unternehmen, die CSR-Maßnahmen zu einem Teil ihrer wirtschaftlichen Identität und Unternehmensstrategie machen, auch wirtschaftlich lohnen. S. *Vogel*, The Market for Virtue, S. 73. *Rühmkorf*, Corporate Social Responsibility, Private Law and Global Supply Chains, S. 123.

[1765] *Vogel* identifiziert als zweite Kategorie von Unternehmen, die CSR-Maßnahmen aus wirtschaftlicher Sicht ergreifen solche, deren Marken große Präsenz auf dem Markt haben und die Zielscheibe von negativer Berichterstattung durch die Tätigkeit von Aktivisten waren oder in Zukunft sein könnten. S. *Vogel*, The Market for Virtue, S. 73 f. Das Streben nach guter Reputation hält auch *Rühmkorf* als entscheidenden Anreiz für die vertragsrechtliche Weitergabe von Standards in der Lieferkette: *Rühmkorf*, Corporate Social Responsibility, Private Law and Global Supply Chains, S. 123. *McBarnet/Kurkchiyan* sehen den Schwerpunkt der Anreize für vertragsrechtliche Durchsetzung in der Risikovermeidung anstatt in einer originären Entscheidung, einen guten sozialen oder ökologischen Fußabdruck zu hinterlassen, vgl. *McBarnet/Kurkchiyan*, in: McBarnet/Voiculescu/Campbell (Hrsg.), The New Corporate Accountability, S. 83.

[1766] United Nations, General Assembly, Working Group on the issue of human rights and transnational corporations and other business enterprises, A/73/163, 16.7.2018, Rn. 29, online abrufbar unter: https://digitallibrary.un.org/record/1639520/files/A_73_163-EN.pdf (zuletzt aufgerufen am 9.7.2022): „Few companies appear to be asking tier-one suppliers to demonstrate that they – and their suppliers in the tiers below – fulfil the responsibility to respect human rights by requiring assessments of the risks to and impacts on human rights.“; Vgl. die für die Europäische Kommission in Auftrag gegebene Studie des British Institute of International and Comparative Law/Civic Consulting/The London School of Economics and Political Science, *Smit/Bright/McCorquodale* u.a., Study on due diligence requirements through the supply chain, 2020, S. 218.

Die Bereitschaft, in hohe Durchsetzungskosten zur Vermeidung von Verstößen in der gesamten Lieferkette zu investieren, wird daher insbesondere von der Höhe des drohenden Reputationsschadens abhängen.[1767] Eine bereits diskutierte[1768] namentliche Veröffentlichung von Verstößen gegen das LkSG hätte das Potenzial diesen Durchsetzungsanreiz für Vermeidungs- und Beseititungsmaßnahmen von CSR-Verstößen gemäß dem Konzept *naming and shaming* noch zu erhöhen.

III. Opportunismus innerhalb der Lieferkette

In Lieferverträgen spielt Opportunismus sowohl vor Vertragsschluss als auch nach Vertragsschluss eine Rolle.

1. Informationsasymmetrie vor Vertragsschluss

Abnehmer sind im Hinblick auf CSR-Standards in der Lieferkette bei der Beurteilung zukünftiger Lieferanten vor Vertragsschluss einer Informationsasymmetrie ausgesetzt. Der Abnehmer hat in der Phase der Vertragsverhandlung grundsätzlich nicht die Möglichkeit, zu überprüfen, ob ein Lieferant und dessen vorgeschaltete Lieferkette die nötigen Voraussetzungen mitbringen, um die für den Abnehmer relevanten CSR-Standards einzuhalten.[1769] Hierfür müsste der Abnehmer beispielsweise einschätzen können, ob die von potenziellen Lieferanten zur Verfügung gestellten Informationen über die Herkunft der Produkte und Produktionsbedingungen richtig sind und sich auch auf das Werk beziehen, in dem die betreffende Ware hergestellt wurde.[1770] Hinzu kommt, dass der Lieferant auswählt, welche Informationen er zum Beispiel über bevorstehende Änderungen an Zulassungsnormen oder über das Entsprechen seiner Ware mit dem Stand der Technik an den Abnehmer weitergibt.[1771] Verstärkt wird die Informationsasymmetrie, wenn Abnehmer und Anbieter aus unterschiedlichen Rechtssystemen stammen und unterschiedliche Sprachen sprechen.[1772] Ohne Beurteilungsmöglichkeit besteht das Risiko, dass ein Abnehmer die Ware eines Lieferanten erwirbt, obwohl dieser oder seine Vorlieferanten bei der Produktion CSR-Standards nicht wie behauptet einhalten.

Lieferanten, die wegen der Einhaltung der CSR-Standards und der damit verbundenen teureren Produktionsweise ihre Ware teurer anbieten, haben vor diesem Hintergrund ein Bedürfnis, die Einhaltung der CSR-Standards auf geeignete Weise –

1767 United Nations, General Assembly, Working Group on the issue of human rights and transnational corporations and other business enterprises, A/73/163, 16.7.2018, Rn. 29, online abrufbar unter: https://digitallibrary.un.org/record/1639520/files/A_73_163-EN.pdf (zuletzt aufgerufen am 9.7.2022): „Efforts to go beyond tier one tend to happen only when the issue has been brought to light by the media or non-governmental organisations (NGOs).“ Vgl. Die für die Europäische Kommission in Auftrag gegebene Studie des British Institute of International and Comparative Law/Civic Consulting/The London School of Economics and Political Science, *Smit/Bright/McCorquodale* u.a., Study on due diligence requirements through the supply chain, 2020, S. 218.

1768 Siehe oben unter § 6 A. I. 1. c) aa).

1769 Das Problem dürfte sich nicht in dieser Schärfe stellen, wenn der Zulieferer ein Tochterunternehmen des Abnehmerunternehmens ist, über welches das Abnehmerunternehmen die nötigen Informationen hat oder erleichtert akquirieren kann.

1770 Vgl. dazu auch *Ungrade*, in: Knoppe (Hrsg.), CSR und Retail Management, S. 217 f.

1771 *Ungrade*, in: Knoppe (Hrsg.), CSR und Retail Management, S. 218.

1772 *Ungrade*, in: Knoppe (Hrsg.), CSR und Retail Management, S. 217 f.

etwa durch Zertifizierungen – zu signalisieren.[1773] In der Praxis haben sich vor Vertragsschluss Due Diligence Prüfungen des Vertragspartners (*business partner screenings*) etabliert, die sich auch auf Menschenrechts- und Umweltbelange erstrecken.[1774] Der Lieferant kann dabei zur Offenlegung der Lieferantenstruktur aufgefordert werden. Ebenso kann im Verhandlungsstadium als Voraussetzung der Zusammenarbeit die Zertifizierung mit externen Standards angefordert werden, beispielsweise durch die BSCI.[1775]

2. Opportunismus nach Vertragsschluss

Geschäftsbeziehungen innerhalb nationaler oder internationaler Lieferketten sind oftmals auf einen längeren Zeitraum angelegt. Sie sind durch spezifische Transaktionen gekennzeichnet und sind langfristige, unter Umständen sogar relationale Verträge.[1776] Bei der Einhaltung von CSR-Standards durch Lieferanten oder deren vorgeschaltete Lieferkette droht opportunistisches Verhalten im Sinne des *Hold-Up* oder *Moral Hazard.*[1777] Zur Vermeidung dieser Probleme können Abnehmer auf klassische Lösungsmechanismen zurückgreifen, darunter vor allem Monitoring, Belohnungsmechanismen und Kündigungsrechte. Empirische Arbeiten zeigen, dass sich im CSR-Bereich eine vertrauensvolle Zusammenarbeit in langfristigen Lieferbeziehungen in der Praxis etabliert hat.[1778] Die Durchsetzungsmechanismen müssen in diesem Bereich insbesondere spezifische praktische Schwierigkeiten beachten, die sich aus der Internationalität und Komplexität betroffener Lieferketten ergeben.

a) *Hold-Up* und *Moral Hazard* im CSR-Bereich

Die Parteien langfristiger Lieferverträge tätigen grundsätzlich auf Grundlage von Rahmenlieferungsverträgen wiederholte Transaktionen. Dabei richtet sich der Lieferant auch im CSR-Bereich auf die Bedürfnisse des Abnehmers ein und tätigt spezifische Investitionen. Beispiele hierfür sind Investitionen in die Produktionsbedingungen, die Durchführung externer Auditierungen und den Aufbau von Geschäftsbeziehungen zu neuen Subunternehmern, die nach den Ansprüchen des Abnehmers liefern. Dadurch entstehen für den Lieferanten versunkene Kosten und die Gefahr der Ausnutzung durch opportunistische Senkung des Abnahmepreises durch den Abnehmer (*Hold-Up*).[1779] Die Höhe der Gefahr hängt davon ab, wie spezifisch sich die Investitionen des Lieferanten bzw. Produzenten im Hinblick auf die Umsetzung von CSR-Standards auf einen konkreten Abnehmer beziehen. Steigt die Nachfrage nach ausgewiesener ethischer Produktion an, kann transaktionsspezifischer Opportunismus auch auf Seiten des Lieferanten auftauchen. Ein Lieferant könnte Verhandlungsmacht

---

[1773] Siehe allgemein zu *signaling* und *screening* als Lösung des Problems adverser Selektion oben unter § 4 C. II.

[1774] Vgl. dazu *Busekist/Uhlig*, in: Hauschka/Moosmayer/Lösler (Hrsg.), Corporate Compliance, Rn. 47 ff.; *Teicke/Matthiesen*, BB 2013, 771, 776.

[1775] Zum Beispiel der Imtron GmbH, die Zertifizierungen der EICC, der BSCI oder der ETI verlangt, vgl. *Ungrade*, in: Knoppe (Hrsg.), CSR und Retail Management, S. 220 f. Allgemein zu CSR-Initiativen und Zertifizierungen vgl. oben unter § 2 B.

[1776] Zu relationalen Verträgen vgl. oben unter § 4 C. I.

[1777] Zum *Hold-Up* und *Moral Hazard-Problem* siehe allgemein oben unter § 4 C. III.

[1778] Vgl. die Auswertung der Umfragen von *McBarnet/Kurkchiyan*, in: McBarnet/Voiculescu/Campbell (Hrsg.), The New Corporate Accountability, S. 59 ff.

[1779] Dazu bereits oben unter § 4 C. III. 2.

gerade durch das Alleinstellungsmerkmal zertifizierter ethischer Produktion erwerben und diese zu seinen Gunsten ausnutzten.[1780]

Außerdem besteht zwischen Abnehmer und Lieferant ein Prinzpal-Agenten-Verhältnis, das moralische Risiken bei der Einhaltung von CSR-Standards durch den Lieferanten birgt.[1781] Einen Anreiz für opportunistisches Verhalten geben die Kosten und der Zeitaufwand, die die Implementierung und Umsetzung von CSR-Standards für den Lieferanten bedeuten.[1782] Insbesondere, wenn die vereinbarten CSR-Standards nur vage formuliert und unkonkret ausgestaltet sind, besteht ein ausnutzbarer Spielraum bei der Umsetzungstiefe. Dieses Problem stellt sich nicht nur auf Ebene unternehmenseigener Standards, sondern besteht ebenso bei der Umsetzung transnationaler Standards oder gesetzlicher Berichts- und Sorgfaltspflichten.[1783] Das erschwert auch die Überprüfung, ob ein Lieferant Standards eingehalten hat.[1784] Es lässt sich somit festhalten, dass die Interessen des Abnehmers und des Lieferanten bei der Umsetzung von CSR-Standards divergieren: Der Anreiz für Opportunismus ist auf Zulieferer-Ebene hoch, wenn dieser mit der Pflicht zur Umsetzung der CSR-Standards zugleich die dafür anfallenden Kosten tragen muss.[1785] Die Vorteile der Compliance mit den Codes of Conduct erntet aber hauptsächlich der Inhaber des Markennamens, etwa der Abnehmer.[1786] Zulieferer können hiervon allenfalls indirekt durch ein höheres Auftragsvolumen oder Reputation gegenüber anderen Abnehmern profitieren.[1787]

Somit droht, dass sich der Lieferant zugunsten der eigenen Nutzenmaximierung nach Vertragsschluss entgegen den Vorgaben des Vertrags nicht an die vereinbarten CSR-Standards hält (*hidden action*). Beispiele sind der Einkauf niedrig qualifizierter Rohstoffe, die Zusammenarbeit mit nicht standarderfüllenden Unterlieferanten oder die Torpedierung von Überwachungsmaßnahmen, indem nur vorzeigewürdige Produktionsstätten bei Audit-Terminen gezeigt werden.[1788] Des Weiteren hat der Lieferant Anreize, Informationen zu verschweigen (*hidden information*), indem er beispielsweise Verstöße gegen CSR-Standards nicht meldet oder notwendige Produktspezifikationen, die dem Abnehmer nicht bekannt sind, für sich behält.[1789]

1780 *Ungrade*, in: Knoppe (Hrsg.), CSR und Retail Management, S. 218; *Pedersen/Andersen*, Journal of Public Affairs 2006, 228, 230. Wie Letztere zeigen, ist der Reputationsgewinn („reputational effects"), den ein Lieferant gegenüber seinem Vertragspartner oder anderen Abnehmern durch Aufbau eines eigenen CSR-Managements macht, zugleich ein Anreiz für die Umsetzung von CSR-Standards des Abnehmers (S. 237).

1781 Dazu *Pedersen/Andersen*, Journal of Public Affairs 2006, 228, 230 f., m.w.N.; *Ungrade*, in: Knoppe (Hrsg.), CSR und Retail Management, S. 218.

1782 *Pedersen/Andersen*, Journal of Public Affairs 2006, 228, 230, m.w.N.

1783 Vgl. dazu die Analyse oben unter § 2 B. und E.

1784 *Pedersen/Andersen*, Journal of Public Affairs 2006, 228, 231 Dies ist auch ein Argument gegen „harte" Sanktionen in Fällen des Verstoßes. In Fällen erhöhten Risikos mit diffuser Beweislage mag ein Lieferant gemeinsame Verbesserungsanstrengungen eher akzeptieren und umsetzen als Sanktionen hinzunehmen.

1785 *McBarnet/Kurkchiyan*, in: McBarnet/Voiculescu/Campbell (Hrsg.), The New Corporate Accountability, S. 87, unter Hinweis auf ein Formulierungsbeispiel einer entsprechenden Klausel.; *Pedersen/Andersen*, Journal of Public Affairs 2006, 228, 230.

1786 *Pedersen/Andersen*, Journal of Public Affairs 2006, 228, 230.

1787 *Pedersen/Andersen*, Journal of Public Affairs 2006, 228, 230.

1788 *Ungrade*, in: Knoppe (Hrsg.), CSR und Retail Management, S. 218; *Pedersen/Andersen*, Journal of Public Affairs 2006, 228, 230.

1789 *Ungrade*, in: Knoppe (Hrsg.), CSR und Retail Management, S. 219; *Pedersen/Andersen*, Journal of Public Affairs 2006, 228, 230.

Anreize für opportunistisches Verhalten werden verstärkt, wenn Lieferanten mehrere Abnehmer beliefern, die möglicherweise auch in unterschiedlichen Ländern sitzen. So führen abweichende CSR-Standards dieser Abnehmer dazu, dass der Lieferant verschiedene Standards gleichzeitig einhalten muss.[1790] Die Orientierung an einheitlichen internationalen CSR-Standards oder branchenspezifischen CSR-Standards in Codes of Conduct könnte eine solche Kollision vermeiden.[1791] Voraussetzung wäre hierfür aber, dass es einen einheitlichen Bezugsstandard gibt. Dies ist wegen der Pluralität der inter- und transnationalen Regelwerke[1792] derzeit selbst in einzelnen Branchen selten der Fall. Bestehende und geplante Lieferkettengesetzgebungen[1793] dürften in dieser Hinsicht für mehr Rechtsklarheit sorgen.

b) Durchsetzungsinstrumente

Um die Einhaltung von CSR-Standards durch Lieferanten abzusichern und sich vor Opportunismus zu schützen, haben sich bestimmte Schutzmechanismen aus der ökonomischen Theorie in der Praxis etabliert.[1794]

aa) Monitoring

Der erste zu behandelnde Durchsetzungsmechanismus ist das *Monitoring*. Es dient der Informationsgewinnung über das Verhalten und über Entscheidungen auf Lieferantenebene.[1795] *Monitoring* verhilft einerseits zu einer höheren Aufdeckungswahrscheinlichkeit von Verstößen gegen vereinbarte CSR-Standards und andererseits zu Prävention durch Abschreckung vor aufdeckbaren Verstößen.[1796] Es kann mit dem weiteren Durchsetzungsmechanismus der Einführung eines Belohnungs- oder Sanktionssystems einhergehen.[1797] *Monitoring*-Maßnahmen im CSR-Bereich sind vor allem Auditierungen. Kontrollen vor Ort und Interviews mit Arbeitnehmern des Lieferanten kann der Abnehmer entweder selbst (interne Auditierung) oder durch Drittunternehmen (externe Auditierung) durchführen lassen.[1798] Infrage kommen außerdem Selbstauditierungen, z.B. in Form von Fragebögen.[1799] Die Fremdauditierung durch externe, objektive Prüfer ist demgegenüber mit einer besonderen Aussagekraft gegenüber

---

[1790] *Cafaggi*, ERCL 12 (2016), 218, 240; *Spießhofer, Birgit*, Und wer fragt die Lieferkette, F.A.Z. Einspruch 23.7.2020, (online abrufbar unter: https://www.faz.net/einspruch/lieferkettengesetz-und-wer-fragt-die-lieferkette-16873518.html) (zuletzt aufgerufen am 15.5.2022).

[1791] *Depping*, in: Walden/Depping (Hrsg.), CSR und Recht, S. 131 Ähnlich *Cafaggi*, ERCL 12 (2016), 218, 243: „common industry policies for sustainable sourcing (…) would prevent competition on sustainability standards."

[1792] Siehe dazu oben unter § 2 B.

[1793] Dazu oben unter § 2 E. II.

[1794] Vgl. zum Beispiel für eine Fallstudie zu Sicherungsmechanismen, die IKEA einsetzt, *Pedersen/Andersen*, Journal of Public Affairs 2006, 228, 228 ff. sowie *Ungrade*, in: Knoppe (Hrsg.), CSR und Retail Management, S. 209 ff. über Praxisbeispiele aus die Imtron GmbH aus der Unterhaltungselektronik-Branche.

[1795] So allgemein zum Monitoring gegenüber Lieferanten *O'Donnell*, Strat. Mgmt. J. 21 (2000), 525, 526.

[1796] Dazu allgemein *Milgrom/Roberts*, Economics, Organization and Management, S. 186; *O'Donnell*, Strat. Mgmt. J. 21 (2000), 525, 526.

[1797] Dazu allgemein *Milgrom/Roberts*, Economics, Organization and Management, S. 186.

[1798] Zu Arten von Auditierungen vgl. bereits oben unter § 5. B. II. 8., sowie *Schröder*, in: Fröhlich (Hrsg.), CSR und Beschaffung, S. 158; *Depping*, in: Walden/Depping (Hrsg.), CSR und Recht, S. 137 ff. *Pedersen/Andersen*, Journal of Public Affairs 2006, 228, 235.

[1799] *Schröder*, in: Fröhlich (Hrsg.), CSR und Beschaffung, S. 158; *Depping*, in: Walden/Depping (Hrsg.), CSR und Recht, S. 137 ff.

dritten Parteien verbunden.[1800] Externe Prüfungen bieten zum Beispiel Verbände an.[1801] Neben Auditierungen dient auch die Einrichtung eines Hinweisgebersystems bzw. eines Beschwerdemechanismus der Generierung von Informationen über Verstöße am Anfang der Lieferkette.[1802]

Monitoring als Durchsetzungsmechanismus birgt allerdings selbst Risiken. Ein effektives *Monitoring*-System erfordert die Investition von zeitlichen, personellen und finanziellen Ressourcen.[1803] Eine vollständige Überwachung des täglichen CSR- und Risiko-Managements aller Lieferanten wird aufgrund dessen kaum möglich sein. Kontrollen vor Ort zeichnen nur ein punktuelles Bild.[1804] Dadurch können sie vor Ort zwar überprüfbare Verstöße aufdecken, nicht aber systematische Verstöße wie Diskriminierungen, exzessive Überstunden oder fehlende Vereinigungsfreiheit.[1805] Eine weitere Schwäche von Auditierungen ist, dass auch sie opportunistischem Verhalten ausgesetzt und fehleranfällig sind.[1806] Zum Beispiel wurde im Voraus des KiK-Vorfalls in Pakistan die Fabrik auch auf Sicherheitsaspekte nach dem SA8000 Standard von einem Audit-Unternehmen zertifiziert, welches die Fabrik allerdings nie betreten hatte.[1807] Später stellte sich heraus, dass die hohe Opferanzahl von 250 Toten auf abgeriegelte Fluchtwege zurückzuführen war.[1808] Daraus folgt, dass eine tatsäch-

---

[1800] *Pedersen/Andersen*, Journal of Public Affairs 2006, 228, 235.

[1801] Unter Nennung des Verbands der Elektrotechnik (VDE), TÜV und DEKRA: *Ungrade*, in: Knoppe (Hrsg.), CSR und Retail Management, S. 219.

[1802] Die Einrichtung von Hinweisgebersystemen ist zentraler Bestandteil der Sorgfaltspflichten, die der europäische und der Deutsche Gesetzgeber einführen (möchten), vgl. oben unter § 2. E. II. 2.

[1803] Die Glaubwürdigkeit der Compliance-Maßnahmen eines Abnehmers leidet, wenn er für Auditierungen und Kontrollen nicht die nötigen Ressourcen zur Verfügung stellt, vgl. *Gilch/Pelz*, CCZ 2008, 131, 134.

[1804] *McBarnet/Kurkchiyan*, in: McBarnet/Voiculescu/Campbell (Hrsg.), The New Corporate Accountability, S. 77: „merely a snapshot".

[1805] *McBarnet/Kurkchiyan*, in: McBarnet/Voiculescu/Campbell (Hrsg.), The New Corporate Accountability, S. 77, mit Verweis auf *Maitland, Alison*, Social audits are failing to detect factory abuses, Financial Times 2.11.2005, 8.

[1806] Im Kontext des KiK-Falles *Walsh, Declan/Greenhouse, Steven*, Inspectors Certified Pakistani Factory as Sage Before Disaster, The New York Times 20.9.2012, 6, (online abrufbar unter: https://www.nytimes.com/2012/09/20/world/asia/pakistan-factory-passed-inspection-before-fire.html) (zuletzt aufgerufen am 15.5.2022); s.a. mit weiteren Beispielen *McBarnet/Kurkchiyan*, in: McBarnet/Voiculescu/Campbell (Hrsg.), The New Corporate Accountability, S. 78 f. Letztere verweisen darauf, dass in der Praxis Kontrolleure oft getäuscht würden, indem wahre Zustände gezielt vor ihnen verborgen werden, falsche Daten und Fakten präsentiert würden oder Arbeitnehmer dahingehend sensibilisiert würden, dass sie gegenüber Auditoren keine Enthüllungen vornehmen. (S. 78 f. m.w.N.). Vgl. auch die Fallstudie *Pruett*, Looking for a Quick Fix: How Weak Social Auditing is Keeping Workers in Sweatshops, *Clean Clothes Campaign*, 2005, S. 25.

[1807] *Marx/Bright/Wouters*, Access to Legal Remedies for Victims of Corporate Human Rights Abuses in Third Countries, *European Parliament's Sub-Committee on Human Rights*, 2019, S. 59 f. Vgl. auch *Smit/Bright/McCorquodale* u.a., Study on due diligence requirements through the supply chain, 2020, S. 218; Clean Clothes Campaign, 'Complaint filed against Italian auditor for ignoring fatal flaws in garment factory', 11.09.2018, online abrufbar unter: https://cleanclothes.org/news/2018/09/11/complaint-filed-against-italian-auditor-rina-for-ignoring-fatal-flaws-in-garment-factory-on-anniversary-of-deadly-factory-fire-in-pakistan (zuletzt aufgerufen am 9.7.2022): *Walsh, Declan/Greenhouse, Steven*, Inspectors Certified Pakistani Factory as Sage Before Disaster, The New York Times 20.9.2012, 6, (online abrufbar unter: https://www.nytimes.com/2012/09/20/world/asia/pakistan-factory-passed-inspection-before-fire.html) (zuletzt aufgerufen am 15.5.2022).

[1808] *Marx/Bright/Wouters*, Access to Legal Remedies for Victims of Corporate Human Rights Abuses in Third Countries, *European Parliament's Sub-Committee on Human Rights*, 2019, S. 59 f. m.w.N.; *Walsh, Declan/Greenhouse, Steven*, Inspectors Certified Pakistani Factory as Sage Before

liche und regelmäßige Kontrolle wichtig ist, um die Aufdeckungswahrscheinlichkeit, die Glaubwürdigkeit der Compliance-Maßnahmen und damit auch den Abschreckungseffekt zu erhöhen.[1809]

Entscheidend ist somit die Art und Weise der Durchführung von *Monitoring*. Die Maßnahmen sollten einen Mix aus Vor-Ort-Kontrollen, Interviews mit Stakeholdern und einen Beschwerdemechanismus einschließen.[1810] Unangemeldete Kontrollen ohne Beisein von Führungskräften können die Wahrscheinlichkeit der Aufdeckung von Missständen erhöhen. Ob der Lieferant solche Kontrollen mitträgt, kommt auf die Machtstrukturen in der Lieferkette an. Die Vereinbarung unangemeldeter Kontrollen kann aber insbesondere mit Geheimhaltungs- und Datenschutzinteressen des Lieferanten in Konflikt geraten.[1811] Im Falle externer Audits besteht außerdem eine Interessensdivergenz im Verhältnis zwischen Abnehmer und externem Auditor,[1812] weshalb auch in diesem Verhältnis vertragliche Sicherungsmechanismen sinnvoll sind.

bb) Positive Anreize zur Einhaltung von Standards

Neben *Monitoring* sind positive Anreize dazu geeignet, einen Vertragspartner zur Leistungsbereitschaft zu motivieren. Die Anreize sorgen dafür, dass der Vertragspartner seine eigenen Ziele an diejenigen seines Vertragspartners anpasst (*goal congruence*), um die Belohnungen zu erhalten.[1813] Im Verhältnis zwischen Abnehmer und Lieferant bieten sich dafür verschiedene Optionen an.

Dazu gehört zunächst eine finanzielle Unterstützung bei der Implementierung von CSR-Standards im Unternehmen des Lieferanten.[1814] Diese kann auch in der Unterstützung von Investitionen des Lieferanten in soziale und umweltfreundliche Technologie bestehen. Letzteres dürfte vor allem bei kapitalintensiven Investitionen eines

---

Disaster, The New York Times 20.9.2012, 6, (online abrufbar unter: https://www.nytimes.com/2012/09/20/world/asia/pakistan-factory-passed-inspection-before-fire.html) (zuletzt aufgerufen am 15.5.2022).

1809 Ähnlich *Gilch/Pelz*, CCZ 2008, 131, 134; *Jenkins* kommt nach einer Analyse verschiedener Statistiken zu dem Schluss, dass im Jahr 2001 noch zu wenig Monitoring stattgefunden hat, um sicherzustellen, dass Codes of Conducts auch von den Unternehmen und Lieferanten angewandt werden, vgl. *Jenkins*, Corporate Codes of Conduct, Technology, Business and Society Programme Paper Number 2, *United Nations Research Institute for Social Development*, 2001, S. 25 ff., 27: „The other major limitation of existing codes of conduct is the lack of independent monitoring to ensure that they are not just general statements of business principles, but actually regulations that get applied to the firm's operations and those of its suppliers."

1810 Zur Kosteneinsparung schlägt *Cafaggi*, ERCL 12 (2016), 218, 242 f. darüber hinaus vor, bei gleichen Standards und ähnlichen vertraglichen Verpflichtungen Lieferüberketten-übergreifendes Monitoring im Sinne eines „shared monitoring" durchzuführen.

1811 S. dazu oben unter § 5. B. II. 8.

1812 Dieses Verhältnis analysiert *Lytton*, ERPL 2019, 353, 353 ff. mit Schwerpunkt auf die Lebensmittelsicherheit und tritt für zivilrechtliche Haftungsregeln ein.

1813 Dazu *Milgrom/Roberts*, Economics, Organization and Management, S. 187 f. Sowie oben unter § 4. C. III.

1814 *Pedersen/Andersen*, Journal of Public Affairs 2006, 228, 233; *Depping*, in: Walden/Depping (Hrsg.), CSR und Recht, S. 140 Mit Verweis auf die Beispiele des Leitfadens der Geschäftsstelle Deutsches Global Compact Netzwerk (DGCN) und Deutsche Gesellschaft für Internationale Zusammenarbeit (GIZ) GmbH Business Unit Private Sector Cooperation, Nachhaltigkeit in der Lieferkette – Ein praktischer Leitfaden zur kontinuierlichen Verbesserung, 2012, S. 34, online abrufbar unter: https://www.globalcompact.de/wAssets/docs/Lieferkettenmanagement/nachhaltigkeit_in_der_lieferkette.pdf (zuletzt aufgerufen am 9.7.2022).

Lieferanten für diesen interessant sein.[1815] Außerdem kommt in Betracht, dass die Lieferbeziehung zu dem Lieferanten bevorzugt behandelt wird oder eine Steigerung des Geschäftsvolumens in zeitlicher oder quantitativer Hinsicht in Aussicht gestellt wird.[1816] Und schließlich können Belohnungen auch in nichtfinanzieller Unterstützung liegen. Darunter fallen zum Beispiel die technische und personelle Unterstützung beim Aufbau von Kapazitäten des Lieferanten zur Durchführung eines eigenen CSR-Managements sowie das Angebot, das Personal des Lieferanten für CSR-Management zu schulen.[1817]

Wegen des Aufwands zur Verwaltung und Finanzierung muss ein solches Anreiz-System einen Vorteil an prüfbare Indikatoren knüpfen.[1818] Es bietet sich diesbezüglich eine Schwerpunktsetzung im Hinblick auf besonders kritische Themen an.[1819] Positive Anreize können insbesondere für die Einhaltung und Umsetzung von CSR-Standards sorgen, wenn Monitoring kostspieliger ist[1820] und Sanktionen auf rechtliche und tatsächliche Schranken[1821] stoßen. Zum Beispiel könnte eine Weitergabe von CSR-Standards gegenüber Unterlieferanten zu der Belohnung führen, dass die Geschäftsbeziehung ausgeweitet wird.

cc) Partnerschaftliche Zusammenarbeit bei Abhilfe und Verbesserungsmaßnahmen

Forschung im Bereich *Behavioral Economics* zeigt, dass reales, menschliches Handeln nicht ausschließlich opportunistisch ist, sondern Vertragspartner sich gegenseitiges Vertrauen entgegenbringen.[1822] Gegenseitiges Vertrauen zwischen Vertragsparteien lässt sich auch auf den vorliegenden Kontext übertragen und als Siche-

---

[1815] Zu solchen Investitionen am Beispiel von Ikea *Pedersen/Andersen*, Journal of Public Affairs 2006, 228, 234.

[1816] *Pedersen/Andersen*, Journal of Public Affairs 2006, 228, 233: „the supplier can get the exclusive right to deliver products and services to the buyer". *Depping*, in: Walden/Depping (Hrsg.), CSR und Recht, S. 140; Leitfaden der Geschäftsstelle Deutsches Global Compact Netzwerk (DGCN) und Deutsche Gesellschaft für Internationale Zusammenarbeit (GIZ) GmbH Business Unit Private Sector Cooperation, Nachhaltigkeit in der Lieferkette – Ein praktischer Leitfaden zur kontinuierlichen Verbesserung, 2012, S. 34, online abrufbar unter: https://www.globalcompact.de/wAssets/docs/Lieferkettenmanagement/nachhaltigkeit_in_der_lieferkette.pdf (zuletzt aufgerufen am 9.7.2022).

[1817] Dazu *Pedersen/Andersen*, Journal of Public Affairs 2006, 228, 233 f.; Leitfaden der Geschäftsstelle Deutsches Global Compact Netzwerk (DGCN) und Deutsche Gesellschaft für Internationale Zusammenarbeit (GIZ) GmbH Business Unit Private Sector Cooperation, Nachhaltigkeit in der Lieferkette – Ein praktischer Leitfaden zur kontinuierlichen Verbesserung, 2012, S. 34, online abrufbar unter: https://www.globalcompact.de/wAssets/docs/Lieferkettenmanagement/nachhaltigkeit_in_der_lieferkette.pdf (zuletzt aufgerufen am 9.7.2022).

[1818] *Depping*, in: Walden/Depping (Hrsg.), CSR und Recht, S. 140. *Depping* hält vor diesem Hintergrund ein umfassendes Bonussystem nur für Abnehmer geeignet, die über ein „personell und finanziell gut ausgestattetes Lieferantenmanagement und ein damit vernetztes erfahrenes CSR-Management verfügen."

[1819] *Depping*, in: Walden/Depping (Hrsg.), CSR und Recht, S. 140.

[1820] *Pedersen/Andersen*, Journal of Public Affairs 2006, 228, 234.

[1821] S. dazu oben unter § 5. B. II. 10. sowie im Folgenden unter IV. 2.

[1822] *Granovetter*, American Journal of Sociology 91 (1985), 481, 487 ff.; zum Verhältnis von Vertrauen und Optimismus *Langevoort*, in: Sunstein (Hrsg.), Behavioral Law and Economics, S. 155 ff.; zu Ergebnissen von „trust games" aus verhaltensökonomischer Sicht *Zamir/Teichmann*, Behavioral Law and Economics, S. 239 ff.; vgl. auch *Pedersen/Andersen*, Journal of Public Affairs 2006, 228, 235 ff., m.w.N.

rungsmechanismus nutzen.[1823] Hat sich Vertrauen zwischen Vertragsparteien ausgebildet, können kostenintensive Sicherungsmechanismen, zum Beispiel *monitoring*, auf ein geringeres Niveau zurückgefahren werden.[1824] Da sich Vertrauen in die Compliance der Gegenseite zunächst bei durchgeführten Lieferungen oder anderen Tätigkeiten bilden muss und die Identifizierung vertrauensvoller Vertragsparteien mit Kosten verbunden ist, spielt Vertrauen nur in langfristigen Geschäftsbeziehungen eine Rolle.[1825] Dies zeigt sich auch in der Praxis. In einer empirischen Auswertung kommen *McBarnet/Kurkchiyan* zum Ergebnis, dass Lieferkettenverträge stärker auf partnerschaftliche Lösungsansätze statt auf harte Sanktionen setzen würden.[1826] *Pedersen/Andersen* zeigen auf, dass IKEA im Rahmen seiner Nachhaltigkeitsstrategie „IWAY" auf eine beschränkte Anzahl langfristiger Lieferbeziehungen zu leistungsstarken Zulieferern setzt anstatt auf kurzfristige Lieferbeziehungen mit vielen kleinen Zulieferern.[1827] Als Beispiel für einen Vertrauensaufbau durch gemeinsame Zusammenarbeit im Zusammenspiel mit positiven Anreizmechanismen kann auch die Vorgabe im Code of Conduct for Suppliers and Third Party Intermediaries der Siemens AG dienen.[1828] Nach diesem sollen die Parteien im Falle eines leichten Verstoßes von Lieferanten gemeinsam nachhaltige Verbesserungsmaßnahmen innerhalb eines passenden Zeitrahmens einführen.[1829] Die Umsetzung dieser Maßnahmen durch den Lieferanten beeinflusst sodann die Bewertung des Potenzials und die Einschätzung der Qualität des Lieferanten durch den Abnehmer.[1830]

Eine partnerschaftliche Zusammenarbeit bei der Umsetzung von CSR-Standards führt die Interessen des Abnehmers und des Zulieferers zusammen und hat somit im Falle einer vertrauensvollen Zusammenarbeit Durchsetzungspotenzial. Sie sollte vorrangig vor finanziellen Sanktionen oder der Vertragsbeendigung von den Parteien in Anspruch genommen werden.[1831] Der Kooperationsgedanke trägt auch im Falle eines Verstoßes gegen CSR-Standards dem Interesse beider Parteien an einer diskre-

---

[1823] *Pedersen/Andersen*, Journal of Public Affairs 2006, 228, 236: „A high degree of trust between the buyer and supplier can be an efficient safeguard, which can reduce the costs from, for example monitoring and performance evaluations."

[1824] *Pedersen/Andersen*, Journal of Public Affairs 2006, 228, 236, m.w.N.

[1825] *Pedersen/Andersen*, Journal of Public Affairs 2006, 228, 236 f., m.w.N.

[1826] *McBarnet/Kurkchiyan*, in: McBarnet/Voiculescu/Campbell (Hrsg.), The New Corporate Accountability, S. 81 f., bezeichnen dies als „soft contracts".

[1827] *Pedersen/Andersen*, Journal of Public Affairs 2006, 228, 236. Siehe dazu auch den IKEA IWAY-Standard, Inter IKEA Systems B.V. Edition 6.0., September 2019, S. 3, online abrufbar unter: iway-standard-general-section-edition-60.pdf (azureedge.net) (zuletzt aufgerufen am 9.7.2022).

[1828] Siemens AG, Code of Conduct for Suppliers and Third Party Intermediaries, 04.10.2019, online abrufbar unter: https://assets.new.siemens.com/siemens/assets/api/uuid:5a61e2f1-d2c8-4c21-8e11-ccea7f6b8e84/CoC-Brochure-en.pdf (zuletzt aufgerufen am 9.7.2022).

[1829] Siemens AG, Code of Conduct for Suppliers and Third Party Intermediaries, 04.10.2019, S. 44, online abrufbar unter: https://assets.new.siemens.com/siemens/assets/api/uuid:5a61e2f1-d2c8-4c21-8e11-ccea7f6b8e84/CoC-Brochure-en.pdf (zuletzt aufgerufen am 9.7.2022).

[1830] Siemens AG, Code of Conduct for Suppliers and Third Party Intermediaries, 04.10.2019, S. 44, online abrufbar unter: https://assets.new.siemens.com/siemens/assets/api/uuid:5a61e2f1-d2c8-4c21-8e11-ccea7f6b8e84/CoC-Brochure-en.pdf (zuletzt aufgerufen am 9.7.2022).

[1831] Dazu *Pedersen/Andersen*, Journal of Public Affairs 2006, 228, 236 am Beispiel von IKEAs IWAY Strategie; *McBarnet/Kurkchiyan*, in: McBarnet/Voiculescu/Campbell (Hrsg.), The New Corporate Accountability, S. 81 ff. zu partnerschaftlicher Zusammenarbeit in Lieferbeziehungen.

ten und effektiven Beseitigung des Verstoßes Rechnung.[1832] Darüber hinaus vermag eine Zusammenarbeit zwischen Abnehmer und Lieferant eine stärkere Rücksichtnahme auf den Zeit- und Kostenaufwand des Zulieferers und dessen Umsetzungsschwierigkeiten im Falle hoher Anforderungen an die Flexibilität und Lieferzeiträume der Produktion hervorrufen.[1833] Um die Akzeptanz auf Seiten des Lieferanten zu erhöhen, sollte der Abnehmer die Optionen für eine Zusammenarbeit in den Vertragsdokumenten kommunizieren.[1834]

dd) Vertragsstrafen und pauschalierter Schadensersatz

Neben oder anstelle einer partnerschaftlichen Zusammenarbeit kommen Sanktionsmechanismen in Form von Schadensersatzansprüchen oder Vertragsstrafen in Betracht.[1835]

Bei der Vereinbarung von Schadensersatzforderungen müssen die Parteien, wie die rechtliche Analyse zeigt,[1836] in AGB nach deutschem Recht das Verschuldensprinzip beachten. Dabei ist auf die Reichweite der Schadensersatzansprüche des Abnehmers zu achten. Folge dieser Einschränkung ist, dass zum Beispiel Weitergabeklauseln nur eingeschränkt durch Schadensersatzansprüche durchsetzbar sind.[1837] Eine weitere Problematik bei Schadensersatzforderungen ergibt sich aus der schwierigen Bestimmbarkeit eines wegen CSR-Verstößen hervorgerufenen Reputationsschadens.[1838] Daneben kann der Abnehmer als Schadensposten entgangenen Gewinn geltend machen. Dieser dürfte regelmäßig leichter zu bestimmen sein, wenn die mangelnde Einhaltung der CSR-Standards zu einem teilweisen oder vollständigen Wegfall der Weiterveräußerungsmöglichkeit der Ware führt. Vertragsstrafen und Schadenspauschalen erleichtern in diesen Fällen die Bezifferung eines Schadens. Allerdings sind sie rechtlichen Unsicherheiten ausgesetzt, weil die Rechtsprechung verlangt, dass sich die Höhe von Schadenspauschalen an der zu erwartenden Schadenshöhe orientiert und Vertragsstrafen verhältnismäßig sein müssen.[1839] Außerdem stoßen Vertragsstrafen oder Pauschalen, die sich an hohen Reputationsschäden orientieren, gegebenenfalls auf Grenzen der Zahlungsfähigkeit von Lieferanten. Die abschreckende Wirkung finanzieller Sanktionen kann in einem kompetitiven Umfeld, in dem ein

---

[1832] So zu Auditierungen im Kontext von Compliance-Verstößen *Teicke/Matthiesen*, BB 2013, 771, 774.

[1833] *Depping*, in: Walden/Depping (Hrsg.), CSR und Recht, S. 136; Die ILO-IOE-Leitlinien für ein von Kinderarbeit freies Wirtschaften führen als Beispiel für eine Verursachung von Kinderarbeit durch Geschäftsbeziehungen zum Beispiel auf: „Repeatedly changing product requirements for suppliers without adjusting production deadlines or prices, thus incentivising them to engage subcontractors who rely on child labour.“, ILO-IOE Child Labour Guidance Tool for Business / International Labour Office, ILO International Programme on the Elimination of Child Labour; International Organisation of Employers, Geneva: ILO, 2015, S. 20, online abrufbar unter: https://www.ilo.org/wcmsp5/groups/public/---ed_norm/---ipec/documents/instructionalmaterial/wcms_ipec_pub_27555.pdf (zuletzt aufgerufen am 9.7.2022).

[1834] *Depping*, in: Walden/Depping (Hrsg.), CSR und Recht, S. 137; *McBarnet/Kurkchiyan*, in: McBarnet/Voiculescu/Campbell (Hrsg.), The New Corporate Accountability, S. 89 *McBarnet/Kurkchiyan* sehen das Potenzial eines partnerschaftlichen Ansatzes u.a. darin, dass sie Kommunikationslücken zwischen den Parteien und einseitige Bestimmungen des Abnehmers, die Gegebenheiten des Zulieferers vor Ort nicht berücksichtigen, überwinden würde.

[1835] Einen Konzept für „private taxation“ entwickelt *Cafaggi*, ERCL 12 (2016), 218, 246 ff.

[1836] Vgl. oben unter § 5 B. II. 10.

[1837] Dazu ausführlich oben unter § 5 B. II. 5.

[1838] Dazu oben unter § 5 B. II. 10. c).

[1839] Vgl. dazu oben unter § 5. B. II. 10 d) und e).

Lieferant mehrere Abnehmer hat, außerdem die Durchsetzung von CSR-Standards mangels Akzeptanz erschweren.[1840]

In der Praxis spielen finanzielle Sanktionsregelungen im Zusammenhang mit der Durchsetzung von CSR-Standards soweit ersichtlich keine hervorzuhebende Rolle.[1841]

ee) Beendigung der Vertragsbeziehung

Weitere Durchsetzungsinstrumente sind die Vertragsbeendigung durch Kündigung oder Rücktritt. Außerdem kann ein Abnehmer die Verweigerung zur Eingehung zukünftiger Vertragsbeziehungen aussprechen.[1842] Ein milderer Weg ist eine vorübergehende Aussetzung des Handels bis Verbesserungsmaßnahmen durchgeführt wurden.[1843] In langfristigen Verträgen kommt eine Geltendmachung der Vertragsbeendigung als Sanktion wegen der Verletzung von CSR-Standards gegenüber den eigenen Lieferanten daher nur als letztes Mittel und in jedem Fall nach Abwägung der wirtschaftlichen Auswirkungen in Betracht. In die Abwägung sind die Auswirkungen auf vertragliche Verpflichtungen gegenüber eigenen Abnehmern[1844] und die Abhängigkeit von dem betroffenen Lieferanten einzustellen.[1845] Kosten für einen möglichen Lieferantenwechsel fließen ebenfalls in die Abwägung ein. Bei der Abwägung kommt es somit insbesondere auf die Machtstrukturen innerhalb der Lieferbeziehung im Einzelfall an. Haben die Parteien in langfristige Vertragsbeziehungen spezifisch investiert, schützt eine nur subsidiäre Vertragsbeendigung davor, dass diese Investitionen ins Leere laufen.[1846]

Eine Vertragsbeendigung durch Kündigung von Dauerschuldverhältnissen sollte der Abnehmer in AGB nicht pauschal für jeden Verstoß gegen einen Code of Conduct, sondern nur bei Vorliegen wichtiger Gründe und unter Umständen nach erfolgter Abmahnung bzw. erfolglosem Ablauf einer zur Abhilfe bestimmten Frist vorsehen.[1847] Für die Verletzung von CSR-Standards heißt dies, dass ein Verstoß gegen die vereinbarten Pflichten etwa aus dem Code of Conduct so gravierend sein muss, dass dem Abnehmer ein Festhalten an der (im Übrigen ggf. einwandfreien) Lieferbeziehung nicht mehr zugemutet werden kann. In der Praxis knüpfen Abnehmer eine Vertragsbeendigung zum Beispiel an die Voraussetzung, dass der Lieferant keinen Willen zur Umsetzung der CSR-Standards und zur Vornahme von Verbesse-

---

[1840] *Cafaggi*, ERCL 12 (2016), 218, 250. *Cafaggi* hält Kooperationsformen für geeigneter als Sanktionen. Zu dieser Unterscheidung auch *Cafaggi/Iamiceli*, Unif. L. Rev. 20 (2015), 135, 135 ff.

[1841] Ebenso *Depping*, in: Walden/Depping (Hrsg.), CSR und Recht, S. 140: „solche Sanktionsregelungen [sind] in der Praxis m Zusammenhang mit CSR-Klauseln unüblich“. Diese Feststellung tätigt auch *Cafaggi*, ERCL 12 (2016), 218, 250.

[1842] Dazu *McBarnet/Kurkchiyan*, in: McBarnet/Voiculescu/Campbell (Hrsg.), The New Corporate Accountability, S. 79.

[1843] So die Option einer Risikomanagementmaßnahme gegenüber direkten Lieferanten in Art. 5 Abs. 1 lit. b) ii) Spiegelstrich 2 Konfliktmineralien-VO.

[1844] Dazu *Beckers*, Enforcing Corporate Social Responsibility Codes, S. 124 f.

[1845] Dazu *Pedersen/Andersen*, Journal of Public Affairs 2006, 228, 232.

[1846] Vgl. *Pedersen/Andersen*, Journal of Public Affairs 2006, 228, 236, die von den spezifischen Investitionen beider Parteien auf eine geringe Anzahl von Beendigungen von Lieferbeziehungen schließen.

[1847] Vgl. dazu oben unter § 5. B. II. 9.

rungen gezeigt hat.[1848] Oder sie treffen klare Vorgaben, wie im Falle eines Verstoßes vorzugehen ist. Dazu gehört die Erstellung eines Aktions-Plans und die Vornahme von Verbesserungsmaßnahmen bzw. Abhilfe innerhalb bestimmter Fristen.[1849]

Aus rechtspolitischer Sicht sollten Vertragsbeendigungen nur das letzte Durchsetzungsmittel in den Fällen sein, in denen durch Zusammenarbeit oder andere Mechanismen einem Verstoß gegen CSR-Standards nicht abgeholfen werden konnte. Führt eine Vertragsbeendigung zu wirtschaftlicher Not des Lieferanten, würde dies den kontraproduktiven Effekt hervorrufen, dass die Arbeitnehmer, denen die CSR-Standards eigentlich zugutekommen sollten, ihre Arbeitsplätze verlieren.[1850] Zur Förderung einer vertrauensvollen Zusammenarbeit ist es hilfreich, wenn diese Einordnung der Vertragsbeendigung als letztes Mittel bei Verstößen gegen die Umsetzung von CSR-Standards auch im Vertrag kommuniziert wird.[1851]

IV. Chancen und Grenzen vertragsrechtlicher Durchsetzung innerhalb der Lieferkette

Eine vertragsrechtliche Durchsetzung der in den einzelnen Lieferbeziehungen vereinbarten CSR-Standards erfolgt grundsätzlich nur relativ zwischen den Vertragsparteien und ist rechtlichen und rechtspraktischen Grenzen ausgesetzt. Dennoch bestehen in der Lieferkette Potenziale, CSR-Standards wirkungsvoll durchzusetzen.

1. Chancen vertragsrechtlicher Durchsetzung

Die vertragsrechtliche Durchsetzung innerhalb der Lieferkette eröffnet die Chance, dass die Parteien die Inhalte der vereinbarten Standards an die jeweiligen Bedürfnisse der Lieferkette anpassen können.

Die Geltung von Mindeststandards über Menschenrechts- und Umweltschutz sollte nicht nur auf einzelne Sektoren beschränkt sein. Gesetzliche Regelungen erfassen auch Unternehmen, die Mindeststandards trotz bestehender Gefahren nicht achten wollen und die deshalb von vertragsrechtlicher Durchsetzung in der Lieferkette keinen Gebrauch machen. Das Potenzial vertragsrechtlicher Durchsetzung zeigt sich somit zum einen dort, wo nationale Gesetzgebung globale Lieferketten nicht erfasst.

[1848] So die Ergebnisse von *McBarnet/Kurkchiyan*, in: McBarnet/Voiculescu/Campbell (Hrsg.), The New Corporate Accountability, S. 79 Ebenso *Pedersen/Andersen*, Journal of Public Affairs 2006, 228, 232 f. über IKEAs IWAY-Strategie.

[1849] *Pedersen/Andersen*, Journal of Public Affairs 2006, 228, 233 über IKEAs IWAY-Strategie. Die Siemens AG knüpft die Beendigung des Vertragsverhältnisses gegenüber Zulieferern an einen wesentlichen Verstoß gegen den Code of Conduct. Dieser ist zum Beispiel gegeben, wenn erhebliche Risiken für Arbeitnehmer bestehen, ohne dass diese Risiken analysiert und beseitigt wurden oder Verbesserungsmaßnahmen nicht innerhalb der vorgesehenen Zeitspanne ergriffen wurden. Vgl. Siemens AG, Code of Conduct for Suppliers and Third Party Intermediaries, 04.10.2019, S. 45, online abrufbar unter: https://assets.new.siemens.com/siemens/assets/api/uuid:5a61e2f1-d2c8-4c21-8e11-ccea7f6b8e84/CoC-Brochure-en.pdf (zuletzt aufgerufen am 9.7.2022).

[1850] *Jenkins*, Corporate Codes of Conduct, Technology, Business and Society Programme Paper Number 2, *United Nations Research Institute for Social Development*, 2001, S. 26; *McBarnet/Kurkchiyan*, in: McBarnet/Voiculescu/Campbell (Hrsg.), The New Corporate Accountability, S. 82, mit der scharfen Bewertung: „Contract termination (…) could be seen as extreme corporate irresponsibility". Diesen Effekt greift auch die Diskussion um eine Lieferkettengesetzgebung regelmäßig auf. Vgl. hierzu die Ausführungen oben unter § 2. E. II. 4.

[1851] Siehe dazu oben unter cc).

Das gilt für kleinere und mittlere Unternehmen, die durch nationale Gesetzgebung in der Regel nicht adressiert werden,[1852] und für Abnehmer, in deren Staaten keine gesetzlichen Sorgfaltspflichten existieren. Zum anderen erreicht vertragsrechtliche Durchsetzung Lieferanten, deren Sitzstaaten keine Gesetzgebung vorsehen oder in denen ein Durchsetzungsdefizit bezüglich eben jener Mindeststandards herrscht, die die CSR-Politik des Abnehmers adressiert.[1853] Vertragsrechtliche Vereinbarungen können außerdem über menschenrechtliche und umweltbezogene Mindeststandards hinausgehen und höhere Standards oder zusätzliche Rechtsgüter einschließen. Die Bedürfnisse der Stakeholder vor Ort können etwa von dem Katalog der typischerweise in CSR-Standards erfassten Menschenrechts- und Umweltbelangen abweichen.[1854] Eine Analyse aus dem Jahr 2001 von *Pearson/Seyfang* zeigt zum Beispiel, dass in bestimmten Regionen die Rechte von Frauen zur Wiederaufnahme eines Arbeitsplatzes nach einer Geburt für die betroffenen Stakeholder wichtig seien, aber in CSR-Standards in der Regel nicht adressiert würden.[1855] Vertragsrechtliche Durchsetzung vermag es in solchen Fällen, die spezifischen Risiken und Probleme der konkreten Lieferkette und der Gegebenheiten an Produktionsorten zu erfassen und durch angepasste CSR-Standards zu adressieren. Schließlich kann die Vereinbarung höherer Maßstäbe in internationalen Rechtskreisen dann für Rechtsklarheit sorgen, wenn die Parteien ansonsten voneinander abweichende nationale Regelungen zu beachten hätten.[1856]

2. Grenzen vertragsrechtlicher Durchsetzung

Das Potenzial einer vertragsrechtlichen Durchsetzung von CSR-Standards in der Lieferkette stößt an mehreren Punkten auf Grenzen.

[1852] Anders allerdings die sektorspezifischen Regelungen der Holzhandels-VO und der Konfliktmineralien-VO, die hauptsächlich an die Einfuhr bzw. das Inverkehrbringen bestimmter Materialien anknüpfen. Vgl. dazu oben unter § 2 E. II. 2.

[1853] Ebenso *Rühmkorf*, Corporate Social Responsibility, Private Law and Global Supply Chains, S. 125. Zum Durchsetzungsdefizit vgl. *Marx/Bright/Wouters*, Access to Legal Remedies for Victims of Corporate Human Rights Abuses in Third Countries, *European Parliament's Sub-Committee on Human Rights*, 2019, S. 15. Die Studie nennt als Beispiele: „underdeveloped justice system, lack of respect for the rule of law, weak enforcement mechanisms, lack of judicial independence, issues of corruption among state officials, or lack of measures to ensure protection of victims and human rights defenders from intimidation and threats or reprisals" mit Verweis auf *Bright*, L'accès à la justice civile en cas de violations des droits de l'homme par des entreprises multinationales, European University Institute, 2013, online abrufbar unter: http://hdl.handle.net/1814/29602 (zuletzt aufgerufen am 9.7.2022). Vgl. außerdem *Smit/Bright/McCorquodale* u.a., Study on due diligence requirements through the supply chain, 2020, S. 229.

[1854] *Jenkins*, Corporate Codes of Conduct, Technology, Business and Society Programme Paper Number 2, *United Nations Research Institute for Social Development*, 2001, S. 28, mit Verweis auf das Beispiel des Verbots von Kinderarbeit, die aus westlicher Sicht als besonders wichtig eingestuft würde; *McBarnet/Kurkchiyan*, in: McBarnet/Voiculescu/Campbell (Hrsg.), The New Corporate Accountability, S. 86, die Arbeitsplatzsicherheit würde in Zuliefererbetrieben nur einer Minderheit der Arbeitnehmer gewährt. Dieser Aspekt würde aber vergleichsweise keine große Aufmerksamkeit in CSR-Standards erhalten.

[1855] *Pearson/Seyfang*, Global Social Policy 2001, 49, 65.

[1856] *Teicke/Matthiesen*, BB 2013, 771, 776.

a) Komplexität und fehlende Rückverfolgbarkeit von Lieferketten

Zu diesen Grenzen gehören die Komplexität, Intransparenz und Länge globaler Lieferketten. In der Regel steht eine Vielzahl von Lieferanten und Dienstleistern zwischen der Produktion des Rohstoffs und dem Abnehmerunternehmen am Kopf der Lieferkette.[1857] Dieser Umstand erschwert und verteuert die Nachvollziehbarkeit und Rückverfolgbarkeit der Lieferkette zu den aus CSR-Perspektive gefahrträchtigen Produktionsschritten in allen vorgelagerten Lieferketten erheblich.[1858] Dies wird dadurch verschärft, dass Lieferanten ihre Bezugsquellen und deren Lieferkette auch gegenüber ihrem Abnehmer nicht freiwillig offenlegen.[1859] Zu der Rückverfolgungsproblematik kommt die Schwierigkeit der Einflussnahme auf mittelbare, untere Lieferkettenebenen hinzu. Die Einflussmöglichkeiten eines Abnehmers unterscheiden sich abhängig von der Größe des Unternehmens, des Lieferanten und der Art der Geschäftsbeziehung.[1860] Das zeigt sich zum Beispiel am Kriterium der Dauer der Vertragsbeziehung und der Art der Lieferbeziehung. Nach der Untersuchung von *McBarnet/Kurkchiyan* würden Unternehmen in kurzfristigen Lieferbeziehungen keine CSR-Standards integrieren, weil sich dies nicht rentiere.[1861] Die Durchsetzung von CSR-Standards ist demgegenüber umso erfolgsversprechender, umso exklusiver das Verhältnis zu dem jeweiligen Lieferanten und umso kürzer die Lieferkette ist.[1862]

b) Eingeschränkte vertragsrechtliche Erreichbarkeit des Anfangs der Lieferkette

Die Grenzen vertragsrechtlicher Durchsetzung beginnen bereits auf Ebene des Unterlieferanten des direkten Zulieferers (*tier-two*), weil hier bereits keine Vertragsbe-

---

[1857] Vgl. *Smit/Bright/McCorquodale* u.a., Study on due diligence requirements through the supply chain, 2020, S. 217: „Supply chains of transnational companies often have tens of thousands of suppliers across multiple tiers". Zum selben Ergebnis kommt auch *Depping*, in: Walden/Depping (Hrsg.), CSR und Recht, S. 126.

[1858] Vgl. *Smit/Bright/McCorquodale* u.a., Study on due diligence requirements through the supply chain, 2020, S. 217 f. Siehe dazu außerdem den Leitfaden des United Nation Global Compact Office, A Guide to Traceability, April 2015, online abrufbar unter: https://www.globalcompact.de/wAssets/docs/Lieferkettenmanagement/Guide_to_Traceability.pdf (zuletzt aufgerufen am 9.7.2022). Der Leitfaden identifiziert die Hauptprobleme in den Kosten der Nachverfolgung, die ungenügende Verfügbarkeit geeigneter, global anwendbarer Technologien und die hohe Anzahl an Lieferantenebenen im Falle komplexer Produkte (S. 9). Der Leitfaden stellt drei Nachverfolgungswege vor: Die Trennung von zertifizierten und nicht zertifizierten Produkten („Produkt Segregation", S.10 f.), die Mischung der Produkte unter Kontrolle des Mischverhältnisses („Mass Balance", S. 10, 12) und ein Abgleich der erhaltenen zertifizierten Warenmenge am Kopf der Lieferkette mit der produzierten und zertifizierten Warenmenge am Anfang der Lieferkette („Book and Claim", S. 10, 12). Zur Komplexität von Lieferketten im Lebensmittelrecht s. z.B. den Bericht der Kommission an das Europäische Parlament und den Rat über die verpflichtende Angabe des Ursprungslands oder Herkunftsorts bei unverarbeiteten Lebensmitteln, Erzeugnissen aus einer Zutat und Zutaten, die über 50 % eines Lebensmittels ausmachen, 20.5.2015, COM(2015) 204 final, S. 5 f.

[1859] *Smit/Bright/McCorquodale* u.a., Study on due diligence requirements through the supply chain, 2020, S. 217, mit Verweis auf *McCorquodale/Smit/Neely* u.a., Business and Human Rights Journal 2, 195-224, 222.

[1860] So *Smit/Bright/McCorquodale* u.a., Study on due diligence requirements through the supply chain, 2020, S. 217.

[1861] *McBarnet/Kurkchiyan*, in: McBarnet/Voiculescu/Campbell (Hrsg.), The New Corporate Accountability, S. 84 f.

[1862] *McBarnet/Kurkchiyan*, in: McBarnet/Voiculescu/Campbell (Hrsg.), The New Corporate Accountability, S. 85.

ziehung zu dem Abnehmer mehr besteht. Dies begrenzt die Reichweite einer vertragsrechtlichen Durchsetzung gegenüber mittelbaren Zulieferern.[1863] Ein Abnehmer kann dieses Problem durch Bemühensklauseln in Codes of Conduct adressieren, die den Lieferanten zu einer Bemühung der Weitergabe des Codes of Conduct in der nachgeschalteten Lieferkette verpflichten.[1864] Alternativ steht dem Abnehmer die Möglichkeit offen, CSR-Standards direkt mit den Zwischenlieferanten und Produzenten innerhalb der Lieferkette zu vereinbaren. Aufgrund der damit verbundenen Verhandlungs- und Transaktionskosten wären hierfür aber sehr hohe Durchsetzungsanreize erforderlich. Diese könnten sich aus einem Zusammentreffen mehrerer Anreizfaktoren, wie drohender Klagen durch Endabnehmer, drohende Reputationsschäden und drohender ggf. öffentlichkeitswirksamer behördlicher Verfolgung ergeben. Ebenso steht es einem Abnehmer offen, direkt mit Stakeholderinitiativen am Ort der Produktionsstätte zu kooperieren.

c) Beschränkung auf zentrale Lieferanten

Neben Schwierigkeiten bei der Durchsetzung in vertikaler Hinsicht ist die vertragsrechtliche Durchsetzung außerdem in horizontaler Hinsicht eingeschränkt. Unternehmen geben in der Regel CSR-Standards nur an Lieferanten weiter, die für ihre Produkte zentral sind. Eine Durchsetzung oder Kommunikation von CSR-Standards findet nicht oder nur sehr verkürzt gegenüber Lieferanten statt, die für die eigene Produktion nicht wesentlich sind (etwa für Büromaterial oder andere Nebenprodukte).[1865] Dies lässt sich mit den bereits angesprochenen Durchsetzungsanreizen und Durchsetzungskosten sowie der unter Umständen reduzierten Einflussmöglichkeit auf nicht wesentliche Lieferanten[1866] erklären.

C. Ausblick

Die Untersuchung zeigt, dass Endabnehmern und Abnehmern in der Lieferkette rechtliche Möglichkeiten zu einer vertragsrechtlichen Durchsetzung von CSR-Standards zur Verfügung stehen. Wichtige Durchsetzungsinstrumente sind gewährleistungsrechtliche Ansprüche von Endabnehmern und eine entsprechende Vertragsgestaltung in Lieferverträgen. Die vertragsrechtliche Durchsetzung von CSR-Standards stößt aber an rechtliche und praktische Grenzen. Zu diesen Grenzen gehören Defizite an Durchsetzungsanreizen, Beweisschwierigkeiten, die Länge und Komplexität internationaler Lieferketten und die grundsätzliche Relativität vertragsrechtli-

---

[1863] *Jenkins*, Corporate Codes of Conduct, Technology, Business and Society Programme Paper Number 2, *United Nations Research Institute for Social Development*, 2001, S. 28. *Jenkins* schreibt: „Despite globalization, many producers in the South are not linked to the global market directly or indirectly and, therefore, do not have to worry about codes of conduct"; *Smit/Bright/McCorquodale* u.a., Study on due diligence requirements through the supply chain, 2020, S. 218.

[1864] Siehe dazu oben unter § 5. B. II. 5.

[1865] *McBarnet/Kurkchiyan*, in: McBarnet/Voiculescu/Campbell (Hrsg.), The New Corporate Accountability, S. 84 *McBarnet/Kurkchiyan* grenzen ab zu „strategic suppliers"; Ähnliche Feststellungen aus der Praxis berichtet auch *Schröder*, in: Fröhlich (Hrsg.), CSR und Beschaffung, S. 153 Wesentliche Lieferanten seien z.B. solche, die kritische Teile liefern oder ein hohes Beschaffungsvolumen haben.

[1866] *Smit/Bright/McCorquodale* u.a., Study on due diligence requirements through the supply chain, 2020, mit Verweis auf die Kommentierung zum UN-Leitprinzip Nr. 19.

cher Beziehungen. Die in dieser Arbeit entwickelten Lösungsansätze umfassen insbesondere verschiedene Verbesserungen des Zugangs von Endabnehmern zu Informationen über Lieferketten und die Verletzung von CSR-Standards, Beweiserleichterungen und entsprechend angepasste kollektive Rechtsschutzmöglichkeiten. Eine verstärkte vertragsrechtliche Durchsetzung durch Endabnehmer zieht allerdings das Risiko einer erhöhten Abschreckung nach sich. Im Falle von CSR-Standards könnte eine erhöhte Abschreckungswirkung zu dem kontraproduktiven Ergebnis führen, dass Unternehmen CSR-Standards nicht mehr implementieren und kommunizieren, um Haftungsrisiken zu vermeiden.[1867] Dies veranlasst, einen allgemeinen Blick auf die Durchsetzung von CSR-Standards zu werfen. Großes Entwicklungspotenzial bei der Bekämpfung schlechter Arbeitsbedingungen und Umweltschädigungen haben grundsätzlich Maßnahmen, die direkt am Produktionsort wirken. Dazu gehören eine effektive gesetzliche Regelung und die effektive Durchsetzung von Mindeststandards in den Produktionsländern. Ist eine solche nicht gewährleistet, so stellen Maßnahmen, die am Kopf der Lieferkette ansetzen, wichtige Schritte bei der Verwirklichung von CSR-Standards dar.[1868] Nationale und internationale Lieferkettengesetzgebung fördern die vertragsrechtliche Durchsetzung von CSR-Standards innerhalb der Lieferkette.[1869] Darüber hinaus ist die Rolle von Intermediären entscheidend. NGOs und (Multi-)Stakeholder-Initiativen haben großen Einfluss auf die Aufdeckung von Missständen, die Schärfung des öffentlichen Bewusstseins und des Verbraucherverständnisses für ethische Produktionsbedingungen.

Insgesamt zeigt sich, dass die Durchsetzung von CSR-Standards nur durch ein hybrides Gerüst verschiedener Maßnahmen auf verschiedenen Ebenen gelingen kann. Die vertragsrechtliche Durchsetzung spielt dabei eine wichtige Rolle auf mehreren Ebenen. Sie mobilisiert den Endabnehmer als durchsetzende Partei. Innerhalb der Lieferkette erlaubt sie es, Lieferanten und Produzenten über Ländergrenzen hinweg zur Umsetzung von CSR-Standards zu verpflichten.

[1867] Vgl. dazu auch die grundsätzliche Compliance-Problematik, dass detaillierte Regelungen über Compliance Fragen zu mehr haftungsrechtlichen Angriffspunkten führen können, *B. Schneider*, NZG 2019, 1369, 1377 ff.

[1868] Zur vertragsrechtlichen Durchsetzung *McBarnet/Kurkchiyan*, in: McBarnet/Voiculescu/Campbell (Hrsg.), The New Corporate Accountability, S. 91 Zur Sorgfaltspflichtengesetzgebung *Rühl*, in: Reinisch/Hobe/Kieninger/A. Peters (Hrsg.), Unternehmensverantwortung und Internationales Recht, S. 127.

[1869] Zu beachten ist, dass die Reichweiten der verschiedenen Lieferkettengesetzgebungen stark divergieren und nicht sämtliche Lieferketten und -glieder erfassen.

§ 7 Zusammenfassung der Ergebnisse der Untersuchung

I. CSR ist Gegenstand interdisziplinärer Forschung und einer zunehmenden Regulierung ausgesetzt. Eine strengere Regulierung menschenrechtlicher Sorgfaltspflichten fördert die vertragsrechtliche Durchsetzung von CSR-Standards in der Lieferkette (§ 2).

II. Private Regelsetzung von CSR-Standards erfolgt maßgeblich durch Etablierung von Leitlinien auf transnationaler Ebene, durch Selbstverpflichtung zu transnationalen oder unternehmenseigenen Verhaltenskodizes und durch die Integration von CSR-Standards in Verträge innerhalb der Lieferkette. Die Rechtsverbindlichkeit dieser drei Formen weicht voneinander ab (§ 3).

III. Die Effizienz vertragsrechtlicher Durchsetzung von CSR bemisst sich anhand rechtsökonomischer Maßstäbe. In Gegenüberstellung zu behördlicher Durchsetzung stammen solche Maßstäbe aus der übergeordneten rechtswissenschaftlichen Diskussion über *public versus private enforcement.* Zusätzlich spielen bei der Frage nach der Effizienz vertragsrechtlicher Durchsetzung Probleme und Lösungsansätze aus der rechtsökonomischen Vertragsanalyse eine wichtige Rolle. Hierzu gehören Probleme adverser Selektion zwischen Verbrauchern und Verkäufern sowie zwischen Herstellern und Lieferanten. Das Problem des moralischen Risikos (*Moral Hazard*) und die Ausnutzung transaktionsspezifischer Investitionen sind von Bedeutung für die vertragsrechtliche Durchsetzung von CSR-Standards innerhalb der Lieferkette. Im Fall von Streuschäden im CSR-Bereich bieten sich Lösungen für ein Defizit der privaten Rechtsdurchsetzung aus Theorien kollektiver Rechtsdurchsetzung an (§ 4).

IV. Diese Arbeit folgt dem Verständnis eines weiten Beschaffenheitsbegriffs. Dieser ist in seiner Reichweite dahingehen zu begrenzen, dass ein Bezug zu der Kaufsache vorliegen muss. Dieser Bezug darf aus Gründen der Rechtsklarheit und Rechtssicherheit nicht konturlos ausgeweitet werden (§ 5 A.).

V. Eine Nacherfüllung hinsichtlich der Einhaltung von CSR-Standards wird regelmäßig an Einwendungen oder Einreden des Verkäufers scheitern. Außerdem muss eine Rückabwicklung der Kaufverträge die Hürde der Erheblichkeit überschreiten. Eine Minderung oder ein Schadensersatzanspruch hängt unter anderem davon ab, ob die Kaufsache durch Verletzung von CSR-Standards überhaupt eine Wertminderung erfuhr. Für das Vertretenmüssen eines Verkäufers ist danach zu differenzieren, welcher Sorgfaltsmaßstab dem Verkäufer bei der Produktion und Einhaltung der vereinbarten CSR-Standards je nach Risikotragung in der Lieferkette[1870] im konkreten Fall obliegt (§ 5 A.).

[1870] Vgl. *Köndgen*, in: Ackermann/Köndgen (Hrsg.), FS Roth, S. 339; *Tröger*, Arbeitsteilung und Vertrag, S. 434.

VI. Unter besonderen Umständen, insbesondere bei Vorliegen eines Rechtsbindungswillens, kommen über die Gewährleistungsrechte hinausgehende Ansprüche aus Garantie oder der Verletzung von Nebenleistungspflichten in Betracht. Im Falle vorsätzlicher bzw. fahrlässig falscher Angaben des Verkäufers über CSR-Standards steht dem Käufer unter Umständen eine Lösung von dem Vertrag durch Anfechtung (§§ 123 f. BGB) oder Rückabwicklung nach den Grundsätzen der c.i.c. offen (§ 5 A.).

VII. Das CISG erfasst ethische Produktionsanforderungen als Qualität einer Ware. Für die Wesentlichkeit einer Vertragsverletzung bei Nichteinhaltung von CSR-Standards kommt es auf eine umfassende Abwägung im Einzelfall an. Schwierigkeiten bereitet die Vorhersehbarkeit von Schäden nach Art. 74 Abs. 2 CISG im Falle der für CSR-Standards relevanten Schadensposition eines Reputationsschadens und seines Ausmaßes (§ 5 B.).

VIII. In Lieferverträgen, die dem deutschen Recht unterliegen, sind bei der Vereinbarung von Codes of Conduct als AGB, die für den unternehmerischen Bereich geltenden Regelungen der AGB-Kontrolle nach §§ 305 ff., 310 Abs. 1 S. 1, 2 BGB zu berücksichtigen. In diesem Zusammenhang sind insbesondere das Bestimmtheits- und Transparenzgebot zu beachten (§ 5 B.).

IX. Sanktionsbewehrte Weitergabeklauseln dürfen nicht zu einer Ausweitung der Haftung ohne Rücksicht auf das Verschuldensprinzip führen. Alternativen sind Bemühensklauseln oder das Setzen positiver Anreize für die Weitergabe von Codes of Conduct an einen Unterlieferanten (§ 5 B.).

X. Wichtiges Durchsetzungsmittel für CSR-Standards sind Kontroll- und Auditierungsrechte des Abnehmers. Solche Rechte sollten in AGB allerdings von vorneherein Interessen des Vertragspartners angemessen berücksichtigen (§ 5 B.).

XI. Zentrale Sanktionen für die Nichteinhaltung von CSR-Standards in Lieferverträgen sind die Vertragsbeendigung und Schadensersatzansprüche. Schadenspauschalen können, soweit diese zulässig ausgestaltet sind, Nachweisschwierigkeiten überwinden. Als Durchsetzungsmittel kommen auch Vertragstrafen in Betracht. Vertragsstrafen sollten nach der Schwere des Verstoßes gegen CSR-Standards differenzieren und die sie auslösenden Pflichten eindeutig bestimmen (§ 5 B.).

XII. Die Möglichkeit einer vertragsrechtlichen Durchsetzung von CSR-Standards durch betroffene Stakeholder im Ausland ist nur in Ausnahmefällen gegeben. Typischerweise fehlt es am Rechtsbindungswillen des inländischen Abnehmerunternehmens sowie an der Anwendbarkeit des deutschen Rechts. Das Potenzial vertragsrechtlicher Durchsetzung von CSR-Standards durch betroffene Stakeholder ist somit gering (§ 5 C.).

XIII. Die Durchsetzung von CSR-Standards durch Endabnehmer zeichnet sich durch hohe Ermittlungskosten und Prozesskosten aus. Grund hierfür sind die Beweislastverteilung und erhebliche Nachweisschwierigkeiten im Hinblick auf den Verstoß gegen CSR-Standards sowie den für Gewährleistungsansprüche erforderlichen Bezug zur konkreten Kaufsache. Lösungsansätze umfassen eine Pflicht zur Veröffentlichung von Informationen aus behördlichen Verfahren wegen Verstößen gegen Lieferkettengesetzgebung sowie Akteneinsichtsrechte. Außerdem sollte die Informationspflicht von Herstellern über die Lieferkette ausgeweitet werden. Den Verkäufer sollte im Prozess bei Vorliegen von hinreichenden Anhaltspunkten für einen Bezug der Verletzung von CSR-Standards zur Kaufsache die sekundäre Darlegungslast dahingehend treffen, dass ein Bezug zur Kaufsache nicht besteht (§ 6 A. I.).

XIV. Die Gewinnanreize eines einzelnen Endabnehmers sind nur gering und stehen außer Verhältnis zu den hohen Durchsetzungskosten. Der Überwindung des daraus folgenden rationalen Desinteresses dienen Instrumente des kollektiven Rechtsschutzes. Dazu sollte der Deutsche Gesetzgeber im Rahmen der Umsetzung der Verbandsklage-RL (EU) 2020/1828 in deutsches Recht grundsätzlich ein *Opt-Out*-Modell einführen. Die Verbandsklage sollte auch auf kaufrechtliche Schadensersatzansprüche anwendbar sein. Der Gesetzgeber sollte für nicht in Anspruch genommene erstrittene Abhilfebeträge eine Zweckbestimmung dahingehend treffen, dass diese Beträge an geschädigte Stakeholder oder Intermediäre vor Ort fließen. Darüber hinaus sollten sich auch Umweltschutz- und Menschenrechtsverbände als qualifizierte Einrichtungen eintragen lassen können (§ 6 A. II.).

XV. Um die Signalwirkung von Zertifizierungen und Gütesiegeln zur effektiven Durchsetzung von CSR-Standards zu nutzen, ist es sinnvoll, diese durch öffentliche Kommunikation stärker in das Bewusstsein der Verbraucher zu rücken (§ 6 A. III.).

XVI. Die Ermittlungskosten zur Aufdeckung eines Verstoßes gegen CSR-Standards in der Sphäre des Lieferanten oder in dessen vorgelagerter Lieferkette sind hoch. Die Informationslage kann der Abnehmer durch Betreibung von allerdings kostenintensiven Kontroll- und Überwachungsmaßnahmen verbessern (§ 6. B. I.).

XVII. Verbesserte Durchsetzungsmöglichkeiten durch Endabnehmer und ein drohender Reputationsschaden erhöhen die Durchsetzungsanreize für Abnehmer innerhalb der Lieferkette. Vor diesem Hintergrund ist neben der drohenden Bußgeldhaftung bei bestimmten Verstößen gegen das LkSG eine namentliche Veröffentlichung der dagegen verstoßenden Unternehmen im Sinne eines *naming and shaming* zu befürworten (§ 6 B. II.).

XVIII. Opportunismus nach Vertragsschluss stellt in der Lieferkette bei der Durchsetzung von CSR-Standards eine Hürde dar. Diesem Phänomen sollte durch vertragliche Sicherungsmechanismen begegnet werden. Dazu gehören Monitoring, Belohnungsmechanismen durch finanzielle oder ideelle Unterstützung und Sanktionsandrohungen, wie die Vertragsbeendigung oder finanzielle Sanktionen. In langfristigen Lieferverträgen und bei zentralen Lieferanten fördern positive Anreize und eine partnerschaftliche Zusammenarbeit die Umsetzung der CSR-Standards. In langfristigen Verträgen kommt eine Geltendmachung der Vertragsbeendigung als Sanktion wegen der Verletzung von CSR-Standards nur als letztes Mittel in Betracht und sollte als solches im Vertrag kommuniziert werden (§ 6 B. III.).

XIX. Die vertragsrechtliche Durchsetzung innerhalb der Lieferkette eröffnet die Chance, dass die Parteien die Inhalte der vereinbarten Standards an den jeweiligen Bedürfnissen der Lieferkette ausrichten (§ 6 B. IV.).

XX. Grenzen einer vertragsrechtlichen Durchsetzung von CSR-Standards in der Lieferkette liegen in der Komplexität und fehlenden Rückverfolgbarkeit von Lieferketten und der eingeschränkten vertragsrechtlichen Erreichbarkeit eines Produzenten am Anfang einer mehrgliedrigen Lieferkette. Lösungsansätze sind die Einführung von Bemühungsklauseln gegenüber direkten Zulieferern, im Falle hoher Durchsetzungsanreize direkte vertragliche Vereinbarungen mit den relevanten Produzenten sowie die direkte Unterstützung von Stakeholderinitiativen am Ort der Produktionsstätte (§ 6 B. IV.).

XXI. Insgesamt zeigt sich, dass die vertragsrechtliche Durchsetzung von CSR-Standards bei der Durchsetzung höherer Menschenrechts- und Umweltstandards eine wichtige Rolle spielt. Sie mobilisiert den Endabnehmer als durchsetzende Partei. Innerhalb der Lieferkette erlaubt sie es, über Ländergrenzen hinweg Lieferanten und Produzenten zur Umsetzung von CSR-Standards zu verpflichten (§ 6 C.).

Literaturverzeichnis

Ackermann, Thomas, Der Schutz des negativen Interesses, 2007.

ders., Schadensersatz statt der Leistung: Grundlagen und Grenzen, JuS 2012, 865–873.

ders., *Public* und *private enforcement* im Wirtschaftsrecht: Eine fragwürdige Dichotomie, in: Casper, Matthias/Klöhn, Lars/Roth, Wulf-Henning u.a. (Hrsg.), Festschrift für Johannes Köndgen zum 70. Geburtstag, 2016, S. 1–16.

Aebersold, Andreas/Suter, Daniel, Der Nutzen einer integrierten Berichterstattung, IRZ 2012, 381–384.

AGB-Recht – Kommentar zu den §§ 305–310 BGB und zum UklaG, *Ulmer, Peter/Brandner, Hans Erich/Hensen, Horst-Diether* (Hrsg.), 13. Aufl. 2022 (zitiert: Ulmer/Brandner/Hensen/*Bearbeiter*).

Akerlof A., George, The Market for "Lemons": Quality Uncertainty and the Market Mechanism, The Quarterly Journal of Economics 84 (1970), 488–500.

Alchian, Armen A./Demsetz, Harold, Production, Information Costs, and Economic Organization, Am. Econ. Rev. 62 (1972), 777–795.

Alchian, Armen A./Woodward, Susan, The Firm is Dead; Long Live the Firm – A Review of Oliver E. Williamson's The Economic Institutions of Capitalism, Journal of Economic Literature 26 (1988), 65–79.

Andersen, Mette/Skjoett-Larsen, Tage, Corporate social responsibility in global supply chains, Supply Chain Management: An International Journal 14 (2009), 75–86.

Armbrüster, Christian/Böffel, Lukas, „Naming and Shaming" als Instrument zur Ahndung von Rechtsverstößen, ZIP 2019, 1885–1895.

Armour, John/Enriques, Luca/Hansmann, Henry/Kraakman, Reinier H., The Basic Governance Structure: The Interests of Shareholders as a Class, in: Kraakman, Reinier H./Armour, John (Hrsg.), The Anatomy of Corporate Law – A Comparative and Functional Approach, 2017, S. 49–77.

Arrow, Kenneth J., The Economics of Agency, in: Pratt, John W./Zeckhauser, Richard J. (Hrsg.), Principals and Agents: The Structure of Business, 1985.

Asmussen, Sven, Haftung für unwahre Aussagen über Nachhaltigkeitskodizes vor Abschluss eines Kaufvertrags, NJW 2017, 118–123.

ders., Haftung für CSR, 2020.

Augenhofer, Susanne, Die neue Verbandsklagen-Richtlinie – effektiver Verbraucherschutz durch Zivilprozessrecht?, NJW 2021, 113–118.

Augsberg, Steffen, Rechtsetzung zwischen Staat und Gesellschaft, 2003.

Austin, Jeannette L., The Rise of Citizen-Suit Enforcement in Environmental Law: Reconciling Private and Public Attorneys General, Nw. U. L. Rev. 81 (1987), 220–262.

Bachmann, Gregor, Private Ordnung, 2006.

ders., CSR-bezogene Vorstands- und Aufsichtsratspflichten und ihre Sanktionierung, ZGR 2018, 231–261.

Bainbridge, Stephen M., Director Primacy: The Means and Ends of Corporate Governance, Nw. U. L. Rev. 97 (2003), 547–606.

Balitzki, Anja, Werbung mit ökologischen Selbstverpflichtungen, GRUR 2013, 670–675.

Basedow, Jürgen, Rechtsdurchsetzung und Streitbeilegung – Die Vielfalt von Durchsetzungsformen im Lichte von Zielkonflikten, in: Schmidt-Kessel, Martin (Hrsg.), Rechtsdurchsetzung ohne Staat – Vorträge der Plenarsitzung und Eröffnungssitzung der 36. Tagung für Rechtsvergleichung am 14. September 2017 in Basel, 2018, S. 101–136.

Baumbach, Adolf/Hopt, Klaus J. (Hrsg.), Handelsgesetzbuch – Kommentar, 39. Aufl. 2020 (zitiert: Baumbach/Hopt/*Bearbeiter*).

Becker, Gary S., Crime and Punishment: An Economic Approach, J. Pol. Econ. 76 (1968), 169–217.

Becker, Gary S./Stigler, George J., Law Enforcement, Malfeasance, and Compensation of Enforces, J. Legal Stud. 3 (1974), 1–18.

Beckers, Anna, Enforcing Corporate Social Responsibility Codes – On Global Self-Regulation and National Private Law, 2015.

dies., Was Versprechen wert sind, Süddeutsche Zeitung 20.12.2015, (online abrufbar unter: https://www.sueddeutsche.de/politik/aussenansicht-was-versprechen-wert-sind-1.2790863) (zuletzt aufgerufen am 9.7.2022).

dies., Globale Verhaltenskodizes: Rechtsvergleichende Jurisprudenz, in: Lomfeld, Bertram (Hrsg.), Die Fälle der Gesellschaft, 2017, S. 198–211.

dies., Environmental Protection meets Consumer Sales, ERCL 14 (2018), 157–189.

beck-online.GROSSKOMMENTAR zum Aktienrecht, *Henssler, Martin/Spindler, Gerald/Stilz, Eberhard* (Hrsg.), 2022 (zitiert: BeckOGK/*Bearbeiter*).

Beck'scher Online-Kommentar BGB, *Hau, Wolfgang/Poseck, Roman* (Hrsg.), 62. Aufl. 2022 (zitiert: BeckOK BGB/*Bearbeiter*).

Beck'scher Online-Kommentar ZPO, *Vorwerk, Volkert/Wolf, Christian* (Hrsg.), 44. Aufl. 2022 (zitiert: BeckOK ZPO/*Bearbeiter*).

Behncke, Nicolette/Fink, Hendrik/Wulf, Inge, Erstanwendung des CSR-Richtlinie-Umsetzungsgesetzes, *PricewaterhouseCoopers GmbH Wirtschaftsprüfungsgesellschaft*, 2018, (online abrufbar unter: https://www.pwc.de/de/nachhaltigkeit/pwc-studie-csr-berichterstattung-2018.pdf) (zuletzt aufgerufen am 20.6.2021).

Ben-Shahar, Omri/Schneider, Carl E., More Than You Wanted to Know: The Failure of Mandated Disclosure, 2014.

Berger, Christian, Der Beschaffenheitsbegriff des § 434 Abs. 1 BGB, JZ 2004, 276–283.

Berle, Adolph A., Corporate Powers As Powers in Trust, Harvard Law Review 44 (1931), 1049–1074.

ders., For Whom Corporate Managers are Trustees: A Note, Harvard Law Review 45 (1932), 1365–1372.

Berle, Adolph A./Means, Gardiner C., The Modern Corporation and Private Property, 1932.

Bernreuther, Friedrich, Sachmangelhaftung und Werbung, MDR 2003, 63–68.

Bernstein, Marver H., Regulating Business by Independent Commission, 1955.

Bettermann, Maximilian/Hoes, Volker, Der Entwurf der Europäischen Corporate Sustainability Due Diligence Richtlinie Vergleich zum deutschen Lieferkettensorgfaltspflichtengesetz, WM 2022, 697–703.

Birk, Axel, Corporate Responsibility, unternehmerische Selbstverpflichtungen und unlauterer Wettbewerb, GRUR 2011, 196–203.

Blair, Margaret M./Stout, Lynn A., A Team Production Theory of Corporate Law, Va. L. Rev. 85 (1999), 247–328.

Blasco, José Luis/King, Adrian, The KPMG Survey of Corporate Responsibility Reporting 2017, *KPMG International*, 2017, (online abrufbar unter: https://home.kpmg/xx/en/home/insights/2017/10/the-kpmg-survey-of-corporate-responsibility-reporting-2017.html) (zuletzt aufgerufen am 15.6.2021).

Blomquist, Robert F., Rethinking the Citizen as Prosecutor Model of Environmental Enforcement under the Clean Water Act: Some Overlooked Problems of Outcome-Independent Values, Ga. L. Rev. 22 (1988), 337–424.

Blowfield, Michael/Murray, Alan, Corporate Responsibility, 3. Aufl. 2014.

Bode, Thomas, Das Fahrverbot als allgemeine Nebenstrafe, NZV 2017, 1–7.

Bohrer, Andreas, Kapitalmarktrecht zwischen öffentlich-rechtlicher und privatrechtlicher Normdurchsetzung – Ansätze für ein Finanzmarkt-Enforcement 3.0, in: Fleischer, Holger/Kalss, Susanne/Vogt, Hans-Ueli (Hrsg.), Enforcement im Gesellschafts- und Kapitalmarktrecht 2015, 2015, S. 243–275.

ders., Die Haftung schweizerischer Unternehmen für Menschenrechtsverletzungen im Ausland – Überlegungen zur „Konzern-Initiative“, in: Fleischer, Holger/Kalss, Susanne/Vogt, Hans-Ueli (Hrsg.), Corporate Social Responsibility – Achtes deutsch-österreichisch-schweizerisches Symposium, Hamburg 1.-2. Juni 2017, 2018, S. 195–212.

Bomsdorf, Tobias/Blatecki-Burgert, Berthold, Haftung deutscher Unternehmen für „Menschenrechtsverstöße“, ZRP 2020, 42–45.

dies., Gefährliche Lieferkette – Die Unternehmenshaftung bei „Menschenrechtsverstößen“ im Ausland geht zu weit., Frankfurter Allgemeine Zeitung 12.3.2020, 7.

Bowen, Howard R., Social Responsibilities of the Businessman, 2. Aufl. 1953 (Nachdruck 2013).

Boyer, Barry/Meidinger, Errol, Privatizing Regulatory Enforcement: A Preliminary Assessment of Citizen Suits under Federal Environmental Laws, Buff L. Rev. 34 (1985), 833–964.

Brabandere, Eric de, Non-state actors and human rights, in: Aspremont, Jean de (Hrsg.), Participants in the International Legal System – Multiple perspectives on non-state actors in international law, 2011, S. 268–283.

Braun, Johanna/Pies, Ingo, United Nations Global Compact, in: Brouder, Alan/Tietje, Christian (Hrsg.), Handbook of Transnational Economic Governance Regimes, 2009, S. 253–265.

Braun, Rainer, Social Accountability International, in: Hale, Thomas/Held, David (Hrsg.), The Handbook of Transnational Governance – Institutions and Innovations, 2011, S. 338–344.

Breit, William/Elzinga, Kenneth G., Antitrust Penalties and Attitudes toward Risk: An Economic Analysis, Harv. L. Rev. 86 (1973), 693–713.

Bright, Claire, L'accès à la justice civile en cas de violations des droits de l'homme par des entreprises multinationales, European University Institute, 2013, online abrufbar unter: http://hdl.handle.net/1814/29602 (zuletzt aufgerufen am 9.7.2022).

Broder, Douglas, US Antitrust Law and Enforcement – A Practice Introduction, 2016.

Brodley, Joseph F., Antitrust Standing in Private Merger Cases: Reconciling Private Incentives and Public Enforcement, Mich. L. Rev. 94 (1995), 1–108.

Brouder, Alan, Extractive Industries Transparency Initiative, in: Brouder, Alan/Tietje, Christian (Hrsg.), Handbook of Transnational Economic Governance Regimes, 2009, S. 849–864.

ders., Kimberlwy Process Certification Scheme, in: Brouder, Alan/Tietje, Christian (Hrsg.), Handbook of Transnational Economic Governance Regimes, 2009, S. 969 – 987.

Brown, Halina Szejnwald, Global Reporting Initiative, in: Hale, Thomas/Held, David (Hrsg.), The Handbook of Transnational Governance – Institutions and Innovations, 2011, S. 281–289.

Brox, Hans/Walker, Wolf-Dietrich, Allgemeiner Teil des BGB, 45. Aufl. 2021.

Bruckner, Joseph W./Salzwedel, Matthew R., Plaintiffs' remedies, in: Foer, Albert A./Stutz, Randy M. (Hrsg.), Private Enforcement of Antitrust Law in the United States – A Handbook, 2012, S. 235–256.

Brunner, Karl/Meckling, William H., The Perception of Man and the Conception of Government, Journal of Money, Credit and Banking 9 (1977), 70–85.

Buck-Heeb, Petra, Internationale Regel- und Standardsetzung im Bereich Corporate Social Responsibility, in: Fleischer, Holger/Kalss, Susanne/Vogt, Hans-Ueli (Hrsg.), Corporate Social Responsibility – Achtes deutsch-österreichisch-schweizerisches Symposium, Hamburg 1.–2. Juni 2017, 2018.

Buck-Heeb, Petra/Dieckmann, Andreas, Selbstregulierung im Privatrecht, 2010.

Bucy, Pamela H., Private Justice, S. CaL. L. Rev. 76 (2002), 1–160.

Bueno, Nicolas/Bright Claire, Implementing Human Rights Due Diligence through Corporate Civil Liability, I.C.L.Q. 69 (2020), 789–818.

Bürgerliches Gesetzbuch, *Grüneberg, Christian* (Hrsg.), 81. Aufl. 2022 (zitiert: Grüneberg/*Bearbeiter*).

Bürgerliches Gesetzbuch – Handkommentar, *Schulze, Reiner* (Hrsg.), 11. Aufl. 2022 (zitiert: HK-BGB/*Bearbeiter*).

Busekist, Konstantin von/Uhlig, Thomas, Third Party Compliance, in: Hauschka, Christoph E./Moosmayer, Klaus/Lösler, Thomas (Hrsg.), Corporate Compliance – Handbuch der Haftungsvermeidung im Unternehmen, 3. Aufl. 2016.

Butler, Petra, The CISG – A Secret Weapon in the Fight for a Fairer World?, in: Schwenzer, Ingeborg (Hrsg.), 35 Years CISG and Beyond, 2016, S. 295–316.

Buxbaum, Hannah L., Private Enforcement of Competition Law in the United States – of Optimal Deterrence and Social Costs, in: Basedow, Jürgen (Hrsg.), Private Enforcement of EC Competition Law, 2007, S. 41–60.

Cafaggi, Fabrizio, Regulation through contracts: Supply-chain contracting and sustainability standards, ERCL 12 (2016), 218–258.

Cafaggi, Fabrizio/Iamiceli, Paola, Contracting in global supply chains and cooperative remedies, Unif. L. Rev. 20 (2015), 135–179.

Calliess, Gralf-Peter, Transnationales Verbrauchervertragsrecht, RabelsZ 68 (2004), 244–287.

Canaris, Claus-Wilhelm, Die Reform des Rechts der Leistungsstörungen, JZ 2001, 499–528.

ders., Die Neuregelung des Leistungsstörungs- und des Kaufrechts – Grundstrukturen und Problemschwerpunkte, in: Lorenz, Egon (Hrsg.), Karlsruher Forum 2002 – Schuldrechtsmodernisierung, 2003, S. 5–100.

ders., Bankgeheimnis und Schutzwirkungen für Dritte im Konzern, ZIP 2007, 1781–1790.

Cannelle, Lavite, The French Loi de Vigilance: Prospects and Limitations of a Pioneer Mandatory Corporate Due Diligence, VerfBlog, 2020/6/16, 16.6.2020, online abrufbar unter: https://verfassungsblog.de/the-french-loi-de-vigilance-prospects-and-limitations-of-a-pioneer-mandatory-corporate-due-diligence/ (zuletzt aufgerufen am 26.6.2022).

Carlile, Clare, Ethical Consumer Markets Report 2018, *Ethical Consumer Research Association Ltd*, 2018, (online abrufbar unter: https://www.ethicalconsumer.org/sites/default/files/inline-files/EC%20Markets%20Report%202018%20FINAL.pdf) (zuletzt aufgerufen am 20.1.2020).

Carrington, Michal J./Neville, Benjamin A./Whitwell, Gregory J., Why Ethical Consumers Don't Walk Their Talk: Towards a Framework for Understanding the Gap Between the Ethical Purchase Intentions and Actual Buying Behaviour of Ethically Minded Consumers, Journal of Business Ethics 97 (2010), 139–158.

Carroll, Archie B., A Three-Dimensional Conceptual Model of Corporate Performance, Academy of Management Review 4 (1979), 497–505.

ders., The Pyramid of Corporate Social Responsibility: Toward the Moral Management of Organizational Stakeholders, Business Horizons 34 (Jul/Aug 1991), 39–48.

ders., A History of Corporate Social Responsibility: Concepts and Practices, in: Crane, Andrew/McWilliams, Abagail/Matten, Dirk u.a. (Hrsg.), The Oxford Handbook of Corporate Social Responsibility, 2008, S. 19–46.

Chilton, Adam S./Sarfaty, Galit A., The Limitations of Supply Chain Disclosure Regimes, Stan. J. Int'l L. 53 (2017), 1–54.

CISG Advisory Council, CISG-AC Opinion No. 13 Inclusion of Standard Terms under the CISG – Rapporteur: *Eiselen, Sieg*, 2013, online abrufbar unter: http://www.cisgac.com/cisgac-opinion-no13/ (zuletzt aufgerufen am 10.7.2022).

Clark, Gordon L./Feiner, Andreas/Viehs, Michael, From the Stockholder to the Stakeholder – How Sustainability Can Drive Financial Outperformance, 2015, (online abrufbar unter: https://sustainable-finance.nl/upload/researches/Clark-et-al_From-The-Stockholder-To-The-Stakeholder.pdf) (zuletzt aufgerufen am 5.10.2020).

Coase, Ronald H., The Nature of the Firm, Economica (New Series) 4 (1937), 386–405.

ders., The Problem of Social Cost, J. L. & Econ. 3 (1960), 1–44.

Coffee, John C., JR., Rescuing the Private Attorney General: Why the Model of the Lawyer as Bounty Hunter Is Not Working, Md. L. Rev. 42 (1983), 215–288.

ders., Class Wars: The Dilemma of the Mass Tort Class Action, Colum. L. Rev. 95 (1995), 1343–1465.

Cohen, Mark A./Rubin, Paul H., Private Enforcement of Public Policy, Yale J. on Reg. 3 (1985), 167–194.

Collins, Hugh, Conformity of Goods, the Network Society, and the Ethical Consumer, ERPL 22 (2014), 619–640.

Cooter, Robert/Ulen, Thomas, Law & Economics, 6. Aufl. 2012.

Creifelds, Rechtswörterbuch, *Weber, Klaus* (Hrsg.), 23. Aufl. 2019 (zitiert: Creifelds, Rechtswörterbuch/*Bearbeiter*).

Croon-Gestefeld, Johanna, Die nachhaltige Beschaffenheit der Kaufsache, NJW 2022, 497–502.

Cross, Frank B., Rethinking Environmental Citizen Suits, Temp. Envtl. L. & Tech. J. 8 (1989), 55–76.

Cutler, A. Claire, Private Transnational Governance in Global Value Chains, in: Cutler, A. Claire/Dietz, Thomas (Hrsg.), The Politics of Private Transnational Governance by Contract, 2017, S. 80–96.

Dabbah, Maher M., International and Comparative Competition Law, 2010.

Dam, Kenneth W., Class Actions: Efficiency, Compensation, Deterrence, and Conflict of Interest, J. Legal Stud. 4 (1975), 47–74.

Damrau, Jan, Selbstregulierung im Kapitalmarktrecht, 2003.

Dastis, Juan-Carlos, Ethischer Konsum und Vertragsrecht, VuR 2017, 252–256.

Davis, Keith, The Case for and Against Business Assumption of Social Responsibilities, Academy of Management Journal 16 (1973), 312–322.

Davis, Keith/Blomstrom, Robert L., Business, Society, and Environment: Social Power and Social Response, 2. Aufl. 1971.

Depping, André, CSR in internationalen Lieferverträgen: Möglichkeiten und Grenzen der Vereinbarung von CSR-Regelungen in der Lieferkette, in: Walden, Daniel/Depping, André (Hrsg.), CSR und Recht, 2015, S. 125–142.

DeSchutter, Olivier, Corporate Social Responsibility European Style, Eur. L.J. 14 (2008).

Deutsches Rechnungslegungs Standards Committee e.V., CSR-Studie, *Deutsches Rechnungslegungs Standards Committee e.V.*, 2021, (online abrufbar unter: https://www.bmjv.de/SharedDocs/Downloads/DE/PDF/Berichte/2021_CSR_Studie.pdf?__blob=publicationFile&v=2) (zuletzt aufgerufen am 15.6.2021).

Dilling, Olaf, Die Produktionsbedingung als Produkteigenschaft – Ein Fallbeispiel für die Haftung bei Werbung mit ethischen Produktionsstandards nach der Schuldrechtsreform, in: Winter, Gerd (Hrsg.), Die Umweltverantwortung multinationaler Unternehmen, 2005, S. 283–313.

Dodd, E. Merrick, For Whom are Corporate Managers Trustees, Harvard Law Review 45 (1932), 1145–1163.

Domej, Tanja, Zivilrechtliche Rechtsdurchsetzungsinstrumente, in: Reinisch, August/Hobe, Stephan/Kieninger, Eva-Maria u.a. (Hrsg.), Unternehmensverantwortung und Internationales Recht, 2020, S. 229–284.

Donaldson, Thomas/Dunfee, Thomas W., Toward a Unified Conception of Business Ethics: Integrative Social Contracts Theory, Academy of Management Review 19 (1994), 252–284.

Dreier, Horst (Hrsg.), Grundgesetz Kommentar, Bd. 1, 2013 (zitiert: Dreier/*Bearbeiter*).

ders., (Hrsg.), Grundgesetz Kommentar, Bd. 3, 3. Aufl. 2018 (zitiert: Dreier/*Bearbeiter*).

Dunfee, Thomas W., Stakeholder Theory: Managing Corporate Social Responsibility in a Multiple Actor Context, in: Crane, Andrew/McWilliams, Abagail/Matten, Dirk u.a. (Hrsg.), The Oxford Handbook of Corporate Social Responsibility, 2008, S. 346–362.

Dutta, Anatol, Das Statut der Haftung aus Vertrag mit Schutzwirkung für Dritte, IPRax 2009, 293–299.

ders., Internationale Zuständigkeit für privatrechtliche Klagen gegen transnational tätige Unternehmen wegen Verletzung von Menschenrechten und von Normen zum Schutz der natürlichen Lebensgrundlagen im Ausland, in: Reinisch, August/Hobe, Stephan/Kieninger, Eva-Maria u.a. (Hrsg.), Unternehmensverantwortung und Internationales Recht, 2020, S. 39–70.

Easterbrook, Frank H./Fischel, Daniel R., The Economic Structure of Corporate Law, 1998.

Eccles, Robert G./Newquist, Scott C./Schatz, Roland, Reputation and Its Risks, Harv. Bus. Rev. 85 (Feb. 2007).

Eidenmüller, Horst, Forschungsperspektiven im Unternehmensrecht, ZGR 2007, 484–499.

ders., Effizienz als Rechtsprinzip – Möglichkeiten und Grenzen der ökonomischen Analyse des Rechts, 4. Aufl. 2015.

Ellis, Dorsey D., Fairness and Efficiency in the Law of Punitive Damages, S. CaL. L. Rev. 56 (1982), 1–78.

Englerth, Markus/Towfigh, Emanuel V., Verhaltensökonomik, in: Towfigh, Emanuel V./Petersen, Niels (Hrsg.), Ökonomische Methoden im Recht, 2. Aufl. 2017, S. 237–276.

Enriques, Luca/Hansmann, Henry/Kraakman, Reinier H./Pargendler, Mariana, The Basic Governance Structure: Minority Shareholders and Non-Shareholder Constituencies, in: Kraakman, Reinier H./Armour, John (Hrsg.), The Anatomy of Corporate Law – A Comparative and Functional Approach, 2017, S. 79–108.

Erfurter Kommentar zum Arbeitsrecht, 22. Aufl. 2022 (zitiert: ErfK/*Bearbeiter*).

Erman Bürgerliches Gesetzbuch – Handkommentar, *Grunewald, Barbara/Maier-Reimer, Georg/Westermann, Harm Peter* (Hrsg.), 16. Aufl. 2020 (zitiert: ErmanBGB/*Bearbeiter*).

Ethical Consumer Research Association Ltd, Twenty Years of Ethical Consumerism, *Ethical Consumer Research Association Ltd*, 2019, (online abrufbar unter: https://www.ethicalconsumer.org/sites/default/files/inline-files/Twenty%20Years%20of%20Ethical%20Consumerism%202019.pdf) (zuletzt aufgerufen am 21.1.2020).

EUV/AEUV, *Calliess, Christian/Ruffert, Matthias* (Hrsg.), 6. Aufl. 2022 (zitiert: Calliess/Ruffert/*Bearbeiter*).

Fama, Eugene F./Jensen, Michael C., Separation of Ownership and Control, J. L. & Econ. 26 (1983), 301–326.

Fehse, Marthe-Louise/Markmann, Friedrich, Die Konfliktmineralienverordnung der Europäischen Union – Neue Pflichten für Unionseinführer und nationaler Vollzug, EuZW 2021, 113–119.

Fiebig, Andre, Rechtsdurchsetzung von Kartellrechtsverstößen innerhalb der Vereinigten Staaten von Amerika, in: Fuchs, Andreas/Weitbrecht, Andreas (Hrsg.), Handbuch Private Kartellrechtsdurchsetzung, 2019, S. 934–956.

First, Harry, Antitrust Enforcement in Japan, Antitrust L. J. 64 (1995), 137–182.

Fischel, Daniel R., The Corporate Governance Movement, Vand. L. Rev. 35 (1982), 1259–1292.

Fleischer, Holger, Ehrbarer Kaufmann – Grundsätze der Geschäftsmoral – Reputationsmanagement: Zur „Moralisierung" des Vorstandsrechts und ihren Grenzen, DB 2017.

ders., Zivilrechtliche Haftung im Halbschatten des Lieferkettensorgfaltspflichtengesetzes, DB 2022, 920–929.

Fleischer, Holger/Hahn, Jakob, Berichtspflichten über menschenrechtliche Standards in der Lieferkette, RIW 2018, 397–405.

Fleischer, Holger/Korch, Stefan, Konzerndeliktsrecht: Entwicklungsstand und Zukunftsperspektiven, DB 2019, 1944–1952.

dies., Zur deliktsrechtlichen Verantwortlichkeit von Auftraggebern in der Lieferkette, ZIP 2019, 2181–2191.

Förster, Christian, Soziale Verantwortung von Unternehmen rechtlich reguliert, RIW 2008, 833–840.

Forstmoser, Peter, Gewinnmaximierung oder soziale Verantwortung, in: Kiesow, Rainer Maria/Ogorek, Regina/Simitis, Spiros (Hrsg.), Summa – Dieter Simon zum 70. Geburtstag, 2005, S. 207–235.

Forum Fairer Handel e.V, Ein Lieferkettengesetz zum Wohle von Kleinbäuer*innen und Arbeiter*innen in globalen Lieferketten – Ein Diskussionsbeitrag aus Fair-Handels-Sicht, Oktober 2020, online abrufbar unter: https://www.brot-fuer-die-welt.de/fileadmin/mediapool/2_Downloads/Fachinformationen/Sonstiges/2020_Lieferkettengesetz_Fairer-Handel.pdf (zuletzt aufgerufen am 26.6.2022).

Franck, Jens-Uwe, Marktordnung durch Haftung, 2016.

Franken, Nicole, CSR in der Kleidungsindustrie – aus Verbrauchersicht, in: Heinrich, Peter (Hrsg.), CSR und Fashion – Nachhaltiges Management in der Bekleidungs- und Textilbranche, 2018, S. 133–154.

Franzen, Martin/Gallner, Inken/Oetker, Hartmut (Hrsg.), Kommentar zum europäischen Arbeitsrecht, 4. Aufl. 2022 (zitiert: Franzen/Gallner/Oetker/*Bearbeiter*).

Freeman, R. Edward, Strategic Management: A Stakeholder Approach, Neue digitale Aufl. 2010.

Freitag, Robert, Art. 9 Rom I-VO, Art. 16 Rom II-VO als Superkollisionsnormen des Internationalen Schuldrechts? – Gedanken zum Verhältnis zwischen internen und externen Lücken des EuIPR, IPRax 2016, 418–426.

Frenz, Walter, Selbstverpflichtungen der Wirtschaft, 2001.

Friedman, David, Efficient Institutions for the Private Enforcement of Law, J. Legal Stud. 13 (1984), 379–398.

Friedman, Milton, The Social Responsibility of Business Is To Increase Its Profits, New York Times 13.9.1970, 32–33, 122–126.

ders., Capitalism and Freedom, 2. Aufl. 1982.

Friedrich, Jürgen, Codes of Conduct, in: Wolfrum, Rüdiger (Hrsg.), Max Planck Encyclopedia of Public International Law, 2015.

Fuchs, Andreas, Instrumente, Funktionen und Entwicklung der privaten Kartellrechtsdurchsetzung, in: Fuchs, Andreas/Weitbrecht, Andreas (Hrsg.), Handbuch Private Kartellrechtsdurchsetzung, 2019, S. 1–41.

Fuhlrott, Michael, Arbeitsschutzprogramm für die Fleischwirtschaft, ArbRAktuell 2020, 311–313.

Fung, Archon/Graham, Mary/Weil, David, Full Disclosure – The Perils and Promise of Transparency, 2007.

Geistfeld, Mark A., The Law and Economics of Tort Liability for Human Rights Violations in Global Supply Chains, JETL 10 (2019), 130–165.

Gelter, Martin, Tilting the Balance between Capital and Labor – The Effects of Regulatory Arbitrage in European Corporate Law on Employees, Fordham Int'l L.J. 33 (2010), 792–857.

Gereffi, Gary, The Organization of Buyer-Driven Global Commodity Chains: How U.S. Retailers Shape Overseas Production Networks, in: Gereffi, Gary/Korzeniewicz, Miguel (Hrsg.), Commodity Chains and Global Capitalism, 1994, S. 95–122.

Gilch, Andreas/Pelz, Christian, Compliance Klauseln – Gut gemeint aber unwirksam?, CCZ 2008, 131–136.

Gilson, Ronald J., From Corporate Law to Corporate Governance, in: Gordon, Jeffrey N./Ringe, Wolf-Georg (Hrsg.), The Oxford Handbook of Corporate Law and Governance, 2018, S. 3–27.

Glinski, Carola, Die rechtliche Bedeutung der privaten Regulierung globaler Produktionsstandards, 2010.

Glinski, Carola/Rott, Peter, Umweltfreundliches und ethisches Konsumverhalten im harmonisierten Kaufrecht, EuZW 2003, 649–654.

Goldberg, Joseph/Gustafson, Dan E., Pretrial discovery in civil litigation, in: Foer, Albert A./Stutz, Randy M. (Hrsg.), Private Enforcement of Antitrust Law in the United States – A Handbook, 2012, S. 180–210.

Gotanda, John Y., Punitive Damages: A Comparative Analysis, Colum. J. Transnat'l L. 42 (2004), 391–444.

Grabitz, Eberhard/Hilf, Meinhard/Nettesheim, Martin (Hrsg.), Das Recht der Europäischen Union – EUV/AEUV, Bd. 1, 75. Aufl. 2022 (zitiert: Grabitz/Hilf/Nettesheim/*Bearbeiter*).

Graf, Jürgen (Hrsg.), Beck'scher Online-Kommentar OWiG, 2021 (zitiert: Graf/*Bearbeiter*).

Granovetter, Mark, Economic Action and Social Structure: The Problem of Embeddedness, American Journal of Sociology 91 (1985), 481–510.

Grau, Carsten/Blechschmidt, Vanessa/Frick, Stefan, Stärken und Schwächen des reformierten Adhäsionsverfahrens – Zugleich Anmerkungen zu LG Stuttgart – 11 KLs 34 Js 11865/07 (Beschlüsse v. 14. 7., 21. 7. und Vfg. v. 29. 7. 2009), NStZ 2010, 662–670.

Grigoleit, Hans Christoph, System der Leistungsstörungen. Einheitlichkeit und Differenzierung im kaufrechtlichen Leistungsstörungsrecht, in: Artz, Markus/Gsell, Beate/Lorenz, Stephan (Hrsg.), Zehn Jahre Schuldrechtsmodernisierung, 2014, S. 55–106.

ders., (Hrsg.), Aktiengesetz – Kommentar, 2. Aufl. 2020 (zitiert: Grigoleit/*Bearbeiter*).

Grigoleit, Hans Christoph/Herresthal, Carsten, Grundlagen der Sachmängelhaftung im Kaufrecht, JZ 2003, 118–127.

Grossman, Sanford J., The Informational Role of Warranties and Private Disclosure about Product Quality, J. L. & Econ. 24 (1981), 461–484.

Grunewald, Barbara, Verkäuferhaftung für unrichtige CSR-Berichte des Herstellers, NJW 2021, 1777–1780.

Gsell, Beate/Krüger, Wolfgang/Lorenz, Stephan u.a. (Hrsg.), beck-online.GROSSKOMMENTAR zum Zivilrecht, 2022.

Gsell, Beate/Zickgraf, Peter, Kauf- und deliktsrechtliche Haftung für das nachhaltigkeitsfehlerhafte Produkt als Schaden, ZHR 187 (2023), 392–428.

Habermas, Jürgen, Faktizität und Geltung – Beiträge zur Diskurstheorie des Rechts und des demokratischen Rechtsstaats, 5. Aufl. 2014.

Habersack, Mathias, Vertragsfreiheit und Drittinteressen – Eine Untersuchung zu den Schranken der Privatautonomie unter besonderer Berücksichtigung der Fälle typischerweise gestörter Vertragsparität, Zugl.: Heidelberg, Univ., Diss., 1991, 1992 (Zugl.: Heidelberg, Univ., Diss., 1991).

ders., Gemeinwohlbindung und Unternehmensrecht, AcP 220 (2020), 594–663.

Habersack, Mathias/Ehrl, Max, Verantwortlichkeit inländischer Unternehmen für Menschenrechtsverletzungen durch ausländische Zulieferer – *de lege lata* und *de lege ferenda*, AcP 219 (2019), 155–210.

Haider, Jasmin, Das Prinzipal-Agenten-Problem im kollektiven Rechtsschutz, 2020.

Hale, Thomas, United Nations Global Compact, in: Hale, Thomas/Held, David (Hrsg.), The Handbook of Transnational Governance – Institutions and Innovations, 2011, S. 350–356.

Hale, Thomas/Held, David, Editor's Introduction: Mapping Changes in Transnational Governance, in: Hale, Thomas/Held, David (Hrsg.), The Handbook of Transnational Governance – Institutions and Innovations, 2011, S. 1–36.

Halfmeier, Axel, Popularklagen im Privatrecht, 2006.

Hanschmann, Felix/Wihl, Tim, Theorie transnationaler Rechtsprozesse, in: Buckel, Sonja/Christensen, Ralph/Fischer-Lescano, Andreas (Hrsg.), Neue Theorien des Rechts, 3. Aufl. 2020, S. 323–340.

Hansen, Ole/Petersen, Clement Salung/Ulfbeck, Vibe, Private Governance and the Potential of Private Law, ERPL 2020, 333–374.

Hansmann, Henry/Kraakman, Reinier H., The End of History for Corporate Law, Geo. L. J. 89 (2001), 439–468.

Harbarth, Stephan, Aktienrecht, Gemeinwohl und Vergütungsparameter, ZGR 2018, 379–402.

Harbarth, Stephan/Brechtel, Micha, Rechtliche Anforderungen an eine pflichtgemäße Compliance-Organisation im Wandel der Zeit, ZIP 2016, 241–250.

Hardtke, Arnd/Weiß, Daniel/Irmler, Irena u.a., Gesellschaftliche Verantwortung von Unternehmen – Eine Orientierungshilfe für Kernthemen und Handlungsfelder des Leitfadens DIN ISO 26000, *Bundesministerium für Umwelt, Naturschutz, Bau und Reaktorsicherheit*, 2014, (online abrufbar unter: https://www.bmu.de/fileadmin/Daten_BMU/Pools/Broschueren/csr_iso26000_broschuere_bf.pdf) (zuletzt aufgerufen am 3.5.2021).

Harel, Alon/Stein, Alex, Auctioning for Loyalty: Selection and Monitoring of Class Counsel, Yale L. & Pol'y Rev. 22 (2004), 69–124.

Häublein, Martin, Der Beschaffenheitsbegriff und seine Bedeutung für das Verhältnis der Haftung aus culpa in contrahendo zum Kaufrecht, NJW 2003, 388–393.

Heinen, Anna, Auf dem Weg zu einem transnationalen Deliktsrecht? – Zur Begründung deliktischer Sorgfalts- und Organisationspflichten in globalen Wertschöpfungsketten, in: Krajewski, Markus/Saage-Maaß, Miriam (Hrsg.), Die Durchsetzung menschenrechtlicher Sorgfaltspflichten von Unternehmen – Zivilrechtliche Haftung und Berichterstattung als Steuerungsinstrumente, 2018, S. 87–124.

Heinlein, Ingrid, Zivilrechtliche Verantwortung transnationaler Unternehmen für sichere und gesunde Arbeitsbedingungen in den Betrieben ihrer Lieferanten, NZA 2018, 276–282.

Hellgardt, Alexander, Regulierung und Privatrecht, 2016.

Hempel, Rolf, Privater Rechtsschutz im Kartellrecht, 2002.

Hennrichs, Joachim, Die Grundkonzeption der CSR-Berichterstattung und ausgewählte Problemfelder, ZGR 2018, 206–230.

Herb, Wolfgang, Compliance in der Einkaufsorganisation, in: Hauschka, Christoph E./Moosmayer, Klaus/Lösler, Thomas (Hrsg.), Corporate Compliance – Handbuch der Haftungsvermeidung im Unternehmen, 3. Aufl. 2016.

Herber, Rolf, „Lex mercatoria“ und „Principles“ – gefährliche Irrlichter im internationalen Kaufrecht, IHR 2003, 1–10.

Herbert, Manfred/Oberrath, Jörg-Dieter, Schweigen ist Gold? Rechtliche Vorgaben für den Umgang des Arbeitnehmers mit seiner Kenntnis über Rechtsverstöße im Betrieb, NZA 2005, 193–199.

Herdegen, Matthias, Internationales Wirtschaftsrecht, 11. Aufl. 2017.

Hicks, John R., The Foundations of Welfare Economics, The Economic Journal 49 (1939), 696–712.

Hilpold, Peter, Maßnahmen zur effektiven Durchsetzung von Menschen- und Arbeitsrechten – Völkerrechtliche Anforderungen, in: Reinisch, August/Hobe, Stephan/Kieninger, Eva-Maria u.a. (Hrsg.), Unternehmensverantwortung und Internationales Recht, 2020, S. 185–228.

Historisch-kritischer Kommentar zum BGB, *Schmoeckel, Mathias/Rückert, Joachim/Zimmermann, Reinhard* (Hrsg.), Bd. 3, 2013 (zitiert: HKKBGB/*Bearbeiter*).

Hoeren, Thomas, Softwareauditierung – Zur Zulässigkeit von Audit-Klauseln in IT-Verträgen, CR 2008, 409–411.

Hohloch, Gerhard, Anmerkung zu OLG München, Urt. vom 13.11.2002 – 27 U 346/02, JuS 2003, 1134.

Hölters, Wolfgang (Hrsg.), Aktiengesetz – Kommentar, 2. Aufl. 2022 (zitiert: Hölters/*Bearbeiter*).

Homann, Timm/Wippermann, Peter, Otto Group Trendstudie 2013, 4. Studie zum ethischen Konsum – Lebensqualität. Konsumethik zwischen persönlichem Vorteil und sozialer Verantwortung, *Otto GmbH & Co KG*, 2013, (online abrufbar unter: https://www.ottogroup.com/media/docs/de/trendstudie/1_Otto_Group_Trendstudie_2013.pdf) (zuletzt aufgerufen am 21.1.2020).

Howells, Geraint, Comments on the Prospects for EU Action in the Field of Collective Consumer Redress, in: Casper, Matthias/Janssen, André/Pohlmann, Petra u.a. (Hrsg.), Auf dem Weg zu einer europäischen Sammelklage?, 2009, S. 97–107.

Hruschka, Joachim, Kants Rechtsphilosophie als Philosophie des subjektiven Rechts, JZ 2004, 1085–1092.

Huber, Ulrich, Die Praxis des Unternehmenskaufs im System des Kaufrechts, AcP 202 (2002), 179–242.

ders., Die Haftung des Vertragshändlers gegenüber sienem Abnehmer nach neuem Kaufrecht, in: Habersack, Mathias/Hommelhoff, Peter/Hüffer, Uwe u.a. (Hrsg.), Festschrift für Peter Ulmer zum 70. Geburtstag am 2. Januar 2003, 2003, S. 1165–1197.

Hübner, Leonhard, Grundlagen der Haftungsmöglichkeiten im nationalen Zivilrecht, in: Krajewski, Markus/Oehm, Franziska/Saage-Maaß, Miriam (Hrsg.), Zivil- und Strafrechtliche Unternehmensverantwortung für Menschenrechtsverletzungen, 2017, S. 13–32.

ders., Human Rights Compliance und Haftung im Außenverhältnis, in: Krajewski, Markus/Saage-Maaß, Miriam (Hrsg.), Die Durchsetzung menschenrechtlicher Sorgfaltspflichten von Unternehmen – Zivilrechtliche Haftung und Berichterstattung als Steuerungsinstrumente, 2018, S. 61–86.

Hüffer, Uwe/Koch, Jens (Hrsg.), Aktiengesetz – Beck'sche Kurzkommentare, 16. Aufl. 2022 (zitiert: Hüffer/Koch/*Bearbeiter*).

Initiative Lieferkettengesetz, Rechtsgutachten zur Ausgestaltung eines Lieferkettengesetzes, 2020, online abrufbar unter: https://lieferkettengesetz.de/wp-content/uploads/2020/02/200527_lk_rechtsgutachten_webversion_ds.pdf (zuletzt aufgerufen am 26.6.2022).

Internationales Vertragsrecht, *Ferrari, Franco/Kieninger, Eva-Maria/Mankowski, Peter/Otte, Karsten* u.a. (Hrsg.), 3. Aufl. 2018 (zitiert: Ferrari IntVertragsR/*Bearbeiter*).

Ioannidou, Mary, Compensatory Collective Redress for Low Value Consumer Claims in the EU: A Reality Check, ERPL 2019, 1367–1388.

Iqbal, Taskin, The efficacy of the disclosure requirement under s.54 of the Modern Slavery Act, Comp. Law. 39 (2018), 3–10.

Jakobsen, Kjeld, Netzwerke und multinationale Konzerne in Brasilien, WSI-Mitteilungen 2006, 52–53.

Jauernig Bürgerliches Gesetzbuch – Kommentar, *Stürner, Rolf* (Hrsg.), 18. Aufl. 2021 (zitiert: Jauernig/*Bearbeiter*).

Jenkins, Rhys, Corporate Codes of Conduct – Self-Regulation in a Global Economy, Technology, Business and Society Programme Paper Number 2, *United Nations Research Institute for Social Development*, 2001.

Jensen, Michael C./Meckling, William H., Theory of the Firm: Managarial Behavior, Agency Costs and Ownership Structure, Journal of Financial Economics 3 (1976), 305–360.

Jessup, Philip C., Transnational Law, 1956.

Johnson, Lyman, Corporate Law Professors as Gatekeepers, U. St. Thomas L.J. 6 (2009), 447–453.

Jolls, Christine/Sunstein, Cass R./Thaler, Richard, A Behavioral Approach to Law and Economics, Stan. L. Rev. 50 (1998), 1471–1550.

Jung, Peter, Werteschöpfung in der Liefer- und Absatzkette?, GRP 2022, 109–121.

Junker, Abbo, Konzernweite 'Ethikregeln' und nationale Betriebsverfassungen, BB 2005, 602–605.

juris Praxiskommentar BGB, *Herberger, Maximilian/Martinek, Michael/Rüßmann, Helmut/Weth, Stephan* u.a. (Hrsg.), Bd. 2, 9. Aufl. 2020 (zitiert: jurisPK-BGB/*Bearbeiter*).

Kahl, Wolfgang, Nachhaltigkeit im Lebensmittelrecht, ZLR 2017, 147–175.

Kajüter, Peter/Wirth, Maximilian, Praxis der nichtfinantiellen Berichterstattung nach dem CSR-RUG, DB 2018, 2605–1612.

Kaldor, Nicholas, Welfare Propositions of Economics and Interpersonal Comparisons of Utility, The Economic Journal 49 (1939), 549–552.

Kaltenborn, Markus/Norpoth, Johannes, Globale Standards für soziale Unternehmensverantwortung, RIW 2014, 402–410.

Kalven, Harry, JR./Rosenfield, Maurice, The Contemporary Function of the Class Suit, UCLR 8 (1941), 684–721.

Kämmerer, Jörn Axel, Staat und Gesellschaft nach Privatisierung. Zur Bedeutung privater Rechtsetzung und Selbstregulierung, in: Kämmerer, Jörn Axel (Hrsg.), An den Grenzen des Staates – Kolloquium zum 65. Geburtstag von Wolfgang Graf Vitzthum, 2008, S. 17–40.

Kant, Immanuel, Die Metaphysik der Sitten, 1797, in: *Preussische Akademie der Wissenschaften*, Gesammelte Schriften, Bd. 6, 1973, *(zitiert als:* MS, AA VI).

Kantz, Carola, Kimberly Process, in: Hale, Thomas/Held, David (Hrsg.), The Handbook of Transnational Governance – Institutions and Innovations, 2011, S. 302–308.

Kaplow, Louis, Rules Versus Standards: An Economic Analysis, Duke L. J. 42 (1992), 557–629.

ders., The Optimal Probability and Magnitude of Fines for Acts That Definitely Are Undesirable, International Review of Law and Economics 12 (1992), 3–11.

ders., A Model of the Optimal Complexity of Legal Rules, Journal of Law, Economics, & Organization 11 (1995), 150–163.

Karpoff, Jonathan M./Lee, Scott D./Martin, Gerald S., The Cost to Firms of Cooking the Books, J. Fin. & Quant. Anal. 43 (2008), 581–611.

Kelly, Gavin/Parkinson, John, The Conceptual Foundations of the Company: a Pluralist Approach, in: Parkinson, John/Gamble, Andrew/Kelly, Gavin (Hrsg.), The Political Economy of the Company, 2000, S. 113–140.

Kerber, Wolfgang, Ökonomik privatrechtlicher Regelsetzung, in: Möslein, Florian (Hrsg.), Regelsetzung im Privatrecht, 2019, S. 59–93.

Kern, Christoph, Private Law Enforcement versus Public Law Enforcement, ZZPInt 12 (2007), 351–378.

Kershaw, David, No End in Sight for the History of Corporate Law: The Case of Employee Participation in Corporate Governance, J. Corp. L. Stud. 34 (2002), 34–81.

Kieninger, Eva-Maria, Vedanta v Lungowe: Ein Meilenstein für Klagen gegen europäische Konzernmütter für Umweltschäden und Menschenrechtsverletzungen durch drittstaatliche Tochtergesellschaften, IPRax 2020, 60–67.

dies., Keine Angst vor einem Lieferkettengesetz, Frankfurter Allgemeine Zeitung 10.9.2020, 6.

Kirchgässner, Gebhard, Homo Oeconomicus – Das ökonomische Modell individuellen Verhaltens und seine Anwendung in den Wirtschafts- und Sozialwissenschaften, 4. Aufl. 2013.

Kirsch, Stefan, Völkerstrafrechtliche Risiken unternehmerischer Tätigkeit, NZWiSt 2014, 212–218.

Klaas, Arne, Die datenschutzkonforme Weitergabe von Ermittlungsergebnissen aus internen Untersuchungen – Teil 1: Nationale Behörden, CCZ 2020, 256–265.

Klees, Andreas, Der Hersteller als Erfüllungsgehilfe des Verkäufers, MDR 2010, 305–308.

Klein, Benjamin/Crawford, Robert G./Alchian, Armen A., Vertical Integration, Appropriable Rents, and the Competitive Contracting Process, Journal of Law & Economics 21, no. 2 (October 1978): 297–326, J. L. & Econ. 21 (1978), 297–326.

Klinger, Remo/Krajewski, Markus/Krebs, David u.a., Verankerung menschenrechtlicher Sorgfaltspflichten von Unternehmen im deutschen Recht – Gutachten, März 2016, online abrufbar unter: https://www.brot-fuer-die-welt.de/fileadmin/mediapool/2_Downloads/Fachinformationen/Sonstiges/gutachten_sorgfaltspflicht.pdf (zuletzt aufgerufen am 26.6.2022).

Kloepfer, Michael/Greve, Holger, Das Informationsfreiheitsgesetz und der Schutz von Betriebs- und Geschäftsgeheimnissen, NVwZ 2011, 577–584.

Klöhn, Lars, Private versus Public Enforcement of Laws – a Law & Economics Perspective, in: Schulze, Reiner (Hrsg.), Compensation of Private Losses, 2011, S. 179–198.

Klöhn, Lars/Schmolke, Klaus Ulrich, Unternehmensreputation (Corporate Reputation) – Ökonomische Erkenntnisse und ihre Bedeutung im Gesellschafts- und Kapitalmarktrecht, NZG 2015, 689–697.

Koch, Raphael, Die Erweiterung des Anwendungsbereichs der Beweislastumkehr im Kaufrecht, NJW 2017, 1068–1071.

ders., Das Lieferkettensorgfaltspflichtengesetz – Compliance, Sorgfaltspflichten und zivilrechtliche Haftung, MDR 2022, 1–7.

Kocher, Eva, Private Standards between Soft Law and Hard Law: The German Case, The International Journal of Comparative Labour Law and Industrial Relations 18 (2002), 265–280.

dies., Corporate Social Responsibility: Eine gelungene Inszenierung?, KJ 2010, 29–37.

Kock, Martin, Einführung einer Ethikrichtlinie im Unternehmen, MDR 2006, 673–676.

Köck, Wolfgang/Henn, Elisabeth V., Die Rechte der Wasserversorger bei der Grundwasserressourcenbewirtschaftung, NVwZ 2020, 504–511.

Koekkoek, Marieke/Marx, Axel/Wouters, Jan, Monitoring Forced Labour and Slavery in Global Supply Chains: The Case of the California Act on Transparency in Supply Chains, Global Policy 8 (2017), 522–529.

Köhler, Helmut/Bornkamm, Joachim/Feddersen, Jörn (Hrsg.), Gesetz gegen den unlauteren Wettbewerb, 40. Aufl. 2022 (zitiert: Köhler/Bornkamm/Feddersen/*Bearbeiter*).

Köndgen, Johannes, Privatisierung des Rechts – *Private Governance* zwischen Deregulierung und Rekonstitutionalisierung, AcP 206 (2006), 477–525.

ders., § 278 BGB – (k)ein universales Haftungsmodell für arbeitsteilige Vertragserfüllung?, in: Ackermann, Thomas/Köndgen, Johannes (Hrsg.), Privat- und Wirtschaftsrecht in Europa – Festschrift für Wulf-Henning Roth zum 70. Geburtstag, 2015, S. 311–345.

König, Carsten, Deliktshaftung von Konzernmuttergesellschaften, AcP 217 (2017), 611–686.

Kornblum, Udo, „Die verflixte schwebende Jungfrau“ – OLG Karlsruhe, Die Justiz 1980, 436, JuS 1980, 801–805.

Korobkin, Russell B./Ulen, Thomas, Law and Behavioral Science: Removing the Rationality Assumption from Law and Economics, Cal. L. Rev. 88 (2000), 1051–1144.

Kort, Michael, Gemeinwohlbelange beim Vorstandshandeln, NZG 2012, 926–930.

Kotthoff, Jost/Wieczorek, Mirko, Rechtsrahmen von Softwarelizenzaudits – Zulässigkeit und Grenzen, MMR 2014, 3–10.

KPMG International, The KPMG Survey of Corporate Responsibility Reporting 2013, 2013, (online abrufbar unter: https://home.kpmg/ru/en/home/insights/2013/12/the-kpmg-survey-of-corporate-responsibility-reporting-2013.html) (zuletzt aufgerufen am 15.6.2021).

Kremer, Thomas/Bachmann, Gregor/Lutter, Marcus u.a. (Hrsg.), Deutscher Corporate Governance Kodex – Kodex-Kommentar, 8. Aufl. 2021 (zitiert: Kremer/Bachmann/Lutter/Werder/*Bearbeiter*).

Kroker, Patrick, Menschenrechte in der Compliance, CCZ 2015, 120–127.

Krüger, Carsten/Weitbrecht, Andreas, Funktion und Instrumente des kollektiven Rechtsschutzes im Kartellrecht, in: Fuchs, Andreas/Weitbrecht, Andreas (Hrsg.), Handbuch Private Kartellrechtsdurchsetzung, 2019, S. 745–787.

Kupfer, Tim/Weiß, Johannes, Die Warenkaufrichtlinie – Schlussstein in der Harmonisierung des kaufrechtlichen Gewährleistungsrechts?, VuR 2020, 95–101.

dies., Der Referentenentwurf zur Warenkaufrichtlinie – Vorbote einer endgültigen Fragmentierung des nationalen Kaufrechts?, ZVertriebsR 2021, 21–26.

Kurtz, Lloyd, Socially Responsible Investment and Shareholder Activism, in: Crane, Andrew/McWilliams, Abagail/Matten, Dirk u.a. (Hrsg.), The Oxford Handbook of Corporate Social Responsibility, 2008, S. 249–280.

Kurucz, Elizabeth C./Colbert, Barry A./Wheeler, David, The Business Case for Corporate Social Responsibility, in: Crane, Andrew/McWilliams, Abagail/Matten, Dirk u.a. (Hrsg.), The Oxford Handbook of Corporate Social Responsibility, 2008, S. 83–112.

Kuß, Christian, Lizenzaudit, in: Taeger, Jürgen/Pohle, Jan (Hrsg.), Computerrechts-Handbuch – Informationstechnologie in der Rechts- und Wirtschaftspraxis, 36. Aufl. 2021.

Kutscher-Puis, Fabienne, Neues zum Lieferkettengesetz? Ausblick nach Frankreich, ZVertriebsR 2020, 174–178.

Kysar, Douglas A., Preferences for processes: The process/product distinction and the regulation of consumer choice., Harv. L. Rev. 118 (2004), 526–642.

Lampley, Ramona L., Mitigating Risk, Eradicating Slavery, Am. U. L. Rev. 68 (2019), 1707–1750.

Landes, William M./Posner, Richard A., The Private Enforcement of Law, J. Legal Stud. 4 (1975), 1–46.

Langevoort, Donald C., Organized Illusions: A Behavioral Theory of Why Corporations Mislead Stock Market Investors (and Cause Other Social Harm), in: Sunstein, Cass R. (Hrsg.), Behavioral Law and Economics, 2000, S. 144–167.

Lauterkeitsrecht – Kommentar zum Gesetz gegen den unlauteren Wettbewerb (UWG), *Fezer, Karl-Heinz/Büscher, Wolfgang/Obergfell, Eva Inés* (Hrsg.), Bd. 1, 3. Aufl. 2016 (zitiert: Fezer/Büscher/Obergfell UWG/*Bearbeiter*).

Lebensmittelrecht – Loseblatt-Kommentar, *Zipfel, Walter/Rathke, Kurt-Dietrich/Meisterernst, Andreas/Sosnitza, Olaf* (Hrsg.), 181. Aufl. 2021 (zitiert: Zipfel/Rathke/*Bearbeiter*).

Lehmann, Michael, Die Haftung für Werbeangaben nach neuem Schuldrecht, DB 2002, 1090–1094.

Lehmann, Michael/Jorden, Simone, Verbrauchsgüterkauf und Schuldrechtsmodernisierung, JZ 2001, 952–965.

Leuschner, Lars, Grenzen der Vertragsfreiheit im Rechtsvergleich – Eine rechtsvergleichende Untersuchung der Grenzen der Vertragsfreiheit am Beispiel haftungsbeschränkender Vertragsklauseln im deutschen, französischen, englischen, österreichischen und schweizerischen Recht, ZEuP 2017, 335–372.

Leyens, Patrick C., Selbstbindungen an untergesetzliche Verhaltensregeln, AcP 215 (2015), 611–654.

Logsdon, Jeanne M./Wood, Donna J., Global Business Citizenship and Voluntary Codes of Ethical Conduct, Journal of Business Ethics 59 (2005), 55–67.

Looschelders, Dirk, Beschaffenheitsvereinbarung und Haftungsausschluss im System der kaufrechtlichen Gewährleistung, in: Hertel, Christian/Lorenz, Stephan/Stresemann, Christina (Hrsg.), Festschrift für Wolfgang Krüger zum 70. Geburtstag – Simplex Sigillum Veri, 2017.

ders., Schuldrecht Allgemeiner Teil, 19. Aufl. 2021.

ders., Schuldrecht Besonderer Teil, 17. Aufl. 2022.

Lorenz, Stephan, Nacherfüllungskosten und Schadensersatz nach „neuem" Schuldrecht – was bleibt vom „Dachziegel"-Fall?, ZGS 2004, 408–411.

ders., Sachmangel und Beweislastumkehr im Verbrauchsgüterkauf – Zur Reichweite der Vermutungsregelung in § 476 BGB, NJW 2004, 3020–3022.

ders., Einmal Vertretenmüssen – immer Vertretenmüssen? Zum Verhältnis von Fristablauf und Vertretenmüssen beim Schadensersatz statt der Leistung, in: Baums, Theodor/Wertenbruch, Johanes/Lutter, Marcus u.a. (Hrsg.), Festschrift für Ulrich Huber – zum 70. Geburtstag, 2006, S. 423–436.

ders., Grundwissen – Zivilrecht: Culpa in contrahendo (§ 311 II, III BGB), JuS 2015, 398–401.

Lösler, Thomas, Spannungen zwischen der Effizienz der internen Compliance und möglichen Reporting-Pflichten des Compliance Officers, WM 2007, 676–683.

Lüttringhaus, Jan D., Kaufrechtliche Gewährleistungsansprüche bei „ethischen" Produkten und öffentlichen Aussagen zur Corporate Social Responsibility – Zugleich ein Beitrag zur Weite des Beschaffenheitsbegriffs des § 434 BGB, AcP 219 (2019), 29–62.

Lytton, Timothy D., Exposing Private Third-Party Food Safety Auditors to Civil Liability for Negligence: Harnessing Private Law Norms to Regulate Private Governance, ERPL 2019, 353–378.

MacCrimmon, Kenneth R./Wehrung, Donald A., The Risk In-Basket, Journal of Business 57 (1984), 367–387.

Macey, Jonathan R./Miller, Geoffrey P., The Plaintiffs' Attorney's Role in Class Action and Derivative Litigation: Economic Analysis and Recommendations for Reform 91, UCLR 58 (1991), 1–118.

MacNeil, Ian R., The Many Futures of Contracts, S. CaL. L. Rev. 47 (1974), 691–816.

Magnus, Robert, Der grenzüberschreitende Bezug als Anwendungsvoraussetzung im europäischen Zuständigkeits- und Kollisionsrecht, ZEuP 2018, 507–540.

Maitland, Alison, Social audits are failing to detect factory abuses, Financial Times 2.11.2005, 8.

Margolis, Joshua D./Walsh, James P., Misery Loves Companies: Rethinking Social Initiatives by Business, Administrative Science Quarterly 48 (2003), 268–305.

Martin-Ortega, Olga/Hoekstra, Johanna, Reporting as a Means to Protect and Promote Human Rights? The EU Non-Financial Reporting Directive, E. L. Rev. 44 (2019), 622–645.

Marx, Axel/Bright, Claire/Wouters, Jan, Access to Legal Remedies for Victims of Corporate Human Rights Abuses in Third Countries, *European Parliament's Sub-Committee on Human Rights*, 2019, (online abrufbar unter: http://www.europarl.europa.eu/RegData/etudes/STUD/2019/603475/EXPO_STU(2019)603475_EN.pdf) (zuletzt aufgerufen am 20.6.2021).

Matten, Dirk/Crane, Andrew, Corporate Citizenship: Toward an Extended Theoretical Conceptualization, Academy of Management Review 30 (2005), 166–179.

Maunz/Dürig, Grundgesetz – Kommentar, Bd. 1, 96. Aufl. 2021 (zitiert: Maunz/Dürig/*Bearbeiter*).

McBarnet, Doreen/Kurkchiyan, Marina, Corporate social responsibility through contractual control? Global supply chains and 'other regulation', in: McBarnet, Doreen/Voiculescu, Aurora/Campbell, Tom (Hrsg.), The New Corporate Accountability – Corporate Social Responsibility and the Law, 2007, S. 59–92.

McCorquodale, Robert/Smit, Lise/Neely, Stuart/Brooks, Robin, Human Rights Due Diligence in Law and Practice: Good Practices and Challenges for Business Enterprises, Business and Human Rights Journal 2, 195–224.

McCrudden, Christopher, Corporate social responsibility and public procurement, in: McBarnet, Doreen/Voiculescu, Aurora/Campbell, Tom (Hrsg.), The New Corporate Accountability – Corporate Social Responsibility and the Law, 2007, S. 93–118.

Meder, Stephan, *Ius non scriptum* – Traditionen privater Rechtsetzung, 2008.

Medicus, Dieter/Lorenz, Stephan, Schuldrecht II – Besonderer Teil, 18. Aufl. 2018.

Meidinger, Errol, The Administrative Law of Global Private-Public Regulation: The Case of Forestry, EJIL 17 (2006), 47–87.

Melé, Domènec, Corporate Social Responsibility Theories, in: Crane, Andrew/McWilliams, Abagail/Matten, Dirk u.a. (Hrsg.), The Oxford Handbook of Corporate Social Responsibility, 2008, S. 47–82.

Mengel, Anja, Arbeitsrechtliche Besonderheiten der Implementierung von Compliance-Programmen in internationalen Kontexten, CCZ 2008, 85–91.

Merkt, Hanno, Funktionsbedingungen der Selbstregulierung im Unternehmensrecht, in: Bumke, Christian/Röthel, Anne (Hrsg.), Autonomie im Recht, 2017, S. 167–184.

Miceli, Thomas J., The Economic Approach to Law, 2. Aufl. 2009.

Micklitz, Hans-W./Stadler, Astrid, Unrechtsgewinnabschöpfung, 2003.

Milgrom, Paul R./Roberts, John, Economics, Organization and Management, 1992.

Mitkidis, Katerina Peterkova, Sustainability Clauses in International Supply Chain Contracts: Regulation, Enforceability and Effects of Ethical Requirements Nordic Journal of Commercial Law, Nordinc Journal of Commercial Law 2014, 1–30.

dies., Sustainability Clauses in International Business Contracts, 2015.

dies., Enforcement of sustainability contractual clauses in supply chains by third parties, in: Andhov, Alexandra/Ulfbeck, Vibe/Mitkidis, Katerina Peterkova (Hrsg.), Law and responsible supply chain management – Contract and tort interplay and overlap, 2019, S. 65–88.

Mock, Sebastian, Berichtserstattung über Corporate Social Responsibility im Bilanzrecht, in: Fleischer, Holger/Kalss, Susanne/Vogt, Hans-Ueli (Hrsg.), Corporate Social Responsibility – Achtes deutsch-österreichisch-schweizerisches Symposium, Hamburg 1. –2. Juni 2017, 2018, S. 125–188.

Mommsen, Theodor, Die Popularklagen, Zeitschrift der Savigny-Stiftung für Rechtsgeschichte: Romanistische Abteilung 1903, 1–12.

Moon, Jeremy/Vogel, David, Corporate Social Responsibility, Government, and Civil Society, in: Crane, Andrew/McWilliams, Abagail/Matten, Dirk u.a. (Hrsg.), The Oxford Handbook of Corporate Social Responsibility, 2008, S. 303–323.

Moosmayer, Klaus, Compliance – Praxisleitfaden für Unternehmen, 3. Aufl. 2015.

Morell, Alexander, Nachfrage, Angebot und Märkte, in: Towfigh, Emanuel V./Petersen, Niels (Hrsg.), Ökonomische Methoden im Recht, 2. Aufl. 2017, S. 45–82.

Möslein, Florian, Reformperspektiven im Recht sozialen Unternehmertums, ZRP 2017, 175–179.

Möslein, Florian/Mittwoch, Anne-Christin, Soziales Unternehmertum im US-amerikanischen Gesellschaftsrecht – Benefit Corporations und Certified B Corporations, RabelsZ 80 (2016), 399–434.

Moye, Patricia A., Private Certification Versus Public Certification in the International Environmental Arena: The Marine Stewardship Council and Marine Eco-Label Japan Fisheries Certification Schemes as Case Studies, Vand. J. Transnat'l L. 43 (2010), 533–564.

Müller, Gerd, Zur Unterscheidung zwischen „Beschaffenheit“ und „Umweltbeziehung“ im kaufrechtlichen Gewährleistungsrecht, WM 2017, 981–992.

Müller, Werner/Schilling, Alexander, AGB-Kontrolle im unternehmerischen Geschäftsverkehr – eine rechtsvergleichende Betrachtung, BB 2012, 2319–2324.

Müller-Michaels, Olaf/Ringel, Wiebke, Muss sich Ethik lohnen? Wider die ökonomistische Rechtfertigung von Corporate Social Responsibility, AG 2011, 101–113.

Münchener Kommentar zum Aktiengesetz, *Goette, Wulf/Habersack, Mathias/Kalss, Susanne* (Hrsg.), Bd. 2, 5. Aufl. 2019 (zitiert: MüKoAktG/*Bearbeiter*).

Münchener Kommentar zum Bürgerlichen Gesetzbuch, *Säcker, Franz Jürgen/Rixecker, Roland/Oetker, Hartmut/Limperg, Bettina* (Hrsg.), Bd. 1, 9. Aufl. 2021 (zitiert: MüKoBGB/*Bearbeiter*).

Münchener Kommentar zum Bürgerlichen Gesetzbuch, *Säcker, Franz Jürgen/Rixecker, Roland/Oetker, Hartmut/Limperg, Bettina* (Hrsg.), Bd. 2, 9. Aufl. 2022 (zitiert: MüKoBGB/*Bearbeiter*).

Münchener Kommentar zum Bürgerlichen Gesetzbuch, *Säcker, Franz Jürgen/Rixecker, Roland/Oetker, Hartmut/Limperg, Bettina* (Hrsg.), Bd. 3, 9. Aufl. 2022 (zitiert: MüKoBGB/*Bearbeiter*).

Münchener Kommentar zum Bürgerlichen Gesetzbuch, *Säcker, Franz Jürgen/Rixecker, Roland/Oetker, Hartmut/Limperg, Bettina* (Hrsg.), Bd. 4, 8. Aufl. 2019 (zitiert: MüKoBGB/*Bearbeiter*).

Münchener Kommentar zum Bürgerlichen Gesetzbuch – Internationales Privatrecht II, *Säcker, Franz Jürgen/Rixecker, Roland/Oetker, Hartmut/Limperg, Bettina* (Hrsg.), Bd. 13, 8. Aufl. 2021 (zitiert: MüKoBGB/*Bearbeiter*).

Münchener Kommentar zum Bürgerlichen Gesetzbuch – Internationales Privatrecht II, Internationales Wirtschaftsrecht, EGBGB, *Säcker, Franz Jürgen/Rixecker, Roland/Oetker, Hartmut/Limperg, Bettina* (Hrsg.), Bd. 13, 8. Aufl. 2021 (zitiert: MüKoBGB/*Bearbeiter*).

Münchener Kommentar zum Bürgerlichen Gesetzbuch – Schuldrecht – Besonderer Teil II, *Säcker, Franz Jürgen/Rixecker, Roland/Oetker, Hartmut/Limperg, Bettina* (Hrsg.), Bd. 5, 8. Aufl. 2020 (zitiert: MüKoBGB/*Bearbeiter*).

Münchener Kommentar zum Bürgerlichen Gesetzbuch – Schuldrecht – Besonderer Teil III, *Säcker, Franz Jürgen/Rixecker, Roland/Oetker, Hartmut/Limperg, Bettina* (Hrsg.), Bd. 6, 8. Aufl. 2020 (zitiert: MüKoBGB/*Bearbeiter*).

Münchener Kommentar zum Bürgerlichen Gesetzbuch – Schuldrecht – Besonderer Teil IV, *Säcker, Franz Jürgen/Rixecker, Roland/Oetker, Hartmut/Limperg, Bettina* (Hrsg.), Bd. 7, 8. Aufl. 2020 (zitiert: MüKoBGB/*Bearbeiter*).

Münchener Kommentar zum Handelsgesetzbuch, *Schmidt, Karsten/Ebke, Werner F.* (Hrsg.), Bd. 4, 2020 (zitiert: MüKoHGB/*Bearbeiter*).

Münchener Kommentar zum Handelsgesetzbuch, *Drescher, Ingo/Fleischer, Holger/Schmidt, Karsten* (Hrsg.), Bd. 5, 5. Aufl. 2021 (zitiert: MüKoHGB/*Bearbeiter*).

Münchener Kommentar zur StPO, *Knauer, Christoph/Kudlich, Hans/Schneider, Hartmut* (Hrsg.), Bd. 3, 2019 (zitiert: MüKoStPO/*Bearbeiter*).

Münchener Kommentar zur Zivilprozessordnung mit Gerichtsverfassungsgesetz und Nebengesetzen, *Rauscher, Thomas/Krüger, Wolfgang* (Hrsg.), Bd. 3, 6. Aufl. 2022 (zitiert: MüKoZPO/*Bearbeiter*).

Murphy, Deborah L./Shrieves, Ronald E./Tibbs, Samuel L., Understanding the Penalties Associated with Corporate Misconduct: An Empirical Examination of Earnings and Risk, J. Fin. & Quant. Anal. 44 (2009), 55–83.

Nalin, Paulo, International Fair Trade (Fair Trade in International Contracts and Ethical Standards), in: Schwenzer, Ingeborg (Hrsg.), 35 Years CISG and Beyond, 2016, S. 317–340.

Narine, Marcia, From Kansas to the Congo: Why Naming and Shaming Corporations through the Dodd-Frank Act's Corporate Governance Disclosure Won't Solve a Human Rights Crisis, Regent U. L. Rev. 25 (2012-2013), 351–402.

dies., Disclosing Disclosure's Defects: Adressing Corporate Irresponsibility for Human Rights Impacts, Colum. Hum. Rts. L. Rev 47 (2015), 84–150.

Nietsch, Michael/Osmanovic, Daniel, Die kaufrechtliche Sachmängelhaftung nach dem Gesetz zur Änderung des Bauvertragsrechts, NJW 2018, 1–6.

Nietsch, Michael/Wiedmann, Michael, Der Vorschlag zu einer europäischen Sorgfaltspflichten-Richtlinie im Unternehmensbereich (Corporate Sustainability Due Diligence Directive), CCZ 2022, 125–137.

Nordhues, Sophie, Haftungsgrundlagen und -maßstäbe für Menschenrechtsverletzungen im Mutter-Tochter-Verhältnis, in: Krajewski, Markus/Saage-Maaß, Miriam (Hrsg.), Die Durchsetzung menschenrechtlicher Sorgfaltspflichten von Unternehmen – Zivilrechtliche Haftung und Berichterstattung als Steuerungsinstrumente, 2018, S. 125–162.

Nowrot, Karsten, Normative Ordnungsstruktur und private Wirkungsmacht – Konsequenzen der Beteiligung transnationaler Unternehmen an den Rechtssetzungsprozessen im internationalen Wirtschaftssystem, 2005/2006.

ders., Global Reporting Initiative, in: Brouder, Alan/Tietje, Christian (Hrsg.), Handbook of Transnational Economic Governance Regimes, 2009, S. 117–132.

ders., Steuerungssubjekte und -mechanismen im Internationalen Wirtschaftsrecht – (einschließlich regionale Wirtschaftsintegration), in: Tietje, Christian (Hrsg.), Internationales Wirtschaftsrecht, 2. Aufl. 2015, S. 67–157.

Obale, Offah, From Conflict to Illicit: Mapping the Diamond Trade from Central African Republic to Cameroon, *Partnership Africa Canada*, 2016, (online abrufbar unter: https://impacttransform.org/wp-content/uploads/2017/09/2016-Dec-From-Conflict-to-Illicit-Mapping-the-diamond-trade-from-Central-African-Republic-to-Cameroon.pdf) (zuletzt aufgerufen am 15.5.2022).

O'Donnell, Sharon Watson, Managing Foreign Subsidiaries: Agents of Headquarters, or an Interdependent Network?, Strat. Mgmt. J. 21 (2000), 525–548.

Oetker, Hartmut (Hrsg.), Handelsgesetzbuch – Kommentar, 7. Aufl. 2021 (zitiert: Oetker/*Bearbeiter*).

Ohly, Ansgar, Das neue Geschäftsgeheimnisgesetz im Überblick, GRUR 2019, 441–451.

Okoye, Adaeze, Corporate enterprise principles and UK regulation of modern slavery in supply chains, I.C.C.L.R. 28 (2017), 196–205.

Orlitzky, Marc, Corporate Social Performance and Financial Performance – A Research Synthesis, in: Crane, Andrew/McWilliams, Abagail/Matten, Dirk u.a. (Hrsg.), The Oxford Handbook of Corporate Social Responsibility, 2008, S. 113–134.

Orlitzky, Marc/Schmidt, Frank L./Rynes, Sara L., Corporate Social and Financial Performance: A Meta-analysis, Organization Studies 24 (2003), 403–441.

Ostendorf, Patrick, Die Grenzlinien des Mangelbegriffs vor dem Hintergrund der Voraussetzungen und Rechtsfolgen des gesetzlichen Mängelhaftungssystems, JZ 2011, 822–827.

Paefgen, Walter, „Compliance" als gesellschaftsrechtliche Organpflicht?, WM 2016, 433–444.

ders., Haftung für die Verletzung von Pflichten nach dem neuen Lieferkettensorgfaltspflichtengesetz, ZIP 2021, 2006–2016.

Parker, Christine, The Open Corporation – Effective Self-regulation and Democracy, 2002.

Passarge, Malte, Anti-Korruptions-Compliance im Vertrieb, in: Martinek, Michael/Semler, Franz-Jörg/Flohr, Eckhard u.a. (Hrsg.), Handbuch des Vertriebsrechts, 4. Aufl. 2016.

Pearson, Ruth/Seyfang, Gill, New Hope or False Dawn? – Voluntary Codes of Conduct, Labour Regulation and Social Policy in a Globalizing World, Global Social Policy 2001, 49–78.

Pedersen, Esben Rahbek/Andersen, Mette, Safeguarding corporate social responsibility (CSR) in global supply chains: how codes of conduct are managed in buyer-supplier relationships, Journal of Public Affairs 2006, 228–240.

Peters, Frank, Die Erfüllungsgehilfen des Verkäufers neu hergestellter Sachen, ZGS 2010, 24–28.

Petersen, Niels/Towfigh, Emanuel V., Ökonomik in der Rechtswissenschaft, in: Towfigh, Emanuel V./Petersen, Niels (Hrsg.), Ökonomische Methoden im Recht, 2. Aufl. 2017, S. 1–24.

Pindyck, Robert S./Rubinfeld, Mikroökonomie, 8. Aufl. 2013.

Podszun, Rupprecht, Corporate Social Responsibility Standards: Rechtstheoretische Aspekte und die Frage, was den „Markenkern" der Rechtswissenschaft ausmacht, in: Hilty, Reto M./Henning-Bodewig, Frauke (Hrsg.), Corporate Social Responsibility – Verbindliche Standards des Wettbewerbsrechts?, 2014, S. 51–79.

Poelzig, Dörte, Normdurchsetzung durch Privatrecht, 2012.

dies., Aufsichts- und zivilrechtliche Regeldurchsetzung – Abstimmung und Verzahnung am Beispiel von Kartell- und Kapitalmarktrecht, in: Möslein, Florian (Hrsg.), Regelsetzung im Privatrecht, 2019, S. 227–253.

Pohlmann, Petra, Private Losses in European Competition Law: Public or Private Enforcement, in: Schulze, Reiner (Hrsg.), Compensation of Private Losses, 2011, S. 157–163.

Polinsky, A. Mitchell, Private Versus Public Enforcements of Fines, J. Legal Stud. 9 (1980), 105–128.

Polinsky, A. Mitchell/Shavell, Steven, The Optimal Tradeoff between the Probability and Magnitude of Fines, Am. Econ. Rev. 69 (1979), 880–891.

dies., The Optimal Use of Fines and Imprisonment, Journal of Public Economics 24 (1984), 89–99.

dies., The Theory of Public Enforcement of Law, in: Polinsky, A. Mitchell/Shavell, Steven (Hrsg.), Handbook of Law and Economics, 2007, S. 403–454.

Poncibò, Cristina, The Contractualisation of Environmental Sustainability, ERCL 12 (2016), 335–355.

Ponte, Stefano, The `Latte Revolution`? Regulation, Markets and Consumption in the Global Coffee Chain, World Development 30 (2002), 1099–1122.

Ponte, Stefano/Gibbon, Peter, Quality Standards, conventions and the governance of global value chains, Economy and Society 34 (2005), 1–31.

Posner, Richard A., Economic Analysis of Law, 9. Aufl. 2014.

Preston, Lee E./O'Bannon, Douglas P., The Corporate Social-Financial Performance Relationship – A Typology and Analysis, Business & Society 36 (1997), 419–429.

Priest, George L./Klein, Benjamin, The Selecrion of Disputes for Litigation, J. Legal Stud. 13 (1984), 1–56.

Prokopets, Alexandra, Trafficking in Information: Evaluating the Efficacy of the California Transparency in Supply Chains Act of 2010, Hastings Int'l & Comp. L. 37 (2014), 351–390.

Pruett, Duncan, Looking for a Quick Fix: How Weak Social Auditing is Keeping Workers in Sweatshops, *Clean Clothes Campaign*, 2005, (online abrufbar unter: https://cleanclothes.org/file-repository/resources-publications-05-quick-fix.pdf/view) (zuletzt aufgerufen am 20.6.2021).

Raiser, Thomas, Beiträge zur Rechtssoziologie, 2011.

Ramberg, Christina, Emotional Non-Conformity in the International Sale of Goods, Particularly in Relation to CSR-Policies and Codes of Conduct, in: Schwenzer, Ingeborg/Spagnolo, Lisa (Hrsg.), Boundaries and intersections – 5th Annual MAA Schlechtriem CISG Conference, 21 March 2013, Vienna, conference in honour of Peter Schlechtriem 1933–2007, 2015, S. 71–94.

Redeker, Die Verkäuferhaftung beim Unternehmens- und Grundstückskauf – Die Grenzziehung zwischen Gewährleistungsrecht und Informationshaftung, NJW 2012, 2471–2474.

Rehbinder, Eckhardt, Corporate Social Responsibility – von der gesellschaftlichen Forderung zur rechtlichen Verankerung, in: Deinert, Stefanie/Schrader, Christian/Stoll, Bettina (Hrsg.), Corporate Social Responsibility, 2015, S. 10–37.

Rehbinder, Manfred, Rechtssoziologie – Ein Studienbuch, 8. Aufl. 2014.

Reimann, Mathias, Präventiv-Administrative Regulierung oder *Private Law Enforcement*?, in: *Stiftung Gesellschaft für Rechtspolitik Trier/Institut für Rechtspolitik an der Universität Trier* (Hrsg.), Bitburger Gespräche Jahrbuch 2008/I – Privatautonomie in der transnationalen Marktwirtschaft – Chancen und Gefahren, 2009, S. 105–146.

Reinhard, André, Mitbestimmungsrechte des Betriebsrats bei der Implementierung von Unternehmens-, insbesondere Verhaltensrichtlinien, NZA 2016, 1233–1241.

Reinicke, Dietrich/Tiedtke, Klaus, Kaufrecht, 8. Aufl. 2009.

Richards, Douglas J./Eisenkraft Michael B./Shafroth, Abigail E., Class actions, in: Foer, Albert A./Stutz, Randy M. (Hrsg.), Private Enforcement of Antitrust Law in the United States – A Handbook, 2012, S. 108–144.

Richter, Rudolf/Furubotn, Eirik G., Neue Institutionenökonomik, 4. Aufl. 2010.

Rieble, Volker, Zulieferercompliance als soziales Druckmittel, BB 2013, 245–251.

Rieder, Markus S./Dammann de Chapto/Jana K., Das neue Wettbewerbsregister beim Bundeskartellamt – Ein Anlass für (noch) mehr Compliance im Unternehmen, NZKart 2018, 8–13.

Ring, Gerhard, Abgas-Manipulationssoftware und Gewährleistungsrechte der Käufer, NJW 2016, 3121–3126.

Roach, Kent/Trebilcock, Michael J., Private Enforcement of Competition Laws, Osgoode Hall L. J. 34 (1996), 461–508.

Rodewald, Jörg/Unger, Ulrike, Kommunikation und Krisenmanagement im Gefüge der Corporate Compliance-Organisation, BB 2007, 1629–1635.

Rose, Amanda M., Reforming Securities Litigation Reform: Restructuring the Relationship between Public and Private Enforcement of Rule 10B-5, Colum. L. Rev. 108 (2008), 1301–1364.

Röthemeyer, Peter, Die neue Verbandsklagen-Richtlinie, VuR 2021, 43–53.

Rothschild, Michael/Stiglitz, Joseph, Equilibrium in Competitive Insurance Markets: An Essay on the Economics of Imperfect Information, The Quarterly Journal of Economics 90 (1976), 629–649.

Roxin, Claus/Greco, Luis, Strafrecht Allgemeiner Teil – Grundlagen. Der Aufbau der Verbrechenslehre, 5. Aufl. 2020.

Rudkowski, Lena, Arbeitsbedingungen in den globalen Lieferketten – Verantwortung deutscher Unternehmen de lege lata und de lege ferenda, RdA 2020, 232–240.

Ruggie, John, Remarks delivered at a Forum on Corporate Social Responsibility Co-Sponsored by the Fair Labor Association and the German Network of Business Ethics, June 14, 2006, online abrufbar unter: https://www.business-humanrights.org/sites/default/files/reports-and-materials/Ruggie-remarks-to-Fair-Labor-Association-and-German-Network-of-Business-Ethics-14-June-2006.pdf (zuletzt aufgerufen am 6.6.2022).

Rühl, Giesela, Unternehmensverantwortung und (Internationales) Privatrecht, in: Reinisch, August/Hobe, Stephan/Kieninger, Eva-Maria u.a. (Hrsg.), Unternehmensverantwortung und Internationales Recht, 2020, S. 89–132.

Rühmkorf, Andreas, Corporate Social Responsibility in der Lieferkette: Governance und Verantwortlichkeiten, ZGR 2018, 410–432.

ders., Corporate Social Responsibility, Private Law and Global Supply Chains, 2015.

Rünz, Sebastian, Neue Sorgfaltspflichten und Haftungsrisiken in der Lieferkette – Aktuelles zu deutschen und europäischen Gesetzesvorhaben, ZVertriebsR 2020, 291–297.

Rüthers, Bernd/Fischer, Christian/Birk, Axel, Rechtstheorie, 10. Aufl. 2018.

Salzman, James, United States of America, in: Lees, Emma/Viñuales, Jorge E. (Hrsg.), The Oxford Handbook of Comparative Environmental Law, 2019, S. 373–394.

Schäfer, Hans-Bernd, Anreizwirkungen bei der Class Action und der Verbandsklage, in: Basedow, Jürgen/Hopt, Klaus J./Kötz, Hein u.a. (Hrsg.), Die Bündelung gleichgerichteter Interessen im Prozeß, 1999, S. 67–100.

Schäfer, Hans-Bernd/Ott, Claus, Lehrbuch der ökonomischen Analyse des Zivilrechts, 5. Aufl. 2012.

Schall, Alexander, Die Mutter-Verantwortlichkeit für Menschenrechtsverletzungen ihrer Auslandstochter, ZGR 2018, 479–512.

Scherer, Andreas Georg/Palazzo, Guido, Toward a Political Conception of Corporate Responsibility: Business and Society Seen From a Habermasian Perspective, Academy of Management Review 32 (2007), 1096–1120.

Schilling, Johannes, Materielles Einheitsrecht und Europäisches Schuldvertrags-IPR, EuZW 2011, 776–781.

Schirmer, Jan-Erik, Nachhaltigkeit in den Privatrechten Europas, ZEuP 2021, 35–63.

Schlacke, Sabine, Umweltrecht, 7. Aufl. 2019.

Schlacke, Sabine/Tonner, Klaus/Gawel, Erik, Nachhaltiger Konsum – integrierte Beiträge von Zivilrecht, öffentlichem Recht und Rechtsökonomie zur Steuerung nachhaltiger Produktnutzung, JZ 2016, 1030–1039.

Schlechtriem, Peter, Vertragsgemäße Beschaffenheit der Ware bei divergierenden öff-rechtl. Qualitätsvorgaben, IPRax 2001, 162–164.

ders., Non-Material Damages – Recovery under the CISG, Pace Int'l L. Rev. 19 (2007), 89–102.

Schlechtriem, Peter/Schwenzer, Ingeborg/Schroeter, Ulrich G. (Hrsg.), Kommentar zum UN-Kaufrecht (CISG), 7. Aufl. 2019 (zitiert: Schlechtriem/Schwenzer/ Schroeter/*Bearbeiter*).

Schmidt, Detlef, Die Beschaffenheit der Kaufsache, BB 2005, 2763–2767.

Schmidt, Falco, Die Durchschlagskraft des Lieferkettensorgfaltspflichtengesetz (LkSG) in der Schwebe – ein mahnendes Beispiel für zu hektische Gesetzgebung, CCZ 2022, 214–223.

Schmidt-Aßmann, Eberhard, Öffentliches Recht und Privatrecht: Ihre Funktionen als wechselseitige Auffangordnungen, in: Hoffmann-Riem, Wolfgang/Schmidt-Aßmann, Eberhard (Hrsg.), Öffentliches Recht und Privatrecht als wechselseitige Auffangordnungen, 1996, S. 7–40.

ders., Der Rechtsstaat, in: Isensee, Josef/Kirchhof, Paul (Hrsg.), Handbuch des Staatsrechts, 3. Aufl. 2004, S. 541–612.

Schmidt-Kessel, Martin, Einbeziehung von Allgemeinen Geschäftsbedingungen unter UN-Kaufrecht, NJW 2002, 3444–3446.

ders., Ethische Qualitätsstandards bei Lebensmittelverträgen, in: Möstl, Markus (Hrsg.), Nachhaltigkeit und Ethik im Lebensmittelrecht – sowie Update zu Novel Food, Borderline-Produkten und Food Compliance, 2017, S. 129–149.

Schmidt-Preuß, Matthias, Rechtliche Rahmenbedingungen selbstregulativer Gemeinwohlverwirklichung, in: Kirchhof, Paul (Hrsg.), Gemeinwohl und Wettbewerb, 2005, S. 19–44.

Schmidt-Räntsch, Jürgen, Die Haftung des Verkäufers nach der Schuldrechtsreform am Beispiel des Unternehmenskaufs, AnwBl 2003, 529–535.

Schmolke, Klaus Ulrich, Vertragstheorie und ökonomische Analyse des Vertragsrechts, in: Towfigh, Emanuel V./Petersen, Niels (Hrsg.), Ökonomische Methoden im Recht, 2. Aufl. 2017, S. 131–162.

Schneider, Björn, Menschenrechtsbezogene Verkehrspflichten in der Lieferkette und ihr problematisches Verhältnis zu vertraglichen Haftungsgrundlagen, NZG 2019, 1369–1379.

Schoenheit, Ingo, Corporate Social Responsibility und die Konsumenten, in: Hilty, Reto M./Henning-Bodewig, Frauke (Hrsg.), Corporate Social Responsibility – Verbindliche Standards des Wettbewerbsrechts?, 2014, S. 41–48.

Schrader, Christian, Nachhaltigkeit in Unternehmen – Verrechtlichung von Corporate Social Responsibility (CSR), ZUR 2013, 451–458.

Schröder, Sebastian, Supplier Code of Conduct: CSR und Vertragsgestaltung mit Lieferanten – „Ansprüche an Compliance und Nachhaltigkeit glaubhaft vertreten und durchsetzen“, in: Fröhlich, Elisabeth (Hrsg.), CSR und Beschaffung – Theoretische wie praktische Implikationen eines nachhaltigen Beschaffungsprozessmodells, 2015, S. 145–160.

Schroeter, Ulrich G., Untersuchungspflicht und Vertretenmüssen des Händlers bei der Lieferung sachmangelhafter Ware, JZ 2010, 495–499.

Schuppert, Gunnar Folke, Das Konzept der regulierten Selbstregulierung als Bestandteil einer als Regelungswissenschaft verstandenen Rechtswissenschaft, in: Berg, Wilfried/Fisch, Stefan/Schmitt Glaeser, Walter u.a. (Hrsg.), Regulierte Selbstregulierung als Steuerungskonzept des Gewährleistungsstaates – Die Verwaltung Beiheft 4, 2001, S. 201–252.

Schwartz, Alan, Incomplete Contracts, in: Newman, Peter (Hrsg.), The New Palgrave Dictionary of Economics and the Law, 1998, S. 277–283.

Schwartz, Mark S./Carroll, Archie B., Corporate Social Responsibility: A Three-Domain Approach, Business Ethics Quarterly 13 (2003), 503–530.

Schwartz, Warren F., An Overview of the Economics of Antitrust Enforcement, Geo. L. J. 68 (1980), 1075–1102.

Schwenzer, Ingeborg, Ethical standards in CISG contracts, Unif. L. Rev. 22 (2017), 122–131.

Schwenzer, Ingeborg/Leisinger, Benjamin, Ethical Values and International Sales Contracts, in: Cranston, Ross/Ramberg, Jan/Ziegler, Jacob (Hrsg.), Commercial Law Challenges in the 21st Century: Jan Hellner in memoriam, 2007, S. 249–275.

Segal, Ilya/Whinston, Michael, Public vs. Private Enforcement of Antitrust Law: A Survey, ECLR 28 (2007), 306–315.

Seifert, Konstantin, Informationsbeschaffung für Kartellschadensersatzverfahren – Kommen Geschädigte (noch) an die Akte des Bundeskartellamtes?, NZKart 2017, 215–518.

Selmi, Michael, Public vs. Private Enforcement of Civil Rights: The Case of Housing and Employment, UCLA L. Rev. 45 (1998), 1401–1460.

Serafeim, George/Zochowski, T. Robert/Downing, Jen, Impact-Weighted Financial Accounts: The Missing Piece for an Impact Economy, online abrufbar unter: https://www.hbs.edu/impact-weighted-accounts/Pages/default.aspx (zuletzt aufgerufen am 6.6.2022).

Sethi, S. Prakash/Williams, Oliver F., Economic Imperatives and Ethical Values In Global Business – The South African Experience and International Codes Today, 2001.

Shamir, Ronan, Between Self-Regulation and the Alien Tort Claims Act: On the Contested Concept of Corporate Social Responsibility, Law & Society Review 38 (2004), 635–664.

Shavell, Steven, Liability for Harm versus Regulation of Safety, J. Legal Stud. 13 (1984), 357–374.

ders., The Optimal Structure of Law Enforcement, J. L. & Econ. 36 (1993), 255–288.

ders., The Fundamental Divergence between the Private and the Social Motive to Use the Legal System, J. Legal Stud. 26 (1997), 575–612.

ders., Foundations of Economic Analysis of Law, 2004.

Siebert, W./Baur, Jürgen F. (Hrsg.), Bürgerliches Gesetzbuch – Band 2 – Allgemeiner Teil 2 §§ 104 –240, 13. Aufl. 1999 (zitiert: Hans Theodor Soergel/*Bearbeiter*).

Simon, Herbert Alexander, Administrative Behavior – A study of decision-making processes in administrative organizations, 4. Aufl. 1997.

Smit, Lise/Bright, Claire/McCorquodale, Robert u.a., Study on due diligence requirements through the supply chain, 2020, (online abrufbar unter: https://op.europa.eu/de/publication-detail/-/publication/8ba0a8fd-4c83-11ea-b8b7-01aa75ed71a1/language-en) (zuletzt aufgerufen am 9.7. 2022).

Smith, N. Craig, Consumers as Drivers of Corporate Social Responsibility, in: Crane, Andrew/McWilliams, Abagail/Matten, Dirk u.a. (Hrsg.), The Oxford Handbook of Corporate Social Responsibility, 2008, S. 281–302.

Solomon, Robert C., Ethics and Excellence – Corporation and Integrity in Business, 1992.

Sosnitza, Olaf, Obligatorische Herkunftskennzeichnung im Lebensmittelrecht, GRUR 2016, 347–355.

Spence, Michael, Job Market Signaling, The Quarterly Journal of Economics 87 (1973), 355–374.

ders., Informational Aspects of Market Structure: An Introduction, The Quarterly Journal of Economics 90 (1976), 591–597.

ders., Consumer Misperceptions, Product Failure and Producer Liability, Review of Economic Studies 44 (1977), 561–572.

Spier, Kathryn E., Litigation, in: Polinsky, A. Mitchell/Shavell, Steven (Hrsg.), Handbook of Law and Economics, 2007, S. 259–342.

Spießhofer, Birgit, Wirtschaft und Menschenrechte – rechtliche Aspekte der Corporate Social Responsibility, NJW 2014, 2473–2479.

dies., Compliance und Corporate Social Responsibility, in: Hauschka, Christoph E./Moosmayer, Klaus/Lösler, Thomas (Hrsg.), Corporate Compliance – Handbuch der Haftungsvermeidung im Unternehmen, 3. Aufl. 2016, S. 315–333.

dies., Und wer fragt die Lieferkette, F.A.Z. Einspruch 23.7.2020, (online abrufbar unter: https://www.faz.net/einspruch/lieferkettengesetz-und-wer-fragt-die-lieferkette-16873518.html) (zuletzt aufgerufen am 15.5.2022).

Spießhofer, Birgit/Westphalen, Friedrich Graf von, Corporate Social Responsibility und AGB-Recht, BB 2015, 75–82.

Spindler, Gerald, Verantwortlichkeit und Haftung in Lieferantenketten – das Lieferkettensorgfaltspflichtengesetz aus nationaler und europäischer Perspektive, ZHR 186 (2022), 67–124.

Stadler, Astrid, Bündelung von Interessen im Zivilprozess – Überlegungen zur Einführung von Verbands- und Gruppenklagen im deutschen Recht, 2004.

dies., Musterfeststellungsklagen im deutschen Verbraucherrecht?, VuR 2018, 83–89.

Staudenmayer, Dirk, Kauf von Waren mit digitalen Elementen – Die Richtlinie zum Warenkauf, NJW 2019, 2889–2893.

J. von Staudingers Kommentar zum Bürgerlichen Gesetzbuch mit Einführungsgesetz und Nebengesetzen – §§ 249–254 (Schadensersatzrecht), 2021 (zitiert: Staudinger/*Bearbeiter*).

J. von Staudingers Kommentar zum Bürgerlichen Gesetzbuch mit Einführungsgesetz und Nebengesetzen – §§ 255–304 (Leistungsstörungsrecht Teil 1), 2019 (zitiert: Staudinger/*Bearbeiter*).

J. von Staudingers Kommentar zum Bürgerlichen Gesetzbuch mit Einführungsgesetz und Nebengesetzen – §§ 311, 311a–c (Vertragsschluss), 2018 (zitiert: Staudinger/*Bearbeiter*).

J. von Staudingers Kommentar zum Bürgerlichen Gesetzbuch mit Einführungsgesetz und Nebengesetzen – §§ 312, 312a–312k (Grundsätze bei Verbraucherverträgen und besondere Vertriebsformen), 2019 (zitiert: Staudinger/*Bearbeiter*).

J. von Staudingers Kommentar zum Bürgerlichen Gesetzbuch mit Einführungsgesetz und Nebengesetzen – §§ 328–345 (Vertrag zugunsten Dritter, Draufgabe, Vertragsstrafe), 2020 (zitiert: Staudinger/*Bearbeiter*).

J. von Staudingers Kommentar zum Bürgerlichen Gesetzbuch mit Einführungsgesetz und Nebengesetzen – §§ 433–480 (Kaufrecht), 2013 (zitiert: Staudinger/*Bearbeiter*).

J. von Staudingers Kommentar zum Bürgerlichen Gesetzbuch mit Einführungsgesetz und Nebengesetzen – §§ 830–838 (Haftung mehrerer Schädiger, Tierhalter-, Gebäudehaftung), 2018 (zitiert: Staudinger/*Bearbeiter*).

J. von Staudingers Kommentar zum Bürgerlichen Gesetzbuch mit Einführungsgesetz und Nebengesetzen – §§ 90–124; §§ 130–133 (Sachen und Tiere, Geschäftsfähigkeit, Willenserklärung), 2021 (zitiert: Staudinger/*Bearbeiter*).

J. von Staudingers Kommentar zum Bürgerlichen Gesetzbuch mit Einführungsgesetz und Nebengesetzen – Art. 1–10 Rom I-VO (Internationales Vertragsrecht – Internationales Devisenrecht), 2021 (zitiert: Staudinger/*Bearbeiter*).

J. von Staudingers Kommentar zum Bürgerlichen Gesetzbuch mit Einführungsgesetz und Nebengesetzen – Internationales Privatrecht, 2019 (zitiert: Staudinger/*Bearbeiter*).

J. von Staudingers Kommentar zum Bürgerlichen Gesetzbuch mit Einführungsgesetz und Nebengesetzen – Wiener UN-Kaufrecht (CISG), 2018 (zitiert: Staudinger/*Bearbeiter*)

Stehr, Nico, Die Moralisierung der Märkte – Eine Gesellschaftstheorie, 2007.

Stephenson, Matthew C., Public Regulation of Private Enforcement: The Case for Expanding the Role of Administrative Agencies, Va. L. Rev. 91 (2005), 93–174.

Stewart, Richard B./Sunstein, Cass R., Public Programs and Private Rights, Harv. L. Rev. 95 (1982), 1193–1322.

Stiftung Gesellschaft für Rechtspolitik Trier/Institut für Rechtspolitik an der Universität Trier (Hrsg.), Bitburger Gespräche Jahrbuch 2008/I – Privatautonomie in der transnationalen Marktwirtschaft – Chancen und Gefahren, 2009.

Stigler, George J., The Optimum Enforcement of Laws, J. Pol. Econ. 78 (1970), 526–536.

Stiglitz, Joseph, The Theory of "Screening," Education, and the Distribution of Income, The American Economic Review 65 (1975), 283–300.

Stout, Lynn A., Bad and Not-So-Bad Arguments for Shareholder Primacy, S. CaL. L. Rev. 75 (2002), 1189–1210.

Streinz, Rudolf, Europäisches und deutsches Verfassungsrecht: Erfassung von geschäftlicher Werbung („commercial speech"), in: Hilty, Reto M./Henning-Bodewig, Frauke (Hrsg.), Corporate Social Responsibility – Verbindliche Standards des Wettbewerbsrechts?, 2014, S. 99–125.

ders., (Hrsg.), EUV/AEUV, 3. Aufl. 2018 (zitiert: Streinz/*Bearbeiter*).

Strine, Leo E., The Social Responsibility of Boards of Directors and Stockholders in Charge of Control Transactions: Is There Any There There, S. CaL. L. Rev. 75 (2002), 1169–1188.

Sykes, Alan O., Corporate Liability for Extraterritorial Torts under the Alien Tort Statute and beyond: An Economic Analysis, Geo. L. J. 100 (2012), 2161–2210.

Tamm Hallström, Kristina/Higgins, Winton, International Organization for Standardization, in: Brouder, Alan/Tietje, Christian (Hrsg.), Handbook of Transnational Economic Governance Regimes, 2009, S. 201–212.

Teicke, Tobias, CSR meets Compliance – Über die zunehmende Verrechtlichung der Corporate Social Responsibility, CCZ 2018, 274–275.

Teicke, Tobias/Matthiesen, Reemt, Compliance-Klauseln als sinnvoller Bestandteil eines Compliance-Systems, BB 2013, 771–777.

Teicke, Tobias/Rust, Maximilian, Gesetzliche Vorgaben für Supply Chain Compliance – die neue Konfliktmineralien-Verordnung, CCZ 2018, 39–43.

Teubner, Gunther, *Codes of Conduct* multinationaler Unternehmen: Unternehmensverfassung jenseits von *Corporate Governance* und gesetzlicher Mitbestimmung, in: Höland, Armin/Hofmann-Dennhardt, Christine/Schmidt, Marlene u.a. (Hrsg.), Liber Amicorum Manfred Weiss – Arbeitnehmermitwirkung in einer sich globalisierenden Arbeitswelt – Employee Involvement in a Globalising World, 2005, S. 109–119.

ders., Selbst-Konstitutionalisierung transnationaler Unternehmen? Zur Verknüpfung „privater" und „staatlicher" Corporate Codes of Conduct, in: Grundmann, Stefan (Hrsg.), Festschrift für Klaus J. Hopt zum 70. Geburtstag am 24. August 2010 – Unternehmen, Markt und Verantwortung, 2010, S. 1449–1470.

Thomale, Chris/Hübner, Leonhard, Zivilgerichtliche Durchsetzung völkerrechtlicher Unternehmensverantwortung, JZ 2017, 385–397.

Thompson, Barton H., JR., The Continuing Innovations of Citizen Enforcement, U. Ill. L. Rev. 2000, 185–236.

Thürer, Daniel, Soft Law, in: Wolfrum, Rüdiger (Hrsg.), Max Planck Encyclopedia of Public International Law, 2015.

Towfigh, Emanuel V., Das ökonomische Paradigma, in: Towfigh, Emanuel V./Petersen, Niels (Hrsg.), Ökonomische Methoden im Recht, 2. Aufl. 2017, S. 25–43.

Triebel, Volker/Hölzle, Gerrit, Schuldrechtsreform und Unternehmenskaufverträge, BB 2002, 521–537.

Tröger, Tobias, Arbeitsteilung und Vertrag, 2012.

Ulfbeck, Vibe/Hansen, Ole/Andhov, Alexandra, Contractual Enforcement of CSR Clauses and the Protection of Weak Parties in the Supply Chain, in: Andhov, Alexandra/Ulfbeck, Vibe/Mitkidis, Katerina Peterkova (Hrsg.), Law and responsible supply chain management – Contract and tort interplay and overlap, 2019, S. 46–64.

Ulmer, Peter, Aktienrecht im Wandel, AcP 202 (2002), 143–178.

UN Convention on Contracts for the International Sale of Goods (CISG), *Kröll, Stefan/Mistelis, Loukas/Perales Viscasillas, Pilar* (Hrsg.), 2. Aufl. 2018 (zitiert: Kröll/Mistelis/Perales Viscasillas CISG/*Bearbeiter*).

Ungrade, Carsten, CSR im internationalen Einkauf, in: Knoppe, Marc (Hrsg.), CSR und Retail Management – Gesellschaftliche Verantwortung als zukünftiger Erfolgsfaktor im Handel, 2015, S. 209–224.

van Bergen, Barend/Mackintosh, James/McKenzie, Mark, A New Vision of Value, *KPMG International*, 2014, (online abrufbar unter: https://assets.kpmg/content/dam/kpmg/pdf/2014/10/a-new-vision-of-value-v1.pdf) (zuletzt aufgerufen am 6.6.2022).

van den Bergh, Roger/Keske, Sonja, Rechtsökonomische Aspekte der Sammelklage, in: Casper, Matthias/Janssen, André/Pohlmann, Petra u.a. (Hrsg.), Auf dem Weg zu einer europäischen Sammelklage?, 2009, S. 17–40.

Veil, Rüdiger/Brüggemeier, Alexander, Kapitalmarktrecht zwischen öffentlich-rechtlicher und privatrechtlicher Normdurchsetzung, in: Fleischer, Holger/Kalss, Susanne/Vogt, Hans-Ueli (Hrsg.), Enforcement im Gesellschafts- und Kapitalmarktrecht 2015, 2015, S. 277–309.

Velte, Patrick, Die Lieferkette im Fokus der nichtfinanziellen Berichterstattung – Normative Reichweite, empirische Befunde und Reformdiskussion, DStR 2020, 2034–2038.

Vetter, Jochen, Geschäftsleiterpflichten zwischen Legalität und Legitimität, ZGR 2018, 338–378.

VOB Teil B – Vergabe- und Vertragsordnung für Bauleistungen, *Jansen, Günther Arnold/Seibel, Mark* (Hrsg.), 5. Aufl. 2019 (zitiert: Nicklisch/Weick/Jansen/Seibel/*Bearbeiter*).

Vogel, David, The Market for Virtue – The Potential and Limits of Corporate Social Responsibility, 2005.

ders., The Private Regulation of Global Corporate Conduct – Achievements and Limitations, Business & Society 49 (2010), 68–87.

Voit/Grube, Lebensmittelinformationsverordnung – Kommentar, 2. Aufl. 2016 (zitiert: Voit/Grube/*Bearbeiter*).

Voland, Thomas, Unternehmen und Menschenrechte – vom Soft Law zur Rechtspflicht, BB 2015, 67–75.

Vuia, Mihai, Der merkantile Minderwert als Teil des Vermögensschadens, NJW 2012, 3057–3061.

Wagner, Eric/Ruttloff, Marc, Das Lieferkettensorgfaltspflichtengesetz – Eine erste Einordnung, NJW 2021, 2145–2152.

Wagner, Gerhard, Gutachten A für den 66. Deutschen Juristentag – Neue Perspektiven im Schadensersatzrecht – Kommerzialisierung, Strafschadensersatz, Kollektivschaden, 2006.

ders., Prävention und Verhaltenssteuerung durch Privatrecht – Anmaßung oder legitime Aufgabe?, AcP 206 (2006), 352–476.

ders., Kollektiver Rechtsschutz – Regelungsbedarf bei Massen- und Streuschäden, in: Casper, Matthias/Janssen, André/Pohlmann, Petra u.a. (Hrsg.), Auf dem Weg zu einer europäischen Sammelklage?, 2009, S. 41–86.

ders., Haftung für Menschenrechtsverletzungen, RabelsZ 80 (2016), 717–782.

ders., Marktaufsichtshaftung produktsicherheitsrechtlicher Zertifizierungsstellen – Zugleich Besprechung von EuGH, Urt. v. 16.02.2017 – C-219/15, JZ 2018, 130–140.

ders., Haftung für Menschenrechtsverletzungen in der Lieferkette, ZIP 2021, 1095–1105.

Walsh, Declan/Greenhouse, Steven, Inspectors Certified Pakistani Factory as Sage Before Disaster, The New York Times 20.9.2012, 6, (online abrufbar unter: https://www.nytimes.com/2012/09/20/world/asia/pakistan-factory-passed-inspection-before-fire.html) (zuletzt aufgerufen am 15.5.2022).

Walter, Axel von, Corporate Social Responsibility und das Irreführungsverbot nach den §§ 5, 5a UWG, in: Hilty, Reto M./Henning-Bodewig, Frauke (Hrsg.), Corporate Social Responsibility – Verbindliche Standards des Wettbewerbsrechts?, 2014, S. 187–196.

Ward, Halina, The ISO 26000 International Guidance Standard on Social Responsibility: Implications for Public Policy and Transnational Democracy, Theoretical Inq. L. 12 (2011), 665–718.

Weber, Christoph Andreas/Kebekus, Benedict, Diversifizierung und Corporate Governance, ZHR 184 (2020), 324–362.

Weitbrecht, Andreas, Kartellschadensersatz 2017, NZKart 2018, 106–112.

Weller, Marc-Philippe/Benz, Nina/Zimmermann, Anton, Klagen gegen ausländische Konzerngesellschaften im Inland: Der Vermögensgerichtsstand des § 23 ZPO als Konzerntochtergerichtsstand, NZG 2019, 1121–1128.

Weller, Marc-Philippe/Kaller, Luca/Schulz, Alix, Haftung deutscher Unternehmen für Menschenrechtsverletzungen im Ausland, AcP 216 (2016), 387–420.

Weller, Marc-Philippe/Thomale, Chris, Menschenrechtsklagen gegen deutsche Unternehmen, ZGR 2017, 509–526.

Weller, Matthias, Die Verantwortlichkeit des Händlers für Herstellerfehler, NJW 2012, 2312–2317.

Werden, Gregory J./Simon, Marilyn J., An economic assessment of the Administration's detrebling proposal, Antitrust Bull. 31 (1986), 935–954.

Westphalen, Friedrich Graf von, AGB-Recht ins BGB – Eine erste „Bestandsaufnahme", NJW 2002, 12–25.

Westphalen, Friedrich Graf von/Thüsing, Gregor (Hrsg.), Vertragsrecht und AGB-Klauselwerke, 47. Aufl. 2022 (zitiert: Westphalen/Thüsing/*Bearbeiter*).

Wettbewerbsrecht, *Körber, Torsten/Schweizer, Heike/Zimmer, Daniel* (Hrsg.), Bd. 2, 6. Aufl. 2020 (zitiert: Immenga/Mestmäcker/*Bearbeiter*).

Wilhelmsson, Thomas, A Green Sales Law, Y.B. N.Z. 6 (2002 –2003), 83–102.

Williams, Cynthia A., Corporate Social Responsibility and Corporate Governance, in: Gordon, Jeffrey N./Ringe, Wolf-Georg (Hrsg.), The Oxford Handbook of Corporate Law and Governance, 2018, S. 634–678.

Williamson, Oliver E., Markets and Hierarchies. Analysis and Antitrust Implications, 1975.

ders., The Economic Institutions of Capitalism, 1985.

ders., Corporate Finance and Corporate Governance, J. Fin. 43 (1988), 567–591.

Williamson, Oliver E./Bercovitz, Janet, The Modern Corporation as an Efficiency Instrument: The Comparative Contracting Perspective, in: Kaysen, Carl (Hrsg.), The American Corporation Today, 1996, S. 327–359.

Wilman, Folkert, Private Enforcement of EU Law Before National Courts, 2015.

Windsor, Duane, Corporate Social Responsibility: Three Key Approaches, Journal of Management Studies 43 (2006), 93–114.

Witt, Carl-Heinz, Aus- und Einbaukosten in der Sachmängelhaftung bei einem Kaufvertrag zwischen Unternehmern – Verschuldenszurechnung beim Kauf- und Werklieferungsvertrag, NJW 2014, 2156–2158.

Wouters, Jan/Chanet, Leen, Corporate Human Rights Responsibility: A European Perspective, Nw. J. Int'l H. Rts. 6 (2008), 262–303.

Wright, Christopher, The Equator Principles, in: Hale, Thomas/Held, David (Hrsg.), The Handbook of Transnational Governance – Institutions and Innovations, 2011, S. 229–236.

Zamir, Eyal/Teichmann, Doron, Behavioral Law and Economics, 2018.

Zerk, Jennifer A., Multinationals and Corporate Social Responsibility, 2006.

Zimmer, Daniel/Höft, Jan, „Private Enforcement" im öffentlichen Interesse?, ZGR 2009, 662–720.

Zimmer, Mark/Weigl, Veronika, Selbstanzeige von Compliance-Verstößen, CCZ 2019, 21–27.

Zivilprozessordnung – Handkommentar, *Saenger, Ingo* (Hrsg.), 9. Aufl. 2021 (zitiert: HK-ZPO/*Bearbeiter*).

Zivilprozessordnung – Kommentar, *Reichold, Klaus/Hüßtege, Rainer/Seiler, Christian* (Hrsg.), 42. Aufl. 2021 (zitiert: Thomas/Putzo/*Bearbeiter*).

Zivilprozessordnung – mit Gerichtsverfassungsgesetz, *Musielak, Hans-Joachim/Voit, Wolfgang* (Hrsg.), 19. Aufl. 2022 (zitiert: Musielak/Voit/*Bearbeiter*).